경합하는 시민종교들

대한민국의 종교학

경합하는 시민종교들

대한민국의 종교학

성균관대학교
출 판 부

목 차

머리말

제2부 전쟁 이후

제3부 쿠데타 이후

제4부 민주화 이후

2016년 가을부터 2017년 봄까지 대통령 탄핵을 둘러싼 태극기집회와 촛불집회의 팽팽했던 대결은 실상 '두 대한민국들' 사이의 거대한 충돌이었다. 필자는 그 저변에서 경쟁하는 '두 시민종교들'의 존재를 보았다. 시민종교를 국가적 성^聖체계 혹은 세속적 성체계라고 간명히 정의한다면, 거기엔 '반공-국가주의 시민종교'와 '민주-공화주의 시민종교' 간의 치열한 경합이 자리하고 있었다. 문재인 정부로 정권이 교체된 이후 두 시민종교 사이의 뜨거웠던 갈등은 어떻게 전개될 것인가?

시간을 거슬러 2001년 초겨울 평양을 방문했을 때도 필자는 분단체제 아래 격렬하게 충돌하는 두 시민종교들의 존재를 절감했었다. 해방 후 70년 넘게 지속되고 있는 남북 대결이야말로 '반공-자유민주주의 시민종교'와 '반미-사회주의(혹은 반미-주체주의) 시민종교' 사이의 일대 격돌이 아닌가. 그렇다면 2018년 초부터 빠르게 진행되고 있는 한반도 해빙 과정은 이질성이 극대화된 남한-북한 시민종교들에 과연 어떤 변화를 초래할 것인가?

이 책은 『시민종교의 탄생: 식민성과 전쟁의 상흔』과 한 쌍을 이룬다. 『시민종교의 탄생』이 이론적 연구이자 주제별 연구라면, 이번 책은 역사적 연구이다. 그런 면에서 이 책은 해방 후 한국 현대사를 시민종교라는 키워드를 통해 재해석해보려는 시도라고 할 수 있다. 민족의 독립 및 국가 수립, 정교분리의 법제화에 따른 명실상부한 세속국가의 출현으로 '대한민국의 시민종교'가 본격적으로 형성되기 시작했다. 이 책에서는 식민지 해방, 한국전쟁, 4·19혁명, 쿠데타와 군사정권 수립, 유신체제 등장, 5·18광주항쟁, 민주화 이행 등이 한국 시민종교의 역사적 형성과 변형 과정에 미친 영향을 추적한다. 아울러 1940~1950년대에 남한과 북한 시민종교의 분화, 이후 남한 시민종교 내부의 분화 등 시민종교의 균열과 해체-재구성 움직임이 역동적으로 진행되는 과정을 살핀다.

이 책은 크게 네 부분으로 구성된다. 우선, 1부에서는 해방공간과 대한민국 정부 수립 등을 거치면서 '대한민국 시민종교'가 형성되는 과정을 다각적으로 분석한다. 아울러 남한 시민종교가 북한의 시민종교와 갈라지는 과정도 살펴본다. 2부에서는 한국전쟁을 계기로 한 시민종교의 변화를 고찰한다. 3부에선 1961년 군사쿠데타 이후의 시민종교 발전과 내부 균열 과정에 대해 논의한다. 마지막 4부에선 1987년 민주화 이후 '두 시민종교로의 분화'가 점점 뚜렷해져가는 과정을 따라가 본다.

1945년 이후 한반도에서는 불과 70여 년 사이에 두 차례나 '두 시민종교 현상'이 나타났다. 남·북 시민종교 분화(1차 분화)와 남한 내 시민종교 분화(2차 분화)가 그것이다. 1945~1948년 해방정국에서의 극심한 좌우대립이 이후 남북한 분단과 더불어 북한의 '반미-사회주의 시민종교'와 남한의 '반공-자유민주주의 시민종교'라는 별개의 시민종교들로 발전하는 1차 분화를 거쳤다. 따라서 1차 분화는 분단체제의 형성 과정과 완전히 일치한다. 2차 분화는 남한의 반공-자유민주주의 시민종교 내부에서 사제 진영과 예언자 진영 간의 갈등이 점증하면서 각각이 '반공-국가주의 시민종교'와 '민주-공화주의 시민종교'로 발전해가는 과정을 가리킨다. 여기서 2차 분화의 시점始點을 설정하는 일, 그리고 이 분화 과정이 구체적으로 어떤 요인들에 의해 어떻게 전개되는지를 파악하는 것이 매우 중요하고도 흥미로운 쟁점으로 남아 있다. 요컨대 한국 시민종교에서 진행된 2차 분화의 기원과 과정을 추적하는 것이 이번 연구의 핵심적 관심사이자 과제 중 하나이다.

필자는 2차 분화의 시작점을 1972년 유신체제의 등장과 그에 대응하는 저항운동의 점진적 제도화로 본다. 또 1980년의 5·18항쟁 이후 시민종교 분화가 더욱 깊어졌고 민주화 이후, 특히 2003년 노무현 정부 등장 이후 분화 과정이 더욱 빨라지고 증폭되었다고 보고 있다. 최근의 과정은 시민종교의 분화, 그리고 두 시민종교 혹은 시민종교 두 진영—사제 진영과 예언자 진영—사이의 갈등적 교착 상태, 즉 '분화'와 '교착'이 동시에 발현되는 것으로 특징지어진다.

4부에서 개진한 주장들은 2017년 초에 발표한 필자의 논문 "두 개의 대한민국?: 시민종교 접근으로 본 전환기의 한국사회"(『민주사회와 정책연구』 31호)에도 압축적으로 제시된 바 있다. 이 책을 위해 재정지원을 해준 한국연구재단에 감사드린다. 출판을 먼저 제안해주고, 수록될 귀한 사진들을 구하고 일일이 설명을 달아주었을 뿐 아니라 색인어 작업까지 도와준 성균관대학교출판부 현상철 선생께도 감사드린다.

2018년 세밑에
강인철

제 1 부

시민종교의 형성

제 1 장

해방의 커뮤니타스, 변혁의 리미널리티

시민종교의 형성

1부에서는 한국 시민종교의 '최초 형성'에 초점을 맞춰 그 과정과 특징을 살펴본다. 시민종교는 종종 대중 감정의 용광로에서 탄생한다. '해방의 커뮤니타스'와 '변혁의 리미널리티'라는 표현 역시 식민지 해방에 즈음한 감정의 격렬한 분출 상태를 가리킨다. 필자는 한국 시민종교의 형성 과정을 신념체계, 국가의례, 국가상징, 언어와 역사, 국가력國家曆, 영웅 만들기, 성지聖地 만들기 등 주제별·영역별로 구분해서 접근해볼 것이다.

태극기와 무궁화처럼 명백히 합의되고 공유된 시민종교 상징들도 존재했지만, 해방 직후의 시민종교에는 형성기 특유의 유동성도 매우 강했다. 국호國號, 국기, 국가國歌, 공공의례, 성지, 기념일, 연호 등 국가적 성聖체계를 구성하는 다양한 요소와 영역마다 유력한 후보들이 경쟁적으로 등장했다. 일정한 내적 일관성을 지니면서 독자적인 체계로 성장할 잠재력을 가진 몇 겹의 성체계들이 해방공간에서 각축하고 있었다. 가장 유력한 것은 물론 독립운동 진영, 특히 임시정부가 발전시킨 성체계였다. 그러나 사회주의자들도 일정한 독자성을 가진 성체계를 발전시켰다. 신사참배·궁성요배·황국신민서사 등은 해방과 함께 즉각 사라졌지만, 군국주의적 의례를 포함하여 '식민지 조선의 성체계'를 구성하던 몇몇 요소들도 살아남았다.

국가기념일을 중심으로 구성되는 국가력이 '해방 조선'에서 어떻게 형성될지는 매우 불투명했다. 한글날, 개천절, 3·1절, 어린이날 등 민족 정체성과 직결되는 기념일들은 모든 정치세력들에 의해 공유되었다. 그러나 3·1절 기념을 둘러싸고는 좌파-우파 사이에 "국가 수립의 주도권을 위한 혈투"가 전개되었다. 해방정국에서 좌파는 메이데이, 5·8전승일, 소련개전기념일, 러시아혁명기념일 등을 독자적으로 기념한 데 반해, 우파는 임시정부수립기념일, 순국선열의날, 독립문건립기념일 등을 독자적으로 기념했다.[1] 좌파와 우파 중 누가 독립정부의 주도권을 장악할 것이냐에 따라 국가력의 내용도 결정적으로 달라지지 않을 수 없었다.

'대한민국'이라는 국호도 해방 당시에는 그다지 자명한 것으로 여겨지지 않았다. 국호는 '국명國名'을 나타내는 부분과 '국체國體 및 정체政體'를 나타내는 부분으로 구성된다. 국호에 국명만을 담을 수도 있고, 국명과 정체를 동시에 담을 수도 있다. 해방 후 '국명'과 관련해서는 대한, 조선, 고려 등이 유력하게 경합했다. '정체'와 관련해서도 민국, 공화국, 인민공화국 등이 경합했다. 해방공간에서는 국명과 정체를 조합하는 방식에 따라 대단히 다양한 국호들이 제안되고 주장되었다. 이런 상태에서 좌우익 갈등이 분단국가 수립으로 귀결되면서 38선 남쪽에서는 '대한민국'이라는 국호가, 북쪽에서는 '조선민주주의인민공화국'이라는 국호가 최종적으로 확정되었다.

국가 연호年號의 경우에도 대한민국임시정부의 법통 계승을 강조하는 '민국民國' 연호, 민족종교들에서 오래 사용해온 '단기'(단군기원) 연호, 미군정 시기부터 이미 사용해왔고 서구적 규범 내지 국제적 표준을 내세울 만한 '서기'(서력기원) 연호 등 최소한 세 가지의 유력한 후보들이 경쟁했다. 나아가 국제적으로 공인받은 정식 독립정부가 수립된 1948년을 원년元年으로 삼는 새로운 국가 연호를 창조해낼 수도 있었을 것이다.

무엇이 국가적 성지聖地로 부상할지도 예측하기 어려웠다. 식민지 조선의 최고 성지인 조선신궁과 경성신사가 있던 남산의 추락이 두드러지는 가운데, 해방 직후 효창공원과 탑골공원이 급부상했다. 전쟁 직전에는 장충단의 장충사가 가장 유력하게 부각되었다. 1950년대에는 효창공원이 주변부로 밀려나면서 남산이 재차 최고 성지의 지위로 올라섰다. 한강 이남의 동작동 국군묘지도 주요 성지로 떠올랐다. 특히 남산과 효창공원의 각축, 장충단의 전유를 둘러싼 독립 진영과 반공 진영의 각축, 효창공원과 장충사의 경쟁, 그리고 남산의 전유를 둘러싼 종교계와 국가의 각축은 1950년대에도 지속되었다.

1. 해방과 집합적 열광

해방과 동시에 한반도 전역은 에밀 뒤르케임이 말한 '집합적 열광'으로 한껏 달아올랐다. 해방사건은 '해방의 커뮤니타스'와 '변혁의 리미널리티'를 동반했다.[2] 시민종교 형성을 위한 역사적 조건들이 갖춰지고 대중의 열정이 강렬하게 표출되는 등 분위기가 숙성되자마자, 식민지 시대부터 잠복해 있던 시민종교의 잠재력이 폭발적으로 현실화되기 시작했다.

수십 년에 걸친 '국가와 민족의 식민지적 분리'를 마침내 종결지은 해방과 더불어, 민족주의의 뜨거운 열기가 한반도를 한동안 뒤덮었다. 1919년의 3·1운동과 1926년의 6·10만세운동 이후 참으로 오랜만에 '독립 만세'를 외치는 군중의 물결이 해방 후 며칠 동안 전국 도처에서 흘러넘쳤다. 1919년이나 1926년과는 달리 이번의 열광과 흥분은 누군가에 의해 미리 계획된 것도 아니었다. 누구나 마음껏 감정을 분출했던 해방의 정경은 순전히 자연발생적인 현상이었다.

해방의 감격은 열정적인 시詩로 묘사되었고, 대중가요로 열창되었다. 미군의 서울 입성과 임시정부 요인들의 귀국을 축하하는 노래로 1945년 8월 22일경 고려성이 작사하고 김용환이 작곡한 〈사대문을 열어라〉가 대표적인 사례였다. "사대문을 열어라 인경을 쳐라 / 삼천리 곳곳마다 물결 치는 이 기쁨 / 민족의 꽃은 다시 피었네 / 영광된 내 조국 영원무궁하리라."[3] 1946년에 손로원이 작사하고 이재호가 작곡하여 이인권이 노래한 〈귀국선〉에도 독립과 귀향의 기쁨이 절절이 표현되었다.

> 돌아오네 돌아오네 / 고국산천 찾아서 / 얼마나 그렸던가 무궁화꽃을 / 얼마나 외쳤던가 태극 깃발을 / 갈매기야 울어라 파도야 춤춰라 / 귀국 선 뱃머리에 희망은 크다
> 돌아오네 돌아오네 / 부모형제 찾아서 / 얼마나 불렀던가 고향노래를 / 얼마나 불렀던가 고향 노래를 / 칠성별아 빛나라 달빛도 흘러라 / 귀국 선 고동소리 건설은 크다

김태오가 작사하고 나운영이 작곡한 〈건국의 노래〉, 박태원이 작사하 고 김성태가 작곡한 〈독립행진곡〉(해방가)도 좋은 예이다. 두 노래에선 기 쁨의 감정이 새 조국 건설의 결의·다짐으로까지 연결되고 있다.

> 삼천리 반도강산 새날은 밝아 / 찬란히 솟아오른 역사의 태양 / 새로운 붉은 맥박 힘차게 뛰는 / 삼천만 한데 뭉쳐 새집을 짓세 / 전 민족의 정 의와 진리 / 오 건국에 피 끓는 이 땅의 젊은이 / 조국의 마음아
> 진두의 깃발은 혁명의 투사 / 맹세코 자주독립 민족의 함성 / 웅장한 설계도를 펼치어 들고 / 용감히 새론 세기 창건해 보세 / 전 인민의 자 유와 행복 / 오 건국에 피 끓는 이 땅의 젊은이 / 조국의 마음아
> 조국에 몸을 바친 열렬한 투혼 / 물불을 저어하랴 건국의 초석 / 화려한 문화꽃은 세계에 피고 / 오천 년 우리 역사 빛내어 보세 / 전 인류의 자 유와 평화 / 오 건국에 피 끓는 이 땅의 젊은이 / 조국의 마음아

어둡고 괴로워라 밤이 길더니 / 삼천리 이 강산에 먼동이 텄네 / 동무야 자리차고 일어나거라 산 넘어 바다 건너 태평양 넘어 / 아 아 자유의 자유의 종이 울린다

한숨아 너 가거라 현해탄 건너 / 설움아 눈물아 너와도 하직 / 동무야 두 손 들어 만세 부르자 아득한 시베리아 넓은 벌판에 / 아 아 해방의 해방의 깃발 날린다

유구한 오천년 조국의 역사 / 앞으로도 억만년 더욱 빛나리 / 동무야 발맞추어 함께 나가자 우리의 앞길이 양양하고나 / 아 아 청춘의 청춘의 피가 끓는다

해방 체험은 우리 현대사에서 가장 드라마틱한 커뮤니타스·리미널리티 체험이기도 했다. 해방을 경축하는 만세 물결 속에서 조선인들은 일종의 커뮤니타스 체험 속으로 빠져들었다. 필자가 보기에 리미널리티는 ① 반反구조와 초월성, ② 모호성과 애매함, ③ 집합적이고 공적인 성격, ④ 평등성과 연대성, ⑤ 사회의 일시적 투명화와 그에 대한 성찰성, ⑥ 비판과 대안적–유토피아적 질서의 제시(창조성, 전복성), ⑦ 기성질서 대표자들에 의한 위험시, ⑧ 일시성 혹은 단기 지속 등으로 특징지어진다. 동시에 커뮤니타스 체험은 (리미널리티와 유사하게) 초월성·반구조, 일시성, 공적·집합적 성격, 창조성·전복성, 기성질서에 의한 위험시라는 특징을 보이며, 나아가 독특한 '커뮤니타스적 사회관계'를 드러낸다. 여기서 '커뮤니타스적 사회관계'의 특징은 ① 평등성과 겸손함, ② 우애, 연대성, 인류애, ③ 인격적, 직접적, 전인적 만남, ④ 에고의 상실과 이타성, ⑤ 집단적 기쁨, 그리고 자유·해방·성스러움·신비체험을 포함하는 고양된 감정들, ⑥ 행위와 인식의 융합 등으로 요약될 수 있다.[4]

리미널리티의 의미 자체가 그러하듯이, 사람들은 커뮤니타스 속에서 일시적으로나마 일상적 구속으로부터의 탈주脫走, 기존 규범의 통제력으

로부터의 자유를 체험한다. 리미널리티의 시공간은 일시적으로 금기 taboo가 풀리는 자유와 해방과 창조의 시공간, 심지어 방종과 축제적 오르지orgy의 시공간이기도 한 것이다. 그리고 이런 탈脫일상성과 초월성의 토양 위에서 (종전에는 엄두조차 내지 못했던) 대안적 질서에 대한 상상력과 비전과 희망이 넘치게 활성화된다. 아울러 사람들은 운명공동체 의식을 포함하는 강한 연대의식을 느끼고, 기존의 빈부귀천 질서가 갑자기 무력화될 정도의 평등화 효과를 체험한다. 때로는 단순한 평등화를 넘어 기존 질서가 뒤집히고 역전되는 '전복성顚覆性'마저 나타난다.[5] 해방 직후 자주 나타난 현상이지만, '친일파'나 '식민지 협력자'로 지목된 이들에 대한 대중의 자연발생적 공격 역시 커뮤니타스와 리미널리티에 내장된 전복성의 한 표현으로 볼 수 있을 것이다.

격정적인 유토피아적 비전에 이끌린 1945년의 해방 커뮤니타스는 당연히 '해방공동체'이면서 동시에 '민족공동체'였을 것이다. 해방의 커뮤니타스를 통해 일시적으로나마 대다수 민족 성원들은 서로를 평등한 형제자매로 느꼈고, 장차 현실화될 민족의 원대한 이상과 비전을 공유했고, 강한 운명공동체 의식을 느꼈고, 심지어 민족공동체와의 신비적인 합일을 체험했다. 많은 이들이 (이전의 이기주의적이고 개인주의적인 삶과의 결별을 전제로) '민족으로의 집단적 회심'을 고백하면서, 민족을 위한 사랑·충성·헌신의 결단과 간증 행동을 보여주었다. 사람들의 가치체계에서 '민족'은 최우선순위로 끌어올려졌다. 적어도 이때만큼은 민족이 추상적인 대상이 아닌 구체적인 실체로, 나아가 살과 피를 지닌 하나의 살아 있는 유기체처럼 느껴졌을 것이다. 민족의 집인 국가, 민족(국가)의 몸인 국토, 민족의 의복衣服이자 민족정신의 표현인 문화재 등 '민족 하드웨어들'에 대한 통제권을 되찾으면서 민족의 영혼과 심장도 다시 역동하기 시작했다.

집단적 해방 체험의 전이적liminal 단계는 한반도 주민들의 근원적인 정체성 변화를 동반했다. 그것은 새로운 인간으로의 거듭남을 뜻했다. 해방의 리미널리티는 누군가를 기존 체제의 충성스런 참신자true believer로 거듭나도록 만드는 '질서의 리미널리티liminality of order'가 아니라, 자주적 민족의 일원이자 주체로의 재탄생을 촉진하는 '변혁의 리미널리티liminality of transformation'에 가까웠다. 초대 대통령인 이승만이 대한민국 정부 수립 기념식에서 언명한 것처럼 1948년 8월 15일이 "우리 '국민'이 새로 탄생한 것을 축하하는"(인용자의 강조) 날이었다면,[6] 1945년 8월 15일은 "우리 '민족'이 새로 탄생한 것을 축하하는" 날이었다.

1945년 11월 24일 임시정부 요인들이 27년 만에 환국했을 때도 해방의 감격과 흥분·열정이 되살아났다. 거족적인 환영 인파와 행사도 없이 이루어진 '조용한 귀국'이 오히려 '슬픈 감격'의 감정을 자극했다. 다음은 1945년 11월 25일자 「서울신문」 기사의 일부이다.

> 우리의 위대한 지도자요 혁명가인 대한민국임시정부 주석 김구 선생 외 영수 5공公과 요원 일행이 작昨 24일 석양夕陽에 27년간 꿈에도 잊지 못하는 조국강산에 장익壯翼을 깃들여 말할 수 없는 감격 속에 개선해 오셨다. 저 8월 15일 일본제국주의의 철쇄鐵鎖가 끊어지든 그날부터, 더구나 가가히 오시리라고 믿어지는 지난 초순初旬 이래 하루하루 마음 조려 기다리던 끝에 슬며시 개선하시니 도리어 원망스럴 만큼 우리 삼천만의 가슴은 메어질 듯하옵니다. 소리처 호장豪壯하게 개선하심을 마지하지 못함이 삼천만 가슴 속에 누구나 다 서운치 아니하리만은⋯⋯ 귀밑에 서리 안진(앉은-인용자) 모습은 혁명의 세월이 얼마나 길었으며 이마에 죽 그은 굵은 주름엔 신명身命을 내바치고 백난百難을 넘어오고 모진 풍파가 내비치지 않는가.[7]

결국 대중적인 환영행사는 '임시정부 봉영회奉迎會'라는 이름으로 1945년 12월 1일 오후 1시부터 서울운동장에서 열렸다. '임시정부 급 연합군

환영회 본부'가 이 행사를 주최했다. 이날 임시정부 요인들을 꽃전차에 태운 가운데 안국정 네거리를 거쳐 경성역에 이르는 가두행진이 이어졌다. "이날 참가 단체는 경성대학을 필두로 전문, 중학, 소학 등 100여 교와 기타 500여 단체에 달하였는데, 식은 윤보선의 사회로 개막하여 먼저 오세창으로부터 갈망하던 임시정부 간부가 환도하였으니 이 지도자의 명령에 절대 복종하자는 개회사가 있고 이인의 봉영문 낭독이 있은 후 권동진 선창으로 만세삼창을 하고 조선초등학교 생도를 선두로 기행렬에 옮기어 행렬은 안국정 네거리에 이르러 조선생명보험회사 2층에서 축하를 받는 김구, 이승만 앞에서 대한임시정부 만세와 김구 만세, 이승만 만세를 부르고 경성역 앞에 이르러 해산하였다."[8]

독립의 감동은 1945년 말까지 한반도를 뜨겁게 달궜다. 넘쳐흐르는 이런 열정과 흥분이 한국에서 시민종교가 태어나는 데 필요한 감정적 에너지와 자양분을 풍부하게 제공했다. 뒤집어 말하면, 한반도에서 조선인 소유의 시민종교, 조선 특유의 시민종교가 탄생한 것은 바로 이런 집단적인 열광 속에서였다.

2. 조선인에게 해방이 의미했던 것들

식민지 조선인들은 독립을 계기로 일상세계의 급작스런 뒤바꿈을 체험했다. 그것은 기존 생활세계의 대변혁이자 격변이자 전복이었다. 어떤 이들에게 독립은 천지天地가 개벽開闢하는 체험과도 유사했다. 이런 대규모적인 변화를 필자는 커뮤니타스와 리미널리티 개념으로 설명해보려 했던 것이다. 우리의 주제와 연결시키자면, 그것은 천황제 파시즘을 중핵으로 삼았던 기존의 식민지 시민종교의 급격한 해체를, 나아가 새로운 조선의 시민종교가 급속히 형성됨을 의미했다.

식민지 조선인들에게 독립은 참으로 많은 것들을 뜻했다. 그것을 떠올리는 것만으로도 식민지 조선인들의 가슴을 뛰게 만든 언어임과 동시에, 오랫동안 불온시 되고 금지된 탓에 그것은 조선인들의 안온한 일상을 송두리째 위협하는 언어이기도 했다. 1945년 8월 당시 '독립'이나 '해방'과 비견할 만한, 이 단어들보다 의미심장하고 의미 충만한 용어는 찾기 어려웠다. 문화정치나 상징정치의 차원들에 주목하면서 독립과 해방의 의미들을 탐색해보자.

가장 직접적으로 한국인들에게 독립은 지긋지긋한 전쟁의 끝, 간절히 소망해오던 평화의 시작이었다. 그것은 전쟁과 징용과 징발의 공포로부터 해방됨을 뜻했다. 아울러 대다수 한국인들에게 해방은 세계에 대한 시각적 인상 자체의 극적인 전환이자 대체로서 체험되었다. 그것은 '암흑暗黑시대'에서 '광명光明시대'로의 이행, 곧 암흑시대의 종언과 광명시대의 시작이었다. 해방은 광복, 즉 '빛光을 되찾음復'이었다. 실제로도 1949년부터 독립기념일의 명칭은 '광복절'로 바뀌었다.

해방과 함께 시공간의 변화도 급진적으로 진행되었다. 시간관념의 변화와 관련하여, '소화昭和 20년'은 불현듯 '단기 4278년' 혹은 '서기 1945년'으로 대체되었다. 국경일과 국가기념일, 법정공휴일 체계가 대대적으로 개편되어 사람들의 일상적인 생활리듬도 크게 달라졌다. 이미 미군정 시기부터 삼일절과 개천절이 국경일로 선포되었고, 한글날은 법정공휴일이 되었다. 공간적으로도 서울 남산의 조선신사·경성신사를 비롯하여 일본인들이 전국 곳곳에 건립해놓은 신사들이 파괴되거나 폐쇄되었고, 일본군 전사자를 기리는 충혼탑·충령탑들도 대부분 파괴되었다. 남산의 성지聖地정치를 포함하여, 식민지 시대에 조성된 각종 성물聖物들에 대한 대대적인 조상彫像파괴운동이 전국적으로 벌어졌다.

독립은 국토國土 혹은 조국강토의 회복을 의미했고, 그 영토의 주인이 바뀜을 뜻했다. 많은 이들에게 독립은 고달프고 서러운 타향 생활의 청산, 곧 꿈속에서나마 그리워하던 고향으로의 귀환을 의미했다. 독립운동은 백의민족, 배달민족, 아리랑, 무궁화 등으로 대표되는 민족상징, "민족체의 표식들", "민족적 표식들"의 광범위한 부활을 의미했다.[9] 애국가와 태극기는 물론이고 민족의 상징과도 같은 노래들과 국기國旗도 부활했다.

해방은 급격한 언어적 변화도 동반했다. 공식 언어 혹은 공용어official language 지위를 두고 경쟁하던 두 언어 가운데, 일본어의 자리를 한글과 한국어가 차지했다. 그런 연유로 해방 후 첫 번째로 맞은 1945년 10월 9일의 한글날은 특별히 뜻 깊게 기려졌다. 독립은 창씨개명으로 잃어버린 자신의 본명本名을 되찾음을 의미하기도 했다. 행정구역이나 가로명 등 일본식 지명地名들은 '순純조선식' 명칭들로 대체되었다. 독립은 성스러운 인물들의 전면적인 교체를 의미하기도 했다. 독립은 수많은 독립운동의 영웅들, 독립투쟁의 신화와 전설들을 탄생시켰다. 이 과정에서 자연스럽게 일본인 영웅들의 위인전이 치워진 자리를 한국인 영웅들의 위인전이 차지하게 되었다.

독립은 '의복의 해방'이자 '한복韓服의 회복'이기도 했다. 그것은 식민지 당국에 의해 강요되던 '국민복'에서 벗어나고 '백의白衣 탄압'에서 자유로워짐을 뜻했다. 식민지 당국은 1930년대 이후 경제적 이유와 미관상 이유, "민활한 활동을 요구하는" 긴박한 시국 등을 내세우면서 백의 대신 색깔 있는 옷, 곧 색복色服 혹은 색의色衣를 착용하도록 강력히 권장했다. 심지어 백의를 입은 조선인들의 관공서 출입을 금하기도 했다.[10] 사실 식민지 이전인 조선시대에도 경제적이고 위생적이고 편리하다는 이유로 정부가 백의를 강압적으로 통제한 바 있고, 식민지 이후 수립된 대한민국 정부 역시 복식服飾의 근대화·간소화·합리화 차원에서 색복의 착용을 적극적으로 권장했다.[11] 그러나 중요한 점은 식민지 시대에 조선인들이 입는 흰옷은 "항일정신의 상징"으로 각인되었다는 것이다.[12] 따라서 해방이 되자 사람들은 "왜색倭色을 띤 국민복, 간단복과 몸뻬와 각반을 벗어버리고, 흰색 한복을 다시 입었다."[13]

독립은 국가권력의 정점에서부터 말단의 마을에 이르기까지 지배권력의 지각변동과 교체를 뜻하기도 했다. 불과 며칠 밖에 지속되지 못했지만, 친일파로 지목된 이들을 향한 대중의 자발적인 공격과 처벌을 중심으로, 자연발생적 과거사청산 움직임이 한반도 전역에서 전개되었다. 이런 인적 청산운동이 위에서 언급한 조상파괴운동과 동시에 표출되었다. 독립은 이처럼 대중에 의한 감정적 오르지orgy의 방출, 대중에 의한 규칙·기존질서 파괴의 리미널liminal한 기회이자 공간의 열림이기도 했던 것이다.

이런 가슴 벅찬 의미들이 대중의 집합적인 열광 행위들을 통해 거침없이 분출되었다. 이런 의미들이 용광로처럼 분출하는 감정 에너지와 융합하면서 한국의 시민종교를 잉태했다. '민족'으로 '국민'으로 거듭난 조선 사람들은 이미 역동적으로 형성되기 시작한 시민종교의 주역으로 호명되었고, 또 주역이 되도록 적극적으로 초대되었다. 1947년 7월 1일 미국에서 돌아온 서재필의 '귀국 담화'도 시민종교 주역으로 나서라는 호명과 초대를 담고 있었다. 당시 서재필은 시민종교의 주체를 민주주의 사회와 국가를 이끌어갈 "선량하고 유용有用한 국민"으로 정의한 바 있다. 여기서 '선량하고 유용한 국민'은 시민종교의 주체인 '공민公民'의 다른 이름이었다고 보아도 좋을 것이다.

> 첫째, 선량한 국민은 정직하고 진실하므로써 동포의 존경과 신뢰를 받어야 한다.
> 둘째, 선량한 국민은 정직한 노력으로써 그의 일용日用의 양식을 벌어야 한다.
> 세째, 선량한 국민은 자기가 싫어하든지 좋아하든지 법률에 복종하여야 한다. 만일 그 법률이 국민 다대수多大數에게 불공평하거나 고난

을 줄 때는 적법적適法的 방법에 의하여 이를 개정할 수 있다.

네째, 선량한 국민은 평화 시대나 전시를 막론하고 항상 국가에 대하여 충성을 다하여야 한다.

다섯째, 선량한 국민은 국가의 대의와 동포의 복리를 위하여 즐겨 자기를 희생하여야 한다.

여섯째, 선량한 국민은 그가 진실로 공익상公益上 가치 있는 목적을 달達하려 하면 타인과 협력하기를 배워야 한다.

일곱째, 선량한 국민은 타인의 말을 듣고 읽으므로써 사정事情을 잘 알아야 한다. 사정을 잘 아는 사람의 결론은 맹목적으로 내린 결론보다 정확성이 많다.

여덟째, 선량한 국민은 피선거인의 과거의 정당 이력보다 그가 공직에 있을 때의 업적이 우수한 자에게 투표하여야 한다.

아홉째, 선량한 국민은 적확的確한 증거 없이 타인의 행동을 비난하여서는 안 된다.

열째, 선량한 국민은 모든 덕행德行과 비행非行은 반드시 어떠한 개인이나 정당의 전유물이 아님을 항상 기억하여야 한다. 그러므로 자기를 찬동하는 사람의 말을 듣듯이 불찬동하는 사람의 말도 잘 듣는 것이 지혜로운 일이다.[14]

민족해방은 '국가와 민족의 식민지적 분열'을 극복하는, '민족과 국가의 재결합'을 가능케 했다. 그것도 대한제국 방식의 '전근대적' 결합이 아닌, 대한민국임시정부 방식의 '근대적인' 결합이었다. 해방과 독립국가 건설을 통한 '국가와 민족의 감격적이고 성스러운 재결합'은 이를 경축하는 수많은 축제·의례·상징 등을 폭발적으로 산출했다. 임시정부 요인들을 비롯한 독립운동의 지도자들은 하루아침에 '민족의 영도자' 지위로 올라섰다. 독립운동 과정에서 산화한 수많은 열사烈士들과 의사義士들은 저마다 신화와 전설이 되어 '민족의 신전'에 모셔졌다. 독립운동 과정이 낳은 노래, 문학, 역사서, 상징, 의례, 관습들은 넘치는 생명력을 공급받으면서 민중 사이로 확산되었다. 이 과정에서 한국 시민종교가 급속히 발전되었다.

3. 독립으로의 과정, 과정으로서의 독립

1946년 8월 14일부터 16일까지 사흘 동안 성대하게 해방 1주년 기념행사들이 전국적으로 개최되었다. 다음 인용문은 서울에서 사흘 동안 열린 기념행사 중 첫날의 하이라이트였던 '봉화제전'에 대해 소개하고 있다. 이 행사는 비판신문사가 군정청 경무부와 체신부, 서울시청, 경기도 산림과, 기독청년회 등 각계의 후원을 받아 진행했는데 1946년 8월 14일 오후 여섯 시에 맞춰 남산과 북악산 봉우리 위에 "조선의 전통적 국방체신인 봉화"를 올리는 것이었다.[15]

> 개천 4403년(1946년-인용자) 병술丙戌 7월 18일은 양력 8월 15일이라 해방 1주년 기념 축하를 위하여 애국단체연합회가 주관하고 관민官民 각계의 협동으로 다채로운 기념행사가 거행되었는데 동 축하행사의 일환으로 남산南山, 북악北岳 및 안현鞍峴에서 3일간 봉화제전烽火祭典을 거행키로 하고 이에 쓸 '불씨'를 국조國祖를 봉안한 대교大敎의 천진전에서 받기로 하였다. 이에 따라 동일 오후 6시에 총본사 천진전에서 성화전수식을 거행하되 단애종사檀崖宗師께서 원도願禱를 드리시고 성화전송단 대표 손기정 씨에게 성화를 친수親授하시고 동同 성화는 손기정 씨에 의하여 임시정부 주석 백범 김구 선생에 전하여 남산정南山頂에 마련된 봉화대에 점화되었다.[16]

8월 15일에는 서울에서 2차 대전 전승戰勝 및 해방 1주년 기념행사들이 한미韓美 합동으로 화려하게 장식되었다. 이날의 행사는 세 부분으로 구성되어 있었다. 먼저 오전 9시부터 정오까지 서울역에서 출발하여 광화문을 거쳐 군정청 광장에 이르는 대규모 퍼레이드와 사열이 식전행사로 진행되었다. 대규모 행진을 통해 시민들의 참여를 적극적으로 유도하고 있음을 확인할 수 있다. 다음으로, 정오부터 오후 1시 40분까지는 본행사로서 군정청 광장을 무대로 '8·15 세계평화 및 해방 1주년 기념식'(제1부)과 '평화·해방 1주년 시민경축대회'(제2부)가 이어졌다. 아래 기사에서 보듯이, 특히 기념식에서는 민족해방의 상징으로서 한일병합조약문과 대한제국의 인장·옥새 등을 반환하는 퍼포먼스가 펼쳐지기도 했다. 또 당시에 이미 〈해방기념가〉가 작곡되어 있었음도 확인할 수 있다.

조미朝美 공동주최로 된 8·15 세계평화 및 해방기념식에 참가한 미국 군인, 조선해안경비대 및 조선국방경비대, 조선경찰대, 조선소년군, 남녀학생, 군정청 경기도 경성부 및 소속 관계 각 직원, 정회 대표, 각 학교 대표, 상공연합회, 정당 및 사회단체 대표 등 수많은 군중은 이날 상오 9시 정각에 서울역 광장을 출발하여 대오도 정연히 경성부청 아래서 하지 중장, 8·15기념식위원장 오세창, 아놀드 소장, 군정장관 러취 소장 등의 시열視閱을 받고 황금정 입구, 종로4가, 광화문을 거쳐 정오에 군정청 광장에 이르렀다.……먼저 조동식으로부터 개회를 선언하자 오세창의 개회사와 합창이 있었다. 이어서 고려교향악단의 연합국 국가가 장엄하게 연주되고 기념축사로 들어가서 하지 중장으로부터 별항과 같은 의미심장한 기념사가 있었다. 곧 이어서 하지 중장은 동경 맥아더사령부로부터 반송返送해 온 1910년 8월 20일에 체결된 우리 조선 3천만 동포의 역사상 일대 오점이었던 일한병합조약문과 구 한국정부의 인장, 옥새玉璽, 8개 기타 국치 서류 등을 오세창에게 반환 수교하자 다시 이를 당분간 군정장관이 보관했다가 우리 정부가 수립되면 돌려주기를 바란다고 러취 군정장관에게 전하였다. 곧 이어서 아놀드 소장, 러취 소장, 이승만, 김구 순서로 각각 뜻 깊은 기념사가 있었다. 다음으로 하지 중장, 아놀드 소장, 러취 소장, 뿌르스 대장 등 4씨에게 이화대학생 김용희 외 3인으로부터 각기 화속花束 진정進呈이 있고 시내 각 여자중등학교생으로 조직된 여자합창단의 해방기념가가 있었다. 이리하여 제1부를 마치고 제2부로 들어가서 별항과 같은 연합국가에게 보내는 메시지를 유억겸으로부터 낭독하고 이어서 역시 별항과 같은 결의문을 서정희가 낭독한 후 김구 선창으로 일동이 만세삼창을 고창하고 오후 1시40분 남북통일의 완전 자주독립에 용진할 굳은 결의를 다시금 새롭게 맹서한 후 폐회하였다.

◎ 대회 결의문

우리는 3천만 민중의 이름으로 좌기 사항을 결의함

1) 우리는 민족자결의 원칙과 진정한 민주주의에 기基한 자주독립국가 의 완성을 기함

1) 우리는 국론의 일치와 국제여론의 환기로써 카이로선언의 즉시 실 현을 기期함

1) 우리는 38선의 철폐로서 정신적 경제적 및 정치적 통일을 기期함

1) 우리는 국민의 총의로써 임시정부 수립의 촉진을 기期함

◎ 연합국에 메시지

평화해방 1주년 시민경축대회에서 4대국 원수와 및 맥아더 장군에게 다음과 같은 메시지를 보내기로 되었다. "우리 대한 시민대표단 일동은 이 평화해방 1주년 기념축하식에 참석하여 팟시즘 완전 격멸의 영광스러운 이날을 기념하는 동시에 귀국의 막대한 희생으로 말미암아 우리를 해방하여 주신 것을 무한히 감사합니다. 우리 대한국민은 일시라도 바삐 자유 독립을 원하오며 민주주의 대한국가가 세계 열방列邦의 일원으로 정당한 지위를 점령할 것을 간망하는 바입니다. 이 경축하는

날에 우리는 세계의 자유를 위하여 영웅적 전사를 한 모든 연합국의 수백만 장병의 명복을 빕니다. 그들의 존귀한 희생으로 말미암아 자유의 세계는 구원을 얻었으며 그들의 불멸의 공적으로 영원한 평화가 이 세상에 오기를 축원합니다."[17]

심지어 독일이 항복한 날조차 해방의 일부로써 기념되었다. 그 예로 1945년 5월 8일에 서울전승일戰勝日기념회라는 단체가 주최하는 '전승일 기념대회'가 훈련원에서 열렸다. 1945년 5월 8일 "팟쇼 독일이 연합국에 무조건 항복한 날을 영원히 기념하기 위한" 행사였다. 이날 행사는 '연합국에 보내는 감사 결의문 낭독'으로 마무리되었다.[18]

독립국가를 건설해나가는 하나하나의 단계들이 모두 감격스럽고 성스러운 사건들로 체험되었다. 특히 1948년은 이런 감동의 연속이었다. 예컨대 「서울신문」의 사설을 중심으로 보면, 1948년 5월 10일의 국회의원 총선거는 "자유의사에 의하여 우리의 대표자를 선출할 수 있는 성스러운 날"이자 "군주의 호령 밑의 일제의 폭압 밑에 생불여사生不如死의 신음을 해오던 우리 배달민족이 처음으로 사람다운 구실을 하게 되는 날"로 표현되었다. 같은 해 5월 31일의 국회 개원식을 맞이하면서는 "성스럽고 축복된 이날, 민주 조선 창건의 거보를 내딛는 이날, 감격이 벅차고 책무가 무거움을 깊이 느끼는 바이다"라고 했다. 또 같은 해 7월 17일의 대한민국헌법 공포에 대해 "군주정치·총독정치밖에 모르던 이 나라에 민주공화국이 생기어 국민이 주권을 가지고……민주정치의 세계적 일원이 된 것"이라고 평가했다. 같은 해 7월 24일 중앙청 광장에서 거행된 대통령 취임식에 즈음해서는 "우리 민족이 민의에 의한 대통령을 추대케 될 줄을 꿈이나 꾸었으랴? 이는 이승만 대통령 일개인의 영광뿐 아니라 삼천만 민족의 영예이요 자랑"이라는 감회를 토로했다.[19]

다음 인용문은 '대한민국 정부 수립 선포 및 광복 3주년'을 맞는 1948년

8월 15일의 남한 풍경을 묘사한 것이다. '정부 수립 기념 표어' 현상 공모, '대한민국 정부 수립 기념가記念歌' 제정, '정부 수립 기념우표' 발간 등의 이벤트와 부대행사들을 통해 대중적 참여를 적극 유도함으로써 단순한 기념식을 넘어 '국민을 형성하는' 민족적 축제로 발전시키려 노력하고 있음을 확인할 수 있다.

광복 3주년인 1948년 8월 15일 오전 11시부터 중앙청 광장에서 '대한민국 정부 수립 국민축하준비위원회'가 주최한 '대한민국 정부 수립 선포 및 광복 3주년 기념식'이 거행되었다. 준비위원회는 그동안 '정부 수립 기념 표어'를 현상 모집해 4,353편 가운데 1등 당선자 없이 2, 3등만 정했다. 2등은 '오늘은 정부수립 내일은 남북통일', 3등은 '새 나라 새 살림 너도나도 새 일꾼', '받들자 우리 정부 빛내자 우리 역사'였다. 이날 기념행사장에는 준비위원회가 마련한 〈대한민국 정부 수립 기념가〉가 힘차게 울려 퍼졌다.

독립운동가 오세창은 "8월 15일은 해방의 날이며 정부 수립 선포의 날임에 영원히 기념할 날이다. 우리는 세계의 평화와 자유에 공헌할 것을 맹세하는 바이다"라고 개회사를 했다. 이어서 연합합창단의 〈대한민국 정부 수립 기념가〉의 합창이 있었고, 이승만 대통령은 기념사에서 "동양의 한 고대국민 대한민국 정부가 회복되어서 40여 년을 두고 바라며 꿈꾸며 투쟁하여온 사실이 실현된 것입니다"라고 선언했다. 미군정청 사령관이었던 존 하지 중장은 축사에서 "일본 항복 3주년인 이 날에 대한민국 정부 수립을 축하하도록 된 것은 한국 국민의 위대한 업적을 표시하는 것입니다"라고 말했다. 기념행사 참석을 위해 방한한 맥아더 장군은 기자회견에서 "제2차 세계대전을 승리로 끝막은 8월 15일을 기하여 대한민국 정부가 수립하게 된 것은 의의 깊은 일로 나는 그 앞길을 무한히 축복한다"고 언급했다.

8월 15일 오후와 저녁에는 천주교 등 각계에서 '해방 기념 겸 대한민국 정부 수립의 날'을 경축하는 행사가 있었고, 정부는 '정부 수립 기념 우표'를 제작하여 판매하였다. 각 신문은 '대한민국 정부 수립일' 또는 '대한민국 정부 선포식'을 큰 제목으로 뽑아 이날 행사를 보도했다.[20]

실제로 이 행사는 "식전장인 중앙청 광장을 중심으로 개회 정각 전부터 각 정당 사회단체 청년단체 학생 등 수십만이 중앙청 정문부터 세종 태평 양 대로에 운집"한 가운데 개회(주악), 국기 계양과 애국가 제창, 개회사, 기념사, 〈대한민국 정부 수립 기념가〉 합창, 축사, 만세삼창, 폐회(주악)의 순서로 진행되었다. 식은 예정보다 다소 늦은 11시 25분에 시작되어 오후 1시 15분까지 2시간 가까이 진행되었다. 특히 태극기가 계양되는 가운데 애국가를 다함께 노래하는 대목은 참석자들로 하여금 엄청난 감동을 빚어냈을 것이다. 또 연합합창단이 노래한 〈대한민국 정부 수립 기념가〉의 1절과 2절 가사는 다음과 같았다.

> 3천만 무궁화 새로이 피라 / 반만년 이어온 단군의 피로 겨레들 모두 다 손을 잡으라 / 민족과 인류의 영원을 위해 우리는 받들자 대한민국을 / 다 같이 받들자 우리의 조국
> 삼천만 태극기 높이 올리라 / 산에서 또 바다에서 겨레들 일어나 활개를 치라 / 자유와 독립된 국민으로서 우리는 지키자 대한민국을 / 다 같이 지키자 우리의 조국[21]

중앙정부만이 아니라 지방정부들도 다채로운 기념행사들을 치러 축제분위기를 고조시켰다. 서울시의 경우 해방 3주년을 기념하는 연극, 교향악단 연주회, 문예 강연회, 노인·고아·장애인 4,500명 대상 기념품 증정 등의 행사를 따로 준비했다.[22] 여러 사회단체들도 저마다 고유한 특장

들을 십분 활용하여 거국적 기념행사의 대열에 속속 합류했다. 그 일환으로 전국문화단체총연합회(문총)는 1948년 7월 18일 정부 수립을 기념하기 위해 문학·영화·연극·음악·미술·사진 등 6개 위원회를 구성했다.[23]

그 이듬해인 1949년에도 중앙청 광장에서는 헌법 발포發布 1주년 기념식(7월 17일)과 정부 수립 1주년 기념식(8월 15일)이 성대하게 거행되었다. 특히 정부 수립 1주년 기념일에는 정부 차원에서 읍면 단위까지의 기념식과 국기 게양을 비롯하여, 독립축하연, 정·부통령에 대한 훈장 수여식, 육해공군 사열식, 보신각종을 비롯하여 전국에서 일제히 독립종獨立鐘 타종, 서울시민 가두행진, 과학전람회, 독립기념 운동경기대회, 기념 배급, 대한민국 발전상에 관한 화보·통계 전시, 취주악 행진대회, 소년범에 대한 특사特赦 등 3·1절을 능가하는 규모의 기념행사들이 거행되었다.[24] 이 가운데서도 국기 게양이나 독립종 타종, 국군 사열식, 취주악 행진대회, 시민 가두행진, 운동경기대회 등은 대중이 공통으로 갖고 있던 해방 당시의 감격스런 기억을 생생하게 되살림과 동시에, 그럼으로써 이 기념행사를 국민적 축전祝典으로 끌어올리려는 정교한 기획의 산물임이 분명하다. 이처럼 1년, 5년, 10년 단위로 이어지는 해방(광복)기념식, 헌법 발포 기념식, 정부 수립 기념식 등은 생생한 '집합적 열광' 상태에 보다 가까운 '자발적 커뮤니타스'를 '이데올로기적/규범적 커뮤니타스'로 변형시킴으로써, 원초적인 집합적 열광에서 도출된 이상적 비전·관념을 제도화하려는 시도들로도 해석할 수 있을 것이다.

약간 다른 시각에서 보더라도, 독립은 일회적인 사건이 아니었을 뿐 아니라 단번에 완성된 것도 결코 아니었다. 우선, 독립은 그것을 촉진하거나 방해하는, 서로 복잡하게 얽히고 영향을 주고받는 수많은 일련의 사건들 속에서 각고의 주체적인 노력들을 통해 비로소 달성되는 어떤 것이라는 관점, 즉 '성취로서의 독립'이라는 관점이 필요하다. 동시에 우리는 '일련의 사건들의 연속으로서의 독립' 내지 '과정으로서의 독립'이라는 관점, 즉 독립은 정치·경제·사회·문화 등 여러 영역들에서, 거대하거나 미시적인 여러 차원들에서 서로 다른 템포와 속도로 진행되는, 때로는 수차례의 단계들을 거치면서 점진적으로 진행되기도 하는 과정이라는 관점을 취할 필요가 있다.

예컨대 화폐의 독립도 점진적으로 진행되었다. 우선, 1945년 8월과 10월에는 은행권(지폐)에 급히 '무궁화 바탕무늬地紋'을 넣는 정도로 대처했다. 그러다 1946년 7월부터는 "일본색 제거를 목적으로" 일본 정부 휘장인 오동 문장과 일본 국화國花인 벚꽃을 무궁화 도안으로 변경했다. "일본 정부의 휘장인 오동 문장을 무궁화로 도안을 변경하여 (1946년-인용자) 7월에 정丁 100원권, 10월에 정丁 10원권, 12월 10일에는 병丙100원권 등을 발행하였으며, 1947년 6월에는 무戊100원권을 발행하여 은행권을 쇄신시켰다"는 것이다.[25] 좀 더 자세히 설명하자면 "이때까지 발행된 조선은행권은 일제시대의 도안 그대로 인쇄된 것이었으나 1946년 7월 1일 조선은행은 드디어 일본색을 일소하고 위조를 방지하기 위하여 인쇄 방식을 옵셋offset 인쇄에서 활판 인쇄로 변경한 조선은행 '정'丁 백 원권을 발행하였다. 즉 앞면의 일본 정부 휘장인 오동꽃을 우리나라의 국화인 무궁화로 바꾸고 일본은행권 태환兌換에 관한 일본어 문구를 삭제하고 또한 제조처의 표시도 '조선서적인쇄주식회사 제조'로 변경하였으며 뒷면의 일본 국화인 벚꽃을 무궁화로 대체"했다.[26] 지폐의 제조처에 주목해보면, (1) 1945년 8월 15일에는 '조선서적인쇄주식회사 및 근택인쇄소'였고, (2) 1945년 10월부터 1950년 6월까지는 '조선서적인쇄주식회사'였으며, (3) 전쟁 중인 1950년 7월부터 1952년 9월까지는 '일본내각인쇄국과 한국조폐공사'였다가, (4) 1952년 10월부터 1953년 1월까지는 '한국조폐공사', (5) 1953년 2월에는 '미국연방인쇄국', (6) 1953년 3월부터 비로소 '한국조폐공사'에서 비교적 안정적으로 발행하게 된다.[27] '조선은행'이라는 이름을 버리고 '한국은행'을 새로 창립한 것은 1950년 6월 12일의 일이었다. '최초의 한국은행권'

이 발행된 때는 1950년 7월 22일이었다. 그러나 그 후로도 오랜 시간이 지난 1959년 10월에 가서야 한국은행은 최초의 주화鑄貨를 발행할 수 있었다. 그나마 국내기술로는 주화 제조가 불가능하여, 미국 필라델피아조폐창에서 제조한 것을 도입하여 사용해야 했다.[28] 그야말로 "순수한 국내 기술로 주화가 주조 및 발행"되기 시작한 때는 1966년이었다.[29]

우표와 엽서의 독립도 여러 단계에 걸쳐 진행되었다. 우표의 경우, 1946년 2월 1일에 남한에서 해방 후 최초의 우표가 발행되었다. 그러나 그것은 "식민지 시대의 우표에 한글로 '조선우표'라는 글자와 액면가를 가쇄(인쇄한 위에 다시 인쇄하는 것)한 임시적인 것"이었다. 결국 "1946년 5월에 이르러서야 마침내 '해방을 기념하는' 오리지널 디자인의 기념우표('해방우표'라고 칭함)가 발행"되었다. 같은 해 6월 30일에 가서야 일본우표에 대한 사용금지 조치가 내려졌다. 그러나 이때까지도 해방우표의 인쇄는 여전히 국내가 아닌 일본에서 이루어지고 있었다. 해방우표가 발행된 지 5개월가량 지난 1946년 10월이 되어서야 비로소 우표의 인쇄가 처음으로 '국내'에서 이뤄졌다.[30] 결국 1946년 2월, 5월, 6월, 10월 등 네 단계를 거치면서 '우표 독립' 과정이 어느 정도 완결된 것이다. 임채숙과 임양택은 한국의 '우표 독립사'에서 1952년의 중요성을 강조한 바 있다. "현대에서 우리나라 손(서울정교사)으로 최초로 우표를 제작한 것은 1946년 광복 1주년 기념우표이다. 이것을 시발점으로 하여 1947~1952 보통우표를, 조선서적주식회사, 서울고래문화사, 동양정판사 등이 정판, 활판, 또는 평판 인쇄로 제조하였다. 한국조폐공사가 우리나라 우표를 직접 최초로 제작한 것은 1952년 5월 보통우표(태극기)와 제2대 대통령 취임기념우표였다."[31]

엽서의 독립은 우표보다 한층 늦었다. 1946년 5월에 해방우표와 같은 디자인의 '해방엽서'가 등장했지만, 이 역시 제작은 일본의 인쇄국에 발주되었다. 식민지 시대 엽서에 대한 사용금지령이 내려진 것은 1947년 7월 31일의 일이었다. 일본에서 제작된 해방엽서가 두 마리의 기러기가 그려진 새로운 국산 엽서로 완전히 대체된 때는 1953년 말이었다.[32] 결국 '엽서 독립' 역시 1946년 5월, 같은 해 7월, 1953년 말이라는 세 단계에 걸쳐 점진적으로 진행되었던 것이다.

방송·전파의 독립도 해방 후 2년이 지나서야 달성되었다. 1947년 9월 3일에 우리나라 방송이 국제무선통신회의로부터 일본 호출부호 대신 독자적인 호출부호를 배당받았던 것이다. 이를 기념하기 위해 1964년부터 이날을 '방송의 날'로 제정하여 기리고 있다.[33] 심지어 국정 국어교과서의 독립조차 단번에 이뤄지지 못했다. 1945년 12월 30일부터 1946년 5월 5일까지 『초등 국어독본』 상·중·하권이 차례로 간행되었는데, 이 교과서들은 조선총독부가 만든 『조선어독본』에 수록된 단원의 60% 정도를 고스란히 재사용한 것이었다.[34]

해방을 계기로 분출된 집합적 열광, 그 속에서 형성된 한민족의 유토피아적 커뮤니타스의 체험은 1945년 8월 15일부터 수일 동안, 1945년 10월 9일 해방 후 첫 번째 맞는 한글날에, 같은 해 11월 7일 해방 후 첫 번째 맞는 개천절에, 12월 1일 열린 임시정부 요인 환영행사에서, 1946년 3월 1일 해방 후 첫 번째 맞는 삼일절에 거듭거듭 재현되었다. 1946년 6월 윤봉길·이봉창·백정기의 유해가 일본에서 부산에 도착하고 7월 6일 거족적인 국민장을 치른 후 효창공원에 안장될 때도 중국에서 임정 요인들이 환국했을 때와 유사한 열광과 리미널리티 체험이 한반도 남반부를 감쌌다. 시민종교를 구성하는 다양한 요소들은 이런 집합적 열광, 변혁적 리미널리티, 해방의 커뮤니타스를 주기적·비주기적으로 재생시키는 기제와 장치들이라고도 말할 수 있을 것이다.

그런데 김백영은 해방 직후 분출했던 대규모 정치동원과 거대한 집합행동에서조차 식민지 말기 총동원체제와 광장정치의 영향을 읽어낸다. 물론 대중의 집합행동에서 해방 이전의 '강제성'과 해방 이후의 '자발성'

이 예리하게 대조되지만 말이다.

> 일제 패망 직후부터 정부 수립 전후까지 불과 3년 남짓한 짧은 기간 동
> 안 서울의 광장과 거리는 빈번한 대규모 정치적 동원과 거대한 집합행
> 동의 폭발적 분출로 특징지어진다. 주목할 것은 이것이 단지 광복의 흥
> 분과 민족적 감격 때문만이 아니며, 일제 총동원체제 하에서 빈번했던
> 기념식, 출정식, 추모식, 결의대회, 거리행진 등과 연속성을 띤 것이라
> 는 점이다.……공공공간에서의 집합행동은 일제 말기부터 이미 낯선
> 경관은 아니었다. 실제로 광복 직후 미군정기에 이루어졌던 대규모 기
> 념일 집회 가운데 다수는 일제 치하의 유산이었는데, 공간적 측면에서
> 그 연속성은 더욱 분명하게 드러난다. 해방공간 서울 시내에서 대중집
> 회가 행해진 대표적인 두 개의 공간은 서울운동장과 남산공원으로, 양
> 자 모두 경성운동장과 신궁광장으로 일제 말기 대중들에게 집합행동
> 의 장소로 익히 알려져 있던 곳이었다. 이러한 장소의 관성이야말로 일
> 제 전시 총동원체제가 탈식민 서울에 남긴 부인할 수 없는 가시적인 유
> 산이라고 할 수 있다.[35]

식민지 시대의 유산들을 한편으로 극복하고 다른 한편으론 재활용하
면서 대중의 거대한 감정적 에너지가 분출되었다는 사실은 역사의 아이
러니가 아닐 수 없다. 어쨌든 이런 집합적 열광의 한복판에서, 해방된 대
중의 열정이 제공하는 생명력을 흡수하면서, 한국 시민종교가 자신의 모
습을 드러내기 시작했다.

제 2장

신념체계

시민종교의 형성

이번 장에서는 '대한민국 시민종교'의 신념체계가 형성되는 과정을 '5대 교리'를 중심으로 살펴보려 한다. 대한민국 시민종교의 원형은 이른바 '48년 체제'를 통해 제시되었다. 1948년 당시 대한민국 시민종교는 민족 주의, 발전주의, 반공주의, 자유민주주의, 친미주의를 '5대 기본교리'로 하는 '반공-자유민주주의 시민종교'로 모습을 처음 드러냈다.

시민종교의 신념체계를 집약하고 응축한 시민종교의 신성한 경전들 sacred texts, 성서聖書도 형성되고 편찬되었다. 이 가운데서도 헌법과 교과 서가 특히 중요하다. 특히 1948년의 제헌헌법은 대한민국 시민종교의 '최 고 경전'이요 '신성한 계약 문서'였다. 헌법은 "정치공동체 최고의 규범" 이자 "국민의 삶을 담는 그릇"이며, 헌법 전문前文에는 "국가의 정치적 영 혼"이 응축되어 있다.[1] 제헌헌법은 전문에 "유구한 역사와 전통에 빛나 는 우리들 대한국민은 기미 삼일운동으로 대한민국을 건립하여 세계에 선포한 위대한 독립정신을 계승하여 이제 민주독립국가를 재건함에 있 어서 정의 인도와 동포애로써 민족의 단결을 공고히 하며 모든 사회적 폐 습을 타파하고 민주주의 제 제도를 수립하여 정치, 경제, 사회, 문화의 모 든 영역에 있어서 각인의 기회를 균등히 하고 능력을 최고도로 발휘케 하 며 각인의 책임과 의무를 완수케 하여 안으로는 국민생활의 균등한 향상 을 기하고 밖으로는 항구적인 국제평화의 유지에 노력하여 우리들과 우 리들의 자손의 안전과 자유와 행복을 영원히 확보할 것을 결의"한다고 대

내외에 선포했다. 또한 헌법 제1조는 "한 나라의 역사이자 현재이며 미래를 향한 예언적 소망"을 담고 있다. "근대국가 형성 과정에 부침을 겪었던 아시아 국가들은 헌법 제1조로 통치 원리를 못 박아 두었다. 대한민국이 민주주의를 내세운 것처럼 일본은 입헌군주제를, 중국은 노동자 중심의 사회주의를, 강대국 사이에서 자치권 투쟁을 해온 몽골은 독립국임을, 수천 년간 내분을 겪어온 인도는 연방제를 헌법 제1조에서 규정했다. 반면 독일, 프랑스, 네덜란드, 포르투갈 등의 서유럽 국가들은 헌법 제1조로 인권을 내세운다."[2] 대한민국 제헌헌법은 제1조에서 "대한민국은 민주공화국"임을, 그리고 제2조에서 "대한민국의 주권은 국민에게 있고 모든 권력은 국민으로부터 나온다"고 명시했다.

한편 교과서 가운데서는 역사와 사회, 국어, 윤리·도덕 교과서가 특별히 중요하다. 영토민족주의를 북돋는 지리교과서와 지도의 중요성도 종종 강조되었다. 지도자나 시민들은 시민종교의 경전에 집약적으로 수록된 시민종교의 핵심 교리와 신앙에 비추어 시민종교에 대한 배교, 이단, 신성모독, 일탈 등에 대한 판단을 내릴 수 있게 된다.

1. 민족주의

5대 교리 가운데 민족주의는 의심이나 이론異論의 여지없이 즉각 수용되었다. 민족주의가 시민종교의 신념체계 안으로 들어오는 것은 당연하고도 자명한 일로 여겨졌다. 해방 직후부터 개천절·삼일절·광복절·한글날 등의 국경일–기념일이나 국가 연호年號로 구성되는 국가력, 태극기·무궁화·애국가 등의 국가상징, 언어(한글), 역사(국사), 홍익인간 교육이념이나 일민주의 같은 국가이념, 효창공원·탑골공원 등의 민족주의 성지 창출, 독립운동가들의 장례, 스포츠민족주의와 국토민족주의에 이르기까지 민족주의적 열기가 거의 모든 삶의 영역들로 빠르게 확산되었다.

민족과 국가, 그리고 양자가 일체화된 민족국가를 성화함으로써 국민의 도덕적 통합의 구심으로 만들려는 시도는 이미 1948년 8월의 정부 수립 직후부터 시작되었다. '일민주의一民主義'를 국가이념 즉 국시國是로 제정하고,[3] '홍익인간弘益人間'을 교육이념으로 제정하고, 단기檀紀 연호를 도입하고, 개천절과 3·1절을 국가적인 경축일로 제정하는 일련의 작업이 이런 시도의 일부를 구성한다고 볼 수 있다. 일종의 '국가적 정화의례'라는 맥락에서 접근한다면, 반민족행위처벌법을 제정하고 반민족행위특별조사위원회(반민특위)를 설치하여 친일파를 처단하고 숙청肅淸하고자 했던 일도 이 같은 시도에 포함시킬 수 있을 것이다.

홍익인간의 교육이념화, 단기 연호 도입, 개천절과 3·1절의 국경일화 조치 등은 미군정 시기에 이미 한차례 결정되었던 사항을 신정부가 한층 강하게 공식화하면서 계승한 것이기도 했다. 예컨대 1945년 12월 20일 열린 미군정 교육자문기구인 조선교육심의회의 제4차 전체회의에서 교육의 근본이념(한국교육의 지도이념)을 "홍익인간의 건국이상建國理想에 터하여 인격이 완전하고 애국정신이 투철한 민주국가의 공민을 양성함"에 두기로 결정한 바 있었다. 1949년 12월 31일 제정·공포·시행된 '교육법'에서도 "교육은 홍익인간의 이념 아래 모든 국민으로 하여금 인격을 완성하고 자주적 생활능력과 공민으로의 자질을 구유하게 하여 민주국가 발전에 봉사하며 인류공영의 이상 실현에 기여하게 함을 목적으로 한다"고 제1조에 명시했다.[4]

영화와 연극에서도 '해방영화'나 '해방연극' 같은 민족주의적 소재와 주제를 다룬 작품들이 대중적 인기를 끌어 모았다. 국내에서 제작된 극영화의 경우 해방 후 한국전쟁 전까지는 '해방영화'라 불리는 항일·반일적 작품들이 주조를 이뤘다.[5] 연극 분야에서도 광복의 환희와 일제 잔재 청산, 3·1운동 등에 관한 것이 주종을 이뤘다.[6] 대중가요에도 해방의 감격이 담겼다. 사람들은 이를 '해방가요'라고 불렀다. 이 노래들에서는 '해방'과 '자주독립'과 '건국'의 주제의식과 함께, '민족의 꽃' 무궁화와 태극기의 상징이 강렬하게 등장한다. 해방 후 시간이 꽤 지난 1948년에 발표된 대중가요 〈울어라 은방울〉에도 식민지 시대의 '광화문통' 대신 '세종로'를 "해방된 역마차"가 태극기를 휘날리며 질주하는 모습이 묘사되어 있다.[7]

> 해방된 역마차에 태극기를 날리며 / 누구를 싣고 가는 서울 거리냐 /
> 울어라 은방울아 세종로가 여기다 / 삼각산 바라보니 별들이 떴네

이순신이나 안중근과 같은, 이전 시대에 이미 신성화된 반일反日 민족영웅들의 일부가 해방 후 다시금 중요한 기념 대상으로 떠올랐다. 두 민족영웅의 동상을 세우려는 움직임이 해방 직후부터 꾸준히 있었다. 이런 시도 중 상당수가 결실을 맺지 못했지만, 1952년 4월 13일 진해에서 충무공 동상이 제막된 일, 그리고 1959년 5월 23일 남산에 안중근 동상이 제막된 일은 특별히 강조할 만하다.[8] 여기서 안중근 동상의 경우는 그 이전에 세워진 이승만의 동상에 후광을 제공하거나, 그와 결합하여 남산을 새로운 민족적 성소로 만들려는 의도의 산물이기도 했을 것이다. 미군정 시기에 발행된 보통우표에는 '이순신 장군'과 '거북선', 그리고 '이준 열사'와 '독립문'이 그려진 네 종류의 우표가 포함되었다. 독립정부 수립 후 최초로 발행한 보통우표에도 이순신·이준 두 인물을 주제로 한 우표가 각각 포함되었다.[9]

해방 직후부터 독립운동사 편찬 작업을 비롯하여, 민족을 위해 목숨을 바친 '순국殉國' 독립운동가들을 위한 동상 건립과 기념사업회 구성, 독립운동가들을 개별적으로 혹은 집단적으로 추모하는 추도식이나 위령제 거행, 독립운동이나 해방을 기리는 기념조형물 건립 등도 열정적으로 추진

안중근 의사 동상 제막식
사단법인 '안중근 의사 기념사업협회' 주관으로 서울 남산에 안중근 의사 동상이 건립되었다.
1959년 5월 23일 거행된 제막식 모습이다.

되었다. 한 예로 1945년 10월 18일에 "사계의 권위자들이 힘을 모두어 조선독립운동사를 편찬하고자" 조선독립운동사 편찬발기인회가 조직되었다. 또 이날 출범한 발기인회를 모태로 향후 편찬사업을 주관할 '조선충의사朝鮮忠義社'를 설립함과 동시에 "순국열사들의 충혼을 위로하는 위령제, 해방기념탑의 건설"도 추진하기로 결정되었다고 한다.[10] 또 1946년 3월 기미독립선언기념사업회는 여러 의견을 수렴하여 3·1운동 기념사업으로 기념관, 기념공원, 기념도서관, 기념탑, 기념체육관 건립 등을 추진하기로 했다.[11] 특히 1946년 2월 12일에 열린 기미독립선언기념전국대회 준비위원회에서는 '독립기념관' 건립에 대한 논의를 본격화했다. 같은 해 8월 15일에는 동아일보사가 '독립회관' 건립 기성운동을 시작했다.[12]

역사와 인물에 대한 고조된 관심은 국토·향토와 유적·문화재에 대한 관심으로 확산되었다. 향호애, 국토애를 함양하려는 다각적인 활동들이 해방 직후부터 등장했다. 1946년부터 조선산악회가 사회단체와 정부의 후원을 받아 전개한 국토구명운동, 1945년 9월 설립된 조선여행사가 주도한 국토관광 프로그램이 특별히 주목할 만했다. 조선산악회의 국토구명운동에는 고적古蹟 탐방 행사는 물론이고 전람회, 강연회, 신문보도, 기록영화 등 다채로운 매체들이 활용되었다. 이런 민간 주도 움직임과 나란히, 국가가 주도하는 고적 조사 및 '고적·명승·보물 애호운동'도 대대적으로 전개되었다. 여기에는 고적 조사와 발굴, 1946년 4월 설립된 '국립민족박물관'을 비롯한 박물관의 설립과 전시행사, 원족遠足과 교과수업을 포함하는 학교교육, 기념우표 발간 등이 포함된다. 특히 군정청 문교부 교화국은 '국보·고적·명승지·천연기념물 보존회'를 결성하고, 1946년 4월 '보물·고적·명승·천연기념물 애호주간', 1948년 4월 '국보·고적·명승지·천연기념물 애호주간'을 선포하여 다양한 행사들을 개최했다. 1949년 4월과 1950년 4월에도 '애호주간'이 선포되는 등 대한민국 정부 설립 후에도 국가의 '고적·명승·보물 애호운동'은 지속되었다. 동일한 취지에서 해방 후 미군정 시기에 발행된 보통우표에는 첨성대와 신라시대 금관을 주제로 한 우표가 포함되었다. 독립정부 수립 후 최초로 발행된 보통우표에도 첨성대, 다보탑, 남대문을 주제로 한 우표들이 포함되었다.[13]

지리학계와 지리교육계를 중심으로 한 국토애·향토애 증진 운동도 해방 직후부터 활성화되었다. 여기서 1945년 9월 중등학교 교사들을 주축으로 창립된 조선지리학회가 중요한 역할을 담당했다. 미군정청과 대한민국 문교부는 1946년 9월 '사회생활과'의 일부로 시작된 지리교육의 맥락에서 지리 교과서 및 지리부도 편찬, 지도의 생산 등에 적극적이었다. 조선지리학회의 주도와 협력 속에 군정청은 1945년 10월부터 국정지리 교과서편찬위원회 구성과 지리 과목 교안 심의를 진행했다. 1946년에는 중등교사 양성을 위해 서울대 등에 지리학과를 설치한 데 이어, 1946년 9월 신학기부터는 사회생활과 교과의 일부로 지리교육을 시작했다. 당시 문교부는 국어·과학·사회생활을 가장 중요한 교과로 간주하고, 사회생활과의 내용을 역사·지리·공민·경제로 구성했다. 군정청은 해방 1주년을 맞는 1946년 8월에 측량과 지도 제작을 계획하고 실행하여 1947년 10월 『새조선지리부도』를 출판했다. 정홍헌·이기섭·이부성의 『조선지리』(1946년)와 박노식의 『신조선지리』(1947년) 등 한국지리서들도 잇달아 출판되었다.[14] 미군정기 보통우표에 한반도 지도가, 해방 1주년 기념우표에 '까치와 한반도 지도'가, 한국 정부가 최초로 발행한 보통우표에 '한반도 지도와 까치', 금강산, 해금강, 인삼을 주제로 한 우표가 포함되었던 것도 국토민족주의를 고취하려는 목적의식의 발로이리라.[15]

종교 영역에서도 민족주의가 강하게 표출되었다. 해방을 계기로 대종교大倧教·천도교天道教 등 이른바 '민족종교'의 급성장이 두드러졌다. 대종교는 시민종교가 제도종교의 형태로 구체화된 대표적인 사례라 할 만하다. 물론 역으로 대종교가 보존해온 단군신앙 역시 한국 시민종교 형성에 크게 기여했다고 평가할 수 있을 것이다. 대종교는 해방 이듬해에 본부를 중국으로부터 환국시킨 후 임시정부 계통 정치인들의 후광 아래 빠른 속도로 교세를 늘려나갔다. 더욱이 이시영 부통령을 비롯하여 이범석·안호상·정인보·명제세 등 대종교 신자들이 초대 내각에 입각하고, 제헌의원으로 10여 명의 대종교 신자가 당선되고, 안호상 문교부 장관의 노력으로 개천절이 국경일로 제정되자, 교세는 더욱 비약적으로 성장했다.[16] 김홍철에 의하면 "해방 후 전국 각지에 단군사당이 세워져 1970년까지 31개의 사묘가 세워졌다."[17] 박효달이 설립한 한울협회도 해방 후 남산의 한 석굴에 단군상을 봉안하여 '단군굴'이라고 부르면서 남산을 단군 숭배의 공간으로 만들려고 시도하기도 했다.[18]

2. 반공주의

대한민국 정부의 엘리트들은 반공주의를 적극적으로 부각시켰다. 미군정 치하에서 반공주의는 식민지엘리트들이 아래로부터의 격렬한 과거사청산 운동으로부터 자신과 가족의 생명·재산을 보존하기 위한 생존수단이었다. 아울러 반공주의는 식민지엘리트 출신 우파 세력이 향후 수립될 국가권력의 성격 및 주체를 결정짓기 위한 격렬한 좌우익 투쟁에서 사회주의자들과 맞서기 위한 유력한 무기였다. 이처럼 대한민국 정부 수립 이전까지 반공주의는 무엇보다 식민지엘리트 세력의 생존수단이자 정치투쟁 무기였다. 바로 그 때문에 반공주의는 아직 충분히 대중적으로 공유되지 못했다고도 말할 수 있었다.

그러나 미군정이 종료되고 대한민국 정부가 수립되면서 사태는 근본적으로 뒤바뀌었다. 주지하듯이 남한에서 벌어진 3년 동안의 좌우익 투쟁에서 최종적으로 승리한 이들은 식민지엘리트들을 주축으로 한 우파 세력이었다. 이들이 국가권력을 장악함에 따라 특정 정치세력의 생존수단이자 투쟁 무기에 불과하던 반공주의가 한 국가의 국시 내지 국가이데올로기로 격상되었다. 이보다 중요한 사실은 반공주의가 국시·국가이데올로기로 격상됨으로써 반공주의에 동의하지 않는 이들을 처벌하고, 그들로부터 '국민'의 자격을 박탈할 수 있게 되었다는 점이다. 김현선도 지적했듯이 이제 "반공주의자가 아닌 자"는 국민 형성 과정에서 배제 대상이 되었다.[19] 반공에 동의하지 않는 이들은 심지어 '비인간', 즉 인간의 자격마저 인정받지 못하는 존재로 간주되기도 했다. 미군정 시기에 반공주의가 '식민지엘리트의 생존수단'이었다면, 대한민국 정부 수립 이후에는 반공주의가 '일반 대중의 생존수단'으로 돌변했던 것이다. 해방 직후 민족 기준, 즉 민족-반민족을 가르는 기준에 의해 '비국민' 취급을 받았던 식민지엘리트들이 이제는 이념 기준, 곧 반공-용공容共 혹은 반공-친공親共 기준을 무기 삼아 국민-비국민의 경계획정권력을 휘두르게 되었다.

여순사건이 반공주의 강화에 결정적인 계기로 작용했다.[20] 여순사건 이후 예술과 언론이 적극적으로 동원되는 가운데 '전투의 심미화審美化'가 시도되었다. 아울러 이 사건 이후 화려한 전사자 의례가 개최되고, 이 의례에 광범위한 대중이 동원되었고, 반공주의적 기념비들이 등장했고, '육탄10용사' 같은 반공주의적 대중영웅들이 창출되기 시작했다. 여순사건을 계기로 '반공국가'와 '반공국민'이 본격적으로 형성되었다. 무엇보다 중요한 일은 여순사건 직후 국가보안법이 제정된 사실일 것이다. 국가보안법은 "반공국가를 제도화"한 것이었다.[21] 이내 공포의 대상이 된 국가보안법은 반공주의에 동의하지 않는 시민들에 대한 처벌 의지를, 그것도 최대한 가혹하게 처벌하겠다는 지배층의 의지를 만천하에 공개 표명한 것이기도 했다. 여순사건을 계기로 초대 국방부 장관 이범석이 국군의 정신적 지표로 공포한 실천구호가 '국군 3대 선서'였다. 이 선서는 "공산주의를 핵심적인 적으로 규정, 반공이데올로기를 강화"하는 것이었다. 그 내용은 "① 우리는 선열의 혈족을 따라 죽음으로써 민족국가를 지키자. ② 우리의 상관 우리의 전우를 공산당이 죽인 것을 명기하자. ③ 우리 군인은 강철같이 단결하여 군기를 엄수하여 국군의 사명을 다하자"는 것이었다.[22]

초기적인 형태로나마 '민족주의와 반공주의의 수렴' 현상도 1940년대에 나타났다. 1940년대에는 민족주의와 반공주의 둘 모두가 열정적으로 추구된 이념이자 가치였다. 대한민국 정부 수립 이후 반공 전사자 합동위령제 그리고 3·1절과 광복절은 가장 큰 국가 행사가 되었다. 이 시기에 민족주의-반공주의 수렴의 숨은 논리hidden logic는 "공산주의자들이 제국주의적-팽창주의적 소련의 지배를 받는 '괴뢰'라는 것, 따라서 '진정한 독립'은 여전히 미완성이고 공산주의의 음모와 도전을 이겨내야만 비로소 도래한다"는 것 정도로 요약될 수 있다. 반공주의-민족주의의 보다 원숙하고 자연스러운 결합 형태는 한국전쟁 이후에 본격적으로 나타났다.

우리는 반공주의의 국가주의적 성격에도 주목할 필요가 있다. 대한민국이라는 국가의 핵심 지배세력은 식민지엘리트 출신들이었다. 이들에게 반공주의는 식민지 시대부터 익숙했던 그 무엇이었다. 해방 직후의 과거사청산 정치와 좌우익 투쟁 과정에서 식민지엘리트 출신들이 생존수단이자 정치투쟁의 무기로써 되살려내고 활용했던 반공주의는 식민지 말기의 조선을 지배했던 '국가주의적이고 전체주의적이고 군사주의적인 반공주의'였다. 이 반공주의는 의회민주주의, 정당민주주의, 나아가 정당제도 자체를 불신하는 파시즘 이데올로기와 단단히 결부되어 있었다. 식민지엘리트 그룹 내에서 '반공주의와 국가주의의 친화성'이라는 특징이 매우 뚜렷하게 나타났다. 식민지엘리트들이 해방정국에서 지독히 선호했고 대한민국이라는 나라에 고스란히 이식한 반공주의는 미국식이나 영국식의 '자유주의적 반공주의'가 아니라, 일본·독일·이탈리아 등 파시즘 국가들을 지배했던 '국가주의적 반공주의'였다.

그러나 48년 체제로 발현된 최초의 대한민국 시민종교에서 자유민주주의는 반공주의 못지않게 중요한 핵심 교리 중 하나였다. 따라서 원리적인 측면에서만 보자면 48년 체제는 '국가주의적 반공주의'가 아니라 '자유(민주)주의적 반공주의'를 지향하게끔 방향 지어져 있었다. 그럼에도 불구하고 1948년 말 국가보안법 등장 이후 반공주의에 내장된 국가주의적 성격이 뚜렷하게 드러나기 시작했고, 한국전쟁 발발 이후에는 국가주의적 성격이 전면적으로 발현되었다. 따라서 1949년 혹은 한국전쟁 발발 이후 자유주의적 반공주의의 흐름은 시민종교의 예언자 진영만으로 축소되었다.

　　요약하자면, 해방 후 국가주의적 충동을 내장한 한국 반공주의의 발전 과정은 (1) 여순사건을 계기로 한 반공국민/반공국가의 형성, (2) 국가보안법 제정을 통한 반공국가의 제도화, (3) 한국전쟁을 통한 반공주의의 내면화, 반공국가의 공고화·심화라는 세 단계를 거쳤다고 말할 수 있을 것이다. 그러나 전쟁 이전 시기의 반공주의가 지녔던 위세와 영향력에 대해 과장해선 안 된다는 게 필자의 생각이다. 한반도의 적대적 분단이 제도화된 1948년 8월 이후 38선 이남 지역에 살던 사람들, 곧 식민지엘리트들이 아닌 일반 대중은 반공이 생존수단이라는 것, 반공 진영 편에 가담해야 안전하고, 반공주의에 동의하고 편승해야 생존을 도모할 수 있다는 것을 직감적으로 알아차렸다. 그러나 반공주의는 말 그대로 생존수단일 뿐, 그 이상도 그 이하도 아니었다. 보다 긍정적인 측면에서, 반공주의는 진심에서 우러나는 찬동이나 찬양의 감정을 불러일으키거나, 그것을 자신의 신조信條로 수용하고 인정하고 나아가 고백할 만한 대상은 되지 못했다. 보다 부정적인 측면에서, 사람들은 공산주의·사회주의에 대해 공포심과 결합된, 본능적인 혐오감과 적대감을 느끼는 수준에까지 이르지는 못했다. 오히려 민중이 보다 직접적으로 공포를 느꼈던 대상은 남한의 지배세력이고 국가권력이었다. 심지어 남한의 지배세력을 친일파나 출세주의자·기회주의자들로 여겨 혐오하는 이들도 적지 않았다. 일반 대중이 점차 반공주의를 수용하게 되었음은 분명했지만, 그것은 어디까지나 목숨을 부지하기 위한 '방편적 선택'이었다. 반공주의는 아직 대중의 마음을 사로잡지 못하고 있었다.

3. 발전주의

한국에서 발전주의developmentalism는 1880년대에 '개화·문명 담론'이라는 형태로 처음 등장했다. 이후 '문명 담론'과 '발전 담론'이 발전주의 내부에서 경합적으로 공존하게 되었다.[23] 식민지기를 거쳐 해방이 되었을 때도 다시금 근대화 열망이 분출했다. 개항 후 개화파와 대한제국에 의한 '제1근대화', 1910년 이후 식민지적 근대화로 특징지어지는 '제2근대화'에 이어, '제3근대화' 시대가 해방을 계기로 시작된 셈이었다. 오로지 귀속재산(적산)과 미국의 원조에 의존해야 했다는 점에서 자본과 기술 측면에선 대단히 부족했지만, '식민지 근대화'와는 달리 한국인으로 핵심 경제주체가 바뀌었고, 경제적 잉여의 식민지적 대외 유출 구조는 국내순환 구조로 대체되었다.

1948년에 발표된 〈럭키 서울〉이라는 대중가요가 해방 직후의 근대화 열망을 잘 보여주는 사례일 것이다. 이 노래에는 태양의 거리, 희망의 노래, 청춘의 거리, 시민의 합창곡, 흥겨운 역마차 소리 등 낙관적 분위기와 함께 타이프 소리, 빌딩가街, 건설 등 근대사회의 이미지가 넘쳐났다.

서울의 거리는 태양의 거리 / 태양의 거리에는 희망이 솟네
타이프 소리로 해가 저무는 / 빌딩가에서는 웃음이 솟네

너도 나도 부르자 희망의 노래 / 다 같이 부르자 서울의 노래

SEOUL SEOUL 럭키 서울

서울의 거리는 청춘의 거리 / 청춘의 거리에는 건설이 있네

역마차 소리도 흥겨로워라 / 시민의 합창곡이 우렁차구나

너도 나도 부르자 건설의 노래 / 다 같이 부르자 서울의 노래

SEOUL SEOUL 럭키 서울

　비록 경제는 어려울지라도 지배엘리트는 독립정부 수립 직후부터 국민들에게 근대주의적 가치관을 주입하고 계몽하는 데 열심이었다. 미신타파운동이나 신생활운동 등이 그런 사례였다. 예컨대 독립정부 수립 직후인 1949년 10월에 문교부는 "문화민족으로서 수치스런 미신을 타파하여 신생국가의 새로운 생활부면을 개척하고자" '미신타파주간'을 정해 무당과 판수에 대한 일제단속을 벌였다.[24] 신생활운동을 주도한 문교부와 애국연맹은 그 직전인 1949년 8월 관혼상제冠婚喪祭 전반에 걸친 의례준칙과 생활표준을 작성하려는 노력의 일환으로 먼저 '국민 식생활 개선요령'과 '국민 의복 개선요령'을 발표한 바 있다. 이때 식민지 시대의 '국민복國民服'과 유사한 '건국복建國服'이 남성 공무원의 표준 복장으로 제시되기도 했다.[25] 당시 문교부가 발표한 국민의복개선요령에 따르면, "스탠 깃의 해방 전의 국민복과 유사한 형태의 건국복이 남자 공무원복으로 제시되었다. 여자 공무원의 경우, 봄, 가을, 겨울에는 코트와 바지를 착용하고, 여름에는 블라우스와 스커트를 착용하고 양말이나 덧버선을 신도록 하였다. 한복을 착용할 경우에는 조끼허리통치마를 입고, 근로할 때는 몸뻬를 입도록 하였다. 남녀가 같이 개선할 점으로는 반드시 색복色服으로 하고, 옷고름은 없애고 단추로 고치고, 세탁할 때마다 뜯어 빠는 불경제한 폐단이 없도록 박아 짓도록 하였으며, 다듬이를 폐지하고 세탁하고 다리기만 하면 입을 수 있도록 하였다. 그리고 실용가치가 적고 사치한 옷

감을 짜지 말 것을 결정하였다."[26] 전쟁 전의 국민생활합리화운동은 전쟁 발발 후 전시생활개선법과 국민생활검소화운동으로 이어졌다.[27] 남자들의 '근대화된' 복장에만 초점을 맞춰본다면, 식민지 시대의 '국민복'은 이승만 정부 시대인 1950년대의 '건국복'을 거쳐, 박정희 정부 시대인 1960년대의 '재건복再建服'으로 이어졌다.

한국전쟁은 근대화를 위한 사회경제적 기반을 심대히 파괴했다. 그럼에도 불구하고 전쟁은 발전주의적 가치관과 열망의 확산에 결정적으로 기여했다. 전쟁이 강요한 극도의 빈곤과 계층적·경제적 하향평준화는 사회 구성원 모두가 한결같이 근대화를 갈망하고 꿈꾸게 되었다는 측면에서 '감정과 욕망의 통일'을 선물했다. 전쟁은 근대화에 대한 갖가지 사회문화적 장벽과 장애물들이 제거된 시기이기도 했다. 가족의 생계를 책임질 수밖에 없었던 전쟁 과부들이나 군수물자 생산에 동원된 여성들을 비롯하여, 농업 이외의 영역에서도 여성의 경제활동 참여가 획기적으로 높아졌다. 과학기술교육의 중요성이 강조된 반면, 예전에 비해 직업의 귀천을 덜 따지게 되었다. 이런 선결조건들이 전쟁을 통해 제공되지 않았더라면, 1960년대 이후의 거침없는 근대화 질주는 명백히 불가능했을 것이다. 설사 자본·기술과 사회경제적 인프라의 부족으로 '마음만의, 계획만의 근대화'에 그쳤을지언정, 전쟁을 계기로 조성된 사회문화적-사회심리적 환경이 실질적인 근대화에 대단히 중요했다. 일찍이 막스 베버가 『개신교 윤리와 자본주의 정신』과 후속 저작들에서 경제 발전이나 경제체제 이행을 위한 사회심리적-윤리적 토대의 중요성을 강조한 바 있거니와, 20세기 후반의 남한에서도 한국전쟁을 계기로 그와 유사한 사회심리적-윤리적 토대가 마련되었다고도 말할 수 있었다.

전쟁이 터지자 한국 정부는 "전방은 진격, 후방은 건설"이라는 구호를 내세웠다. 1951년 전매청으로 승격되는 재무부 전매국이 그해 발매한 '건설' 담배에도 이런 뜻이 담겨 있었다.[28] 1955년의 국민명랑화운동도 '재건再建'으로 충만한 사회분위기를 보여준다. "1955년 전쟁의 상흔을 씻겠다는 듯 대대적인 '국민명랑화운동'이 전개된 가운데 8월에 나온 새 담배의 이름은 '백양', '탑', '풍년초', '파랑새'였다. 파랑새 담배를 피우며 희망을 잃지 말라는 뜻이었을까?"[29] 종전 직후인 1954년부터 대한주택영단을 비롯한 여러 기관에서 서울 교외에 9~15평 규모의 공동주택을 표준설계도에 따라 수십 혹은 수백 채 단위로 건설하기 시작했다. 이 공동주택들은 처음에는 "재건주택"으로 불렸고, 이 밖에도 "희망주택, 부흥주택" 등의 다양한 이름을 갖고 있었다.[30] 누구든 재건·부흥 등의 이름에서 발전주의적 가치관을 손쉽게 읽어낼 수 있을 것이다.

해방 후, 그리고 전쟁으로 인한 엄청난 파괴를 겪은 후에도 철도 교통망의 대대적인 확대, 그리고 운행속도 및 이동시간의 현저한 단축이 이루어졌다. 철도와 통신은 '근대성의 근대성'이라고 부를 수 있을 정도로, 오랫동안 근대성과 발전주의의 탁월한 상징이었다. 철도와 통신은 뿌리 깊은 지역성을 초월하여 전국 단위에서 동시적인 '시간 감각'을 발전시키고 민족 성원들이 공동체적 네트워크로 서로 연결되어 있다는 '관계 감각'을 발전시켰다. 그럼으로써 철도와 통신은 민족의식을 형성하는 데서도 결정적인 수단으로 기여했다. 전국적인 민족의식 형성의 유력한 '문화적' 수단이 신문과 소설이었다면,[31] 그리고 전국적인 민족의식 형성의 '의례적' 수단이 국가적인 추도일·경축일에 즈음한 전국 동시 묵념이나 동시적인 국기 게양이나 전국 동시 중계방송 등이었다면,[32] 철도와 전신은 전국적 민족의식 형성을 위한 최상의 '산업적' 수단이었다. 퍼트넘이 지적했듯이 "철도와 전신은 미국을 3백만 제곱마일에 걸쳐 '섬처럼' 서로 떨어져 고립된 소규모 공동체들의 집합에서부터 하나의 통합된 국가적 경제단위로 변모시켰다."[33] 특히 철도는 "근대적 시공간의 탄생"에 결정적으로 기여했다고 말할 수 있을 만큼 그 자체가 근대성의 상징이면서, 동시에 지배층의 정치이념을 대중에게 전달하고 관철시키는 수단이기도 했

다. "평상시 시간 개념의 확립에 큰 영향을 미친 기술엔 철도·전신·신문
·라디오 등이 있었는데, 이 중에 으뜸은 철도였다. 기차역엔 어김없이 시
계탑이 섰고, 기차는 그 시계탑의 시계가 가리키는 시간에 따라 어김없이
출발했다. 철도가 통과하는 각 지역의 시간은 기차 시간을 중심으로 통일
되었다. 철도 이용은 근대적 시간 규율을 내면화하는 과정이었다. 철도는
중앙집권성을 강화하는 동시에 전국을 균질화하는 효과를 내기 마련이
었다."[34]

해방 직후 조선철도주식회사(충북선, 경동선, 안성선), 경남철도주식회사(충
남선, 경기선), 경춘철도회사(경춘선), 삼척철암주식회사(철암선, 삼척선) 등의 사
설철도는 모두 국유화되었다. 1949년에는 산업철도인 함백선과 문경선
건설공사가 시작되었다. 전쟁으로 많은 피해를 입었지만, 1951년에는 모
든 철도에서 열차의 정상 운영이 가능해졌다. 뿐만 아니라 전쟁으로 중단
되었던 산업선 건설 공사를 재개하거나 새로 시작하여 옥구선, 영동선,
태백선, 강경선을 차례로 개통시켰다.[35] 1945년 12월 27일 "처음으로 우
리 손으로 만든 기관차"가 생산되었다. 1946년 5월 비록 국산 부품이나
기술은 아닐지언정 용산공작소에서 근무하는 "우리 기술진과 생산물자"
에 의해 제작된, 처음으로 "한국인의 손으로 만들어진 유선형 열차"가 등
장했다. 1954년 4월부터는 유엔군이 사용 중이던 4대를 인수받아 처음으
로 디젤기관차를 운행하게 되었고, 1959년 6월에는 서울공작창에서 최초
의 국산 객차가 제작되었다.[36]

1948년 현재 선로 총 연장은 2,684.3km였는데, 1951년에 2,635.6km로 전
쟁 전의 수준을 거의 회복했고, 1952년에는 38개 노선 2,713.7km로 전
전 수준을 능가하기 시작했다. 전쟁이 끝난 후 1950년대 말까지 사천
선, 문경선, 영암선, 충북선 등이 신설되었고, 함백선과 능의선의 공사
가 새로 시작되었다. 교통부 자료에 따르면, 1958년 말 현재 궤도 총 연

장은 4,568.6km에 이르렀다. 이에 따라 철도의 1일 평균 수송 인원은 1951년의 65,949명에서 1960년에는 207,352명으로 증가하여 대중적 교통수단으로서의 면모를 되찾았으며, 1일 평균 화물 수송량도 1951년의 35.7톤에서 1960년에는 39.5톤으로 증가했다. 또한 서울-부산 간 특급열차의 운행시간은 1946년 5월 현재 9시간 40분이었고, 1954년 8월까지도 9시간 30분에 머물러 있었으나, 1960년 2월에는 6시간 40분으로 단축되어, 전쟁 이후 무려 3시간 가까운 시간적 압축이 이루어졌다. 이같은 열차시간의 단축은 언론에 의해 대대적으로 보도되어 세인의 이목을 집중시켰는데, 그만큼 시간 감각의 통일성 증진과 일상생활 양식의 변화는 전국적인 수준에서 진전되고 있었다고 할 수 있다. 아울러 매우 흥미로운 점은, 경부선 특급열차의 이름이 미군정기에는 '해방자호'였다가 종전 이듬해인 1954년 광복절을 기해 '통일호'로 바뀌며, 1960년 2월에는 다시 '무궁화호'로 바뀐다는 사실이다. 1954년부터 호남선에 운행되기 시작한 특급열차는 '태극호'로 명명되었다. 이는 지배자들이 자신들의 근대화 성과(한국인들에게 철도는 그 등장 이래 '근대'의 상징이었다)를 어떻게 국가이념을 강화하는 방향으로 이용하고자 했는가를 잘 보여준다.[37]

철도는 그 자체가 '국민계몽'의 수단이기도 했다. 특히 1959년 7월에는 '철도계몽선전반'(철도선전이동반)을 조직하여 전국 순회공연을 펼쳤다. 이 공연은 대체로 무료 야외공연으로 진행되었으며 국민의례로 시작되어 연예인들의 공연, 영화 상영 등을 포함하고 있었다.[38]

종전 후 이승만 정부는 '부흥부復興部'를 신설하여 중장기적인 경제개발계획을 마련하기 시작했다. 아울러 학교교육을 통해 신세대에게 근대적인 가치관을 주입하는 데 주력했다. '1인1기一人一技 교육'과 '생산교육'을 강조했고 실업계 학교의 확충을 장려했다. 나아가 이렇게 변화된 학생

들, 그리고 보건소 네트워크를 통해 농촌으로 근대적 가치들이 확산되게
끔 기도했다.

전쟁으로 인한 산업기반의 파괴와 민중의 궁핍화는 전후 자연스럽게
재건과 부흥의 과제를 제기하게 되었다. 이러한 사회적 요구에 성공적
으로 부응할 경우 집권엘리트층은 자신만의 또 다른 전통, 또 다른 정
통성의 원천을 확보하게 될 것이고, 그런 만큼 헤게모니적 사회통합의
가능성도 커질 것이었다. 그들은 전쟁이 끝난 후 철도·도로·교량의 복
구와 신설, 발전소의 건설과 전력의 증산, 비료·시멘트·판유리 등의
대규모 공장 건설, 원자력법 및 원자력원原子力院의 설치 그리고 실험
용 원자로 도입 등의 원자력 연구 등 사회간접자본의 건설에 주력하고,
또 이런 성과를 국민들 앞에 대대적으로 홍보했다. 정부는 '부흥부復興
部'를 신설하고 몇 차례에 걸쳐 야심찬 경제개발계획을 발표하여 국민
들에게 근대화에 대한 희망을 품게 하기도 했다. 1950년대 중반 이후
에는 '국산품' 전시회와 박람회를 자주 열고, '국산' 로켓을 비롯하여
국산 자전거·라디오·택시·버스, 심지어 국산 맥주와 한글타자기, 국산
필터담배 등의 생산능력을 국민들에게 가시적으로 보여줌으로써 작으
나마 민족적 자부심마저 느낄 수 있도록 해 주었다. 국가 형성의 시기
에 이른바 '국산國産'이라는 형용사가 주는 국민 형성적 마력은 대단한
것이었다. 또 비록 외국산 제품이거나 원조의 산물일지언정 메디컬센
터(국립중앙의료원)의 건립, 제트기·디젤기관차·트랙터의 도입 등도 국
민적인 축제 분위기 속에서 기념되었다. 집권 엘리트들은 또한 학교교
육을 통해 새 세대에게 근대적인 가치관과 기술을 갖추도록 요구했다.
정부는 인문계 학교의 설립을 억제하고 실업계 학교의 확충을 장려하
였고, 인문 대 실업의 학생 비율을 3 : 7로 하겠다는 방침을 갖고 있었
다. 이런 맥락에서 '1인1기—人—技 교육'과 '생산교육'을 지속적으로 강

조했다. 이러한 노력들은 적어도 젊은 세대에게서 상공업을 천시하는 풍조를 약화시키는 데 어느 정도 기여했을 것이다. 또 정부는 순회계몽반과 학생 향토계몽을 통해 농촌계몽사업을 전개하고 농촌 개발에 착수함으로써, 인구의 대다수를 구성하는 농민들에게도 근대화에 대한 열망을 고취하려고 노력했다. 정부에 의한 '보건소保健所'의 확충 및 활동 내용 역시 농촌에서 문맹퇴치 활동이나 계몽운동과 유사하게 근대적 가치를 전파하는 효과를 발휘했을 것이다. 서양의학의 혜택을 도시가 거의 독점하고 있는 상태에서, 1950년대 후반 각 지방의 보건소들은 농민들이 근대적 서양의술을 직접 체험하는 중요한 통로가 되었다. 1950년대 초에 보건소의 활동 영역은 건강상담, 진료, 가정 방문, 예방접종 등의 통상적인 활동 이외에 학교 방문, 강연·영화회, 좌담회 등으로 구성되는 '보건교육'을 포함하고 있었는데, 종전 직후인 1954년부터 보건교육이 본격화되었다. 또 1959~1960년 사이에는 보건소의 확충이 두드러졌다.39

위의 인용문에도 등장하지만, 이승만 대통령은 1956년 2월 '한미 원자력 협정' 체결, 같은 해 3월 문교부 기술교육국 내에 '원자력과' 설치, 1958년 3월 '원자력법' 제정, 1959년 1월 '원자력원' 창설 등의 과정을 주도적으로 이끌었다. 1959년 서울대에 원자력공학과가 설치되었는데, 대학원이 아닌 '학부'에 설치된 "세계 최초"의 사례였다. 이승만은 원자력원 원장을 부총리급으로 임명하려 했을 만큼 원자력을 중시했다.40 역시 위의 인용문에서도 강조되었듯이, 수입에 의존하던 공산품을 국내에서 혹은 자체 기술력으로 생산했다는 '국산國産' 담론에 열광하던 시기가 바로 1940~1950년대였다. 해방 직후 살충제인 DDT를 자체 생산하게 된 것조차 큰 자랑거리였다. "1946년 2월, 서울 광화문에 있던 군정청 위생국 화학연구소는 디디티를 자체 생산하는 데 성공했다. 연구소 쪽은 이에 대해

'일본 의약계에서도 오랫동안 만들려고 연구했으나 숙제로 남아 있던 것을 우리 연구진이 성공시킨 쾌거'이며 '새 조선의 화학 연구진이 개가를 올린 것'이라고 자찬했다."[41] 정부 수립 이후 공산품부터 담배와 음식에 이르기까지 '국산품 애용운동'이 줄기차게 전개되었다. 1955년에는 최초의 국산 자동차가 탄생했다. 「경향신문」은 '돋보기'란에서 다음과 같이 전했다. "우리나라에서 처음 만들어진 국산 자동차 '시발'이 탄생하였다. 아직까지 우리나라에서 생산되지 못하던 '엔징'이 우리 손으로 만들어졌다는 데에 국산 자동사 제작 성공을 보게 된 시초가 된 것이라고. '찦차'형의 동 자동차는 국제차량제작주식회사에서 만든 것으로 엔징은 4기통 80미리의 순 국산. 이밖에 '뽀대' '후래무' '헤드라이트' '다이야' 등속도 모두 전부 국산품이라 하는데 생산가격은 약 90만 환 된다고. 정밀 부속품만 부득이 외국산이나 앞으로 이것도 국산품으로 만들 것이라는 이야기."[42] 재건주택·부흥주택·희망주택 등으로 불리던 전후의 공공주택은 처음엔 재료로 '흙벽돌'을 사용했지만, 1957년부터는 '시멘트 블록'이 대량생산됨에 따라 2층 이상으로 높아졌다. 1958년에 한국 최초의 아파트로 등장한 5층짜리 서울 종암아파트는 '국산화된 콘크리트'를 재료로 사용했다. 1950년대의 대표적인 건축물은 거의 다 유엔 등의 해외원조로 지어진 건축물들로서 자금·설계·기술 등을 외국에 의존했지만, 건축재료 분야에서만은 부분적으로 국산화가 진척되고 있었던 것이다.[43]

자랑스런 국산품들은 대규모 산업박람회들을 통해 국민들에게 화려하게 시현示現되었다. 1907년 조선에서 처음 열린 '경성박람회'를 비롯하여 식민지 시대에 열렸던 1915년의 '조선물산공진회', 1929년의 '조선박람회', 1940년의 '조선대박람회' 등을 이미 겪은 터라, 산업박람회라는 형식 자체는 한국인들에게도 상당히 익숙한 편이었다.[44] 다음은 1955년 10월 1일 창경원에서 시작된 '해방 10주년 산업박람회' 소식을 전하는 「동아일보」 기사인데 화학비료, 방직공업, 원자로, 농기구공업, 자동차, 기차 등의 분야에서 "약진하는 민국의 산업 발전상을 널리 과시"하고 있다는 내용이었다.

> "해방 십주년 산업대박람회"가 작 1일 상오 10시부터 창경원에서 개막되었다.……금번의 박람회는 대체적으로 보아 해방 후 처음 보는 대규모의 것인 관계상 출품 종류도 무려 4천여 종 6만여 점의 방대한 국산품이 경기관을 비롯한 39개 관에 진열되어 약진하는 민국의 산업 발전상을 널리 과시하였다. 그런데 이번 출품의 성적은 대체적으로 작년 덕수궁에서 개최된 국산품전람회 출품 성적과 별 차이 없으나 "기계류"만은 현저한 발전상을 보여주고 있는바 이하는 각 관의 개황 소개.
> ◇ 강원관 = 주로 임산물이 3분지 2 이상을 차지하고 있어 "임산 강원"의 진면목을 발휘하고 기타 화학비료 "카-바이트" 제조품 등이 눈에 띄는데 특히 천연 "꿀"과 약초는 이채를 띄우고 있다.
> ◇ 경북관 = 해방 후 어느 부분보다 발전상을 보여준 것이 경북 지방의 방직공업이다. 각종 견직물 "메리야스" 아름다운 꽃무늬 놓인 융단 등은 거의 국제수준에 따르고 있다.
> ◇ 경기관 = 청개와가 이채를 발하고 있어 한식 건축물 미화에 큰 이바지가 될 것으로 기대된다.
> ◇ 원자관原子館 = 모형 원자로와 원소元素 주기율 탑을 진열.
> ◇ 농기구관 = 농업 대한을 여실히 말하는 듯 농업의 기계화에 노력한 흔적이 역력하다. 각종 농기구가 진열되어 농기구공업의 발전을 과시하고 있는데 특히 이 기계를 운전하는 원동력이 되는 "원동기"는 거의 세계수준에 달하고 있다고.
> ◇ 기타 특수 부면部面
> ─ 국산자동차 = 우리나라 최초의 국산자동차가 등장, 관람객을 놀라게 하는데 대형 "지-프"와 비슷한 이 자동차는 "시-발"이라고 불리

워지고 있는데 이는 "엔징" 제작이 가능하게 됨으로써 생산이 시도
된 것인데 상금 부분적으로 보아서는 미비한 점이 있다.

— 소형 기차 = 이 소형 기차의 운행거리는 4백 "메-터"에 달하고 10세
미만의 아동 승객 40여 명을 승차케 되어 있어 꼬마 관람객의 대환
영을 받고 있다.[45]

　1940~1950년대는 '해외수출' 및 '외화 획득' 담론에 열광하던 시기이
기도 했다. 식민지 시대에서는 상품의 국외이동이 일방적인 잉여 수탈에
가까웠다면, 이제는 어엿한 '수출'이자 소중한 '외화벌이'로 재해석되었
다. 유사한 맥락에서 외국인 관광객 유치를 통한 외화 획득도 강조되었
다. 서울 시내 관광의 예를 들어보자. 서울시 관광용 버스가 처음 운행된
것은 대한여행사가 1949년 8월부터 "서울역-남대문-덕수궁-중앙청-
국립박물관-종로-파고다공원-창경원 등을 비롯하여 그 외에도 6·7개
소를 관람"하는 상품을 출시하면서부터였다.[46] 당시에는 대체로 내국인
을 겨냥했던 것으로 보인다. 그러나 1956년 초부터는 주로 주한미군과 그
가족들이 주된 고객이었을 '외국인 관광객'을 겨냥한 관광버스가 운행되
기 시작했다. "1956년 1월 18일 처음으로 서울관광버스가 시승식을 가졌
다. 당시 〈대한뉴스〉는 이 관광버스는 라디오, 확성기, 난방장치 등을 완
비하고, 앞으로 명승고적을 안내하는 서비스를 제공해서 외화 획득에 일
익을 담당하게 될 것이라고 보도했다."[47] 「동아일보」 1959년 5월 29일자
(2면)에는 다음의 기사도 실렸다. "우리나라에 최초로 등장하게 된 '정기
운행 관광뻐스'의 시운전 경축식은 28일 오후 세 시 '반도호텔' 안 '티·룸'
에서 김 교통부 장관을 비롯한 내외 귀빈 다수가 참석한 가운데 거행되었
다. 경축식이 끝나자 내빈 일동은 30일부터 운행될 '관광뻐스' 3대에 분승
하여 '반도호텔' 앞을 출발, 앞으로 외국 관광객들에게 보여질 서울 시내
의 명승고적을 약 두 시간에 걸쳐 관람하였다." 이 시운전 행사는 '선진국

에서 온 부유한 외국인'의 시선으로 서울 일대를 둘러보는, 말하자면 '애정 어린 오리엔탈리즘의 시선'을 시뮬레이션 해보는 이색적인 체험을 한국 지배엘리트들에게 제공하기도 했을 것이다.

1950년대에는 발전주의 영웅 만들기도 시도되었다. 채소와 볍씨의 품종개량에 힘쓴 육종학자이자 식물학자였던 우장춘 박사가 대표적인 사례였다. 1959년 8월 10일에 사망한 그는 중앙정부가 지원하는 '사회장社會葬'의 예우를 받았다. 우장춘의 사망이 임박하자 한국 정부는 그에게 대한민국 문화포장을 수여하기도 했다. 1950년대 후반 세종대왕과 그의 업적을 대대적으로 강조하기 시작했던 데 대해서도 비슷한 맥락의 해석이 가능할 것이다.

4·19는 본질적으로 '민주주의혁명'이었음에도 불구하고, 혁명이 성공한 직후부터 발전주의 담론과 열망이 분출했다. 학생들도 이승만의 하야 성명 직후 "건설하자"를 첫 번째 구호로 내세웠고, '국민계몽대' 등을 조직하여 "농촌에 대한 계몽이나 생활개선" 활동에 뛰어들었다. 혁명에 동조한 지식인들도 민중의 분출하는 욕구를 "후진성 극복을 위한 경제 건설에의 의제로 전유"하려는 경향을 강하게 드러냈다. 혁명의 성과로 탄생한 제2공화국은 '경제제일주의'를 정권의 슬로건으로 표방하고 나섰다.[48] 이런 열망과 구호들은 쿠데타를 통해 등장한 군사정권에 의해 계승되었다.

4. 친미주의

해방 직후의 친미주의는 무엇보다 식민지엘리트의 소유물이었다. 친미주의를 대한민국 시민종교의 5대 교리 중 하나의 지위로 끌어올린 집단도 바로 그들이었다. 해방과 함께 한반도 전역에 몰아친 민족주의 열풍

속에서 사면초가의 궁지로 몰린 식민지엘리트 세력에게는 미군정만이 사실상 유일한 보호막이자 방벽이었다. 미국은 세계대전 직후 직접 군정軍政을 펼친 독일(서독), 일본, 남한 가운데 유독 남한에서만은 인적 청산과 과거사청산을 전혀 추진하지 않았다. 따라서 해방 직후부터 식민지엘리트들 사이에서 집단적 생존수단으로서 친미주의가 득세할 가능성이 높은 상황이었다.

그런 와중에도 미소공동위원회(미소공위)를 통한 통일 임시정부 수립 노선이 고수된 1945~1947년 시기는 식민지엘리트들에게 여전히 심각한 존재 불안이 지속되던 형국이었다. 식민지엘리트들의 불안감을 결정적으로 해소시켜준 미국의 행동은 1947년 7월에 나타났다. 이때 남조선과도입법의원이 제정한 '부일협력자·민족반역자·전범·간상배에 관한 특별법률조례'를 군정장관이 거부권을 행사함으로써 무효로 만들었던 게 바로 그것이었다. 이 법이 실행될 경우 미군정의 보호로 기존 공직을 유지했던 식민지엘리트의 상당수가 기득권을 잃을 뿐 아니라, 새로 수립될 독립정부에 참여하는 길도 봉쇄될 가능성이 높았다. 그런데 특별법률조례 자체를 무력화함으로써 미국은 식민지엘리트 비호 의지를 공공연히 과시했다. 이 일이야말로 식민지엘리트의 친미주의 태도가 결정적으로 강화되는 계기였을 것이다. 친미주의는 식민지엘리트에게 단 하나 허용된 '생존의 길'이었다. 1945~1947년 여름까지의 모스크바3상회의 및 미소공위 국면에서 미군정과 식민지엘리트의 관계가 '조심스럽고 불안한 협력'에 가까웠다면, 과거사청산을 위한 특별법률조례를 미군정 당국이 비토한 1947년 7월부터 미소공위의 최종 결렬 및 한국문제의 유엔 이관에 이르는 1947년 10월 사이에 양자는 비로소 세계관과 이해관계의 온전한 수렴에 다다른 것으로 보인다. 미국의 선택이 명확해진 상황에서, 비로소 심리적 안정을 획득한 식민지엘리트들은 미국의 적극적인 우군友軍이자 동맹 세력이 되기로 확고히 선택했을 것이다. 미군정 시기의 격렬한 좌우익 투쟁에서 식민지엘리트를 중심으로 한 우파 세력이 미국의 후원 아래 최종적으로 승리함으로써, 식민지엘리트의 정치이념이었던 친미주의도 자연스레 시민종교의 주요 구성요소가 되었다.

그러나 1947년 10월 이후 시기에조차 식민지엘리트의 친미주의는 여전히 불완전한 것이었다. 그 친미주의는 아직도 '행동'과 '감정'이 분리된 '반쪽 친미주의'였을 가능성이 높았다. 생존의 절박함 때문에 그 강도는 대단했을지라도, 그것은 기본적으로 '떨떠름한 친미'에 가까운 것일 가능성이 높았다. '친미적 행동' 자체는 절박하고도 강렬하나 그런 행동에 '온전한 마음'이 실리지는 않은, 친미적인 행동과 미국을 경계하는 감정이 혼합된 애매한 상태였을 가능성이 충분했다. 태평양전쟁 당시의 적군敵軍을 향했던 반미주의의 여운이 아직 강렬함에도 불구하고 급한 대로 당장은 구명줄인 미국을 부여잡은 어정쩡한 상황일 수 있었다. 한마디로 일본식의 '반미적 옥시덴탈리즘'과, 생존본능이 조장하는 해방 후의 '친미적 오리엔탈리즘'이 불편하게 뒤섞이고 공존하는 유동적인 상황이었다.

1940년대 친미주의의 또 다른 한계는 그것이 아직 충분히 대중화되지 못했다는 것이었다. 다시 말해 친미주의는 여전히 식민지엘리트에 국한된 현상이었다. 해방 당시 반일反日 성향의 일부 조선인들은 일본의 적대국이던 미국을 '해방자'로 환영했다. 그러나 어느 날 갑자기 미군정 치하에 놓인 대다수 한국인들에게 미국은 여전히 '멀리 떨어진 강대국'일 뿐이었고 미군 역시 '점령자'에 불과했다. 당시 대다수 한국인들이 거주하던 농촌에서는 미군의 존재 자체를 실감하기 어려웠다.

일부 도시인들은 해방 후 미군이 소개해준 초콜릿을 즐기기도 했다. 미군부대에서 흘러나온 미제美製 물품들을 사고파는 '양키시장'이 서울 곳곳에 형성되면서 도시인들은 위스키, 커피, 콜라, 통조림, 양담배 등을 자주 접하게 되었다. 커피는 식민지 시대부터 소비되었지만 해방 후 다방이 급증하고 미군부대를 통한 공급도 증가하면서 그 소비량이 급속히 증가했다.[49] 미군정 시기부터 도시민들 사이에 '미군복'이 널리 퍼지기도 했다.[50] 영어가 미군정의 공용어가 되고 '통역정치'라는 유행어가 생길 정도로 영어가 '권력의 언어'가 되면서 영어 배우기/사용하기 붐도 일어났다. 식민지 시대에는 영어가 "적국어敵國語"이자 "일본을 위협하는 무기"였기 때문에 "중일전쟁 이후 영어 좀 하는 지식인들은 영어 실력을 꼭꼭 감춰둬야" 했지만, 해방 후 영어는 "출세의 언어"이자 "가장 유능한 인재를 가늠하는 표준이 되었다."[51] 이처럼 미국은 음식문화와 의복문화, 언어생활 등을 중심으로 대중의 일상세계와 일상의식에도 영향을 미치고 있었다. 그러나 이런 변화들은 어디까지나 도시에 국한된 현상이었다. 인구의 압도적 다수가 농촌에 거주하던 당시 상황에서는 도시 중심으로 진주한 미군은 국내에서조차 '멀리 있는 존재'였다. 심지어 미국은 조선의 '조속한 완전독립'을 방해하는 '오만한 강대국'이기도 했다. 미국에 대한 낯섦과 이질감은 여전히 강했고, (식민지엘리트들과 마찬가지로) 식민지 시대의 '일본식 반미주의'도 대중의 뇌리에 일부 남아 있었을 것이다.

일반 민중이 미군과 미국에 대해 호감을 가졌을지라도, 그 호감이란 게 시민종교적 신념이라고 말할 수 있을 정도는 아닌 것이 분명했다. 독자적인 기념물이나 의례가 적었던 게 1940년대 친미주의의 특징이기도 했다. 친미주의의 이데올로기적 독자성도 부족한 편이었다. 친미주의는 간혹 그 자체로 표현되는 경우도 있지만, 끊임없이 발전주의·반공주의·민주주의 담론과 융합되는 경향을 보였다. 친미주의 자체가 독립적인 시민종교 교리로 정립되기보다는, 반공주의·발전주의·민주주의의 효과가 함께 어우러져 결과적으로 '친미적인' 사회분위기가 조성되는 경우가 많았다. 미국에 대한 직접적인 찬양이나 숭배보다는, 반공 자유진영의 지도국가, 민주주의의 모범국가, 세계에서 가장 풍요롭고 잘사는 나라 등의 상징과 이미지를 통해 간접적으로 친미적 효과가 발휘된다는 점에서, 친미주의는 '숨은 혹은 은폐된 지배이념'이기도 했다.

그러나 역으로 보면 발전주의·반공주의·민주주의와 자유롭게 교류하는 이런 '다면성多面性', 그리고 '숨은 지배이념'으로서의 속성이야말로 친미주의 특유의 탁월한 장점이기도 했다. 이런 다면성과 비가시성은 한국인들의 민족주의적 자부심과 자존심에 상처를 내지 않으면서도 친미주의가 시민종교 신념체계 내부로 순조롭게 스며들 수 있었던 신비스런 비결이기도 했다. 미국은 반공주의, 발전주의, 민주주의 교리들을 통해 끊임없이 자신을 현현했다. 해방 후 한국인들에게 '미국'이란 사회 혹은 국가는 실상 '반공주의-발전주의-민주주의 트로이카의 아이콘'이었다. 미국은 세계적인 냉전체제에서 반공주의로 뭉친 '자유진영'을 이끄는 지도국이었다. 구한말 개항 이래 민족의 숙원이던 근대화에서 모델국가model state의 지위는 해방과 더불어 일본에서 미국으로 대체되었다. 미국은 민주주의를 모범적으로 구현한 대표적인 나라이기도 했다.

전체적으로 평가할 때 1940년대의 남한에서 친미주의는 점령군에 대한 수동적인 복종, 존경심보다는 눈치 보기, 친미도 반미도 아닌 모호한 상태에서 미국을 향해 '경계어린 미소'를 보낼 따름인 그 무엇이었을 가능성이 높았다. 그러나 반공주의와 비슷하게 친미주의도 전쟁을 계기로 큰 변화를 겪었다. 1940년대만 해도 여러 면에서 시민종교의 핵심 교리가 되기에 미진했던 친미주의가 전쟁을 거치면서 명실상부한 5대 교리 중 하나로 착근하는 데 성공했다. 친미주의의 두 가지 불완전성이 극복되는 계기, 즉 친미주의의 '대중화'가 급진전되고, 식민지엘리트층의 반쪽 친미주의가 '온전한 친미주의'로 바뀌었던 결정적인 계기는 바로 한국전쟁이었다. 미국에 부착된 반공주의-발전주의-민주주의의 아이콘이라는 이미지는 전쟁을 거치면서 더욱 강해졌다. 한국전쟁 발발 이후 미국인 장군 및 전쟁영웅, 그리고 미군 전적비 등을 중심으로 다수의 친미주의 기념물들도 생겨났다.

5. 민주주의

한국에서 반공주의는 '자유민주주의'를 필수적인 요소로 포함하고 있었다. 자유민주주의는 한국인들에게 주권재민主權在民, 삼권분립, 대의제, 평등, 자유, 인권 등의 가치들로 이루어져 있었다. 반공을 말할 때마다 이 같은 가치들의 고귀함과 우월성이 줄곧 재강조되곤 했다. 민주주의의 중요성과 불가결함은 헌법과 교과서 같은 시민종교의 경전들을 통해, 그리고 김구나 이승만과 같은 저명한 민족지도자들에 의해 거듭 설파되었다. 해방 후 새로 건설되어야 할 국가의 형태가 '공화제'라는 점에 대해선 명백한 국민적 합의가 이미 존재했다. 이러한 국민적 합의는 독립정부 수립을 위한 제헌의회 선거에서 '보통선거제'가 도입되고 그 이후에도 이 제도가 유지되었던 사실, 삼권분립과 대의제를 골간으로 한 국가제도의 형성, 언론과 신앙의 자유 등을 통해 구체화되고 또 실감되었다.

대한민국임시정부는 1920년대 이후 '민주주의와 민족주의의 병진竝進 및 동시발전'의 맥락에서 독자적인 민주주의 이념을 발전시켜왔다. 이 과정에서 민주주의가 시민종교 신념체계의 중심적 가치 중 하나로 자리 잡았다. 아울러 해방 후 미군정 시기 동안 미국을 통해 '자유민주주의'가 막 형성 중이던 한국 시민종교 안으로 진입했다. 이런 두 흐름이 시민종교의 최고 경전이라 할 제헌헌법 내부의 민주주의 조항들로 집약되었다. 결국 한국에서 민주주의는 외부(주로 미국)로부터 온 것일 뿐 아니라, 내부(주로 임시정부)에서도 비롯된 것이었다. 이영록에 의하면 19세기 말 처음 국내에 소개될 당시부터 '반反군주제'라는 의미로 받아들여졌던 '민주'와 '공화' 담론은 식민지 시대를 거치면서 "개념의 요동"을 겪게 된다. 처음부터 '민주공화국'을 표방했던 대한민국임시정부가 1940년대 이후 정치·경제·교육 균등의 '삼균주의三均主義'에 사상적 기반을 두고 좌우합작을 시도함에 따라, 민주공화국 담론 안에서 평등주의적 요소가 강화되었다. 해방 후의 제헌헌법은 (이런 평등주의적-경제민주주의적 요소에 더하여) 좌파·북한의 권력 집중적 인민공화국에 대항하는 의미에서 '삼권분립' 요소를 강조하는 방향으로 권력 분산적 민주공화국 담론을 발전시켰다.[52]

한국 시민종교의 민주주의 신념체계를 보여주는 사례는 대단히 많지만, 여기선 이승만과 김구의 사례만 소개하려 한다. 먼저, 이승만은 대한국민대표민주의원 주최로 1946년 3월 1일 종로 보신각 앞에서 거행된 해방 후 첫 번째 3·1절 기념식(제27회 독립선언기념식)에서 의장 자격으로 다음과 같은 개회사를 했다.

> 국내에서 악전고투하던 당신네와 해외의 망명으로 독립에 종사하던 우리들이 태극기 밑에서 함께 모여 이 자유일自由日을 자유로 경축하기는 27년 동안 오늘이 처음입니다. 이만한 자유를 얻게 된 것은 연합국의 승전한 결과이니 1945년에 한국에 주둔한 미군 장병의 승리한 사실은 우리가 영구히 기념할 것입니다. 80년 전에 미주美洲에서 위대한 사업을 성취한 것이 세계의 자유를 위하여 분투하는 모든 민족에게 경고하는 새벽 종소리같이 울려 있는 것입니다. 그때에 위대한 공업功業을 위하여 허다한 장졸將卒의 생명을 희생한 것을 찬양하여 에이브라함 링컨이 말하기를 이 사람들이 목숨을 바친 것은 민중이 민중을 위하여 민중으로 정부를 조직한다는 새 정강政綱을 세운 것이니 우리 살아 있는 사람들이 그 죽은 영웅들의 뒤를 이어서 분투함으로 이 주의가 영영 서 있게 할 것이라 하였습니다. 장래 우리 자손은 1919년 영웅들을 위하여 금金과 보석으로 기념비를 세울 것입니다. 그러나 현대 우리들은 모든 기념 중에 더욱 영구한 비석을 세울지니 이는 곧 통일된 자유민주국自由民主國의 기초를 영원 무궁히 세우는 것입니다. 그것이 우리 직책입니다. 이 직책을 다하므로써 우리는 순국열사에 대하여 보답하는 도리를 다하는 것입니다.[53]

이승만은 이처럼 "1919년 영웅들"을 위한 기념비는 "민중이 민중을 위하여 민중으로 정부를 조직한다는 새 정강"에 따라 "통일된 자유민주국"을 건립하는 것이라고 역설했다. 거의 동일한 취지에서, 그리고 미국의 링컨 대통령을 재차 인용하여, 초대 대통령으로 선출된 이승만은 1948년 8월 15일의 '대한민국 정부 수립 기념식'에서 대한민국 정부를 "국민이 자기들을 위해서 자기들 손으로 세운 자기들의 정부"로 정의했다.[54]

　　대한민국임시정부의 주석이었던 김구 역시 해방 직후부터 대중에게 민주주의 이념을 계몽했던 '민족의 스승' 중 한 사람이었다. 특히 1947년에 출간되어 널리 읽혔던 『백범일지』는 민주주의의 훌륭한 교과서이기도 했다. 『백범일지』의 "나의 소원"에 포함된 다음의 대목들이 특히 그러했다.

　　　　우리가 세우는 나라는 자유의 나라라야 한다. 자유란 무엇인가. 제대로 각 개인이 제멋대로 사는 것을 자유라 하면 이것은 나라가 생기기 전이나 저 레닌의 말 모양으로 나라가 소멸된 뒤에나 있을 일이다. 국가 생활을 하는 인류에게는 이러한 무조건의 자유는 없다. 왜 그런고 하면 국가란 일종의 규범의 속박이기 때문이다. 국가 생활을 하는 우리를 속박하는 것은 법이다. 개인의 생활이 국법에 속박되는 것은 자유 있는 나라나 자유 없는 나라나 마찬가지다. 자유와 자유 아님이 갈리는 건 개인의 자유를 속박하는 법이 어디서 어느냐 하는 데 달렸다. 자유 있는 나라의 법은 국민의 자유로운 의사에서 오고 자유 없는 나라의 법은 국민 중의 어떤 일개인 또 일 계급에서 온다. 일개인에서 오는 것을 전제 또는 독재라 하고 일 계급에서 오는 것을 계급독재라고 통칭 파쇼라고 한다.[55]

　　　　미국은 이러한 독재국에 비겨서는 심히 통일이 무력한 것 같고 일의 진행이 느린 듯하여도 그 결과로 보건대 가장 큰 힘을 발휘하고 있으니 이것은 그 나라의 민주주의 정치의 효과다. 무슨 일을 의논할 때에 처음에는 백성들이 저마다 제 의견을 발표하여서 헌헌효효하여 귀일할 바를 모르는 것 같지마는 갑론을박으로 서로 토론하는 동안에 의견이 차차 정리되어서 마침내 두어 큰 진영으로 포섭되었다가 다시 다수결의 방법으로 한 결론에 달하여 국회의 결의가 되고 원수元首의 결재를 얻어 법률이 이루어지면 이에 국민의 의사가 결정되어 요지부동하게 되는 것이다. 이 모양으로 민주주의란 국민의 의사를 알아보는 한 절차, 또는 방식이요, 그 내용은 아니다. 즉 언론의 자유, 투표의 자유, 다수결에 복종—이 세 가지가 곧 민주주의다. 국론, 즉 국민의 의사의 내용은 그때그때의 언론전으로 결정되는 것이어서 어느 개인이나 당파의 특정한 철학적 이론에 좌우되는 것이 아님이 미국식 민주주의의 특색이다. 다시 말하면 언론, 투표, 다수결 복종이라는 절차만 밟으면 어떠한 철학에 기초한 법률도, 정책도 만들 수 있으니 이것을 제한하는 것은 오직 그 헌법의 조문뿐이다. 그런데 헌법도 결코 독재국의 그것과 같이 신성불가침의 것이 아니라 민주주의의 절차로 개정할 수가 있는 것이니, 이러므로 민주, 즉 백성이 나라의 주권자라 하는 것이다.[56]

나는 어떠한 의미로든지 독재 정치를 배격한다. 나는 우리 동포를 향하여서 부르짖는다. 결코 결코 독재 정치가 아니 되도록 조심하라고. 우리 동포 각 개인이 십분의 언론 자유를 누려서 국민 전체의 의견대로 되는 정치를 하는 나라를 건설하자고. 일부 당파나 어떤 한 계급의 철학으로 다른 다수를 강제함이 없고, 또 현재의 우리들의 이론으로 우리 자손의 사상과 신앙과 자유를 속박함이 없는 나라, 천지와 같이 넓고 자유로운 나라, 그러면서도 사랑의 덕과 법의 질서가 우주자연의 법칙과 같이 준수되는 나라가 되도록 우리 나라를 건설하자고.[57]

그러나 전후 한국에서 자유민주주의는 상당한 모호성 내지 애매함 또한 드러냈다. 한국에서 '자유민주주의의 모호성'은 그것이 매우 정당하고 심지어 유토피아적인 것이었음에도 불구하고, '항상적인 전투와 감시'에 의해서만 보호될 수 있다는 인식과 병존하고 있었다는 점에 있었다. 전쟁 이후 한국에서 자유민주주의가 '항상적인 전투와 감시'에 의해서만 보호될 수 있다는 인식은 곧 국가보안법과 통행금지제, 연좌제 등 각종 억압장치들과 결합되어 '경찰국가'의 형성과 발전을 조장하고 정당화했다. 한국식 자유민주주의에 내재된 유토피아성과 억압성의 공존, 그리고 이들 간의 갈등은 1950년대 정치투쟁의 초점으로 부각되었으며, 결국 4·19혁명의 직접적인 원인으로 작용했다고 볼 수 있다. 그리고 이 점은 자유민주주의를 주요 구성요소 중 하나로 하는 시민종교가 국가나 정치적 지배층으로부터도 일정하게 분리되어 있었음을 의미한다. 이처럼 분리 내지 초월성이 존재하기에 시민종교가 때때로 지배질서에 대한 탈정당화의 기능도 수행하는 것이다.

제 3 장

국가의례

시민종교의 형성

국가의례는 국가가 직접 주관하는 다종다양한 의례들을 두루 포함한다. 국경일이나 국가기념일 행사, 대통령 취임 행사, 국장·국민장 등 장의葬儀 의식, 대통령의 외국 방문 및 국빈國賓 영접 행사, 각급 정부의 시무식과 신년인사회, 포상식, 기관장 이·취임식 등이 모두 국가의례의 범주에 속한다. 해방이나 정부 수립 1주년, 5주년, 10주년, 20주년 기념제와 같은 '국민적 축제들'도 빠뜨리면 안 될 것이다. 이런 축제들은 해방 당시의 거족적인 커뮤니타스 기억·감정의 재생을 도모한다. 국민적인 장례식들도 대중의 집합적 열정 혹은 커뮤니타스 체험을 유지하거나 재생시키는 데 중요한 장치로 작동하는 경우가 많다. 국경일이나 국가기념일 행사에서 특히 잘 나타나듯이, 국가의례에서는 '국가력國家曆과 의례의 결합'이 적극적으로 추구된다.

이번 절에서는 허다한 국가의례들 중 세 가지로 논의를 한정하려 한다. (1) 연례적이거나 주기적인 국가의례의 필수적인 일부를 이루는 '국민의례國民儀禮', (2) 4~7년 주기의 임기에 맞춰 거행되는 '대통령취임식', (3) 대표적인 비주기적·비정기적 국가의례인 '국가적 장례식'이 그것이다. 1940~1950년대에는 해방 및 정부 수립 기념일인 8월 15일, 특히 해방 1주년(1946년)과 10주년(1955년) 기념일이 가장 큰 국민적 축제일로 부각되었다. 그러나 시간이 지날수록 해방·정부 수립 기념일의 축제적 성격이 약해진 반면 대통령취임식이 대표적인 국민축제일로 떠오르게 되었다.

이런 '기쁨의 축제'의 반대편에는 '슬픔의 제전祭典'인 국민적인 추모일들이 자리 잡고 있다. 국민적인 추모일은 주기성을 띠는 현충일과 비주기적인 국장·국민장·사회장으로 대표된다. 대통령취임식과 국가적 장례식은 모두 국민적인 단합·단결·통합을 촉진함으로써 민족공동체와 기억공동체의 형성에 기여한다.

1. 국민의례

국민의례는 모든 국가의례의 '기본'이자 '공통분모'이다. 따라서 일상적 국가의례를 포함한 국가기념일·국경일 의식, 대통령취임식, 장례식 등 거의 모든 국가의례에는 국민의례가 반드시 포함되는 경향이 있다. 국민의례는 대한민국임시정부를 비롯한 독립운동 진영을 중심으로 해방 이전부터 널리 행해지고 있었다.

해방 직후부터 '국기에 대한 경례'와 '애국가 합창'으로 구성되는, '국민의례'라는 이름의 세속의례가 빠르게 확산되었다. 예컨대 대한민국임시정부 요인들이 환국한 가운데 해방 후 처음으로 1945년 12월 23일에 열린 순국선열기념절 기념식(순국선열추념대회)은 개회선언에 이어, 애국가 합창, 국기(태극기)에 대한 경례, 3분간의 선열 추모 기도가 먼저 이루어졌다.[1] 1946년 12월 12일에 있은 남조선과도입법의원의 개원식도 국기(태극기)에 대한 경례와 애국가 합창으로 시작되었다.[2] 국기 경례와 애국가 합창을 기본으로, 여기에 순국열사나 선열에 대한 '묵념'이 포함되기도 하고 빠지기도 했다. 국기 경례, 애국가 제창, 묵념의 순서를 구성하는 방식도 단체나 행사에 따라 약간씩 다르게 나타났다. 이런 부분적인 변주變奏에도 불구하고 국민의례 자체는 신속하게 정착되어 거의 당연시 될 지경에 이르렀다.

　해방 후의 국민의례는 대개 임시정부에서 행해지던 의례 패턴, 즉 ①
국기에 대한 경례(배례), ② 애국가 제창, ③ 순국열사에 대한 묵념의 3단
구조를 골격으로 삼되, 이를 약간씩 변형하는 방식으로 수행되었다. 전우
용이 이를 잘 정리해놓았는데, 그가 적절히 지적했듯이 국민의례의 한 부
분인 '국기에 대한 경례'는 결코 보편적인 의례가 아님에도 불구하고 해
방 후 한국에서는 거의 의문시되지 않은 채 수용되었다.

　1945년 10월 9일, 해방 이후 처음 맞는 민족적 기념일 행사가 열렸다.
한글 반포 499년을 기념하는 이 행사는 태극기에 대한 경례와 애국가
합창으로 시작되었다. 역시 국민이 국기에 경례하는 것이 옳은가를 따
지는 사람은 없었다. 다른 기념일과 단체 행사의 식전 의례도 대개 같
았다. 임시정부의 의례와 비교하면 애국가 제창과 국기에 대한 경례의
순서가 바뀌고 순국열사에 대한 묵념이 빠진 정도였다. 묵념黙念은 오
히려 좌익 집회의 핵심 의례였다.……1946년 6월 10일, 대한독립촉성
국민회 주최로 6·10만세운동 기념식이 열렸다. 행사가 행사이니만큼,
6·10만세 희생 동지에 대한 묵상이 추가되었다. 1946년 10월 29일의 개
천절 행사는 일제 말의 국경일 의례와 거의 같은 방식으로 진행되었다.
참석자들은 국기 게양을 지켜보고 애국가를 봉창한 뒤, 태백산이 있는
동쪽을 향해 '경건하게 요배遙拜'했다. 그러나 새로운 '동방요배東方遙
拜'는 이때뿐이었다. 1946년 12월 외교사절 파견 국민대회는 임시정부
의 의례법에 따라 진행되었다. 국기 배례國旗拜禮와 애국가 제창 뒤에
'순국열사殉國烈士에 대한 묵념'이 추가되었다. 이후 우익 집회에서도
순국열사나 혁명선열에 대한 묵념이 빠지지 않았다.

　1945년 8월 15일 대한민국 정부 수립 축전, 1948년 12월 31일 기축
년 축하식, 1949년 8월 15일 독립 1주년 기념식 등 모든 국가적 행사는

국기에 대한 경례, 애국가 봉창, 순국열사에 대한 묵념으로 시작했다. 이제 '국민의례'는 확실한 관행으로 자리 잡았다. 다만 국회는 애국가 봉창을 국기에 대한 경례 앞에 두었다.[3]

정부 수립 이후에는 모든 국가적 의식에 "개식 → (주악) → 국기에 대한 경례 → 애국가 봉창 → 순국선열에 대한 묵념 → 본 행사 → 만세삼창 → (주악) → 폐회"의 순서로 이어지는 국가의례의 패턴이 정착되었다. 주요한 국가기념일이나 국가적인 행사 때마다 가가호호 국기를 게양하는 것 역시 (다만 일장기가 태극기로 교체되었을 뿐) 이미 식민지 시대부터 익숙한 관행이었다.

대한민국 정부 수립 이후에는 국가기념일이나 국경일마다 고유의 기념곡이 만들어져 보급되었다. 해방 후 처음 맞는 1946년 3·1절을 앞두고 자유신문사는 박종화가 작사하고 김순애가 작곡한 〈3·1운동의 노래〉를 발표했다. 이 노래는 라디오방송을 통해 사흘 간 방송되었을 뿐 아니라 공식 기념행사에서도 여고생 연합합창단에 의해 불려졌다. 1949년 서울시 주최로 열린 기미독립선언기념대회에서는 경기여자중학교 학생들의 〈3·1절 노래〉 합창이 있었는데, 정인보 작사, 박태현 작곡의 이 곡은 총무처 공모에서 선정된 새로운 3·1절 노래였다. 정부는 1950년 3·1절에 즈음해서 〈3·1절 노래〉를 공식적으로 제정하는 절차를 밟았다.[4] 1947년 10월 9일 조선어학회 주최로 서울 경운동 천도교회당에서 열린 한글 반포 501주년 기념식에서는 〈한글의 노래〉가 등장하여 여자중학 합창대에 의해 불렸다.[5] 식민지 시대부터 한글반포기념일(가갸날) 행사에서 불리곤 했던 〈한글 노래〉 혹은 〈가갸날 노래〉[6]가 〈한글의 노래〉라는 이름으로 합창된 것이 아닌가 생각된다. 또 전쟁 직전인 1950년 4월에 문교부는 〈개천절의 노래〉, 〈광복절의 노래〉, 〈제헌절의 노래〉를 각각 제정했다.[7] 이런 과정을 통해 국가기념일이나 국경일 기념식마다 의례 전반부에 애국가가, 후반부에 고유의 기념 노래가 배치되는 구조가 만들어졌다.

국민의례는 특별히 법제화할 필요조차 없을 정도로 비교적 자연스럽게 수용되고 정착되었다.[8] 다만 국민의례와 관련된 두 가지 쟁점이 떠올랐다. 그것은 (1) 국기에 대한 경례의 방식, 그리고 (2) 국민의례에 묵념을 포함시킬 것이냐의 문제였다. 국기 경례 방식과 관련된 갈등은 1948년부터 1950년 4월까지 계속되었고, 개신교와 문교부가 주된 갈등 주체로 나섰다. 식민지 시대와 마찬가지로 국기에 대한 '배례拜禮', 즉 국기를 향해 허리를 굽혀 절을 하던 방식을 고수하던 일부 학교 그리고 이를 두둔하는 문교부에 맞서, 개신교 측은 그것이 "일제 잔재"이자 "국기의 우상화"를 조장함으로써 우상숭배의 죄를 범하게 만드는 잘못된 관행이라고 주장했다. 이 갈등은 개신교 측의 승리로 종결되었다. 1950년 4월 25일 국무회의가 국기 경례 방식을 개신교 측이 요구하던 '주목례注目禮' 방식으로 바꾸기로 결정했기 때문이다.[9] 다음은 전우용의 설명이다.

> 1950년 4월 25일 국무회의는 "국기에 대해 허리를 굽히는 것은 일제식이고 우상숭배에 가까우므로 그를 다만 국기에 대해 주목하면서 부동자세로 차렷 한 후에 오른손을 왼편 가슴 심장 위에 대는 것"으로 바꿨다. 각종 의식 때의 '묵도黙禱'는 폐지했다. 그런데 이 새 경례법은 미국이 1942년에 새로 제정한 것이었다. 미국이 국기에 대한 경례법을 새로 만든 것은 나치가 미국 학생들이 하는 것과 흡사한 경례법을 채택했기 때문이다. 이후 이승만 정권기 내내 3·1절과 6·25 관련 행사 때 말고는 모든 국민의례가 국기에 대한 미국식 경례와 애국가 봉창만으로 진행되었다.[10]

1950년 4월 25일 국무회의에서 국민의례의 '묵도'(묵념) 순서를 폐지하기로 결정한 것은 사실이다. 그러나 '모든' 국가의례에서 묵도·묵념이 사라진 것은 아니었다. 전몰장병합동위령제와 같이 위령제나 추도식의 성격이 강한 국가의례들, 그리고 1956년부터 시작된 현충일 기념식 등에서는 묵념 순서가 국민의례의 일부로 남아 있었다. 국가적인 위령제·추도식·현충일 날에는 비단 행사장에서만이 아니라, 사이렌이나 타종 소리에 맞춰 전국 모든 곳에서 일제히 묵념이 행해졌다. 또 4·19혁명 이후에는 "순국선열에 대한 묵념" 순서가 대부분의 국가의례들에서 국민의례의 일부로 되살아났다고 한다.[11]

2. 대통령취임식

대한민국 최초의 대통령취임식은 1948년 7월 24일 열렸다. 이날 오전 10시 중앙청 앞 광장에서 이승만 대통령과 이시영 부통령의 취임식이 거행되었다. 국회 사무총장인 전규홍의 사회로 진행된 이 예식은 개식, 취주악단의 주악, 애국가 봉창, 국기에 대한 경례, 순국선열에 대한 묵념, 국회부의장 신익희의 개회사, 선서문 낭독과 서명으로 이루어지는 대통령 취임선서, 대통령 취임사, 화환 증정, 예술대학 합창단의 대통령 취임 축하 노래 합창, 각계 인사들의 축사, 축전 낭독, 취주악단의 주악, 국회부의장 김동원의 선창에 의한 만세삼창, 폐식의 순서로 이어졌다.[12] 초대 대통령 취임식을 통해 취임 의례의 골격이 모습을 드러냈다〈표 3-1〉 참조〉.

초대 대통령 취임 의례의 장소는 중앙청 앞 광장이었다. 내각책임제 아래였던 1960년 4대 대통령의 취임식이 국회의사당 내부에서 치러졌던 것을 제외하면, 1970~1980년대 체육관 취임식 시대에 이르기까지 취임식의 장소는 변함없이 중앙청 광장이었다. 취임식 참여자들은 정부의 초청에 의해 사전에 선별되었다. 중앙청 광장의 공간 제약으로 예식 참여자 규모

<표 3-1> 역대 대통령 취임식 개요[13]

구분	초대	2대	3대	4대	5대	6대
날짜	1948.7.24 오전 10시	1952.8.15 오전 10시	1956.8.15 오전 9시	1960.8.13 오전 10시	1963.12.17 오후 2시	1967.7.1 오후 2시
장소	중앙청 광장	중앙청 광장	중앙청 광장	국회의사당	중앙청 광장	중앙청 광장
초청 인원	미상	미상	미상	미상	3,373명	2,784명
식순	개식 주악 애국가 제창 국기 경례 묵념 개회사 선서 취임사 꽃다발 증정 축하 노래 축사 축전 낭독 주악 만세삼창 폐식	개식 주악 국기 경례 애국가 제창 묵념 식사 선서 취임·기념사 대통령기 증정 꽃다발 증정 축사 광복절 노래 만세삼창 주악 폐식	개식 주악 국기 경례 애국가 제창 묵념 식사 선서 취임·기념사 대통령찬가 꽃다발 증정 광복절 노래 만세삼창 주악 폐식	개회선언 개회 국기 경례 애국가 제창 선서 무궁화대훈장 수여 취임사(대통령 인사) 만세삼창 폐회 폐회선언	개식 국기 경례 애국가 제창 묵념 식사 선서 무궁화대훈장 수여 취임사 꽃다발 증정 축가 폐식	개식 국기 경례 애국가 제창 묵념 식사 선서 취임사 꽃다발 증정 대통령찬가 폐식

는 2,000~3,500명 정도에 그쳤고, 이 역시 1972년 이전까지 비슷하게 유지되었다. 8~12대 대통령의 취임식이 있었던 1972년부터 1981년까지 행사 장소가 야외 광장이 아닌 실내체육관으로 바뀜에 따라, 참석자 규모가 8~10대에는 3천 명 내외(장충체육관), 11~12대에는 9천 명 내외(잠실실내체육관)로 제한되었다. 민주화 이후 행사 장소가 여의도의 국회의사당 광장으로 옮겨진 13대(1988년)부터 대통령취임식 참여 인원이 대폭 증가했다. 13대 대통령 취임식 때 2.5만 명, 14대 때 3.8만 명, 15대 때 4.5만 명 등으로 국민의 예식 참여가 크게 증가했던 것이다.[14] 취임식 참여 규모가 늘어날수록 국민축제 성격이 강해진다고 할 때, 참여 인원만 놓고 보면 민주화 이전까지

대통령취임식의 국민축제로서의 면모는 상대적으로 약한 편이었다.

국민의례, 식사(개회사 포함), 취임 선서, 취임사를 골격으로 하는 식순式
順도 최초 대통령취임식 때 제시되었다. 초대 대통령취임식에서는 애국
가 제창과 국기에 대한 경례의 순서가 이후와 다르지만 애국가 제창, 국
기에 대한 경례, 순국선열에 대한 묵념으로 구성되는 국민의례의 뼈대 자
체는 그대로 유지되었다. 취임식의 하이라이트인 선서와 취임사 순서도
마찬가지였다. 다만 1960년의 4대 윤보선 대통령 취임식에서는 대통령의
격이 낮아졌음을 보여주듯 취임사 순서가 '대통령 인사'로 되어 있었다.
그러나 취임식의 일부 순서는 부침을 거듭했다.

〈표 3-2〉에서 보듯이 '축사祝辭' 순서는 1~2대에서만, '축전祝電 낭독'
순서는 1대에서만 나타난다. "금번 처음으로 제정한 하늘빛 대통령기의

〈표 3-2〉 역대 대통령 취임식의 식순 변화

구분	1	2	3	4	5	6	7	8	9	10	11	12	13	14	15
국민의례	○	○	○	○	○	○	○	○	○	○	○	○	○	○	○
선서	○	○	○	○	○	○	○	○	○	○	○	○	○	○	○
취임사	○	○	○	○	○	○	○	○	○	○	○	○	○	○	○
식사(개회사)	○	○	○		○	○	○	○	○	○	○	○	○	○	○
축사	○	○													
축전 낭독	○														
축가	○													○	○
대통령찬가			○				○	○	○	○	○				
대통령기 증정		○													
무궁화대훈장				○	○										
꽃다발 증정	○	○	○		○	○	○	○	○	○	○				
만세삼창	○	○	○												
주악	○	○	○												
광복절 노래		○	○												

증정"으로 기술된 바 있는 '대통령기旗 증정'은 2대에만, 그리고 '무궁화 대훈장 수여'는 4대와 5대에만 등장한다.[15] '만세삼창' 순서는 1~4대 취임식에서만 발견된다. 〈광복절 노래〉 순서 역시 광복절과 취임식이 겹친 2~3대에만 나타나는 현상이다. '꽃다발 증정' 순서는 1~3대, 6~12대에 각각 등장한 바 있다. '축가祝歌' 순서는 "대통령 취임 축하의 노래"(예술대학 합창단)라는 이름으로 1대에서만 발견되지만, 이후 3대와 6~12대에 걸쳐 〈대통령찬가讚歌〉 형태로 이어졌다. 1988년 13대 때는 〈대통령찬가〉가 합창 대신 '주악奏樂' 형태로, 그것도 처음으로 양악洋樂이 아닌 국악國樂 가락으로 연주되었다.[16]

1993년 14대부터는 공식순서에 '축가'가 재등장했다. '주악'은 4대 이후 공식 식순에서 사라지나, 공식행사가 시작되기 전과 후, 즉 대통령의 입장과 퇴장 때 주악이 연주되는 방식으로 바뀌었다. 예컨대 1980년 9월 1일 11시 잠실실내체육관에서 있었던 11대 대통령취임식에서는 "대통령 내외가 입장하여 단상 중앙의 로열박스에 앉을 때까지 국립교향악단이 〈대통령찬가〉를 연주"했고, 아울러 취임식의 마지막 순서로도 경기여고 합창단이 〈대통령찬가〉를 함께 불렀다.[17] 〈표 3-1〉에서 확인할 수 있듯이, 4대에는 취임식이 국회 행사의 일환으로 열렸으므로 '국회 양원 합동회의 개회선언'으로 시작하여 '국회 양원 합동회의 폐회선언'으로 끝나는 이채로운 모습을 보이기도 했다. 또 1956년 3대 때는 민의원 의장의 '식사'와 대통령의 '선서' 사이에 '기도祈禱' 순서가 애초 계획에 포함되어 있었지만,[18] 실제 취임식에선 이 순서가 제외되었다. 어쨌든 정권과 대통령의 '친親그리스도교' 성향을 잘 보여주는 대목이기도 하다.

앞서 말했듯이 취임식의 하이라이트는 선서와 취임사였다. 선서는 "나는 국헌國憲을 준수하며 국민의 복리를 증진하며 국가를 보위하여 대통령의 직무를 성실히 수행할 것을 국민에게 엄숙히 선서한다"[19]는 초대 취임식의 문언文言이 그대로 유지되었다. 그러나 취임사 내용은 시대에

대통령의 선서

〈표 3-3〉 역대 대통령의 취임사

구분	취임식 일자	대통령	취임사 주요 내용
1대	1948.7.24	이승만	새로운 국가 건설, 자주국가 표명
2대	1952.8.15	이승만	전쟁 승리, 일치단결
3대	1956.8.15	이승만	통일, 경제(중소기업, 농업) 발전, 반(反)공존주의
4대	1960.8.13	윤보선	부정부패 척결, 경제제일주의, 실리 추구 외교정책
5대	1963.12.17	박정희	조국 근대화, 혁명운동 추진
6대	1967.7.1	박정희	근대화, 통일조국 건설
7대	1971.7.1	박정희	경제 발전, 국가안보, 통일
8대	1972.12.27	박정희	근대화(새마을운동), 국력 배양(10월유신)
9대	1978.12.27	박정희	자립경제, 자주국방, 평화통일
10대	1979.12.21	최규하	국가안전 보장, 평화 정착, 헌법 개정
11대	1980.9.1	전두환	민주주의, 복지사회 이룩, 평화적 정권교체
12대	1981.3.3	전두환	국가안보, 전쟁·빈곤·정치탄압·권력남용으로부터의 해방
13대	1988.2.25	노태우	민주국가 건설, 북방외교 정책
14대	1993.2.25	김영삼	신한국 창조, 부정부패 척결, 신경제 건설, 국가기강의 확립
15대	1998.2.25	김대중	외환위기 타개, 민주주의와 경제의 동시 발전, 햇볕정책

* 출처: 김현선, "현대 한국사회 국가의례의 상징화와 의미 분석", 한국정신문화연구원 한국
학대학원 박사학위논문, 2004, 197쪽.

따라 변화무쌍했다. 〈표 3-3〉에 역대 대통령의 취임사 주요 내용이 제시
되어 있다. 이승만은 1948년 7월 24일 초대 대통령답게 "새로운 국가 건
설, 자주국가 표명"을 골자로 한 취임사를 발표했다. 전쟁 중인 1952년의
취임사에서는 "전쟁 승리, 일치단결"을 강조했다. 박정희 정권 시기에는
근대화 혹은 발전주의 가치가 중시되었음을 알 수 있다.

　　이미 언급했다시피 1980년대 이전까지 대통령취임식 참여자들은 정
부의 초청에 의해 사전에 선별되었고, 장소의 제약으로 참여 인원도 적은
편이었다. 그러므로 대통령취임식의 국민축제로서의 성격은 상대적으로
약할 수밖에 없었다. 그러나 이런 약점을 만회하여 국민축제 성격을 극대

화하려는 다양한 시도들이 등장했다. 대통령취임식 당일을 임시 공휴일
로 지정하는 게 대표적인 사례이다. 1948년 7월에 있은 초대 대통령의 취
임식 때부터 공휴일 지정이 이뤄졌다. 1952년의 2대, 1956년의 3대 취임
식 역시 공휴일인 광복절에 거행되었다. 다만 내각책임제 채택으로 대통
령이 위상이 낮아진 1960일 8월 13일의 4대 취임식 때는 임시 공휴일로
지정되지 않은 것으로 보이지만, 1963년 5대부터 1988년 13대까지의 역
대 취임식은 예외 없이 임시 공휴일로 지정되었다.[20] 이처럼 법정 공휴일
이든 임시 공휴일이든 대통령취임식의 공휴일화는 전통으로 자리 잡았
다. 그러나 1993년 14대에 이르러 김영삼 당선인이 "땀 흘려 일하는 풍토
를 만들어 신한국 건설을 하기 위해"[21] 취임일을 임시 공휴일로 지정하지
말라는 지시를 내림에 따라 40년 넘게 이어지던 '대통령취임식=공휴일'
전통이 단절되었다. 14대 김영삼 대통령 이후 김대중·노무현·이명박·박
근혜 대통령을 거쳐 2017년 19대 문재인 대통령에 이르기까지 대통령취
임식 날은 단 한 번도 공휴일로 지정된 바 없다.

취임일의 공휴일 지정과 함께, 이날 전국적으로 국기를 게양하도록 장
려한 것도 국민축제 성격을 강화하려는 시도라고 볼 수 있다. 1948년의
1대 취임식 때도 정부는 관공서, 단체, 학교, 일반 가정에서의 태극기 게양
을 적극적으로 권장했다.[22] 이후 대통령취임일에 즈음한 전국적인 국기
게양이 하나의 전통으로 뿌리내렸다.

대통령취임식을 전후하여 다양한 경축행사를 조직하는 것 역시 국민
참여를 유도하면서 축하·축제 성격을 강화하려는 의도를 담고 있었다.
1948년 최초 취임일에는 공휴일 지정, 태극기 게양 외에도, 취임식이 있
던 날 오후 3~5시 창덕궁 비원에서 정·부통령 취임 축하다과회가 열렸
다.[23] 취임기념우표도 발행되었다. 2~3대 대통령취임식을 굳이 광복절
에 맞춰 거행한 것도 국민축제 기획을 보여줌과 동시에, 반민특위 해체와
김구 암살 이후 제기된 민족주의적 정통성 문제를 고려한 선택이었던 것

으로 판단된다. 1952년 8월 15일에 있었던 제2대 대통령의 취임식에서는 경축행사와 경축 시설이 이전에 비해 대폭 늘어났다. 서울 시내의 네거리마다 축하아치가 설치되었고, "이승만 대통령 박사 만세!" 등의 현수막이 곳곳에 내걸리고, 거리와 집집마다 축하포스터가 부착되었다.[24] 취임식이 시작될 무렵 대한민국 항공대의 '축하비행'이 의례 분위기를 고양시켰다. 식이 끝난 후에는 광화문 네거리에서 '3군 사열식'이, 서울 시내에서는 '농악놀이'와 '꽃전차 운행' 등이 있었다.[25] 1948년처럼 1952년에도 취임기념우표가 발행되었다.

1956년 8월 15일에 열린 3대 대통령의 취임식을 전후해서는 무려 16가지 경축행사가 준비되었다. ① 오전 7시 특별종교행사(전국, 각 종교단체), ② 오전 10~11시 경축전단 살포(각 시·도청 소재지), ③ 오전 10시 30분부터 11시까지 3군 분열식(세종로), ④ 오후 2~5시 시도 대항 농악경연대회(서울운동장), ⑤ 오후 6~8시 축하연(덕수궁), ⑥ 오후 8시 축하연주회(중앙청 야외음악회), ⑦ 오후 8시 30분부터 11시 30분 연화煙火놀이(서울 시내 몇 곳), ⑧ 축하 영화 상영, ⑨ 8월 13~17일 경축무용대회(시립극장), ⑩ 8월 14~16일 비원·창경원 무료개방, ⑪ 쇼윈도 장식경기裝飾競技(시내, 주야), ⑫ 고층건물 조명장치 경기競技(시내, 주야), ⑬ 기념우표 발행, ⑭ 8월 15일 종일 꽃전차 운행(서울 시내), ⑮ 8월 15~16일 꽃버스 운행(서울 시내), ⑯ 8월 15일 통행금지시간 해제 등이 그것이었다.[26] 취임식 당일 오후 4시 남산공원에서 진행된 초대형의 이승만 동상 제막식은 여기에 포함되어 있지 않다. 이 대통령의 '제80회 탄신 경축 중앙위원회'의 주관으로 3천 평 부지에 높이 81척(약 24.5m)으로 건립된 이 거대한 동상에는 무려 2억 6백만 환의 비용이 투입되었다.[27] 엄밀히 따지면 취임식 행사도 아니고 정부 공식행사도 아니었지만 누구나 동상 제막을 대통령 취임 사실과 연관시켰고, 제막식 참석자들이 취임식 참석자와 대부분 겹치기도 했다. 지도자숭배가 절정에 달했던 1956년 대통령취임식과 함께, 취임식 당일까지도 부정선거 시비가 거셌던 1967년 대통령취임식은 경축행사의 화려함 측면에서 특기할 만했다. "건국 이래 가장 크고 호화로운 취임식", "사상 최대의 축제", "사상 최대 규모", "2500만 원의 호화판" 등으로 묘사되었던 1967년 7월 1일 오후의 중앙청 광장 취임식에는 임시 공휴일 지정, 기념우표 발행, 기념담배 발매, 통행금지 해제, 불꽃놀이, 경축예술제, 고궁 무료개방, 에어쇼, 특별사면과 특별감형, 교도소 특별급식 등이 경축행사에 포함되었다. 또 시민 참여를 위해 광화문·시청 앞 등 취임식장 인근 곳곳에 고성능 스피커 30여 대와 TV 시청기기를 임시로 설치하여 식전을 중계방송했다.[28]

대통령취임식 장소였던 중앙청 광장은 강한 정치적 상징성에도 불구하고 취임식을 국민축제로 승화시키는 데 여러 제약을 가하기도 했다. 광장의 상대적인 협소함으로 인한 참여 규모의 축소에 대해선 이미 말한 바 있다. 취임식장과 경무대(청와대)가 너무 근접한 거리에 있다는 점도 또 다른 제약 요인이었다. 신임 대통령은 취임식을 마친 후 집무실과 관저가 있는 경무대나 청와대로 이동하게 된다. 이 과정에서 악수나 포옹과 같은 직접적인 접촉을 비롯하여 행진, 카퍼레이드 등의 '이동의례'를 통해 대통령(지배자)과 국민(피치자) 사이에 시선과 몸짓, 감정을 교환하는 의례적·상징적 상호작용이 이루어질 수 있다. 그러나 중앙청과 경무대·청와대 사이는 이동거리가 짧고 번화한 곳도 아니어서 대중과의 소통과 접촉이 어려운 편이었다. 그런 면에서 대통령취임식 장소로서 중앙청 정면의 광장은 비교적 나쁜 입지에 속했다. 1960년의 4대 대통령취임식은 세종로에 있던 국회의사당에서 열려 청와대와 다소의 거리가 생겼지만, 식후 윤보선 대통령은 청와대로 이동하는 동안 무개차가 아닌 승용차 안에서 연도의 대중에게 간헐적으로 손을 흔드는 정도에 그쳤다. 1972년 8대 때부터 취임식장이 중앙청 광장에서 멀찍이 떨어진 장충동(장충체육관)이나 강남(잠실체육관)으로 바뀜으로써 식후 청와대까지 본격적인 카퍼레이드나 대중과의 상호작용이 가능해졌다. 그러나 체육관에서 취임식을 치른 대통령들은 대중과의 직접적인 대면이나 만남을 그다지 선호하지 않았다. 대중과의 직접 접촉, 행진, 카퍼레이드가 동시에 가능해짐으로써 대통령 취임식의 국민축제 성격이 확연히 강화된 시기는 여의도 국회의사당 광장에서 열린 14~15대 취임식부터였다.[29]

1940~1950년대에도 취임식 장소의 공간적 취약성을 보완하는 몇 가지 시도들이 있었다. 1948년 7월 초대 취임식의 경우 식후 행사가 아닌 식전式前 행사로 약 2.5㎞ 거리에 달하는 카퍼레이드를 진행함으로써 보다 많은 시민들의 참여를 유도했다. 다음은 「동아일보」 1948년 7월 25일자 기사(2면)의 일부이다. "이화장으로부터 안국동 네거리를 거쳐 붉은 바탕에 누른 빛갈(빛깔-인용자)로 국립경찰 표지를 색인(새긴-인용자) 화려한 경찰기를 든 16명의 기마경찰대를 선두로 경호하는 십수 대의 자동차에 호위되어 대통령과 부통령이 전후하여 식장에 입장할 때의 환호와 만세는 천지가 떠나갈 듯 태극기 높이 휘날리고 미국기 절반 나린 중앙청 광장을 감격의 와중에 모라넣게 하였다." 그러나 이후 이승만 대통령의 장기집권이 이어짐에 따라 이런 스펙터클은 더 이상 반복되지 않게 되었다.

1952년과 1956년 취임식에서는 식후 행사로 '3군 사열식' 혹은 '3군 분열식'을 세종로에 배치함으로써 중앙청 광장과 세종로를 공간적으로 연결했다. 이로 인해 1952년 취임식에는 광화문 일대에 10만 명의 군중이 모일 수 있었다.[30] 1956년에도 취임식이 3군 사열식과 곧바로 연결되면서 참여 시민의 규모가 폭발적으로 늘어났다. 이날 오전 8시 30분부터 세종로 네거리, 서대문, 시청앞, 종로, 중학동 어귀까지 차마車馬 통행금지 조치가 내려진 가운데 "중앙청 광장으로부터 세종로까지 입추의 여지없는 군중"이 들어차고, "수십 만 서울시민은 새벽같이 세종로를 중심으로 모여들어 중앙청 앞으로부터 태평로에 이르기까지 인산인해"를 이뤘다.[31] 취임식을 마친 정·부통령이 단상에 나란히 앉은 가운데 예포禮砲와 주악에 이어 제트기의 축하비행으로 사열식이 시작되었다. 사열식이 끝난 후에는 부통령과 군중이 자연스럽게 어울리는 모습도 연출되었다. "10시 30분부터 약 15분 간의 사열이 끝나고 대통령이 경무대로 향한 후 길가의 군중들은 터지는 밀물처럼 와- 쏟아져 부통령의 행로를 완전히 봉쇄(?) 잠시 후에 겨우 길을 트고 박수를 받아가면서 지나가기는 했으나……"라고 위의 「동아일보」 기사는 전하고 있다.

방송은 공간적 제약을 단숨에 뛰어넘는 수단을 제공한다. 서울 광화문에서 벌어지는 행사를 전국 곳곳에 생생하게 전달해주는 대통령취임식 생중계가 시작된 때는 1956년 8월 15일부터였던 것으로 보인다. 제3대 대통령취임식이 있던 이날 국영 서울방송HLKA과 기독교방송HLKY이 모두 오전 9시부터 중앙청 광장의 '대통령취임식 및 광복절기념식'을 라디오로 '실황중계'했다. 서울방송은 이날 저녁 9시 15분부터 이승만 대통령의 취임사 겸 기념사를 방송하기도 했다.[32] 텔레비전을 통한 생중계가 이루어지기 시작한 때는 1971년 7월 1일의 7대 대통령취임식에서부터였던 것으로 보인다. 이날 낮 2시부터 중앙청 광장에서 진행된 취임식을 KBS, TBC, MBC 등 TV 3사 모두가 생중계했다.[33] 물론 라디오를 통한 생중계도 포함해서 말이다. 1980년 9월 11대 대통령취임식부터는 '전국적인' 텔레비전-라디오 생중계뿐 아니라 KBS 국제국을 통해 '국제적인' 생중계 방송도 행해졌다. "전 세계 해외동포의 청취가 가능하도록 해외방송의 단파 채널을 통해 중계방송"을 하되 우리말 등 9개 언어로 방송한다는 것이었다.[34] 1950년대에 독특한 풍경이긴 하지만, 대통령의 '취임식'뿐 아니라 때때로 '취임기념일'도 중요한 국가의례로 취급되었다. 다음 인용문은 한국전쟁 휴전 직후인 1953년 8월 15일 중앙청과 광화문 일대에서 거행된 '광복절 및 이승만 대통령 재취임 1주년 기념식'의 세세한 부분들을 기술하고 있다.

1953년 8월 15일은 해방 8주년을 맞는 광복절이며 한국전쟁 휴전이 선언된 지 불과 2주 남짓 지난 때였다. 그러나 중앙청 앞 광장에서 진행된 기념식의 주인공은 '광복선열'이나 '전몰장병'이 아니라, 제2대 대통령 집권에 성공하여 재취임 1주년을 맞는 이승만이었다. 중앙청 앞에는 대통령 재임을 기념하는 플래카드가 크게 걸렸고, 단상에 올라 축사를 낭독하는 내외 귀빈들은 한결같이 '각하의 만수무강'을 기원했다. 어린이들이 부르는 〈대통령찬가〉에 이르기까지 온통 대통령을 위한 이 행사는 대법원장의 만세삼창을 마지막으로 끝이 났다. "대한민국 주권하에 남북통일하자"라는 플래카드와, 국군의 위용을 자랑하는 온갖 행진들(육·해·공군과 여군의 시가행진, 그 뒤를 잇는 군악대의 연주와 행진, 공군의 공중비행, 탱크와 기마병의 행렬까지 동원되었다)이 없었다면, 이 기념식에서 전쟁의 자취를 발견하기는 어려웠을 것이다.[35]

대통령의 취임식은 공화국의 지배자가 누구인가를 대중 앞에 현시顯示하고 인정받는 행사이다. 아울러 취임식은 '영웅 만들기' 행사이기도 했다. 대통령취임식과 '무궁화대훈장 수여식'을 결합시키거나, 굳이 광복절에 대통령취임식을 거행하는 게 좋은 예라고 할 수 있겠다. 그렇게 본다면 대통령의 '취임기념일' 의례와 행사들은 '영웅 숭배하기'에 가까웠던 셈이다. 1950년대의 대통령취임식 행사들이 특히 그러했다.

3. 국가적 장례

한국에서 국가적 장례는 국장, 국민장, 사회장으로 구분된다. 국가의 개입은 통상 국장과 국민장으로 제한되지만, 1960년대까지도 사회장에 국가가 보조금을 지급한 사례가 여럿 있었다. 「경향신문」 1956년 5월 31일자(3면) 기사는 국장, 국민장, 사회장의 차이점을 알려달라는 독자의 질문에 대답하는 형식으로 다음과 같은 설명을 제공하고 있다. 기사 작성자의 필명은 '유관자有冠子'로 되어 있다.

> 국장은 국가가 호상護喪이 되고 국민장은 국민이, 사회장은 사회(각 사회단체) 대표가 호상이 되는 경우를 말합니다. 국가와 사회에 공을 남긴 분이 돌아갔을 때 그 장의식葬儀式을 이와 같은 이름으로 집행執行하는데 사회장은 사회社會단체의 대표代表들이 합동合同하여 결정決定할 수 있는 것이나 국민장은 국민의 이름으로 행하여지는 것이기 때문에 국회國會의 의결을 얻은 다음 국무회의國務會議의 의결이 있어야 합니다. 그리고 국장國葬만은 대통령령大統領令으로 되어 있어 국무회의國務會議의 의결에 의하여 정定하고 경비經費는 국고國庫에서 지출支出하기로 되어 있으며 묘소墓所를 국가國家에서 관리하기로 되어 있읍니다.

위 인용문에 등장하는 대통령령은 1949년 10월 8일 대통령령 제194호로 제정·시행된 '국장령國葬令'을 가리킨다. 「경향신문」 1965년 8월 13일 자(3면)에서도 이와 유사한 기사를 발견할 수 있는데, 이 기사의 필자도 '유관자'였다.

> 대한민국 국장령(62년 6월 26일 각령[閣令] 제848호)에 의하면 "국장國葬은 국가원수 및 국가에 위훈을 남기고 서거한 자에 대해 베푸는 국가의 장의(제1조)로서 국무회의의 의결을 거쳐 결정하고 국장일로 공고한다(2조). 국장일에는 조기弔旗를 달고 관공서는 휴무한다(제3조)"라고 되어 있읍니다. 국민장國民葬과 사회장社會葬에 대한 법령은 따로 규정되어 있는 것이 없으며 다만 관례에 따르고 있을 뿐입니다. 그러나 이 장례의 의의를 찾는다면 국민장은 국민들에 특히 신망이 있는 인물이 죽었을 때

국민의 대표들이 장의위원을 구성해서 거족적으로 정중히 모시는 것을 말하고 사회장은 일반 사회의 지도적 역할을 했으며 큰 공로가 있는 인물이 죽었을 때 모든 사회단체가 연합하여 대표적 명사들이 장의위원을 구성하는 것입니다.

1967년 1월 16일에 '국장·국민장에 관한 법률'이 제정·시행된 데 이어 1970년 6월 29일자로 '국장·국민장에 관한 법률 시행령'이 제정·시행됨에 따라 국장령은 폐지되었다. 1949년 제정 당시 국장령은 8개 조와 부칙으로 이루어진 단출한 법령이었는데, 그 내용은 다음과 같았다.

제1조 국가에 위훈을 남기고 서거한 자에 대하여는 그 장의를 국장으로 할 수 있다.
제2조 전조前條의 결정은 국무회의의 의결에 의하여 국장일과 함께 이를 공고한다.
제3조 국장일에는 조기를 달고 관공서는 휴무한다.
제4조 국장에 필요한 경비는 국고에서 지출한다.
제5조 국장일에는 그때마다 국무원에 장의위원회를 두어 그 사무를 처리케 한다.
제6조 장의위원은 필요 있을 때마다 정부 공무원 또는 민간인 중에서 국무총리가 이를 위촉한다.
제7조 국장의 장의절차 기타 집행에 필요한 사항은 장의위원회에서 정한다.
제8조 국장으로 한 묘소는 총무처에서 관리한다.[36]

식민지 시대에는 대한제국의 두 황제, 곧 고종황제와 순종황제의 죽음이 국장으로 기려졌다. 각각 1919년 1~3월과 1926년 4~6월에 있었던 두

황제의 장례는 『국조오례의』國朝五禮儀에 준거한 전통적인 예법에 따르되 육·해군 의장대가 장례행렬에 참가하는 등 일본의 국장 형식을 일부 추가하는 방식으로 거행되었다.[37] 그러나 해방 후의 공화국 시대에는 왕조 시대의 예법에 따라 국장을 치를 수 없게 되었다. 다만 해방 후 한국에서는 1979년 10~11월 9일장으로 거행되었던 박정희 대통령의 장례식 이전에 국장이 행해진 적이 한 번도 없었다. 다시 말해 박정희의 장례가 해방 후 최초의 국장이었던 셈이었다. 두 번째의 국장은 그로부터 무려 30년 후인 2009년 8월에 치러진 김대중 전 대통령의 장례였다. 어쨌든 법령이 제정된 1949년부터 1970년 폐지될 때까지 국장 사례가 전무했으므로, 국장령은 단 한 번도 시행된 적이 없는 법령이 되고 말았다.

(1) 국민장

식민지 기간 중에 국민장의 예우를 받은 조선인은 없었던 것으로 보이나, 해방 후에는 여러 차례 국민장이 행해졌다. 그러나 국민장에 관한 법적 근거는 취약했다. 앞서 「경향신문」 1965년 8월 13일자 기사에도 언급되었듯이, "국민장과 사회장에 대한 법령은 따로 규정되어 있는 것이 없으며 다만 관례에 따르고 있을 뿐"이었기 때문이다. 1967년에 법률 제1884호로 '국장·국민장에 관한 법률'이 제정되면서 국민장이 비로소 명확한 법적 근거를 갖춘 국가적 장례의 지위로 올라설 수 있었다. 제정 당시 7개 조로 구성되었던 이 법률의 내용은 다음과 같았다.

> 제1조(목적) 이 법은 국가 또는 사회에 현저한 공훈을 남김으로써 국민의 추앙을 받는 자가 서거한 때에 그 장의를 경건하고 엄숙하게 집행하는 데 필요한 사항을 규정함을 목적으로 한다.
> 제2조(장의 구분) 이 법에 의한 장의는 국장과 국민장으로 구분한다.

제3조(국장 및 국민장 대상자) 다음 각 호의 1에 해당하는 자가 서거한 때에는 주무 부 장관의 제청으로 국무회의의 심의를 거쳐 대통령이 결정하는 바에 따라 이를 국장 또는 국민장으로 할 수 있다.

1. 대통령의 직에 있었던 자

2. 국가 또는 사회에 현저한 공훈을 남김으로써 국민의 추앙을 받은 자

제4조(장의위원회의 설치) ① 국장 및 국민장의 장의를 집행하기 위하여 그때마다 국장 또는 국민장 장의위원회를 둘 수 있다. ② 장의위원회의 구성과 운용에 관하여는 대통령령으로 정한다.

제5조(장의비용) ① 국장에 소요되는 비용은 그 전액을 국고에서 부담한다. ② 국민장에 소요되는 비용은 국무회의의 심의를 거쳐 그 일부를 국고에서 보조할 수 있다.

제6조(조기 게양) ① 국장 기간 중과 국민장일에는 조기를 게양한다. ② 국장일에는 관공서는 휴무한다.

제7조(시행령) 이 법 시행에 관하여 필요한 사항은 대통령령으로 정한다.[38]

1940년대에는 국민장이 두 차례 거행되었다. 해방 후 최초의 국민장은 식민지기에 사형집행을 당해 일본 땅에 묻혀 있던 이들 가운데 '3열사烈士' 혹은 '3의사義士'로 불렸던 이봉창, 윤봉길, 백정기의 장례였다. 이것이 해방 후부터 독립정부 수립 이전에는 유일한 국민장 사례이기도 했다. 두 번째 국민장 사례는 백범 김구의 장례식이었다.

먼저, 이봉창·윤봉길·백정기의 국민장은 1946년 7월 6일에 거행되었다. 해방 직후부터 재일동포들은 '재在동경 순국열사 해방의사解放義士 유골봉환회'가 중심이 되어 일본 각지에 흩어져 있던 독립운동가들의 유골을 수습했다.[39] 이 가운데 윤봉길·이봉창·백정기·김청광·김석수·홍성주·박상조 등 '7의사'의 유골이 "대한순국열사유골봉안회 대표 서상한, 건국촉성청년동맹 박근세, 재일본상공회 조춘미, 학생동맹 백상필 등 제씨

x

x

x

의 호위로" 부산항에 도착한 때는 1946년 5월 18일 상오 9시경이었다.[40]
미군정 자문기관이었던 민주의원(대한국민대표민주의원)의 발기發起에 따라
'3의사'의 장례를 국민장으로 치르기로 정해졌다.[41] 같은 해 6월 15일 정
오에는 김구를 비롯한 수만 군중이 운집한 가운데 부산공설운동장에서
'순국 3의사 추도회'가 성대하게 거행되었다. 김구 일행은 16일 해방자호
열차에 유골을 봉안한 채 서울로 이동한 후 수송정 태고사(현재의 조계사)에
안치했다.[42] 서울에서 조직된 '3열사봉장奉葬위원회'는 1946년 6월 30일
에 국민장을 거행하기로 결정하고 국민들에게 다음과 같은 6개 항의 주
의사항을 실행해 달라고 요청했다.

1. 3열사 국민장일인 30일은 가가호호에 조기를 달 것
2. 애도의 뜻을 표하며 자숙하는 성의에서 보통·음식점을 제하고 그 외
   일체 환락장은 휴무할 것
3. 30일 장의일을 기하여 각 지방에서는 지방마다(군·읍·면) 추도식을
   거행하되 서울은 29일에 시행할 것
4. 국민장이니만치 국민 각자의 성의에 의하여 능력껏 부의금을 제출
   하도록 권장할 것
5. 추도식 절차는 지방 형편에 의하여 적당히 할 것
6. 3열사 약력은 인쇄 중이므로 인쇄되는 대로 즉송하기로 함[43]

그러나 국민장 날짜는 갑작스런 폭우로 인해 7월 6일로 연기되었다.[44]
국민장 당일 행사는 (1) 유골이 안치된 태고사에서 영결식장이자 장지인
효창공원으로 이동하기, (2) 효창공원에서의 국민장 의식, (3) 효창공원에
서의 하관과 입토入土의 세 부분으로 진행되었다. 태고사에 모인 수만 명
은 3열사봉장위원회의 인도로 조악이 연주되는 가운데 오전 10시에 효창
공원으로 출발했다. 장례행진은 '태고사 → 안국정 사거리 → 종로 → 남

대문 앞 → 경성역 → 연병정 → 효창공원'의 순서로 진행되었다. 보도에 따르면 "태극기를 선두로 소년군의악대, 각 정당 단체 화환과 조기, 그 뒤에 무장경찰대가 경호하고 이李 의사의 명정 유영, 남학생들이 압홀(앞을-인용자) 인도하고 여학생들이 뒤를 따르는 태극기로 싸인 영구차는 소리 없이 굴러갔다." 행렬이 12시 40분경에 "서울의 성지 효창원"에 도착하자, 오후 1시부터 이승만·김구·오세창·이시영·여운형 등의 지도자들과 정당·단체·정회町會·학교를 대표한 약 5만 명이 참여한 가운데 국민장 의식(영결식)이 시작되었다. 영결식은 ① 애국가 합창, ② 이강훈의 개회사, ③ 주악, ④ 조완구의 식사式辭와 분향, ⑤ 신현상의 제문 낭독, ⑥ 김구와 유가족의 분향, ⑦ 각 단체의 제문 낭독 등으로 이어졌다. 오후 3시를 지나 하관과 입토 순서가 진행되었다.[45]

1949년 6월 26일 암살된 김구의 장례도 10일 간의 국민장으로 치러졌다. 그해 7월 5일 서울운동장에서 영결식이 거행된 데 이어 효창공원에 안장되었다. 마치 운명처럼, 자신이 주도했던 1946년 7월 6일의 3열사 국민장으로부터 정확히 3년 후에 스스로 두 번째 국민장의 주역이 되어 3열사묘의 서쪽 기슭에 묻히게 되었던 것이다. 이 장례는 대한민국 정부 수립 이후에 거행된 최초의 국민장으로서 '국민장 관례'가 형성되는 데 대단히 중요한 선례가 되었다. 당시 언론보도를 통해 이 과정을 재구성해보도록 하자.

1949년 6월 29일 이철원 공보처장은 국민장이 결정된 경위를 다음과 같이 설명한 바 있다. "대통령께서는 26일 백범 선생의 흉보를 접하자 즉시 방송국을 통하여 통석痛惜하는 지정을 전 국민에게 고하였으며, 27일에는 오전 10시에 긴급 국무회의를 소집하여 대통령령으로 국민장을 거행할 것을 제의하시어 이를 결정한 후 준비위원을 선출하여 경교장京橋莊과 연락한 바, 경교장에서는 동지장同志葬으로 내정하였다가 정부의 결의가 전달되자 이를 신중히 협의한 후 국민장으로 할 것을 결정 요망하였

다. 이에 정부 측 준비위원이 이 뜻을 대통령에게 전하자 이李 대통령은
이 요망에 응할 것을 수락하였다. 그리고 28일 정례국무회의에서 27·28
양일에 걸쳐 경교장에서 열린 장의위원회로서의 정부에 대한 요망과 항
의 보고가 있자 대통령께서는 그 요청의 모든 조건을 응낙할 것을 동의하
여 별항과 같은 제 항을 토의 결정 실시키로 된 것이다."⁴⁶ 좀 더 자세히
살펴보면 다음과 같다. (1) 김구의 암살 이튿날인 6월 27일 오전 10시 대
통령의 지시로 긴급 국무회의가 소집되었다. 이때 대통령의 제의로 국민
장을 결정했다. 아울러 정부 측 '장의준비위원회'가 구성되었지만 장일葬
日·장지葬地 등은 아직 결정되지 않았다.⁴⁷ (2) 당시만 해도 장례를 '동지
장'으로 치를 것으로 내정하고 있던 경교장 측은 국무회의 결과를 전달받
은 후 같은 날인 6월 27일 오후 5시 김규식, 최동오, 조소앙, 안재홍, 명제
세 등이 모인 가운데 동지장이 아닌 국민장으로 변경한 후 정부 측 인사
들을 포함하여 '고故 백범 김구 선생 국민장의위원회'를 구성했다. 여기서
장지는 "옹의 유언대로 효창공원 3열사묘 서록西麓에 안치하기로", 장일
은 7월 5일 오후 1시로, 영결식장은 서울운동장으로 결정했다.⁴⁸ (3) 대통
령은 당일 이런 사항들을 보고받고 장례를 국민장으로 치를 것을 최종적
으로 승인했다. (4) 6월 28일 오후 2시에 열린 정례 국무회의에서는 장례
의 세부사항에 대한 국민장위원회 측의 결정 및 요망 사항들을 수용하면
서 국민장 절차 등을 토의하여 다음과 같이 결정했다: "① 6월 29일 입관
식 날과 7월 5일 장례일에는 조기弔旗를 게양하는 동시에 일체一切의 가무
음곡歌舞音曲을 금지할 일, ② 장례일(7월 5일)은 임시 공휴일로 정하고 당일
은 경향 각지에서 응분의 애도식을 거행할 일, ③ 장례식에는 의장병과 군
악대를 참가케 할 일, ④ 장례 총 경비 900만 원 중 정부에서는 600만 원을
지출하기로 함, ⑤ 장례일까지 일반 국민은 각별히 자숙할 일."⁴⁹ (5) 6월
28일 국민장위원회는 김구의 명정銘旌과 비석碑石에는 "大韓民國臨時政府
主席白凡金九"(대한민국임시정부 주석 백범 김구)라는 글월을 쓰기로 정했다.⁵⁰

7월 5일의 세부 장례행렬 절차도 이날 발표되었다. (6) 6월 29일에는 정부 측 연락 담당 부서와 책임자로 일할 장의위원들이 추가로 선정되었다.[51] (7) 6월 29일 오후 문교부는 긴급회의를 열어 7월 5일부터 시작하기로 예정된 '전국 남녀 중등학교 제1차 입학시험'을 하루 연기하여 7월 6일부터 시행하도록 하고, 10일부터 시행할 예정이던 제2차 시험도 11~14일로 연기하기로 결정한 후 관계당국에 긴급통첩을 보냈다.[52] (8) 6월 30일 국민 장위원회는 이은상이 작사하고 예술대학이 작곡한 '조가弔歌'를 발표했는데 "서울중앙방송국에서는 7월 5일 장례식 날 삼천만이 다함께 부르도록 매일 저녁 연습방송을 하기로 되었다." 김구 국민장을 위해 특별히 마련된 조가의 가사는 다음과 같았다.

오호 여기 발 구르며 우는 소리 / 지금 저기 아우성치며 우는 소리 / 하늘도 울고 땅도 울고 / 이 겨레 이 강산 미친 듯 우는 소리를 / 임이여 들습니까

이 겨레 나갈 길 어지럽고 아득해도 / 임이 계시기로 든든한 냥 믿었더니 / 두 쪼각 갈린 땅을 이대로 버려두고 / 유천고한幽千古恨 품으신 채 / 어디로 가십니까

떠돌아 70년을 비바람도 세옵드니 / 돌아와 마지막에 광풍으로 지시다니 / 열매를 맺으려고 지는 꽃 이럴가(이럴까-인용자) / 뿜으신 피의 값이 / 헛되지 않으리라

삼천만 울음소리 임의 몸 메고 가도 / 편안히 가옵소서 돌아가 쉬옵소서 / 뼈저린 앓은(아픈-인용자) 설움 부여안고 / 끼치신 임의 뜻을 / 우리 손으로 이루리다[53]

김구 국민장은 앞서 말한 국장령이 제정되기 직전에 치러졌다. 그의 장례는 여러 모로 국장에 준하는 면모를 보여주었다. 장례일을 임시 공휴일

로 지정하고, 중등학교의 입학시험을 연기하고, 장례일 뿐 아니라 입관일
入棺日에도 조기를 게양하도록 하고, 조가를 특별히 작곡하고, 국민들이 조
가를 익히도록 서울중앙방송국을 통해 매일 저녁 '연습방송'을 하는 등이
그런 사례들이었다. 7월 5일 '경교장 → 서울운동장 →효창공원'으로 이어
진 장례행렬도 수십만 명이 참여하는 장엄한 스펙터클을 연출했다. 보다
구체적으로, 국민장위원회가 공식 발표한 '호행護行 노정路程'은 "① 경교
장 → 광화문통 → 종로 → 동대문 → 서울운동장, ② 서울운동장 → 을지
로6가 → 을지로입구 → (조선은행 앞) → 남대문 → 서울역 앞 → 연병장練兵
場 → 용산경찰서 → 효창동 입구 → 금양국민학교 → 효창공원"으로 되어
있었다.[54] 6월 28일 발표된 행렬의 세부 절차와 구성은 다음과 같았다.

① 의장병 12명(고 백범 선생 제자 중 군인 고급장교 및 사관)

② 국기國旗·당기黨旗 기위사旗衛士 2명

③ 군악대

④ 조가대弔歌隊(대학생)

⑤ 전구前驅 위장대衛葬隊(한독당 청년동지)

⑥ 장의위원장

⑦ 장의부위원장 3명

⑧ 장의위원

⑨ 의장대(1개 중대가 전후좌우로 백범 선생의 자동차를 둘러싼다)

⑩ 고 백범 선생 사진(위사[衛士] 좌우에 4명씩 8명)

⑪ 배종자陪從者 무복친無服親

⑫ 의장대(한독당 청년동지)

⑬ 만사挽詞 조의弔儀

⑭ 학교 악대

⑮ 명정銘旌

⑯ 절포切布

⑰ 영구靈柩 호위 80명

⑱ 영구(좌우 9명씩 18명)

⑲ 영구 호위 80명

⑳ 주상主喪 내외

㉑ 유복친有服親

㉒ 무복친無服親

㉓ 대통령

㉔ 부통령

㉕ 국무위원, 열국列國 사절, 동지 원로

㉖ 당 중요 간부

㉗ 당원, 일반 단체, 개인

㉘ 후구대後驅隊

㉙ 경찰 간부(경위)[55]

이날 장례는 오전 10시 30분에 경교장에서 발인을 하고, 오후 1시부터 서울운동장에서 영결식을 거행하고, 오후 3시부터 서울운동장에서 발인하여 효창공원으로 행렬하고, 오후 5시부터 6시까지 하관식을 거행하는 일정이었다. 국민장위원회가 공식 발표한 바에 따르면 서울운동장에서 거행된 영결식과 효창공원에서 거행된 하관식의 순서는 〈표 3-4〉와 같았다. 두 예식의 '사의司儀'를 맡은 이는 박윤진이었다.[56]

수많은 의문을 남기고 갑작스레 살해당한 김구의 장례식은 뒤르케임이 말한 '집합적 열광'이 분출된 사건이었다. 그의 죽음의례는 일시적으로나마 '민족적 커뮤니타스'를 형성하는 계기를 제공해주었다. 당시 김구의 뒤를 따르겠노라고 할복을 기도한 청년이 있었는가 하면, 유지遺志를 받들겠다는 취지의 혈서가 20여 통이나 장의위원회로 보내져 왔다.[57] 꽤

〈표 3-4〉 김구 국민장의 영결식과 하관식 순서

영결식	하관식
(1949.7.5 오후 1~3시, 서울운동장)	(1949.7.5 오후 5~6시, 효창공원)
① 개식	① 개식
② 조포(국방부, 육군)	② 애국가 봉창(일동)
③ 국기 경례(일동)	③ 조악(육·해군합동군악대)
④ 애국가 봉창(일동)	④ 분향(상임부위원장 조경한)
⑤ 조악(육·해군합동군악대)	⑤ 헌화(상임부위원장 이윤영)
⑥ 식사(式辭)(위원장 오세창)	⑥ 제문(祭文) 낭독(상임위원장 조소앙)
⑦ 약사(略史) 보고(상임위원 유림)	⑦ 분향(상주)
⑧ 조가(弔歌)(학생연합합창단)	⑧ 조악(서울교향악단)
⑨ 분향(부위원장 조완구)	⑨ 하관(각 단체 대표 1인씩)
⑩ 헌화(부위원장 김규식)	⑩ 인사(장의위원)
⑪ 배례(일동)	⑪ 배례(일동)
⑫ 조문(弔文)(부위원장 이범석)	⑫ 조가(학생연합합창단)
⑬ 조사(弔辭)(대통령 이승만, 부통령 이시영,	⑬ 묵상(일동)
김규식, 한국독립당 엄항섭, UN한국위원	⑭ 폐식
단, 외국사절단)	
⑭ 분향(상주)	
⑮ 묵상(黙想)(일동)	
⑯ 조악―장송곡(서울교향악단)	
⑰ 조총(육군 의장병)	
⑱ 폐식	

오래 전에 필자는 김구의 장례식과 관련하여 다음과 같이 쓴 바 있다.

　　국민 형성 및 통합과 관련하여, 전쟁 이전에 있었던 가장 광범하고도 성공적인 효과를 끼친 사건은 바로 김구의 장례식이었다고 할 수 있다. 한 사람의 죽음과 장례식이 이처럼 민족을 통합하고 감정적으로 결속시켰던 것은 정확히 30년 전에 있었던 고종의 장례식 이래 처음이었다고 할 수 있다. 김구와 마찬가지로 테러에 희생된 일련의 저명한 정치인들의 장례식들과는 비교할 수도 없는 전국적인 감정적 일체감이 김

국민장으로 치러진 백범 김구 선생의 장례식

구의 죽음과 그 이후 장례식이 치러지기까지의 10일 간을 지배했다. 장
례 당일에 대중의 감정적 분출은 절정에 달했다. 그의 죽음이 알려지자
정부와 민간 합동으로 '고 백범 김구 선생 국민장위원회'가 구성되어
10일장을 치르기로 결정했다. 그리하여 김구의 장례식은 건국 이후 최
초로 국가가 주도하는 '국민적인' 장례가 되었다. 이 열흘 동안 라디오
방송에서 음악이 사라지고, 요정들은 자진 휴업에 들어가고, 무려 124만
명의 조문객이 시신이 안치된 경교장을 찾았다. 장례 당일은 임시 공휴
일로 선포되고, 집집마다 조기가 내걸리고, 국민들은 자진 철시撤市했
고, 중학교 입시일이 하루 연기되었다. 1949년 7월 5일 경교장에서 장
례식장인 서울운동장으로, 다시 서울운동장에서 장지인 효창공원으로
이어진 기나긴 운구행렬 주변은 전국에서 모여든 인파로 애통의 바다
를 이루었다. 한 신문기사처럼, "3천만 인민이 선생을 보내는 장열葬列
은 그대로 민주건국에로의 장엄한 행진과도 같았다." 이처럼 김구의
죽음을 계기로 대중은 일상적인 일들을 중단하고, 일상으로부터 탈출
하여 민족과 국가라는 '초월적인' 공동체로 빨려 들어갔다. 이 기간 동
안 김구는 민족의 영원한 영도자로, 위대한 성인으로 추앙되었고 격상
되어 갔던 반면, 그의 죽음에 대한 비통과 애도의 감정은 민족에 대한
충성, 나아가 남북통일에 대한 헌신의 결의로 발전되어 갔다.[58]

김구의 장례식이 국민장으로 거행된 후에는 1953년 4월 24일에 있은,
독립운동가이자 전前 부통령인 이시영의 장례식이 해방 후 세 번째, 대한
민국 역사상 두 번째의 국민장이 되었다. 전쟁이 아직 진행 중인 상황에
서 치러진 그의 장례는 4월 24일 오후 2시 동래원예고등학교 교정에서 대
통령도 불참한 채 비교적 간소하게 치러졌다. 그의 유해는 당일 오후 7시
특별영구열차 편에 서울로 옮겨져 25일 정릉리(수유리)에 안장되었다.[59]
국민장 날이 임시 공휴일로 지정되지는 않은 것으로 보이며, 대신 "당일

은 가가호호마다 조기를 게양할 것과 가무음곡을 일체 금지키로" 하고, 하오 4시 정각에는 "전 국민의 고 성제 옹의 명복을 빌기 위하여 1분간 묵념"을 바치기로 했다. 특별영구열차는 24일 오후 7시 동래역을 출발하여 삼랑진역, 청도역, 대구역, 김천역, 대전역, 조치원역, 천안역, 수원역, 영등포역을 거쳐 25일 오전 8시에 서울역에 도착하게 되는데, "발착역에서는 국민들이 고 옹의 영령에 대하여 조의를 표하게" 되어 있었다. 25일 오전 9시부터 서울역 광장에서 일반 시민들의 분향식을 가진 후 유해가 장지로 이동하게 되었다.[60] 영결식은 ① 개식, ② 조악(해군정훈음악대), ③ 식사(장의위원장 신익희), ④ 국기 경례, ⑤ 애국가 봉창, ⑥ 약력 보고(이인), ⑦ 조사(함태영, 김창숙, UN한국위원단 대표, 외국사절단 대표), ⑧ 조가(해군정훈음악대), ⑨ 묵념, ⑩ 분향(상주, 장의위원장 및 위원, 일반 사회단체 대표), ⑪ 조악(해군정훈음악대), ⑫ 폐식의 순서로 진행되었다.[61] 김구의 국민장 영결식은 18단계의 순서로 이뤄졌지만, 이시영 국민장에서는 12단계로 대폭 축소되었다. 김구 국민장에는 있었던 조포弔砲와 조총弔銃, 헌화, 배례拜禮, 조문弔文 순서가 생략되었고, 분향 순서도 2회에서 1회로 축소되었다. 따라서 김구의 영결식이 두 시간 가까이 진행된 데 비해 이시영 영결식은 시간도 대폭 축소되었을 것이다. 대통령의 조사弔辭가 빠짐으로써 의례의 격도 다소 떨어졌다.

1955년 2월에 있은 전 부통령 김성수의 장례식, 1956년 5월 대통령선거 유세 도중에 급서한 민주당 대통령후보 신익희의 장례식도 국민장으로 행해졌다. 1960년의 대통령선거 유세 도중 사망한 조병옥의 죽음도 국민장으로 기려졌다. 〈표 3-5〉에서 보듯이 1950년대에 세 차례, 그리고 1960년대에 네 차례의 국민장이 있었다. 조병옥 외에도 함태영(1964년), 장면(1966년), 장택상(1969년)이 1960년대 국민장의 주인공들이었다. 〈표 3-5〉에는 빠져 있지만, (1946년의 3열사 국민장처럼) 1963년 9월 30일 뒤늦게 환국했던 이준의 유해봉환식도 "국민장에 준해" 거행되었다. 이 의례는 '유해

〈표 3-5〉 대한민국 정부 수립 이후 1970년대 이전까지의 국민장 사례들[62]

장일	이름	경력	위원장	장의기간	보조금	장지
1949.7.5	김구	전 임정 주석	오세창	10일	600만 원	효창공원
1953.4.24	이시영	전 부통령	신익희	9일	20만 환	수유동
1955.2.24	김성수	전 부통령	함태영	7일	20만 환	고려대
1956.5.23	신익희	전 국회의장	함태영	19일	100만 환	우이동
1960.2.19	조병옥	민주당 당수	조용순	5일	30만 환	수유동
1964.10.30	함태영	전 부통령	조진만	7일	50만 원	의정부
1966.6.12	장면	전 국무총리	이효상	9일	200만 원	포천
1969.8.7	장택상	전 국무총리	이효상	7일	200만 원	국립묘지

봉환 국민장'으로 지칭되었으며, 이를 위해 '일성 이준 열사 유해 봉환 국민장의위원회'가 구성되었다. 1963년 10월 4일 오전 10시 서울운동장에서 유해봉환식이 열렸다. 식후에는 그의 영정을 앞세우고 서울운동장 → 종로 → 을지로 입구 → 시청 앞 광장으로 이어지는 시가행진이 행해졌다. 그날 오후 3시경 수유리 묘소에 유해가 안장되었다.[63]

김구와 신익희의 죽음이 그랬듯이, 그리고 최근에도 노무현의 죽음이 그랬듯이, 장례식 자체가 정치투쟁의 대상이 되는 경우가 왕왕 벌어진다.[64] 1960년대의 이승만도 그런 사례였는데, 말하자면 '무산된 국민장'에 해당한다. 이승만 전 대통령이 1965년 7월 19일 사망하자 박정희 정부는 임시 국무회의를 열어 그의 장례를 국민장(9일장)으로 치르기로 결정했다. 7월 29일에 장례를 거행하고 유해는 국립묘지에 안장하기로 한 것이다. 그러자 구舊 자유당계 인사들은 '국장'으로 치를 것을 주장한 반면, 4월혁명동지회는 국민장 반대 단식투쟁을 벌이고 나섰다. 사회적 갈등이 심해지자 결국 유가족이 '가족장'으로 치르기로 결정했다. 그의 유해는 장례 후 국립묘지에 안장되었다.[65]

(2) 사회장

한국에서 사회장이 처음 등장한 때는 식민지 시대인 1920년대였다. 그런데 최초의 사회장 시도 자체가 적잖은 사회갈등을 촉발했다. 1922년 1월 22일 운양 김윤식이 사망하자 1월 24일 청년회관에서 박영효를 위원장으로 하는 장의위원 총회가 개최되었다. 이 자리에서 장례를 사회장으로 거행한다는 결정이 났다. 이에 따라 '운양 선생 사회장 준비 진행위원회'가 조직되었고 실행위원까지 선정되었다. 이를 두고 "조선에 처음 되는 사회장"이라거나, "사회장이라는 일홈이 조선에서 처음인고로 그 의미에 대하야 세상에 여러 가지로 해석하는 사람이 잇슴을 드럿스나……" 운운하는 기사들을 발견할 수 있다.[66] 그러나 김윤식 사회장에 대한 반대운동이 발생했고, 결국 가족들의 요청을 존중한다는 형식으로 장의위원회가 2월 1일 사회장 추진 중단을 선언하게 된다.[67]

이런 연유로 최초의 사회장은 1922년이 아닌 1927년으로 미뤄졌다. 월남 이상재의 사회장이 한국 최초의 사회장이 되는 셈이다. 「동아일보」도 1956년 6월 22일자(4면) 기사에서 "일찌기 왜제 하倭帝下에서 독립협회 부회장·조선일보 사장·신간회 회장 등을 역임하시다가 1927년 3월 30일 장서長逝한 월남 이상재 선생을 동 4월 7일 사회장으로 전 국민이 곡송哭送한 것이 '사회장'의 시초"라고 언급한 바 있다. 이상재의 장례는 사망 후 9일째 되는 1927년 4월 7일 서울 종로의 중앙기독청년회관에서 300여 명이 모인 가운데 거행되었다.[68] 식민지 시기의 대표적인 사회장은 이상재의 장례와 함께, 이승훈과 백선행의 장례를 들 수 있다. 남강 이승훈의 사회장은 1929년 5월 24일에 거행되었고, 백선행 사회장은 평양의 백선행기념관에서 1933년 5월 13일에 거행되었다.[69] 국외에서도 사회장이 행해진 바 있는데, 1930년 2월에 북만주 산시역山市驛 부근에서 사회장으로 거행된 김좌진 장군의 장례가 대표적이었다.[70]

1927년 이후에는 지방 차원의 '국지적 사회장'도 등장하여 확산되었다. 1927년 6월 2일 있었던 동아일보 고원지국장 채창훈의 사회단체장이 그런 예였다. 1928년 5월 21일에는 지역 유지들이 신간회 안동지회장을 지낸 동산 유인식의 장례를 사회장으로 치르기로 결정했으나, 식민지 당국이 사회장은 물론이고 신간회장新幹會葬마저 금지함으로써 결국 "보통 장식"으로 영결식을 치를 수밖에 없었다. 이 밖에 1932년 12월 26일 교육계에 기여한 공로로 시내 공설운동장에서 거행된 김정혜 여사의 개성사회장, 1934년 6월 23일 거행된 왕재덕 여사의 신천사회장, 1935년 4월 1일 김창현기념관 대강당에서 거행된 육영사업가 김창현의 영변사회장 등도 동일한 범주로 묶을 수 있다.[71]

해방 후에는 유력한 정치인들의 죽음이 사회장과 유사한 형태의 죽음 의례와 연결되었다. 1945년 12월 30일 피살된 한국민주당 수석총무 송진우, 1947년 12월 2일 피살된 한국민주당 정치부장 장덕수, 같은 해 7월 19일 피살된 근로인민당 당수 여운형이 대표적인 인물들이었다. 그러나 이들 중 어떤 죽음도 온전한 사회장의 대상이 되지 못했다. 송진우의 장례는 1946년 1월 5일 광화문 네거리의 동아일보사 앞뜰에서 한국민주당, 국민대회준비회, 동아일보사 등 '3단체 합동장'으로 거행되었다.[72] 우익에 속하는 정당, 사회단체, 언론사에 국한된 장례였던 셈이다. 장덕수의 장례는 1947년 12월 8일 서울시청 앞 광장에서 이른바 '민족진영'에 속하는 50여 개 정당 및 사회단체들에 의해 '사회단체연합장'으로 거행되었다.[73] 이 역시 우익만의 장례였다. 여운형의 장례는 1947년 8월 3일 서울운동장에서 한국민주당과 한국독립당 등 주요 우익 정당들이 배제된 채 70여 개 '민주' 정당 및 사회단체의 '인민장人民葬'으로 치러졌다.[74] 북한에서는 현준혁 장례 등 인민장 사례가 적지 않지만, 남한에서는 여운형의 장례가 "우리나라 최초의 인민장" 사례이자 유일한 인민장 사례이기도 했다.[75] 송진우나 장덕수와 대조적으로, 여운형의 경우 우익을 제외한 중도 및 좌익만의 장례였다. 이들의 죽음 자체가 치열한 정치 갈등의 산물이었으므로 송진우, 장덕수, 여운형의 장례는 폭넓은 사회적 합의를 요구하는 사회장의 대상이 되기 어려웠다. 이들의 장례는 "'집합적' 의례의 형식을 갖추었지만, 결코 전 민족을 통합시키는 '민족적' 의례가 되지는 못했다. 오히려 그들의 장례식 자체가 좌익과 우익으로의 민족적 분열을 상징하고 양자 간의 대립을 심화시키는 기능을 했다."[76] 우익 계열인 신한민족당의 당수를 지내기는 했지만, 1947년 3월 9일 '노환'으로 사망한 권동진의 경우가 비교적 무난하게 사회장의 후보로 떠올랐다. 그러나 그 역시 온전한 사회장의 대상이 되지는 못했다. 그의 죽음을 두고 '천도교 교회장'으로 할지 혹은 '사회장'으로 할지에 관한 논의가 진행되다, 결국엔 1947년 3월 15일 서울 경운동 천도교당 뜰에서 '사회단체연합장'으로 장례가 거행되었다.[77]

해방 후에는 극우 반공청년단체들이 사망한 회원들의 장례를 '사회장'이라는 이름으로 치르는 경우가 종종 있었다. 예컨대 1947년 2월 24일 대한독립청년단 단원 강금복의 장례가 "애국단체 공동주최"의 '사회장'이라는 이름으로 안국동 네거리 광장에서 거행되었다. 그는 조선민청 회원의 습격으로 피살되었다고 한다.[78] 테러로 사망한 서북청년회 회원 이만복의 '사회장'도 1947년 5월 18일 대전의 서북청년회 남선파견대 본부에서 있었고, 집회 후 귀가하다 교통사고로 사망한 노총 인천자유노조 맹원 이승태의 '사회장'도 1948년 1월 18일 그의 자택에서 있었다.[79] 어느 경우든 사회장에 대한 상식적인 정의에 부합하는 장례로 보기는 어려웠다.

좌우익 투쟁이 잦아들고 새로 수립된 정부도 부분적으로 개입하면서 사회장을 둘러싼 논란도 점차 가라앉았다. 독립정부 수립 직후인 1948년 9월의 이동녕·차리석 사회장, 같은 해 10월에 있었던 조성환의 사회장이 사실상 해방 후 '최초의' 사회장 사례들로 부를 만했다. 〈표 3-6〉은 대한민국 정부 수립 이후 거행된 1940~1950년대의 사회장 사례들을 한데 모은 것이다.

〈표 3-6〉 대한민국 정부 수립 이후 1940~1950년대의 사회장 사례들

장일	이름	영결식 장소	장지	출처
1948.9.22	이동녕 차리석	휘문중학교 교정	효창공원	경향, 1948.9.23; 동아, 1948.9.23
1948.10.13	조성환	훈련원	효창공원	경향, 1948.10.14; 동아, 1948.10.14
1949.8.11	헐버트	태평로 부민관	서울 합정동 외국인묘지	동아, 1949.8.12, 1999.8.4
1950.2.25	아펜젤러 여사	정동예배당		동아, 1950.2.26
1951.2.26	원한경	부산 미군 군인교회	유엔묘지	동아, 1951.2.27
1953.4.22	오세창	대구 달성제사공장 광장	망우리묘지	경향, 1953.4.21,1953.4.26; 동아, 1953.11.10
1956.11.20	이명룡	중앙청 광장	우이동	경향, 1956.11.21; 동아, 1956.11.21
1957.1.21	지청천	중앙청 광장	우이동	경향, 1957.1.22; 동아, 1957.1.19, 1957.1.22
1959.3.24	이동하	대구역 광장	대구 신암동 선열묘지	경향, 1959.3.19, 1959.3.25; 동아, 1959.3.19, 1959.3.25, 1959.3.28
1959.8.14	우장춘	세종로 대한수리조합 연합회 뒤뜰	수원 여기산	경향, 1959.8.14

    식민지 시대에도 그랬던 것처럼 '국지적 사회장'도 이따금씩 행해졌던 것으로 보인다. 1956년 5월 25일 광주지방법원 광장에서 '전남도사회장'으로 치러진 정두범의 장례가 대표적인 사례일 것이다.[80] 1960년대에도 사회장은 꾸준히 이어졌다. 〈표 3-7〉은 1960년대에 정부의 보조금이 지급된 사회장 사례들을 모은 것이다.

    국민장의 경우에도 본인의 유언이나 가족의 뜻에 따라 장례의 형식이 종종 달라지곤 했지만, 국가보다 시민사회 쪽의 자율성과 주도성이 훨씬

장일	이름	경력	위원장	장의기간	보조금	장지
1961.4.7	유림	애국지사	김창숙	7일	100만 환	수유동
1962.5.18	김창숙	전 성대 총장	유달영	9일	10만 원	수유동
1964.1.19	김병로	전 대법원장	이인	7일	20만 원	우이동
1964.10.19	이강	애국지사	최두선	7일	20만 원	수유동
1964.12.24	김승학	애국지사	조경한	8일	20만 원	경기 고양
1965.12.29*	백세창	애국지사			20만 원	
1966.1.3	김시현	애국지사	김도연	9일	5만 원	경북 안동
1967.7.19	김도연	전국회부의장	백낙준	7일	100만 원	수유동
1967.9.20	김학규	애국지사	곽상훈	7일	50만 원	국립묘지
1967.11.28	신숙	애국지사	이갑성	7일	50만 원	수유동
1968.6.3	유우석	애국지사	조경한	7일	30만 원	수유동
1968.10.25	문일민	애국지사	이갑성	9일	50만 원	국립묘지
1969.4.18	김성숙	애국지사	유진오	7일	80만 원	경기 파주
1969.12.29	조동식	교육가	이갑성	5일	50만 원	경기 의정부

* '발인일'(영결식)이 아니라 '서거일' 기준임.

강한 사회장의 경우엔 장례의 형식적 다양성이 더욱 두드러질 수밖에 없었다. 따라서 사회장에서 어떤 정형화된 패턴을 발견하는 것은 사실상 불가능하다. 예컨대 환속한 승려이기도 했던 김성숙의 사회장은 1969년 4월 18일 태고사에서 불교식으로 거행되었다. 그럼에도 불구하고 장례식 후 그의 유해는 화장이 아닌 매장 방식으로 안장되었다.[82] 1959년 3월 24일 대구역 앞 광장에서 치러진 이동하의 사회장은 "사회장과 천주교회장을 겸하여" 거행되었다. 당시 장례위원장은 한국 유교를 대표하던 김창숙이었다.[83]

1960년대에 '국민장' 논란 끝에 '가족장'으로 귀착되었던 이승만 전 대통령의 사례와 비슷하게, 1956년에는 민의원 부의장을 역임한 최순주의 '사회장'을 둘러싸고 뜨거운 논쟁이 벌어졌다. 그가 민의원 부의장으로 사사오입 개헌파동 당시 부결 선언을 가결 선언으로 번복한 당사자였기 때문이다. 최순주는 1956년 6월 11일 샌프란시스코에서 치료받던 도중 사망했다. 사후死後 조직된 장의위원회에서 최순주의 장례를 사회장으로 결정하자, 6월 19일 민주당 선전부장 조재천과 헌정동지회 선전간사 민관식은 공동으로 반대의견을 공개 발표했다. "사회장은 사회 전체가 고인에게 존경을 표하기 위해 집행되는 것인데 사회장의 권위를 위하여 또는 앞으로 사회장에 대하여 이런 악례를 남기지 않기 위하여 사회장 집행 결의에 반대하는 의견을 말한다"는 내용이었다.[84] 「동아일보」도 독자와의 질의응답 기사에서, 그리고 "횡설수설"이라는 가십난을 통해 '사회장의 오용과 남용'을 경고하는 취지의 주장을 폈다.[85] 강력한 반대에 직면하여 장의위원회는 6월 21일에 "유가족의 요청과 사회여론에 의하여 (사회장 계획을-인용자) 취소"한다고 결정했다. 대신 "각 기관 단체 연합장"으로 장례를 치르기로 했다. 단지 6월 29일의 장례식 장소만은 정부의 협조를 얻어 육군체육관에서 진행했다.[86] 1920년대의 김윤식으로부터 1960년대의 최순주와 이승만에 이르기까지 사자死者를 둘러싼 죽음의 정치, 장례·애도의 정치가 계속되었던 것이다.

제 4 장

국가상징, 언어, 역사, 국가력

시민종교의 형성

1. 국가상징: 국기, 국가, 국화, 국호

여러 차례 언급했듯이 한국에서도 해방 직후부터 시민종교가 급속하고도 역동적으로 형성되기 시작했다. 가장 빠르게 부각된 것은 국기, 국가, 국화와 같은 민족 혹은 국가의 상징들이었다. 국가상징은 "한 나라의 공식적인 표상表象으로서 국가의 정체성正體性 확립과 국민통합에 구심적 역할"을 담당한다. 여기에는 국기·국가·국화 외에도, 나라문장紋章, 국새國璽, 국호, 연호, 정부기政府旗, 대통령인印·국무총리인印 등이 두루 포함된다.[1]

국기·국가·국화와 같은 국가상징들은 대개 근대 국민국가가 출범하면서 확정 절차를 밟았다. 국가상징을 만든다는 것은 근대적 국민국가를 형성하는 것, 그리고 이 과정에서 국민과 국가가 나아가고 지향해야 할 바를 공식화함을 의미했다.[2] 대표적인 국가상징인 국기가 제정된 것 역시 "봉건적 군주제가 몰락되고 근대 입헌적 국민국가가 성립되면서부터"였다. 한 나라의 국기는 독립된 주권과 국민적 통합·통일, 민족정신이나 국가이념을 상징했고, 더 나아가 "정치적 지배관계를 유지하는 데 필요한 하나의 기술"이기도 했다.[3] 이런 취지에서 북한을 포함하여 많은 국가들이 국가상징을 헌법에 명문화했다.[4] 반면에 남한에서는 통일정부 수립 이후로 미루자는 등의 명분을 들어 국가상징을 헌법에 명시하는 대신 "'관행' 내지는 '법통'에 따르기로" 했다.[5]

태극기와 무궁화, 애국가는 해방과 동시에 '민족의 상징'으로 당장 되살아났다. 3·1운동 후 26년 만에, 그리고 6·10만세운동 후 19년 만에 전국 곳곳에서 사람들은 태극기를 흔들며 민족 독립을 축하했다.

해방 소식을 들은 사람들은 일본 제국주의의 상징이었던 일장기 대신 '해방의 상징'인 태극기를 내걸었다. 광장과 거리에서 휘날린 태극·4 괘의 깃발은 해방으로 인해 변화한 풍경의 단적인 모습이었다. 사람들은 일제 식민지 시기 공공장소에서는 금지되었던 태극기를 공개적으로 등장시킴으로써 식민지로부터의 해방을 현시하였다. 그리하여 '해방의 기쁨'은 곧잘 '휘날리는 태극기'로 표현되었다.[6]

해방 다음날인 1945년 8월 16일에 중앙방송국은 애국가를 '조선의 국가國歌'라고 최초로 공식화했다. 안익태 작곡의 애국가는 국가로 제정되는 법률적 절차를 거치지는 않았지만, 정부의 각종 공식행사에서 사용됨으로써 그리고 각급 학교의 교과서에 수록됨으로써 국가로서의 지위를 공고히 다졌다.[7] 1946년 1월 14일에는 미군정청으로 사용되던 중앙청 국기게양대에도 '조선 독립 만세' 함성과 함께 태극기가 처음 게양되었다. 해방 이후 "민족의 첫 경사"로 치러진 3·1절 기념행사는 "자유의 태극기 아래"서 거행되었고, 민족적 의미를 기리는 여러 행사들은 '태극기의 게양'으로 시작되곤 했다. 미군정이 1946년에 발행한 교과서들에도 첫 장에 태극기 작도법作圖法이 이미 들어갔고, 교과과정에도 태극기에 대한 질문들이 포함되었다.[8] 태극기와 무궁화는 해방 초기의 우표와 엽서에서도 확연한 존재감을 드러냈다. 이미 미군정 시기인 1946년에 무궁화를 주제로 한 보통우표가 발행된 바 있다. 같은 해 5월에 해방 후 최초로 발행된 기념우표였던 '해방 기념우표'는 '가족과 국기(태극기)' 주제의 4종, '태극문장紋章' 주제의 2종으로 구성되어 있었다. 해방 후 최초의 기념엽서였던

1946년 8월 15일의 '해방 1주년 기념엽서' 역시 뒷면 그림은 "태극기를 들고 만세를 부르며 행진하는 군중"이었고, 인면印面에는 거북선이 새겨졌다. 1948년 '대한민국'이 최초로 발행한 보통우표에도 무궁화를 주제로 한 우표가 포함되었다.[9]

민족을 상징하는 태극기와 무궁화의 압도하는 힘은 북한에서도 마찬가지로 나타났다. 북조선임시인민위원회 체신국이 1946년 3월 처음으로 발행한 두 종류의 우표에는 무궁화(20전짜리)와 금강산(50전짜리)이 그려져 있었다. 북한에서 1946년 8월 15일 해방 1주년을 기념해 발행한 기념우표에도 태극기를 배경으로 무궁화와 김일성이 그려져 있었다.[10] 이는 태극기와 무궁화라는 민족 상징에 대한 폭넓은 민중적 공감대와 합의가 이미 해방 이전부터 존재했음을 보여주는 좋은 증거이다. 북한 정치지도자들은 1947년 7월 미소공동위원회 평양합동회의와 1948년 5월 평양에서 개최된 남북정치협상회의에서도 태극기와 애국가를 '독립과 통일의 상징'으로 사용했다.[11]

대한민국 정부 수립 이후 한글 회복을 비롯하여, 태극기에 대한 강조 및 공경恭敬의례 제정 등 다양한 민족적·국가적 상징물들이 제정되고 성화되었다. 앞 절에서 살펴본 대로 국기에 대한 경례와 애국가 합창, 작고 한 독립운동가들에 대한 묵념으로 구성되는 '국민의례'도 빠르게 확산되었다. 비록 헌법이나 법률로 명문화하지는 않았으나, 태극기는 일련의 과정을 거쳐 대한민국의 '국기'로 공인되었다. (1) 1948년 7월 초 제헌국회에서 헌법기초위원회가 만든 헌법 초안에 대한 독회讀會가 시작되었을 때, 헌법 초안에는 국기에 관한 규정이 존재하지 않았다. 그러나 당시 일부 의원들이 국기에 관한 조항을 헌법에 삽입하자는 의견을 제시함으로써 논란이 벌어졌다. 쟁점은 '태극기의 통일된 도안' 문제 그리고 '지금 국기를 제정해야 하는가' 하는 문제였다. (2) 같은 해 9월과 10월에도 '국가와 국기 제정에 관한 건의안'이 제출되거나 (국기에 대한 경례를 미신행위로 간주하여 거부하는) '국기 모독' 문제로 국회에서 국기 논란이 재연되었지만 합의가 이뤄지지는 않았다. 그럼에도 불구하고 (3) 1948년 9월 9일 발생한 '인공기 게양 사건'과 10월 19~27일 발생한 여순사건을 거치면서 인공기 소지를 처벌하고 태극기 게양을 강제하는 양상이 나타났다. 여순사건 당시에는 태극기를 제대로 게양하지 않는 경우 총살에 처하겠다는 포고문까지 나왔다. 이를 통해 태극기가 적-아와 생-사를 가르는 상징, 대한민국과 그 국민만의 상징으로 분명히 각인되었다. (4) 1949년 1월 초 이승만 대통령이 국기를 제정하고 통일되고 정확한 국기 사용법을 강구할 것을 지시함에 따라 행정부 주도로 국기 문제가 재차 쟁점화되었다. 그 직후 국무회의의 국기제정위원회 구성 의결과 문교부 위임, 국기제정구성준비위원회 발족, 대한민국국기제정위원회 발족, 국기시정_{是正}위원회로의 명칭 변경을 거쳐, 국기시정위원회가 네 차례 회의 끝에 1949년 3월 25일 통일된 태극기 도안 4개 중 '우리국기보양회안_案'을 최종적으로 선정했다. 같은 해 10월 15일 문교부가 '문교부고시 제2호'로 "국기제작법"을 공식 발표함으로써 긴 논란을 종결했다. 이미 국기로 통용되고 있는 태극기를 굳이 국기로 '제정'하는 절차를 밟는 대신, 중구난방이었던 국기 도안 문제만을 집중 논의하여 확정했던 것이다.[12] 그 이후 관련 규정들이 제정되면서 국기가 제도화되는 과정은 〈표 4-1〉에 요약되어 있다. 표를 통해 이 과정이 한국전쟁 종전 무렵인 1953년 9월경에 사실상 일단락됨을, 그리고 꽤 오랜 세월이 흐른 1972년에 '국기에 대한 맹세'가 강제적으로 시행됨에 따라 비로소 새로운 국면으로 접어듦을 확인할 수 있다.

무궁화 역시 정식으로 국화_{國花}로 지정되는 절차를 밟지는 않았다. 그러나 일찍이 미군정 시기인 1946년 2월에 경시 이상의 경찰 간부 계급장을 무궁화의 숫자와 색깔로 표시하는 등 사실상의 국화로 인정받고 있었다. 군정청 경찰국은 1946년 2월 1일 직제와 명칭을 바꾸면서 경찰부장은 "금빛 무궁화 넷을 어깨에 달아 표시"하고, 경찰차장은 금빛 무궁화 셋,

<표 4-1> 국기 관련 규정의 등장

시기	규정	주요 내용
1949.10.15	국기제작법 (문교부고시 제2호)	깃면, 깃봉, 깃대 등 제작 방법 규정
1950.1.16	국기 게양 방법 (국무원고시 제8호)	국기의 게양·강하 및 경의 표시 방법 등에 관한 사항 규정
1950.1.25	국기제작법 개정 (문교부고시 제3호)	깃봉의 규격 개정
1950.5.16	국기에 대한 경례 방법 (국무원통첩 총제430호)	경례 방법 개정
1953.9.18	형법 105, 106, 109호 (법률 제293호)	국기·국장을 손상, 제거, 오욕하는 행위에 대한 벌칙 규정
1962.3.6	삼각형 국기 제작법 (문교부고시 제158호)	삼각형 국기의 제작과 사용 방법 규정
1966.4.25	국기 게양 방법에 관한 건 (대통령고시 제2호)	국기 게양 방법을 구체적으로 규정(기존의 국무원고시 제8호는 폐지)
1966.9.1	국기 게양 및 애국가 제창 시의 예의에 관한 지시 (국무총리지시 제6호)	국기 게양 철저 및 국기에 대한 경례, 애국가 제창 시 경의 표시 강화 지시
1972.8.9	국기에 대한 맹세 교육 실시 (문교부 장학 1011-688)	각급 학교에서 국기에 대한 맹세를 시행하도록 시달

* 출처: 편찬위원회, 『정부의전편람』, 5-6쪽.

총경은 금빛 무궁화 둘, 감찰관은 금빛 무궁화 하나, 경감은 은빛 무궁화 둘, 경시는 은빛 무궁화 하나를 어깨에 달기로 했다.[13] 군인들의 경우에도 영관급 장교의 계급이 무궁화의 개수로 구분되었다. 화폐에서도 무궁화가 독립의 상징으로 활용되었다. 1장에서도 언급했듯이 1946년 7월부터 "일본색 제거를 목적으로" 일본 정부 휘장인 오동 문장과 일본 국화인 벚꽃을 무궁화 도안으로 대체했던 것이다. 1949년 2월 총무처 상훈국賞勳局이 무궁화를 본떠 공무원 휘장을 제정할 당시에도 무궁화는 국화로 인정받고 있었다. 관련 기사에 따르면 "상훈국에서는 대한민국 중앙정부 공무원의 휘장을 제정하였는데 이것은 우리나라 국화國花 무궁화를 상징한 것으로 직경 16밀리, 내소원內小圓 7.5밀리로 되고 화판花辦은 동백색銅白色 칠보七寶이며 내소원은 농수색濃水色 칠보七寶로" 하고, 각 내소원 안에 부처 이름을 한글로 기입하는 방식이었다.[14] 1949년 광복절에 맞춰 최고 훈장인 '무궁화대훈장'이 대통령령으로 처음 제정되기도 했다.[15] 1957년 5월에 '군묘지의 묘의 규격과 시설기준에 관한 건'이 국방부령 제31호로 제정된 이후 국군묘지에 안장되는 모든 유골관遺骨棺에는 무궁화가 새겨졌다. 이때부터 "20㎝ 입방체"의 자기瓷器로 만들어진 유골관의 전면에 "청색 무궁화로 압입壓入하고 '영현'이라고 표시"하도록 규정되었던 것이다.[16]

한편 해방 후 독립정부의 국호國號와 관련하여 다양한 주장들이 제기되었다. 앞서 소개했듯이 국호에는 국명國名만을 나타내는 경우 그리고 국명과 국체國體·정체政體를 함께 나타낸 경우로 나뉘며, 근대 이전의 대부분 국가들에서는 국명이 곧 국호였지만 근대 국민국가들에선 통상 국명과 정체를 병기하려는 경향이 강하게 나타난다.[17] 해방 후 등장한 국호의 유력 후보들 역시 국명과 정체를 동시에 표방하고 있었다. 따라서 해방 직후의 국호 논쟁은 국명에 대한 것과 정체에 대한 것을 모두 포함하고 있었다. 임대식이 "우右 대한, 좌左 조선, 중中 고려"라고 함축적으로 표현했듯이, 국명에 대한 선호는 정치 성향에 따라 분명하게 엇갈렸다.[18] 국명에 따라붙는 '민국', '공화국', '인민공화국' 등의 정체에는 정치 성향 차이가 더욱 극명하게 드러나게 마련이다. 해방 직후에는 위에서 거론된 국명들에 민국, 공화국, 인민공화국 등의 정체 명칭이 결합되는 국호 작명법作名法이 지배적이었다. 1947년의 미소공동위원회 답신서를 보면, 한민당을 비롯한 임시정부수립대책위원회(우익)는 '대한민국', 남로당을 비롯한 민주주의민족전선(좌익)은 '조선인민공화국', 좌우합작위원회와 미소공위대책각정당사회단체협의회(중간파)는 '고려공화국'을 독립정부의 국호로 각각 제시했다.[19] 이 밖에 '새한'이나 '대진大辰'이라는 국호를 주장하는 이들도 있었다.[20] 당시 '새한'을 국호로 정할 것을 주장했던 설정식은 여러 세력들이 대한, 조선, 고려를 각기 국호로 내세우는 근거를 다음과 같이 요약했다.

> '대한'을 재사용할 근거로 (1) 대한은 망국 직전까지 사용했던 국호이니 광복적 의미가 있음, (2) 대한은 3·1운동 이후에도 임정에서 사용했던 것이니 그 법통을 계승하는 의미가 있음, (3) 대한의 '한'은 삼한시대부터 국호의 표상으로서 역사적 유래가 있음 등을 들었다. '조선'을 재사용할 근거로 (1) 조선은 단군 시절부터의 국호로 역사적 유래가 있음, (2) 조선은 우리 민족의 범칭적 용어로 어느 때든지 사용해도 무방함, (3) 조선은 우리 지역의 이름으로 널리 쓰는 말로 쓰기에 쉽고 편리함 등을 들었다. '고려'를 재사용할 근거로 (1) 대한과 조선에 구애됨이 없이 완전히 새로 출발하기 위해, (2) 대한과 조선이 지금 대립하니 이를 발전적으로 해소하고 분열을 피하고 통일을 기하기 위해, (3) 외국에서 불리고 있는 코리아와 관련이 있는 용어이기 때문에 등을 들었다.[21]

주지하듯이 남한에서 분단국가가 수립되는 과정은 우익이 좌익과 중간파를 제치고 정치적 승리를 획득하는 과정이었으므로, 국호 논쟁에서도 임시정부 계승을 주장하는 우익의 '대한민국'이 최종 승자가 될 운명이었고 실제로도 그렇게 되었다. 그러나 1948년 들어 단독정부 수립의 마지막 단계에 이르러서도 국호는 한동안 논쟁거리로 남아 있었다. 논쟁의 과정을 요약해보면 대략 다음과 같다. (1) 1948년 4~5월에 걸쳐 유진오가 제출한 헌법 초안들에서는 국호를 '조선', '조선민주공화국', '한국'으로 제시했다. (2) 1948년 6월 3일 열린 헌법기초위원회 회의에서는 한민당과 시국대책협의회가 제시한 '고려공화국', 독촉계 위원들이 제시한 '대한민국', 그 밖의 '조선민주공화국'과 '한국' 등을 놓고 논란을 벌이다 표결하여 '대한민국' 안이 채택되었다. (3) 1948년 7월 12일 열린 헌법안 제3독회에서 이승만 의장에 의해 '대한민국' 단독안이 제안되었고 표결을 통해 압도적 다수 찬성으로 결정되었다. 7월 17일에는 확정된 국호가 포함된 '대한민국 헌법'이 통과되었다.[22] 이후 이승만 정부는 한국전쟁 직전인 1950년 1월 16일 국무원고시 제7호인 '국호 및 일부 지방명과 지도색 사용에 관한 건'을 제정하여, 국호와 지명地名과 지도 색깔에 남한-북한 사이의 적대적 차이를 선명하게 드러내는 정치이데올로기를 각인해 넣었다.

1. 우리나라의 정식 국호는 '대한민국'이나 사용의 편의상 '대한' 또는 '한국'이란 약칭을 쓸 수 있되 북한 괴뢰정권과의 확연한 구별을 짓기 위하여 '조선'을 사용하지 못한다.
2. '조선'은 지명으로도 사용하지 못하고 '조선해협', '동조선만東朝鮮灣', '서조선만西朝鮮灣' 등은 각각 '대한해협', '동한만東韓灣', '서한만西韓灣' 등으로 고쳐 부른다.
3. 정치 구분 지도에 있어서 우리나라의 색은 녹색으로 하고 붉은색은 사용하지 못하며 우리나라의 색을 뚜렷하게 나타내기 위하여 이웃의 중국은 황색, 일본은 분홍색, 소련은 보라색으로 한다.[23]

1949년 5월에는 새로운 국새國璽가 등장했다. 사방 약 6cm의 정방형 인면印面에 한자 전서체篆書體로 '大韓民國之璽'(대한민국지새)라고 전각했다. 1963년 1월에 이르러 국새규정이 개정되어 사방 7cm의 정방형 인면에 한글 전서체로 '대한민국' 네 글자를 가로로 새겼다. 나라문장紋章이 등장한 것은 이보다 훨씬 늦었다. 1970년 7월 3일 대통령령 제5151호로 공포된 나라문장 규격이 그것인데, 중심에 원형의 태극을 무궁화가 감싸고 아래에 '대한민국'이라는 글자가 새겨진 모양이었다.[24]

훈장勳章과 포장襃章은 그 자체로 국가상징은 아니다. 그러나 훈장·포장의 디자인이나 상징문양은 '국가상징들의 종합판'이라는 성격을 띠고

〈표 4-2〉 한국 훈장과 포장의 상징문양[25]

훈장		포장	
종류(제정 시기)	핵심 상징문양	종류(제정 시기)	핵심 상징문양
무궁화대훈장(1949.8.15)	무궁화, 금관		
건국훈장(1949.4.27)	태극	건국포장(1949.6.6)	태극
무공훈장(1950.10.18)	태극, 검, 거북선, 투구, 포차	무공포장(1949.6.6)	태극, 검, 투구
국민훈장(1951.12.22)	무궁화	국민포장(1949.6.6)	태극, 봉화, 붓, 펜, 무궁화
근정훈장(1952.1.15)	관자·관모, 학, 무궁화	근정포장(1949.6.6)	태극, 일월, 무궁화
보국훈장(1961.7.26)	검, 태극	보국포장(1949.6.6)	태극, 비둘기
수교훈장(1961.7.25)	태극	수교포장(1967.1.16)	월계수, 무궁화, 태극, 지구
산업훈장(1962.9.29)	탑, 묘판, 치차, 곡괭이, 삽	산업포장(1949.6.6)	태극, 수력발전소, 치차, 묘판
		예비군포장(1971.1.4)	한반도 지도, 태극
새마을훈장(1973.11.1)	종(鐘)	새마을포장(1973.1.25)	종
문화훈장(1973.11.1)	세종대왕상	문화포장(1973.1.25)	세종대왕상
체육훈장(1973.11.1)	체육인상, 월계수	체육포장(1973.1.25)	체육인상, 월계수
과학기술훈장(2001.1.8)	태극, 해시계, DNA 이중나선	과학기술포장(2001.1.8)	태극, 해시계

있기도 하다. 독립정부 수립 직후인 1949년 4월 27일에 처음으로 '건국공로훈장령'이 제정된 것을 시작으로 1962년까지 '무궁화대훈장령'을 비롯한 9개의 훈장령이 단계적으로 제정되었다. 그리고 개별 법령에 의해 제각기 운영되던 상훈제도를 1963년 12월에 제정된 '상훈법賞勳法'을 통해 하나로 통합하게 되었다.[26] 〈표 4-2〉에서 보듯이, 한국의 국기·국화인 태극과 무궁화는 종류를 막론하고 훈장·포장 디자인에서 압도적인 중요성을 갖고 있다.

2. 언어와 역사

앞서도 지적했다시피 해방은 '언어의 독립'을 포함하고 이었다. 한글은 '금지된 언어'에서 '자유의 언어'로 거듭났다. 창씨개명의 결과인 일본식 이름들은 조선식 이름으로 환원되었다. 1946년 10월 23일에는 '조선 성명 복구령'이 법령 122호로 공포되어 호적상의 일본식 이름이 자동으로 삭제되었다.[27] 한글화化의 물결은 가로명과 학교명 등으로 확산되어 갔다. 예컨대 1945년 11월에는 '정회町會연합회'가 일본식 동명洞名의 일소를 건의하는가 하면,[28] 1946년 3월에는 서울 시내의 국민학교 이름에서 일본식 표현법이 '일소一掃'되었다.[29] 서울시는 1946년 10월 1일부터 "종래의 일본색 정명町名을 일소"하고 "순수한 우리 조선식으로 개정"했다. 이에 따라 기존의 정町은 동洞으로, 정목丁目은 가街로, 통通은 로路로 명칭이 바뀌었다. 그뿐 아니라 조선의 역사적 위인들이 서울 주요 도로의 주인으로 부활했다. 황금정黃金町은 을지문덕의 거리인 '을지로'로, 본정本町은 이순신의 거리인 '충무로'로, 죽첨정竹添町은 민영환의 거리인 '충정로'로, 광화문통은 세종대왕의 거리인 '세종로'로 변했다. 천황의 연호를 딴 '명치정明治町'은 '명동'으로, (1946년 12월 중순부터) '소화통昭和通'은 퇴계 이황의 거리인 '퇴계로'로 바뀌었다.[30]

1945년 10월 9일에는 해방 후 처음 맞이한 한글날에 즈음하여 '제499회 한글날 기념식'이 조선어학회 주관으로 서울 천도교회당에서 거행되었다. 당시 행사장을 가득 채웠던 열기와 복받치는 감격을 다음 기사를 통해 다소나마 확인할 수 있다.

> 먼저 태극기를 향하여 일동 경례를 하고 애국가를 합창한 후 장지영이 나아가 삼가 '훈민정음'의 문으로 되어 있는 세종대왕의 칙어를 봉독하고 이어서 이극로로부터 한글이 반포된 지 반천 년 동안 한글의 발전은

험난한 가시밭길을 걸어 왔었다.……최근 5,60년 동안에는 신교육의 발전이 있었으나 불행히도 언문 박멸 정책 아래 한글날이란 역사적 기념일을 잊지 않을 수 없게 되었다. 그러나 오늘은 새로운 광명에서 이 날을 기념하게 된 것은 다 같이 조선 민족의 행복이요 감격이다. 한글의 생명은 오늘부터 새로운 약동을 시작하고 새로운 역사의 출발을 하는 것이다.……라는 뜻의 기념식사를 하였다. 이어서 정인승으로부터 '한글날'을 지켜 오게 된 유래를 말하고 내빈 축사에 들어가 권동진, 유억겸과 일반 군중 가운데서 송병기, 조헌영이가 차례로 등단하여, "조선 사람에게 조선말을 가르치지 못하고 한글을 가르치지 못 해온 설움의 날은 영원히 가고 이제는 이처럼 오래간만에 조선 사람끼리의 모임을 하니 우리도 살아 있는 보람을 느끼고 새로운 힘을 깨닫는다.……민족의 말은 정치로써 깨뜨릴 수는 없다. 그것은 천의天意를 반역하는 것이므로 반드시 천벌이 있는 법이다. 우리 귀여운 어린 것들이 어미에게서 배운 우리말을 못하고 부자연한 뜻에 없는 노래를 할 때 우리들의 번민은 얼마나 컸던가, 이제는 한글이 세계에 활갯짓 할 날은 오고야만 것이다" 하는 뜻의 축하의 말을 하자 말하는 자 듣는 군중은 모두 손수건으로 눈물을 씻으며 감격에 흐느끼는 극적 장면을 빚어내었다. 끝으로 우리 독립 만세를 이극로의 선창으로 울음 섞인 목소리로 높혀 힘차게 삼창하고 식을 마치었다.[31]

이듬해인 1946년은 한글이 반포된 지 5백주년이 되는 뜻 깊은 해였다. 한글반포일이 공휴일로 지정된 가운데,[32] 10월 9일에는 한글반포5백주년 기념준비위원회의 주도로 덕수궁에서 기념식이 거행되었다. 마치 성화聖火 봉송을 하듯이 손기정을 비롯한 여러 주자들이 세종대왕의 '훈민정음 원본原本'을 세종대왕의 능에서부터 행사장까지 이송하는 것으로 기념식을 시작하는 모습이 이채롭다.

한글이 반포된 지 5백주년을 맞이하여 세종대왕의 거룩한 성덕을 추모하여 아울러 해방 오늘의 새로운 감격으로 앞날 조선 문화의 향상 발전에 획기적인 신기원을 그으려는 3천만 겨레의 장한 뜻을 반영하여 한글반포5백주년기념준비위원회 주최의 뜻 깊은 기념식전은 9일 상오 10시 덕수궁 넓은 뜰에서 본사 주최 영릉역전봉심회英陵驛傳奉審會 최종 구간인 제33구 광장리로부터 훈민정음 원본을 받들고 달려온 마라톤 패자 손기정 선수의 반가운 입장으로서 성대하고 또 엄숙한 식전이 막을 열었다.

맑게 개인 이날 시내 남녀 중등 전문 대학생을 비롯하여 각 사회단체의 대표자 시민 5천여 명의 참집으로 개식선언이 있은 다음 이중화의 의미심장한 개회사에 이어 이병도의 훈민정음 서문 낭독, 구왕궁아악부원들의 청아한 주악이 있은 다음 정인승의 5백 년 한글의 연혁 설명으로 5백 년 동안 가시덤불을 헤치고 걸어온 한글의 역사를 듣고 하지 중장, 러취 군정장관, 장지영의 우리는 우리말로써 힘 있게 살아 보자는 뜻의 감격어린 기념사에 뒤이어 음악학교 생도들의 기념가 제창과 만세삼창으로 국경일 거족적 성사인 기념식전은 감격 속에 오정이 지나 회를 마감하였다.[33]

한글반포 기념식에서는 〈한글의 노래〉도 불렀다. 1947년 10월 9일에는 한글날 기념식과 함께 『조선말 큰사전』 제1책의 반포식도 거행되었다. 그로부터 10년 후인 1957년 10월 9일 한글날 기념식에서는 『우리말 큰사전』 전체 6권의 출판이 완료되었음을 세상에 알리게 되었다.[34]

새 정부가 일어식日語式 언어 관행을 적극 추방하면서 한글전용화 정책을 강력히 추진했던 데에도 '민족주의적' 가치와 감정을 고양시키려는 의도가 포함되어 있었다고 볼 수 있다. 이런 움직임은 미군정 시기부터 한국인 관료와 지식인들에 의해 이미 시작되고 있었다. "일본 색채를 없애기" 위해 군정청 문교부에 설치되었던 '언어과학총위원회言語科學總委員會'

가 1946년 4월 "통일된 조선 교과서와 학술어 제정 및 특수한 조선 문학에 대한 조직적 지도"를 담당할 21개의 분과위원회를 조직했던 일을 대표적인 사례로 꼽을 수 있다. 이 분과위원회들은 공민公民, 윤리, 지리, 역사, 수학, 과학, 생물, 체조, 음악, 미술, 습자, 수공手工, 농업, 학술, 수산업, 상업, 사회, 공업, 심리학, 가사家事, 재봉裁縫, 언어과학 등을 망라하고 있었다.35 군정청 문교부가 주관한 '한글개학啓學촉진운동'으로 해방 후 2년 동안 200만 명 이상의 문맹자가 한글을 터득했다. 남조선과도정부는 한글 철자법을 정확히 사용할 것을 지시하기도 했다. 그렇지만 한글이 미군정의 공용어 지위를 얻는 일은 1947년 6월 행정명령 제4호가 발표될 때까지 지연되었다.36

언론도 가세했다. 1945년 12월 8일에는 군정청 기자단이 일본의 진주만 공습 사건을 상기시키며 "조선 안의 일본적 색채를 말살하는데 심지어 담배 이름까지라도 아직 일본식 이름이 있는 것을 없애 달라"고 군정 당국에 건의했다.37 1946년 8월 13일에 「동아일보」는 "가사만 우리말로 옮겨진 일본 노래가 아직도 거리에 넘쳐흐르고 있다"면서 "말살하자! 일본색 음악"이라는 제하에 문교부 교화국과 경무부의 관련 정책들을 소개했다. 1947년 1월 9일자 「조선일보」는 언어생활의 식민지 잔재가 구태의연하게 남아 있음을 질타하고 나섰다. "아직도 여학생과 여사무원이 길가에서 일어日語로 무엇을 속삭이고 있는가하면 다른 한쪽에서는 '긴상, 이상, 또는 가네무라' 하고 태연스럽게 친구를 부르는 사람이 있다. '게이죠포스트오피스'는 과연 서울중앙우체국 간판에만 남아 있는 잔재일까? 사물의 분별이 있으리라고 믿어지는 개업의의 간판에서 지금쯤은 창씨명創氏名이 죄다 없어졌는지 몰라도 백로지白露紙 조각으로 땜을 하여 넉 자字씨명氏名에서 한 자字를 감춰버린 문패는 아직도 남아 있을 것이다."38

앞서 1장에서도 언급했듯이, 1945~1946년에 걸쳐 미군정 아래서 처음 편찬된 국어교과서였던 『초등 국어독본』은 조선총독부가 만든 『조선어독본』의 단원들을 재사용하는 등 많은 문제를 드러내고 있었다. 그런 와 중에도 새 『초등 국어독본』은 한자 사용을 제한하면서 한글 사용을 전면 화하고, 세로쓰기를 가로쓰기로 대체했다. 이와 동시에 단군을 부활시키 고, 백두산을 부각시키고, 이순신 장군을 적극적으로 소개하고, 조선의 지리와 산물을 강조하고, 근대화를 통한 민족의 밝은 미래를 내세우는 등 교과서를 민족주의적인 내용들로 채워 넣었다. 1946년 9월부터 1947년 5월까지 발간된 『중등 국어교본』(상·중·하)도 국수주의적인 느낌이 들 정 도로 한글에 대한 사랑과 자부심, 조선 문화의 우수성과 유구성이 강조되 었다. 대신 '친일 인사'의 글은 교과서에서 거의 배제되었다.[39]

신생 한국 정부는 대통령령으로 한글 전용 정책, 한글 상용화 정책을 법제화했다. 아울러 한글 문패 달기 운동, 관공서의 문판(현판) 및 상점 간 판의 한글 교체 운동 등 한글전용촉진운동을 더욱 강하게 밀고 나갔다.[40] 미군 군정이 끝나고 대한민국 정부가 수립되어 한글이 영어를 제치고 정 부의 '유일 공식 언어'로 올라선 1948년 여름에 이르러 한글의 위상은 더 없이 확고해졌다.

정부와 언론의 이런 계몽 노력과 병행하여 해방 직후부터 '국어'와 '국 사'에 대한 대중의 자발적 관심이 급격히 고조되었다.

해방된 조선인이 독립된 민족으로 새롭게 거듭나기 위해서는 정신적인 통과제의를 거쳐야 했다. 한글과 한국사 교육은 그 핵심이었다. 각종 한 글, 역사 강습회가 앞 다퉈 열렸다. 한글과 역사 관련 출판물이 급증했 다. 최남선의 『(신판) 조선역사』는 초판 10만 부가 몇 달 만에 매진되고, 1946년에 금융조합연합회에서 출간한 김성칠의 『조선역사』도 그해에만 6만 부가 판매되었다. 이병도의 『국사대관』, 장도빈의 『국사』 『국사요 령』 『국사강의』 『중학국사』와 남궁억의 『조선 최근세사』, 권덕규의 『조 선사』 등 한국사 관련 교재들이 날개 돋친 듯 팔려 나갔다. 『경제연감』

통계를 보면, 1945년 8종, 1946년 59종의 국사 관련 책이 간행되었다.

　한글 관련서는 더욱 폭발적이었다. 출판사는 우선 '한글독본' 류의 한글 공부 책부터 출판했다.……최현배의『우리말본』같은 한글 서적은 해방 직후의 남한에서 쌀 한 가마니와 맞바꾸기도 했으며, 북한에서 인기가 높아 이 책을 한 짐만 지고 북으로 가면 명태를 한 달구지나 가져올 수 있었다고 한다.[41]

　당시 서울대 교수이던 유홍렬도 「동아일보」(1959년 5월 11일자)에 기고한 "한국사 정리整理의 의의"라는 칼럼(4면)에서 해방 직후 국사에 대한 강렬한 관심과 성취를 다음과 같이 기술한 바 있다.

　민족의 해방을 맞이하게 되니 무엇보다도 국사國史를 알아보고 이를 배워야 하겠다는 열熱이 국민들 사이에 물 끓듯이 일어나게 되었다. 이러한 시대적 요구에 따라 진단학회에서는 곧 국사강습회를 거듭 개최하는 한편『국사교본』國史敎本을 발간하여 각급 학교의 교재로 쓰게 하였고 서울대학 국사연구실에서는『조선사 개설』을 발간하여 국사 연구상에 지침을 제공하게 되며 진단학회 회원들은 각자가 이미 발표한 논문을 모아『조선문화총서』(을유문화사 간)를 계속적으로 내놓게 되었다. 뒤이어 대한민국이 수립되고 사회의 질서가 잡혀가게 되니『국사대관』國史大觀(이병도)을 비롯하여 몇 가지의 국사 개설 책도 나타나게 되고『조선유학사』朝鮮儒學史(현상윤),『조선교육사』(이만규),『조선천주교회사』상권(유홍렬) 등 같은 분류사分類史도 나오게 되며 대학의 증설에 따라 종합대학교에는 거의 사학과가 신설되게 되고 문교부 내에 국사관國史舘도 두어지게 되었다.

한국전쟁 이후인 1955년이 되자 한국사 연구를 선도해온 진단학회가 미국 록펠러재단의 원조를 받아 『한국사대계』의 편찬 작업과 (전쟁으로 중단되었던) 『진단학보』 복간復刊에 착수하게 되었다. 다음은 「경향신문」 1955년 1월 16일자(4면)의 "진단학회 간행 『한국사대계』韓國史大系"라는 기사이다.

> 진단학보는 일제하인 1933년 5월 8일 월간 14회분을 발간하며 당시 한국인의 정신 단결의 심볼이 되었으며 제2차 대전 초에 휴간되었다가 8·15 해방 직후 복간 15호, 6호를 간행하고 6·25사변으로 인하여 재차 휴간되었었다. 그런데 이번 동 학회는 미국 럭펠러재단의 일만 불의 원조를 얻어 우리 민족의 표준이 될 『한국사대계』 편찬에 착수하게 되었다는바 집필진용은 이병도, 이상백, 김상기, 김재원, 이숭녕 씨 등 사학계史學界의 권위자들이며 동 학회에서는 학보 제7호(17호-인용자) 발간도 계획 중이라고 한다.

위에 소개한 칼럼에서 유홍렬은 1959년 5월 들어 전체 다섯 권으로 이루어진 『한국사대계』의 임박한 완간完刊 소식을 전하기도 했다. "이미 신문지상에 광고되고 있는 바와 같이 진단학회에서는 록펠러재단의 원조로 집필하여오던 한국사 5권을 조판 중에 있으니 이의 발간은 한국사 정리 상에 있어서 지대한 의의를 가진 것이라고 하겠다." 국사國史에 대한 대중적 관심은 다시 지리교육과 결합하여 '영토민족주의' 의식을 더욱 고조시키기도 했다.

3. 국가력國家曆

베네딕트 앤더슨을 따라 다카시 후지타니가 "국민적 시간의 생산"이라고 이름 붙였던 것은 시민종교 형성에 중요한 부분을 이룬다.[42] 필자가 유사한 문제의식에서 '국가력'이라고 부르는 것도 시민종교 체계 안에서 중요한 위치와 기능을 갖고 있다. 해방이 되자 다양한 민족주의적 기념일들이 광범위한 대중적 참여 속에 재활성화되거나 새로 등장했다. 1945년 10월에 있었던 '한글날' 행사, 그리고 그해 11월에 있었던 '학생의 날'과 '개천절' 행사들이 화려하게 서막을 열었다.

1945~1946년의 한글날 행사에 대해서는 이미 소개한 바 있다. 1945년 10월 9일에 '제499회 한글날 기념식'이 조선어학회 주관으로 서울 천도교 회당에서 열린 데 이어, 1946년에는 공휴일로 지정된 가운데 한글반포5백주년기념준비위원회의 주관으로 '한글 반포 500주년 기념식'이 덕수궁에서 성대하게 거행되었다. 정부 수립 직후인 1949년에는 '한글날'이 국가 기념일이자 법정공휴일로 지정되었다.

1945년 10월 29일에는 조선학도대朝鮮學徒隊가 3·1운동과 6·10만세운동 이후 최대 규모의 항일운동이었던 1929년의 광주학생독립운동을 기념하여 11월 3일을 '학생의 날'로 지정했다. "광주고보光州高普사건을 회고하고 청년의 의지를 견고하게 하고 정열을 자주독립국가 건설에 집중하자"는 취지에서였다.[43] 조선학도대는 다른 26개 청년단체들과 공동으로 11월 2일부터 5일까지 나흘에 걸쳐 다채로운 기념행사들을 전개했다. 서울에서는 2일에 중등학교들은 학교별로, 전문대학은 지역별로 강연회를 열었다. 3일에는 오전 9~11시에 명치좌明治座에서 기념식을 거행하고, 오후 2시에는 경기중학교 강당에서 일반인들의 강연회, 오후 6시에는 시내의 여러 극장들에서 학도대원 및 청년단체 회원들의 강연회를 가졌다. 4일에는 오전 9시부터 서울운동장에서 운동경기를 진행했다.[44] 학생의 날은 한국전쟁 휴전 직후인 1953년 10월에 (정부가 아닌) 국회의 발의로 국가기념일로 제정되었다.[45]

독립운동 진영에서 준수하던 기존의 기념일들 가운데 해방 후 전국적으로 또 전 민족적으로 경축된 첫 번째 사례는 개천절이었다. 1945년 11월 7일에 단군전봉건회檀君殿奉建會와 조선국술협회朝鮮國術協會의 주최로 개천절 봉축식이 서울운동장에서 거행되었다. "소수의 선별된 엘리트만이 참여하는 강당이나 소광장의 행사가 아니라, 운동장이라는 최대한 넓은 공간에서 수만 명이나 되는 대규모 군중이 참여한 가운데 기념행사가 개최되었다. 이것은 '전체 민족'이 신성한 민족제전에 함께 참여함을 상징한다."[46]

> 해방 후 처음으로 개천절을 맞이하는 3천만 동포의 뜨거운 애국심의 적성과 단군의 위대한 광업을 우러러보는 감격은 그칠 바이없는데 이에 한껏 우리 민족의 의기를 선양하고 독립에의 단결을 굳게 하고자 단군전봉건회와 조선국술협회 주최로 오전 10시 반부터 서울 그라운드에서 봉축식이 거행되었다. 정각 전 이날을 봉축하는 수만 시민과 시내 각 남녀 학교 생도가 참석한 가운데 식의 막을 열어 애국가의 제창과 함께 태극기는 가을 하늘 높이 휘날리고 이극로의 뜻 깊은 개회사에 이어 단군께서 강림하신 백두산을 향하여 경례를 바치었다. 이어 개천가의 연주가 있은 후 박격흠의 축사가 있었고 구이왕직아악부 아악 연주가 있은 후 만세삼창으로 폐식하였다. 이어서 시내 남자 중등 16, 여자 중등 17교가 참가한 마스게임과 각교 대항 릴레이가 있었고 야구장에서는 궁도, 정구장에서는 역도와 18기 등 우리나라 고유의 연무가 거행되어 발랄한 민족 약동의 호화로운 페이젠트는 오후 2시 반경에 막을 나리었다.[47]

1946년의 개천절 봉축奉祝대회는 10월 27일에 개천절봉축준비위원회 주최로 서울운동장에서 열렸다.[48] 이와 더불어 1946년부터는 성화 채화, 봉송, 참성단 점화라는 행사가 추가되었다. 중앙에서의 행사가 서울운동장과 강화 마니산으로 이원화된 것이다. "서울 시내의 대종교 총본사는

1946년 해방기념일과 개천절을 거치면서 '민족의 성지聖地' 중 하나로 떠올랐다. 총본사의 천진전(단군전)에서 성화聖火, 즉 '성스러운 불꽃'을 채화採火하여 전달하는 '성화 전수식傳授式'이 거행된 후, 손기정 등 '민족의 영웅'인 마라토너들을 통해 각각 남산 봉화대(해방기념일)와 강화도 참성단(개천절)으로 옮겨져 '민족의 제단'에 점화되는 절차를 밟았던 것이다."49 다음은 「동아일보」 1946년 10월 24일자 기사이다.

> 4천2백79년 전 성조 단군께서 태백산 하에 나라를 창건하신 개천절을 맞이하여 (1946년 10월-인용자) 27일(음 10월 3일) 3천만 겨레를 대표하여 개천절 봉축식전을 거행하기로 만반 준비를 갖추고 있거니와 각 학교에서도 일제히 봉축식을 거행한다. 그리고 대종교 총본사에서도 자라나는 이 땅의 억센 청년들의 높은 기개를 돋우고자 유서 깊은 강화군 참성단塹星壇에서 성화를 올리기로 되었다. 즉 26일 대종교 총본사 천진전 성화를 민족의 자랑 손기정을 비롯하여 조선육상경기연맹과 강화군 내의 청년들의 손으로써 서울 강화읍 간을 전달하여 27일 정오 참성단 위에서 김구 총리 점화로 오랫동안 잊었던 겨레의 조상을 추모하는 제전은 다시금 민족의 재건과 국가의 독립에 마음의 광명을 비쳐주게 되었다.

다음 기사는 성화제聖火祭를 중심으로 같은 날 오후 강화도 참성단 일원에서 진행된 기념행사를 더욱 상세히 전하고 있다.

> 27일 개천절을 맞이하여 단군과 유서 깊은 강화군 화도면 참성단에서는 엄숙한 성화제가 거행되었는데 이날 멀리 서울성신여학교를 비롯하여 인천 한국민주당, 부천 강화 각 교회, 화도초등학교, 인천영화연구사촬영반 등 천여 명이 참석 대기하는 중 정각 하오 2시 40분에 화도청년연합회원 박인준, 김남애 양군兩君의 봉지奉持로 서울 대종교 총본

사 천진전에서 체송遞送하여 온 성화가 도착하자 곧 봉화대에 역사적 점화를 한 다음 식사에 이어 참성단에 대한 해설, 조선어학회 이극로의 경축사 등이 있은 후 강화 취주악단의 반주로 애국가와 개천가를 제창하고 강화군수의 독립서원문 낭독, 만세삼창이 있은 후 하오 3시 반 성황리에 폐회하였다.[50]

1947년도 개천절 봉축식은 서울시 주최로 11월 15일 서울운동장에서 열렸다.[51] 중요한 사실은 1946년부터 개천절이 미군정 당국에 의해 국가적인 경축일, 곧 국경일國慶日로 공식 제정되었다는 것이다. 당시 군정청 유억겸 문교부장이 담화문에 사용한 표현을 빌자면 개천절은 "국경일 중에서도 가장 큰 국경일"이었다.[52] 대한민국 정부 수립 직후인 1949년 10월 1일에 공포·시행된 '국경일에 관한 법률'(법률 제53호)에 의해 들쭉날쭉하던 개천절 일자는 '양력 10월 3일'로 고정되었다. 이에 따라 개천절 행사의 주체가 민간에서 정부로 변화되었음에도 불구하고, '서울운동장─마니산'의 이원적 구조를 갖고 있던 개천절 의례는 '마니산 일원'으로 오히려 축소 재편되었다. 최초의 정부 주도 행사로 치러진 1949년 개천절 행사의 경우 '경축식'은 강화 전등사傳燈寺에서만 거행되었다. '성화 의례(성화제)' 자체는 계속되었지만 채화의 장소는 서울의 대종교 총본사 천진전이 아닌 전등사로 바뀌었다. 다시 말해 전등사에서 채화된 성화가 중학생들에 의해 릴레이로 참성단까지 옮겨지는 패턴이 새로 등장했던 것이다.[53]

1945년 12월 23일에는 대한민국임시정부가 1939년에 공식 기념일로 지정한 이래 매년 행해졌던 '순국선열기념일' 행사가 해방 후 처음으로 서울 훈련원에서 거행되었다. 1946년부터는 임시정부가 원래 정한 날인 11월 17일에 맞춰 기념식이 열렸다. 1946~1948년에는 기념행사가 서울운동장에서 훨씬 성대하게 치러졌다. 다음은 1946년 11월 17일 서울운동장에서 개최되었던 순국선열기념일 행사에 대한 「조선일보」의 보도이다.

국내외에서 희생당한 거룩한 조국광복 선열들의 업적을 기념하기 위하여 매년 11월 17일을 기념일로 정하고 전 민족의 엄숙한 기념행사를 지내기로 하였다. 뜻 깊은 이날을 맞이하여 17일 오전 9시부터 서울운동장에서 열린 제1회 기념식전에는 각 관청, 학교, 단체 다수 참석한 중 남상철의 개최선언으로 식순이 진행되었다. 간단한 국민의식이 있은 후 준비위원장 조소앙의 식사에 뒤이어 순국영령에 대한 일동 경례, 순국선열에 대한 일동 묵념이 있은 다음 이극로의 슬픈 글월 낭독과 이승만·김구·오세창·이시영 제씨의 말씀이 있었다. 이어서 하지 중장, 러취 장관 대리와 중국영사 대리 외 내빈 애도사가 있었고 숙전淑專과 경전京電 음악부의 주악이 있은 후 조성환 선창으로 만세삼창으로 오전 11시 폐회하였다.[54]

해방 이듬해부터 3·1절이 거족적으로 기념되었다. 서울의 서울운동장과 남산을 비롯하여, 전국적으로 엄청난 인파가 기념식과 행사에 참여했다. 1946년 2월 18일에 미군정 당국은 3·1절(독립선언기념일)을 국경일(경축일)로 공식 지정했다. 군정청의 발표문은 다음과 같았다. "재남조선대한국민대표민주의원의 추천으로 1946년 3월 1일을 경축일로 정함. 이 경축일은 일본의 압박과 지배를 기쁘게 벗어나 대한독립을 최초로 선언한 후 제27회의 기념일이다. 이날은 대한독립의 대의에 순사殉死한 애국열사를 추념하기 위하여 봉정奉呈된 것이다. 이날에는 대한민족의 꽃과 같은 영광을 누릴 자유와 민권의 신대한新大韓을 세운 순국열사 제위를 선조와 함께 전 대한 민중은 감사의 뜻을 표할 것이다."[55] 1946년 3월 1일 오전 종로 보신각 앞에서 대한국민대표민주의원(민주의원) 주최로 열린 제27회 독립선언기념식에서 김구는 축사를 통해 3·1절을 가리켜 "세계혁명운동사 상에 찬연히 빛나고 있는 우리의 가장 큰 국경일"이라고 표현했다.[56] 정인보는 「동아일보」 지면에 기고한 "광복 선열의 영령 앞에: 삼천만 다함께 머리 숙이자"에서 해방 후 처음 맞이하는 3·1절의 숙연한 감회를 다음과 같이 표현했다.

> 우리 선열은 아시나이까, 일구日寇가 일소된 우리 국토에서 처음으로 국경일의 제전을 행하나이다. 황포탄黃浦灘 물소리에 오열嗚咽함을 섞으며 파자고국巴子古國의 산장山瘴 속에서 태극기 한恨 가득히 날리던 이 절일節日마다 일도영광一道靈光이 언제나 그곳을 위요圍繞하였으려니. 선열의 쓰러지신 몸, 그대로가 낱낱이 우리 나라를 되일으키는 어귀찬 탱주撑柱라, 지금에 있어 더욱이 그 성향聲響을 듣는 듯하니 우리 어찌 스스로 자사념自私念을 둔다 하오리까.[57]

1946년 3·1절 행사는 서울에서만도 수십만 인파가 참여한 가운데 네 군데에서 개최되었다. 이날 오전 탑골공원에서는 민주주의민족전선(민전) 주최로 '3·1운동 27주년 기념식'이, 종로 보신각 앞에서는 민주의원 주최로 '제27회 독립선언 기념식'이 각각 열렸다. 이후 우파 측에서는 기미독립선언기념전국대회준비회(기미독립기념회) 주최로 서울운동장에서 기념 시민대회를, 좌파 측에서는 3·1기념전국준비위원회(3·1기념회) 주최로 남산공원에서 독립운동 희생동지 추도식과 기념 시민대회를 각각 진행했다.[58] 식민지 조선의 최고 성지였던 조선신궁이 있던 바로 그 자리에서 3·1절 기념식이 열렸으니 모두들 감격할 수밖에 없었다. "몇 달 전까지도 조선신궁을 참배하던 친구들까지 남산 광장에서 '3·1'독립만세로서 기념하였으니 기적 중의 기적"이 일어났던 셈이었다.[59] 우파 측의 기미독립기념회는 1946년 2월 7일 세 번째 준비회의를 열어 "① 매호每戶 국기 계양, ② 순국선열의 추념식 거행, ③ 시민 전체를 동원한 기념식전, ④ 시가행렬, ⑤ 기념대강연회, 연예회演藝會, 음악회, 경기대회, 좌담회 개최, ⑥ 독립선언서에 서명한 선배에게 기념품 증정" 등의 행사를 진행하기로 결정했다.[60]

다음 인용문은 민전 주최로 탑골공원(탑동공원)에서 열린 3·1운동 27주년 기념식에 관한 신문기사이다.

금일 탑동공원塔洞公園에서는 3·1운동의 봉화터인 만큼 더욱 의의 깊이 피 흘린 선열의 위업을 추모하는 성대한 식전이 민주주의민족전선 주최 하에 오전 9시부터 수천 민중이 참집한 가운데 거행되었다. 먼저 이강국의 개회로 시작되어 음악동맹 지휘로 애국가 합창과 혁명 선열에 대한 감사 묵상이 있은 후 일찍이 3·1운동의 지도자 48인 공판 당시 법정에 선 변호사로 공소公訴 불수리不受理를 외치며 왜적의 간담을 서늘케 한 허헌으로부터 뜻 깊은 식사式辭가 있었고 기미년 3월 1일 이후 포악한 일제의 탄압 아래 떳떳이 소리치지 못한 독립선언을 해방 후 처음으로 바로 이 유서 깊은 공원 마당에서 낭독함은 일반에게 새로운 감회를 주었으며 이 여성의 선언문 낭독은 만당에 큰 감명을 주었다. 이어서 3·1운동 당시 48인의 한 사람으로 활약한 정노식으로부터 우리 민족해방투쟁사에 있어 찬연히 빛나는 3·1운동 약사略史의 보고가 있었고 이주하로부터 3·1운동 27주년 기념문을 낭독하여 3·1운동에 대한 정당한 인식과 독립투사의 위업을 계승하여 진정한 해방과 독립 달성에 매진하자는 열렬한 투지를 표하여 만당에 불타는 결의를 새롭게 한 후 정운영의 선창으로 독립만세를 불러 파고다공원을 진동케 하고 역사적 식전을 끝마치었다.[61]

이어지는 다음 기사는 좌파 측 3·1기념회가 주최한 남산 광장의 기념 시민대회 풍경을 묘사하고 있다.

태극기 춘풍에 나부끼어 장안을 수놓고 만세 환호성 천지를 진감震撼하여 연면連綿하는 중에 3·1운동 27주년 기념대회의 성전盛典은 남산공원 대회장에 각 정당, 사회, 문화, 대중 등 백여 단체와 각 정町 시민 무려

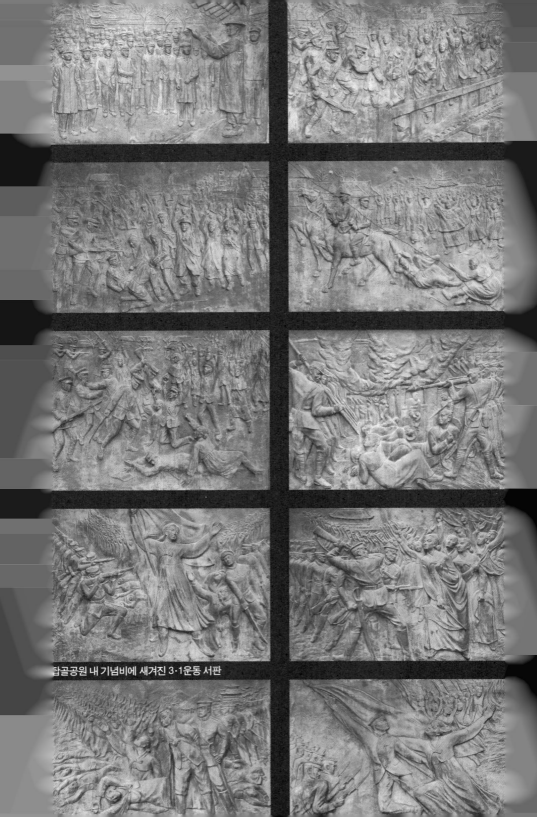

탑골공원 내 기념비에 새겨진 3·1운동 서판

30여만의 참집리에 장엄 성대히 거행되어 선열의 영령과 함께 이날을 축하하고 자주독립의 길을 맥진驀進하는 민족의 의기意氣를 발양하였다. 시민대회는 나차욱의 사회로 시작되었다. 먼저 선열 투사에게 묵상을 드리고 애국가 제창과 함께 허헌의 국기 게양이 있은 다음 해방의 노래의 제창이 있었고 다음으로 음악동맹으로부터 동 동맹의 신작 〈3·1기념의 노래〉 빛나는 인민의 나라 빛나는 우리의 나라의 장래를 축원하는 기념가의 합창이 있어 이 기념 시민대회에 다시 그 감격과 흥분을 더하였다. 다음 식순에 들어가 김광수로부터 기념행사에 대한 경과보고와 함께 개회사가 있었고 48인 중의 1인 정노식의 독립선언서 낭독이 있은 다음 박상준으로부터 3·1투쟁사 보고가 있었고 별항과 같은 민주주의민족전선의 3·1기념문을 이강국이 낭독하고 끝으로 정노식의 선창으로 만세를 삼창하여 민주주의 새 조선 건설의 기염을 유감 없이 토로하고 해방 후 제1회의 3·1기념대회를 끝마치었다.[62]

대한민국 정부 수립 이후 3·1절은 국가적 행사로 승화되었고 개천절·광복절과 함께 법정공휴일로 제정되었다. 정부 수립 후 처음 맞는 1949년 3·1절에 서울에서는 오전 6시 종로 보신각에서 '자유의 종' 타종이 30분 동안 계속되는 가운데 이를 서울중앙방송국이 중계했고, 이어 9시 30분부터 1시간 동안에는 정부 기념식이 열렸다. 이날 오전 11시 40분부터 오후 1시까지는 서울시 주최로 서울운동장에서 기미독립선언기념대회가 대통령과 10만 군중이 참여한 가운데 진행되었고, 대회 후 10만 군중은 두 갈래로 나눠 시가행진을 벌였다. 행렬은 소방꽃차를 선두로 민보단, 청년단, 학생, 일반 시민의 순서로 이어졌다. "음악대, 농악대 등 흥겨운 풍류소리"와 "파도치는 태극기의 장사진", "구경하려는 가두의 수만 군중" 속에서 "만세소리가 천지를 뒤흔들"었다.[63] 이듬해인 1950년에는 기념식을 비롯한 다채로운 기념행사들을 정부가 주관했다. 3·1절 경축식(서

울운동장)과 33인 중 고인故人에 대한 추도식(탑골공원)을 비롯하여, 〈3·1절
노래〉 공식 제정, 축하 꽃전차 운행, 순국선열 유가족에게 위문품 전달,
한국의 독립과 자유에 기여한 미국인 및 영국인 12명을 대상으로 한 최고
훈장 수여, 경축 24시간 송전送電, 경축 예술제전, 기념우편 발매 등 대대
적인 축제가 벌어졌다.[64]

　전쟁 중에 잠시 조용했던 3·1절은 전쟁이 끝나자 다시 떠들썩한 축제
로 되살아났다. 전후戰後 처음인 1954년의 3·1절 행사에는 정부와 서울시
공동주최인 기념식(중앙청 광장), 전국애국단체연합회 주최의 북진통일국
민총궐기대회(서울운동장)와 시가행진·추념식, 33인유가족회 주최인 고인
합동추념식(탑골공원), 세종로 등 시내 번화가에 기념탑 세우기, 전국문화
단체총연합회(문총) 주최의 '3·1절 경축 음악의 밤'(시공관), 정오에 보신각
을 비롯한 각 학교·교회의 기념타종, 서울시문화상 시상식(시공관), 반공통
일연맹과 대한관악연맹 주최인 야외연주회(남산공원), 꽃전차·꽃자동차 운
행, 일반 가정에 특별 배전配電, 자전거경기대회(탑골공원 출발)와 축구·농구
·배구·럭비·야구·육상 등의 경기대회(서울운동장), 여성현상웅변대회(시공
관) 등이 두루 포함되었다.[65]

　개천절·한글날과 3·1절이 '기존의' 기념일이었다면, 해방기념일은 당
연히 '새로운' 기념일이었다. 해방 1주년이 되는 1946년부터 성대하고도
다채로운 기념행사들이 치러졌다. 이 밖에도 1945~1948년 사이에는 단체
들의 정치 성향에 따라 차별적으로 준행된, 전국적인 혹은 국지적인 기념
일들이 등장했다. 그 몇 가지 주요 사례들이 〈표 4-3〉에 요약되어 있다.

　미군 통치 아래 있던 군정청은 1945년 10월에 미국의 국가력 체계를
그대로 이식한 공휴일, 즉 관공서와 학교의 휴무일을 발표했다. 그것은
"1월 1일, 독립기념일(7월 4일), 평화기념일(11월 11일), 추수감사일(해마다 적당
한 날을 정함), 크리스마스(12월 25일)" 등 다섯 가지였다.[66] 물론 일요일들도
공휴일에 포함되었다.[67] 앞서 언급했듯이 미군정 측은 1946년에 3·1절과

〈표 4-3〉 해방 직후의 각종 기념일들: 정치성향에 따른 구분

구분	주요 사례
좌·우파 공동의 기념일들	3·1절, 광복절(해방기념일), 개천절, 국치일, 한글날, 어린이날
우파 측의 기념일들	임시정부수립기념일, 순국선열기념일, 독립문건립기념일
좌파 측의 기념일들	메이데이, 학생의 날, 러시아혁명기념일

* 출처: 김민환, "한국의 국가기념일 성립에 관한 연구", 『한국학보』, 134-144쪽.

개천절을 국경일로 지정했고, 한글날·어린이날·식목일을 공휴일 목록에 추가했다. 또 권농의 날, 경찰의 날 등이 군정청에 의해 기념일로 지정되었다.[68] 남한 단독정부 수립은 국가력의 대대적인 변동으로 이어졌다.

미군정이 대한민국 정부로 대체되면서 국가공휴일 체계에 또 한 번의 큰 변화가 일어났다. 1949년 5월 24일에 국무회의를 통해 결정된 국경일은 "삼일절(3월 1일), 헌법공포기념일(7월 17일), 독립기념일(8월 15일), 개천절(11월 3일)"이었고, 공휴일은 "일요일, 국경일, 정월 1·2·3일, 식수일(4월 5일), 추석, 한글날(10월 9일), 크리스마스(12월 25일), 기타 정부에서 수시 지정하는 날" 등이었다. 신생 독립국가의 민족주의 열기를 반영하여, 네 번의 국경일(삼일절, 헌법공포기념일, 독립기념일, 개천절)과 한 번의 공휴일(한글날) 등 무려 다섯 가지의 "민족주의적 공휴일들"이 새로운 국가공휴일 체계에 추가되었다. 대신 미군정 시기의 추수감사절, 독립기념일, 평화기념일은 새로운 공휴일 체계에서 탈락했다.[69]

〈표 4-3〉에 등장하는 '임시정부 수립 기념일'과 '순국선열 기념일', 그리고 '독립문 건립 기념일'은 해방정국에서 우파 측의 기념일로 준행되었음에도 불구하고 대한민국 정부 수립 후 국가기념일로 지정되지 않았다.[70] 따라서 이 기념일들과 관련된 의례나 이벤트들은 관련 민간단체들에 의해 국지적인 행사로 개최될 수밖에 없었다. 이를 통해서도 식민지엘

<표 4-4> 정부 수립 후 국경일 및 공휴일의 법제화 과정

구분	내용
1949.5.24, 국무회의가 국경일과 공휴일을 결정	국경일은 법률로 제정하고 공휴일은 대통령령으로 공포키로 결정. ▶ 국경일: 삼일절(3월 1일), 헌법공포기념일(7월 17일), 독립기념일(8월 15일), 개천절(11월 3일) ▶ 공휴일: 일요일, 국경일, 정월 1·2·3일, 4월 5일(식수일), 추석, 10월 9일(한글날), 12월 25일(크리스마스), 기타 정부에서 수시 지정하는 날
1949.6.4, 대통령령 제124호 '관공서의 공휴일에 관한 건' 공포·시행	관공서의 공휴일은 좌(左)와 같다. ▶ 일요일, 국경일, 1월 1·2·3일, 4월 5일(식목일), 추석(추수절), 10월 9일(한글날), 12월 25일(기독탄생일), 기타 정부에서 수시 지정하는 날
1949.9.21, 제5회 3차 국회 본회의에서 국경일 제정	정부안의 헌법공포기념일을 제헌절로, 독립기념일을 광복절로 수정. 개천절인 10월 3일을 음력 혹은 양력으로 하느냐를 놓고 장시간 갑론을박이 있었으나 결국 '양력'으로 결정.
1949.10.1, 법률 제53호 '국경일에 관한 법률' 공포·시행	제1조 국가의 경사로운 날을 기념하기 위하여 국경일을 정한다. 제2조 국경일은 좌(左)와 같다. ▶ 3·1절 3월 1일, ▶ 제헌절 7월 17일, ▶ 광복절 8월 15일, ▶ 개천절 10월 3일 제3조 본 법 시행에 필요한 사항은 대통령령으로 정한다.

* 출처: 강인철, 『종속과 자율』, 110쪽.

리트 출신들이 주축을 이룬 이승만 정권의 '약한 민족주의' 성향을 재확인할 수 있다. 1949년 5~10월에 걸쳐 새로운 국가력 및 국가공휴일 체계가 형성되는 상세한 과정은 〈표 4-4〉에 요약되어 있다.

한편 해방 후 '민국', '단기', '서기' 등 유력한 국가 연호 후보들이 경쟁했음은 앞서 말한 바와 같다. 미군정 시기에는 '서기'와 '단기' 연호가 혼용되었고, 정부 수립 이후에는 '민국'과 '단기' 연호가 경합했다. 특히 정부 수립 직후인 1948년 8~9월에 걸쳐 행정부에서는 '민국 연호'를 사용했던 반면 국회는 '단기 연호'를 사용함으로써 국가의 공식 연호가 두 가지인 혼란스런 상황이 연출되었다. 국회와 행정부 사이에 일종의 '연호 투쟁'이 벌어졌던 것이다. 문제는 국회 안에서조차 연호 선택을 둘러싸고 이견이 분분했다는 점이었다. 국회는 제헌헌법 전문前文에 "단기 4281년 7월 12일 이 헌법을 제정한다"고 명시했고, 헌법 부칙에도 "대한민국 국회의장은 대한민국국회에서 제정된 대한민국 헌법을 이에 공포한다. 단기 4281년 7월 17일"이라고 명시했다. 1948년 9월 1일에 발간된 최초의 중앙정부 관보官報는 '대한민국 30년 9월 1일'로 표기되어 있었다. 사법부 수장인 대법원장은 취임사에서 '서기'를 사용했다. 입법부, 행정부, 사법부가 제각각이었던 셈이다. 결국 한 달여의 심의 끝에 1948년 9월 11일 열린 국회 제63차 본회의에서 '단기 연호 채용에 관한 법률안'이 상정되어 찬성 106표, 반대 5표로 통과되었고, 같은 해 9월 25일에 공포·시행되었다. 이 법률은 공포일로부터 시행한다는 부칙을 제외하면, "대한민국의 공용 연호는 단군기원으로 한다"는 내용이 전부였다. 새로운 법률이 제정되었음에도 불구하고, 민국 연호 옹호론자였던 이승만 대통령은 자신의 서명으로 '연호에 관한 법률'을 공포하는 날에도 왜 자신이 민국 연호 사용을 고집했는지 밝히는 별도 담화를 발표하는 방식으로 단기 연호에 계속 저항했다. 뿐만 아니라 개천절이 국경일로 지정된 지 불과 이틀 후 맞이한 1949년 개천절에 발표한 경축사에서도 이 대통령은 단기 연호를 점차 폐지하고 이를 '기미독립운동 연호'(민국 연호)로 대체해야 한다는 소신을 재차 역설했다.[71]

1946년 10월 16일 '제1회 조선올림픽대회'가 개막되었다. 이날 오전 11시부터 서울운동장에서 입장식과 남자 중학생의 매스게임이 거행되었고, 이후 20일까지 닷새 동안 5천여 선수들이 16개 종목에서 기량을 겨루는 전 민족적인 체육축전이 이어졌다.[72] 1945~1949년은 사회 모든 분야들에서 독립을 기념하는 수많은 "제1회들"이 창출된 시기이기도 했다. 이 수많은 제1회들 중 상당수는 이후 연례적인 행사로 자리를 잡게 된다. 많은 축제나 행사들이 공식 국가력과 연계되어 배치되었다. 또 공식 국가력에 포함되지 않는 경우에도 이 행사들은 국민들의 일상적인 생활리듬에 크고 작은 영향을 끼치게 마련이었다.

제5장

성지 만들기: 독립 성지와 반공 성지의 경합

시민종교의 형성

성스러운 인물들 그리고 신성한 장소들은 모든 시민종교에서 공통적으로 발견되는 필수적인 요소들이다. 따라서 한국 시민종교의 형성에서도 영웅 만들기와 성소聖所·성지聖地 만들기는 불가결한 과정이었다. 이번 장과 다음 장에서는 이러한 영웅 및 성소 창출 과정에 집중하려 한다.

성스러운 장소에는 각종 박물관과 기념관, 기념조형물, 남산을 포함한 수도首都의 공간적 재편 등도 당연히 포함된다. 식민지 시대에도 훼손, 파괴, 도난을 면하고 살아남은 유적, 유물, 문화재 등 민족의 유산과 자산들도 유력한 성소 후보들이 될 것이다. 실제로 식민지 시대에 문화재로 지정된 유산들은 해방 직후 국보나 보물로 지정된 경우가 많았다. 영웅 및 성소에는 자연스럽게 각종 위령제·기념제 등의 의례와 기념사업들이 뒤따르게 된다는 점에서 영웅·성소는 의례와도 긴밀한 관련 속에 놓인다고 말할 수 있다. 어떤 인물들은 특정한 장소를 무대로 영웅적인 활약을 펼친다. 우리가 이런 '영웅의 장소성'을 고려한다면, 영웅과 성소는 서로 수렴하는 경향이 있다고 말할 수 있다.

이번 장과 다음 장에서 필자는 (1) 해방 직후 창출된 영웅 및 성소가 '민족주의적인' 것과 '반공주의적인' 것으로 뚜렷하게 양분된다는 사실에 주목해야 함을 특히 강조하고자 한다. 민족주의적 영웅들이 대부분 '독립운동가들'이고 그들의 등장 시기가 '식민지기'에 집중된다면, 반공주의적 영웅들은 '군인과 경찰'이 압도적 다수이며 그들의 거의 전부가 '해방 이후'에 등장했다. 반면에 그것이 민족주의적인 것이든 반공주의적인 것이든 한국 시민종교의 모든 성소들은 '해방 이후'에 창출 내지 재발견·재구축되었다. 나아가 (2) 민족주의적 영웅과 반공주의적 영웅들, 민족주의적 성소와 반공주의적 성소들 사이에는 일종의 '경쟁'이 존재했다는 점에 유념할 것이다. (3) 민족주의적 영웅·성소를 창출해낸 세력과 반공주의적 영웅·성소를 창출해낸 세력은 (얼마간의 중첩은 있었을지라도) 사실상 '이질적인' 세력들이었다. 말하자면 이들은 향후 세워질 독립국가의 성격 및 주체를 둘러싸고 치열하게 갈등적으로 경합하던 세력들이었다. (4) 한반도의 남쪽에서 국가권력을 장악한 이들의 선호는 민족주의적 영웅·성소보다는 반공주의적 영웅·성소 쪽으로 기울어 있다는 점이 시간이 갈수록 분명해졌다.

결국 필자의 방법론적 전략은 '영웅/성지의 정치학'이라는 관점에서 접근해보려는 것이다. 필자는 영웅과 성지를 둘러싼 '이중적인' 경쟁 내지 갈등에 주목하려 한다. 그 하나는 '이전 시대'의 영웅·성지와의 경쟁이고, 다른 하나는 '동시대' 안에서 벌어지는 영웅·성지들 간의 경쟁이다.

새로운 권력은 이전 시대 영웅·성지와의 '연속성'을 정통성이나 정당성의 원천으로 삼을 수도 있고, 이전 시대 영웅·성지와의 '단절'에서 정당성·정통성을 추구할 수도 있다. 특히 식민지 독립이나 혁명, 쿠데타 등에 의한 권력 교체의 경우 이전 시대와의 연속성을 강조하기 어렵다. 식민지에서 독립한 한국에서 이순신이나 세종대왕과의 연속성을 강조할 수는 있겠지만, 역대 조선총독이나 이토 히로부미 같은 인물과의 연속성을 내세울 수는 없는 노릇이다. 오히려 '영웅 죽이기'와 '성지의 파괴·해체', 즉 이전 시대를 대표했던 영웅들과 성지들을 기억과 경관에서 지우고 제거하는 과정이 정통성 구축을 위해 불가결해지는 것이다.

정치권력의 교체는 시대 교체의 일부에 불과하다. 한 시대를 종결하는 시민종교적 방식은 구舊시대 핵심 상징의 파괴이다. 시민종교의 이상과 원칙에 비춰볼 때 이단이나 우상숭배, 배교의 상징에 불과한, 구시대를 대표하는 조상彫像이나 성물聖物을 파괴하고, 이를 새로운 시대를 상징하는 조상·성물·성지聖地로 대체하는 것이 한 시대를 마감하는 시민종교의 방식인 것이다. 영화에서 랜드마크 건축물의 파괴로 한 도시 전체의 파괴를 상징하고 은유하는 것과 마찬가지로, 한 사회의 대표적인 조상·성물·성지의 파괴는 한 시대의 종언을 상징하는 행위일 수 있다.

한편 동시대 안에서도 영웅·성지들 간의 경쟁이 치열하게 전개될 수도 있다. 필자는 이런 동시대적 경쟁을 (1) 영웅·성지의 창출 혹은 발명 '과정에서' 발생하는 것, 그리고 (2) 영웅·성지의 창출 '이후에' 발생하는 것으로 구분할 필요가 있다고 본다. 해방 후 한국에서는 독립 영웅·성지와 반공 영웅·성지 간의 경쟁이 중요하게 부각되었는데, 이런 경쟁이 영웅·성지를 만들어내는 과정에서뿐만 아니라 만들어낸 이후에까지 지속되었음을 강조하려는 것이다. 해방 후 서울의 장충단공원이나 남산공원은 영웅·성지의 창출 과정에서부터 맹렬한 경쟁이 벌어졌던 대표적인 사례였다.

영웅·성지의 '창출 이후'에 발생하는 경쟁의 기제를 필자는 다시 (1) 오염, (2) 중립화 혹은 희석, (3) 보강의 세 가지로 유형화할 수 있다고 생각한다. 이 중 '오염'은 기존 영웅·성지의 탈성화脫聖化, 즉 특정 인물이나 장소에 부여된 성성聖性을 박탈하거나, 부분적으로 훼손하거나, 영구적으로 해체시키는 것을 가리킨다. 1950년대 효창공원의 독립 영웅 묘지가 오염의 도전에 시달린 게 좋은 사례일 것이다. 두 번째로, '중립화' 혹은 '희석'은 특정 인물과 장소의 성성 자체는 유지되지만 성성의 성격은 모호해지도록 만드는 것을 말한다. 이로 인해 '장소의 정체성'에 혼란이 나타나기 쉽다. 필자는 1950년대의 탑골공원(탑동공원, 파고다공원)이 전형적으로 이런 경우에 해당한다고 생각한다. 특히 1960년대 이후의 효창공원은 '오염·파괴'와 '중립화·희석' 시도가 동시에 이루어진 매우 독특한 사례였다고 본다.

마지막으로, '보강'은 특정 인물·장소의 상대적으로 약한 성성을 '이미 공인된 강력한 다른 성성'으로 보완하는 것을 말한다. 여기에선 경합과 혼합이, 구별 짓기와 편승하기가 공존한다. 예를 들어 해방 후 민족주의 (민족 영웅·성지)와 경합했던 반공주의는 공격성·폭력과 친화적이거나 움츠 러들게 만드는 공포심에 뿌리를 두고 있고, 어느 것이든 그 자체로 뜨거 운 열광을 만들어내기는 어렵다는 한계를 갖고 있었다. 그런데 지배세력 은 반공주의에다 대중적으로 인기 있는 민족주의적 요소들을 덧붙임으 로써 반공주의에 내재한 한계를 극복하려 시도할 수도 있다. 서울시가 만 들어낸 '순국충령殉國忠靈'이라는 영웅 범주가 좋은 예이다. 1956년 4월 3일 시청광장에서 열린 "서울특별시 출신 순국충령 합동추도식"에선 '반공 영웅'에다 '독립 영웅'의 후광을 적극적으로 접목시켰다. 이 의례는 "갑 오경장 이후 60여 년간 항일투쟁과 멸공성전으로 순국한 서울 출신 순국 선열, 군경, 일반인 5천여 위 충령忠靈에 대한 합동추도식"이었다.[1] 반공 영웅 묘지였던 국군묘지에 1960년대 이후 독립 영웅들을 추가로 안장했 던 것도 이와 유사한 효과를 낸 사례라고 말할 수 있다.

1. 수도의 공간적 재구성(1)

근대 국민국가들은 거의 예외 없이 공공공간 조성이나 기념비적 건축에 심혈을 기울여왔다. 김백영이 말하듯이, "근대 도시는 광장이나 공원과 같은 공공공간 또는 랜드마크가 되는 기념비적 건축물을 도시공간의 필 수 요소로서 갖추고 있다. 전자가 주체의 집합적 신체활동의 거점이라면 후자는 주체들의 집합적 시선의 결절점이 된다는 점에서 차이가 있지만, 양자 모두 집합적으로 공유되는 역사적 장소성을 띤다는 점에서는 공통

적이다."[2] 데이비드 캐너다인이 적절히 묘사했듯이 19세기와 20세기에
는 유럽과 미국에서 마치 유행처럼 '수도 재건의 국제적 경쟁'이 벌어졌
다. 비슷한 시기에 파리를 비롯하여 워싱턴, 로마, 빈, 베를린, 상트페테르
부르크, 런던 등에서 이런 일들이 전개되었다.[3] "국민국가의 발흥기에 도
시 건축 및 공간을 통해 국력과 국위를 과시하려는 국제적 경쟁"은 이후
마드리드, 캔버라, 뉴델리까지 확산되었다. 일본에서도 서구 국가들을
따라 수도의 재편이 진행되었다. "내무성 관리들은 수도 개조를 위해
1880년대 구미의 대수도들을 모델로 삼았고, 외무성 관리들은 더 나아가
도쿄 개조안을 서양 건축가들을 상대로 공모했다."[4] 다시 캐너다인에 따
르면 "거대한 수도들에 건설된 장대한 건물과 화려한 도로들은 국가의
권력과 군주의 영향력을 기리는 기념물들이었다."[5] 미나미 모리오는
1835년에 건축된 파리 개선문에서부터 1934년 빈에 건립된 영웅기념비,
1942년에 건립된 대만 호국신사에 이르기까지, 전사자 추도시설과 전쟁
기념비·전쟁기념관을 중심으로 한 인상적인 연대기적 도표를 작성한 바
있다.[6] 다음은 수도 개조에 대한 다카시 후지타니의 설명이다.

> 국가에는 반드시 신성한 장소가 있게 마련이다.……근대 국민국가의
> 수도에는 대개 이와 같은 신성한 장소들이 많이 있다. 특히 국가적 상
> 징물로 가득 찬 수도는 내가 '국가의 상징적 지형'이라고 부르는 것 중
> 에서도 중요한 지점 또는 중심적 표지가 된다.……19세기와 20세기에
> 유럽, 미국 등지의 지배엘리트들은 수도를 거창하고 상징적인 의례의
> 중심으로 변모시켰다. 그들이 시행한 도시계획의 특징은 일단 엄청난
> 규모에, 육중한 공공건물과 널찍한 대로를 전략적으로 배치하고, 기념
> 비와 광장을 중심으로 방사선 상의 도로를 내고서 이를 녹지로 에워싸
> 는 것이었다.[7]

한반도에서는 대체로 대한제국 시기부터 '도시개조'의 맥락에서 수도의 재건 내지 재편이 시도되었던 것으로 보인다. 서울은 조선시대 이후 600년 이상 수도의 지위를 누리고 있다. 이곳의 심장부는 경복궁—광화문—육조대로로 이어지는 축이었다. "새로운 왕조는 개경에서 남경南京, 즉 한양으로 도읍을 옮기고 그곳에 궁궐 경복궁을 지었다. 유교 통치의 이념에 따라 왕궁의 남쪽에 정문인 광화문을 세우고 그 앞에 의정부를 필두로 중앙 관아들이 늘어선 육조대로를 조성했다."[8] 그러나 임진왜란 당시 경복궁과 광화문이 전소된 이후 경복궁·광화문은 300년 가까이 방치되었고 육조대로의 위상 또한 실추되었다. 그러다 19세기 후반 왕권의 권위와 위세를 강화하기 위한 목적으로 대원군에 의해 경복궁과 광화문이 중건되었고 육조대로도 복원되었다.[9] 박천홍은 조선시대에 신도시이자 수도로 개발된 서울의 공간구조를 좀 더 자세히 설명해준다.

조선시대에 서울의 공간배치는 '좌묘우사左廟右社', '전조후시前朝後市' 원칙에 따랐다. 북촌의 중앙에는 정궁인 경복궁을 건설하고 오른쪽에 창덕궁을 앉혔다. 이들 궁궐의 동쪽에는 대묘大廟와 성균관을, 서쪽에 사직단을 배치함으로써 중국식 좌묘우사의 도성 원리를 채택했다. 경복궁 전면에는 행정기구인 육조六曹를 배치해 국가의 핵심 기능은 북촌에 집중되었다. 또한 궁궐 주위에는 종친과 고위관료들의 주거지를 조성하고, 각 관아의 주변에는 하급관리의 주거지를 배치했다. 중요한 관아가 드물었던 남촌은 상민들의 거주지로 배정되었으며, 종로통과 숭례문통에는 시전이 조성되었다.……서울의 도로망은 남촌과 북촌을 잇는 가로들이 종로에서 교차하는 형태였다. 그러나 남촌과 북촌의 도로가 십자형으로 만나지는 않았다. 오히려 남북 도로가 서로 어긋나는 비대칭 구조를 이루고 있었다. 이는……풍수이론에 따른 것으로 보인다.[10]

대한제국 이전의 서울(한성)에서는 광화문 앞 육조거리와 종각 일대가 광장廣場의 성격을 띤 두 공간으로 남아 있었다.[11] 대한제국 시기에 비교적 대규모의 '서울 도시개조 사업'이 진행되었다. 이 사업은 도로 개혁과 근대적 도시공원 조성을 중심으로 삼았다. 도시공원은 대표적인 '근대의 발명품' 중 하나였다.[12] 1897년부터 논의가 시작된 서울 최초의 근대적 도시공원인 탑골공원이 1902년에 문을 열었다. 비슷한 시기에 일본인들이 남산에 조성한 왜성대공원, 독립협회가 수도 외곽의 독립문 일대에 조성한 독립공원과 같은 도시공원들도 등장했다.[13] 다음 인용문은 대한제국 시기 도로 개혁의 대강을 보여준다.

> 조선의 독자적인 도로 개혁 정책은 1896년 아관파천 이후 시작된 서울 도시개조 사업에서 꽃을 피운다. 이 사업은 1896년 9월 28일자 내부령 內部令 제9호 '한성 내 도로의 폭을 규정하는 건'에서 시작되었다. 이 명령에 따라 한성의 주요 간선도로를 침범했던 가가들이 모두 철거되었고 경운궁(덕수궁) 앞을 중심으로 방사형 도로가 만들어졌다. 전기, 수도, 전차 등 근대적 도시사업도 이때부터 추진되기 시작한다.……대한제국기의 도시개조는 서울의 중심축을 마포에서 서대문을 거쳐 종로로 이어지는 축으로 이전하려는 의도가 있었으며, 용산과 남대문, 즉 남산 기슭으로 일본인 거류지역을 중심 도로 선상에서 배제하려는 의도까지 포함하고 있었다.[14]

식민지 시대에는 오히려 일본군 기지가 있는 남산과 일본인 거주지인 남대문 인근, 즉 "용산과 남대문, 즉 남산 기슭으로 (이어지는) 일본인 거류지역"이 도시 재편의 중심축이 되었다. 서울의 중심축을 "마포에서 서대문을 거쳐 종로로 이어지는 축으로 이전하려는 의도"라는 구절이 시사하듯이, 조선시대에는 한강을 이용한 수운水運이 가장 중요했을 것이다. 그러나 식민지 시대에는 철도와 도로가 수운을 대신하게 되었다. 1900년에 경인철도가 개통되면서 기선에 의한 조운업이 이미 큰 타격을 입었고, 철도와 자동차도로의 비중이 커지면서 한강 수운도 몰락에 가깝게 쇠퇴했다.[15] 대신 영등포-용산-서울역으로 이어지는 철도망, 그리고 서울역-서울시청-총독부를 이어주는 태평로-세종로의 간선도로망이 중요해졌다. "일제는 1912년부터 1918년까지 도로 개수 사업을 벌여 남대문에서 시청 앞을 지나 광화문으로 연결되는 직선 도로축을 만들었다. 이 직선 축은 식민지의 저항을 효율적으로 진압하기 위한 목적으로 건설되었다. 이제 왕조의 심장부인 경복궁은 남대문 너머에 있는 서울역과 용산의 일본군 주둔지에 직결되었다."[16] 옛 육조대로인 광화문통(세종로)과 직접 이어지는 태평통(태평로)이라는 널찍한 도로를 건설함으로써, 경복궁(총독부)-세종로-서울시청-서울역-용산(조선군사령부)의 수도 남북 축이 막힘 없이 뚫린 것이다. 이 남북 축은 용산에서 한강대교(한강인도교)와 한강철교를 통해 노량진-영등포로 이어졌다.

조선총독부는 광장과 기념비적 건축물들을 건설하여 서울의 경관을 크게 바꿔놓았다. 1910년대에는 남대문로에 조선은행(한국은행)과 광장을 조성했고, 1920년대에는 총독부 청사와 광장, 경성부청(서울시청)과 광장을 조성했다. 광장을 갖춘 경성역(서울역) 청사도 1920년대에 등장했다. 1930년대에는 1925년 완공된 남산 조선신궁 앞에도 대규모 광장을 새로 만들어냈다.[17] 특히 1916년 기공하여 1926년에 준공한 조선총독부 신청사는 경복궁의 정전인 근정전을 가로막고 세워졌다. 뿐만 아니라 총독부 신청사 건립공사는 청사를 가리지 않도록 경복궁 정문인 광화문을 해체하여 이축移築하는 공사와 거의 동시에 진행되었다.[18] 광화문을 이축하는 대신 총독부 청사 앞에는 새로운 정문, 즉 "석조 문기둥 4기를 세우고 3칸의 철책 문을 달았다."[19] 이 밖에 1890년대에 일본공사관으로 남산에 신축된 건물,[20] 1900년대에 건축된 용산 총독 관저, 1930년대에 경복궁 뒤쪽에 건립된 총독 관저(경무대) 등도 구한말부터 식민지기에 걸쳐 일본이 수도 서울에 새로 세운 대표적인 기념비적 공공건축물들이었다. 물론 남산 주변에 건설된 경성신사·박문사·호국신사, 동대문 인근에 건설된 경성운동장(서울운동장), 용산의 조선군사령부·헌병사령부·20사단 관련 건축물들과 육군묘지 등도 빠뜨려선 안 될 것이다. 김백영은 광장의 유형을 친밀함을 속성으로 하는, 주민들의 소통과 모임을 위한 공간인 '소통형 광장', 그리고 권력집단의 행렬과 과시를 위한 공간이자 "권력의 무대장치"로 기능하는 '과시형 광장'으로 구분한 바 있다. 김백영은 식민지 행정수도인 서울에 조성된 광장들은 소통성이 부족한 압도적 과시성을 특징으로 드러냈다고 평가했다.[21] 어쨌든 식민지 행정수도의 공간적 재편을 통해 현대 서울의 기본구조가 어느 정도 완성되었다.

(1) 해방과 전쟁

1945년 이후 수도의 재구성을 위한 두 차례의 역사적 계기가 주어졌다. 그 하나는 해방이었고, 다른 하나는 전쟁이었다. 전체 국토를 국가신도國家神道의 성스런 천개canopy로 감싸려고 했던, 조선신궁을 정점으로 한 위계적이고도 포괄적인 '신사神社 네트워크'를 비롯하여, 일본 제국주의의 색채가 너무나 강한 '식민지적 성소 체계'를 해방 후에도 그대로 내버려둘 수는 없었다. 따라서 해방 후 수도의 재편은 어느 정도 '불가피한' 측면이 있었다. 그것은 '식민지식 공간 구성을 탈脫식민지적으로 재구성하기'라는 역사적 과업이었다.

반면에 전쟁은 수도 재구성을 강제한다기보다는, 보다 '용이하게' 만들어준 측면이 강했다. 전쟁으로 인한 대대적인 파괴 때문에 수도의 공간 재편이나 기념비적 건축 프로젝트를 추진하기가 더욱 쉬워졌기 때문이다. 다시 말해 전쟁으로 곳곳이 폐허가 되었기에 서울은 공공의례의 무대

이자 국가적 상징의 장소로 개조하기에 한결 편해졌다는 것이다. 그런데 전쟁의 영향은 비단 여기서 그치지 않는다. 우리는 한국전쟁으로 인해 분단체제가 제도화·고착화되었고, 그런 연유로 한국전쟁 이후 남한과 북한 사이에는 '분단의 적대적·경쟁적 상호작용 효과'가 제대로 나타나기 시작했다는 사실에 주목할 필요가 있다. 따라서 우리는 전쟁과 분단의 결합으로 인한 변화에 주목해야 한다.

전쟁은 평양과 서울을 모두 파괴했다. 그러나 파괴의 정도 면에서 평양은 서울을 훨씬 능가했다. 전쟁이 끝난 후 김일성은 마치 백지 위에 그림을 그리듯, 마치 미개척지에 신도시를 설계하듯 초토화된 평양의 경관을 근본적으로 바꿔놓을 수 있었다. 평양이 철저하게 기획된 거대한 '기념비 도시'로 변하는 과정은 분단체제를 매개로 서울의 경관에도 변화의 압력을 조성하게 마련이다. 예컨대 필자가 보기에 평양 대동강변의 '김일성광장'과 서울 여의도의 '5·16광장'은 분단의 상호작용 효과가 배태한 쌍생아이다. 5·16광장이 만들어지기 전에는 중앙청 앞의 세종로-태평로가 군사퍼레이드나 열병식 등이 펼쳐지곤 하는 광장 역할을 담당했다. 그러나 세종로-태평로라는 지명이 보여주듯이 이곳은 도로 기능이 광장 기능을 압도하는 공간이었다. 김일성광장을 능가하는 거대한 공공 광장을 수도 서울에 만들어내야 한다는 경쟁심과 욕망이 5·16광장 창출로 이어졌다는 것이다. 평양과 서울 사이에 일종의 대칭 구조를 이루는 공공공간의 목록은 광장뿐 아니라 기념 건축물, 탑 등으로 더욱 확대될 수 있다.

서울에 들어선 식민지적 공공공간(광장, 공원 등)과 기념비적 건축물들은 해방 후에 어떻게 되었을까? 해방을 계기로 한 수도의 공간적 재편 문제를 파고든 이는 김백영이었다. 그에 의하면 해방 이후 "공간의 파괴를 통한 기억의 말소와 공간의 복원을 통한 기억의 재생",[22] "강력한 민족주의적 정서에 토대를 둔 상징공간의 파괴와 복원에 따른 집합기억의 말소와 재생의 양상"[23]이 펼쳐졌다. 그런데 공간의 파괴 혹은 복원은 대상의 성격, 그리고 그 대상이 집합적 정서와 관계 맺는 방식에 따라 크게 달라졌다. 김백영은 대중의 집합적 정서를 복수의 정서, 기념의 정서, 회고의 정서, 망각의 정서 등 네 가지로 구분했다. 먼저, '복수의 정서'의 대상이 된 공간은 신사, 경찰서, 군대 등 제국주의 침략의 상징물로 간주되어 파괴되고 소멸된 것들이었다. 두 번째로, '기념의 정서'의 대상이 된 공간은 조선은행, 경성역, 경성부청, 미쓰코시백화점 등 관공서나 랜드마크 건축물들이었다. 이 공간들은 "상대적으로 정치성이 탈색된 근대성과 문명의 상징"으로 그 가치를 인정받았고 별다른 정치적 논란 없이 근대 건축물로 보존되었다. 세 번째로, '회고의 정서'의 대상이 된 공간은 미로형 골목길, 적산 가옥 등이었다. 이들은 "개발 과정에서 파괴되고 사라져버린 시절에 대한 추억을 불러일으키는" 공간들이었다. 마지막으로, '망각의 정서'의 대상이 된 공간은 "일제에 의해 이식된 유곽 문화에 기원을 둔 퇴폐적 유흥문화와 집창촌, 기생집들"으로 구성되는데, "그 불쾌한 역사성에 대해서는 집단적으로 망각한 채 제한된 디스토피아 공간 속의 이국주의와 젠더 식민주의를 즐기는" 공간들이었다.[24]

식민지 시대 동안 서울에 건설된 기념비적 건축물이나 광장·공원 등의 공공공간은 대체로 '기념의 정서'에 의해 해방 후에도 보존되었다. 물론 일본인들이 공원이나 광장에 건립한 동상 등의 기념조형물들은 파괴되었지만 말이다. 용산의 총독 관저는 전쟁 때 소실되었지만, 총독부 청사는 중앙청으로, 총독 관저는 미군정사령관 관저를 거쳐 경무대·청와대로, 경성부 청사는 서울시 청사로, 경성역 역사는 서울역 역사로, 시정기념관(구 일본공사관)은 민족박물관을 거쳐 국립박물관 남산분관으로 기능이 유지되거나 계승되었다.

조선에서 일본인들이 가장 성스러운 공간으로 여겼던 신사들은 불교식 본사-말사 체계와 유사한 '신사의 위계체계' 혹은 '신사 네트워크'를 지역 단위로 또 전국적으로 촘촘하게 형성하고 있었다. 위에서도 보았듯이 신사들은 '복수의 정서'의 대상으로서 대부분 파괴·해체되었다. 한반도에서 최고 신사였던 조선신궁은 1945년 패망 직후 일본인들에 의해 스스로 파괴되었다.[25] 김백영은 신사 건물이 있던 공간은 해방 후 공원으로 변신하는 경우가 많았다면서 서울의 남산공원, 부산의 용두산공원, 대구의 두류공원 등을 예로 들었다. 신사 터는 대개 시민을 위한 공원으로 변모했지만, "과거 신사가 지니고 있던 장소성은 그 물리적 자취는 물론 대중의 기억에서조차 흔적도 없이 사라졌다."[26] 그러나 필자가 보기엔 해방을 계기로 신사가 공원으로 변신하는 것을 단순히 공간의 탈성화脫聖化로만 보기는 어렵다. 특히 도道나 부府 단위의 중심 신사가 자리 잡고 있던 공간들이 공원으로 기능이 변경되었다고 하더라도, 그 공원에는 영웅 동상이나 기념탑과 같은 또 다른 성물聖物들이 건립되는 경우가 많았다. 그중 많은 곳에는 1950년대에 한국전쟁 전사자들을 기념하는 충혼탑이나 현충탑이 건립되었고, 그 후에는 정례적인 현충일 행사가 열리는 장소가 되었다. '신도 성지'가 '반공 성지'로 변모했던 것이다. 용두산공원에는 1950년대에 충혼탑과 이순신 동상, 우남공원비가 들어섰다. 남산공원에도 1950년대에 충혼탑 건립이 시도된 바 있었고, 특히 조선신궁 터에는 이승만 동상이 들어섰다. 1950년대 말 남산에는 독립국가의 국회의사당이 건립될 예정이기도 했다.

(2) 세종로와 태평로 일대

조선시대부터 식민지 시대까지 수도의 중심부였던 광화문-중앙청과 서울시청-덕수궁 권역, 특히 수도의 남북축을 형성했던 광화문통-태평로 일대는 해방과 전쟁을 거치면서 어떤 변화를 겪었을까? 앞서 4장에서 소개했듯이, 서울시는 1946년 10월 1일을 기해 일본식 지명을 조선식 지명으로 개정하면서 기존의 '정'은 '동'으로, '정목'은 '가'로, '통'로 '로'로 변경했다. 이때 '광화문통'이 '세종로'로 변했다. 동시에 '본정'은 '충무로'로, '황금정'은 '을지로'로, '죽첨정'은 '충정로'로, 그리고 1946년 12월에는 '소화통'이 '퇴계로'로 바뀌었다. 이처럼 해방 직후부터 조선의 민족 영웅들을 서울 중심부의 가로명街路名에 적극 반영함으로써 '공간의 민족화' 차원에서 '수도 중심부의 민족화', 즉 서울 중심부 공간의 민족주의적 재편을 도모했던 것이다. 다만 세종로와 이어지는 중심부 남북 축의 가로명은 '태평통'이 '태평로'로, 종로와 남대문을 연결하던 '남대문통'은 '남대문로'로 사실상 그대로 유지되었다.[27] 1950년대에 세종로는 현재와 같은 폭으로 확장되었고, 세종로 확장공사는 1966년에 마무리되었다.[28]

　1940~1950년대에 광화문 일대의 경관을 실질적으로 변화시킨 기념비적 공공건축 프로젝트는 두 가지였는데, 둘 모두 1950년대 후반에 착공하여 1961년에 완공되었다. 그것은 4~10층 건물인 '우남회관' 건축, 그리고 그 건너편에 자리한 8층짜리 쌍둥이 건물인 미국대외원조처USOM와 한국 정부청사 건축이었다. 이 중 USOM 청사와 한국 정부 청사의 경우 외화外貨 163.9만 달러는 미국 국제협조처ICA 대한對韓 원조와 USOM 할당 자금으로 충당하고, 한화韓貨 7.5억 환은 대충對充자금 예비비 1.3억 환과 정부청사 건설비 중 불용액 3억 환 등으로 충당하되, 건물과 대지의 소유권은 한국 정부로 귀속하기로 한미韓美 간에 합의되었다.[29] 두 건물은 1960년 1월에 동시 착공되었고 1961년 9월 15일에 낙성식이 열렸다. "8층의 이 말쑥한 쌍둥이 건물은 지난해 1월에 착공하여 약 20개월만에 준공된 것이며 원래 예정은 한국 정부의 경제 4부처와 미 측의 유솜이 사용키로 계획되었던 것이다. 미국의 비넬 건축회사에 의하여 지어진 이 건물에는 전자두뇌를 가진 자동 엘레베타와 현대식 난방 및 냉방 장치와 환기장치가 갖추어져 있다."[30] 그러나 공사 도중에 발생한 군사쿠데타로 인해, "한국 정부의 경제 4부처"가 입주하기로 되어 있던 건물을 실제로 차지한 기관은 국가재건최고회의였다.[31] 광화문 한복판에 최고 정치권력을

상징하는 건물이 들어선 것이다. 남대문로에 자리 잡고 있던 USOM도 1961년 10월 10일에 신축 청사로 이전했다.³² USOM 청사는 1968년부터 미국대사관으로 용도가 변경되었다.

대강당과 소강당에 모두 4,200명을 수용할 수 있는 우남회관은 1956년 6월 초에 착공했지만 이승만 정권이 소멸될 때까지도 준공되지 못했다. 결국 4·19혁명 뒤에 '시민회관'으로 명칭이 변경되었고, 착공 5년 4개월 만인 1961년 11월 7일에 개관식(낙성식)이 열렸다. 고층건물이 희소하던 당시에 10층 높이의 탑실을 갖춘 이 웅장한 건물은 압도적인 가시성과 존재감을 과시하면서 광화문 일대의 경관을 급격히 바꿔놓았다. 시민회관 낙성식 소식을 전하는 「동아일보」 1961년 10월 24일자 2면 기사를 보자.

210만 수도 서울시민의 공회당과 예술의 전당으로 사용될 시민회관은 4289년 6월 2일 착공한 이래 이번 준공을 보기까지는 허다한 곡절을 겪었다. 착공 당시의 명칭은 전 대통령 이승만 씨의 호를 딴 '우남雩南 회관'이었고 공사비 문제로도 말썽이 많았다. 한국에서 유일한 웅대한 규모와 최신식 구조를 가진 동 회관의 총 공사비는 약 20억 환에 달한다. 설계는 이천승 씨, 실내장치 디자인은 이순석 교수(서울공대)인데 회관은 에어컨디션장치, 승강식 이중 회전무대, 전자식 조명 조정 장치를 비롯하여 서구의 최신식 구조와 장치를 갖추고 있다. 동 회관의 건물 내용, 구조 등을 소개하면 다음과 같다.

○…세종로(중앙청으로 가는 길)에 위치한 이 건물은 철골 철근 콩크리트인데 2,600평의 대지에 1,124평에 달하는 건평으로 이는 이대梨大 강당이나 국민회당의 크기에 2배나 된다. 연건평은 2,898평으로 국제극장이나 대한극장의 두 배 반에 달하는 규모이다.

○…건물 안에는 4층에 대강당, 2층에 소강당 그리고 10층에 달하는 탑실이 있다. 수용인원은 대강당이 3,003명, 소강당이 350명이며 모두 아

원 안락의자이다.

○…대강당은 씨네라마 및 씨네마스코프를 상영할 수 있으며 250평(직경 50척)에 달하는 이중 회전무대가 있다. 회전무대 속에 승강함을 가지고 있다. 그리고 영사실은 4개소이고 투광은 천정에 투광실이 설치되어 있으며 음향은 입체음향장치이고 무대조명은 전자식 조정이다. 대강당에는 변전소 1개를 구비하고 있으며 강당의 전등만도 2천여 개다.

○…이와 같은 시설을 갖춘 대강당은 강연회, 음악회, 일반 흥행, 기타 집합장소로 사용될 것인데 관람실, 배우 화장실, 샤워실, 휴게실, 사무실 등이 있다.

○…소강당은 음악실, 강연회, 연구회 등에 사용될 것이다.

○…탑실은 높이 170척이고 10층으로 되어 있는데 높이는 국민회당보다 100척이나 더 높다. 탑실의 1층부터 5층은 사무실, 6, 7, 8층은 전시실, 9층은 방송실, 10층은 워타탱크실로 되어 있다.

○…실내벽은 내화 방수 방음성 데스크비로크렉스 및 자광석으로 되어 있으며 일부는 대리석, 인조화강암이다.

○…그런데 1층 탑실에서 9층 탑실까지 에레베타(16인승)로 13초가 걸린다고 한다.

○…기타 부분을 보면 회당 앞에 4개 화단과 700평의 주차장이 있다.

결국 성사되진 못했지만 1950년대 후반에는 세종로에 '세종기념관'을 건립하려던 시도도 있었다. 4·19혁명 직후인 1960년 7월에 당시 연세대학교 부총장이던 최현배는 신문 칼럼을 통해 '세종대왕기념사업회'가 창립된 1956년부터 전국적인 모금운동을 통해 세종로에 '세종기념관'을 건립하는 운동을 전개해왔음을 밝히는 동시에, '우남회관을 세종회관으로 명명하자'고 주장한 바 있다. "금번의 4월혁명도 한글에 의한 민주교육의 정신과 용기의 발현으로 이뤄진 것"이라는, 세종의 통치철학을 시민종교

성지 만들기: 독립 성지와 반공 성지의 경합 | 157

의 '민주주의' 교리와 직결시킨 주장도 주목할 만하다.

세종로 중간에 어마어마하게 건축되어 가고 있는 소위 '우남회관'이란
것만은 여전히 그 이름 그대로 우뚝 솟아 남아 있으니 이 무슨 야릇한
부당한 존재인고! 탑골공원의 이승만 동상이 학생의거 당시에 이미 시
중에 똥차로 끌려다닌 치욕물이 되었으며 남산 위의 '우남정'의 현판이
그 앞의 여러 그루의 식목으로 더불어 나란히 늘어섰던 지당 장관들의
명패와 함께 팽겨친 바이 된 지 이미 오래인데 다만 남산공원에 건방지
게 우람하게 높은 독재의 동상이 그 건축의 견고한 덕으로 아직껏 남아
있으나 이도 또한 황혼에 선 박명의 존재임을 면할 수 없는 것이다.

그런데 '우남회관'이란 건물은 8억 환(?)이나 들였건마는 아직도 미
완성의 것이다.……이에 나는 '세종대왕기념사업회' 이사회의 일원으
로서 이 건물을 세종대왕을 기념하는 집으로 하여 그 이름을 '세종기념
관' '세종문화관' 또는 '세종회관'으로 고쳐짓기를 제의하는 바이다. 세
종대왕은 우리나라 반만년 역사에서 최고의 위인이요 최대의 은인이
다.……실로 금번의 4월혁명도 한글에 의한 민주교육의 정신과 용기의
발현으로 이뤄진 것임을 부인할 수 없는 것이다.……세종대왕기념사
업회는 사년 전 한글날에 비롯되어 전국 수백만 학도들로부터 성금을
모았는데 그 기념관 건립의 터전을 세종로에 잡음이 매우 뜻 깊은 일로
생각하고 여러 모양으로 물색하였으나 끝내 얻지 못하고 말았다. 사실
로 나는 독재정권 아래에서도 세종로를 지날 때마다 저 굉장히 높이 솟
는 소위 "우남회관"의 공사의 진행을 바라보면서 우리가 세우고자 하
는 세종기념관의 건물이 세종로에 선다손 치더라도 저 집보다 작게 된
다면 도리어 우리 국민의 수치가 될 것이 아닌가 하고 걱정하면서 세종
로에 솟은 최대의 기념 건물은 마땅히 "세종기념관"이어야만 된다고
생각하였었다. 그러다가 금번 4월혁명을 맞으며 나의 숙원이 이루어진

듯한 기쁨을 자각하였다.[33]

　주지하듯이 최현배의 호소는 현실화되지 못했다. 착공 당시에는 '우남회관'이었다가 완공 당시엔 '시민회관'이 된 세종로의 거대한 건물은 1972년 12월 초에 50명 이상의 사망자를 내면서 화재로 전소되었다.[34] 그리고 바로 그 자리에는 1978년 4월 '세종문화회관'이 건립되었다. 오랜 역사적 우회迂廻를 거쳐, 혹은 역사의 간교奸巧가 작용하여 18년만에 최현배의 꿈이 실현된 것이다.[35]

　이순신과 세종의 거대한 동상을 광화문이나 서울시청 인근에 건립하려던 시도도 있었다. 우선, 1948~1949년에 걸쳐 세종의 동상을 건립하려는 프로젝트가 추진되었다. 이를 위해 우선 1948년 10월에 조각가 윤효중이 세종대왕 조상彫像을 완성했고, 전국문화사업협회는 이 조상을 원형으로 삼아 대형 동상을 건립하고자 했다. 이 계획은 세종의 탄생일이 있는 1949년 5월에 좀 더 구체화되었다. '세종대왕동상건립위원회'가 주체로 나서서 "세종로 광장 혹은 시청 앞"에 세종의 동상을 건립할 예정이며, 윤효중의 조상을 확대한 동상의 높이는 15척이고 대석까지 합치면 30여 척에 이르는 규모로서 한글기념일에 맞춰 제막식을 거행하겠다는 것이었다.[36] 그러나 이 동상은 결국 세워지지 못했다.

　이순신의 동상을 건립하려는 움직임은 1948년과 1950년에 처음 나타났다. 1948년과 1950년의 기획이 성사되었더라면, 서울시청 앞 광장 등 서울 한복판에 거대한 이순신 동상이 세워졌을 뻔했다. 1968년 들어 광화문 네거리 앞에 들어선 동상보다 20년 가까이 이르게 말이다. 장군의 전몰 350주년을 맞는 1948년 5월에 각계의 인사들이 동상건립기성회를 만들어 "서울의 중요 지점에 대표적인 동상을 세우는" 계획을 추진했다. 예산으로 약 1~2천만 원이 소요되는 대형 프로젝트였으며, 이를 위해 국방해안경비대원들은 이미 4월부터 봉급의 일부를 거출하고 있었다.[37] 한국전쟁 발발로 무산되고 말았지만 1950년 봄에는 거국적인 참여 열기 속에 대한민족문화협회를 중심으로 서울시청 앞 광장에 9.4m(31척) 높이의 거대한 충무공 동상을 건립하려는 움직임이 있었다. 대통령까지 가세한 범국민적인 운동이었다.[38] 「경향신문」 1950년 3월 18일자는 다음과 같이 보도했다. "이 대통령은 현 서울 PX관리인 윌리암 버든씨가 약 5,000불의 예산으로 충무공 이순신李舜臣 장군의 동상을 건립하겠다고 정부에 자진 요청하여 왔기에 그렇지 않아도 정부로서는 충무공 동상 건립을 계획 중이던 바, 이를 쾌락하였다고 발표하였다. 정부 및 요로에서는 충무공 동상 건립을 추진키 위하여 대한민족문화협회를 조직 결성하고 동 협회에서 일체를 추진하게 되었다 하며, 조각가 윤효중尹孝重 씨가 동상을 조각하기로 되었다는데 이미 모형이 완성되었고 오는 11월 말까지에 건립을 완료할 것이라고 한다. 동상 건립 장소는 시청 앞 로터리이며 오는 30일에 기공식을 거행할 예정이라 한다. 그리고 동 동상은 높이 31척이며 동양에서 최대의 동상이라고 하는데 총 공사비는 약 3,000만 원이 걸릴 것이라 한다." 아마도 직후 발발한 전쟁이 이 동상 건립 프로젝트를 좌절시켰을 것이다.

광화문 일대를 국가적 성역으로 창출하려는 프로젝트는 1960년대 들어 박정희 정부에 의해 본격화되었다. 세종로와 태평로 일대에 '선열조상先烈彫像'을 줄줄이 세우려는 기념사업이 1960~1970년대에 걸쳐 두 차례나 시도되었다. 광화문의 위치를 옮겨 복원하는 프로젝트가 실행된 것도 1960년대였다.

2. 수도의 공간적 재구성(2)

(1) 남산 일대

그 이전 수십 년 동안과 마찬가지로, 해방 후에도 남산은 서울에서 '성지의 상징정치'가 펼쳐지는 중심무대였다. "기존 지배세력의 성지를 파괴하고 그곳을 전면적으로 재구성·재편함으로써 자신들만의 배타적인 성지로 전유하는 방식의 상징정치(곧 '성지의 상징정치')는 전 세계 곳곳에서, 상당히 다양한 시대에 걸쳐 발견된다. 지난 한 세기 동안 한반도에서 가장 치열한 '성지의 상징정치'의 대상이 된 곳이 바로 남산이었다."[39] 해방을 계기로 '남산 문제'는 피해갈 수 없게 되었다. 식민지 당국이 남산을 한반도 전체에서 가장 신성한 땅, '한반도의 상징적 중심'으로 만들어놓았기 때문이었다. 남산은 조선왕조 시대에도 수도의 최고 성지라 할 수는 없을지라도 중요한 성지 중 하나였다.

> 남산은 한양의 랜드마크이자 왕궁의 방어적 요충지였고, 이러한 지리적 위치로 말미암아 남산은 조선 왕실에 의해 국토와 왕경을 수호하는 진산鎭山으로서 작위를 가지고 제사를 받는 위엄스럽고도 성스러운 신산神山으로 대접받기도 했다.……남산의 정상에는 조선 중기까지 봄과 가을에 초제를 지내던 목멱신사木覓神祠가 있었는데……목멱신사는 나라에서 제사 지내는 사당이라 하여 일명 '국사당'(國祀堂 또는 國師堂)이라고도 했다.[40]

일본인들은 남산 정상에 있던 국사당을 해체하여 인왕산 서쪽으로 이전시킴으로써 조선왕조의 성지를 상징적으로 파괴했다. 그들은 구한말부터 40여 년에 걸쳐 남산대신궁(나중의 경성신사)과 조선신궁, 노기신사, 박

성지 만들기: 독립 성지와 반공 성지의 결합 | 161

문사 등 신도와 불교를 중심으로 남산을 전면적으로 재구성했다. 남산의 성역화 과정은 대략 다음과 같았다.

1892년(고종 29년) 일본 거류민들은 남산 북쪽 기슭에 태양의 신, 일본 천황가의 시조신인 아마데라스 오미카미天照大神를 모시는 신궁을 세우기로 계획했다. 먼저 1897년 3월 17일 일본 공사는 조선 정부와 교섭해 공원을 세운다는 명목으로 예장동 일대 3천여 평을 영구 임차했다. 그해 7월 이를 '왜성대倭城臺공원'이라 명명하고 도로를 만들고 벚꽃을 무려 600그루나 심었다.…이듬해 일본 거류민은 본토의 이세신궁伊勢神宮에 사람을 보내 신궁사청에서 이른바 신체神體를 일부 떠받들어 돌아왔다. 결국 1898년 그 자리에 남산대신궁이 들어섰다.……훗날 조선신궁이 만들어지자 남산대신궁은 1923년 이름을 경성신사京城神社로 바꿨다.……일제는 1916년부터 동쪽의 장충단, 남쪽의 성곽 밖, 한양공원, 왜성대공원 등을 포함하는 대삼림공원으로 벨트 라인을 만들고 그 안에 일본 통치의 상징이자 정신적 구심인 조선신궁을 세우려 했다. 1918년 조선신궁을 현재 남산식물원 일대에 건립하기로 하고 공사를 시작하면서 한양공원은 폐쇄됐다.……384개의 돌계단을 비롯해 웅장한 참배로가 있는 조선신궁은 조선인의 영혼마저 일본 천황을 위해 갖다 바쳐야 하는 곳이었다. 1939년 일제는 신궁 입구에 '황국신민서사皇國臣民誓詞의 탑'을 세웠다. ……그 밖에도 남산에는 러일전쟁의 일본 영웅으로 치부되던 노기 마레스케 장군을 기리는 노기신사乃木神社 등 여러 개의 신사와 동본원사 따위의 일본식 사찰이 곳곳에 자리 잡았다.……1900년 9월 19일 임오군란과 을미년 명성황후 시해 사건 때 죽은 관리와 군인을 제사 지내던 곳 장충단도 1910년 폐사되고 1919년 6월 장충단공원이 새로 조성됐다.……1932년 공원 동쪽에 이토 히로부미를 추모하기 위해 박문사博文寺라는 사찰을 짓고 그 언덕을 춘무산春畝山이라고 붙였

다. 박문사라는 이름은 이토의 이름 이등박문伊藤博文에서 따왔고, 춘무
는 이토의 호이다.[41]

　　우리는 여기에다 1943년 11월 남산에 건립된 '경성호국신사'를 추가해
야 한다. 경성호국신사는 일본군 사단사령부 주둔지인 서울 용산중학교
뒤편이자 남산의 남서쪽 기슭, 당시 주소로는 '경성부 용산구 용산정 한강
통 산 2-1'에 들어섰다. 1940년 10월 26일 기공을 위한 지진제地鎭祭를 거행
했고, 1943년 11월 26일에 완공하여 진좌제鎭坐祭를 거행했다. 21,971평에
달하는 거대한 규모로 조성된 경성호국신사에는 진좌제 당시 모두 7,447명
의 전사자들이 제신祭神으로 안치되었다. 1945년이 되자 경성호국신사의
합사자合祀者 숫자는 7,919명으로 증가했다.[42] 비온티노 유리안의 말대로
"야스쿠니신사의 대리시설인 호국신사의 건립은 남산 '신역화神域化'의 완
성을 뜻"했다.[43] 이로써 남산을 조선이라는 식민지 소우주의 상징적 중심
으로 만드는 제국주의 프로젝트가 완결되었다. 식민지 말엽 남산의 상징
경관을 안종철은 이렇게 요약한다. "남산 지역은 북쪽으로는 일본인 거류
지, 동본원사(현 적십자사와 남산초등학교 일대)와 경성신사(현 리라초등·컴퓨터고등
학교, 숭의초등·숭의여자대학), 서쪽으로는 조선신궁(현 남산공원과 과학도서관), 동쪽
으로는 박문사(현 신라호텔과 동국대학교 일부)를 중심으로 한 약초여래당(현 미군
종교수양관), 그리고 남쪽으로는 경성호국신사가 자리 잡고 있었다."[44]
　　이처럼 해방을 맞을 즈음 조선신궁과 황국신민서사의 탑, 경성신사,
경성호국신사, 노기신사, 그리고 이토 히로부미伊藤博文의 추모사찰인 박
문사 등으로 재구성된 남산은 조선총독부에 의해 한반도 최고의 성지로
성화된 공간이었다. 식민지적으로 성역화된 이 공간을 탈식민지적 상황
에 부합하게 재구성하는 문제는 해방을 맞은 조선인들에게 화급한 과제
이자 초미의 관심사가 아닐 수 없었다. 민족적 경축일인 해방 후 최초의
3·1절과 광복절 의례가 남산을 무대로 삼았던 것도 이런 상황을 배경 삼

고 있었다. 앞서 인용했듯이, 1946년 3·1절 때는 "몇 달 전까지도 조선신궁을 참배하던 친구들까지 남산 광장에서 '3·1'독립만세로서 기념하였으니 기적 중의 기적"이 실제로 일어난 셈이었다. 역시 인용했듯이, 1946년 8월 해방 1주년 기념행사의 일환으로 거행된 봉화제전에서는 "총본사 천진전에서 성화 전수식을 거행하되 단애종사께서 원도願禱를 드리시고 성화전송단 대표 손기정 씨에게 성화를 친수親授하시고 동 성화는 손기정 씨에 의하여 임시정부 주석 백범 김구 선생에 전하여 남산정에 마련된 봉화대에 점화되었다."

해방 후 많은 세력이 남산을 차지하려고 달려들었다. 진정한 승자를 가리는 핵심은 "식민지 조선에서 가장 신성한 공간이었던 조선신궁 터와 그 앞의 광장을 과연 누가 차지하는가"에 달려 있었다. 1946년에 식민통치의 성과를 과시하던 시정기념관을 '국립민족박물관'으로 개조한 것, 그리고 1949년에 장충단공원 내에 소재한 박문사를 전사 군인들을 위한 국립납골묘인 '장충사獎忠祠'로 개조한 것 정도를 제외하면 1940년대의 국가는 남산을 상징적으로 정복하거나 개조하는 데 대체로 무관심하거나 소극적인 것처럼 보였다. 그 대신 해방 직후 가장 재빠르게 그리고 조직적으로 움직인 쪽은 개신교·불교 등 종교계였다.

일본이 남산에 조선신궁과 경성신사를 건립함으로써 남산을 한반도의 '상징적 심장부'로 만들어 놓았다면, 해방 후 개신교 지도자들은 '신도神道 제국' 지배의 상징이던 남산을 그리스도교적으로 재편하고 재구성하려 시도했다. 불교계가 동국대를 위해 남산에 산재한 일본계 사찰들을 접수하는 데 주력했던 데 비해, 개신교는 보다 직접적으로 조선신궁과 경성신사를 파괴하는 데, 그리고 파괴된 '우상의 신전神殿'의 빈 공간에 개신교를 상징하는 성스러운 시설들을 채워 넣으려 했다. 구체적으로, 조선신궁 자리에는 기독교박물관과 순교자기념관과 신학교를 건립하고, 경성신사 자리에는 신사참배 거부로 폐교된 평양 숭의여학교를 재건하려 했다. 개신교 지도자들은 한반도의 상징적 구심인 남산의 전면적 재구성을 통해 '신도 제국'을 '기독교 공화국'으로 변혁하려 했던 것이다. 1940년대 말부터 1950년대 전반부에 걸쳐 이런 시도는 매우 성공적으로 진행되는 것처럼 보였다. 남산 북동쪽 기슭의 적산에 자리잡은 불교계 동국대를 제외하면, 1950년대 중엽 개신교는 남산의 북쪽 대부분을 차지하고 있었다.……그리고 한국전쟁 직후부터 1950년대 말까지 매년 남산공원 광장에서는 대규모의 한미韓美합동 부활절예배가 열리곤 했다.……해방과 함께 개신교는 '남산의 상징정치'의 주역으로 급부상했던 것이다.45

당시 개신교 지도자들은 민족주의적 감정에 젖어 이런 상황을 '일본 종교(신도와 불교)에 대한 한국 종교(그리스도교)의 승리"로 해석했다.「기독공보」의 한 기사에 따르면, "해방 후 일본 신사神社와 일본 사원寺院 자리가 예수교 예배당 혹은 교회 학교로 변모된 것은 하나님의 특별한 은총인 동시에 기독교의 승리이며 한국교회의 광영이며 사교邪敎에 대한 역사적 심판의 한 단면인 것이다.……선지학교인 장로회신학교와 기독교박물관이 아직도 기독교 탄압의 발원지요 민족의식의 말살 도장이었던 치욕의 옛터를 점유하여 승리의 표지標識처럼 기독교인들의 가슴에 안도감을 느끼게 하고 있다."46

1949년에 장충단공원 내 박문사 본전本殿을 개조하여 '반공주의의 성전聖殿'인 장충사를 만들어냈던 국가는 1950년대 들어 다시금 남산 쪽으로 눈을 돌렸다. 또 하나의 반공주의 기념물인 충혼탑을 건립하려는 프로젝트가 1951년 말부터 모습을 드러냈다. 국방부가 '충혼탑건립위원회'를 조직하여 도청소재지마다 대규모의 충혼탑을 하나씩 건립하는 초대형 프로젝트였는데, 수도 서울에는 80척(24m) 높이의 가장 웅대한 충혼탑을 남산에 건립할 예정이었다. 이를 위해 1952년 2월부터 7월에 걸쳐 남산 충혼탑의 설계 현상모집과 당선작 선정, 실제 설계 작업이 진행되었다.[47] 상당수의 도청소재지들에 충혼탑이 실제로 건립되었지만, 남산 충혼탑 계획은 결국 실행되지 못했다.

1952년의 남산 충혼탑 프로젝트는 무산되었지만 1950년대 후반엔 달랐다. 국가는 남산을 무대로 추진한 몇몇 대형 국가 프로젝트를 위해 기존 건축물들을 철거하기 시작했다. 해방 직후 남산의 주인처럼 군림했던 개신교 쪽이 가장 큰 타격을 받았다. 특히 장로회신학교와 기독교박물관은 '국회의사당' 신축 이전 계획 때문에, 창동교회와 대한신학교, 숭의학원 소유의 송죽원은 '국영방송국' 청사 건축 계획 때문에 남산에서 밀려났다. 개신교 측이 한때 순교자기념관을 세우려 시도했던 조선신궁 자리에는 대통령의 80회 생일을 기념하여 거대한 '이승만 동상'이 건설되었다. 이승만 동상은 1955년 개천절에 기공식을, 이듬해 광복절에 완공식을 거행했다. 1959년 5월에는 남산에 독립운동가의 대표 격인 '안중근 동상'이 세워졌다. 1950년대 후반부가 되자 남산에 씌워졌던 개신교적인 색채는 완연히 약화된 대신, 남산의 '시민종교 성지' 지위는 더욱 공고해졌다.[48] 식민지 시대의 국가신도를 대신하는 '종교성지' 지위를 둘러싸고 해방 후 개신교와 불교가 경합했다면, 1950년대 후반에는 국가가 주역이되는 '시민종교 성지'의 성격이 대폭 강화되었던 것이다. "서울 시내를 한눈에 내려다볼 수 있"는 남산 정상에 서울시가 3,600만 환을 들여 1958년 6월부터 건립해온 팔각정이 1959년 11월 완성되었다.[49] 이승만의 호를 딴 정자인 '우남정'의 완공으로 국가에 의한 1950년대 후반의 남산 성역화 프로젝트가 마감되었다.

1958년 11월 29일 열린 국회 운영위원회에서 새 의사당 건축 후보지로 거론된 종묘, 용산, 남산 중에서 남산을 선택하기로 합의가 이루어졌다. 그해 12월 중순 확정된 국회의사당 신축 계획에 따르면, 남산을 이단二段

으로 깎아내어 조성한 1.4만 평의 대지 위에 연면적 1.3만 평에 이르는 민의원 의사당, 참의원 의사당, 부속건물들을 건축할 예정이었다. 450개의 의원실(의원회관), 자동차 600대를 수용할 수 있는 주차장, 국회도서관, 사무처, 경비대 청사, 식당 등이 이 계획에 포함되었다. 모두 70억 환의 예산을 들여 5년 후 준공 예정으로 먼저 1959년부터 17개월에 걸쳐 대지조성 공사를 진행할 계획이었다.[50] 「경향신문」 1958년 12월 16일자(1면)에는 "이 대통령 동상 앞에……새 의사당이 선다"고 보도되기도 했지만, 다음 기사가 보여주듯이 이승만 동상이 국회의사당 앞에 위치하는 식으로 조선신궁 및 신궁 광장 자리에 동상-의사당이 한 쌍을 이뤄 들어설 예정이었다. "서울 시가를 한눈에 내려다보는 남산 광장에 2억 수천만 환을 들여 건립한 이승만 박사 동상이 국무회의 결정으로 새 정부가 서기 전에 철거된다.……높이 81척, 총 체적體積이 25,741입방척, 중량이 4,381톤, 동상 대지가 3천여 평. 1년 걸려 조립된 이 동상은 우리나라에서는 물론 세계 유수의 거대한 규모의 것이지만, 앞으로 건립될 민의원 의사당의 앞자리에 서 있을 독재 동상이 아무런 의의를 갖지 않는다 하여 동상을 제거하기로 결정을 보았다는 것."[51] 민주주의를 질식시킨 '식민지적 파시즘' 체제와 명확히 구분되는, '민주공화국'의 상징인 국회의사당을 식민지 파시즘이 창출해낸 최고 성지인 남산에 건설한다는 구상은 그 자체가 대단히 의미심장하다. 그러나 24m가 넘는 행정부 수장의 초대형 동상이 입법부 본산 건물을 가로막고 있는 모습은 얼마나 그로테스크한 풍경인가. 어쨌든 절대 독재자의 거대한 동상이 의사당 부지 앞에 먼저 들어섬으로써, 미래로 이월된 의사당 건립 프로젝트 자체가 한국 민주주의 형해화形骸化를 상징하는 셈이 되어버렸다.

위의 기사에도 나타나듯이 남산 국회의사당 신축 계획은 1950년대에 완성되지 못했을 뿐 아니라, 그 후로도 영영 현실화되지 못했다. 그러나 국영방송인 중앙방송국 청사를 남산에 건립하려던 계획은 1957년 말에 완결되었다. 4억 1,600여만 환의 경비를 들여 1955년 6월에 착공하여 1957년 12월 10일 낙성식을 가진 '서울중앙방송국KBS 남산연주소'가 바로 그것이었다. 새로 준공된 청사는 1,622평의 면적에 "연와 및 철근콘크리트"로 지어진 3층 건물이었는데, 340석 규모의 제1스튜디오(공개방송실)을 비롯하여 "제2(경음악), 제3(방송극), 제4(국악), 제6(독창, 독주) 외에 뉴스·강연·대담 등을 할 수 있는 제7, 제8, 제9 스튜디오"를 갖추고 있었다.[52] 당시 『방송』지 편집자였던 한운사는 "정유 문화계 총평: 방송" 기사에서 "태평로에 KBS홀을 마련하여 공개방송의 궤도를 찾았고 드디어는 지난 12월 10일 현대식 시설을 갖춘 남산연주소로 옮김으로써 흥분의 정점을 이루었던 것이다"라고 썼다.[53] 그 직전인 1957년 9월 15일에는 이승만 대통령과 미군 태평양지구총사령관 등이 참여한 가운데 남산에 건립된 '미군 TV방송국'의 개국식이 열리기도 했다. 보도에 의하면 "시내 남산 꼭대기에 있는 미군 '텔레비죤' 방송국이 개국한다. 이로써 서울 근방에 주둔하고 있는 미군들은 방송국 개설로 직접 '텔레비' 방송의 '써비스'를 받을 것이다."[54]

1940~1950년대의 남산은 개신교·불교를 중심으로 한 종교적 성성聖性과 시민종교적 성성이 공존하는 공간으로 변모했다. 시민종교적 성성도 상당히 복합적인 양상을 보였다. 반공주의, 민족주의, 발전주의, 국가주의뿐만 아니라, 서로 모순되는 지도자숭배와 민주주의에 이르기까지 이질적인 요소들이 복잡하게 교차했던 것이다. 우선, 장충사와 충혼탑 프로젝트는 반공주의를 상징했다. 이승만 동상과 우남정은 반공주의, 지도자숭배 모두를 상징한다. 국립민족박물관과 안중근 동상은 민족주의를 대표한다. 국회의사당, 국영방송국 프로젝트, 국립박물관은 국가 자체의 거대한 위용을 현시하는 공간이라는 점에서 국가주의와도 맞닿아 있다. 국회의사당은 민주주의 가치를 대표하기도 한다. 마지막으로, KBS 청사와 미군 TV방송국은 발전주의의 상징물이기도 했다. 수도 서울에서도 '성지

상징정치'의 중심무대이다 보니 남산에는 온갖 시민종교적 가치들이 무질서하게 투입되었다. 그 결과 역설적이게도 가치들의 부정합 속에서 남산이 상징하는 성성 자체가 모호해져버렸다.

남산의 성성에 내포된 이런 모호성과 복합성은 1960년대 이후 더욱 강화되었다. 이에 대해 필자는 몇 년 전 다음과 같이 서술한 바 있다.

> 1960년대 이후에도 남산의 상징정치는 계속되었다. 1962년에는 80여 개의 단군숭배 단체들이 '단군숭령회檀君崇寧會'로 통합하여 남산에 단군 동상을 건립하려 했다. 단군숭령회가 1962년 9월 말 공개한 단군 동상 모형에 의하면, "3십 척의 석대石臺 위에 2십 척의 좌상坐像이 오르고 동상의 오른편에 을지문덕 장군상과 왼편에 충무공상이" 자리 잡게 되어 있었다. 이 사업은 박정희 국가재건최고회의 의장의 지원을 받아 사실상 범정부적 사업으로 추진되었지만, 개신교와 천주교의 반대로 인해 좌절되었다.
>
> 국가와 개신교가 경쟁하던 조선신궁 자리에는 결국 1970년에 안중근의사기념관이 자리 잡았다. 박정희는 안중근의사기념관 마당에 "민족정기民族正氣의 전당殿堂"이라는 자신의 글씨가 새겨진 큼직한 바위를 세워놓았다. 군사정부는 1960년대에 남산을 중심으로 '종합민족문화센터' 건립 계획을 세웠다. 이 계획에 의하면 국립극장을 비롯하여 국립국악원 부설 국악양성소, 예총회관, 국립중앙도서관, 현대미술관, 세종대왕기념관 등이 남산에 들어설 예정이었다. 가장 먼저 1967년 12월 국립국악원 부설 국악양성소(국립국악고등학교의 전신임)가 준공되었고, 1973년 8월에는 국립극장이 준공되었다. 명동에 있던 국립극장이 남산으로 옮겨왔던 것이다.
>
> 그러나 동시에 1960~1970년대는 남산의 이질성이 심해지고 남산의 상징성이 오히려 훼손되었던 시기이기도 했다. 남산 동쪽 자락에는

1964년에 자유센터가 들어앉았고, 1970년에는 "동심의 궁전"인 "동양 최대의" 지상 18층짜리 어린이회관이 들어섰다. 무엇보다도 1960년대 를 거치면서 남산 중턱 곳곳에 중앙정보부 별관들이 자리 잡기 시작했 다. 석관동(의릉)에 본청이 있었지만, 역대 중앙정보부 부장들은 "청와 대를 마주보는 남산 중턱의 집무실에서 근무했다." 1972년에는 아예 남 산에 중앙정보부 본관이 건축되었고, 서초구 내곡동으로 이전하기까지 남산에 산재하던 중앙정보부 건물은 40여 동으로 늘어났다. 남산은 이 제 "공포의 대명사", "공포와 억압의 공간"으로 변해버린 것이다.[55]

　위의 인용문에도 등장하는, 좌우에 을지문덕 장군상과 이순신 장군상 을 거느린 대형 단군 좌상을 건립하려던 1962년의 계획은 아마도 옛 조선 신궁 터를 차지한 거대한 이승만 동상이 있던 바로 그 자리를 겨냥했을 가 능성이 높을 것이다. 역시 인용문에서 언급된 '자유센터'는 한국반공연맹 이 관리·운영하던 '자유반공연맹센터'를 가리킨다. 자유반공연맹센터는 16층에 달하는 고층의 '타워빌딩'과 저층의 '연맹센터' 두 동으로 구성되 었다. 1968년 11월에는 신의주 반공시위사건을 기념하는 '학생 반공의 탑'이 건립되었다.[56] 자유센터와 학생 반공의 탑 건립은 남산을 '반공 성 지'로 재구성하려는 의도를 명확히 보여준다.
　1960년대 말부터 남산에 수많은 동상들이 건립되거나 이설되었다. 김 미정에 의하면 "서울의 남산은 근대기 이래 현재까지도 각종 기념비 건 립에 있어서 중요한 장소이다. 위인상만 하더라도 1969년 장충단에 '유정 사명대사상'이 건립되었고, 1971년에는……'다산 정약용'과 '퇴계 이황 선생상'이 세워졌다. 1966년에는 '안중근 의사상'이……남산에 조성된 기 념관으로 옮겨졌으며, 1968년에는 '백범 김구 선생상'이 설립되었다. 뿐 만 아니라 1971년에는 서울시의 지하철 공사로 시청과 태평로에서 퇴출 된 '김유신 장군상'과 '류관순상'이 이전되는 등, 남산은 그야말로 수많은 청동상들이 난립하는 장소가 되었다." 또 남산은 1960~1970년대에 "시민의 교양과 문화의 공간"으로도 개발되었다. 다시 김미정에 따르면 "맨먼저 1963년에는 남산의 북쪽 사면에는 장충체육관이 들어섰고, 1970년 과거 신궁터로 오르던 계단 주변에는 어린이놀이터와 어린이회관이 건립되었다. 그 외에도 남산도서관, 식물원, 국립극장 등의 문화시설이 속속 확충되었다. 그러나 1960~1970년대 남산은 서울 도시개발에 따른 각종 도로와 터널, 고가도로가 건설되면서 보행로가 단절되고 고립되었다. 남산에 건립된 각종 문화시설들은 시민들이 손쉽게 이용하는 공공시설이라기보다는 국가의 문화통치를 과시하는 상징물에 가까웠다."[57] 회현동 승강장에서 남산 정상까지 약 600m 거리를 연결하면서 1962년 5월부터 운행된 남산케이블카는 1960년대 이후 급속히 진행된 남산의 위락공간화 과정에서 중요한 분기점을 이룬다.[58] 1969년 12월 착공하여 1971년 10월 준공된, "TV와 라디오 방송을 수도권에 송출하기 위해 한국 최초의 종합 전파탑"으로 건립된 남산타워는 발전주의의 탁월한 상징이기도 했다.[59]

전체적으로 볼 때, 1960년대 이후에는 시민종교 성지인 남산의 탈성화脫聖化가 가속화되었다. 남산의 탈성화에 기여한 혹은 그것을 촉진한 세 요인들을 들 수 있을 것 같다. 첫째, 이미 1950년대부터 나타났던 '과잉 성성' 혹은 '성성의 과잉' 현상이 더욱 심해졌다. 이것은 의미와 가치의 과잉, 충돌로도 이어져 남산의 성격을 더욱 모호하게 만들었다. 둘째, 케이블카와 식물원, 각종 스포츠시설을 갖춘 어린이회관의 건립 등 공원화의 경향, 위락적인 요소의 강화 역시 남산의 성성 약화를 촉진했다. 셋째, 공작정치의 주역이었던 중앙정보부(중정)의 공간적 침투와 확장은 남산의 과도한 정치화를 촉진했을 뿐 아니라 성성의 약화에도 크게 기여했다. 남산은 권력과 정치의 공간, 나아가 고문이 상시적으로 이뤄지고 정치적 필요에 따라 간첩이 제조되는 공포의 공간으로 변했다. '매혹'과 '열정'의 요소가 전적으로 결여된, 오직 순수한 '공포'만으로는 결코 성성이 창조되지 못한다. '남산=중정'이라는 이미지가 강화될수록 성성은 더욱 빠르게 잠식된다. '쾌락과 명랑의 발전주의'와 '공포와 특권의 반공주의'가 만들어내는 불협화 역시 1960~1970년대 남산의 중요한 특징이었다.

(2) 한강 이남의 성역화 시도들

해방 후에는 서울의 한강 이남 공간에 대한 성역화도 활발하게 시도되었다. 가장 일찍 나타난 시도는 한강 바로 남쪽 노량진에 있는 사육신묘역의 성역화였다. 1948년에 서울시 주도로 사육신묘보존회가 결성되어 묘역 정비작업이 이루어졌다. 1948년과 1949년에는 사육신묘역 주변 식수작업이 숙명여자전문학교 학생들과 대한청년단 단원들에 의해 진행되었다. 1955년에는 대통령의 지시에 의해 서울시가 묘역에 '육충신六忠臣기념비'를 건립했다. 사육신묘역 성역화에 대해서는 6장에서 보다 상세히 다룰 것이다.

  한강 이남 지역에서 진행된 가장 중요한 성역 창출 노력은 단연 국군묘지 건립 프로젝트였다. 이미 성역화된 사육신묘역에서도 멀지 않은 동작동에 총 면적 43만 평(약 144.2만㎡)에 달하는 최초의 국립묘지이자 초대형 반공 성지가 만들어졌다. 국립묘지의 장소 선택에서 철도의 위력이 재차 과시되었다. 19세기 이후 철도는 묘지를 도시 바깥으로 밀어내는 힘으로도, 근교의 묘지를 도시와 재통합하는 힘으로도 작용했다. 공동묘지를 도시 밖으로 추방하면서도 그와 동시에 철도편으로 도시와 연결될 수 있는 아름다운 전원풍의 대규모 공원묘지라는 새로운 묘지 형태가 곳곳에 만들어졌다. 19세기 후반 파리의 도시개조 사업을 이끌었던 조르주 오스만 남작도 철도의 중요성을 충분히 고려했다. "오스만은……이미 초과 상태에 이르러 있던 파리에 집결된 묘지들의 폐쇄를 제안했다.……사람들은 거기에서 매장을 중지하고, 팽창된 파리로부터 멀리 떨어진 곳에 광대하고 장엄한 대묘지를 만드는 것으로 자족하게 된다. 오스만은 파리가 그곳으로까지는 결코 확장되지 않을 것이라고 확신하고서 퐁투아즈 방면에 있는 메리 쉬르 우아즈를 선택했다. 진보, 말하자면 경이로운 증기 기관의 편리함으로 인해 가족들은 이전보다 거리를 덜 고려하게 되었다. 오스만은 하나의 전용선으로 묘지와 수도를 연결시키고자 생각했으며, 파리 시민들 사이에서 그 노선은 죽은 자들의 철도로 불리었다.”[60]

대한민국 정부 수립 후 전사자 숫자가 점증함에 따라 1949년 말부터 육군본부 인사참모부의 주도로 서울 근교의 묘지 후보지를 물색했지만 전쟁 발발에 따라 중단되었다가, 전쟁으로 전사자가 급증하는 가운데 1951년 9월부터 육군본부 인사국 주관으로 구성된 ‘묘지 후보지 답사반’ 이 다시금 묘지 후보지 답사를 시작했다. 1952년 5월 20일 국방부는 남한의 중심 위치, 교통이 편리한 곳, 면적은 최저 10만 평 이상(5만 명 안장 기준), 국유지 우선, 부락이 없는 곳 등 묘지 선정 기준들을 결정했다. 교통이 편리한 곳의 기준은 “철도편이 있고 연선沿線에서 10㎞를 초과하지 않는 곳” 으로 명확히 규정되었다. 도시 외곽에 위치하면서도 철도 연선에서 멀지 않은 곳이 최초의 국립묘지를 결정짓는 중요한 기준 중 하나였던 것이다. 단지 서울 시민만이 아니라 전국에 흩어진 유가족들이 철도편으로 쉽게 접근할 수 있는 곳에 최초의 국립묘지가 조성되어야만 했다. 1953년 9월 29일 대통령의 재가를 받아 서울 동작동이 국군묘지 부지로 최종 선정되었고, 같은 해 10월 2일 국무회의를 통해 공식 결정되었다. 정부는 1954년 3월 1일부터 동작동 묘지 터에서 부지 정지공사를 시작하여 3년에 걸쳐 묘역 238,017㎡를 조성했다. 1955년 7월 15일에는 국군묘지 업무를 관장할 국군묘지관리소가 발족했다.[61]

1955년 4월에 처음 대중에게 선을 보인 이래 국군묘지는 눈부신 발전을 거듭했다. 모든 국립묘지들이 그러하듯이, 동작동 국군묘지도 기념비들이 점차 집적되고 집중되면서 ‘기념비들의 숲’으로 변모되어갔다. 국가적인 전사자 제사일祭祀日인 현충일이 1956년에 제정되면서, 국군묘지는 매년 가장 중요한 국가의례가 거행되는 신성한 공간이 되었다. 1962년 8월부터 노량진에서 국군묘지를 잇는 8m 도로를 12m로 확장하는 공사를 진행한 데 이어, 1963년 3~5월에는 이 도로를 포장하는 공사가 이루어졌다.[62]

한강 남쪽에서 또 다른 성역화 움직임을 자극한 것은 한국 항공교통을 선도한 김포공항과 여의도공항의 존재였다. 특히 여의도공항으로부터 국제공항 기능을 이어받은 김포공항이 중요했다. 김포공항은 1939년 일본에 의해 군용비행장으로 건설되었고, 해방 후에는 1957년 5월부터 국제공항으로 사용되었다. 1958년 1월에 김포공항의 확장공사가 완료되면서, 여의도공항의 민간공항 기능까지 김포공항으로 통합되었다. 같은 해 4월 정식 국제공항으로 지정된 데 이어, 12월부터는 대한국민항공사KNA의 국제선이 취항했고, 1960년에는 공항 종합청사가 준공되었다.[63] 1958년 이후 여의도공항은 군용비행장으로만 활용되었다. 여의도공항의 기능이 군용비행장으로 축소되면서 1960년대 이후 여의도의 전면적인 재구성이 가능하게 되었다고도 말할 수 있다.

세계와 한국을 연결하는 김포국제공항의 중요성과 기능이 중요해질수록 공항과 서울 중심부를 연결하는 유일한 통로였던 공항-한강대교(한강인도교)-중앙청 노선의 비효율성이 부각되었다. 한국전쟁 때 파괴되었던 한강대교의 복구공사가 완료되자, '제2한강교'(현재의 양화대교) 건립이 추진되었다. 그러나 본격적인 공사는 1950년대를 넘기게 되었다. 김포공항과 서울 도심 간의 원활한 이동이 목적이었으므로 김포가도 확장·포장공사와 제2한강교 가설공사가 동시적으로 진행되었다. 제2한강교 공사는 1962년 6월 20일에 시작되어 1965년 1월 25일 종료되었다. "수도 서울을 세계의 길과 연결하는 김포가도 고속도 4차선 도로"는 1961년 8월 1일 착공하여 1963년 10월 31일에 완료되었다.[64] 제2한강교 개통에 즈음한 기사에 따르면 "서울 마포구 합정동과 영등포구 당산동 사이 한강을 연결한 길이 1천1백28미터 교폭橋幅 18미터로 우리나라 최대 길이의 이 다리는 지난 62년 6월 20일에 착공, 총 공사비 5억1천2백42만4천 원을 들여 순전히 국내 기술진으로 약 2년 7개월만에 준공했는데 제2한강교가 이날 개통됨으로써 김포공항·영등포·인천 쪽에서 서울에 이르는 거리는 3킬로미터, 시간상으론 약 20분이 각각 단축되었으며……서교 지구와 영등포 지구 위성도시 형성에 크게 이바지할 뿐 아니라 서북 전선과 영등포는 거리로 6킬로미터, 시간으로는 40분이 단축되었다."[65]

제2한강교가 갖는 중요성으로 인해, 이 교량의 개통을 겨냥한 기념조형물 건립 프로젝트가 추진되었다. 제2한강교의 준공이 아직 6개월이나 남은 1964년 6·25전쟁 기념일에 맞춰 제2한강교 북쪽 입구에 건립된 한국 최대의 기념조형물인 '유엔군 자유수호 참전 기념탑'의 제막식이 거행되었다. 50m가 넘는 높이에 엘리베이터와 전망대까지 갖춘 초대형 반공 기념물이었다. 명칭이나 모양, 제막식 날짜 모두에서 이 탑이 서울 및 한국의 국제적 관문關門에 '반공 성지'를 창출하려는 의도의 산물임이 명료히 확인된다. 다음은 "유엔탑 완성, 김세중 교수 손으로 6·25날에 제막"이라는 기사이다.

조각가 김세중 교수(서울미대)가 그의 설계와 조각으로 만들어진 '유엔탑'(제2한강교 북쪽 입구) 앞에 서 있다. 김 교수는 62년 5월부터 한국에서 가장 높고(1백60척) 모던한 이 기념탑을 만들기 시작하여 지난 10일 그 완성을 보았다. 유엔자유수호참전기념탑건립위원회에서 계획된 이 '유엔탑' 플랜에는 2천5백만 원의 공사비가 들었다.……이 '유엔탑'에는 앞뒤로 높이 43척의 '승리의 남신男神' 상과 '평화의 여신女神' 상이 석조로 나타나고, 아래로 네 귀퉁이에는 '해방', '6·25', '국토수복', '건설' 등을 상징하는 역시 석조 릴리프가 보인다. 전체 탑의 디자인은 V자 모양의 철골 콘크리트 구성. 그리고 밑으론 16개 유엔 참전국 국기들이

나부끼게 되어 있다. 또한 탑 속에는 승강대가 마련되면서 정상의 관망대로 관광객을 안내할 것이다.[66]

제2한강교에는 유엔군자유수호참전기념탑 이후에도 두 개의 동상들이 더 들어섰다. 1969년 10월에 건립된 '을지문덕상'과 1970년 10월에 건립된 '정몽주 선생상'이 그것이었다.[67] 아마도 반공주의적으로 성역화된 공간을 고구려와 고려의 장구한 역사적 계보 속에 편입시킴과 동시에, 국토수호·국난극복(을지문덕 장군)과 충절·애국(정몽주)의 가치로 보강하려는 의도의 소산이었을 것이다. 어쨌든 항공교통의 발달로 김포공항-제2한강교의 중요성이 부각됨에 따라 군사정권이 제2한강교 일대를 선제적으로 성역화하려 나섰음은 분명해 보인다.

3. 독립 성지

정부 수립 이전부터 새로운 민족적 성소들이 만들어졌다. 앞서 소개했듯이 해방 후 처음 맞는 1946년 3·1절 기념식은 민주의원, 우익단체 연합, 좌익단체 연합에 의해 따로 개최되었다. 그런데 기념식이 열린 세 장소는 하나같이 유력한 '민족 성지' 후보지들이었다. 조선왕조에 의해 광장으로 조성된 종로 보신각(종각), '3·1운동의 성지'인 탑골공원, 그리고 식민지 당국에 의해 조선신궁 앞 광장으로 조성된 공공공간인 남산 광장이 그것이었다. 앞서 살펴본 것처럼 남산은 1946년 해방 1주년 기념 봉화제전을 통해서도 민족 성지화의 잠재력을 보여준 바 있다. 아울러, 대한제국 시기에 전사자 추모시설로 조성된 장충단공원도 해방 직후부터 유력한 민족 성지 후보지로 떠올랐다.

(1) 탑골공원

3·1운동의 진원지였던 종로의 탑골공원이 해방과 함께 독립 성지로 화려하게 부활했다. 3·1운동 이후 탑골공원이 지닌 민족 성지로서의 성격을 희석하거나 훼손하려는 시도가 진행되기도 했다. 금융조합연합회를 중심으로 한 일본인들이 1929년에 대한제국 재정고문을 역임하고 조선금융조합을 창설한 메가타目賀田의 동상을 탑골공원에 건립했던 게 대표적인 사례였다.[68] 그러나 이 동상은 해방 후 즉각 철거되었다. 뿐만 아니라 해방 후 처음 맞는 3·1절 행사가 이곳에서 열림으로써 탑골공원은 민족 성지 지위를 금방 회복했다.

그러나 탑골공원을 성역화하려는 노력은 그 중요성에 비해 상대적으로 부족한 편이었다. 3·1절 행사를 제외한다면, 민족사적 가치와 입지 측면의 이점에도 불구하고 탑골공원에 대한 민족 성지화의 속도나 강도는 기대에 미치지 못했다. 무엇보다 이승만 정권은 민족 성지인 이곳을 성역화하려는 노력을 거의 기울인 바 없었다. 차라리 홀대에 가깝다는 느낌이 들 정도였다. 1956년에는 '대한소년화랑단'이라는 단체가 탑골공원에 이승만 대통령의 동상을 세움으로써 이곳의 민족 성지 성격은 오히려 모호해졌다. 독립운동가 출신이긴 하나 1950년대 중반, 특히 한국전쟁 이후의 이 대통령은 '반공 영웅'으로 만들어진 인물이었고, 더구나 이 동상은 명백히 지도자 개인숭배의 상징이기도 했기 때문이다. 1956년 3월 31일에 조각가 문정화가 제작한 8척의 동상과 12척의 기단으로 이루어진 20척(약 6m) 높이의 이승만 동상이 팔각정 앞에 세워졌다. 부통령, 대법원장, 민의원 의장 등 3부요인들이 두루 참석한 가운데 이날 열린 제막식에서 "이 동상은 이 대통령이 떨친 중흥中興의 위업을 자손만대에 전함으로써 독립 정신의 상징이 될 것"이라는 축사가 이어졌다. 식은 참석자들이 "이 대통령 만세"를 삼창함으로써 마무리되었다.[69]

1950년대 중반 이후의 탑골공원은 (이 장의 서두에서 언급했듯이) 특정 인물과 장소의 성성 자체는 유지되지만 성성의 성격은 모호해지도록 만드는 '중립화'의 대상에 가까웠다고 말할 수 있을 것이다. 1950년대 중반의 민족 성지 효창공원이 적극적인 파괴와 오염 시도의 대상이었다면, 같은 시기의 탑골공원은 민족주의 성지에 반공주의가 침투함으로써 민족 성지의 성격이 약화되거나 희석되는 경우였다고 말할 수 있다.

4·19혁명 당시 이승만 동상이 파괴됨으로써 탑골공원은 1950년대의 모호한 성격을 극복하고 독립 성지로 재차 부활했다. 이 대통령의 하야 선언 당일인 1960년 4월 26일 "군중 몇몇은 파고다공원에 섰던 이 대통령의 동상을 끌고 (광화문-인용자) 네거리를 지나갔"다는 보도가 있었다.[70] 1960년대 탑골공원을 무대로 이뤄진 몇 차례 성역화 노력들이 이곳의 민족 성지 성격을 더욱 보강해주었다. 우선, 재건국민운동본부가 탑골공원에 건립한 '3·1독립선언기념탑'이 1963년 광복절에 맞춰 제막되었다.[71] 둘째, 1966년 5월 의암선생기념사업회에 의해 천도교 3대 교주敎主로서 민족대표 33인의 핵심 인물이었던 손병희의 동상이 그의 44주기에 맞춰 탑골공원에 세워졌다. 역설적인 사실은 이곳에 세워졌다 파괴된 이승만의 동상을 제작한 문정화가 손병희의 동상도 제작했다는 점이었다.[72] 셋째, 1967년 12월에는 '독립운동사 기념부조'가 탑골공원에 세워졌다.[73] 이승만 정권이 몰락한 1960년대가 되어서야 비로소 탑골공원은 민족 성지의 면모를 비교적 온전히 되찾을 수 있었다.

(2) 효창공원

해방 후 새롭게 조성된 대표적인 '독립운동 성지'는 효창공원(효창원)이었다. 이곳은 1946년 여름에 최고의 민족 성지로 창출되었다. 그러나 해방 직전까지만 해도 효창공원은 '제국주의 성지'가 될 뻔했다. 식민지 말기에 황군皇軍 전사자를 위한 합장묘탑인 거대한 충령탑忠靈塔 공사가 이곳에서 진행되었던 것이다.

식민지 조선에서 전사자 유골을 안치할 충령탑 건립운동은 1942년 5월 경부터 전국 여러 곳에서 거의 동시적으로 본격화되었다. 그 중 가장 규모가 컸던 경기도 충령탑의 경우 높이 100척(약 30m) 정도의 웅장한 묘탑을 효창공원의 약 2만 평 부지에 건설할 예정이었다. 효창공원 충령탑의 착공은 예정보다 늦어진 1944년 6월에야 이루어졌다. 정호기는 조선왕조 시기부터 1944년에 이르는 과정을 다음과 같이 개관한 바 있다. "일제는 여러 차례 효창공원에 관심을 보였다. 효창공원은 효창원이라는 이름으로 조선 왕실이 조성한 곳이었다. 이곳은 정조의 장자로 다섯 살에 죽은 문묘세자와 생모 의빈 정씨를 모신 묘원이었다. 일본군은 1894년 동학농민전쟁이 발발하자 이곳에 주둔하기 시작했고, 러일전쟁 때에는 중간 전진기지로 활용하였다. 뿐만 아니라 의병을 진압한 일본군도 이곳에 주둔하였다. 일제는 1924년 효창원의 일부인 8만 1천 평을 공원으로 조성하였다. 1944년에 이 묘들이 서오릉으로 이장했는데, 이곳에서 충령탑 건립이 시작되었음을 보여준다."[74] 효창공원 충령탑 공사는 일본의 패전으로 중단되었다. 그리고 해방 직후 일본 제국의 국립묘탑國立墓塔 부지가 독립 영웅들의 묘지로, 가장 대표적인 민족 성지 중 하나로 변모되었다.

1946년 6월 '3의사' 혹은 '3열사'로 호칭되던 윤봉길·이봉창·백정기의 유해가 일본으로부터 국내로 옮겨지고, 부산에서의 성대한 위령의례를 거쳐 서울로 옮겨진 후 같은 해 7월 6일 김구가 장례위원장을 맡은 국민장을 치른 후 효창공원에 안장되었다. 해방 후에도 여전히 시신의 행방이 묘연했던 안중근의 허묘虛墓도 이때 함께 조성되었다. 1948년 6월에는 임시정부 주석을 역임한 이동녕과 임시정부 국무위원·비서장을 지낸 차리석의 유해도 중국에서 한국으로 돌아와, 정부 수립 직후인 같은 해 9월 22일 사회장을 치른 후 역시 효창공원에 안장되었다. 그 직후인 1948년 10월

13일에는 임시정부 국무위원·군무총장을 역임하고 해방 후 환국하여 국내에서 사망한 조성환도 사회장을 치른 후 효창공원에 안장되었다. 1949년 7월 5일에는 테러로 암살된 김구가 국민장을 거쳐 이곳에 안치되었다. 김구의 죽음을 계기로 효창공원의 민족 성역화는 절정에 이르렀다. 안중근을 제외한 7명의 독립운동가 유해가 이곳에 안장되었는데 이 중 4명이 국민장, 3명이 사회장의 예우를 받았다.

대중의 뜨거운 관심과 참여 속에 국가적인 장례를 치른 후 저명한 독립운동가들이 차례로 매장됨으로써, 효창공원은 1946~1949년 사이에 성스러운 후광을 발하는 '독립운동가 묘역'으로 재탄생했다. 이로써 해방 직후 서울의 두 공원, 즉 탑골공원과 효창공원이 '민족 성지'로 창출되었다. 그러나 효창공원의 위광威光과 화려함은 오래가지 못했다. 1949년 이후 효창공원은 '성지순례'를 하는 것조차 쉽지 않은 곳으로 변했다. 김용삼은 다음과 같이 기록했다. "경찰이 길목을 막고 묘소 참배를 불온시하는 일이 계속되자 줄을 잇던 참배객은 끊기고, 유가족까지 검색 당했으며, 『백범일지』는 불온서적이 되는 지경이었다. 이런 와중에 도둑참배라는 웃지 못 할 일들이 벌어졌는데, 시골에서 올라온 사람들이 효창원 주변 여관에 들었다가 통금이 풀리는 즉시 경찰이 없는 새벽에 참배하고 줄행랑치는 것이 도둑참배다." 급작스런 한국전쟁 발발로 무기한 연기되었던 김구의 제1주기 추도식은 이승만 정부 아래서 끝내 개최되지 못했다.[75] 이런 상황에서 1956년에 반공주의 영웅인 이승만의 동상을 건립함으로써 탑골공원의 민족 성지 성격을 훼손했던 사례와 비슷하게, 효창공원의 민족 성지 성격을 교란하거나 약화시키려는 시도가 1950년대에만도 세 차례나 나타났다.

효창공원에 대한 첫 번째 도전은 그곳에 대규모 반공주의 상징물을 세우려는 시도였다. 1951년 12월부터 이승만 정부가 추진했던 충혼탑 건립운동에 효창공원 반공기념물 건립 프로젝트가 포함되어 있었다. 도청소재지마다 충혼탑을 하나씩 세우되, 서울에는 남산에 대표 충혼탑을 세움과 동시에 효창공원에도 '유엔전우탑UN戰友塔'을 추가로 건설한다는 계획이었다. "조국의 위기와 민족의 비애를 구하기 위하여 전선에 스러진 수많은 국군 장병의 공훈을 찬양하며 그 거룩한 정신을 후세에 계승하여 본받기 위하여 서울특별시와 각도에 1기씩의 충혼탑을 건립하는 동시에 인류의 자유와 세계평화를 위하여 이역만리에 산화한 UN전사의 무공을 현양하며 민주우방 제국에 감사의 의를 표하고자 수도 서울에 UN전우탑 1기를 건립"한다는 것이었다.[76] 1953년 6월에는 "총고 60척에 공사비 9백만 환의 유엔전우탑"을 건립하리라는 보도까지 났다. "충혼탑을 건립하기 위하여 그간 수차에 걸쳐 회의를 거듭하던 충혼탑건립중앙위원회에서는 지난 3월 2일 대통령으로부터 건립 승인이 있어 대한건축학회를 통하여 서울 남산공원에 총고 80척에 공사비 1천5백만 환의 충혼탑과 효창공원에 총고 60척에 공사비 9백만 환의 유엔전우탑을 건립하게 되었다"는 것이다.[77] 기껏 10기도 못 되는 독립운동가들의 묘들이 자리한 공간에 높이 20m에 가까운 거대한 조형물이 들어서면 효창공원의 경관과 성격은 어찌 될까? 1956년에 탑골공원에서 일어났던 일과 전적으로 동일한 효과, 즉 장소의 성성은 유지될지라도 성성의 성격과 내용 그 자체는 모호해지는 '중립화' 내지 '희석'의 효과를 내지 않겠는가? 유엔전우탑의 위용이 압도하는 경관을 지닌 공간을 과연 '독립 성지'라고 말할 수나 있을까?

　어쨌든 이승만 정부가 추진했던 1952~1953년의 효창공원 유엔전우탑 계획은 결국 현실화되지 못했다. 그러나 1956년과 1959~1960년 등 두 차례에 걸쳐 효창공원에 대규모 운동장을 건설하려는 시도가 있었다. 둘 모두 "기존 성지의 탈성화, 즉 특정 장소에 부여된 성성을 박탈하거나, 부분적으로 훼손하거나, 영구적으로 해체"시키려 했다는 점에서 '오염' 유형에 해당한다. 다만 1956년에는 묘역의 전면적인 해체를 추구했던 반면, 1959~1960년에는 묘역은 그대로 둔 채 효창공원 내부에 운동장을 건설하는 방식으로 성지의 오염을 추구했다는 차이를 보여준다. 1956년의 사건들이 성지의 소멸을 포함하는 '전면적 오염' 시도에 가까웠다면, 1959년의 사건들은 성지에 대한 '부분적 오염' 시도에 가까웠다. 어쨌든 만약 1956년과 1959~1960년의 훼손 시도 자체가 존재하지 않았더라면, 효창공원 선열묘지는 저명한 독립운동가들의 안장安葬과 이장移葬이 이어짐으로써 가장 화려한 '민족의 신전' 지위로 꾸준히 상승했을 가능성이 충분했다.

1956년 5월 이승만 정부가 공병부대를 동원하여 효창공원의 '선열묘지' 주변을 파괴하고 나서자 반대운동이 거세게 일어났다. 김창숙 유도회장은 1956년 6월 9일 "이 대통령의 특명으로 효창공원에서 선열 의사들의 분묘를 파헤치고 그 자리에 운동장을 닦고 있다는 것은 독립운동을 말살하려 함"이라고 비판하는 성명서를 발표했다.[78] '제2회 아세아축구대회' 유치를 위한 경기장 건설을 명분으로 '선열 7위' 중 일부 묘소를 이장하라는 이승만 정권의 요구에 맞서, 각계 인사들이 '선열묘지보존위원회'를 구성하여 강경하게 저항했다. 그 결과 기존 묘소를 보존하는 방향으로 경기장 설계가 변경되었다.[79] 「경향신문」 1960년 6월 11일자(3면)에 게재된 이원재 기자의 "혁명전후(1): 효창공원"이라는 기사에서도 동일한 사실을 확인할 수 있다. 1956년 당시 '10만 명 수용' 규모의 운동장 건설 계획이 반대에 직면하여 이후 '2만 명 수용' 규모로 축소되었으며, 애초에는 선열묘소 자체를 이장하려 했지만 그 후엔 선열묘소를 유지하는 방향으로 선회했다는 것이다.

○ …4년 전(4289년) 5월 중순, 효창공원에는 실로 경천동지할 사건이 벌어졌다. 군용 부르도자가 백범 김구 선생의 묘소와 3의사(윤봉길, 백정기, 이봉창), 3열사(이동녕, 차이석, 조성환)의 묘소를 파헤칠 듯이 공원의 구릉을 밀어제치고 있었던 것이다. 이와 함께 난데없이 군인들이 나타나서 도끼·톱·연장을 휘둘러 공원 일대의 아름드리 나무들을 마구 찍어냈

다. 이어 며칠 후 서울시장(당시 김태선 씨)은 청천벽력 같은 선언을 했다. "큰 운동장을 만들게 되어 효창공원의 선열묘지를 다른 데로 옮겨야겠다"는 것이었다. 이렇게 되자 그 부당성을 규탄하는 여론은 발칵 들끓었고 만행에 반대하는 투쟁이 벌어졌다.……이 문제는 국회에서 야당 측의 격분을 자아냈다. 고 조(조병옥) 박사는 6월 9일 국회에서 "대통령 비서실에서 시켰다 합니다. 저희 놈들이 어떻게 그런 걸 시킬 수 있단 말이요" 하고 통렬히 비난했다. 이리하여 빗발치는 여론에 못 견디어 2만 명 수용의 축구장을 만드는 것으로써 그 추악한 체면을 유지하고 반역의 촉수를 거두었다.

○…혁명이 일어났다. 그리고 이겼다. 이제는 효창공원 선열묘소를 없애버리려던 음모 내용도 백일하에 드러났다. 첫째 4289년 5월 9일자로 경무대의 '이원회 비서관'이 내무·재무·국방·농림의 4장관에게 내린 특명지시문이요, 다시 농림장관이 서울시장에게 사본을 붙여 지시한 공문이 있다. 그것은 "10만 명 정도의 인원을 수용할 수 있는 큰 운동장을 건설하려고 장소를 물색 중 마침 효창공원이 여러 가지 점으로 보아 가장 적당하다고 인정되므로 육군 공병감 책임 하에 건설하기로 되었으니 소관 부처에서는 하기 사항을 신속 처리하여 지장이 없도록 하라는 분부 지시옵기 의명 전달하나이다"라고 한 다음 분묘 이전 문제는 내무장관이 서울시장에게 지시하도록 하라는 것이었다. 이 공문의 주문 말미에 있는 대로 "분부 지시옵기…"로써 이것이 '이 박사 자신의 특명'이었음이 비로소 밝혀졌다.

한편 다음에 소개할 조은정의 글은 이승만 정권의 성역 오염 시도가 없었더라면 효창공원의 선열묘지가 계속 확장될 가능성이 높았다는 점, 그리고 성역 오염 시도는 1950년대만이 아니라 1960년대 이후에도 지속되었다는 점을 드러내고 있다. "이승만 정권은 효창공원에 안장된 열사들의 이장을 추진하였고, 김창숙을 비롯한 많은 이들이 효창공원의 '효창운동장' 화를 반대하는 운동을 벌였다. 이들의 반대로 열사의 묘들은 없애지는 못하였지만 더 이상 많은 열사들의 묘가 운집하지는 못하였고, 1960년 10월에는 운동장이 완공되어 성역으로서의 묘역은 축소되었다. 게다가 이후 박정희 정권은 이곳에 테니스장을 설치하여 오락의 기능을 더욱 부가하였고, 이곳에 반공기념비를 세움으로써 독립운동의 성지라는 색깔은 퇴색되고 말았다.……공원이 운동장으로 변하는 일이 정권에 의해 감행되고 있음은, 효창공원이 갖는 민족적 의미를 꺼리는 정권의 입장을 대변한다."[80]

필자는 앞에서 1960년대 이후의 효창공원을 가리켜 성지에 대한 '오염'과 '중립화' 시도가 동시에 이루어진 독특한 사례였다고 말했다. 1960년대에 효창공원에서는 과연 무슨 일이 벌어졌던가? 김용삼이 훌륭한 개관을 제공해준다. 그의 글은 1962년에도 선열묘지 이장을 통한 성지의 전면적 해체가 또 다시 추진되었다가 중단되었음을 알려주고 있기도 하다.

박정희 군사정부는 1962년 묘소 이장을 통보하였는데 유족과 각계의 이장 반대 청원 등으로 취소되었다. 이어 1966년 김구 주석 묘 남서쪽 20m 거리에 대형 테니스장이 설치되어 2001년 백범기념관이 착공될 때까지 사용하였다. 1968년에는 김구 주석 묘와 삼의사 묘 사이에 5,500평 골프장 설치를 위해 나무와 잔디를 파헤치는 철탑공사가 벌어졌다.……당시 김신조 1·21사태 상황에서 선열묘소에 골프장 설치 보도가 나가자 서울시는 여론이 나쁘다는 이유로 공사를 취소하였다. 그리고 1969년 김구 주석 묘 북쪽 35m 거리에 북한반공투사위령탑이 세워졌는데 이곳은 효창원 묘역 정수리에 해당한다.……이 탑은 10월 19일 국군과 유엔군이 인민군을 평양에서 물리친 날을 기념해 세운 것으로 비석에는 대통령 박정희, 국무총리 정일권, 중앙정보부장 김형욱, 김성곤, 함창희, 정주영, 김홍일과 이북 8도 지사와 도민회장 등 이름이 새겨 있다.……박정희 정권이 머리 위에 반공탑을 세운 것은 임시정부를 발아래 두겠다는 의도로 읽힌다. 이어 1969년 임정요인 묘 북쪽 30m, 60m 거리에 어린이놀이터와 원효대사 동상이 세워졌고, 1972년 김구 주석 묘 서쪽 30m, 60m 거리에 신광도서관(현 노인회서울시연합회)과 대한노인회중앙회 건물이 들어섰으며, 옆에는 회관 건립에 대한 육영수 송덕비가 세워졌다.[81]

결국 1960~1970년대에 테니스장(1966년),[82] 북한반공투사위령탑, 원효대사 동상, 어린이놀이터(1969년), 신광학원 도서관, 대한노인회중앙회 회관(1972년), 육영수 송덕비(1975년) 등이 차례로 들어섰던 셈이다. 뿐만 아니라 1960년대에 박정희 정권은 "묘역 사이 계곡을 골프장 조성을 위해 마구 파헤치고 들머리와 통로는 행락객들의 음주가무 판이 되도록 내버려 뒀다."[83] 특히 정권 핵심 인사들의 참여 속에 세워진 북한반공투사위령 탑은 민족주의적 성성에다 반공주의적 성성을 혼합함으로써 기존 성성의 중립화 혹은 희석 효과를 발휘했을 가능성이 높다. 테니스장, 불발에 그친 골프장, 어린이놀이터 끼워 넣기를 통한 효창공원의 위락공간화 시도 역시 장소의 성성을 훼손하려는 정치적 의도를 반영한다. 도서관, 노인회 회관, 육영수 송덕비 역시 민족 성지라는 공간 정체성에 혼란을 초래하는 건축물·조형물들이었다. 1950~1960년대의 효창공원은 남산과 함께 서울에서 가장 치열한 성지의 상징정치가 벌어진 장소임이 분명했다.

(3) 좌절된 독립 성역화: 국립선열묘지, 장충단공원, 독립기념관

1950년대에 파상적으로 가해진, 민족 성지 효창공원에 대한 정권 측의 오염·중립화·희석 시도가 초래한 의도치 않은 반응 중 하나는 '국립선열묘지' 설치에 대한 요구였다. 1950년대 당시 효창공원의 7인 독립운동가 묘역이 '선열묘' 혹은 '선열묘소'로 지칭되고 있었음은 '선열묘소보존회'라는 단체명을 통해서도 쉽게 확인할 수 있지만, 효창공원에 대한 위협을 계기로 아예 국가적인 민족 성지로 기능할 국립묘지를 만들자는 주장이었다.

효창공원 해체 문제로 한국사회가 한창 소란하던 바로 그 시기에 한 초등학교 교사는 언론사 투고를 통해 "민족공로자에 대한 보은적 견지로 보아 우리는 선열을 모시는 국립묘지 하나도 없음을 못내 슬퍼한다. 이 기회에 당국에 충언하노니 오히려 하로 속히 국가 체면을 세울 만한 일대─★ 국립묘지를 만들라! 충분한 예의를 갖춘 민족 성지로 만들어 외국인에까지 참배를 권할 수 있도록 해보자"고 주창했다.[84] 전쟁 중에 부산 유엔군묘지가 만들어진 데 이어 전사한 한국군을 위한 국립묘지까지 서울 동작동에 막 등장한 상태에서, 독립운동가들을 위해 전적으로 헌정된 국립묘지가 전무함을 개탄하는 여론이 식자층 사이에 널리 퍼져 있었음을 이 기사는 강력히 시사한다. 이런 여론은 상당히 오래 지속되었던 것 같다. 1963년에 당시 합동통신사 이사였던 김동성은 이시영 전 부통령의 10주기를 맞아 분묘 이장설이 나오는 것을 기화로 서울 우이동에 국립선열묘지를 설치하자는 구체적인 제안을 내놓은 바 있었다.

> 우이동에 심산유곡의 국유지가 많고 이미 몽양, 해공, 유석 등 우리 지도자 몇 분의 분상도 안장되었다. 당국에 묘지를 신청하여 이장을 단행함과 동시에 비석을 세우자는 계획이다. 애국동포 여러분께 호소하여 응분의 희사가 있으면 이만한 계획은 반드시 성공할 줄로 믿는다. 그래서 우리 체면을 세우자는 것이다.……도산 선생의 유해도 아직 망우리 고개 공동묘지에 모셨다 하고 만오 홍진 선생은 인천 만국공원에 안장되었으나 시가지에 편입된 장소가 되어……변변치 못하다고 한다.
> 외국서도 국가에 유공한 인사들의 유해는 큰 교당 정원에 매장도 하

고 특히 미국에서는 수도 워싱톤 시에 근접한 알링톤을 육군묘지로 지정하여 장성들은 물론 대통령도 매장한다. 우이동에 적당한 국유지가 불소不少하니 일정한 산협山峽을 택하여 선열묘지로 삼고 임정요인들을 한곳에 봉안奉安하면 수호하기에도 간편하고 어떤 한 분을 참배하러 가서도 여러분께 다니는 기회가 될 것이다. 이런 계획이야말로 민족정기를 살리기 위하여 위정자들이 단행할 만한 일이다. 종래의 관습으로 관혼상제를 인생의 최대 의식으로 알았으나 선열묘지는 이런 구습에 얽매이는 행사가 아니다. 조국광복에 일생을 바친 선열을 추모하는 한 개 의무인 것이다. 조만간에 화란 헤그 시에 안장된 이준 열사의 유해도 귀국한다면 이런 선열묘지에 봉안할 것이다. 성재 선생의 분묘 이장설이 나온 기회에 선열묘지를 설치하자는 제안을 당국에서 고려해주기를 바라마지 않는다.[85]

주지하듯이 이런 제안은 당국에 의해 수용되지 않았다. 그 대신 국가는 동작동 국군묘지 안에 '애국선열묘역'을 추가 설치하는 방식으로 이런 요구에 반응했던 것으로 보인다. 그러나 거대한 '반공 성지'인 국군묘지의 일부 공간에 독립운동가 묘소들이 마치 액세서리처럼 장식되면서 흡수되는 방식은 기존 반공 성지의 위광威光을 더욱 제고하는 효과는 있었을지언정, 독립적인 '민족 성지'를 창출해달라는 요구와는 거리가 먼 해법이었다. 오히려 이런 방식은 민족주의가 반공주의에 종속적으로 포섭됨을 상징하는 쪽에 가깝다고 하겠다. 서울에서는 좌절되고 말았지만, 대구시에 의해 1955년부터 조성되기 시작한 신암선열묘지(신암선열공원)[86]의 사례에서 보듯이 지방 차원에서는 작고한 독립운동가들의 묘역 조성을 통한 독립 성지 만들기가 성공하기도 했다.

서울에서는 해방 후 또 하나의 독립 성지 만들기가 추진되었다. 장충단공원이 강력한 후보로 떠올랐다. 비록 그 어느 것도 성공하지는 못했으나, 장충단공원을 '독립 성지'로 구성하려는 기획들이 1940~1950년대에 걸쳐 여러 차례 반복적으로 시도되었다. 대한제국에 의해 1900년부터 국립위령시설로 조성된 '장충단'은 식민지 시대에 국가제사가 폐지되면서 '공원'으로 재편되었다. 1930년대에는 조선통감부 초대 통감으로 한일병합 당시 결정적 역할을 수행한 이토 히로부미伊藤博文의 추모 사찰로 조성된 '박문사博文寺'를 비롯하여, 시부사와 에이치澁澤榮一 자작의 송덕비, 육탄3용사 동상이 차례로 건립되면서 장충단공원이 일본 '제국의 성지'로 거듭났다.[87] 해방 직후 시부사와 에이치 송덕비와 육탄3용사 동상은 파괴되었다. 그 대신 이 장소를 독립 성지로 만들려는 시도들이 연이어 등장했다. (1) 1945년 10월 결성된 '순국의열사 봉건회殉國義烈祠奉建會'는 "앞으로 순국의열사殉國義烈祠를 서울 장충단獎忠壇에다 따로 세우고 갑신甲申 10월 이래 금년 을유乙酉 8월 15일까지 희생하신 충혼을 세밀히 조사한 다음 봉안하기로" 했다.[88] (2) 1946년 1월에는 장충단 재건과 안중근 동상 건립을 목적으로 한 '안중근 의사 동상 건립기성회'가 결성되었다.[89] 같은 해 3월에도 '안중근 열사 37주기'를 앞두고 추도준비회와 함께 '의사 안중근공 동상 건립기성회'가 재차 결성되었다. 기성회 측은 "서울 장충단공원에 있는 이등박문伊藤博文의 동상을 불에 녹여 그로써 안중근의 동상을 만들어 자리조차 이등伊藤의 동상이 서 있던 자리에 세우려는 것으로 예산은 2백만 원"을 계획하고 있었다.[90] (3) 1947년 2월 말에는 '선열기념비 기성회' 회장인 이종태가 "장충단공원 일대를 국립기념공원으로 해서 충렬사라든가 기념비 등을 건립하는 안"을 군정청에 제출했다. 이 안은 독립운동가들의 "충렬忠烈을 추모하자는 도량道場"을 조성하자는 구상이었다.[91]

이런 모든 시도들이 실패로 돌아가고, 그 대신 1949년에는 박문사 본전이 전사한 군인들의 납골묘인 장충사로 개조되었다. 좌절한 '독립 성지' 구상들을 '반공 성지' 구상이 대체해버린 것이다. 그러나 전쟁 발발과 서울 함락으로 인해 장충사의 국립납골묘 기능도 자연스럽게 중단되었다. 그러자 1950년대 중반에 이르러 장충단공원을 독립 성지로 개편하려는 시도가 다시 등장했다. 1956년 2월 '대한 순국충렬 기념사업협회'라는 단체가 장충단공원에 민영환, 이준, 안중근, 윤봉길, 이봉창 등의 '독립 열사' 동상들을 연내에 건립하기로 결정하고 이를 위해 기념사업추진위원회를 조직했다. 이 조직의 위원장은 함태영 부통령, 부위원장은 독립운동가이자 교육자였던 장형이었다. 당시 장형 부위원장의 1천만 원 기부로 안중근의 동상 건립에 먼저 착수했다고 한다.[92] 그러나 장충단공원 열사 동상 건립 프로젝트도 더 이상 진척을 보지 못했다.

1946년 봄에는 기미독립선언기념전국대회준비위원회를 중심으로 '독립기념관' 건립 사업이 추진된 바도 있었다. 위원회는 1946년 3월 12일 천도교총본부에서 회의를 열고 독립관獨立館 건립과 선현록先賢錄 발행 제안을 만장일치로 가결했다.[93] 같은 달 18일에는 '독립기념관 건립기성회'까지 결성했다. 주지하듯이 이 계획 또한 실현되지 못했다. 다음은 「동아일보」 1946년 3월 21일자 기사(2면)이다.

> 기미독립선언기념전국대회준비위원회에서는 지난 18일 시내 경운정 천도교총본부에서 위원회를 열고 첫 기념사업으로 독립기념관獨立記念館 건립과 선현록先賢錄 발간에 대하야 협의한 결과 이를 실행하기로 하고 즉석에서 독립기념관 건립기성회를 결성하였다. 그런데 우선 상무위원회에 이단李團, 원달호元達鎬, 김양선金良善 3씨를 추천 결정하야 사업을 진행토록 하고 사무소를 천도교본부 안에 두기로 하였다.

지금까지 서울을 중심으로 해방 후의 독립 성지 만들기를 개관해보았다. 지방 차원의 민족·독립 성지 만들기 사례들 중 일부는 다음 장에서 '민족 영웅' 및 '독립 영웅'을 논의할 때 함께 소개할 것이다.

4. 반공 성지

해방 후 몇몇 반공 성지들도 등장했다. 이 가운데 서울 장충단공원 내의 장충사, 동작동의 국군묘지에 대해서는 이미 언급했다. 이 밖에도 부산에 조성된 유엔군묘지, 전국에 산재한 작은 국군묘지·군경軍警묘지들, 도별 혹은 시·군별로 건립된 충혼탑이나 현충탑, 전적비 건립 등을 통해 성역화된 전적지 등을 추가해야 한다. 대규모의 무명용사탑 건립도 추진되었다. 창출된 반공 성지들은 (1) 장충사, 유엔군묘지, 국군묘지, 그리고 전국 곳곳에 만들어진 작은 규모의 국군묘지나 군경묘지와 같은 '전사자 묘', (2) 충혼탑, 현충탑, 무명용사탑 등 '추모의례의 공간', (3) 전승戰勝 기념과 전사자 추모 기능을 모두 갖춘 '전적지'의 세 유형으로 구분할 수 있다.

　한국전쟁 이전에 등장한 반공 성지로는 대한민국 최초의 국립묘國立墓인 '장충사'가 대표적인 사례였다. 이미 보았듯이 장충단공원은 독립 성지 만들기와 반공 성지 만들기 노력이 서로 경합했던 공간이기도 했다. 이 경쟁에서 결국 '반공파'가 '독립파'를 누르고 장충단공원을 차지하는 데 성공했다. 1949년 6월 6일 서울운동장에서 열린 '제2차 전몰군인 합동위령제'를 계기로 447명 전사자의 유골이 장충사에 처음 안치되었다.[94] 한국전쟁이 발발하기 불과 4일 전인 1950년 6월 21일 서울운동장에서 열린 '제3차 전몰군인 합동위령제'에서 장충사는 국립묘일 뿐 아니라 '국가적 신전'의 위상까지 획득했다. 이날 오전 10시 정각에 맞춰 "사이렌 소리와 같이 전국 국민들이 장충사獎忠祠를 향하여 올리는 묵념"을 바쳤다. 그날 일시적으로 형성된 대한민국이라는 의례공동체의 상징적 우주에서 장충사가 그 중심 자리를 점유하고 있었던 것이다. 식후 10만 명의 인파는 1,664명의 전사자 유해를 안고 장충사까지 가두행진을 벌인 후에 안장의례를 거행했다.[95] 이로써 1년 전 안치된 447명까지 합쳐 모두 2,111명이나 되는 한국군 전사자들의 유골이 장충사로 집결하게 되었다.

이승만 정부는 장충사 성역화를 위해 크게 세 가지 사업을 진행했다. 우선, 이승만 정부는 '장충사 개수改修공사'를 벌여 1950년 4월 15일에 완료했다.[96] 둘째, 장충단에는 육탄 10용사를 기리는 거대한 탑도 세워질 예정이었다. 1949년 9월 순국10용사기념사업회는 전국 일곱 곳에서 '10용사 영탑靈塔' 건립을 추진하고 있으며, 이 가운데 서울의 영탑은 장충단에 건립할 계획임을 공표했다. 그러나 장충단에 세우려던 10용사 영탑은 한국전쟁 발발 당시까지도 완공되지 못했다.[97] 셋째, 또 다른 장충사 성역화 프로젝트는 '장충단전재민戰災民수용소' 폐쇄였다. 이승만 정부는 장충사 설치 사업을 본격화하던 1949년 3월에 "장충단수용소 4월 초 폐쇄" 계획을 공개했다. 그렇지만 이 계획 역시 제대로 이행되지 못했고, 그 결과 전쟁 발발 직전까지도 장충단수용소는 여전히 존속하고 있었다.[98]

한국전쟁 발발 직후 서울이 공산군의 수중에 넘어가면서 장충사는 국립납골묘 기능을 즉각 상실했으며, 장충단공원에 부착되었던 '반공 성지' 성격도 사라졌다. 더구나 전쟁 이후 그 누구도 '국립납골묘'인 장충사를 재건하려 시도하지 않았다. 1950년대 말에 장충사 자리에는 외국 손님들을 위한 영빈관 건립이 추진되었고, 1963년에는 장충단공원 내에 장충체육관이 건설되었다.[99] 1960년대 이후 장충단공원에는 이준과 사명대사의 동상이 건립되었고, 그 밖에도 국립극장, 국립국악원, 국립국악고등학교, 중앙공무원교육원, 자유센터, 타워호텔, 신라호텔, 어린이야구장 등이 줄지어 들어서면서 종국에는 (어쩌면 1960년대 이후의 남산과도 유사하게) '탈성화된 공간'으로 전락하고 말았다.

전쟁으로 기능과 성성을 상실해버린 국립납골묘(장충사)를 재건하는 대신, 전쟁 중에 이승만 정부는 1949년부터 장충사와 함께 추진되던 '국립묘지'를 신설하는 방향으로 선회했다. 그 결실이 동작동의 국군묘지였다. 그 이전에 한국 최초의 공원묘지인 유엔군묘지(유엔기념공원)가 임시수도 부산에 조성되었다. 조성 주체였던 유엔군사령부는 1951년 1월 18일에

묘지 건설 작업을 완료했다. 유엔군묘지는 "개성, 인천, 대전, 대구, 밀양, 마산 등지에 있었던 6개소의 묘지로부터 이장되기 시작했던 1951년 1월 18일 설치되어 1951년 4월 5일 봉납奉納되었다."[100] 유엔군사령부와 한국 정부는 하루 뒤인 1951년 4월 6일에 일종의 '묘지 헌정의례'인 '한미 합동 유엔군 전몰장병 위령제'를 거행했다.[101] 유엔군묘지는 이후 한국을 대표하는 '반공 성지' 중 하나로 자리 잡았다.

동작동 국군묘지의 조성공사가 어느 정도 진행된 1955년 4월 22일에는 이곳에서 '제4차 3군 전몰장병 합동추도식'이 열렸다. 동작동 국군묘지는 1951년 조성된 부산 유엔군묘지에 이어 한국 영토에 조성된 두 번째 공원묘지였고, 한국 정부가 조성한 최초의 공원묘지였다. 앞서 서술했듯이 1949년 말부터 육군본부 인사참모부 주도로 서울 근교의 묘지 후보지를 물색하다 전쟁 발발로 중단되었고, 1951년 9월부터 묘지 후보지 답사를 재개하여 1953년 10월 동작동 터가 최종 선택되었다. 1954년 3월부터 부지 정지공사가 개시되었고, 1955년 7월에는 국군묘지관리소가 발족되었다. 〈표 5-1〉에는 1954년부터 1960년대 말까지 동작동 국립묘지가 '기념비의 숲'으로 변모해가는 과정이 정리되어 있다.

동작동 국군묘지의 등장은 수도 서울과 한국 전체의 기존 '성지 지도聖地地圖'를 송두리째 뒤흔들 만한 역사적인 사건이었다. 이 묘지는 한국 최초의 국립묘지였고, 그 후로도 수십 년 동안 한국 유일의 국립묘지라는 영예를 누렸다. 1990년대 이후 다른 국립묘지들이 여럿 등장한 이후에도 동작동 묘지(국립서울현충원)은 국내외 최고 귀빈들의 참배를 받는 '국립묘지 중의 국립묘지'로 군림하고 있다. 단순한 '반공 성지' 하나가 추가된 게 아니라, '반공 대한민국'에 씌워진 영구불변의 '승리 월계관'과도 같은 존재가 바로 동작동 국립묘지였다.

전쟁 기간 중 전국 곳곳에 만들어진 '임시적 국군묘지들' 가운데 일부는 동작동 묘지 등장 이후에도 폐쇄되지 않고 살아남았다. 제주도의 14개

〈표 5-1〉 동작동 국립묘지의 기념시설 건립 추이: 1954~1969년[102]

구분	주요 변화
1954.10.30	무명용사탑 및 무명용사문 건립
1955.7.20	봉안관 건립
1955.9.28	안병범 장군 순의비 건립
1958.6.30	분수대 건립
1962.12.1	새로운 봉안관 건립, 기존 봉안관은 '전쟁기념관'으로 개조
1963.8.17	육사7기 특별동기생 추모탑 건립
1964.6.25	포병장교 위령충혼비 건립
1967.5.30	부평 경찰전문학교 교정에 있던 '경찰충혼탑'을 이설
1967.9.30	현충탑 건립(위패봉안관 및 납골당 포함)
1968.4	'무명용사탑'을 이설하면서 '학도의용군 무명용사탑'으로 개칭
1969.4.30	현충문 건립
1969.5.23	성북구 수유동에 있던 함준호 장군 현충비를 이설

충혼묘지들을 비롯하여, 화순 너릿재 무명용사묘, 전주 국군묘지(군경묘지), 거제 둔덕 충혼묘지, 부산의 가락동 국군묘지와 천성산 국군묘지, 사천 국군묘지, 여수의 여서동 국군묘지, 인천 도화동 국군묘지, 안성 사곡동 국군묘지 등의 '작은 국군묘지들'이 전쟁 중 혹은 종전 직후 전국 곳곳에 조성되었다. 현재까지 유지되고 있는 이런 '작은 국군묘지들'은 모두 42곳인데, 지역별로는 경기도 5곳, 부산·경상도 11곳, 전라도 12곳, 제주도 14곳으로 분포되어 있다.[103] 제대로 정비되고 관리되어온 곳이 드물긴 하나, 이 묘지들도 전국에 흩어진 반공 성지들이라 할 수 있을 것이다.

앞서 언급했던 1950년대 초의 충혼탑 건립운동은 도청소재지마다 정례적인 의례의 공간으로 활용될 수 있는, 비교적 큰 규모의 반공 성지들을 창출하려는 기획이었다. 서울 남산에 건립하려던 충혼탑과 효창공원에 건립하려던 유엔전우탑 계획은 실현되지 못했지만, 다른 지역들에서는 충혼탑이 실제로 건립되었다. 서울에서도 (남산을 대신하여) 국군묘지 안에

1954년 10월에 충혼탑 역할을 수행할 무명용사탑이 완성되었다. 1957년
에는 이승만 정부가 제2회 현충일을 맞아 도 단위 추도식을 "각도 충혼
탑 소재지"에서 거행할 것을 지시할 정도로,[104] 도청소재지마다 충혼탑
건립 작업이 상당한 성과를 거두고 있었다. 1953년 제주시 노형동의 사
라봉 기슭에 들어선 충혼탑, 1955년 7월 춘천시 우두산 정상에 건립된 충
렬탑, 1955년 10월 청주시 사직동에 세워진 충렬탑, 1956년 8월 수원시
매향동에 건립된 현충탑, 1956년 10월 대전시 중구 선화동에 세워진 영
렬탑英烈塔, 1957년 10월 전주 중화산동 다가공원에 건립된 호국영렬탑,
1957년 2월 광주시 전남도청 정문 앞 광장에 건립된 충혼탑, 1957년 12월
부산 동광동 우남공원(용두산공원)에서 제막된 충혼탑 등이 그런 사례들이
었다.[105]

　　도道 단위의 움직임은 곧 시市와 군郡 단위로 파급되었다. 도별 충혼탑
건립 사업이 본궤도에 오른 가운데, 1950년대 후반부터는 시·군들이 현
충일 행사 등을 거행할 반공 성지들을 적극적으로 마련하기 시작했던 것
이다. 물론 그 명칭은 충혼탑, 현충탑, 충렬탑, 영렬탑, 충현탑 등 대단히
다양했지만 말이다. 도별 충혼탑도 그러했지만 시·군별 충혼탑도 꽤 많
은 군중이 집결하여 반공 전사자 추모의례 등을 거행할 수 있는 광장을 갖
춘 경우가 대부분이었다. 오늘날에는 전국 어느 시·군을 가든 현충일 의
례를 거행할 '탑-광장 일체형 의례 공간'을 갖추고 있지만, 이런 경관이
본격적으로 형성된 때가 1950년대 후반부터 1960년대에 걸친 시기였음
을 강조할 필요가 있다. 전국의 거의 모든 주요 행정단위마다 '반공 성지
들'이 빠짐없이 촘촘히 자리 잡는 풍경이 형성된 것이다.

　　서울 남산에 건립하려던 충혼탑과 효창공원에 건립하려던 유엔전우
탑 외에, 1950년대에는 수도 서울에 대규모의 반공 성지를 창출하기 위한
무명용사탑 건립 프로젝트가 두 차례 추진된 바 있었다. 1955년에는 서울
시가 '무명전사의 탑' 혹은 '무명전사의 비'를 기획했다. 1958년에는 문교

부 주도로 무명용사탑 건립이 추진되었다. 특히 1958년의 무명용사탑 사업은 한강변 30만 평이나 되는 부지 위에 높이 30m의 탑을 세운다는 어마어마한 프로젝트였다.[106] 만약 1958년 프로젝트가 실현되었더라면 43만 평의 국군묘지와 어울려 수도 서울을 동서로 관통하는 한강을 끼고 초대형의 반공 성지가 탄생했을 터였다.

마지막으로, 한국전쟁의 전투 현장들도 반공 성지들로 가꾸어졌다. 수많은 전쟁기념물들로 치장된 '전적지 성역화' 사업이 대표적인데, 이승만 정권 시기에 만들어진 전쟁기념물만 해도 무려 166개에 달했다.[107] 물론 그 대부분은 전쟁이 끝난 후 건립되었을 것이다. 1950년대에는 전적지 성역화를 군부대들이 주도했다. 예컨대 1군사령부는 1957~1958년에 걸쳐 무려 15개소의 전적비를 건립했다.[108] 해병대사령부도 1958~1959년에 걸쳐 고양, 남양주, 파주에 전첩비戰捷碑·기공비紀功碑를 세웠다. 이 밖에도 1950년대에 1군단, 2군단, 3사단, 6사단, 8사단, 11사단, 25사단, 수도사단 등이 자기 부대의 격전지들에 경쟁적으로 전적비를 세웠다.[109] 1950년대부터 미군과 유엔군 관련 전쟁기념물들도 다수 건립되기 시작했는데, 이에 대해선 7장에서 '친미주의'를 서술할 때 다룰 예정이다.

제 6 장

영웅 만들기: 독립 영웅과 반공 영웅의 경합

시민종교의 형성

국가와 민족의 영웅들을 만들어 내거나 되살리려는, 나아가 다양한 방식으로 그들을 찬양하고 숭배하려는 시도도 해방 직후부터 나타났다. 이런 움직임은 대한민국 정부 수립 이후 더욱 활발해졌다. 국가·민족 영웅들은 통상 작가나 역사가, 예술가, 출판업자 등 '사적인 개인들'에 의해 탄생한다. 영웅들은 국가가 발행하는 교과서에 등재됨으로써 '국유화'된다. 영웅의 국유화는 통치엘리트의 대표에 의해 공식적으로 호출·호명되거나, 서훈叙勳되거나, 정부가 제작에 관여한 영화나 뉴스·캠페인의 주인공이 되거나, 국가가 다양한 기념사업을 주도함으로써 성취될 수도 있다.[1] 물론 영웅의 국유화 과정이 항상 순조롭거나 폭넓은 합의 속에 진행되는 것만은 아니다. 예컨대 매우 공식화된 형태의 '영웅 국유화 사업'이었던 1960년대 말부터 1970년대 초까지의 '애국선열 조상 건립사업'에서도 15명으로 한정된 '영웅의 선별' 과정 자체가 논쟁으로 점철되었고 각종 로비와 압력에 노출되었다. 한마디로 영웅 창출과 국유화 자체가 대단히 '정치적인' 과정이었던 것이다.

영웅들은 그들의 삶 못지않게 (장렬하게 묘사된) 그들의 죽음에 의해 위대해지고 또 성화된다. 그들은 민족의 '제단祭壇'에 바쳐진 숭고한 희생자요 순교자들이었다. 따라서 그들은 죽음 이후 민족의 '신전神殿'에 봉안된다. 1940~1950년대의 한국사회에서는 서울 동작동의 국립묘지(국군묘지)와 전국에 산재한 국군·군경·충혼묘지들, 서울의 남산과 효창공원 등이 '민족의 판테온' 혹은 '만신전萬神殿'의 대표적인 사례들이었다. 그런데 영웅들의 공동 신전을 제외하면, 영웅의 개별 신전들 혹은 특정 영웅(예컨대 이순신)의 '여러 신전들 중의 최고 신전'이 대체로 영웅의 사망 장소가 아닌 영웅의 탄생지인 생가 주변에 조성된다는 것은 아이러니라 할 만하다. 물론 영웅의 무덤이나 묘비는 대체로 그 자체가 신전으로 조성된다. 이런 신전들이 만들어지면, 이를 무대로 혹은 영웅이 활약했던 장소를 무대로 현양·기념의 주기적인 의례와 퍼포먼스들이 국가 주도로 행해진다. 민족의 신전들에는 주기적 의례가 행해지는 '특별한—신성한 시간'이 아닌 '일상적—세속적 시간' 중에도 수많은 순례자들의 방문과 참배가 이어진다.

필자는 해방 직후 남한에서 창출되기 시작한 영웅들을 세 범주로 구분할 수 있다고 본다. 우선 '민족주의 영웅'과 '반공주의 영웅'을 구분할 수 있다. 해방의 열기 속에서 민족주의를 대표하는 영웅들이 적극적으로 재발견되었고 새로운 빛을 받았는데, 필자는 편의상 식민지 시대 이전의 민족주의 영웅을 '민족 영웅'으로, 식민지화 이후의 민족주의 영웅을 '독립 영웅'으로 구분하고자 한다. 따라서 해방 후 창출된 영웅들은 '민족 영웅'과 '독립 영웅', 그리고 '반공 영웅'의 세 범주로 압축되는 셈이다.

1. 민족 영웅

해방 후 최고의 '민족 영웅' 지위를 차지한 역사 인물은 단연 이순신과 세종이었다. 해방을 맞는 1945년은 마침 이순신 장군의 탄생 400주년이 되는 해였다. 해방 이듬해인 1946년은 한글 반포 500주년이 되는 해였다. 대한민국 정부가 수립되는 1948년은 이순신의 전몰 350주년이 되는 해였다. 전쟁 중이던 1952년은 한산대첩의 '6주갑' 즉 360주년이 되는 해이기도 했다. 이순신과 세종의 탄생일은 모두 매년 기념의 대상이 되었다. 아울러 이순신의 경우 전몰일이, 세종의 경우 한글반포일이자 한글날이 가장 성대한 기념행사들이 열리는 시기로 자리를 잡았다. 두 사람 모두 단순한 '영웅'의 경지를 초월하여 '성인聖人' 대접을 받았다. 이순신은 성웅聖雄으로, 세종은 '대왕大王'이자 성군聖君으로 인정받았다. 1946년 10월부터 서울 한복판에는 '세종로'와 '충무로'라는 새로운 지명이 등장했다. 다른 인물들과 비교할 때 이순신과 세종의 영웅화에는 각종 기념의례뿐 아니라 영화, 동상, 영정, 기념비, 전기 편찬과 교과서 수록 등 두드러지게 다채로운 방법들이 동원되었다는 특징이 나타나기도 했다.

(1) 이순신

먼저 이순신에 대해 살펴보자. 식민지 시대를 거치면서 급속히 발전한 조선인들의 민족주의 의식은 일본으로부터 독립한 국가를 건설하려는 '반일 민족주의'를 지향했다. 임진왜란과 정유재란의 영웅들, 특히 이순신은 반일 민족주의를 표현하기에 더할 나위 없이 적절한 인물이었다. 〈표 6-1〉은 언론보도를 기초로 정리한 것인데, 이를 통해 해방 직후 진행된 이순신 영웅화의 큰 흐름을 엿볼 수 있다.

여러 곳에 공적인 사당들이 세워지는 등 이순신은 이미 조선시대부터 영웅화의 대상이었다. 그렇다고 해서 '무속의 신격神格'으로 숭배될 정도로 대중종교의 맥락에서 영웅시된 인물까지는 못되었다.[2] 이순신은 오히려 조선이 일본의 식민지로 전락해가는 구한말 이후 보다 적극적인 영웅화의 대상이 되었다.[3] 식민지 시대에 그는 "자기희생적인 민족의 지도자"로 부각되었다.[4] 이처럼 튼튼한 역사적 기초가 닦여 있었고 대중적 인지도 또한 높았기에, 해방 후에도 이순신 영웅화에 대한 대중적 공감과 지지를 손쉽게 이끌어낼 수 있었다.

〈표 6-1〉 민족 영웅 만들기(1): 1940~1950년대의 이순신 관련 추모·기념사업

시기	주요 활동
1946.4.9~15	탄신 401주년 기념으로 덕수궁미술관에서 충무공 유품전 개최
1946.10.1	서울시가 종전의 본정(本町)을 '충무로'로 개명
1947.2.7~8	진해 조병창에서 해방 후 최초로 제조한 조선해안경비대 경비정에 대한 '충무공호' 명명식(7일, 사령부 함정부 앞뜰), 통영 충렬사 앞에서 명명 봉고제(8일)
1947.4.28	탄신 402주년을 기념하여 해안경비대 각 기지에서 함정 개방 등 다채로운 행사
1947.12.19	전몰 349주년을 기념하여 해안경비대가 교육기관 설립 및 통영 충렬사 참배
1948.3.27	목포의 충무공비각건립위원회가 비각 낙성식
1948.4.16	충무공 탄신 403주년 기념일과 노량해전 및 전몰 350주년을 맞아 해안경비대가 동상 건립, 사적 보전, 전기 편찬 계획을 공표
1948.5	충무공동상건립기성회 조직
1948.9.11	한국계몽협회가 충무공전기영화제작후원회를 결성
1948.11.3	이충무공유적복구기성회가 해방 직후 국립박물관(경복궁)에서 발견된 충무공전첩비(통제사 충무이공 명량대첩비)를 해남 우수영으로 이송한 후 환좌(還座) 공사를 마치고 낙성식을 거행
1948.12.7	정인보 감찰위원장, 충무공 전몰 350주년 기념 담화문을 발표하여 기념사업회 창립 계획을 공표.
1948.12.19	전몰 350주기를 기념하여 이충무공기념사업회 발회식, 식후 기념강연(시공관), 기념사업 취지서 10만 부를 서울 각급학교 학생들에게 배부; 한산도 제승당 앞 광장에서 경상남도 국민학교 학생들의 모금으로 제작한 충무공 한글비 제막식; 충무공유적복구기성회가 순천 충무사(忠武祠)를 재건; 경상남도 주최로 한산도와 남해 등 두 곳에서 '충무공전첩기념비' 건립식을 거행
1949.3	충청남도가 아산 충무공 묘소에 기념각과 기념비 건립, 인근의 대로(大路) 조성, 충무공의 업적을 기록한 팸플릿 인쇄·배부 등의 계획을 발표
1949.6	해군기념일인 '바다의 날'에 충무공 전승 기념행사로 '군항지구 연합운동회'
1949.12	명량대첩비(충무공전첩비)의 비문을 한글로 번역 간행
1950.1.7	전몰 351주년 기념으로 통영 충렬사에서 기신제전(祈神祭典)과 기념비 제막식
1950.1.9	충무공유적복구기성회가 순천 충무사에서 충무공 영정 봉안식
1950.3	대통령을 포함하여 거국적인 참여 열기 속에 대한민족문화협회를 중심으로 시청 앞 광장에 조성할 예정으로 31척 높이의 거대 동상 건립을 추진
1950.4.13	전국적인 충무공 탄신제; 순천 충무사에 영정 봉안
1950.4.24	탄신 405주년을 맞아 충무공기념사업회가 국립극장에서 기념식과 영정 제막식; 통영 충렬사와 노량 현충사 등에서도 의례 거행; 통영 이충무공사적연구회가 기념웅변대회(통영극장)

시기	주요 활동
1950.5.2~3	탄신 405주년을 맞아 용산중학교 학도호국단이 동아일보사 후원으로 충무공 기념 연극 공연(시공관)
1950.5.3	충무공기념사업회 주최로 한산도 제승당에서 영정 봉안식
1950.5.4	해남 우수영 충무공전첩비각 및 사무소 준공행사
1951.4.13	신성모 국방부 장관, 충무공 탄신 406주년 기념 담화문을 발표
1951.6.8	진해에서 충무공 동상 건립 기공식
1951	이충무공기념사업회가 『민족의 태양: 성웅 이순신 사전(史傳)』을 발간
1951.12.18	충무공기념사업회 이사장 조병옥이 전몰 353주년 기념 담화문 발표
1952.1	충무공기념사업회 회장 서리 허정이 "임진년을 맞아 관민일체로 충무정신 선양 운동 전개"를 촉구하는 담화문을 발표
1952.4.13	진해에서 충무공 동상 제막식; 육해공 사관학교의 기념사열식; 진해읍 충무공동 상건립경축위원회는 진해운동장에서 고전가무, 궁술·씨름·축구·육상경기 등 체 육대회, 저녁에는 극장에서 고전극 등 상연
1952.5.6	부산 용두산에 충무공 기념비 건립
1952.8.28	충무공기념사업회 통영준비위원회가 한산대첩 6주갑(360주년) 기념으로 통영 남망산에서 동상 건립 기공식
1953.1.4	목포해군경비부가 충무공기념사업회와 공동으로 각급학교 학생들이 모두 참여 하는 전몰 354주년 기념제전, 〈충무공 일대기〉와 〈해병대 기록〉 등의 영화 상영
1953.5.31	충무공기념사업회 통영군준비위원회가 충무공 동상 제막식
1953.5.31~6.2	통영읍이 동상 제막에 즈음하여 3일 동안 궁술·축구·농구 등 전국대회, 전국국 민학교생도 작품전시, 고전아악 및 창극 공연, 육해군 교향악연주회
1954.4.6~20	이충무공동상건립위원회(진해)가 동상 건립 2주년 기념으로 진해통제부 '벚꽃랑' 개방과 각종 전국체육대회 행사 개최
1954.12.13	전몰 356주기를 기념하여 아산 충무공 고택, 통영, 남해, 여수, 순천, 고금도 등에서 추모제전
1955.3.31	아산 현충사, 통영 한산도, 여수, 순천, 남해 등에서 탄신 410주년 기념제
1955.4.5~17	진해에서 충무동 동상 제막 3주년 기념 축하대회
1955.12.22	부산 용두산 우남공원에서 충무공 동상 제막식
1956.4.7	진해에서 충무동 동상 제막 4주년 기념 축하대회
1956.4.18	탄신 411주년 기념으로 아산 현충사, 통영 한산도, 남해, 여수 등에서 추념식
1956.4.28	탄신 411주년 기념으로 전남대가 '충무공 정신 계승 제1회 마라톤대회'를 개최
1957.11.7	우수영 전첩비각 앞 광장에서 명량대첩 360주년 기념제

이순신은 그의 탄생일, 전몰일戰歿日, 주요 승전일勝戰日을 계기로 집중적인 기념 대상으로 부각되었다. 해방 직후의 기념행사로는 탄생 401주년을 맞아 1946년 4월 9일부터 15일까지 덕수궁미술관에서 열린 '충무공 유품전遺品展'이 눈에 띈다. 해방 직후의 충무공 영웅화에는 조선해안경비대가 가장 적극적인 역할을 담당했고, 해군 창설 후에도 이런 적극성은 지속되었다. 해안경비대는 1947년 2월 진해 조병창造兵廠에서 해방 후 최초로 제조한 경비정을 '충무공호'로 명명하는가 하면, 1947년 4월과 12월의 탄신 및 전몰 기념행사를 주도했다.[5] 전몰 350주년이 되는 1948년 12월 19일에는 충무공기념사업회가 만들어져 각종 기념사업이 더욱 활발해졌다.[6] 그 직전인 1948년 12월 7일에는 정인보 감찰위원장이 담화를 발표하여 기념사업회의 발족 계획을 공개했다. "우리의 역사 가운데 그가 아니라면 민족이 없고 나라가 없을 한 분이 계시니 이만하면 누구라고 말하지 아니하더라도 벌써 마음으로 이 충무공을 생각하리라. 임진 이후 왜란을 처물리친 공이 전고에 없이 거룩도 하시려니와 그때의 여러 가지 정형으로 보아 이 어른 같이 혼자서 전 민족을 구해낸 이는 어디서 듣지 보지 못할 바다.……우리 동지 일동은 이 충무공을 기념하는 사업을 이제부터 더우기 크게 하고자 하여 우선 발기인을 모으기로 한다."[7] 통영, 해남, 목포, 순천, 부산 등지의 지역인사들은 퇴락한 충무공 사당을 재건하거나, 사당에 봉안할 영정影幀을 새로 제작하거나, 일본인들이 다른 곳으로 이전한 충무공 전첩비를 되찾아 환좌還座 공사를 하고 비각碑閣을 신설하거나, 여러 개의 충무공 기념비들을 세웠다.

1952~1955년 사이에는 진해, 통영, 부산에 충무공 동상이 각각 건립되었다. 특히 1952년 4월 13일에 제막된 진해의 이순신 동상은 2단 대석臺石의 길이가 15척, 동상의 길이가 16척, 동체의 직경은 5.5척 등 전체 높이가 10m에 가까운 대형 조형물이었다. 〈표 6-1〉에서도 확인할 수 있듯이 동상 건립 자체가 새로운 기념일이 되어 1953년 이후 다채로운 행사들이 벌

어졌을 정도로 큰 기념사업이었다. 앞 장에서 언급했듯이 충무공 동상을 건립하려는 움직임은 1948년과 1950년에도 이미 나타났던 바 있었다. 이순신 전몰 350주년을 맞는 1948년 5월에 각계 인사들이 동상건립기성회를 만들어 "서울의 중요 지점에 대표적인 동상을 세우는" 계획을 추진했다. 1950년 봄에는 대한민족문화협회를 중심으로 서울시청 앞 광장에 31척 높이의 거대한 충무공 동상을 건립하려는, 이승만 대통령까지 적극 참여한 범국민적인 운동이 벌어졌다. 전쟁만 아니었더라면 서울 중심부에 충무공 동상을 건립하려던 1950년 프로젝트는 성공했을 가능성이 매우 높았다고 필자는 판단한다.

1951년에는 이충무공기념사업회가 『민족의 태양: 성웅 이순신 사전史傳』을 발간하는 등 새로운 충무공 위인전도 등장했다. 1952년 10월경에는 한국교재영화연구소가 제작한 천연색 시각교재 〈성웅 충무공〉의 환등幻燈 상연이 곳곳에서 이뤄지기도 했다.[8] 1948년 9월 한국계몽협회라는 단체가 "이순신 장군의 전기영화"를 제작하기 위해 '충무공 전기영화 제작 후원회'를 결성하는 등 이순신의 삶을 영화화하려는 시도도 일찍부터 나타났다.[9] 1953년 1월 4일 목포해군경비부가 충무공기념사업회와 공동으로 충무공 전몰 354주년 기념제전을 진행했으며 그 일환으로 〈충무공 일대기〉 등의 영화 상영도 했다는 기사를 발견할 수 있다.[10] 1956년에는 해성영화사가 이광래의 시나리오와 허두승 감독을 내세워 "한국 최초의 시네마스콥 총천연색 영화"인 〈충무공 이순신 장군〉을 "미국 모 영화사의 후원을 받아 1956년 8월경부터 촬영에 착수할 예정"이라는 발표도 있었지만, 실제로 성사되진 못했다.[11] "이순신 장군의 영화화는 국산영화계의 많은 제작자들이 꿈꾸어온 것이지만 그 규모의 방대함과 기술적인 난점으로 감히 손을 대지 못해오던 차"에 1959년 들어 세련영화사와 근대영화사가 각기 "이순신 장군의 전기 극영화"를 기획하고 나섰다. 이 가운데 세련영화사가 기획한 〈임진란과 성웅 이순신〉이 유현목 감독, 이은상 시나리오, 김승길 주연으로 1959년 10월 초부터 촬영에 들어갔다.[12] "공보실·문교부·국방부 3부가 최초로 공식 후원하기로 한 영화"인 〈임진란과 성웅 이순신〉은 비슷한 시기에 공보실과 문교부가 추진한 또 다른 영화였던 〈청년 이승만〉에 밀리면서 자금 부족으로 제작 자체가 중단되었다. 이승만 정권이 무너진 후 〈임진란과 성웅 이순신〉의 촬영은 재개되었지만 그나마 지지부진하다가, 5·16쿠데타 이후 "혁명정부가 베푼 국산영화의 진흥장려책의 첫 시도"이자 "영화금고金庫의 첫 원조"로 3천만 환을 보조받는 등 모두 4억 환을 투입하여 제작을 완료하고 1962년 4월 초에 개봉할 수 있었다.[13]

한국전쟁이 시작되자 이순신은 "국토수호신", "국토수호의 신"으로 격상되었다.[14] 1951년 6월 8일 진해에서 충무공 동상의 기공식이 거행될 당시 이순신은 "해양 한국의 수호신"으로 추앙되었다.[15] 공산주의 세력의 침략으로부터 국토를 수호한다는 것이었으니, 이순신의 신격화는 당연히 반공주의의 맥락에서 이루어졌다. 정치적 우파인 지배세력의 입장에서 볼 때 이순신은 '반공민족주의'를 고취하는 데 대단히 유용한 인물이었다. 치열한 전황戰況이 계속되던 1951년 4월 13일 신성모 국방부 장관은 충무공 탄신 406주년을 맞아 다음과 같은 담화를 발표했다.

전국은 바야흐로 치열의 도를 가하고 전 국민은 총궐기하여 중공 오랑캐 격멸에 총진군하고 있는 이때 금 4월 13일(음 3월 8일) 충무공의 406주년 탄신 기념일을 맞이함에 임진왜란 당시의 국난과 오늘의 정세를 비교하고 그 숭고한 정신과 영세불멸의 공훈을 회고하면 감개무량한 바가 있다.……지금으로부터 406년 전 공이 이 나라에 탄신함으로써 임란 당시의 국운을 바로잡았고 또한 오늘날 우리 자손들이 자유대한을 건설하고 있다는 것을 명기해야 할 것이다. 우리는 이 뜻 깊은 기념일을 맞이하여 우리가 당면하고 있는 통일독립의 과정에서 전 국군은 물론 전 국민이 빠짐없이 충무공 정신을 받들어 중공 침략군을 무찔러 나갈 때 우리의 앞날에는 오직 승리가 있을 뿐이다.[16]

1951년 12월 18일 전몰 353주년을 기념하여 충무공기념사업회 이사장인 조병옥이 발표한 담화 역시 "오늘 동란 속에서 공의 주기를 맞이한 우리는 공의 정신을 길이 받들어 최후의 일각까지 조국통일을 위하여 무장을 튼튼히 하자"는 것이었다.[17] 이순신은 1950년대의 교과서에도 단골로 등장한 인물이었다. 오제연에 의하면 "당시 교과서에서는 민족의 수난사가 많이 다뤄졌다. 이때 민족 수난 극복의 영웅으로 여러 인물이 등장했는데, 가장 대표적인 인물이 이순신이었다. 이순신을 신격화하고 충효사상과 같은 국가주의적 전통을 대대적으로 창안하는 작업은 대중을 국가에 종속된 국민으로 만드는 데 효과적이었다."[18]

(2) 세종

해방 직후부터 이순신 못지않게 부각된 '민족 영웅'이 세종이었다. 역시 당시의 언론보도를 중심으로 세종 영웅화의 주요 사건들을 정리해보면 〈표 6-2〉와 같다.

〈표 6-2〉 민족 영웅 만들기(2): 해방 후 세종 관련 추모·기념사업

시기	주요 활동
1945.10.9	조선어학회 주최로 서울 천도교회당에서 499회 한글날 기념식
1946.7	동방문화협회가 한글기념탑·기념관 건립을 발기한 데 이어, 9월에는 한글날에 맞춰 기공식을 거행하고 『세종실록』을 간행할 계획을 밝힘
1946.9.8	조선어학회 총회 개최. 이날 조선어학회와 진단학회 발기로 문화단체를 총망라한 한글반포5백주년기념준비위원회를 결성하여 기념논문집 간행, 한글기념탑 및 기념각 건립, 기념행렬, 도서전람회 등을 추진하기로 결정

시기	주요 활동
1946.10.1	서울시가 종전의 '광화문통'을 '세종로'로 개명
1946.10.7	여주 세종대왕 영릉 정자각에서 송덕비 봉건 개기식(開基式)
1946.10.7~9	동아일보사 주최로 영릉~덕수궁 코스의 세종대왕릉 봉심역전경주(奉審驛傳競走)
1946.10.9	한글날을 공휴일로 지정; 한글반포5백주년기념준비위원회가 덕수궁에서 기념식, 천도교회당에서 강연회, 기념방송; 덕수궁 기념식에서는 기념탑(옛 정음청 터), 기념도서관, 주시경 묘에 비석 건립 등의 계획이 발표됨
1946.10.13	한글반포5백주년기념준비위원회가 세종대왕릉으로의 봉심(참배) 행사
1946.10.16~22	서울 국립민족박물관에서 한글반포 500주년기념 도서전람회
1947.10.9	조선어학회가 경운동 천도교회당에서 한글 반포 501주년 기념식(기념식에서 〈한글의 노래〉 합창), 기념식에서 『조선말 큰사전』 제1책의 반포식, 식후 강연회, 저녁에 구왕궁아악부와 조선어학회 공동주최로 추모연주회; 경기도 학무국이 세종대왕릉에서 기념식
1947.10	경기도 사회교육과와 여주군이 영릉 인근 북성산에 세종대왕 관련 고전박물관, 기념도서관, 공원 건립 계획을 발표
1948.5.18	조선어학회, 구왕궁아악부, 국립관상대 공동주최로 숙명여중 강당에서 탄신 551주년 기념식
1948.10.9	한글날을 공휴일로 지정; 오전에 조선어학회가 한글 반포 502주년 기념식, 오후에 숙명여중 강당에서 기념강연회; 경기도가 영릉에서 기념식; 성인교육협회 주최로 목포극장에서 기념식
1948.10	조각가 윤효중이 세종대왕 조상(彫像)을 완성, 전국문화사업협회를 중심으로 이를 동상 건립으로 발전시킬 계획
1948.11.21	세종대왕의 서울 천도 555주년을 기리는 기념식, 아울러 서울시 특별자유시 승격 3주년 기념식(시공관)
1949.5.15	탄신 552주년을 맞아 조선어학회, 국립관상대, 구왕궁아악부, 진단학회 공동주최로 오전에 배재중 강당에서 기념식, 오후에 탄신 기념강연회
1949.5	세종대왕동상건립위원회, 윤효중의 조상을 원형으로 세종로 광장 혹은 시청 앞에 한글날 제막식을 목표로 세종대왕 동상 건립을 추진
1949.6.4	대통령령 제124호 '관공서의 공휴일에 관한 건'을 공포·시행하면서 한글날을 법정공휴일로 지정
1949.10.9	한글 반포 503주년을 맞아 한글학회·진단학회·한글전용촉진회가 공동으로 부민관에서 기념식, 국방부·문교부의 후원을 받아 비행기로 기념유인물 산포(散布), 기념일 전후 수일간 한글 전용 가두방송, 한글 선전 기념방송, 왜식 간판 일소 지도 선전 순회강연, 한글가로쓰기 활자 체재(體裁) 모집, 한글강습회

시기	주요 활동
1952.10.9	한글학회·부산시·성인교육회·공보처 공동주최로 한글 반포 506주년 기념식을 부민관에서 거행, 식후 성인교육 유공자 표창식, 한글타자기 경기대회, 방송차의 가두선전, 학생 시가행진
1952.10.11	이화여대 강당에서 한글날 기념 중등학생웅변대회
1953.10.9	한글 반포 507주년 기념식을 서울대 강당에서 거행, 식후 국민학교 학생 여흥, 한글타자기 경기대회; 문교부 장관의 한글날 기념 담화문 발표; 경기도는 영릉에서 기념식; 전북교육회 등 교육단체들이 도립극장에서 기념행사
1954.5.15	세종학원이 창경원에서 탄신 557주년 기념식
1954.6.14	세종학원이 세종대의숙을 설립하여 개강식
1954.10.9	한글 반포 508주년을 맞아 풍문여고 강당에서 기념식, 식후 영릉 성묘
1954.10.9~15	여주체육회 주최로 여주공설운동장에서 '제1회 세종대왕 영릉 봉찬 체육대회'(축구, 정구, 씨름, 육상)
1955.5.15	세종대학, 탄신 558주년 기념식
1955.10.8	여주체육회, 여주공설운동장에서 제2회 세종대왕 영릉 봉찬 체육대회
1955.10.9	문교부·한글학회 등이 풍문여고 강당에서 기념식, 식후 이화여대 무용반, 풍문여고 무용단, 청계국교 무용단의 기념학예; 세종대왕성덕찬앙회 주최로 종묘에서 세종대왕성덕추넘제
1956.8.22	체신부가 세종대왕 초상(20환)이 포함된 10종의 '기본우표도안 개정' 발표, 1957년부터 발매
1956.10.7~10	여주체육회, 여주공설운동장에서 제3회 세종대왕 영릉 봉찬 체육대회(정구, 배구, 축구, 마라톤)
1956.10.9	경기여고 강당에서 한글날 기념식, 기념식에서 한글학회 등 28개 학회·사회단체 연합으로 세종대왕기념사업회가 발기됨(기념회관, 동상 건립 등을 계획), 식후 국립국악원 아악, 청계국교와 이화여고의 무용, 영화 등 여흥행사; 세종대왕성덕찬앙회 주최로 교동국교 강당에서 세종대왕성덕추넘식; 문총 주최로 비원에서 제1회 전국중고교 한글백일장
1956.10.14	전국대학 국어국문학교수단이 한글학회와 공동으로 외국어대에서 학술강연회
1957.5.15	탄신 561주년 기념일에 세종대왕기념사업회가 정식 발족됨
1957.5.18	경기여중고 강당에서 세종대왕기념사업회의 발족 선포식과 기념강연회
1957.10.9	『우리말 큰사전』 전 6권 출판 완료; 한글학회와 세종대왕기념사업회, 문교부가 시공관에서 한글 반포 511주년 기념식, 큰사전 편찬위원과 한글 공로자 표창; 여주 영릉에서 큰사전 봉납식; 세종대왕찬앙회가 세종대왕성덕추넘식; 문총 주최로 비원에서 제2회 전국중고교 한글백일장

시기	주요 활동
1958.5.15	세종대왕기념사업회 주최로 탄신 562주년 기념식, 경기여고 강당에서 기념강연회
1958.10.9	세종대왕기념사업회와 한글학회 주최로 배재고 강당에서 한글 반포 512주년 기념식, 성인교육공로자 표창, 세종대왕기념사업회 주최 기념강연, 오후에 여주 영릉 참배; 세종대왕찬양회가 세종대왕성덕추념식; 창덕궁에서 중고생 한글백일장 등 전국에서 행사
1959.5.17	탄신 563주년을 맞아 세종대왕기념사업회가 비원 내 구왕궁재산사무총국에서 간소한 기념식
1959.10.9	서울공고 학도호국단이 세종대왕 좌상을 제작하여 동교 교정에서 제막식; 한글학회, 세종대왕기념사업회, 대한교련 공동으로 시공관에서 한글 반포 513주년 기념식, 여주 영릉 참배행사; 세종대왕찬양회가 교동국교에서 세종대왕성덕추념식
1960.7.19	한국은행이 1000환권 지폐에 세종대왕 초상을 넣기로 결정, 8월15일부터 종전의 이승만 대통령 초상 지폐와 병용하되 이승만 초상 지폐는 점차 회수키로
1960.10.9	세종대왕기념사업회가 한글학회와 공동으로 진명여고 강당(삼일당)에서 한글 반포 514주년 기념식, 식후 영릉 참배, 한글타자기 경기대회; 세종대왕찬양회가 교동국교에서 세종대왕성덕추념식; 문총 주최로 비원에서 한글백일장

앞서 4장에서도 확인했듯이 세종은 한글로 집약되는 '언어 민족주의'를 대표하는 인물이었다. 해방 직후부터 조선어학회(한글학회)나 진단학회, 한글전용촉진회, 성인교육회 등이 세종에 대한 기념사업을 주도했던 것도 그런 면에서 자연스러운 일이었다. 해방 첫해인 1945년 10월 9일에는 조선어학회가 주최하는 499회 한글날 기념식이 서울 천도교회당에서 성대하게 열렸다. 더구나 해방 이듬해인 1946년은 '한글 반포 500주년'이 되는 해였다. 조선어학회와 진단학회의 발기로 문화단체들을 총망라한 '한글 반포 5백주년 기념 준비위원회'가 결성되었고, 1946년 10월 9일을 전후하여 다양한 행사들이 배치되었다. 수도 서울의 중심부인 '광화문통'이 '세종로'로 새롭게 탄생한 것도 같은 시기인 1946년 10월의 일이었다.

그러나 세종 영웅화는 비단 한글에만 그치지 않았다. 그는 외래음악인 양악洋樂과 구분되는, '국악國樂'이라는 한국 전통음악을 크게 부흥·발전시킨 인물로도 기념되었다. 1948~1949년에 걸쳐 세종 탄신 기념행사에 '구왕궁아악부'가 중요하게 참여했고, 1947년 한글날에는 구왕궁아악부가 조선어학회와 공동으로 "세종대왕의 성업과 악성 박연 선생을 봉찬하는 추모연주회"를 개최했던 것도 그런 연유에서였을 것이다. 세종은 역법과 천문학 등 과학기술 분야에서도 중요한 인물로 간주되었다. 역시 1948~1949년의 세종 탄신 기념행사에서 '국립관상대'가 중요한 역할을 담당했던 사실을 바로 이런 맥락에서 해석할 수 있다. 세종은 수도 서울(한양)로의 천도遷都를 단행한 인물로도 기념되었다. 서울시는 1948년 11월 21일 세종이 천도한 지 555주년을 기리는 기념식을 시공관에서 개최한 바 있다.[19]

1954년경부터는 '세종학원'이 세종 탄신 행사에 주역 중 하나로 등장했다. 1955년부터는 '세종대왕성덕찬앙회世宗大王聖德讚仰會'라는 단체가 '세종대왕 성덕 추념식'을 매년 한글날에 거행하게 된다. 1956년 한글날 기념식에서는 한글학회 등 28개의 학회·사회단체들이 공동으로 '세종대왕기념사업회' 창립을 발기했다. 세종 탄신 561주년을 맞는 1957년 5월 15일에 문교부 장관은 기념사업회의 발족을 공식 발표했다.[20] 조선어학회는 1947년 한글날에 맞춰 『조선말 큰사전』 제1권을 간행했고, 정확히 10년 후인 1957년 한글날에 『우리말 큰사전』 전체 6권을 완간했다.

한글날은 미군정 당국에 의해 1946년부터 공휴일로 지정되었다. 당시 보도에 따르자면, "한글 반포 5백주년을 기념하기 위하야 오는 10월 9일은 공휴일로 제정되어 군정청 직원은 당일 휴무하기로 되었다."[21] 1947년과 1948년에도 한글날은 연속해서 공휴일로 지정되었다.[22] 앞 장에서 소개했듯이 〈한글의 노래〉도 만들어지거나 재등장하여, 예컨대 1947년 한글날 기념식에서 여자중학 합창대에 의해 불려졌다. 1949년 6월 4일 대통령령 제124호로 '관공서의 공휴일에 관한 건'이 공포·시행됨으로써 한글날은 법정공휴일이자 국가기념일이 되었다. 이를 계기로 1949년부터는

정부의 적극적인 참여로 한글날 기념행사가 훨씬 화려해지고 다양해졌
다. 1952년부터는 한글날에 맞춰 성인교육 유공자 표창식과 한글타자기
경기대회가 개최되는 모습을 확인할 수 있다. 1954년부터는 세종대왕릉
(영릉)이 있는 여주에서 여주체육회가 주관하는 '세종대왕 영릉 봉찬 체육
대회'가 한글날을 전후로 열리기 시작했다. 또 1956년부터는 한글날 기념
행사 중 하나로 전국문화단체총연합회(문총)가 주최하는 '전국 중·고교 한
글백일장'이 열리기도 했다.

　세종의 초상은 우표와 지폐에도 등장했다. 1956년 8월 체신부가 세종
대왕 초상(20환)이 포함된 10종의 '기본우표도안 개정'을 발표했고 그 이듬
해부터 발매되었다.[23] 4·19혁명 직후인 1960년 광복절부터는 세종의 초
상이 새겨진 1000환짜리 지폐가 발행되었다.[24] 그때까지 1000환 지폐에
는 이승만의 초상이 그려져 있었다는 점에서, 세종은 이승만 숭배의 적폐
積弊를 극복할 대안으로 선택되었다고도 말할 수 있었다. 다시 말해 지폐
에 들어갈 '존경받을 최고지도자'의 초상肖像에서 이승만의 대체자로 간
택된 사람이 다름 아닌 세종이었던 것이다.

　해방 직후부터 세종을 기리기 위한 다양한 기념조형물과 기념건축이
구상되거나 추진되었다. 그러나 야심찬 계획들에 비해 실제 성과는 초라
한 편이었다. 가장 먼저 1946년 7월에 동방문화협회가 한글기념탑과 한
글기념관을 건립하자고 발기했다. 이 단체는 그해 9월엔 한글날에 맞춰
기공식을 거행하겠다는 계획까지 밝힌 바 있었다. 같은 해 한글날에는 한
글반포5백주년기념준비위원회가 덕수궁에서 열린 기념식 도중에 옛 정
음청正音廳 터에 세종 기념탑을 건설하고, 세종 기념도서관과 함께 주시경
의 묘에 비석을 건립하겠다는 계획을 발표했다. 1946년 9월에 동아일보
사도 조선어학회와 협력하여 '한글 반포 5백주년 기념비'를 건립할 것이
며 한글날에 기공식을 거행할 계획임을 밝혔다. 1946년 10월 7일에는 여
주 영릉 정자각에서 세종의 송덕비 '봉건奉建 개기식開基式'이 열리기도 했

다.[25] 1947년 10월엔 경기도 사회교육과와 여주군이 영릉 인근의 북성산에 세종대왕과 관련된 고전박물관, 기념도서관, 공원을 건립할 계획을 발표했다.[26]

앞서 소개했듯이 1948~1949년에는 세종로 혹은 서울시청 앞 광장에 세종의 대형 동상을 건립하려는 움직임이 가시화되었다. 먼저, 1948년 10월에 조각가 윤효중이 소규모로 세종의 '조상'을 완성했다. 그 직후 전국문화사업협회는 윤효중의 조상을 원형으로 세종 동상의 건립을 추진했다. 1949년 5월에는 '세종대왕동상건립위원회'가 구성되었고, "세종로 광장 혹은 시청 앞"에 "30여 척에 이르는 규모"의 거대한 세종 동상을 건립하여 그해 한글날에 맞춰 제막식을 거행하겠다는 계획이 발표되었다. 물론 이 계획은 현실화되지 못했다. 1956년 경기여고 강당에서 있은 한글날 기념식에서 발기된 '세종대왕기념사업회'도 기념회관 건립과 함께 세종대왕 동상 건립 등을 계획했지만 1950년대에는 그 어느 것도 성사되지 못했다.[27] 1950년대에 건립된 유일한 세종 동상은 1959년 10월 9일 서울공업고등학교 학도호국단이 제작하여 동교 교정에서 제막식을 가진 '세종대왕 좌상坐像'이었다.[28] 4·19혁명 직후인 1960년 7월에 최현배가 신문 칼럼을 통해 '세종대왕기념사업회'가 1956년부터 세종로에 '세종기념관'을 건립하는 운동을 전개해왔으며, 당시 세종로에 한창 건축 중이던 우남회관을 "세종회관" 혹은 "세종기념관", "세종문화관"으로 명명하자고 주장했음은 앞 장에서 소개한 바와 같다.

(3) 다른 민족 영웅들

해방 후 이순신과 세종 외에도 다수의 민족 영웅들이 재조명되기도 했고 새로 창출되기도 했다. 1946년 가을에 서울의 가로명으로 새롭게 등장했던 을지문덕 장군(을지로)과 퇴계 이황(퇴계로)이 대표적인 사례일 것이다.

이 밖에 최영·권율·곽재우 장군, 서산대사와 사명대사, 율곡 이이, 사육신死六臣, 김옥균 등도 해방 직후부터 민족 영웅의 대열에 합류했다.

남해에서 왜구를 격퇴하는 공을 세운 고려시대 명장名將 최영을 비롯하여, 권율·곽재우 장군과 서산·사명대사 등 임진왜란의 영웅들이 한국전쟁을 계기로 '국토수호신' 반열에 올랐다. 시대는 달랐을지라도 이들 모두가 이순신과 비견되는 '반일 민족주의 전쟁 영웅들'이었다. 한국사회에서 전쟁 기념 활동이 본격화되는 1950년대 후반부터 전쟁 영웅 만들기에도 가속이 붙었지만, 그럼에도 (이순신을 제외하면) 식민지 이전 시대 전쟁 영웅들과 관련된 특기할 만한 기념조형물이나 기념건축물은 거의 등장하지 않았다.

임진왜란 당시 승군僧軍을 이끈 서산대사 휴정과 사명대사 유정의 경우 불교계를 중심으로 해방 직후부터 기념사업이 전개되었다. 불교중앙총무원은 해방 후 처음 맞는 석가탄신일 경축행사(세존강탄경축행사)를 1946년 5월 6일부터 10일까지 5일간 진행했는데, 첫날인 5월 6일에 사명대사의 유물전람회를 개최했다. 또 선학원이 불교 문헌들을 한글로 번역하기 위해 1948년에 조직한 국문선학간행회가 출범 직후부터 서산대사의『선학체계』간행을 기획했다. 국문선학간행회는 1949년 4월 사명대사의『선가귀감』禪家龜鑑을 실제로 출판했다.[29] 전쟁 후인 1954년 5월 11일에는 밀양 표충사에서 군수와 경찰서장 등이 참석한 가운데 서산대사와 사명대사의 춘향제春享祭가 열렸다.[30] 1957년 4월에는 두 권으로 구성된 이종익의 역사소설『사명대사』가 발간된 데 이어, 1958년 1월에는 이법은이 쓴『사명대사』도 출간되었다. 1958년 10월에는 서경보가 지은 역사소설『서산대사』도 간행되었다.[31] 불교계는 1958년에 호신護身 불상을 제작·판매한 수익금으로 '사명대사 동상 건립사업'을 추진했다.[32] 국영 서울중앙방송 HLKA은 1959년 6~7월에 〈6·25 연속 낭독 '사명대사'〉를 방송했다.[33]

임진왜란의 대표적인 무장武將이었던 권율과 곽재우도 민족 영웅으로 거듭났다. 공교롭게도 1955년 9월 박영준이 「동아일보」(9일자)에 "잊혀진 명승고적"이라는 칼럼을, 송지영이 「경향신문」(18일자)에 "행주산성에 올라"라는 칼럼을 기고했다. 둘 다 권율의 전승지인 행주산성과 권율 관련 유적들이 방치되고 있음을 개탄하는 내용이었다. 특히 송지영은 행주산성의 "황량하고 처참함"과 "이즈러져 금이 가고 자획조차 알아볼 수 없는 일편 잔비—片殘碑의 비석"을 지적하면서 행주산성에 대첩비를 보호하기 위한 비각과 권율 장군 동상을 세우자고 호소했다. 그 직전인 「동아일보」 1955년 6월 12일자에는 권율을 기리는 행주서원과 기공사紀功祠에 관한 기사가 실렸다. 한국전쟁 때 사당인 기공사가 불타고 부속건물도 파괴되었다면서 "무너져가고 있는 기공사"의 사진을 제시했다. 그 덕분인지 1957년엔 상황이 다소 반전되었다. 1957년 9월 29일 행주산성에서 권율 장군 대첩비를 보수한 건역 단청 낙성식建役丹靑落成式이 열렸다. 그 즈음 고양교육구敎育區가 『행주산성과 권율 장군』이라는 책자를 발행했다.[34] 기공사 재건은 여전히 성사되지 못했지만, 전화戰禍에서 살아남은 재실齋室에서 고양군 지역인사들이 모금하여 매년 음력 4월 12일에 소박하게나마 제향祭享을 거행하고 있었다.[35] 임진왜란 당시 의병장이었던 망우당忘憂堂 곽재우의 경우도 1957년경부터 영웅화 프로젝트가 본격화되었다. 그해 4월에 경남의령군고적보존위원회가 이 지역 출신인 "충익공忠翼公 홍의장군紅衣將軍 곽재우 열사"의 위훈을 기리기 위해 전첩지인 정암진에 '전승기념비'를 세우기로 결정했다.[36] 같은 해 5월 16일부터 22일까지는 한학자이자 동양철학자인 성낙훈이 「동아일보」에 "곽망우당 선생전: 정유년 6주갑을 맞아"라는 제목으로 6회에 걸쳐 곽재우의 전기를 연재했다. 1959년에는 이미 '곽망우당 기념사업회'가 결성되어 활동하고 있었다. 그해 10월경 기념사업회는 장군의 전기를 발간하고 그 수익금으로 전쟁 때 소실된 예연서원禮淵書院과 비각의 복구를 추진했다.[37]

최영 장군과 관련해서는, 1954년 8월 전대호 남해군수가 금산 보리암 인근에 장군의 사당을 신축하도록 거액을 기부했다고 한다. 1954년 가을 남해에서 '최영 장군 고적古跡보존회'가 창립되었다. 1955년 3월에는 '최영 장군 유적遺蹟보존회'가 남해군 삼동면 미조리에 있는 퇴락한 최영 장군 영정각影幀閣의 개축을 추진 중이라는 언론보도가 있었다.[38]

율곡 이이도 자연스럽게 민족 영웅의 반열에 올랐다. 1948년 8월 21일에는 풍문여중 강당에서 '율곡 선생 기념사업회' 발기회가 열려 이시영 회장 등 임원진을 선출했다. 이 자리에서 축사를 한 초대 문교부 장관 안호상은 "16세기에 있어 세계의 대표적 철학자의 하나이시오, 문화의 자주성을 고조하신 율곡 선생의 대정신을 마땅히 새 나라 문교정책에 살리어야 할 것을 신념으로 하겠다"고 말했다.[39] "문화의 자주성"이라는 표현에서 잘 드러나듯이 이율곡 영웅화는 명확히 민족주의적인 맥락에 위치하고 있었다. 그의 탄생일을 계기로 한 기념행사도 열렸던 것으로 보인다. 예컨대 1955년 4월 10일 오전에는 파주군 천현면 동문리에 소재한 묘소 앞에서 율곡선생기념사업회와 파주 '율곡 선생 추모회' 주최로 탄생 420주년 추도식이 거행되었다. 같은 날 오후엔 파주 '율곡중학교' 교정에서 추모강연회가 열렸다고 한다. 율곡중학교는 행사 직전인 1955년 4월 6일자로 설립인가를 받은 신설 학교였다.[40] 1958년에는 삼영사라는 영화사가 영화 〈율곡〉 제작에 들어갔다.[41]

'사육신묘 보존회'가 결성된 1948년부터 박팽년, 성삼문, 이개, 하위지, 유성원, 유응부 등 사육신에 대한 영웅화 움직임이 부쩍 활발해졌다. 1948년 4월 초 식목일을 맞아 숙명여자전문학교 국문과 학생들이 황폐해진 사육신묘 주변에 식수를 했고, 1949년 3월 하순에도 대한청년단(한청) 영등포지구가 묘소 인근에 나무 9천 그루를 식수한 후 위령제를 거행했다.[42] 1948년 7월 8일에는 서울시 학무국이 "임금에 바친 일편단심의 충성으로 대의에 수절한……사육신의 높은 절개를 추모함으로써 혼란을 극하고 있는 오늘 한국 민심을 올바르게 지도 진작하고저" 시내 각 중학교 교장과 사학 임원들을 초청하여 사육신묘보존회를 결성하고, 2~3천만 원의 기부금을 모아 사육신묘 수축修築 작업에 나설 계획을 밝혔다.[43] 같은 해 11~12월에는 시공관과 단성사에서 극단 '신청년'이 김영수 작作의 연극 〈사육신〉을 공연했다. 이 공연은 경향신문사와 공보실 등의 후원을 받아 사육신묘보존회가 추진한 기념사업이었다.[44] 사육신묘보존회는 1949년부터 노량진 사육신묘에 기념비를 건립하는 프로젝트를 추진했다. 이 사업이 지지부진한 가운데 1954년 여름에 이르러 서울시는 "높이 여섯 자 일곱 치(6척 7촌)"의 거대한 육각 비석을 10월 3일 개천절까지 건립할 것이며, 각 면에는 육신六臣의 성명과 절시絶詩를 조각해 넣을 계획임을 밝혔다. 그러나 이 계획조차 지연되다가, 해를 넘긴 1955년 6월 11일이 되어서야 '육충신六忠臣기념비'(육충신비)의 제막식이 열렸다. "82년(1949년-인용자) 착공하였다가 중단된 이후 7년만에 완성"된 이 기념비는 "이 대통령의 명에 의하여 서울시에서 총 7백30여만 환의 공비로 건립"한 것이었다.[45] 1956년은 사육신 영웅화 작업이 절정에 달한 때였다. '사육신 순절 5백주년'이 되는 해가 바로 1956년이었다. 삼일영화사가 1955년 5월부터 제작에 들어간 〈단종애사〉(감독 전창근)가 1956년 2월에 개봉되었다.[46] 1956년 10월 12일에는 전국문화단체총연합회(문총) 주관으로 '사육신 오백년 추모제'가 열렸다. 추모제는 이날 오전 시립극장에서 열린 '추모강연회'와 오후 사육신 묘지에서 거행된 '사육신 5백년 제향'으로 구성되었다. 추모강연회에서는 황의돈·김윤경·백낙준이 각각 강연을 했고, 모윤숙이 송시頌詩를 낭독했다.[47] 1950년대 후반 그리고 1960년대에는 '사육신봉향회奉享會'라는 단체가 매년 청명에 '사육신 춘계제향'을, 추석에 '사육신 추계제향'을 묘소에서 거행했다. 1959년 10월 10일에 열린 503주년 사육신 추계제향은 사육신을 추모하는 〈헌충의 노래〉로 마무리되었다.[48] 당시 사육신만을 찬양하는 노래가 이미 만들어져 있었던 것이다.

식민지화 직전의 구한말 인물 중 민족 영웅과 유사한 지위로 추앙된 대

표적인 인물은 고균古筠 김옥균이었다. 김옥균에 대해서는 일본에서 1894
년 간행된 마츠모도 마사즈미의 『김옥균 상전』, 1916년 간행된 쿠즈오 토
우스케의 『김옥균』, 국내에서 1926년에 간행된 민태원의 『불우지사不遇志
士 김옥균 선생 실기實記』 등의 전기들, 그리고 1930년대 이후 잡지에 실린
여러 편의 전기물들이 이미 존재하고 있었다.[49] 식민지 시대에 주목받은
김옥균은 일본의 여러 인사들과 교류하면서 일본과의 협력을 강조했던
인물로서, "내선일체와 황민화를 선전하기 위한 존재로", "'아세아주의'
즉, 일본의 힘을 빌어 조선을 근대화시키고자 하였던, 일본과의 협력과 연
대를 강조하는 선각자"로 간주되었다.[50] 1940년 4~5월에는 극단 '아랑'
이 제일극장에서 연극 〈김옥균전傳〉을 상영하기도 했고, 그 인기에 힘입
어 같은 해 6월에도 부민관에서 같은 연극이 재차 공연되었다.[51] 해방이
된 후인 1947년 10월에 민태원의 『갑신정변과 김옥균』이 국제문화협회
에 의해 출간되었다. 이 책은 민태원이 1926년에 낸 『불우지사 김옥균 선
생 실기』를 재간행한 것이었다.[52] 1950년대 들어서는 고균기념회(고균회)
를 중심으로 매년 3월 28일에 추도식이 거행되었다. 1951년 3월 28일 부
산극장에서 열린 57주기 추도식에서 김옥균은 "친로파를 비롯하여 사대
주의자들이 발호하여 국운이 기울어지고 당파싸움이 계속되어 풍진이 험
악해진 한말에 있어서 오직 민족과 국가를 구하고자 벼슬과 명예를 버리
고 일어섰다가 뜻을 이루지 못하고 44세를 일기로 이역 상해에서 흉탄에
쓰러진" 투철한 애국자이자 민족주의자로 재규정되었다. 그의 "조국을
사랑하는 투지"를 본받아 "나라를 외국에 예속시키려는 공산도배를 타
도하여 완전한 독립을 이루어야 된다"는 추도사도 있었다. 유가족의 답
사 중 "선조께서 항시 주장하신 평화주의 정신"이라는 표현에서 보듯이,
김옥균은 평화주의자로도 재해석되었다.[53] "갑신정변을 지도하신 선각
자요 한·중·일 3국의 제휴를 목표로 삼화주의三和主義를 제창"한 인물이
라는 표현을 1950년대 언론의 김옥균 관련 보도들에서 비교적 쉽게 발견

할 수 있다.[54] 1957년 3월 29일 시립극장에서는 '김옥균 선생 추모강연회' 가 열렸다. 이 강연회는 "고균 선생과 오늘의 조국"(이재학), "고균 선생의 외교관外交觀"(오종식), "고균 정신과 민족의 장래"(조병옥), "인간 김옥균"(김기진), "고균 선생과 한국의 진보주의"(조봉암) 등으로 구성되었다.[55] 고균회는 1960년대에도 매년 추도식을 계속했다.

지면 관계상 몇몇 사례만 언급하는 데 그쳤지만, 여기서 소개한 사례들은 민족주의 부활과 민족 영웅 만들기라는 더욱 넓고 큰 흐름의 일부를 보여준다. 해방을 계기로 수많은 '민족 영웅들'이 적극적으로 발굴되고 창출되었음을, 나아가 필요에 따라서는 민족주의적이거나 반공주의적인 재해석도 적극적으로 시도되었음을 보여주는 데는 이 정도만으로도 충분하리라고 생각한다.

2. 독립 영웅

너무도 자연스런 현상이지만, 해방 후부터 한국전쟁 발발 이전 시기에는 '순국선열' 혹은 '광복선열'로 불린 독립운동가들이 가장 중요한 영웅화 대상으로 떠올랐다. 이후 살아서 해방을 맞은 이들은 '애국지사'로, 해방 이전에 사망한 독립운동가들은 '순국선열'로 불리게 된다. 1958년 11월 15일에 열린 '제2회 광복선열 합동추도식' 당시 이 행사를 주최한 광복선열추념회는 을사보호조약 체결 이후 해방까지 순국한 광복선열을 대략 15만 명으로 제시했다. 이듬해 11월 29일에 열린 '제3회 광복선열 합동추도식' 당시에는 그 숫자가 약 17만 명으로 증가했다.[56] 광복선열추념회는 이 가운데 확인된 시기별·사건별 수치를 제시하기도 했다(〈표 6-3〉).

우리가 가장 눈여겨봐야 할 대목은 대한민국임시정부에 의해 제정되

〈표 6-3〉 1959년 현재 광복선열추념회가 집계한 '확인된 광복선열' 숫자

시기 구분	광복선열 숫자
의병(義兵) 전사자	14,500명
기미운동(3·1운동)	시위 참가 363,768명, 현장 피살 6,679명, 부상 14,610명, 투옥 53,778명, 수형 18,795명
경신만주대학살	남만주 피살 3,786명, 동북만주 피살 34,686명
기미 후 만주국 성립까지	남만주 7,867명, 동북만주 5,903명
만주국 성립 후 8·15까지	남만주 12,386명, 동북만주 8,767명

고 해방 후에도 계승된 '순국선열의 날'일 것이다. 지영임에 의하면, 임시
정부는 1939년 11월 21일 열린 임시의정원 정기회의에서 지청천 등 의원
6인의 제안으로 을사조약 체결일인 11월 17일을 '순국선열 공동기념일'
로 지정했고, 이후 해방이 될 때까지 매년 행사를 거행했다. 해방 후에는
1951년에 설립된 순국선열유족회와 1965년 설립된 광복회가 중심이 되
어 행사를 계속했다. 1982년에는 이들 단체를 중심으로 '순국선열기념위
원회'를 구성하여 원호처(1984년 12월 이후 국가보훈처)의 후원을 받아 기념행
사를 가졌다고 한다. 1946~1961년에는 민간단체 주관으로, 1962~1969년
에는 원호처 주관으로, 1970~1996년에는 현충일 추념식에 포함하되 민간
단체 주관으로, 1997년 4월 27일에 국가기념일로 제정된 이후로는 국가
보훈처 주관으로 순국선열의 날 행사가 거행되었다고 한다.[57] 정부 측 기
록 자체의 오류에서 비롯된 문제로 보이지만, 여기서 원호처 주관으로 바
뀐 시점은 1962년이 아닌 1963년으로 수정되어야 한다. 한편 지영임은
1945년 이후의 추이를 〈표 6-4〉와 같이 정리한 바 있다.

　　해방 후 처음 열린 순국선열의 날 행사는 임시정부 요인 귀국 문제로
미뤄져 1945년 12월 23일 서울 훈련원 터에서 '순국선열 추념대회' 형식
으로 열렸다. 분명치는 않으나 행사를 주관한 단체는 '순국선열추념대회
주비위원회' 혹은 '순국선열대회 주최위원회'였다. 이듬해인 1946년에는

〈표 6-4〉 해방 후 순국선열의 날(11월 17일) 행사[58]

연도	회수	명칭	주빈	장소
1945		순국선열 추념대회	김구, 신익희	서울 훈련원 터
1946	1회	순국선열기념절 기념식	이승만, 김구	서울운동장
1947		순국선열기념절 기념식		서울운동장
1948		순국선열기념절 기념식	이승만 대통령	서울운동장
1949		순국선열기념절 기념식	부통령	시민관 대강당
1965		순국선열 합동추모식	국회부의장	시민회관
1966		순국선열 합동추모식	국무총리	시민회관
1971		순국선열 합동추모식	국무총리	시민회관
1991	72회	순국선열 추념제전		국립묘지 현충관
1992	73회	순국선열 공동추모제전	국가보훈처장	서대문독립공원
1993	74회	순국선열 추모제전		국립묘지 현충관
1994	75회	순국선열 공동추모제전		국립묘지 현충관
1995	76회	순국선열 공동추모제전		국립묘지 현충관
1996	77회	순국선열 합동추모제전		서대문독립공원
1997	58회	순국선열의 날 기념식	국무총리	세종문화회관
1999	60회	순국선열의 날 기념식	김대중 대통령	세종문화회관
2000	61회	순국선열의 날 기념식	국무총리	
2001	62회	순국선열의 날 기념식	국무총리	
2002	63회	순국선열의 날 기념식	국무총리	백범기념관

순국선열기념절 준비위원회가 "중경에 있든 한국 임시정부에서 정하야 기념해온 것과 같이 11월 17일 이날을 순국선열기념절로 정하야" 서울운동장에서 기념식을 가졌다. 1947년에도 11월 17일 순국선열기념절준비위원회 주최로 순국선열기념절 기념식이 서울운동장에서 열렸다. 1948년에도 11월 17일 서울운동장에서 순국선열기념절 기념식이 열렸다. 이번엔 서울시가 행사를 주도했다. '순국선열 기념 봉행 준비위원회'의 위원장은 이시영, 부위원장은 조소앙과 김형민이었다. 부위원장인 김형민은

당시의 서울시장이었다. 1949년 11월 17일 시민관 대강당에서 이시영 부통령 등이 참여한 가운데 열린 순국선열기념절 기념식 역시 서울시 주최로 열렸다.[59] 결국 1945년부터 1947년까지 3년 동안에는 민간이 주도하는 '순국선열기념절 준비위원회' 주관으로, 1948년부터 1949년까지 2년 동안은 서울시 주관으로 순국선열의 날 행사가 거행되었던 셈이다.

그런데 〈표 6-4〉에는 1950년부터 1965년 사이의 기간이 모호하게 처리되어 있다. 실제로 1950년 전쟁 발발 이후의 수년 동안 순국선열의 날 행사가 과연 개최되었는지도 현재로선 불분명하다. 그러나 분명한 사실은, 행사의 명칭은 다소 차이를 보일지라도 1957년부터 1962년까지 여섯 차례 '광복선열 합동추념식'이 열렸다는 것이다. 행사의 주요 사항들을 정리해놓은 것이 〈표 6-5〉이다.

표에서 보다시피 1957년의 첫 번째 행사는 '국치일'(조선병합조약)인 8월 29일에 맞춰 거행되었지만, 이후의 행사들은 원래대로 '순국선열기념절'(을사늑약)인 11월 17일을 전후한 시기에 열렸다. 또 제1회 합동추념식은 '애국동지원호회'라는 단체에서 주최했지만, 그 이후 다섯 차례는 '광복선열추념회'(혹은 '광복선열추모회')가 주관했다. 첫 번째와 두 번째 행사 장소가 중앙청 광장이었다는 점, 1957년 행사에서 육군군악대가 동원되었던 점, 1958년 행사가 "정부가 수립된 후 처음으로 거행될 합동추도식"

〈표 6-5〉 광복선열 합동추념식: 1957~1962년

일시	명칭	주최	장소
1957.8.29	제1회 광복선열 추도식	애국동지원호회	중앙청 광장
1958.11.15	제2회 광복선열 합동추념식	광복선열추념회	중앙청 광장
1959.11.29	제3회 광복선열 합동추념식	광복선열추념회	서울운동장 야구장
1960.11.12	제4회 광복선열 합동추모식	광복선열추모회	서울운동장
1961.11.18	제5회 광복선열 합동추모식	광복선열추모회	국민회당
1962.11.19	제6회 광복선열 합동추모식	광복선열추모회	국민회당

으로 규정되는 점, 1958년 행사에서 3부 요인이 참석한 가운데 순국선열 유가족과 생존한 지사志士에 대한 표창이 이루어지는 점 등으로 미루어 정부의 적극적인 지원이 있었음을 확인할 수 있다.[60] 제2공화국 시기인 1960년 11월 12일에 열린 '제4회 광복선열 합동추모식'에도 장면 총리와 윤보선 대통령이 모두 참석했다. 정권이 또 한 번 뒤집힌 상황에서 열린 1961년 11월 18일의 '제5회 광복선열 합동추모식'에는 윤보선 대통령과 국가재건최고회의 부의장이 참석했다.[61]

그럼에도 불구하고 이 합동추모행사들은 어디까지나 '민간' 행사였다. 이 사실은 광복선열추모회 상무위원장이던 김병연이 제4회 합동추모식을 앞두고 「경향신문」 1960년 11월 7일자(4면)에 기고한 칼럼("'선열추모제'의 공적 제정을 제창한다")을 통해 "이 성스러운 행사는 마땅히 국가적 공제일公祭日로 제정하여 거국적으로 준행하는 것이 옳다"고 주장한 데서도 확인된다. 그는 광복선열 추모제를 반드시 공휴일로 지정할 필요는 없으며, 다만 이날을 "공적 제일"로 정해 다음의 전부 혹은 일부를 시행할 것을 제안했다. "① 관공서, 학교, 사회단체, 기타 직장별로 추모제를 일제 거행할 것. 단 지역적 대중집회로 대용할 수 있다. ② 이날을 기하여 선열들의 분묘, 기념비, 기타 사적의 수축修築, 보수, 청소 작업 등을 대중의 근로봉사로써 시행함. ③ 특히 학교에서는 선열들의 순국 사실史實에 관한 훈화를 한다. ④ 신문, 라디오, 극장 등에서는 선열들을 추모하는 기사 게재, 방송, 라디오 드라마, 사극 등을 상연한다. ⑤ 정부 공보기관에서는 선열에 관한 출판물, 사진 화보 등을 대량 간행하여 대중 속에 무료 반포頒布한다. ⑥ 선열 유가족 원호를 위한 성금 갹출을 국민운동으로 전개한다. 이것은 비교적 소액을 남녀노소 누구나 광범히 대중적 갹출을 할 수 있게끔 한다." 1962년 11월 19일 국민회당에서 열린 '제6회 광복선열 합동추모식'에서도 광복선열추모회 회장 이규갑은 개식사를 통해 "일개 단체가 주최할 것이 아니라 국가 제일國家祭日로 정해 거족적으로 기념해야 할 것"

이라고 다시금 주장했다.[62] 결국 이런 꾸준한 주장들이 받아들여져서 1963년부터는 이 행사가 정부(원호처) 주관으로 열리게 되었던 것이다.

　1955년 2월 서울시는 향후 '순국선열 기념사업'을 보다 적극적으로 추진하기로 결정했다고 발표했다. 우선 "제1차 계획"으로 두 가지 사업을 추진할 터인데, 그 하나는 사육신 묘 앞에 대규모의 기념비를 건립한다는 것이었고, 다른 하나는 "구한말 순국열사"인 충정공 민영환의 동상을 건립하겠다는 것이었다.[63] 앞에서 보았듯이 사육신 기념비 건립 프로젝트는 사육신묘보존회가 1949년부터 추진하다 중단된 것을 이승만 대통령의 지시로 1954년 무렵부터 서울시가 이어받았고, 1955년 6월에 '육충신 기념비'를 완성했다. 민영환 동상은 1957년 8월 말 안국동 로터리에 건립되었다. 1957년 2월 28일 3·1절을 앞두고 열린 국무회의에서 이승만 대통령은 "순국애국선열들을 추념하고 그들의 유업을 계승하는 기념사업을 추진하도록 전국적인 '기념사업회'를 구성하라"고 지시했다. 그 직후인 3월 15일에 전국애국단체연합회는 '순국선열 기념사업 전국위원회'를 구성했고, 첫 사업으로 네덜란드에 남아 있던 이준 열사 유해의 이장移葬을 선정했다.[64] 그러나 이장 사업은 별다른 진척을 보지 못했고, 결국 6년 후인 1963년에 가서야 비로소 성사되었다. 한편 (앞 장에서 언급했듯이) 1956년 2월에는 장충단공원에 민영환, 이준, 안중근, 윤봉길, 이봉창 등의 독립영웅 동상을 건립하기 위해 '대한 순국충렬 기념사업협회'를 중심으로 기념사업추진위원회를 조직했다. 1956년의 장충단공원 열사 동상 건립 프로젝트 역시 성공하지 못했다.

　한편 당시의 언론보도를 주로 참고하여 작고한 독립운동가들에 대한 추모·위령 사업을 중심으로 정리해본 것이 〈표 6-6〉과 〈표 6-7〉, 〈표 6-8〉이다. 〈표 6-6〉은 사건이나 단체 중심의 독립 영웅 만들기 시도들을 정리한 것이고, 〈표 6-7〉과 〈표 6-8〉은 개별 독립운동가들에 초점을 맞춘

〈표 6-6〉 독립운동 영웅 만들기(1): 공동 추모·기념사업

대상	일시	활동
순국열사 /순국선열	1945.11.1	독립신문사 주최 위령제 거행, 순국열사위령회 구성(태고사)
	1945.11.30	대한군인회 주최 위령제(태고사)
	1945.12.19	임시정부개선환영식에 즈음하여 교회·사찰·학교의 종을 일제히 울려 순국선열을 추도하는 전국적인 묵념을 바침
	1946.3.1	3·1절 행사의 일환으로 '기미독립선언기념전국대회 준비위원회' 주최로 '순국선열 추념회'
	1946.5.8~11	통도사 주최로 위령제(통도사)
	1947.3.1	우국노인회 주최로 합동위령제(남대문로 동회 회관)
	1951.3.1	부산시가 3·1절 기념행사의 일환으로 정오에 순국선열에 대한 일제 묵념을 바침
무정부주의자들	1945.12.22	자유사회건설자연맹이 신채호, 이회영, 백정기, 김좌진 등 23위를 위한 추도회(태고사)
홍천 8충 용사	1946.3.1	3·1운동 때 순국한 이기선 등 8인 위령제, 팔충추존보국회 조직, 팔충기념탑 건립 추진
기미순국부인	1946.3.2	여자국민당, 독촉부인단, 애국부인회 주최로 추도회(승동교회)
윤봉길, 이봉창, 백정기 등 3의사	1946.6.15	유해 송환 후 추도회(부산공설운동장)
	1946.6.30	3열사봉장위원회 주최로 국민장(서울운동장과 효창공원)
간도 혈전 20열사	1946.7.23	반일운동자후원회 주최로 사형 10주년 추도회(시천교당)
용정 순국 3의사	1946.8.25	조선은행 15만 원 탈취사건 주역인 용정 철혈당원(임국정, 윤준희, 한상호)의 사형일에 추념식(묘소 앞)
	1959.8.25	추념식(신사리 묘소)
	1960.8.25	39주기 추념식(신사리 묘소)
신사참배 순교자	1946.9.1	주기철 목사 등 50명 순교자 추도식(서울예배당)
아우내 22의사	1947.11.27	유관순 외 21명 의사의 기념비 제막과 위령제(천안)
이동녕, 차리석, 민병길, 김구 가족 등 6인	1948.8.8	유해 환국과 합동위령제
	1948.9.22	이동녕과 차리석의 사회장 거행, 휘문중학교 교정에서 영결식 후 효창공원에 안장
33인 중 고인(故人)	1949.3.1	3·1운동 민족대표 33인 중 고인을 위한 '제1회 합동추념식'(서울운동장)
	1950.3.1	합동추도식(탑골공원)
	1956.3.1	33인유가족회 주최로 제5회 합동위령제(탑골공원)
	1957.3.1	33인유가족회 주최로 합동추념식(탑골공원)
	1960.3.1	33인유족회 주최로 합동추념식(진명여고 삼일당)과 봉화제
청산리전투 독립군	1949.10.21	청산리전승 29주년 선전대책중앙위원회가 강연회 등 다양한 기념행사 개최
병오항일의사	1953.5.30	홍성읍 주최로 18회 위령제(대교리)

〈표 6-7〉 독립운동 영웅 만들기(2): 안중근, 윤봉길, 이준, 유관순, 안창호, 민영환

인물	일시	활동
안중근	1945.12.11	민도회 주최로 '안중근 선생 동상 건립기금 및 장충단 재건 총회', '장충단 재건과 의사 안중근 동상건립 기성회'를 조직(장충단)
	1946.3.6	안중근의사 동상건립기성회의 기금모금 행사
	1946.3.26	안중근선생추도준비회 주최 26주기 추도회(서울운동장) 독촉국민회 이리지부 주최 추념식(이리유치원 광장 등)
	1946.4.3	독촉국민회 전주지부 주최 26주기 추념식(풍남국민학교)
	1946.5.12	안중근선생추도준비회를 '의열사 안중근 선생 기념사업협회'로 개편
	1946.5.14	계몽구락부가 제작한 영화 〈의사 안중근〉 개봉
	1946.10.26	안중근선생기념사업회 주최로 의거 37주기 기념식과 강연회 (기독청년회관)
	1946	김춘광의 회곡 〈안중근 사기〉가 청춘극장에서 공연됨. 서재수 작 『안중근 사기』(삼중당), 박성강 편 『안중근선생 공판기』(경향잡지사), 김진복 편 『안중근 실기』(중앙출판사) 발간.
	1947.3.26	안중근선생기념사업회 주최로 37주기 추념식(기독청년회관) 서울교구장 노기남 주교가 37주기 연미사
	1947	김용필 작 『안중근 의사』(동아일보사), 김춘광 작 『안중근 사기』(삼중당) 간행
	1948.3.26	안중근선생기념사업회 주최로 38주기 추념식(명동 시공관)
	1949.3.26	안중근의사기념사업회 주최로 39주기 추도식(시공관)
	1949	이전 작 『안중근 혈투기』(연천중학교 기성회) 간행
	1950.3.26	40주기 추도식(상공회의소 강당)
	1955.10.27	안씨 문중에 의한 안중근 의사 위패 봉안식(전남 장흥 만수사)
	1957.3.26	47주기 추도식(명동 가톨릭문화관)
	1957.8.7	안중근 동상 기공식(서울역 광장)
	1958.3.27	안중근의사기념사업회 주최로 48주기 추념식(시내 천주교 교회)
	1959.3	태백영화사가 영화 〈고종황제와 안중근 의사〉 제작 완료
	1959.5.23	안중근 동상 제막식(남산)
	1960.3.27~28	27일, 남산 동상 앞에서 추념식. 28일, 순국 50주년 추념식(시공관)
윤봉길	1946.4.27	추도식(예산군 덕산면 생가)
	1946.4.29	김구 외 28인의 발기로 서울운동장에서 '윤봉길 의사 의거 기념식'
	1949.4.29	의거 17주년 추도식(효창공원 묘소 앞)
	1950.4.29	의거 18주년 기념식(효창공원 묘소 앞)
이준	1946.7.14	이준열사추념준비회 주최로 추도식(경운정 천도교당)
	1948.7.14	이준선생기념사업협회 주최로 순절 42주년 추념식(시공관)

인물	일시	활동
이준	1949.7.14	순절 43주년 추념식
	1952.7.14	이준선생기념사업협회 주최로 성인(成仁) 45주년 추념식(부민관)
	1955.7.14	일성회 주최로 48주기 추념식(시공관)
	1956.7.14	일성회 주최로 49주기 추념식
	1957.7.14	50주년 추념식(시립극장)
	1958.7.14	일성회 주최로 51주기 추념식
	1959.7.14	52주기 추념식(시공관)
	1960.7.14	일성회 주최로 53주기 추념식(시공관)
유관순	1947.11.27	유관순기념사업회 주최로 위령제, 유관순 등 21인 행적비 제막식
	1947.12.3	유관순기념사업회가 동상 건립 추진을 결정
	1948.3	유관순전기간행회가 김용환이 쓴 『유관순』(동지사)을 간행
	1948.3	계몽문화협회가 영화 〈순국처녀 유관순〉을 제작·상영
	1948.4.9	천안 유관순기념비 앞에서 29주기 기념식, 식후 기념식수, 영화 상영
	1954.4.30, 5.1~2	이화여고생들이 유관순의 일생을 극화한 무용극 〈횃불〉을 배재중 강당에서 공연
	1957.3	천안군 유지들이 '사단법인 순국충렬 유관순양 공적선양회' 발족, 기념비와 기념봉안각 건립 추진
	1959.5.21	국보영화사가 영화 〈유관순〉 제작·개봉
안창호	1948.3.10	안창호선생기념사업회 주최로 10주기 추도회와 기념사업(시공관)
	1954.3.10	16주기 추도식(을지로 대성빌딩 집회실)
	1958.3.10	20주기 추념식(시공관)
	1959.3.10	안창호선생기념사업회 주최로 21주기 추념식(을지로 대성빌딩)
민영환	1948.11.30	추념준비위원회 주최로 순절 45주년 기념 추념대회(풍문여중 강당)
	1953.12.9	48주기 추도제전(시공관)
	1955.11.30	추념식거행위원회 주최로 순국 50주년 추념대회(시청 앞 광장)
	1957.8.30	시교육위원회 주최로 96회 탄생일에 안국동 네거리에서 동상 제막식
	1958.8.30	민충정공기념사업회 주최로 순절 53주기 추념식(안국동 동상 앞)
	1958.9	단국대학교가 영화 〈민충정공〉을 제작 중
	1960.8.30	민충정공기념사업회 주최로 순절 55주년 추념식(안국동 동상 앞)

〈표 6-8〉 독립운동 영웅 만들기(3): 개별 추모·기념사업

인물	일시	활동
김상옥	1945.12.10	청춘극장 주최 추모공연, 수익금 유족 증정, 위령제
김좌진	1946.1.16	추도식 준비위원회 주최 17주기 추도식
	1946.9.25	김좌진 장군 및 순국독립군장병추도회 준비회(민청 사무소)
이동녕	1946.3.14	임정 출신 인사들의 주도로 추념식(상동교회)
전덕기	1946.3.23	임정 및 교회 인사 주도로 추도식(상동교회)
정학순	1946.4.5	남해군 3·1동지회 주최로 위령제(고인 묘소 앞)
윤택진	1947.4.16	조선애국사상선양회 주최로 27주년 추념식과 강연(기독청년회관)
나석주	1947.12.28	의사라석주추도주비위원회 주최로 추도식, 친서 공개(천도교강당)
강우규	1948.12.23	추도식(기독청년회관)
	1949.11.29	강우규의사기념사업준비회 주최로 순국 30주년 기념식(기독청년회관)
손정도	1949.2.29	19주기 추념식(정동제일교회)
이상재	1949.3.29	중앙기독교청년회 주최로 22주기 추념식(기독청년회관)
	1953.3.29	중앙기독교청년회 주최로 26주기 추도식(기독청년회관)
이승훈	1950.6.24	교육문화협회와 오산중학동창회 주최로 20주기 추도식(시공관)
김구	1950.6.26	1주기 추도식을 효창공원 묘소 앞에서 예정했으나 전쟁 발발로 중단
백정기	1954.12	열사의 충령탑을 고향인 정읍 영원면에 건립하기 위한 모금운동
	1959.10.30	기념비건립추진위원회가 영원면에 순국기념비 제막
이중혁	1955.11.11	이승만 대통령의 초청으로 미국에서 귀국하던 중 사망, 추도식 거행
신규식	1958.9.17	추념식거행위원회 주최로 37주기 추념식(시공관) 후 기념사업회 발족
손병희	1946.12.24	49회 승통(承統) 기념식, 식후 기념강연회와 음악회(천도교총본부)
	1959.4.8	기념사업회 발족, 묘비·동상·기념관 건립 및 전기 발행 추진
	1959.5.19	의암손병희선생기념사업회 주최로 37주기 추념식(서울 천도교당)
	1959.10.8	묘비 제막식, 이은상 비문, 김충현 글씨, 손재형 제자(우이동 묘소)
	1960.5.19	의암손병희선생기념사업회 주최로 38주기 추념식(우이동 묘소)
조종대	1959.7.25	37주기 추념식(서울 육군교회)
송학선	1960.7.23	항일투쟁수형자동지회가 34주기 추도식(태고사)

것이다. 〈표 6-7〉과 〈표 6-8〉을 통해 독립운동가 개개인별로 기념사업
회들이 다수 만들어졌음을 확인할 수 있다. 이 표들은 여러모로 불완전
한, 전체적인 흐름과 사회분위기를 파악해보려는 가벼운 스케치에 불과
하다.

먼저, 〈표 6-6〉을 통해 우리는 '자유사회 건설자 연맹'이 부각시킨 무

정부주의 독립운동가들, '8층 추존 보국회'가 부각시킨 '홍천 8층 용사', '반일운동자 후원회'가 되살려낸 '간도 혈전血戰 20열사', 조선은행 15만 원 탈취사건 주역인 '용정 순국 3의사'(임국정, 윤준희, 한상호), 청산리전투에 참여한 독립군들, 3·1운동 당시 희생된 '아우내 22의사', '33인 유족회'가 기념한 3·1운동 '민족대표 33인', 홍성읍민들이 재강조한 '병오 항일의 사', 개신교 측에서 부각시킨 '신사참배 거부 순교자들'이 1940~1950년대 에 창출된 대표적인 '독립 영웅들'이었음을 확인할 수 있다.

〈표 6-7〉은 독립운동 영웅 중 안중근, 윤봉길, 이준, 유관순, 안창호, 민영환 등 6인과 관련된 활동을 따로 모은 것이다. 〈표 6-7〉을 통해 안중 근, 이준, 민영환, 유관순, 윤봉길, 안창호 등이 해방 후 탄생한 대표적인 독립 영웅들이었음을 확인할 수 있다.[65] 앞서 밝혔듯이 서울시는 1946년 10월 1일부터 종래의 '죽첨정'을 민영환의 거리인 '충정로'로 개명했다. 안국동 로터리와 남산에는 각각 민영환과 안중근의 동상이 건립되었다는 사실도 살펴본 바 있다.

〈표 6-8〉은 위의 6인을 제외한 독립 영웅 개개인과 관련된 활동을 한 데 모은 것이다. 우리는 〈표 6-8〉을 통해 효창원에 처음 안장된 '3의사' 의 일원인 이봉창과 백정기를 비롯하여, 김좌진, 강우규, 이상재, 손병희 등도 해방 후 주요 기념 대상자들로 부각되었음을 알 수 있다. 최고의 독 립 영웅 중 한 사람인 김구는 암살된 지 1주기가 되는 1950년 6월부터 기 념 대상으로 떠올랐다. 새싹회 주최로 1956년 7월 23일 열린 '소파선생 25 년제祭' 때 제정되어 1957년부터 수상자를 배출하기 시작한 '소파상小波 賞'의 주인공인 방정환도 독립 영웅 목록에 추가할 수 있을 것이다.[66]

1940~1950년대의 독립 영웅 만들기와 관련해서는 '정부의 소극성'이 두드러졌다. 달리 말하자면 독립 영웅 만들기는 압도적으로 민간 주도, 시 민사회 주도의 역사 프로젝트였다. 민간 쪽의 기부와 모금에만 의존하다 보니 독립 영웅과 관련된 대형 프로젝트 자체가 희귀한 편이었고, 설사 그

런 기획이 수립되더라도 성공적으로 추진된 사례는 거의 없다시피 했다. 얼마 안 되는 독립 영웅 관련 기념조형물들조차도 국가의 비협조로 인해 가시성 높은 도시 중심부나, 상징성 높은 광장·공원 등 공공공간으로 진출한 경우가 드물었다. 심지어 이승만 정권은 임시정부가 해방 이전부터 기념일을 제정하여 매년 거행해왔던 순국선열의 날 행사조차 정부 행사로 수용하지 않았다. 그러다보니 4·19혁명 직후부터 국가의 무관심과 소극성에 대한 불만이 공개적으로 터져 나왔던 것이다. 광복선열추모회 상무위원장이었던 김병연은 1960년 11월에 다음과 같이 일갈한 바 있다.

> 국민의 덕교德教는 마땅히 이들 선열의 순국정신을 기본으로 하여 전개하는 국가적 시책이 벌써부터 취해졌어야 할 것이다. 그럼에도 불구하고 과거 이승만 찬치簒治 하에서는 그러한 시책이 전연 결여되었을 뿐만 아니라 이 완집한 노인의 병적 독선주의는 여기에서도 여지없이 발휘되어 선열들의 공적을 일부러 무시·엄폐하고 그 대신 자기를 내세우기에 급급하였다. 그의 이러한 비뚤어진 심사를 가지고써는 1948년 8월 15일 대한민국 정부 수립을 선포하는 공적 연설 중에서 광복을 이룩하기까지의 선열들의 공적에 관하여서는 거의 몰각하고 유엔에 다녀온 자기 측근자들의 공로라는 것만을 높이 추켜들기와……무릇 선열을 추모하거나 민족적 항쟁을 기념하는 행사 등을 관영官營 전행專行하여 민의의 자연적인 발로를 계획적으로 봉쇄하기와 선열들의 현창사업과 그 유족들에 대한 생활원호사업 같은 것은 애당초에 성의부터 없었지마는 그런 것을 요망하는 소리에 대하여서 일체 마이동풍 격이될 수밖에 없었다.[67]

이런 소극성이 지배하는 와중에도 정부의 개입에서는 몇 가지 뚜렷한 특징이 나타났다. 우선, 전체적으로 볼 때 '독립 영웅' 만들기보다는 '민족 영웅' 만들기에 치중하는 편이었다. 둘째, 좌파 독립운동가들은 철저히 배제했다. 이런 좌파 배척 기조는 1960년대 이후 군사정권으로 계승되었다. 예컨대 1962년 2월 군사정부는 독립운동가 중 건국공로훈장 대상자를 선별하면서 ① 국시에 위배된 자, ② 정치적 과오가 있는 자, ③ 납북자, ④ 이북 거주자(해방 후 월남치 않은 자), ⑤ 변절자, ⑥ 미확인자(확인할 만한 기록이 없는 경우) 등 '6개 배제 규정'을 준용했다.[68] 셋째, 독립 영웅 가운데서도 1930년대 이후보다는 그 이전 시기에 편향되었다. '1930년대 이후'는 독립운동 진영 안에 사회주의자들의 비중이 크게 증가하고 우파 민족주의자들 중 상당수가 식민지체제 협력 노선으로 전환했던 시기였다. 독립 영웅 중에서 민영환·안중근 등 1910년 한일병합 이전 인물, 더 늦추더라도 유관순과 민족대표 33인 등 1920대 이전 인물들이 정부의 편애를 받은 편이었다. 넷째, 독립 영웅들과 그 유가족들에 대한 국가의 원호·보훈정책은 절대적으로나 상대적으로나 매우 빈약했다. 특히 '독립 영웅들'은 '반공 영웅들'에 비해 원호·보훈정책 측면에서도 확연한 홀대를 받았다.

이승만 정부는 독립 영웅 유가족에게 학비 감면, 공무원 임용 우대, 연금 지급 등의 원호·보훈정책을 펼쳤다. 1949년 7월 7일 안호상 문교부 장관은 애국지사 유족에게 학비를 일체 면제해주기로 했다는 결정을 발표했다. 같은 해 8월 12일에는 '독립운동 공헌자 특별전형'을 규정한 국가공무원법이 제정되었다.[69] 해방 이전에 사망한 독립운동가 유족 중 극소수(300가구 미만)에 대해 연금을 지급하기도 했다.

정부에서는 순국선열 유가족에 대한 생계부조사업을 하고 있다고는 하지만 그것은 명목만에 그치고 있다. 선열 유가족 3백 호구戶口를 엄선해서 연금 12만 환씩을 급여하도록 하고 있는바, 그 급여액이란 것이 그 생계비에 비해서는 조족지혈에 불과할 것이기도 하거니와 건국 되어 10주년이 지난 지금에 이르기까지 그 급여대상조차 217호구밖에는 선정하지 못하고 있다. 그처럼 당로자當路者들의 성의가 결여되어 있음에 대해서는 아연할 수밖에 없다. 이번 다행히 광복선열추도회가 조직되어서 합동추도식과 아울러 그 유가족과 생존 지사들을 표창 기념하게 되었음은 실로 뜻있는 일이라고 하지 않을 수 없다.……또 그 유가족에 대한 생계부조도 필요할 것이겠고 그보다도 풍찬노숙風餐露宿의 궁경窮境에 있는 생존 지사들에 대한 따뜻한 원호가 시급하다고 할 것이다.[70]

위의 「경향신문」 사설에서도 언급하고 있듯이 연금 수혜 대상자를 300가구 미만으로 제한하고 있을 뿐 아니라, 1958년 11월 현재까지도 불과 217가구만 실제 연금 혜택을 받고 있었다. 더구나 '생존한' 독립운동가들은 그런 혜택에서조차 완전히 소외되어 있었다. 그러므로 다소 부정확할지언정,[71] 다음과 같은 평가도 가능했다.

정부 수립 이후에도 독립유공자에 대한 서훈과 예우는 없었다. 그리고 13년이 지난 1962년 4월에 '국가유공자 등 특별원호법'이 제정되어 4·19혁명 희생자 및 월남 귀순자와 함께 '특별원호'의 대상이 되었다. '특별원호'라고 하는 것은 전상 군경과 유가족에 대한 '군사원호'와 구분하기 위한 명칭이었다. 따지고 보면 가장 먼저 챙겼어야 할 분들이지만 소위 해방정국에서 정부 수립을 둘러싼 정파 간의 대립과 다툼으로 관심 밖으로 밀려났던 것이다.[72]

앞으로 9장에서 자세히 소개하겠지만, 대한민국 정부 수립 이후 전사한 군인과 경찰의 유가족에게는 일시불로 지급되는 '사금賜金' 혹은 '급여금', 연 1회 지급하는 '연금', 유족 중 극빈자에게 하루 단위로 지급하는 '생활부조금' 등 현금 지급 형태의 원호제도만도 세 가지나 되었다. 1950년대에 전몰군경 유가족에게 제공되는 원호제도는 생계부조, 직업보호,

수용보호의 세 가지 범주가 있었고, 이 중 '생계부조'에는 생활부조, 의료부조, 조산助産부조, 생업부조, 육영育英부조, 장의葬儀부조, 결혼부조, 재해 피해자를 위한 '임시 생활부조'가 포함되어 있었다. 그러나 독립운동가의 경우 같은 시기에 유가족 중 극소수에게 연금을 지급하는 정도에 머물렀을 뿐이었다.

3. 반공 영웅

해방 후 시간이 지날수록 국가적-민족적 영웅들의 목록은 '독립 영웅'에서 '건국 영웅', '전쟁 영웅', '스포츠 영웅' 등으로 점점 확대되어 나갔다. 주목되는 사실은 반공투사들의 영웅화 작업 역시 한국전쟁 직전부터 이미 시작되었다는 점이다. 독립정부 수립 1주년이 되는 1949년 8월 15일을 기하여 정부는 '건국 공로자들'을 표창하기로 하고, 총무처 상훈국을 중심으로 상훈심의회의를 열어 수여 대상자의 심사 원칙을 결정했다. 그런데 식민지 시대의 독립운동가들보다 오히려 해방 이후 다양한 방식으로 단독정부 수립에 기여한 이들이 더욱 중요하게 취급된 것이 특징이었다. 그 내용은 다음과 같았다.

    一. 통칙
    1. 공적이 있으되 변절치 않은 자
    2. 공적의 차등은 그 실적과 기간의 장단으로 할 것
    二. 대상자
    1. 해방 전 전국적으로 알려진 독립운동 사건에 지도적 역할을 한 자
    2. 대한민국임시정부에 관계한 자 중 그 공적이 현저한 자

3. 5·10선거 관계자 중 그 공적이 현저한 자

4. 국회의원 중 그 공적이 현저한 자

5. 헌법기초위원 및 헌법기초위원회 전문위원 중 그 공적이 현저한 자

6. 대한민국 정부 공무원 중 그 공적이 현저한 자

7. UN 관계자 중 그 공적이 현저한 자

8. 해방 후 대한민국의 창건과 민족복리를 위한 공적이 특히 탁절한 자[73]

이 규정이 주로 민간인과 비非군사 부문 공무원을 상대로 한 것이었다면, 군인들을 대상으로 한 움직임도 전쟁 이전에 가시화되었다. 다시 말해 '반공전선反共前線'에서 목숨을 잃은 이들을 '영령'으로 영웅화하고 현양하는 움직임이 대한민국 정부 수립 직후부터 시작되었던 것이다. 1949년 7월 17일에는 그해 봄 개성지구 전투에서 전사한 '육탄10용사'를 대상으로 삼는 '순국 10용사 기념사업회'가 결성되기도 했다. 그러나 이는 여전히 민간 차원의 움직임에 머물러 있었다. 이보다 일보 진전된 사건은 1949년 7월 15일 정부 수립 후 최초로 '제1회 임시 공훈기장功勳記章 수여식'이 국방부에서 거행된 일이었다. 여기서 국군 창설 이래 38선 인근과 제주도, 지리산 일원에서 전공을 세운 28,172명에게 종군장從軍章, 전공장戰功章, 상이군인장傷痍軍人章 등이 수여되었다.[74]

대한민국 정부 수립 직후 집중적인 영웅화와 기념의 대상으로 떠오른 '반공 영웅'은 위에서 언급한 이른바 '육탄10용사'였다. 1사단 11연대 소속이었던 이들은 1949년 5월 4일 개성 송악산전투에서 전사했다. 국방안보교육진흥원이 펴낸 『잊혀진 영웅들』에서는 이들의 활약상을 다음과 같이 소개하고 있다.

1949년 5월 3일 새벽, 북한군은 국군의 전방 방어진지 구축 작업을 방해하고 남침을 감행하기 전, 국군의 전투력을 탐색하기 위해 개성 송악

산의 아군 진지를 기습 침공하여 점령했다. 개성 북쪽에 위치한 송악산은 개성을 지키기 위해 잃어서는 안 되는 곳이었다. 때문에 아군 제1사단 11연대는 다음날 새벽부터 빼앗긴 고지를 탈환하기 위해 공격을 했으나 북한군이 구축한 토치카에서 빗발치듯 뿜어대는 기관총 공격으로 아군의 희생만 늘어났다. 이에 적의 토치카를 제압하지 않고서는 공격이 불가능하다고 판단하고는 적군의 토치카를 파괴하기 위해 육탄공격을 감행할 특공대를 편성키로 했다. 이때 제일 먼저 특공대를 지원한 사람이 당시 하사관 교육대 1소대 1분대장이던 서부덕 상사였다. 이어 김종해, 윤승원, 이희복, 박평서, 황금재, 양용순, 윤옥춘, 오제룡 하사 등 8명이 자원했다. 서부덕 상사를 공격대장으로 한 이들 9명의 용사들은 5월 4일 정오를 기해 81㎜ 박격포탄을 가슴에 안고 각자 목표로 한 토치카를 향해 돌진했다. 이들은 적의 완강한 저항과 기관총 사격에 총상을 입으면서도 목표지점까지 기어이 접근하여 자신의 몸을 던져 자폭함으로써 적 토치카 9개를 파괴했다. 이들의 희생으로 아군은 송악산 고지를 재탈환할 수 있었다. 한편, 이에 앞서 중화기 소대 분대장 박창근 하사가 적 토치카 파괴를 위해 홀로 수류탄 7개를 들고 돌진하다가 전사했다. 이에 박 하사와 9명의 용사를 합쳐 "육탄10용사"라 부르게 되었으며 이들의 불타는 조국애와 희생정신은 오늘날까지 군인정신의 표상이자 전 군의 귀감이 되고 있다.[75]

이들이 전사한 지 열흘가량 지난 1949년 5월 중순경부터 정부가 주도하는 대대적인 영웅화 과정이 시작되었다. 육탄10용사 신화神話가 신생 대한민국의 최고지도자들, 특히 식민지엘리트 출신으로 '친일파' 오명에 시달려온 지배엘리트들에게 엄청난 자신감과 자부심을 제공해주었음은 의문의 여지가 없다. 일본군과 만주군 출신이 주류를 이룬 군부지도자들은 말할 것도 없었다.

먼저, 5월 17일에 신성모 국방부 장관이 기자회견에서 "10용사에 대하여는 비단 국방부에서만 할 일이 아니고 국가적으로 민족적으로 거대히 찬양할 것이며 그들의 유가족에 대하여는 우리 전 국민이 굶는 한이 있더라도 절대로 부자유를 느끼지 않도록 생활을 보장하여야 할 것"이라고 말했다.[76] 10용사가 속한 1사단은 10용사에게 "6계급 특진"을 해달라고 건의했다.[77] 5월 19일이 되자 이범석 국무총리가 "육탄10용사를 치하하는" 담화를 발표했다. 담화에서 이 총리는 "10용사의 충렬 위대한 공훈은 건국 청사에 찬연히 빛나려니와 특히 우리의 10용사는 소위 왜적의 육탄 3용사와 같이 명령에 의한 결사대가 아니요 전술상 필요를 통감하고 자진하여 살신성인한 것이니 그들의 충용한 행동이야말로 국군의 해모楷模이며 조국수호의 정화精華라고 할 것이오 세계만방에 자랑하여 대한남아의 기백을 선양하여야 할 것"이라고 강조했다.[78] 5월 21일에는 서울방송국을 통해 "10용사의 정신으로 공비를 격멸하자"는 제목으로, "화랑도의 피를 이은 우리 국군의 정화이며 조국의 수호신이 된 10용사"를 찬양하는 대북對北방송이 행해졌다. 같은 달 23일에는 "(10용사의 행위는-인용자) 반만년 역사를 자랑하는 ○○ 당찬 기백이며 ○○ 초인간적인 ○○ 국군의 용맹을 세계적으로 떨친 것"이라는 요지의 공보처 담화가 발표되었다.[79] 이어 25일에는 이화여대 동창회가 시공관에서 '10용사 유가족 원호음악회'를 개최했다.[80] 이를 계기로 유가족을 돕기 위한 전국적인 모금운동이 벌어졌다.

5월 28일에는 수만 명이 참석한 가운데 서울운동장에서 '10용사 장의식葬儀式'이 거행되었다. 전사자에 대한 영웅화는 이때 절정에 도달했다. 6월 6일 같은 장소에서 열린 '제2차 전몰군인 합동위령제' 역시 그 주역은 10용사였다. 이날 위령제의 제주祭主였던 채병덕 총참모장의 제문祭文에는 10용사 현창을 위한 보다 구체적인 계획이 담겼다. 그는 "송악산 10용사의 장엄한 충성은 만대에 걸친 구감이요 이를 계기로 전 민족의 결심과 용맹이 더욱 결속되어 차후로는 누구나 다 나라를 위하여 목숨을 바칠 것을 직책보다도 영광으로 알어야 할 것"이라면서, "10용사를 우리가 전 민족적으로 표창하지 아니한다면 우리 민족심이 부족됨을 표명하는 것이(므로-인용자) 이를 영원히 표창함에는 장충단에 특별한 비각을 세우든지 충무탑을 맨들어 그들의 일흠을 색여 후세자손에까지 그 정신을 살리고 그 일흠을 빛내어 그 행동이 표준 되어야 할 것"이라고 했다.[81] 다음날인 6월 7일에는 국회가 "육탄 10용사의 충혼에 대한 감사문"(결의안)을 채택했다. 국회의원들은 10용사의 행위를 "배달민족 반만년 맥맥脈脈히 뻗쳐 내려오는 정화精華이며 한데 뭉친 민족정기의 발로의 광휘光輝"로 찬양하면서, "우리 3천만 동포는 10군신을 귀감으로 대동단결 오로지 소공보족掃共保族 국가 초석 수호함에 결사 총진군"하자고 촉구했다.[82] 5월 중순부터 6월 초까지 국방부 장관의 기자회견, 국무총리의 담화, 공보처 담화, 국회의 결의안, 특별 대북방송, 6계급 특진 상신, 10용사 노래 창작, 10용사 유가족 원호음악회, 전국적인 유가족 돕기 모금운동, 장의식과 위령제 등이 숨가쁘게 이어졌다.

이로부터 다시 한 달가량 지난 1949년 7월 5일에는 '순국 10용사 기념사업회'가 창립되었다. 신익희 국회의장이 초대 회장을 맡았고 국방부의 적극적인 후원을 받았다. 기념사업회는 "송악松嶽의 수호신으로 장렬한 죽음을 한 순국 10용사의 공렬功烈을 후세에 길이 빛내게 함은 물론 이 성스러운 유영遺影을 널리 3천리 방방곡곡 직장에, 교실에 또한 유람지와 공원에 현시顯示하여 국가의 초석이 될 청소년의 사기를 북돋아주는 동시 10용사의 동상을 건립하여 민족의 흠앙欽仰의 적的이 되게" 하려는 목표를 세웠다.[83] 기념사업회는 같은 해 9월 전국 일곱 곳에 '10용사 영탑靈塔'을 건립할 것이며, 특히 서울에서는 장충단에 높이 22척(6.6m)의 영탑을 건설하겠다고 발표했다.[84]

이런 과정을 거치면서 '10용사 신화'가 빠르게 안착되었다. 이들은 정부에 의해 '육탄10용사'로 공식 명명되었다. 이들에게는 파격적인 특별진급 혜택도 제공되었다. 또 1950년 12월에는 을지 무공훈장이, 1952년 10월에는 은성銀星 무공훈장이 이들에게 추서되었다.[85] 다음과 같은 내용이 국민학교 교과서에도 실렸다. "님이 있었기에 오늘의 우리가 있는 것이 아닌가 생각하니, 숙연한 마음 금할 수 없었습니다. 아! 육탄10용사! 님이 있었기에 오늘의 우리가 있는 것입니다. 오늘의 대한민국이 있는 것입니다."[86] 영탑 건설을 포함한 10용사 기념사업들은 전쟁 발발로 중단되고 말았지만, 전쟁 직후인 1955년 5월 국방부에 의해 국군묘지 입구인 흑석동 한강변에 6m 높이의 '육탄10용사 현충비'가 건립되었다.

한국전쟁은 반공 영웅 만들기에서 가장 중요한 역사적 사건이었다. 이 전쟁은 '반공 영웅들의 대량생산'이 이루어진 결정적인 계기였다. 한국전쟁에 깊이 각인된 '이념전쟁'이라는 성격으로 말미암아, 적어도 한국전쟁에서는 "전쟁 영웅=반공 영웅"이라는 등식이 자연스럽게 성립되었던 것이다. 한국전쟁 기간과 그 이후에 '전쟁 영웅 만들기를 통한 반공 영웅 만들기'가 부쩍 활발해졌다.

인류사에서 전쟁은 영웅의 산실産室로 기능해왔다. 제1차 세계대전은 근대적 영웅숭배 역사에서도 중요한 분기점이었다. "이제 국가와 민족을 위기에서 구하는 것은 소수의 위대한 인물이 아닌 전선에서 죽어가는 무명의 용사라는 믿음이 대대적으로 선전되었다. 즉 영웅이라는 개념에 근본적인 변화가 온 것이다."[87] 바야흐로 "대량생산된 새로운 영웅들"[88]의 시대, 더 압축하여 '대중영웅'의 시대가 도래했다. 유사한 취지에서 알라이다 아스만은 "알려지지 않은 자의 명성"이라는, "현대의 송덕頌德 패러독스"에 대해 말했다.[89] 앤서니 스미스도 "보통 병사들의 영웅주의"가 "대중 속의 인민, 특히 평범한 병사들을 공동체 및 공동체의 운명의 화신으로 승격시킨다"고 기술했다.[90] 무명용사에 초점을 맞추는 전사자추모일Remembrance Day이 유럽 각국에서 등장한 것도 이때였다. "'대중정치

mass politics의 시대'인 제1차 세계대전 후에 새로운 '민주적' 종류의 민족 의식이 대두했을 때 전사자추모일이 시작되었다."[91] 앞에서 보았듯이 '무명용사묘지'라는 국가적 전사자 추도공간이 유럽에서 유행처럼 세워진 때도 1차 대전 직후였다.

한국에서는 이런 일이 제1차 세계대전이 아닌 한국전쟁을 계기로 본격화되었다. 전쟁은 시민적 성인聖人들을 광범위하게 창출했고 수많은 민족적 영웅들을 양산해 냈다. 한국전쟁 발발 후 1983년 12월 31일까지 무공훈장이나 무공포장을 받은 이들은 무려 20만 9,555명에 이르렀다. 이 가운데 1등급인 태극太極 무공훈장 수훈자는 404명, 2등급 을지乙支 무공훈장 400명, 3등급 충무忠武 무공훈장 21,805명, 4등급 화랑花郞 무공훈장 168,533명, 5등급 인헌仁憲 무공훈장 14,707명이었다. 무공포장을 받은 이는 5,101명이었다. 1948년 8월 15일부터 1973년 말까지 대한민국 수훈자 총수는 346,843명이었는데, 이 가운데 군인이 전체의 63.8%에 해당하는 221,356명, 경찰은 4.5%인 15,766명이었다. 반면에 1977년까지 독립유공자로 건국훈장, 건국포장, 대통령표창을 받은 이는 3,113명에 불과했다. 특히 이승만 정권과 장면 정부 시기인 1949년부터 1961년까지 12년 동안에 독립운동가 출신 수훈자는 모두 11명에 지나지 않았다.[92]

'반공투사들'에게는 기존의 무공훈장·포장 외에도 다른 훈장이나 포장을 받을 기회까지 열렸다. 1967년 2월 기존의 '근무공로훈장'이 '보국훈장'으로 변경되었고, 같은 해 1월에는 기존의 '방위포장'이 둘로 나뉘어 각각 '무공포장'과 '보국포장'으로 변경되었기 때문이다. 나아가 1971년 1월에는 '예비군포장'까지 추가로 제정되었다.[93] 상훈법에서는 보국훈장의 대상자를 "국가 안전보장에 뚜렷한 공을 세운 사람"(제15조)으로, 보국포장 대상자를 "국가 안전보장 및 사회의 안녕과 질서 유지에 공적이 뚜렷한 사람 또는 생명의 위험을 무릅쓰고 인명·재산을 구조한 사람"(제24조 1항)으로 규정하고 있다. 예비군포장은 "예비군의 육성·발전에 이바지한 공적이 뚜렷한 사람과 예비군으로서 직무에 부지런히 힘쓴 사람에게 수여"하도록 되어 있다(제24조 2항).[94] 1983년 12월 31일 현재 보국훈장 수훈자는 모두 19,258명이었고, 이 중 1등급인 통일장統一章 수훈자는 485명, 2등급 국선장國仙章 931명, 3등급 천수장天授章 2,033명, 4등급 삼일장三一章 7,441명, 5등급 광복장光復章 8,683명이었다. 1983년 말까지 보국포장을 받은 이는 8,349명이었다. 이때까지 예비군포장을 받은 사람도 1,795명에 이르렀다.[95] 무공훈장, 무공포장, 보국훈장, 보국포장 등 무려 네 가지의 훈장·포장을 통해 반공 영웅들이 대규모로 배출되어온 것이다.

살아 있는 '전쟁=반공 영웅들'은 각종 훈장·포장을 통해, 죽은 그들은 동상이나 기념비, 기념탑 등을 통해 만들어지고 기억되었다. 또 하나 중요한 사실은, 전쟁을 계기로 식민지 시대의 독립투사들과 애국충군愛國忠君 영웅들에서, 전쟁·냉전 시대의 순교자·영웅들로의 강조점 전환이 이루어졌다는 것이었다. 전쟁 후 반공 영웅화의 가장 중요하고도 압도적인 사례는 다름 아닌 이승만 대통령이었다는 사실도 중요하다. 한국전쟁을 통한 반공 영웅 만들기의 구체적인 양상과 사례들, 그리고 최고의 반공 영웅으로 부상한 이승만에 대한 지도자숭배에 관해선 8장에서 보다 상세히 살펴볼 예정이다.

제 2 부

전쟁 이후

제 7 장

반공주의와 친미주의의 중심화

전쟁 이후

전전戰前에 이미 확립된 보통선거제도 그리고 전쟁 중에 실현된 국민개병제와 의무교육제도 등은 '국민을 형성하는' 주요 기제들이었다. 그리고 반공주의-자유민주주의-친미주의-민족주의-발전주의로 구성된 이데올로기 복합체 내지 신념체계, 그리고 이와 관련된 의례, 성인, 성소, 상징, 신화, 실천의 체계는 (국민을 형성하는 데 기여할 뿐 아니라) 이데올로기적·문화적·감정적으로 단단하게 '국민을 통합하는' 주요 기제였다. 필자는 이런 민족적·국가적 성聖체계를 압축하여 '반공-자유민주주의 시민종교'라고 명명하고 있다.

반복하거니와, 1948년 무렵 뚜렷하게 모습을 드러낸 대한민국 시민종교는 민족주의, 발전주의, 반공주의, 자유민주주의, 친미주의라는 '다섯 가지 기본교리들' 혹은 '다섯 기둥들'로 구성되었다. 이 5대 기본교리들을 충직하게 추구하는 한 지배세력은 대중적인 지지와 신뢰를 얻게 될 것이다. 특히 민족주의와 발전주의는 지배세력이 대중의 사랑을 이끌어내는 데 한 번도 실패한 적이 없었을 정도로 대단히 매력적인 가치들이었다. 반면에 '지배세력의 배반·배교背敎'라는 현상이 나타날 경우, 다시 말해 지배세력 자신이 반공-자유민주주의 시민종교의 기본교리들에 심각하게 배치되는 행동을 반복한다고 적잖은 대중이 느끼게 될 경우, 시민종교 내부의 예언자적 흐름이 강화되면서 '대중적 불복종' 현상이 가시화되고 확산될 가능성이 높아진다.

반공-자유민주주의 시민종교는 이미 전쟁 이전에 형성되었지만, 그것이 본격적으로 발전한 때는 한국전쟁 이후였다. 따라서 이 시민종교의 진면목을 제대로 관찰하려면 '전후戰後 시기'의 전개과정과 특징을 살피는 게 훨씬 유리하다. 반공-자유민주주의 시민종교는 전쟁을 거치면서 냉전적 세계질서관과 확고하게 결합된 독특한 형태를 취하게 되었다. 그리고 이것이 전쟁 중의 탈정치화·탈계급화·탈전통화 압력에 의해 '개별화된' 국민들에게 '응집과 단결'의 계기를 제공했다. 반공-자유민주주의 시민종교는 국민들에게 동질적인 세계인식의 틀을 제공함으로써, 폭넓은 도덕적 합의를 위한 사회적 기반 또한 제공했다. 거기에는 '세계의 구원자 내지 방어자'라는 민족적 자부심, 그리고 근대화에의 기대와 열망 또한 함께 용해되어 있었다. 이 점 역시 반공-자유민주주의 시민종교의 독특한 설득력과 동원력을 보장해 주었다. 참전자와 그 가족들, 월남자와 이산가족 등 전쟁 과정을 통해 창출된 방대한 새로운 체제 지지 세력 내지 국가 숭배적 집단들 역시 이 이데올로기 복합체의 설득력과 동원력을 보강해 주었다. 전후 한국사회에서 방대한 규모로 전국 각지에 포진한 이 사회집단들은 새로운 세계관을 사회 저변에서 유지·확산시키는 일종의 '설득력 구조plausibility structure'[1]를 제공했다고 볼 수 있다.

약 20년 전에 필자는 대한민국 시민종교의 발전 과정에서 한국전쟁이 갖는 중요성을 다음과 같이 요약한 바 있다.

한국전쟁의 중요성은 바로 이 점에 있다. 즉 전쟁을 통해 지배자들은 자신들만이 주기적으로 기억하고 축하할 만한 가치가 있는 자신들만의 과거, 자신들만의 빛나는 전통을 만들어내는 데 성공했던 것이다. 어디에서나 그렇듯이 전쟁은 오로지 민족 혹은 국가를 위해 초인간적인 용기를 발휘한 수많은 전쟁 영웅들과 함께 그들의 피와 죽음으로 성화된 전투 현장들을 탄생시킨다. 바로 이 같은 맥락에서 지배자들은 전쟁을 거치면서 비로소 자신들만의 성스러운 사건들과 성스러운 장소들, 성스러운 인물들을 갖게 되었다. 그리고 그것들은 모두 성스러운 시민적 의례들과 상징들로 치장되었다. 그와 함께 건국부터 전쟁까지의 기간 동안 창출된 많은 시민종교적 요소들의 상당수가 이전에는 갖지 못했던 대중적 호소력과 생명력을 부여받게 되었다.[2]

한편, 전쟁을 계기로 한 대한민국 시민종교, 즉 반공−자유민주주의 시민종교의 만개滿開는 남북한 시민종교의 대大분화와 사실상 동시적으로 진행되었다. 다시 말해 대한민국 시민종교의 '형성'은 남북한 시민종교의 '분화' 과정과 시기적으로 완전히 중첩된다. 시민종교의 남북 분화 문제는 다음 장(8장)에서 다룰 예정이다.

1. 전쟁과 시민종교 신념체계 변화

반공−자유민주주의 시민종교의 구성요소 가운데 우선 신념체계에 대해 살펴보자. 국가를 신성화함으로써 국민의 도덕적 통합의 구심으로 만들려는 시도는 전쟁 기간 동안 또한 전쟁 이후 보다 체계화되었을 뿐 아니라 강조의 중점이 변화되었다. 전쟁을 계기로 한국 시민종교의 5대 교리 가운데 반공주의와 친미주의가 두드러지게 강세를 보였다. 전쟁으로 인한 격심한 파괴와 빈곤을 겪으면서 발전주의 교리도 더욱 중요해졌다. 반면에 민족주의와 민주주의 교리는 대한민국 정부 수립 당시에 비해 크게 약화되었다. 아울러 전쟁을 계기로 시민종교 신념체계에서 최고 교리의 지위가 '민족주의'에서 '반공주의'로 대체되었다. 전후의 반공주의는 시민종교의 신념체계에서 '지존至尊'의 지위를 차지하게 되었다. 전쟁 이전의 시민종교 신념체계가 '민족주의'를 중핵中核으로 하고 여기에 부차적으로 반공주의·자유민주주의·발전주의·친미주의를 결합시킨 것이었다면, 전쟁 이후에는 '반공주의'가 그 중심 위치를 차지하고 여기에 민족주의를 비롯하여 자유민주주의·발전주의·친미주의 등을 종속적으로 결합시키는 구조를 갖게 되었다.

1950년대 들어 1940년대에 비해 시민종교의 신념체계에서 민족주의 교리가 퇴조했음은 의문의 여지가 없지만, 이런 언급만으로는 변화의 전모가 제대로 드러나지 않는다. 보다 정확히 말하자면, 대한민국 정부 수립 후 지배층은 '두 유형의 민족주의'를 구분하고, 각각에 대해 상이하게 대응하는 전략을 개발해냈다. 그들은 민족주의를 금지·억압의 대상인 '위험하고 불온한 민족주의'와 허용되고 권장되는 '안전하고 건전한 민족주의'로 양분했다. '안전하고 건전한 민족주의'는 주로 반공, 스포츠, 근대화, 언어(한글), 국토애, 영토(고토)회복, 국난극복 역사 등과 연결된다. 반면에 과거사청산, 평화통일, 반미反美 등을 지향하는 민족주의는 '위험하고 불온한 민족주의'로 간주되어 엄격하게 금지되고 처벌되었다.

전쟁이 한국 시민종교의 신념체계에 미친 효과를 '피지배 대중'과 '지배엘리트'를 구분해서 살펴볼 수도 있을 것이다. 필자가 보기에, 피지배 대중 수준에서 두드러진 전쟁 효과는 '반공주의의 내면화'와 '친미주의의 대중화'였다고 말할 수 있다. 반면에 지배엘리트 수준에서 두드러졌던 전쟁 효과는 '반공주의의 지배 무기화'와 '친미주의의 내면화'였다. 정부 수립 초기 나타났던 시민종교 5대 교리 사이의 부정합 관계로 인한 시민종교 신념체계의 유동성과 불안정성이 감소하면서, 비교적 일관되고 안정된 시민종교 패턴이 전쟁 이후 한국사회에 착근하게 되었다.

신념체계의 변화를 중심으로 관찰할 때, '한국전쟁의 시민종교 (재)형성 효과'를 대략 다섯 가지 정도로 요약할 수 있을 듯하다.

첫째, 반공주의의 설득력 강화와 내면화, 위상 제고이다. 전쟁을 계기로 반공주의가 대중에게 자발적으로 혹은 공포를 통해 내면화되고 반공 영웅·성지·기념일 등이 속속 탄생하면서 반공주의의 설득력이 전례 없이 제고되었다. 이에 발맞춰 '반공주의를 중심으로 한 시민종교 체계의 위계적 재구성'이라고 부를 만한 변화가 빠르게 진행되었다.

둘째, 친미주의의 대중화, 지배엘리트에 의한 친미주의 내면화이다. 단순한 생존수단에 머물던 피상적 친미주의가 전쟁 후 지배엘리트에 의해 진심으로 수용되고 내면화되었다. 아울러 수용 범위가 엘리트 수준에 제한되었던 친미주의가 전쟁 이후엔 대중에게도 폭넓게 확산되었다.

셋째, 한국전쟁 직후부터 발전주의가 시민종교 요소로 본격적으로 등장했다. 전쟁을 통해 근대화를 위한 '모델국가'가 일본에서 미국으로 확실히 교체된 가운데, 그리고 전쟁의 빈곤화 효과로 인해, 근대화와 발전주의가 대중의 집단심성collective mentality과 국가 정책 모두에서 대단히 중요해졌다. 전쟁을 계기로 발전주의 지향은 더 나은 삶을 위한 '욕망'을 넘어 삶(생존) 자체를 위한 '절규'가 되었다. 나아가 정책 차원에서 볼 때, 1940년대에는 단순히 희망 섞인 지향이나 목표에 그쳤던 발전주의가 전후복구 및 원조·차관을 기초로 한 근대화의 '실행' 단계로 나아갔다.

넷째, 민주주의의 약세이다. '반공주의 과잉에 따른 민주주의 과소 현상'은 전시 및 전후 한국사회에서 가장 뚜렷해졌다. 반공주의의 국가주의적 성격이 극대화됨에 따라 반공주의-민주주의 사이의 모순과 이율배반도 한층 심해졌다.

다섯째, '약한 민족주의' 기조가 유지되는 가운데 '반공민족주의'가 등장했다. 대한민국 정부 수립 직후부터 뚜렷이 드러난 '민족주의 담론'의 퇴조 기조가 지속되었을 뿐 아니라, 전쟁 기간 중에는 지배블록 내에서 '민족주의 인사들'이 실제로 퇴출당하는 과정도 진행되었다. 반민특위 해산과 김구 암살이 민족주의의 약화를 드러낸 1940년대의 대표적인 사건이었다면, 이범석 등 대종교계 인사의 퇴출과 효창공원 해체 시도, 평화통일론을 대표했던 조봉암 처형 등은 1950년대에 민족주의 퇴행을 보여준 대표적인 사건들이었다. 반면에 부분적으로는 '반공주의와 민족주의의 수렴'에 따른 '반공민족주의', 나아가 '반공 선민주의' 현상도 등장했다.

전쟁을 계기로 한 시민종교 신념체계의 변화를 압축적으로 표현한다면 '반공주의·친미주의의 중심화' 정도가 될 것이다. 보다 정확하게는, '반공주의와 친미주의가 전면으로 부상한 형태의 반공−자유민주주의 시민종교 등장'으로 요약할 수 있다. 따라서 이번 장에서는 반공주의와 친미주의에 초점을 맞춰 전쟁 효과를 분석해보려 한다.

2. 반공주의

전쟁을 겪으면서 반공주의에 나타났던 변화들을 분석적으로 구분해보자면, 이를 대략 네 가지로 정리할 수 있을 것 같다. (1) 대중에 의한 반공주의의 내면화와 자발적 수용, (2) 반공주의의 윤리화와 유사종교화, (3) 반공주의−민족주의의 적극적인 결합, 그로 인한 반공 선민의식의 성장, (4) 반공주의의 국가주의적 성격 극대화 등이 그것이다. 각각에 대해 간략히 살펴보기로 하자.

(1) 반공주의의 내면화와 자발적 수용

정통성 보강을 위한 자신들만의 빛나는 전통 만들기의 차원에서, 대한민국의 첫 집권세력은 1940년대 말부터 반공 영웅과 반공 성지聖地 만들기에 열심이었다. 그럼에도 불구하고 그들은 반공주의에 대한 능동적이고도 자발적인 동의를 일반 대중으로부터 아직 이끌어내지 못하고 있었다.

뿐만 아니라 지배엘리트의 입장에서 보더라도 반공주의는 여전히 '생존 수단'의 측면이 두드러졌다. 그 때문에 심지어 집권세력의 반공주의조차도 충분한 감정적 에너지, 충분한 열정과 열광을 동반하지 못했다. 우리가 반공주의의 표층과 심층을 구분할 수 있다면 한국전쟁 이전의 반공주의는 여러모로 내실 있는 심층을 결여한, 표층에 머문, 혹은 (껍데기에 불과한) 피상성을 면치 못했다고 평가할 만했다.

앞서 2장에서도 말했듯이, 남북한에 분단국가가 들어선 1948년 8~9월 이후 38선 이남 지역에 살던 사람들은 반공이 필수적인 생존수단이라는 것, 반공주의에 동의하고 편승해야만 생존을 도모할 수 있음을 직감적으로 알아차렸다. 그러나 반공주의는 말 그대로 생존수단일 따름이지, 그 이상은 아니었다. 일반 대중이 점차 반공주의를 수용하게 되었음은 분명했지만, 그것은 어디까지나 목숨을 부지하거나 출세하기 위한 방편적 선택이었다. 따라서 반공주의는 아직 대중의 마음을 사로잡는 경지엔 이르지 못하고 있었다. 그러나 전쟁 과정에서 대중은 자신들의 직접적인 체험을 통해서 반공주의를 진심으로 수용하게 되었다.

이제 많은 사람들이 공산주의에 대해 공포심과 결합된, 본능적인 혐오감과 적대감을 느끼는 수준이 되었다. 이제 많은 이들에게 반공주의는 마음 속 깊이 우러나는 찬동의 감정을 불러일으키거나, 그것을 자신의 신조로써 인정하고 고백할 만한 대상이 되었다. 새로이 등장한 수많은 전쟁 영웅들, 전적지와 같은 반공 성지들, 국군묘지와 같은 반공 신전神殿들, 전사자 위령제나 추도식과 같은 반공 의례들, 규탄대회·궐기대회·웅변회와 같은 반공 대중집회들, 대규모 군사행진 등을 통해서 반공주의는 대중의 마음 깊숙이 침투해 들어갔다. 1953년에 열린 '전쟁기념미술전'에서 보듯이,[3] 또 종군 작가나 음악가·화가 등 종군 예술가들에서 단적으로 드러나듯이, 반공주의와 예술의 결합도 빈번히 이뤄졌다.

반공주의의 내면화와 자발적인 수용은 이런 변화, 즉 '반공주의의 육

38선을 넘어 남한으로 내려오는 일가족의 모습(1947년경)

화肉化 혹은 체화體化'를 가리키는 것이다. 우리는 이를 '반공주의의 아비투스화化'라고도 말할 수 있을 것이다. 이런 단계에 이르면 사람들은 굳이 위에서 강제하지 않아도 자발적으로 반공을 실천하게 된다.

(2) 반공주의의 윤리화와 유사종교화

한국전쟁은 사회 성원들에게 '냉전적 세계관'을 내면화시킨 결정적인 계기였다. 냉전주의적 국제질서관의 핵심은 '양 진영관two-camp image'이며, 그것은 먼저 "적敵과 우友를 명확하게 구분하는 이원론적인 세계관"에서 출발한다.[4] 미국을 중심으로 한 이른바 '자유주의 진영'은 '자유주의 문명 대 공산주의(전체주의) 문명' 간의 대립을 냉전적 세계질서의 골간으로 제시했다. 다시 말해 자유주의 진영은 "상대를 '우리 문명'의 '타자'로 적대시하는 문명론적 접근"을 취했는데, 여기서는 "하나의 정치이념인 <u>자유주의</u>가 스스로를 우월한 문명론으로 격상시켜 다른 모든 대항·대안 이념들을 문명/야만의 이분법으로 배제하고 자유주의적 제도를 물신화"(원저자의 강조)하기에 이른다.[5]

　문명-야만의 이분법과 더불어, 양 진영의 대립은 압제-해방의 이분법적 이미지로도 묘사된다. 이런 맥락에서 '공산주의 압제로부터의 해방' 사건들이 극적으로 연출되었다. 물론 공산주의 압제로부터의 해방은 '제국주의(공산 제국주의) 압제로부터의 해방'의 은유였으리라. 해방 사건들은 전쟁 시기 북한 주민들의 대규모 '월남'으로, 전쟁 말엽 포로들의 대한민국 선택과 '반공포로' 석방으로, 종전 후 북한군 장병과 주민들의 '귀순歸順' 행렬로 이어졌다.

　냉전적 세계관에 나타난 이원론은 '문명-야만 이분법'과 '압제-해방 이분법'을 넘어 다시 '선-악 이원론', 즉 양 진영 간의 대결을 선善과 악惡의 대립으로 묘사하는 '윤리적 이원론'으로 발전한다. 적敵과 우友가 분명히 구분되고 적에게 사악한 속성이 일방적으로 귀속될 때 이들 간의 대립은 다분히 '종교전쟁religious war'의 성격을 띠게 된다. 따라서 적과의 공존이나 타협, 심지어 접촉조차도 금기시된다. 한국전쟁 말기의 격렬한 휴전반대운동의 논리는 전형적으로 이러한 것이었다고 생각된다. 당시 야당이었던 민주국민당이 표현한 대로 휴전회담 재개는 "악마들의 모략"에 걸려드는 것이고, "공산 제국주의의 술중術中에 빠져 멸망"에 이르는 길로 간주되었다.[6] '공산주의 악마'와의 접촉·타협·공존에 대한 이런 금기taboo는 공산주의 및 공산주의자와의 물리적 접촉만이 아니라 그에 대해 중립적 혹은 호의적으로 말하는 것, 그리고 반공투쟁을 훼손하는 언행을 하는 것 등으로까지 확대된다. 나아가 월북한 이들이 만든 문학작품을 읽거나 가요를 부르는 것조차 금지된다. 1952년 10월 공보처는 월북 작가가 작곡한 가요의 가창을 일제히 금지하고, 그때까지 출판된 유행가집에 게 재된 것이라 할지라도 일체 판매를 엄금한다고 공표했다. 이 조치로 100여 곡의 대중가요가 판매나 가창이 금지되었다. 여기에는 조명암의 〈무정천리〉, 〈세월은 간다〉, 〈눈물 젖은 두만강〉을 비롯하여, 박영호의 〈무명초〉, 〈번지 없는 주막〉, 〈불효자는 웁니다〉 등이 포함되어 있다.[7]

윤리적 이원론은 한편으로 당면한 공산세력과의 투쟁을 일종의 '십자군전쟁' 내지 '성전聖戰'으로 받아들이게 한다. 동시에 다른 한편으로는 "이원론에 의해서 적의 타자성他者性이 철저히 강조되며 적의 희생이 허용되고 합법화된다. 윤리적 이원론은 적을 비인간화시킬 뿐만 아니라 아군의 병사에게는 살인행위에 대한 죄의식, 공포, 동정 같은 인간적 경향들을 제거해준다."[8]

전쟁에 대한 윤리적 정당화는 대중에게 "전쟁의 참상에 상처받고 지친 사람들에게 그것은 원인과 책임을 설명해 주는 일종의 이론이기도 했다."[9] 따라서 냉전적 반공주의는 한국인들 개개인에게 전쟁의 사회심리적 상처를 치유하고, 후유증을 최소화시키는 데도 크게 기여했다는 점을 간과할 수 없다. 그리고 그것이 전쟁의 상처를 치유하는 데 효과적인 만큼 냉전적 반공주의는 한국인들의 의식세계에 깊이 내면화되었다고 볼 수 있다. 전쟁은 불안과 긴장, 공포심, 혼란, 이상향 추구, 적대감과 불신 등과 같은 심리적 상처와 함께, 이른바 '재난증후군'이라고 불리는 광범한 후유증을 낳았다. 김홍수는 전쟁 이후 한국인들 사이에 나타난 재난증후군 가운데 죄의식이 상대적으로 약하게 나타나는 현상을 (냉전적 반공주의에 영향 받은) 강한 이데올로기적 대립의식 탓으로 해석하고 있다. 그리고 여전히 남는 죄의식을 극복하기 위해 한국인들은 자신들을 '예외적이고 특별한 일을 위해 남겨진 자들'로 보기 시작했다고 한다.[10] 이는 잠시 후에 언급하게 될, 한국을 '세계의 중심국'으로 간주하는 선민주의적 발상으로 연결된다.

(3) 반공주의-민족주의의 화려한 결합, 반공 선민사상의 출현

전쟁 후 반공주의가 민족주의와 적극적으로 결합하여 '민족주의적 반공주의' 혹은 '반공주의적 민족주의'로 본격 발전했다. 이때 '반공주의적 민족주의'가 위에서 말한 '안전하고 건전한 민족주의'의 범주에 포함됨은 물론이다. 앞서 2장에서도 언급했듯이 한국전쟁 이전에도 반공주의-민족주의 수렴 현상은 이미 나타나고 있었다. 그 핵심은 "공산주의자들이 제국주의적-팽창주의적 소련의 지배를 받는 '괴뢰'라는 것, 따라서 '진정한 독립'은 여전히 미완성이고 공산주의의 음모와 도전을 이겨내야만 비로소 도래한다"는 논리였다. 그러나 1950년대 들어 반공주의와 민족주의의 결합은 더욱 공고해졌다. 형태적으로 완숙해졌고 내용적으로도 한결 풍성해졌다. 1950년대 들어 반공주의와 민족주의의 결합은 일종의 '반공 엘리트주의anti-communist elitism' 내지 '반공적 선민사상'이라는 형태로 발전했다. 북한을 "소련의 주구나 괴뢰"라고 공격하는 것이 반공주의-민족주의 결합의 '소극적인' 측면을 보여준다면, 한국을 냉전적 세계질서 속에서 자유진영 전체를 이끌어갈 선민chosen people으로 자임하는 것은 반공주의-민족주의 결합의 '적극적인' 측면을 보여준다고 할 수 있다.

1950년대에 반공주의와 결합된 민족주의의 사례들을 무수히 많다. 1940년대의 반탁운동과 직결되는 논리인, 이른바 '적색 제국주의red im-perialism'로부터 민족을 수호한다는 논리와 행동은 1950년대에도 물론 계속되었다. 1950년대에 새롭게 등장한 현상 중 몇 가지 대표적인 것만 꼽더라도, (1) 대한민국이 세계적 냉전의 최전선最前線 국가로서 '자유세계' 전체를 방어하는 성스러운 역사적 사명을 수행한다는, 일종의 '반공주의적 선민사상', (2) 공산주의 세력과의 '부당한' 타협에 의한 전쟁 종결을 저지하려는 휴전반대운동, (3) '북진통일론의 국시화國是化', 즉 북한 공산주의체제를 타도하고 군사력에 의해 민족통일을 달성한다는 북진통일론을 국시의 단계로 끌어올리는 것, (4) 대중적인 반일反日 감정과 반공주의를 절묘하게 결합한, 1955년 하토야마 내각의 소련·중국·북한과의 관계 개선 정책에 대한 반대운동과 1959년의 재일동포 북송北送 반대운동[11] 등을 열거할 수 있을 것이다. 이런 '반공민족주의'의 최대 수혜자는 바로 이승만 대통령이었다. 서중석에 의하면 "단정운동의 최고지도자인 이승만이 북진통일운동을 전개하면서 통일의 화신으로 부각된 것처럼, 친일파를 기반으로 정권을 유지한 이승만은 반일운동을 전개함으로써 반일민족주의 대표적 인물로 부각되었다."[12] 반공주의와 민족주의의 결합에 관해 조금 더 자세히 살펴보자.

한국전쟁은 한편으로 한국인들의 세계 인식을 최대한 확장했고, 다른 한편으로 미국과 한국을 주축으로 하는 자유진영을 운명공동체로 긴밀히 결부시켜 인식하도록 만들었다. 한국전쟁은 '내전'으로 시작되었으나 개전 직후 '국제전'으로 비화되었다. 특히 3년간이나 한국의 청년 군인들이 연합군사령관의 단일한 지휘권 아래서 다양한 국적과 인종으로 구성된 군인들과 함께 전투를 수행한 경험은 그들에게 '한국전쟁의 세계사적 의의'를 깊이 각인시켰을 것이다. 초대 주미駐美대사로 일하는 도중에 전쟁을 맞았던 장면은 미국의 가톨릭 신자들에게 연설하는 가운데 이를 다음과 같이 표현했다. "한국에 있어서 우리를 대적하는 원수는 지방적 원수가 아닙니다.……미국 주변 수천 리를 떨어져서 벌어져 있는 이 전쟁은 실제적으로 귀하들의 고향마을에서 벌어지고 있는 것입니다."[13] 이승만 대통령 역시 1952년 8월 15일 있었던 제2대 대통령취임식의 취임사를 통해 "공산 제국주의"와 한국 민족주의의 대결을 강조하면서 유사한 인식을 드러냈다. "공산 제국주의는 모든 연합국을 대립해서 전 세계의 민족주의를 타도시킬 목적으로 할 것이니 기본적으로 말하자면 우리의 자유를 위해서 싸우는 것이 세계의 자유를 위해서 싸우는 것입니다. 우리의 승전勝戰은 모든 나라들의 승전입니다. 만일 우리가 실패한다면 세계 모든 자유국가 국민에게 비극적인 실패일 것입니다."[14] 한국인들의 의식 내에서 진행된 '세계'의 확대와 세계 구성의 입체화는 전쟁 이후 대대적으로 진행된 미국으로의 유학 혹은 해외연수, 자유진영 국가들과의 확장된 무역과 교류 등을 통해 가속화되었다.[15] 국제전화, 국제우편, 국제전보 등도 한국인의 세계 인식 확장에 기여했다.[16] 한국전쟁은 '한국인 의식意識의 지구화-세계화'에 지대하게 공헌했다. 이러한 과정과 병행하여, 당시 지식인들 역시 국제정세에 대한 민감한 관심, 문화적·이념적 거리를 중심으로 한 국가별 친소親疎 감정 형성이라는 특징을 보여주고 있었다.[17]

전쟁 후 시민종교의 신념체계의 '전면으로' 냉전적 반공주의가 부각된 대신, 민족주의는 냉전적 반공주의의 '내부로' 침투해 들어갔다. 다시말해 그것은 반공주의의 내부로 들어가 부단히 작용함으로써 반공주의에 강한 민족주의적인 색채를 덧씌우게 되며, 그것은 일종의 '반공적 선민의식選民意識'으로 발전된다.[18] 전쟁을 계기로 한국은 전 세계적인 규모의 냉전적 대결구도에서 반공 진영의 중심역中心役을 맡게 된 것으로 간주되었다. 전쟁을 거치면서 지배자들은 대한민국이 '자유진영의 보루'라는, 세계사적인 의의를 지닌 '성스러운 사명'을 부여받았노라고 주장했다. 전쟁이 끝난 직후 공보처장인 갈홍기는 한국전쟁을 계기로 한국이 세계의 중심으로 부상했다고 주장한다. 그에 의하면 한국은 전쟁으로 인해, 냉전의 지정학으로 인해 "(멸공투쟁 혹은 멸공 위업의) 선봉 선구국先鋒先驅國"이 되었다.[19]

일즉이 서양의 사가들은 말하기를 세계의 모든 길은 로마로 통해 있었다고 한다. 로마는 힘이 강대함으로써 세계의 중심이 되어 있었던 것이다. 그러나 20세기 현하 세계의 모든 길은 우리나라 한국으로 통해 있다. 이는 위치의 중대함으로서다. 이 위치라는 것은 지역적인 것과 아울러 역사적인 것이니 오늘날 우리 한국은 공산진共産陳 타멸打滅의 선봉국先鋒國으로서 가장 중대한 위치에 처해 있는 것이다. 6·25동란을 계기로 하여 우리 국내에서 전개되어 온 민주진民主陳 대 공산진共産陳의 투쟁은 비단 우리 한국 혼자의 운명만을 좌우하는 것일 뿐만 아니라 실로 양 진陳의 전체적 존망의 숙명적인 관건인 것이다. 그러므로 우리 한국은 자국의 운명과 아울러 민주진 전체의 '삶'을 양견兩肩에 걸머지고 멸공투쟁의 선봉으로서 혈투에 혈투를 거듭해 온 것이다. 이 선봉이란 것은 곧 멸공 위업滅共偉業의 선구자라는 뜻이다.……일찌기 미 아이젠하우어 대통령 및 닉슨 미 부통령이 내한한 것이라든지 또는 1953년 로버어트슨 미 대통령 특사가 내한하여 '한미방위협정' 체결의 보증과 정치회담에서 공동보조를 취함에 완전 합의를 보게 된 것이라든지 1953년 8월 떨레스 씨의 내한으로 체결된 '한미공동방위조약' 등 일련의 역사적 사실은 모두 우리 한국이 세계의 중심인 바를 입증하는 것이라 할 것이며 기타 공산진을 타도하기 위한 세계의 모든 길은 언제나 우리 한국으로 통해 있는 것이다.[20]

이와 유사하게 장면은 한국전쟁에서 한국이 맡게 된 세계적이고 인류사적인 사명과 역할에 대해 종교적 언어를 동원하여 설명한 바 있다. 그에 의하면 "이 전쟁은 민주주의를 시련하는 새로운 전쟁이며, 한국은 무한히 자비하신 천주께로부터 전 세계가 민주주의 세력에 대한 신뢰를 새롭게 하는 데 도구로서 선택"받았다는 것이다.[21] 통일교나 전도관 등 한국전쟁 이후 탄생한 신종교들 역시 대부분 '한반도 중심의 세계 구원'이라는 종교적 민족주의 관념을 강하게 표출했다.

(4) 반공주의의 국가주의적 성격 극대화

1948년 말 국가보안법 등장 이후 뚜렷하게 드러나기 시작한 반공주의의 국가주의적 성격이 전쟁을 거치면서 전면적으로 발현되었다. 이것은 반공주의를 선택하고 수용하라는, 그것이 자신의 신조임을 간증하라는 집단적 압력이 현저히 강화되었음을 뜻한다. 반공주의는 종전에 비해 더욱 억압적이고 공격적이고 폭력적으로 변했다. 반공주의를 추종하지 않는 이들은 즉각 국민의 자격을 박탈당했다. 경찰·정보기관이나 군대로부터 가해지는 '빨갱이'라는 낙인은 법적 절차 없이도 특정인의 자유를 구속할 수 있는 명분, 나아가 특정인의 생명마저 빼앗을 수 있는 '살인면허'를 주는 것이나 다름없었다. 한국전쟁 초기 보도연맹 회원들에 대한 대학살, 게릴라전 지구에 대한 초토화 토벌작전에서 이런 측면들이 극명하게 드러났다.

　문제는 누군가에게 공산주의자라는 낙인을 찍기가 너무나도 쉬웠다는 사실이다. 한국전쟁은 이후 수십 년 동안이나 지배세력이나 극우세력이 "아무나 멱살을 붙잡고 '이 새끼 너 빨갱이지'라고 흔들"[22] 수 있는 세상을 열었다. 1950년 8월 경찰에 의해 "회색분자" 혹은 "공산주의자"로 낙인찍혀 학살된 김해 한얼중학교 교장 강성갑 목사의 경우가 좋은 사례

좌와 우의 대결
1948년 4월 남대문 인근에서 개최된 공산당 대회의 모습(위)과
남한 단독정부 수립을 목표로 5·10선거 수호활동을 벌이던 우파의 모습(아래)

였다. 그가 재판도 받지 못하고 급하게 처형되어야 했던 이유는 다음과
같았다.

첫째, 그가 불온한 모임에서 자주 강연을 했다(그를 부른 것은 농민들이었고
교회와 학교였다). 둘째, 학교에 국기를 게양하지 않았다(그때 학교는 짓는 중
이었다). 셋째, 학교재단이 운영하는 공장에서 생산된 성냥 곽에 소련 국
기와 비슷한 팽이가 그려져 있었다. 넷째, '빨갱이' 안창득 한얼중학교
이사의 선거운동을 도왔다(안 씨는 재판을 받고 복권돼 2대 총선에 출마했다).
다섯째, 학생들이 행사 때 삽이나 팽이를 메고 시가행진을 했다. 여섯
째, 졸업식을 밤에 하고, 학교에 써 붙인 표어가 모두 빨간 글씨였다!(표
어란 성경 구절이었다) 일곱째, 교직원과 가족이 공동생활을 했다(가난한 교
직원과 가족은 한 푼이라도 비용을 아끼기 위해 공동생활을 해야 했다). 여덟째, 학
생들의 학도병 모집을 거부했다.[23]

한 예만 더 들어보자. 1955년 8월 상영 예정으로 제작이 완료된 '반공
영화' 〈피아골〉은 검열에 걸려 상영중지를 당하게 되는데, 나중에 문교부
에서는 다음과 같은 네 부분을 수정하도록 조건을 붙여 통과시켰다.

(1) 얼굴을 우두커니 들고 보고 있는데, 이러한 장면이 너무 지루하다.
(2) 공비들이 최후까지 신념을 버리지 않고 고집한다는 것은 잘못이다.
(3) 동리 이장을 찔러 죽인 양민들이 그냥 무사히 돌아가는데, 이것은
    공비에게 협력하면 살 수 있고 떨어지면 죽는다는 결론이니 이것은
    안 된다는 것, 즉 부역을 하든 안 하든 죽는다는 것을 표시하여야 한
    다는 것.
(4) 최후에 여자가 혼자 귀순하는데, 이것을 더욱 뚜렷하도록 하라는
    것.[24]

학계에 흔한 오해 중 하나는 반공주의 수용·지지와 관련된 자발성과 강제성 문제를 마치 제로섬 관계인 양 접근하는 것이다. 전쟁을 계기로 '반공주의의 내면화와 자발적 수용' 현상이 뚜렷해졌지만, 그렇다고 해서 반공주의 수용과 관련된 강제성이 소멸된 것은 결코 아니다. 오히려 반공주의의 국가주의 성격 극대화와 더불어 반공주의의 강제적 성격은 이전보다 더욱 강화되었다. 반공주의를 자발적으로 선택하고 수용하는 국민들이 대폭 증가했지만, 그렇다고 반공주의를 부정할 자유가 허용된 것은 전혀 아니었다. 요컨대 반공주의 수용과 관련된 강제성과 자발성 모두가 나란히 증가했다.

반공주의와 국가주의 간의 친화성이 부각될수록, 반공주의와 자유주의·민주주의 간의 대립성 또한 더욱 선명해질 수밖에 없다. 전쟁 이전과 이후 사이의 변화를 "자유주의적 반공주의에서 국가주의적 반공주의로의 전환"이라고 단정적으로 말한다면 이는 분명 과장이리라. 그러나 전전의 반공주의에 '자유주의적' 성격이 어느 정도 나타났다면, 전후의 반공주의에는 자유주의 측면이 최소화된 반면 '국가주의적' 성격이 전면으로 부각되었다. 전쟁 전에는 반공주의 교리가 민주주의 교리와 유기적인 관계를 맺지도 못하면서 어정쩡하게 공존하고 있었다면, 전후에는 반공주의의 국가주의적 성격이 전면적으로 발현되면서 반공주의-민주주의 사이의 불협화와 갈등이 훨씬 치열해졌다.

이처럼 전쟁을 계기로 반공주의의 위력이 배가되고, 시민종교 최고 교리 지위가 전전戰前의 민족주의에서 전후戰後의 반공주의로 대체되면서, 반공주의를 중심으로 한 시민종교 체계의 위계적 재구성이 빠르게 진행되었다. 그리고 이에 따라 반공주의에 내포된 '지배 혹은 통치의 무기'로서의 성격도 더욱 현저해졌다. 이런 상황에서 지배엘리트들은 '반공주의의 정치적 오남용誤濫用'이라는 유혹에 빠지기 쉽다. 반공주의의 오남용은 대한민국 시민종교 교리에 대한 범죄적 일탈이자 배교背敎 행위로 간주되기 쉽다.

반공주의 오남용 문제의 핵심은 대한민국 시민종교의 두 핵심 교리인 반공주의와 (자유)민주주의의 관계 방식과 관련된다. 한국 현대사에서 반공주의는 '자유민주주의라는 목적과 이상'을 실현하고 보호하는 '수단이자 방법'이었다. 자유민주주의는 반공주의의 '존재이유'였으며, 자유민주주의−반공주의 사이의 주종主從 관계는 지극히 명확했다. 반공주의는 그것이 자유민주주의를 품고 있는 한에서, 자유민주주의와 단단히 결합되어 있는 한에서만, 이를테면 '반공 성전聖戰'과 같은 방식으로 스스로의 성스러움을 주장할 수 있었다. 그러나 이와는 정반대로 반공주의와 자유민주주의의 괴리가 점점 심해지고, '자유민주주의 수호를 위한 반공'이라는 구호는 점점 공허한 거짓말이 되어가고, 급기야는 반공주의가 자유민주주의에 대한 보호수단이기는커녕 오히려 억압수단이 되고, 반공주의가 반反민주주의적 통치를 위한 정당화 기제로 이용되는 사태, 한마디로 반공주의의 정치적 악용이라는 사태는 대한민국 시민종교에 대한 지배층의 배교이자 죄악罪惡을 완성시키게 된다.

1950년대 내내 반공주의의 국가주의적 성격 극대화에 따른 반공주의−민주주의 간의 대립 문제, 그리고 반공주의의 정치적 오남용 문제, 그로인한 지배층의 배교 문제가 한국사회를 요동치게 만들었다. 이런 문제들이 대한민국 시민종교를 신봉하는 대중의 분노를 촉발하고 시민종교 예언자 진영의 형성과 결집을 자극함으로써, 또 시민종교 예언자 진영의 저항적·방어적 동원을 촉진함으로써, 궁극적으로 4·19혁명을 촉발하는 주요인으로 작용하게 된다. 물론 자유민주주의에 대한 일반 대중의 이해도나 체화 정도가 1950년대에조차 낮은 수준에 머물러 있었음은 사실일 것이다. 그러나 학교에서 민주주의의 원리와 가치를 체계적으로 학습한 신세대의 경우엔 그렇지 않았고, 결국 이들이 혁명의 주역이 되었다.

3. 친미주의

1948년의 미군정 종료와 1949년 미군철수를 거치면서 한국에 대한 미국의 영향력이 일시적으로 약화되었지만, 1950년 한국전쟁 발발로 재차 강화되었다. 주한미군사령관이 장악한 한국군에 대한 작전지휘권, "세계 어떤 나라의 수도에서도 길모퉁이만 돌아서면 거대한 땅을 차지하고 있는 외국군 기지가 갑자기 나타나는 광경을 본 적이 없다"고 커밍스가 말했던 용산미군기지(미8군사령부와 주한미군사령부),[25] 용산을 비롯해 전국 곳곳의 도심지에 산재한 미군기지들, 치외법권 지대나 다름없던 기지촌과 굴욕적인 주둔군지위협정SOFA, 한국 경제와 국방을 지탱해준 유·무상 차관과 원조 등이 1950년대 한국사회에 대한 미국의 지배력을 상징하는 요소들이었다. 1961년에는 미국대외원조처USOM와 한국 정부청사 쌍둥이 건물이 수도 서울의 심장부인 광화문 한 축을 차지하고 들어섰으며, 1968년부터 USOM 건물에 미국대사관이 입주했다.

　이런 정치적·군사적·경제적 측면만이 아니라, 문화적·사회적 측면에서 한미韓美 관계에 접근해보는 것도 필요하다. 또 한미 관계에서 한국인들의 (종속적이고 수동적인 측면뿐 아니라) 능동적이고 주체적인 태도나 대응 측면에도 주목해볼 필요가 있다. 특히 시민종교의 신념체계와 관련해서 전쟁을 계기로 친미주의의 성격과 질質이 크게 달라졌음에 유의해야 한다. 필자가 보기엔 (1) 친미주의의 내면화와 대중화, (2) 친미주의의 분화, (3) 친미주의 기념물의 증가, (4) 전후 친미주의의 강제적-억압적 성격, (5) 민족주의와 친미주의 관계의 복합성 강화 등 다섯 가지 변화가 중요하다.[26]

　앞서 2장에서 필자는 1940년대에 '다면성'과 '숨은 지배이념'이라는 두 가지 속성이 친미주의의 중요한 특징이었으며, 어떤 면에선 그런 속성들이 친미주의 특유의 탁월한 장점이기도 했다고 주장했다. 발전주의·반공주의·민주주의 교리와 자유롭게 뒤섞이고 융합되는 경향인 '다면성', 그

리고 반공 자유진영의 지도국가, 민주주의의 모범국가, 세계에서 가장 풍
요롭고 잘사는 나라 등의 상징과 이미지를 통해 간접적으로 친미주의적
효과가 발휘되는 '숨은 지배이념'이라는 특징은 1950년대에 오히려 더욱
선명하게 나타났다.

(1) 친미주의의 내면화와 대중화

1940년대의 친미주의는 시민종교의 5대 교리 중 하나였음에도 두 가지 심
각한 결함을 갖고 있었다. 친미주의가 지배엘리트층에만 국한되어 있어
아직 충분히 대중화되지 못했다는 것, 지배엘리트의 친미주의조차 생존
수단의 측면이 강했으므로 아직 열정이 결여된 반쪽 친미주의에 불과했
다는 것이었다. 그런데 한국전쟁은 일반 대중이 친미주의를 적극적으로
수용함에 따라 '친미주의의 대중화'가 급진전되고, 지배엘리트 내에서도
반쪽 친미주의가 '온전한 친미주의'로 바뀌는 결정적인 계기로 작용했다.

　우선, 전쟁을 거치면서 식민지엘리트 출신을 주축으로 한 지배엘리트
내부에서 친미주의의 내면화·심층화가 진행되었다. 단순한 생존수단이
나 기회주의적 처세법을 넘어서는, 겉으로만 드러내는 피상적인 친미주
의가 아닌, 진심어린 친미주의, 심층적이고 깊이 있는 친미주의가 지배층
내부에서 비로소 확산되고 뿌리내렸다.

　지배엘리트 성원들이 자기 자녀들을 일본이나 유럽 국가들이 아닌 미
국으로 유학시키는 빈도가 급증한 일은 이런 변화를 입증하는 중요한 지
표 중 하나였다. 누구도 자식의 미래를 놓고 도박하지 않는다는 점을 감
안할 때, '자녀의 미국 유학'이라는 개인적·가족적 선택이야말로 자식의
미래를 미국에 맡길 정도로 미국을 신뢰한다는 분명한 징표였다. 자식의
미래가 자신의 미래와도 직결됨은 물론이다. 지배엘리트층의 활발한 '크
리스천 되기'도 친미주의의 내면화·심층화를 보여주는 주요 지표라고 판

단된다. 1961년 7~8월에 걸쳐 연세대학교 신학회 교회사정연구부는 전국의 중소도시 소재 47개 교회를 대상으로 실태조사를 실시한 바 있다. 이 조사의 결과물인 "한국 중소도시 교회 실태보고서"는 학생과 전업주부를 제외한 개신교 신자 4,480명의 직업별 분포를 제공하는데, 상업 종사자 32.3%, 공무원 26.7%, 노동자(블루칼라) 21.2%, 사기업 종사자(화이트칼라) 19.9%로 나타났다.[27] 개신교 신자들 가운데 공무원의 비율이 두드러지게 높았던 것이다. 나아가 1950년대 들어 이승만 정권은 정권 1·2인자가 감리교 장로·권사였을 뿐 아니라, '개신교정권'이라고도 부를 수 있을 정도로 정권 핵심부를 개신교 신자들이 장악하고 있었다. '개신교정권'의 성격은 한국전쟁을 겪은 1950년대 중반 이후에 더욱 뚜렷해졌다.[28]

대중도 친미주의를 수용했다. 그런데 지배엘리트와 대중이 친미주의를 수용한 동기는 달랐다. 지배엘리트의 경우 친미주의 수용에 생존 동기나 권력 동기가 주로 작용했다. 물론 공산진영을 중심으로 한 외부 위협·침략으로부터의 방어와 보호라는 측면에선 엘리트와 대중 모두 생존 동기를 공통분모로 갖고 있었다고 말할 수 있다. 그러나 대중의 친미주의 수용에는 동경, 부러움, 욕망 등으로 집약되는, 발전주의·민주주의 가치에 대한 선호 역시 강하게 작용하고 있었다.

1930년대 이후 일본에 의해 만들어진 미국의 이미지는 서구 중심적 인종차별주의와 개인주의, 소비주의 등 대개 부정적인 것들이었다. 그러나 해방 후 미국이 문화 전파나 냉전적 심리전 차원에서 군정청 영화과, 주한 미국공보원OCI, 대한민국 정부 수립 후의 미공보원USIS/K이나 미문화원 등을 통해 한국인들에게 주입시키려 했던 미국 이미지는 "한국이 근대 민주주의 국가가 되기 위해 의지하고 따라야 할 문명 지도국", 혹은 "유럽문화가 현대적으로 집약되어 계승되고 있는 문화 선진국" 등 긍정적인 것 일색이었다.[29] 이하나가 말하듯이 "미국의 문화 전파에서 획기적 계기가 된 것은 한국전쟁이었다. 전쟁은 미국의 위상을 '혈맹'의 반열에 올려놓은 문화 선전의 장이나 다름없었다. 전쟁 중에 미국의 심리전 도구로 쓰인 각종 '삐라'(전단)나 팸플릿, 전시방송 등은 미국이 공산주의의 위협으로부터 '자유 대한'을 지키는 구원의 나라로 표상되는 데 총력을 기울였음을 보여준다.……이 과정에서 공산진영과 자유진영은 '야만적인 전근대 문명'과 '인본주의적 근대 문명'으로 대비되어 대중들에게 선전되었다."

한국의 1950년대는 영화의 인기가 절정이던 시대였다. 특히 미국 할리우드 영화의 위력이 대단했다. 1950년대 전반기에는 한국 영화가 매년 12~20편가량 제작된 데 비해 한국으로 수입되는 외국 영화는 연간 100~150편이나 되었고 그 대부분이 미국 영화였다. 1950년대 후반기부터 약 10년 동안 한국 영화의 전성기가 도래했는데, 1955년에 15편에 머물렀던 국산영화 제작편수가 1959년에는 108편이나 되었다. 영화 붐은 극장·영화관 설립 붐으로 이어졌다. 보건사회부 자료에 의하면 1960년 현재 전국에 영화관이 139개소, 극장이 201개소가 있었다.[30] 한국인들이 극장으로 쇄도하는 가운데 극장 안에선 미국산美國産〈리버티뉴스〉와 할리우드 영화가 연거푸 상영되곤 했다. "당시 〈대한뉴스〉와 교대로 극장에서 상영되었던 〈리버티뉴스〉는 미국 공보원과 리버티 프로덕션이 공동으로 제작해 배포하는 부정기 뉴스영화였다."[31] 한국 극장가를 장악한 미국 영화와 뉴스영화에 비친 미국은 냉전체제의 맹주이자 자유진영의 리더였을 뿐 아니라, 풍요가 넘치는 낙원, 지상의 유토피아, 꿈의 나라였다. "전후 극장가를 뒤덮은 미국 영화 속에서 미국은 현대 문명을 고스란히 누리며 합리적이고 민주적인 생활을 영위하는 나라로 묘사되었다."[32]

한국인들에게 미국은 민주주의, 반공주의, 그리고 발전주의라는 프리즘을 통해 상상되고 체감되었다. 거듭 말하지만, 자유민주주의가 대한민국 시민종교 신념체계의 한 구성요소로 자리 잡게 된 데는 해방 후 모델국가 역할을 한 미국의 영향을 반드시 고려해야 한다. 전후 한국사회에서 자유민주주의는 친미주의와 밀접한 관계를 맺고 있었다. 한국에서 친미주의 확산은 일차적으로 냉전적 세계질서의 형성, 한국전쟁 과정에서 구축된 한·미 간의 공고한 유대, 미국의 대한對韓 원조와 그에 따른 대미對美 종속이라는 상황 전개를 배경으로 한다. 특히 냉전적 세계질서 속에서 '자유민주 진영'의 맹주인 미국과 한국이 공고한 동맹관계를 형성하게 되었다는 사실이 자유민주주의와 친미주의를 결합시킨 원동력이었다. 나아가 미국은 한국을 '사악한' 세력의 위협으로부터 보호해 주었으며, 한국인 대다수가 겪어야 했던 전쟁과 전후의 폐허·궁핍으로부터 구출해준 고마운 존재이기도 했다.

한국인들 사이에 친미주의를 확산시킨 보다 중요한 이유는 전쟁 기간 중 최대한 증폭된 근대화·풍요에의 열망과 관련되어 있다. 한국인들은 미군정 시기에는 직접 체험하지 못했던 미국의 강력한 힘과 부富를 전쟁을 통해 실감하게 되었다. 전후의 한국인들에게 미국은 '자비로운 구원자·보호자'였을 뿐만 아니라 '지상낙원' 혹은 '선취先取된 유토피아' 그 자체이기도 했다. 친미주의는 풍요에 대한 동경과 열망의 동의어였고, 고통스럽고 지긋지긋한 가난의 반의어였다. 미국은 자유민주주의를 위해 한국전 참전과 대한 원조를 행하고 있노라고 무수히 강조했다. 한국인들은 미국의 부와 풍요, 강력함에 대한 직·간접적인 경험을 통해 획득되고 구축된 자유민주주의의 정당성을 '의심할 나위 없는' 것으로 받아들였다. 모델로서의 미국 혹은 친미주의를 매개로 하여 시민종교 신념체계의 구성 요소들인 '반공주의-자유민주주의-발전주의' 사이에 공고한 담론적 접합이 이루어졌다. 앞에서 살펴보았듯이 이승만 정권이 때로는 국산품 전시회나 산업박람회 등 과시적인 행사들을 통해, 때로는 근대적인 대규모 공장과 사회간접시설의 건설을 통해, 때로는 의욕적인 경제개발계획을 발표함으로써 자신의 정통성 구축을 위한 중점 중 하나를 '근대화'에 둘 수밖에 없었던 것도 이런 변화를 반영한 것으로 해석할 수 있다.

한국전쟁을 계기로 미국인·미국문화와 한국인들 간의 상호작용 빈도와 밀도는 급격히 상승했다. 특히 문화영화나 〈리버티뉴스〉, 책자 등을 통해 형성된 미국 이미지가 '상상된 미국'이었다면, 미제 물건들은 "물질로 현현된 아메리카"였다. 미제 물건들을 통해 미국을 체험하는 세 가지 통로는 원조물자, 밀수품, 피엑스(PX: Post Exchange) 물품 등이었다. 우선, 다양한 원조기관들을 통해 들어온 원조물자는 "쌀, 밀, 설탕 등 식료품에서부터 벨벳이나 나일론 같은 합성섬유, 치약이나 비누 같은 생필품, 재봉틀 같은 가정용 기계, 트럭 등 차량, 화장품이나 향수 등 사치품에 이르기까지 총 수백만 톤에 달했다." 다음으로, "미제 물건의 유입은 밀수를 통해서도 이루어졌다.……1950년대에는 쌀이나 금이 가장 중요한 밀수품이었지만 그밖에 약재류나 화장품, 사치품, 마약, 서적류도 있었다." 마지막으로, 미군부대 피엑스에서 거래되는 물건 중 70퍼센트가 암시장으로 흘러나왔는데, 파주의 '양키시장'이나 서울의 동화백화점과 남대문 도깨비시장 등이 그런 곳들이었다. "군대용품뿐 아니라 고가의 카메라나 시계 따위의 사치품부터 통조림 등의 식료품, TV 등의 가전제품, 살림살이나 실내장식용품, 화장품, 학용품, 심지어 스타킹이나 하이힐 등 여성이나 어린이 용품까지 그야말로 '없는 것이 없는 세계적인 체인을 가진 호화판 백화점'이었다. 특히 한국의 군부대에 있는 피엑스는 전 세계에서 가장 호화로운 것으로 꼽혔다."[33] 1950년대에 "양담배는 미국의 부와 문화의 상징"이 되었다.

당시 양담배 인기는 꼭 담배 품질 때문만은 아니었다. 미제美製가 풍기는 권위 또는 아우라 같은 것이 있었다. 1950년대 경제를 가리켜 '피엑스PX 경제'라는 말이 나올 정도로 미군 면세 매점에서 흘러나오는 제품들은 모든 사람들을 사로잡았기에 그것을 시장 좌판에 내다 파는 건 가장 수지맞는 장사였다. 박완서는 "피엑스 물건 하면 곧 고급의 사치품을 의미했다"며 다음과 같이 말한다. "럭키 스트라이크와 카멜 담배, 밀키웨이 초콜릿, 럭스 비누, 나비스코 비스킷, 참스 캔디, 폰즈 크림, 콜게이트 치약. 그런 미제 물건들이 좌판에 빤짝빤짝하고 알록달록하게 모여 있는 것만 봐도 즐거운 눈요기가 되었고, 미국이란 나라에 대한 무조건적인 동경을 불러일으켰다. 구질구질한 시장 속의 난데없는 꽃밭 같은 이 작은 좌판들이 곧 미국의 부와 문화의 상징이었던 것이다. 여북해야 점잖은 척하는 신사도 어쩌다 럭키 스트라이크를 한 갑 사서 피우고 나서는, 그 맛보다는 그것으로 과시할 수 있는 품위를 잊지 못하여 그 갑에다 국산 담배를 넣어 가지고 다니겠는가."[34]

미국이 풍요의 상징으로 기능하는 방식은 때때로 역설적인 모습을 띠기도 했다. 예컨대 미군부대에서 흘러나온 다량의 음식물 쓰레기들은 '유엔탕'이나 '유엔죽'이라는 이름의 '꿀꿀이죽'으로 소비되었다. 미국이 풍부하게 제공해준 밀을 이용하여 분식 같은 음식문화가 급속히 확산되는 가운데, '밀면'이나 '밀막걸리'와 같은 새로운 음식이 유행하기도 했다.[35] 미군부대에서 흘러나온 소시지나 햄 등이 한국의 전통음식인 김치와 고추장을 만나 '부대찌개'가 탄생하기도 했다. 대중화된 친미주의의 또 다른 증거 내지 지표는 영어의 치솟는 인기였다.

전후의 도시에서는 서구식 내지 미국식으로의 문화변동이 엄청난 속도로 진행되었다. 도시인들, 특히 청년들 사이에는 학교교육을 통해, 라디오 방송교재를 통해, 혹은 AFKN방송을 통해, 혹은 YMCA의 영어 강좌를 통해 영어공부 열기가 대단했다. 여기서 중학교에서 제1외국어로 영어를 선정하고, 대기업에서 공채시험의 과목으로 영어를 선정한 것은 미군정기에는 공문서에만 등장하던 영어가 대중화되는 계기로서 매우 중요한 의미를 지닌다. 유진이 지은 『영어구문론』이 1950년대를 대표하는 베스트셀러가 될 만큼 대중적인 영어공부 열풍이 불어 닥친 것도 1950년대가 처음이었다. 라디오방송국에서는 경쟁적으로 영어회화 프로그램을 도입했고, AFKN방송은 식자층에게 영어를 익히기 위한 유용한 수단으로 각광받았다. 또 "YMCA란 영어, 수학강습회를 하는 곳이다"라는 말을 들을 만큼 전국 각 도시의 YMCA 대부분이 영어 혹은 영어·수학 강습회를 경영했다. 1956년까지 약 10만 명이 YMCA의 영수학관을 거쳐 갔고, 1950년대 말까지는 약 20만 명이 이 과정을 수료했을 것으로 추산되고 있다. 도시의 공식 부문에 종사하는 이들 사이에는 '미스'와 '미스터' 호칭이 뿌리를 내렸다. 영어 한 마디 모르는, 구두통을 어깨에 멘 빈민촌의 아이들이 굳이 '슈사인보이'라고 불리는 세태이기도 했다. 영화 제목, 라디오 프로그램 제목, 간판, 상품명, 유행가의 제목과 가사, 문학작품 제목 등에 영어가 넘쳐나기 시작했다. 특히 영어식 상품명은 화장품, 설탕, 양복지, 치약 등 어느 분야에서든 '미제美製'를 선호하는 풍조를 반영한 것이기도 했다. 이처럼 도시인들의 언어생활 속으로 영어가 깊숙이 침투되었다.[36]

우리는 미국에 대한 한자 표기 방식이 변한 데서도 친미주의의 대중화 추세를 읽어낼 수 있다. 한국인들은 해방 이전에는 일본인들을 따라 '米國'이라고 쓰다가, 미군정 기간에는 '米國'과 '美國'을 혼용했고, 전쟁 후에는 오직 '美國'으로만 쓰게 되었다.[37] 이런 변화는 미국에 대한 한국인들의 점증하는 호의를 반영한다.

(2) 두 개의 친미주의?: 친미주의의 분화

한국인들은 식민지 시대부터 독립에 대한 열망과 함께 근대화에 대한 열망을 품고 있었다. 해방을 계기로 근대화의 목표는 이제 '일본식' 근대화에서 '미국식' 근대화로 변화되었다. 해방 후에도 한국은 여전히 종속국가로서, 일본을 대신한 미국이라는 새로운 '모델사회model society'를 갖게 되었던 것이다. 그러나 모델사회가 일본에서 미국으로 변화된 것의 의미가 '타민족他民族중심주의적' 사고방식의 단순한 연장이었던 것만은 아니었다.

　일본과 한국의 문화적 유사성으로 인해, 그리고 일본이 주창했던 '대동아공영권' 구상의 저변에 깔린 문화적 혹은 문명적 우월주의로 인해, 종전의 일본을 모델사회로 한 타민족중심주의에는 (옥시덴탈리즘의 성격이 전면으로 부각되어 있는 데 반해) '오리엔탈리즘'의 성격이 약한 편이었다.[38] 여기에는 '서양에 비해 우월한 동양'이라는, '광의廣義의 자민족自民族중심주의'가 '일본에 비해 열등한 조선'이라는, '협의狹義의 타민족중심주의'와 결합되어 있었다. 서양의 기술적·과학적·군사적 우위를 인정하는 동도서기론東道西器論으로 변형되기는 했을지언정, '서양에 비해 우월한 동양'이라는 사상은 중국 중심의 중화주의中華主義로부터 일본 중심의 대동아공영 사상에 이르기까지 면면한 전통을 갖고 있었다. 소중화주의小中華主義 주장으로 표출되든 아니면 대동아공영 담론 편승으로 나타나든, 해방 이전의 한국인들은 서양과 미국에 대해 문화적·문명적 우월감에 기초한 옥시덴탈리즘에 가까운 태도를 취하고 있었다. 반면에 미국을 모델사회로 삼은 해방 후의 타민족중심주의는 서구문화의 관점에 서서 그와 이질적인 자문화自文化를 낮춰 본다는 점에서, 순수한 '오리엔탈리즘'의 내면화에 좀 더 가까웠다.

　따라서 한국인들에게 발전의 모델사회가 일본에서 미국으로 대체됨은 세계질서를 바라보는 시각의 극적인 변화를 수반하는 일이었던 셈이다. 그것은 (1) 지리적 근접성과 심리적·문화적 근접성이 수렴했던 과거의 '동양 대 서양'이라는 대립구조로부터, 지리적 근접성에 비례하여 심리적·문화적 근접성이 오히려 감소하는 현재의 '공산진영 대 자유진영'의 대립구조로의 변화와 더불어, (2) 자문화와 자아에 대한 부정적 인식이 증폭되는 변화를 모두 함축하고 있다. 특히 후자의 변화는 극단적인 '반反전통주의'와 '숭미주의崇美主義'의 태도로 나타날 수도 있었다. 해방 후 한국에서 활동했던 대다수 미국인 관료와 군인들의 한국인에 대한 일관된 '인종주의적' 태도[39]에도 불구하고 친미주의가 대중화되고 내면화되었다는 점에서, 한국 친미주의에는 자기비하의 요소, 심지어 자학적인 요소도 담겨 있었다고 말할 수 있을 것이다.

해방 후부터 1950년대 중반까지 약 10년 동안 변화의 큰 흐름은 군국주의적 일본 제국帝國을 모델사회로 삼았던 '반미 옥시덴탈리즘'에서, 미국을 모델사회로 삼은 '친미 오리엔탈리즘' 방향으로 진행되었다고 말할 수 있다. 그런데 필자는 여기서 "해방 10년의 한국사회에는 반미 옥시덴탈리즘과 친미 오리엔탈리즘이라는 이념형적 양극단만이 존재했을까?" 하는 질문을 던져볼 필요가 있다고 생각한다. 필자가 보기엔 양자의 중간쯤에, 그리고 그 자체로 형용모순에 가깝긴 하지만 '친미 옥시덴탈리즘'이라고 부를 만한 변형태도 분명히 존재했던 것 같다. 친미 옥시덴탈리즘은 이행기의 과도적 현상일 수도 있고, 비교적 강고한 사회적 기반을 갖고 꽤 오랜 기간 존속하는 회색지대일 수도 있다. 그렇다면 일시적 현상이든 아니든 1950년대식의 '친미 옥시덴탈리즘'이 존립할 수 있었던 기반은 무엇이었을까?

필자는 해방 이후 국가주권 회복에 의해 과거 식민지 시대에 비해 모델국가-모델사회와의 관계가 좀 더 수평적인 것으로 바뀐 상태에서, 미국과 한국의 관계를 어떻게 설정할 것인가에 따라, 또한 자문화에 대한 부정적 정서의 강도에 따라 적어도 '두 가지의 친미주의'를 말할 수 있다고 생각한다. 다시 말해 (1) 미국을 세계의 중심에 두고 한국을 그 하위 파트너로 간주하면서 자문화에 대해 대체로 부정적인 태도를 취하는 경우, 그리고 (2) (미국에 대해 기본적으로 우호적인 태도를 취하면서도) 한국을 세계의 중심에 근접시키면서 자문화에 대해 어느 정도 긍정적인 태도를 취하는 경우

〈표 7-1〉 해방 후 친미주의의 두 유형

	자문화에 긍정적	자문화에 부정적
세계의 중심은 한국	친미 옥시덴탈리즘	
세계의 중심은 미국		친미 오리엔탈리즘

를 들 수 있을 것이다. 전자를 '친미 오리엔탈리즘'으로, 후자를 '친미 옥시덴탈리즘'으로 각각 명명할 수 있을 것이다(〈표 7-1〉).

한편 '반미 옥시덴탈리즘에서 친미 오리엔탈리즘으로의 이행'으로 압축될 수 있는 세계관·세계질서관의 극적인 변화에도 불구하고, 대중이 친미주의를 실제로 수용하는 방식에서 미묘한 차이가 발견된다는 점이 강조될 필요가 있다. 전쟁을 거치면서 엘리트와 대중 모두가 (반미주의를 버리고) 친미주의를 수용하게 되었음은 분명하다. 그러나 대중과 엘리트가 친미주의를 수용하는 동기가 달랐을 뿐 아니라, 대중 내부에서도 친미주의를 받아들이는 방식 면에서 의미 있는 차이가 나타났다. 친미주의의 일반화에 따른 오리엔탈리즘적 인식의 확산, 냉전적 반공주의 내부에서 민족주의적 음조의 확산이라는, 전쟁 이후의 '확고부동한'(그러나 미묘하게 서로 충돌할 잠재력도 지닌) 역사적 사실들이 대중 수준에서 결합하는 양상이 결코 단순하지 않았다는 것이다.

필자는 전쟁 후 대중 내부에서 발견되는 친미주의 수용방식의 차이가 주로 '세대 변수'에 따른 것이라고 판단한다. 〈표 7-2〉에서 보듯이, 해방 이전의 식민지 시대에 식민지엘리트들은 일본인과 유사하게 '반미 옥시덴탈리즘'의 태도를 취했을 것이다. 식민지의 대다수 조선인 대중도 이와 크게 다르지 않았을 것이다. 식민지엘리트들은 해방 후 미군정 시기에 재빨리 '친미 옥시덴탈리즘'으로 입장을 바꾸었다. 그런데 1950년대에 대중이 친미주의를 받아들일 때, (1) '기성세대'와 '전전戰前세대'는 친미 옥시

〈표 7-2〉 해방 후 친미주의의 세대별 분화와 성격 변화

	반미주의	친미주의
옥시덴탈리즘	해방 이전의 식민지 조선인들 (반미 옥시덴탈리즘)	1940년대의 식민지엘리트, 1950년대의 기성세대·전전세대 (친미 옥시덴탈리즘)
오리엔탈리즘		1950년대의 청년세대, 전후세대 지식인 (친미 오리엔탈리즘)

덴탈리즘에 가까운 입장을, (2) '청년세대'와 '전후戰後세대 지식인들'은
친미 오리엔탈리즘에 가까운 입장을 취했을 것이라고 필자는 보고 있다.
이때 '청년세대'는 4·19혁명의 주역이 되는 1935~1945년생들, 그리고 '전
후세대 지식인'은 (청년세대와 부분적으로 중첩되기도 하지만) 한국전쟁 발발 이후
본격적으로 활동하기 시작했던 예술가·학자·언론인·종교인·교사 등을
가리킨다. 아마도 『사상계』를 무대로 활동했던 일군의 지식인들을 '전후
세대 지식인' 범주의 전형으로 설정할 수 있을 것이다. 요컨대 전쟁 전에
는 식민지엘리트에 제한되었던 친미주의가 전쟁 후엔 대중화되고 식민
지엘리트 그룹 안에서도 친미주의가 내면화·심층화되었지만, 이런 변화
가 세대교체의 흐름과 맞물리면서 '세대차世代差'라는 형태로 '옥시덴탈
리즘 색채의 친미주의'(기성세대, 전전세대 지식인)와 '오리엔탈리즘 색채의 친미
주의'(청년세대, 전후세대 지식인)가 분화되면서 공존했다는 것이다.

　1950년대에 다방茶房을 중심으로 형성된 커피 문화의 주된 향유자들,
할리우드 영화의 주 소비자들은 청년세대와 전후세대 지식인들이었다. 전
후 영어 학습·사용 붐을 이끌었던 주역도 이들이었다. 그들은 미국식 자
유주의와 민주주의에 대한 주된 지지층이기도 했다. 발전주의와 근대화
측면에서도 미국은 이들에게 선망과 모방·학습의 대상이었다. 다른 한편
으로, 기성세대와 전전세대 지식인들은 식민지 시절부터 민족주의적-국

가주의적 총화단결을 저해하는 이기적 개인주의와 도덕적 자유주의의 온상溫床으로 미국을 바라보고 있었다. 이들은 1950년대에도 미국을 댄스홀, 춤바람, 양주와 양담배, 물질만능주의, 퇴폐문화, 에로티시즘, 향락적 소비문화, 양키시장·도깨비시장, 양공주·양키마담과 기지촌, 혼혈아 등과 연결시키는 경향을 보였다. "저질문화를 양산하는 미국"이라는 이미지도 춤바람과 댄스홀 등에 대한 비판과 연관된다.[40] 1950년대에 수입된 외국 영화의 절대 다수가 미국 영화였는데, 미국 영화의 대부분은 남녀 간의 애정을 다룬 것이었다. 당시 많은 신문들은 이에 대해 "애욕영화", "저속한 작품", "에로 범람" 등의 용어를 동원하여 비판을 가하곤 했다.[41]

1954년 1~8월 「서울신문」에 연재된 정비석의 소설 〈자유부인〉이 불러온 논란도 비슷한 맥락에서 이해할 수 있다. 미국식 자유주의 윤리의 침투 탓으로 전통적 가치가 무너지는 사회풍조를 배경 삼아 교수 부인의 춤바람과 성적 문란을 다룬 이 소설을 둘러싸고 연재 초기부터 교수, 변호사, 문학평론가, 작가가 가세한 논전이 벌어졌다. 경찰 당국마저 조사에 나서는 등 예술과 성윤리, 상업성 논쟁이 이어졌다. 이 작품이 단행본으로 출간되자 순식간에 14만 부가 팔려나가 출판사상 처음으로 판매량 10만 부를 돌파했다. 1956년 6월에는 영화로도 만들어져 큰 인기를 모았다.[42] 다음 인용문은 청년세대와 전후세대 지식인들에 의해 주도된 1950년대 도시문화를 바라보는 '농촌' 기성세대·전전세대의 시각을 주로 보여준다. 필자는 이 인용문이 '도시'에 거주하던 전전세대·기성세대의 시각도 간접적으로 보여준다고 생각한다.

> 수영복 차림 혹은 노출이 심한 서구적 의상을 입은 여성들이 뭇 남성 앞에서 활보하는 미스코리아선발대회나 패션쇼, 여름이면 서울의 뚝섬유원지를 가득 메우곤 했던 수영복 차림의 여성들 등은 신체노출을 극도로 꺼리는 전통적 윤리에 젖어 있는 농촌 주민들, 특히 노인들의

분노를 자아내기에 충분했을 것이다. 심지어 교통안전 캠페인의 일환이었던 1959년의 교통안전여왕 선발대회조차도 수영복 심사를 포함하고 있었다. 대부분 남녀가 얼싸안고 마주보는 키스 직전의 광고들, 혹은 여체가 상당히 노출된 광고 그림이나 사진들이 함께 실려 있는 신문의 자극적인 외국 영화 광고 역시 마찬가지였을 것이다. 박인수 사건을 비롯한 반인륜적 범죄들, 그리고 〈자유부인〉에서 잘 보여진 자유연애나 춤바람, 성적인 방종 풍조, 수만 명의 윤락녀들, 누드모델이 돈 잘 버는 새 직업으로 신문에 소개되고 도색일서桃色日書를 파는 도시의 노점상들이 붐을 이룬다는 소식 등은 농민들로 하여금 도시를 '범죄와 타락의 장소'로 여기게 만들었다고 할 수 있다. 마찬가지로 카바레나 바 등이 밀집된 서울과 부산 등 대도시는 농촌 주민들에 의해 퇴폐와 환락의 도시로 간주되었을 법하다.43

물론 청년세대나 전후세대 지식인들의 경우에도 친미주의에 약간의 양가감정이 여전히 동반되었던 것 같다. 한국전쟁 직후인 1954년 5월부터 1955년 3월까지 『학원』지에 연재된 조흔파의 〈얄개전〉이 좋은 예처럼 보인다. 중학생 얄개(나두수)를 주인공으로 한 이 소설에 대한 정종현의 흥미로운 해석을 보자.

나두수가 다니는 중학이 미션스쿨이라는 점도 흥미롭다. 허드슨 교장에 대한 작품의 시선은 미묘하다. 그는 "민주주의가 아닐뿐더러 하나님 도리에 맞지 않기" 때문에 학생 구타를 허락하지 않을 만큼 선량한 미국인이다. 그렇지만 나두수는 허드슨 박사의 선의에 장난으로 응수한다. 허드슨 박사에 대한 시선과 그가 정한 규범에 대한 장난스런 위반은 당대 한국사회가 미국을 대하는 태도의 알레고리처럼 읽힌다. 작품에서 허드슨 교장 부부에 대한 기본적인 정서는 깊은 감사의 태도이지만, 그 한구석에는 그들의 영향에서 벗어나고 싶은 마음이 엿보인다. 이러한 면에서 「얄개전」은 미국적 가치와 규범을 일방적으로 받아들일 수만은 없었던 1950년대 한국인들의 불편한 인식의 일단을 포함하고 있다.[44]

　세대 간의 경계가 항상 명료했던 것은 아니며, 친미주의 색채가 뚜렷했던 청년세대에게도 미국에 대한 감정은 때때로 옥시덴탈리즘과 오리엔탈리즘이 혼합된 복잡 미묘한 것일 수 있음을 〈얄개전〉은 시사한다. 아울러 필자는 소설의 주인공인 중학생이 아니라, 작가에게도 주목할 필요를 느낀다. 조흔파는 1951년에 작품 활동을 시작한 전형적인 전후세대 지식인이었다. 그러나 그는 1918년생으로 식민지 말기에 이미 대학을 졸업한 후 사회생활을 시작했고, 〈얄개전〉을 집필할 당시엔 이미 30대 후반의 나이였다. 조흔파 자신이 기성세대의 옥시덴탈리즘과 전후세대 지식인의 오리엔탈리즘 모두를 체현한, 두 세대 사이에 놓인 과도적이고 중첩적인 '예외 세대'를 대표하는 인물일 수도 있었다는 얘기이다.

　결국 1960년의 4·19혁명 당시에도 이런 암묵적인 '세대 갈등의 동학'이 작동하고 있었던 것은 아닐까. 1950년대 후반에 이르러 미국을 세계의 중심에 두고 한국을 그 하위 파트너로 간주하면서 (주로 발전주의 측면에서) 자문화에 대해 부정적인 태도를 취했던 전후세대 지식인층과 청년세대는 '미국적 가치들'(특히 자유민주주의)을 적극적으로 차용하여 반정부투쟁에 나섰다. 4·19혁명 당시 미국의 처신은 "지나친 개입"이나 "극심한 내정간섭"이라고 평가할 만했다.[45] 그러나 대대적인 선거부정에 항의하는 반정부 시위 과정에서 청년세대에 의해 민주주의의 상징이자 수호자로서의 미국 이미지가 적극적으로 재발견·재강조되었다. 이승만 대통령이 하야를 발표한 1960년 4월 26일 오전 주한 미국대사인 매카나기가 경무대로 향할 때 청년세대가 주축인 시위 군중은 박수를 치며 그를 열렬히 환영했고, 그가 이승만으로부터 하야 약속을 받아낸 후 경무대에서 나오자 군중이 "미국 만세", "매카나기 만세"를 외치며 매카나기의 승용차를 따라 미국대사관까지 함께 행진한 장면은 그런 면에서 대단히 함축적이다.[46] 반면에 한국을 세계의 중심에 근접시키면서 자문화에 대해 비교적 긍정적인 태도를 취했던 지배층, 기성세대, 전전세대 지식인층은 '민족주의적 반공주의'(반공민족주의)를 앞세워 독재체제를 정당화하거나 그 체제에 순응한 편이었다.

(3) 친미주의 기념 및 기념물의 증가

1940년대에는 희귀했던 친미주의 기념물이 다수 등장한 것도 1950년대의 중요한 특징이었다. 한국전쟁 발발 이후엔 미국인 장군 및 전쟁 영웅, 그리고 미군 전적비 등을 중심으로 다수의 친미주의 기념물들이 생겨났다. 친미주의 영웅 및 성지聖地 만들기가 주로 전쟁과 관련되었다는 점에서, 이런 기념 행위들은 친미주의와 반공주의의 결합을 촉진하기도 했다. 1950년대에는 동상이나 기념비 외에도 탑, 묘지, 기념일, 장례식 등 친미주의를 기념하는 방식 또한 비교적 다채로웠다.

　한국 정부는 전쟁 초기인 1950년 9월에 매년 10월 24일을 국가기념일이자 법정공휴일인 국제연합일United Nations Day로 제정했다. '유엔데이'나 '유엔의 날'로도 불린 이날에는 유엔군 참전을 기념하고 유엔군 전사자를 추모하는 다양한 행사들이 전국 곳곳에서 개최되곤 했다. 유엔이 창립된 날을 기념일로 정함으로써, 한국의 지배엘리트는 유엔에 의한 한국 정부 승인, 한국 정부의 국제법적 정통성, 유엔군의 한국전쟁 참전을 두루 강조하고 기념할 수 있게 되었다. 1950년대 한국에서 유엔에 대한 기념은 곧 미국에 대한 기념이었다.

　1951년에는 세계 유일의 유엔군 전용묘지가 임시수도 부산에 만들어졌다. 유엔군사령부가 1951년 1월 중순에 유엔군묘지 조성을 완료했는데, 이 묘지는 남한 지역에 산재한 6개소의 유엔군 임시묘지들을 대신하는 항구적인 묘지였다.[47] 1951년 4월 6일에 유엔군사령부와 한국 정부는 묘지의 탄생을 세상에 알리는 행사를 거행했다. 이승만 대통령과 전체 국무위원이 참석한 가운데 열린 '한미 합동 유엔군 전몰장병 위령제'가 그것이었다. 이날 행사는 "그 유골이 묻힌 묘지를 그 영령 앞에 바치는" 헌정의식이기도 했다. 이런 취지에서 미8군사령관 리지웨이 장군은 인사말을 통해 "이 묘지를 그 영전에 삼가 바치노라"고 말했다.[48] 이후 부산 유엔군묘지는 한국을 대표하는 '반공 성지'이자 '참배·순례의 성지' 중 하나로 자리 잡게 되었다. 이곳은 1950년대 내내 매년 5월 30일의 미군 전몰장병기념일Memorial Day과 10월 24일 국제연합일마다 성대한 기념행사가 열리는 무대가 되었다.

국방부는 1952년에 '충혼탑 건립 중앙위원회'를 조직하고 각도各道에 하나씩 대형 충혼탑을 건립함과 동시에, 서울의 경우 남산에는 충혼탑을, 효창공원에는 '유엔전우탑戰友塔'을 각각 건립할 계획을 세웠다. 유엔전우탑 건립 계획은 불발되고 말았지만, 1963년에 이르러 김포공항에서 서울 도심으로 진입하는 관문인 제2한강교 북단에 초대형 '유엔탑'(유엔 자유수호 참전 기념탑)이 건립되었다.[49]

한국전에서 전공戰功을 세운 미군 장병들을 기리는 동상과 기념비도 여럿 세워졌다. 인천상륙작전 기념일인 1957년 9월 15일에 맞춰 제막식이 거행된 인천의 맥아더 장군 동상을 대표적인 사례로 들 수 있다. 맥아더 동상 건립은 전국적인 모금 캠페인의 산물이었고, 동상의 제막식 역시 거국적인 행사로 치러졌다. 이에 즈음하여 동상이 들어선 인천 '만국공원'의 명칭도 '자유공원'으로 변경되었다. 공원 전체가 "자유의 사도, 구국의 은인"으로 추앙된 맥아더의 기념공간이 된 것이다. 같은 해 경북궁에서 열린 국전國展전시장에도 맥아더상像이 등장했다. 1959년에는 유엔 한국재건단 단장으로 한국의 전후 재건에 기여한 콜터 장군 동상이 서울

오산 죽미령 유엔군 참전탑에서 거행되는 추도식 장면

용산로터리에, 한국전 당시 유엔군사령관이었던 밴플리트 장군의 동상이 육군사관학교 교정에 각각 건립되었다. 두 동상 모두 국무회의의 의결을 거쳐 비용의 절반을 재계가 제공하고 나머지 절반은 공무원 봉급에서 염출하는 '거국적인' 방식으로 건립되었다.[50]

한국전쟁 당시 전사한 미군의 추모비, 미군의 한국전 참전과 전공을 기리는 전적비도 1950년대부터 등장하기 시작했다. 1951년 10월에는 국방부가 그해 2월 사망한 '무어 장군 추모비'를 여주읍 단현리에 건립했다. 1954년 6월 30일에는 대구시가 '미 군사고문단 전몰장병 기념비'를 남구 대명동에 건립했다. 1955년 3월 대구시와 국방부는 대구시 두류동에 '매가우 소장 공덕비'를 세웠다. 1955년 7월 5일에는 미군 제24사단에 의해 '유엔군 초전初戰 기념비'가 오산 죽미령에 세워지기도 했다. 1958년 7월에는 대한상무회 파주군연합분회가 파주 법원읍 동문리에 '케니 상사 전공비'를 세웠다. 1959년 3월에는 육군 1206건설공병단이 미군 2사단 19연대와 24사단의 전공을 기리기 위해 창녕군 창녕읍 교상리에 '창녕지구전투 전적비'를 만들어 제막했다.[51] 이런 사회분위기 속에서 한국전쟁이 아닌 태평양전쟁 미군 전사자를 기리는 기념비도 등장했다. 태평양전쟁 당시 남해 망운산 계곡에 추락하여 사망한 B-24폭격기 탑승원 11명에 대한 추도식과 함께 지역 주민들이 세운 기념비의 제막식이 1956년 8월 30일에 거행되었던 것이다.[52]

한국과 관련된 저명한 미국인들을 사회장으로 예우하는 일도 지속되었다. 1949년 8월 11일의 헐버트 박사 사회장, 1950년 2월 25일의 아펜젤러 여사 사회장에 이어, 한국전쟁 발발 후에는 장로교 선교사이자 미군정 당시 하지 사령관의 고문으로 활동했던 원한경H. H. Underwood의 죽음이 사회장으로 기려졌다. 언더우드(원한경)의 사회장은 1951년 2월 26일 부산 미군교회에서 거행되었으며, 당시 그의 유해는 부산 유엔군묘지에 안장되었다.[53]

(4) 전후 친미주의의 강제적-억압적 성격

전쟁 후의 친미주의에는 자발적이고 능동적인 선택이 아닌, 강요되고 강제되는 성격도 나타났다. 이런 변화는 물론 분단체제가 제도화됨에 따른 것이었다. 분단의 '상호 거울 효과'는 남북한 사이에 '부정적 반작용' 관계, 즉 "한쪽의 정치적 선택이 다른 쪽의 정치적 선택지를 협소하게 제약하는 방향으로 작동하는 관계"를 형성시켰다.[54] 북한의 반미주의 노선이 남한에서 자동적으로 혹은 반드시 친미주의를 조장하는 것은 아니다. 그럼에도 북한의 강한 반미주의는 남한에서 반미주의가 금기시하도록, 나아가 반미적 입장이나 인사에 대해 '친북親北' 낙인을 찍기 쉽도록 만든다.

민족상잔 전쟁 및 냉전체제 고착화를 배경으로 반미주의-친소親蘇주의를 표방하는 북한과의 적대적 대립체제로 인해, 친미주의는 남한의 '국가 정체성' 중 하나가 되었다. 이런 상태에서 친미주의는 불가피하게 강제적이고 억압적인 성격을 띠게 된다. 남한 주민들에게는 친미와 반미 사이에서 선택할 자유가 결코 허용되지 않았다. 반미는 정치적으로 옳지 못한 것일 뿐 아니라, 그 자체가 처벌과 배제의 대상이 된다. 반공주의가 남한 주민들에게 주기적인 신앙고백과 간증 행동을 요구하는 데 비해, 친미주의는 그런 고백과 간증을 요구하진 않는다. 친미주의는 어딘가 조용히 숨어 있다가, 반미운동이나 미국 비판 등 자신을 부정하는 움직임이 표출될 때 그것을 제압하고 처벌하는 힘으로 문득 가공할 실체를 드러내곤 했다.

필자는 앞서 전후에는 친미주의 분화가 주로 '세대차이'라는 형태로 나타났다고 주장했다. 그러나 친미주의와 관련된 세대 간의 '차이'는 단 한 번도 세대 간의 공개적인 '충돌'로 발전하지 않았다. 말하자면 그것은 '은폐된 갈등'이었다. 미국에 대한 적대나 공격적인 비판 자체가 처벌 대상이었으므로, 1950년대 남한사회에서 친미 옥시덴탈리즘과 친미 오리엔탈리즘 간의 공공연한 충돌을 가시화하는 것은 일종의 금기였다. 한-

미 관계는 '혈맹'이라고만 무조건 강조될 뿐, 양국 간의 바람직하고 보다 평등한 관계를 모색하기 위한 자유로운 토론이나 논쟁 자체가 거의 불가능했다. 1950년대에 평화통일을 포함하여 북한과의 다양한 통일 방식을 자유롭게 토론하는 게 거의 불가능했던 것처럼 말이다.

전쟁 이전의 친미주의에는 강제성이 거의 없었다. 이 점이 전쟁 전부터 강제력을 수반했던 반공주의와의 차이였다. 그러나 전후에는 반공주의처럼 친미주의에서도 강제성이 증가했다. 아울러, 반공주의에서처럼 친미주의와 관련된 자발성과 강제성이 나란히 증가했다는 사실을 확인하는 것이 중요하다. 전쟁을 계기로 자발성이 강해지고 강제성이 약해진 것이 아니라, 전쟁 이후 자발성과 강제성 모두가 강해졌다는 것이다. 분단체제 하의 남-북 간 적대적 상호작용에 의해, 북한에서 친미주의가 그랬던 것처럼 남한에선 반미주의가 '죽을죄'가 되었다.

(5) 친미주의와 민족주의: 미묘한 긴장

전쟁 후 북한에서의 친미주의와 남한에서의 반미주의는 모두 중범죄로 최대한 가혹하게 처벌되고 억압되는 공통점을 보여준다. 그럼에도 불구하고 북한의 반미주의와 남한의 친미주의 사이에는 중요한 차이도 있었다. 한마디로, 북한의 반미주의에 실리는 만큼의 열정적 감정이 남한의 친미주의에는 존재하지 않았다.

이것은 중대한, 어쩌면 결정적인 차이이다. 북한의 반미주의가 민족주의를 촉진한다면, 남한의 친미주의는 민족주의를 잠식한다. 1950년대 북한의 반미주의는 민족주의적 정서와 매끄럽게 맞물렸고, 반미주의 자체가 민족주의적 감정과 이해관계를 자연스럽게 표현했다. 민족주의가 역사적으로 시민종교의 가장 강력한 동력원이었던 만큼, 민족주의와 결합된 반미주의는 북한 시민종교의 핵심부로 쉽사리 진입할 수 있었다. 북한의 시민종교를 '반미-사회주의 시민종교' 혹은 '반미-주체주의 시민종교'로 명명하는 데도 별 무리가 없다. 그러나 남한의 친미주의는 그렇지 않았다. 전쟁 후 남한 시민종교 신념체계에서 '반공주의와 친미주의의 중심화' 현상이 두드러졌다고 해서 남한 시민종교를 '친미-반공주의 시민종교'로 명명하기는 어렵다. 친미주의는 오히려 미국에 대한 신식민주의적 종속성이나 오리엔탈리즘적 정서와 종종 연결됨으로써 한국인들의 민족주의적 자부심과 충돌을 일으키기 쉽기 때문이다. 이런 사정은 남한에서 시민종교의 핵심 교리들인 친미주의와 민족주의가 서로 마찰을 일으킬 가능성이 있음을 시사한다.

반공주의의 윤리화와 유사종교화, 반공주의와 민족주의의 수렴에 의한 반공 선민의식의 고양이라는 현상이 남한에서 강해질수록, 친미주의-민족주의 간 길항의 가능성은 더욱 증가한다. 냉전적 반공주의가 종교적 열정으로 수용되면 될수록, 냉전적 반공주의 안에서 민족주의적 색채가 짙어지면 질수록, 한국-미국 간의 정치적 마찰 가능성이 증가되는 일종의 함수관계가 성립되는 것이다. 우리는 1949년 봄 미국이 한반도의 전략적 가치를 평가절하하고 주한미군을 철수시키고자 했을 때, 미국의 견제와 반대에도 불구하고 한국이 중국(대만)·필리핀과 함께 '태평양방위동맹'의 주축을 형성해야 한다는 한반도 중심적 사고가 강화되었던 사실을 기억하고 있다.[55] 또 미국이 북한 및 중국과의 협상을 통해 휴전을 시도하면서 반공주의 교리의 '금기' 중 하나인 공산주의·공산당과의 '접촉'을 시작하자, 정부가 주도하거나 후원하는 전국적인 휴전반대운동과 함께 전격적인 반공포로석방이 감행되었다. 한편 1954년 2월 이승만이 한국군의 '인도차이나 반공전쟁'(베트남전쟁) 파견을 제의했던 것은 한국을 아시아 반공전선의 지도국으로 부각시키려는 의도를 깔고 있었다. 이런 맥락에서 이승만 정권은 전쟁 이전의 태평양방위동맹의 재판이라 할 '아시아 반공연맹'의 결성을 서둘렀다. 결국 한국 정부는 1954년 6월 서울에서 '제

1회 아세아민족반공대회'를 개최한 후 '아세아민족반공연맹'을 결성했다. 1955년 8월 한국 정부의 주도 혹은 후원 하에 전국적인 '적성감위敵性監委 축출운동'이 벌어지고 급기야 같은 해 9월 폴란드와 체코슬로바키아 소속 휴전감시위원을 추방해 버렸던 일, 그리고 미국이 1956년 이후 소련과의 평화공존을 추구했을 때 이승만이 이 움직임을 비난하면서 동북아 반공블록의 맹주를 자처했던 것, 또 1958년 10월 일본이 일소日蘇 공동성명을 발표하고 1959년부터 북한과의 협상을 통해 북송을 본격적으로 시도했을 때 한·일간의 관계가 급속히 얼어붙었던 것도 공산세력과의 접촉이나 대화를 금기시하는 태도의 연장선에서 이해될 수 있다. 미국과 일본의 이런 '용공적' 정책은 한국인들의 신념체계를 혼란에 빠뜨리는 것으로 도저히 용납할 수 없는 처사였을 뿐 아니라, 한국과의 '냉전적 맹약'을 위배하는 행위이기도 했던 것이다. 1957년 4월 조정환 외무부 장관이 국회에서 영국의 타협적인 대對중국정책을 겨냥하여 "대영對英 일전 불사한다"는 발언으로 말썽을 빚은 것,[56] 그리고 한국의 외교정책이 국제무대에서는 'UN감시 하의 남북한 총선거' 노선을 견지하면서도 대내적으로는 항상 '무력·북진통일'을 외쳤던 것도 같은 맥락에 위치하고 있다. 1959년 2월부터 전국적인 '교포 북송 규탄 국민대회'가 열리는 가운데, 6월에는 서울에서 '제5차 아시아반공대회'가 열렸다.[57]

반공 선민의식으로 인한 한-미 갈등 나아가 민족주의와 친미주의의 충돌 가능성은 친미주의의 내면화·대중화에도 불구하고, 또 친미주의 기념물의 연이은 등장에도 불구하고, 친미주의의 '숨은 지배이념' 내지 '비가시성'이라는 속성이 전후에도 지속될 수밖에 없었던 이유 중 하나였다. 친미주의는 시민종교의 핵심 교리 중 하나면서도 자신만의 화려한 신전神殿을 건설하라고 요구한 적이 거의 없다. 그 대신 친미주의는 민주주의나 발전주의 같은 다른 긍정적인 가치들 안으로 스며들어 그 가치를 촉진하거나 그 가치들의 현실감을 보강하는 역할을 주로 수행했다.

제 8 장

전후 만개滿開와 남북 분화

전쟁 이후

1. 의례와 기념일들

'7월 14일'을 국경일로 제정하는 문제를 둘러싸고 프랑스사회는 격렬하고도 장구한 갈등을 겪어야만 했다.[1] 이와는 대조적으로, 1948~1950년의 좌익 숙청 및 월북 그리고 한국전쟁 시기의 역~청산─과거사청산 요구에 대한 지배층의 역공─이라는 두 차례의 역사적 계기를 통해 이미 정치적 적대자들이 거의 모두 제거된 남한에서는 집권세력이 백지에 그림을 그리듯 자유자재로 국가력을 구축할 수 있었다. 1956년에 6월 6일이 '현충일'로, 10월 1일이 '국군의 날'로 제정되었다. 같은 해 11월 말에는 1945년의 신의주학생의거사건을 기념하여 매년 11월 23일을 '반공학생의 날'로 정했다.[2] 1953년 10월에 국회 발의로 지정된 '학생의 날'이 이미 존재하고 있었는데, 1956년에 '반공학생의 날'이 추가되었다. 이로써 독립운동과 반공운동을 각각 기리는 두 개의 학생의 날이 공존하게 되었다. 또 이미 1952년 무렵부터 6월 25일에 '6·25기념식'이 행해지고 있음을 확인할 수 있다.[3] 전쟁 당시 적군에 함락된 수도 서울을 탈환한 날을 기념하는 '9·28수복일'이 또 하나의 전쟁기념일로 추가되었다. 1959년에는 9·28수복 기념 '제1회 국제마라톤대회'가 개최되기도 했다.[4] 김민환은 '반공국가의 정체성'과 관련된 국가기념일들을 〈표 8-1〉과 같이 요약한 바 있다.

<표 8-1> 1950년대 '반공국가'의 정체성과 관련된 국가기념일들5

일자	기념일 명칭	유래 및 의의
3월 10일	근로자의 날	메이데이를 폐지하고 대한노총의 창립일인 3월 10일을 근로자의 날로 정하고, 1959년부터 기념행사 실시.
3월 13일	함흥학생의거기념일	소련군에 의한 함흥부두에서의 쌀 반출에 대한 1946년 3월 학생들의 저항을 기념하고자 함. 1973년 '각종 기념일에 관한 규정'이 제정될 때 폐지.
10월 1일	국군의 날	1946~1955년 사이에는 각군별로 창설일에 맞춰 기념행사를 거행(육군 9월 28일, 해군 10월 3일, 공군 10월 1일). 1956년에 3군 기념을 통합하여 국군이 1950년 처음 38선을 돌파한 날인 10월 1일을 국군의 날로 정함.
10월 24일	국제연합일	1950년 9월 국제연합(유엔) 창설일을 공휴일로 규정. 대한민국 정부 수립 과정에서 유엔의 도움을 받은 사실, 그리고 한국전쟁 중 유엔이 파병하여 지원함으로써 국난을 극복한 사실을 상기. 1976년 북한의 유엔기구 가입에 항의하여 공휴일 지정을 철폐했으나 국가기념일로는 존속.
11월 23일	반공학생의 날	1945년 신의주 학생들의 '반공의거'를 기념하여, 1956년에 문교부령으로 지정. 1973년 '각종 기념일에 관한 규정'이 제정될 때 폐지.

반공주의적 국가기념일에는 근로자의 날(3월 10일), 함흥학생의거기념일 (3월 13일), 국군의 날(10월 1일), 국제연합일(10월 24일), 반공학생의 날(11월 23일) 등이 포함된다. 〈표 8-1〉에는 현충일(6월 6일)과 한국전쟁기념일(6월 25일), 서울수복기념일(9월 28일)이 당연히 추가되어야 할 것이다.

전쟁 및 전쟁 영웅들과 관련하여 특별히 준수하거나 기념해야 할 날日, 주간週刊, 달月도 생겨났다. 이와 관련하여, 1951년 2월 16일에 매달 25일을 '국난극복의 날'로 결정한 일, 1951년 7월 1일부터 7일까지를 '상이군인 원호주간'으로 정한 일, 1954년 6월을 '군경원호의 달'로 정한 일 등이 중요하다.6 먼저, 1950년대에는 월 1회씩 '국난극복일'을 정하여 '무주무육일無酒無肉日'로 지키기도 했다. 대략 1951~1957년 사이 약 6년 동안 유지되었던 것으로 보인다. 「동아일보」 1957년 3월 29일자(3면)의 "무주무육일의 전폐全廢" 기사에 의하면, "매달 25일 무주무육일은 곧 폐지하도록 내무부에서 고려 중인데 이에 대하여 (1957년 3월-인용자) 27일 내무부 당국자는 '국무회의에 회부할 구체적 단계에 있다'고 말하였다. 본래 '무주무육일'은 국무회의 결의로 6·25사변이 일어난 25일을 '국난극복일'로 택하여 실시하여 왔으며 그것을 폐지하는 것은 국무회의 결정에 따르게 되어 있는 것인데 4월부터는 폐지될 것으로 보여지고 있다." 한편, 1954년에 처음 등장한 '군경원호의 달'은 이후 부침을 겪다가 1960년대에 들어 일정한 변화를 거치면서도 점차 제도화되는 것으로 보인다. 지영임에 따르면 "6월의 호국·보훈의 달은 1963년에 설정된 후 오늘에 이르기까지 여러 번의 행사 명칭 및 기간의 변화가 있었다. 1963년부터 1964년에는 5월 15일부터 6월 15일까지 31일 간을 원호의 기간으로 하였으며, 1965년부터 1966년에는 6월 1일부터 15일까지 15일 간으로 기간이 단축되었다. 1967년에는 5월 20일부터 6월 10일까지 20일 간, 1973년에는 6월 4일부터 6월 9일까지 6일 간이며, 1974년부터 6월 한 달 간을 원호의 달로 정해 현재까지 시행해오고 있다."7

이로써 3·1절(3월 1일) → 현충일(6월 6일) → 한국전쟁기념일(6월 25일) → 제헌절(7월 17일) → 광복절(8월 15일) → 서울수복기념일(9월 28일) → 국군의 날(10월 1일) → 개천절(10월 3일) → 국제연합일(10월 24일) → 학생의 날(11월 3일) → 반공학생의 날(11월 23일)로 이어지는, 1년을 단위로 주기적으로 반복되는 국가력과 안정된 국가의례체계가 완성되기에 이른다. 이 국가력은 자연의 순환주기나 산업적 리듬보다, 전쟁의 주요 계기들을 주기적으로 재연하고 기념하는 특성을 강하게 보여준다. 이는 물론 집단적·역사적 기억의 주기적인 재생과 경축을 통해 민족공동체의식을 증진시키고, 나아가 국가 자체의 성화聖化를 안정적으로 도모할 수 있는 사회문화적 토대가 된다. 또한 1년 단위로 순환되는 국가적 축제의 주기는 더 큰 주기의 일부를 이루면서 반복된다. 예컨대 1950년대의 경우에는 해방 10주년 (1955년), 독립정부 수립 10주년(1958년), 3·1운동 40주년(1959년) 등을 맞아 국가의 성화를 위한 국민적 축제가 대대적으로 치러졌다.

김민환은 남한 단독정부 수립과 한국전쟁을 거치면서 국가적 기념행사들에서 발견되는 중요한 변화로서 "축제적 요소"의 약화 내지 소멸을 지적하기도 했다. "광복 이후의 기념일들에는 엄청난 대중들이 동원되어 그야말로 '축제'의 성격을 띠는 기념식들이 거행되는 데 반해, 이 시기 이후에는 축제적 요소는 철저하게 배제되고 만다. 식순만을 따져보면 그리 큰 차이가 나지 않지만, 식이 전개되는 양상에 있어서는 아주 크게 차이가 나는 것이다."[8] 이런 상황은 1950년대에 본격적으로 발전된 '반공-자유민주주의 시민종교'가 본질적으로 대중적 참여와 열정이 약한 '차가운 시민종교'의 성격을 띠고 있었음을 뒷받침하는 한 사례라 할 것이다.

2. 성인聖人들과 영웅들

6장에서 지적했듯이 인류역사를 관통하여 전쟁은 (남성적인) 영웅의 산실이었다. 근대 서구 사회들에서는 제1차 세계대전이 영웅숭배 역사에서도 중요한 분기점이었다. 한국에서는 한국전쟁이 유사한 역할을 수행했다. 이 전쟁을 통해 '반공 영웅들'이 대량생산되었다.

전쟁 직전 송악산 '육탄10용사'가 대대적으로 영웅화되었지만, 전쟁 발발 이후에도 '육탄용사 신화'가 굳건히 이어졌다. 1950년 6월 28일에 있었던 홍천 말고개전투의 영웅인 '육탄11용사', 1952년 10월 12일 백마고지전투에서 혁혁한 공을 세운 '백마고지 육탄3용사'를 비롯하여 '육탄7용사', '육탄6용사' 등이 꼬리를 물고 등장했다. 육탄용사들 말고도 육군의 김풍일·장세풍 소령, 연제근 하사, 안낙규 중사, 심일 중위, 고태문 중위, 김용배 대령, 김백일 소장, 해군의 임병래 소위, 홍시욱 하사, 이태영 소령, 박동진 이등병조, 김창학 병장, 전병익 하사, 해병대의 고종석 삼등병조, 김문성 소위, 한규택 상병, 진두태 소위, 공군의 이일영 소위, 임택순 중위, 이근석 대령, 이상수 중위 등은 한국전쟁의 '전사戰死 영웅'으로 선택되어 많은 기념비와 동상의 주인공이 되었다. 한국전쟁에서 전사하면서 '반공 영웅'으로 창출된 주요 인물들을 〈표 8-2〉에다 한데 정리해보았다.

전쟁 중에 전사하지는 않았지만 신화화된 무공을 세우고 각종 무공훈장을 수여받은 이들도 다수 전쟁 영웅으로 탄생했다. 연천 베티고지전투의 김만술 육군 소위, 홍천 말고개전투와 상주 '7용사 특공작전'의 조달진 육군 일등병, 화천 425고지전투의 김한준 육군 대위, 금성 샛별고지전투의 백재덕 육군 일등중사, 낙동강 전선 진동리전투의 안창관 해병 중위, '빨간 마후라'의 주인공이었던 유치곤 등이 대표적인 사례라 할 만하다. 군인은 아니지만 철도기관사인 김재현, 경찰인 차일혁 총경과 안종삼 구례경찰서장 등도 전후 한국전쟁의 영웅으로 받들어졌다.

〈표 8-2〉 한국전쟁에서 반공 영웅으로 창출된 전사자들[9]

전사 영웅	기념시설(소재지)
백마고지 육탄3용사	백마고지 3용사의 상(서울 어린이대공원), 백마고지 육탄3용사 동상(전쟁기념관), 고 안영권 하사 전공기념비(김제), 백마고지 영웅 고 강승우 소위상(제주), 호국영웅 육군 중위 강승우 흉상(제주 신산공원), 호국용사 강승우로(제주)
심일 육군 대위	심일 소령 동상(육군사관학교), 심일 소령 동상(원주 현충공원), 심일 소령 위령비를 포함한 심일공원(영월), 심일 소령 동상(춘천 102보충대), 심일 소령 흉상(칠성부대 정문), 심일 소령 흉상(전쟁기념관)
김풍익 육군 소령	김풍익 중령 전투 기념비(의정부 축석령), 김풍익 중령상(육군포병학교), 김풍익 중령 흉상(전쟁기념관), 김풍익 중령 흉상(예산 예당호 조각공원)

전사 영웅	기념시설(소재지)
장세풍 육군 소령	장세풍 중령 흉상(전쟁기념관)
연제근 육군 하사	연제근 이등상사 동상(철원 22연대), 연제근 상사 동상과 군상조형물·정자·파고라·산책로를 갖춘 '연제근 호국공원'(증평), 연제근 상사 흉상(육군부사관학교), 연제근로(증평)
고태문 육군 중위	고태문 대위 흉상(제주 한동초교), 호국영웅 육군 대위 고태문 흉상(제주 신산공원), 호국용사 고태문로(제주)
안낙규 육군 일등중사	안낙규 일등중사 흉상(육군부사관학교)
김용배 육군 대령	김용배 장군 동상을 포함한 용배공원(문경), 김용배 준장 흉상(전쟁기념관)
김백일 육군 소장	김백일 중장 흉상(전쟁기념관), 김백일 장군 동상(거제포로수용소 유적공원), 백일로, 백일초교, 백일어린이공원, 백일산(광주)
임병래 해군 소위	임병래 중위 동상(해군사관학교)
홍시욱 해군 하사	홍시욱 이등병조 동상(해군교육사령부), 홍시욱함(고속함)
이태영 해군 소령	이태영 중령 흉상(전쟁기념관), 지리산함 전사자 충혼탑(강릉 통일공원)
박동진 해군 이등병조	박동진함(고속함)
김창학 해군 병장	김창학 하사 흉상(부산 중앙공원), 김창학 하사 흉상(평택 부용초교), 김창학함(고속함)
전병익 해군 하사	전병익 중사 흉상(부산 중앙공원), 전병익 중사 흉상(음성 소이초교)
고종석 해병 삼등병조	고종석 일등병조 흉상(전쟁기념관)
김문성 해병 소위	호국영웅 해병 중위 김문성 흉상(제주 신산공원)
한규택 해병 상병	한규택 삼등병조 흉상(제주 하귀초교), 호국영웅 해병 상병 한규택 흉상(제주 신산공원), 한규택 삼등병조 흉상(해병대 교육훈련단), 한규택로(제주)
진두태 해병 소위	진두태 중위 흉상(전쟁기념관)
이근석 공군 대령	이근석 장군상(대구), 이근석 장군 흉상(전쟁기념관)
이일영 공군 소위	이일영 중위 흉상과 추모비(안동)
이상수 공군 중위	이상수 소령 흉상(전쟁기념관)
임택순 공군 중위	전공탑(강릉기지), 임택순 대위 동상(공군사관학교)
노종해 경위	노종해 경감 등 내평지서 전투 11인 추모동상(춘천시민공원)
권영도 순경	권영도 경위 흉상(지리산빨치산토벌전시관)
라희봉 경위	라희봉 경감 흉상(진안 부귀초교)

전쟁 전 전사자를 현양하고 대중영웅으로 끌어올리는 데서 '육탄10용사'가 집중적인 대상이었다면, 전쟁 발발 후에는 '무명용사'가 가장 중요한 대상으로 떠올랐다. 한국전쟁에 참전한 국군은 전쟁 이전과는 전혀 다른 군인들이었다. 그들은 징집병, 곧 시민군이자 국민군이었다. 징집병 전사자에 대한 응분의 송덕과 현양은 국민국가로서의 대한민국 존립에 필수적인 문제가 되었다. 바로 이런 맥락에서 한국전쟁 발발 이후 국가 주도 아래 '무명전사', '무명용사'에 대한 강조가 현저히 증가했다.

대한민국 정부 수립 이후 처음 창출된 국립묘지에 최초로 안장된 전사자도, 국립묘지에 처음 세워진 기념시설의 대상도 바로 무명용사였다는 점이 매우 중요하다. 국군묘지에 최초로 안장된 전사자는 한국전쟁 당시 북한 지역에서 전사한 이들 중 무작위로 선정된 신원 불명의 무명 군인이었다. 서울 동작동 국군묘지에 처음 등장한 기념조형물은 '무명용사문'과 '무명용사비'였다. 무명용사비와 무명용사문은 1954년 10월 말에 동시에 완성되었다. '무명용사비'는 1956년 1월 16일에 무명용사 1인의 유골을 비 뒤쪽의 석함石函에 안장하는 것을 계기로 '무명용사탑'으로 이름이 바뀌었다. 무명용사문과 무명용사문 사이의 공간은 전사자 의례의 핵심 무대가 됨으로써 국군묘지 안에서도 가장 신성한 공간이 되었다. 무명용사문이 현충문으로, 무명용사탑이 현충탑으로 바뀌었을 뿐 이런 사실은 지금도 변함이 없다. 이처럼 국립묘지의 가장 신성한 공간이 무명용사에게 헌정되었고, 무명용사가 의례경관의 핵심부를 차지하게 되었다.

1955년에 이르러 무명용사는 헌화와 분향을 비롯한 의례적 봉헌의 초점으로 자리 잡게 되었다. 국립묘지에서 처음 열린 1955년 4월의 제4차 3군 전몰장병 합동추도식은 정면에 자리한 '무명용사비'로 이어지는 '무명용사문' 앞 광장에서 거행되었다. 이듬해부터 시작된 현충일 전례에서도 내내 이 의례적 구도 내지 경관이 유지되었다. 1969년에 현충탑이 등장하기까지 매년 열린 현충일 의례의 하이라이트는 대통령을 비롯한 최고지도자들이 무명용사탑에 꽃과 향을 바치는 행위였다. 1961년 현충일에는 최대의 예우로써 전사한 무명용사들에게 한국 최고의 무공훈장인 '금성 태극 무공훈장'이 수여되었다. 윤보선 대통령이 헌정한 이 이 훈장의 훈기 勳記에는 "국토방위와 민주 수호를 위한 공산군과의 가열한 싸움에서 목숨을 바친 위훈은 영원히 국민들의 찬양을 받을 것"이라고 적혀 있었다.[10]

위에서 언급한 것처럼 1956년 1월 16일에 한 무명용사의 유골을 무명용사비에 안장했는데, 이것이 국립묘지에서 이루어진 최초의 전사자 안장 사례였다. 이날의 '대표 무명용사 안장식'은 1920년 11월 11일에 있었던, 런던 웨스트민스터대성당 화이트홀에 마련된 '무명용사묘지'의 첫 안장의례와 많이 닮았다.[11] 안장의례의 성대함도 그러하려니와, 안장의례 직전에 타국他國 영토에서 전사한 신원불명의 자국 군인들 가운데 무작위로 대표 무명용사 한 명을 선정하는 과정이 특히 비슷했다.

1954.10.31 무명용사비가 건립됨에 따라 구국전선에서 산화한 국군 장병 및 종군자로서 그 신분을 알 수 없는 영현 중 1위를 선정하여 무명용사 묘(무명용사비 뒤쪽 석함)에 안장하여 전몰용사 전체를 상징케 하고 그 생전의 위훈을 추모하여 영면을 기원함과 아울러 영현에 대한 일반 국민들의 인식을 새롭게 하고자 하였다.

그러나 대표 무명용사를 어떻게 선정할 것인가가 문제였던바 이에 대하여 당시 각 군으로부터 여러 가지 안이 있었으나 최종적으로 결정된 안은 연합군과 공산군 간의 쌍방 시체 교환 시에 인수된 영현으로 일본 고꾸라 미 극동군사령부에서 확인한 결과 한국군으로 확인되어 한국으로 봉송된 신분을 알 수 없는 영현 1,000주 중 1주를 육군 병참감이 임의로 선택토록 하는 것이었다.

이와 같이 하여 1956.1.14 대표 무명용사 영현 1주가 선정되자 1956. 1.16 오전 10시를 기하여 역사적인 무명용사 안장식이 거행되었다. 이

안장식은 대통령 이하 정부 각계 요인, 그리고 일반 시민 다수가 참석한 가운데 조포와 영현들의 영면을 기원하는 구슬픈 진혼 나팔소리 속에 진행되었는데, 이 안장이 국립묘지 최초의 안장이었다.[12]

1954년 국립묘지 안에 건립된 무명용사탑 말고도, (5장에서 간략히 언급한 바 있듯이) 1950년대 후반 서울 시내에 거대한 무명용사탑을 세우려는 시도가 두 차례나 더 이어졌다. 그 하나는 1955년 한국전쟁 5주년 기념사업으로 서울시가 중심이 되어 추진했던 '무명전사의 탑' 혹은 '무명전사의 비' 건립 프로젝트였다. 서울시가 주도적으로 나섰을 뿐이지, 1955년 6월 24일 서울시청 회의실에서 열린 발기인회에는 서울 출신 국회의원을 대표하여 이기붕 민의원 의장, "내무·국방·문교·사회·보건 각 부의 대표자 및 국내 주요 일간 통신 신문사 대표자들"이 참석하는 등 관민 합동의 '거국적인' 프로젝트였다.[13] 「경향신문」은 사설을 통해 이 탑을 파리 개선문의 무명용사묘와 견주었다. "우리는 선진국 어디를 가든지 이런 의미의 묘지나 기념탑을 세워놓고 있으며 더우기 시민의 발걸음이 많이 가는 데를 가려, 언제나 헌화나 향화香火가 끊이지 않고 있음을 보는 것이다.······ 파리의 개선문 앞에는 24시간 성화가 꺼지지 않고 백유百有여 년이나 내려오는 무명용사의 탑이 있어 오고가는 시민들이 그 앞을 지날 때마다 나라 위해 몸 바친 영웅들의 영령을 경건하게 추념하고 있을 뿐 아니라 그 앞에는 헌화가 언제나 장식되어 있는 것이다."[14]

무명용사탑 건립 프로젝트는 한국전쟁 휴전 5주년이 되던 1958년에 재차 등장했다. 1959년 초부터 한강변 30만 평의 부지에 5억 환을 들여 30m 높이의 거대한 탑을 세운다는 계획이었다. 이 탑에는 "동란 이후 전몰한 장병의 이름을 일일이 조각할" 예정이었다. 여기서는 문교부가 앞장서고 국방부와 전국문화단체총연합회(문총)가 뒤를 받치는 구도로 기념탑 프로젝트가 추진되었다. 그러나 "예산인 5억 환 가운데 2억 환은 국고에서 지출될 것이며 나머지 3억 환은 전 공무원 봉급에서 100분의 1일 공제한 분과 국민학교 어린이 한 사람 앞에 10환, 중학 20환, 고등학교 30환씩을 각각 징수하고 기타는 일반 유지의 회사로 충당할 것"이라는 계획에서 보듯이, 이 역시 관민 합동의 거국적 프로젝트로 추진되었다. 1958년의 무명용사탑은 "호주 무명용사탑을 모방하여 만들어질 것"이라고 예고되었다.[15] 1955년의 무명용사탑 프로젝트가 한국전쟁 발발 5주년 기념사업의 일환이었다면, 1958년 무명용사탑 프로젝트는 한국전쟁 휴전 5주년 기념사업의 일환으로 추진되었다. 그러나 둘 모두 현실화되진 못했다.

전쟁에 희생적으로 참여함으로써 성화聖化된 이들은 다른 세속적인 이해관심이나 오염 요인들로부터 격리되고 보호되어야 했다. 따라서 전쟁 도중과 전쟁이 끝난 후 이들을 보호하는 사회적 안전장치들, 그리고 이들의 명예로운 신분을 유지시켜 줄 여러 장치들이 동시에 발전되었다. 앞서 언급했듯이 정부 수립 후 채 10년도 되지 않은 1958년 1월 현재까지 이미 19만 명 이상에게 각종 훈장과 포장이 수여되었다. 물론 이런 영웅 보호 장치들이 전사자 유족이나 전상자 자신과 가족을 명예롭고도 안락하게 보호하기엔 크게 부실했던 것도 사실이다. 영웅 보호 장치의 취약성과 부실함은 반공-자유민주주의 시민종교의 아킬레스 건 중 하나로 남게 된다(이에 관한 상세한 논의는 다음 장에서 이루어질 것이다).

간략히 살펴본 것처럼 한국전쟁 이후 영웅 만들기의 방점은 압도적으로 '반공 전쟁 영웅 만들기'에 두어졌다. 그러나 3장에서 보았듯이 1950년대에 사망한 몇몇 독립운동가와 야당 지도자들도 국민적인 관심 속으로 민족적 영웅으로 되살아나는 의례를 치렀다. 1953년 4월에 있은 독립운동가이자 전前 부통령인 이시영의 장례식, 1955년 2월에 있은 전 부통령 김성수의 장례식, 1956년 5월 대통령선거 유세 도중에 급서한 민주당 대통령후보 신익희의 장례식은 모두 국민장으로 행해졌다. 1960년의 대통령선거 유세 도중 사망한 조병옥의 죽음도 국민장으로 기려졌다. 또한

1953년 4월에 있은 독립운동가 오세창의 장례식, 1956년 11월에 있은 독립운동가 이명룡의 장례식, 1957년 1월에 있은 독립운동가 지청천의 장례식, 1959년 3월에 있은 독립운동가 이동하의 장례식은 모두 사회장으로 치러졌다. 또 1959년 8월에 사망한 우장춘 박사도 사회장의 예우를 받았다. 충무공이나 안중근과 같은, 이전 시대에 이미 신성화된 반일反日 영웅들의 일부가 이 시기에도 지속적으로 강조되었다. 일부 외국인도 성인화聖人化의 대상이 되었다. 앞서 언급했던 한국전쟁 관련 미군 장성들인 맥아더·콜터·밴플리트 장군, 그리고 사후 사회장으로 예우 받았던 언더우드 가문의 원한경 등이 대표적인 사례였다. 이 밖에도 1958년 1월까지 5,219명의 외국인들이 훈장 혹은 포장을 받았다.[16]

국제무대에서 탁월한 성적을 올린 운동선수들 역시 국가적·민족적 영웅의 반열에 올라섰다. 1952년 헬싱키올림픽 복싱 종목에서 동메달을 획득한 강준호를 비롯하여, 1956년 멜버른올림픽에서 은메달을 딴 송순천(복싱), 같은 대회에서 동메달을 딴 김성집(역도)과 김창희(역도) 등이 대표적인 사례였다. 정부 수립 후 올림픽대회와 아시안게임, 월드컵 등에 공식 대표가 파견되기 시작하면서 스포츠무대에서의 선전이 국력의 과시로 간주되었다.

3. 이승만 숭배

전쟁 후에 영웅화되고 성화된 대표적인 인물은 이승만 대통령 자신이었다. 이승만 영웅화 내지 이승만 숭배의 역사적 기원은 전쟁 이전인 1949년으로 소급된다. '일민주의'가 통치이데올로기로 본격 등장하면서 이승만 영웅화도 시작되었다.

일민주의의 사상적 근원은 건국과 통일의 주체로서의 단군신화와 화랑도에 두고 단군의 홍익인간에서 화랑의 중의경사重義輕私로 이어진 건국과 통일의 맥을 오늘의 이승만에게서 찾았다. 이는 이승만에게 신화화를 통한 새로운 권위를 부여해줌으로써 그 자신만이 유일하고 정통성 있는 민족의 지도자임을 부각시키기 위한 것이었다. 만약 이승만의 존재가 없었으면 지금까지도 독립국가를 수립하지 못하였을 것이므로 이승만을 중심으로 뭉쳐서 민족정신을 자각하여야 한다는 것이다.[17]

그럼에도 전쟁 이전의 이승만 영웅화 사례는 비교적 적은 편이었다. 예컨대 1949년의 정부 수립 1주년 기념일을 기해 그에게 무궁화대훈장과 건국일등공로훈장이 수여된 일, 또 같은 해 서정주에 의해 그의 일생을 미화하는 전기가 출간된 일 정도를 들 수 있을 것이다.[18] 그나마 서정주가 쓴 『이승만 박사전』은 경찰 당국이 나서 "모조리 회수"하는 바람에 이승만 영웅화의 의도를 제대로 펼 수도 없었다. 소설가인 서해성에 의하면, "이 통치자 이야기책은 예상과 달리 내무부 치안국이 나서서 모조리 회수했다. 대통령의 명령에 따른 것이었다.……이승만은 자기 아버지를 높여 부르지 않은 전기를 마뜩잖아했다. 내용도 중요했지만 효가 깃든 숭배체를 요구했던 셈이다."[19] 해군 전함의 명칭을 이승만의 호를 따 '우남호'로 명명했던 일도 기록해둘 만하다. 다음은 1950년 5월 3일 충무공기념사업회 주최로 한산도 충렬사에서 진행된 충무공 영정 봉안식 모습이다. 당시 '충무공호'라는 함정이 있었음에도 불구하고 군이 '우남호'로 충무공 영정을 이송하는 모습에서, 우리는 이순신의 후광을 통해 이승만을 영웅화려는, 혹은 이순신 보호자로서의 이승만 이미지를 부각하려는 의도를 감지할 수도 있을 것이다.

영정을 모신 특별열차는 봉안사奉安使 이중화 씨를 필두로 관계자 다수 호위 아래 2일 밤 서울역을 출발, 오늘(3일) 아침 11시 진해군항에 도착, 군함 우남호로 영정을 이안移安한 다음 해군 의장대 및 해군악대의 호위 아래 오후 3시 이곳 한산도에 도착한 것이다. 각 학교 생도들과 관민 다수의 영접을 받으며 봉안식장으로 옮기었다. 파도처럼 몰아오는 왜적을 바다 깊이 무찔러 국가 민족의 위기를 구출한 임진왜란 시의 고전장 한산도는 지금 하늘도 바다도 옛 어른을 추모하는 정에 어려 엄숙한데 전 도민은 구름처럼 식전에 참가하려고 모여들고 있다.[20]

전쟁 후 이승만 영웅화 시도는 훨씬 고도화된 상징정치의 경지를 보여준다. 이승만에 대한 본격적인 '우상화' 내지 '숭배' 차원의 일들이 이어졌다. 예컨대 1955년 6월 남한산성에 이승만 대통령의 만수무강을 기원하는 '송수탑頌壽塔'이 건립되고, 1956년 3월에는 당시까지 민족의 성지 가운데 하나였던 탑골공원에 그리고 같은 해 8월에는 남산에 각각 이승만의 동상이 세워졌다.[21] 이승만의 기념조형물이 이민족 침입에 대한 항전의 성지에 세워진 일은 그를 신비화하려는 의도를 더욱 분명히 보여준다. 이승만의 동상이 세워진 남산에 그 후 안중근의 동상이 추가로 세워진 것도 동일한 의도를 반영하는 것이라고 볼 수 있다. 1954년에는 또 하나의 '우남호'가 등장했는데, 이번엔 배가 아닌 비행기였다. 민간항공사인 대한국민항공사KNA가 보유한 세 대의 DC-3형 여객기 중 하나가 우남호였던 것이다. 나머지 두 대는 장택상의 호를 딴 창랑호, 이기붕의 호를 딴 만송호였다.[22] 1955년 12월 22일에는 부산 용두산에서 충무공 동상 제막식이 거행되었는데, 이 행사는 '우남공원 명명식' 및 '우남공원비 제막식'과 같이 치러졌다.[23] 1950년 5월 충무공 탄신 405주년 행사의 일환으로 열린 통영 충렬사의 영정 봉안식과 비슷하게, 1955년 12월 충무공 전몰 357주기 행사의 일환으로 열린 부산의 동상 제막식에서도 이승만-이순신 영웅 이미지의 오버랩이 적극적으로 시도되었다. 1958년에는 이승만이 다녔던 배재학교에 '우남홀'이 건립되었다.[24] 또 1959년 2월에는 그의 청년기 활동상을 다룬 영화 〈독립협회와 청년 이승만〉이 만들어져 상영에 들어갔다. 같은 해 11월에는 남산 정상에 이승만의 호를 딴 '우남정霧南亭'이라는 정자가 새로 세워졌다.[25] "210만 수도 서울시민의 공회당과 예술의 전당"으로서 1956년 6월 초에 착공한 '우남회관'도 여기에 추가해야 한다.

1955년 이승만의 80회 생일을 맞아 박목월이 작사하고 김성태가 작곡한 〈우리 대통령〉이 발표되었다. 이 노래의 가사는 다음과 같다.

> 우리나라 대한나라 독립을 위해 / 여든 평생 한결같이 몸 바쳐 오신 /
> 고마우신 이 대통령 우리 대통령 / 그 이름 길이길이 빛나오리다
> 오늘은 이 대통령 탄생하신 날 / 꽃 피고 새 노래하는 좋은 시절 /
> 우리들의 이 대통령 만수무강을 / 온 겨레가 다 같이 비옵나이다
> 우리들은 이 대통령 뜻을 받들어 / 자유 평화 올 때까지 멸공전선에 /
> 몸과 마음 바치어 용진할 것을 / 다시 한 번 굳세게 맹세합시다[26]

〈우리 대통령〉에 이어 〈우남행진곡〉도 작곡되었다. 1957년 12월 10일 이승만 대통령 부부가 참여한 가운데 국영 서울중앙방송국 남산연주소의 낙성식이 열렸다. 이날 축하음악회 장소인 제1스튜디오에서는 임원식이 지휘하는 서울방송교향악단이 〈우남행진곡〉과 〈대통령찬가〉를 연주했다.[27]

이승만의 '80회 탄신일'인 1955년 3월 26일의 풍경을 이영미는 다음과 같이 묘사하고 있다. "1955년 3월 26일 오전 10시부터 서울운동장(이후 동대문운동장)에서 '80세 탄신' 경축식이 벌어졌다. 1천 명 합창단이 이 노래(〈우리 대통령〉-인용자)를 불렀다. 숙명여고 학생들은 대통령의 만수무강을 기원하는 부채춤을 추고, 이승만의 모교인 배재고교 학생들이 집단체조

를 했다.……서울시내에는 꽃버스와 꽃전차가 달렸고 집집마다 태극기를 게양했다. 대통령이 오후 3시 30분에 방송어린이합창단을 접견했으니, 아마 이 합창단이 경무대에서 〈우리 대통령〉을 불렀을 것이다. 학생의 축시祝詩는 아예 공모를 통해 선발되었는데, 「경향신문」에 게재된 광주 계림국민학교 2학년 학생의 축시는 '머리털 하야신 우리 대통령 / 교실에만 가며는 매일 뵙지요 / 걱정하고 계시는 우리 대통령 / 남북통일 되며는 웃으시겠지'라고 노래하고 있다."[28]

1955년에는 이승만의 새로운 전기傳記도 출간되었다. 서정주가 쓴 1949년의 전기에서 민족지도자 내지 독립운동가의 면모가 강조되었다면, 공보처장 갈홍기가 집필한 1955년의 전기에서는 그가 '성자聖者'로 추앙됨과 동시에,[29] 한국전쟁 이후 '세계의 중심 국가'로 발돋움한 한국의 정신적 중심이라는 점이 강조되고 있다.

> (세계적 차원의 멸공투쟁의-인용자) 선봉선구국先鋒先驅國인 우리 한국의 최선진最先陳에는 우리들의 선봉선구자先鋒先驅者로서 언제나 국부國父 이대통령 각하의 장엄한 모습을 울어러(우러러-인용자)볼 수 있는 것이다.…… 세계의 중심은 한국이오 한국의 중심은 이 대통령이시다. 그러면 오늘날 세계의 모든 길이 우리 한국으로 뼈쳐(뻗쳐-인용자) 있는 것과 같이, 한족韓族 삼천만의 '삶'을 위한 모든 길은 똑바로 대통령 각하에게로 집중되어 있는 것이다. 우리들의 영도자 아니 민주진民主陳 전체의 선구자이신 각하는 어제도 오늘도 그리고 내일도 또한 조국의 통일 독립, 세계 인류의 자유 평화를 바라보시면서 형극의 길을 걸어가신다. 각하께서는 조국이 곧 그의 가정이오 한족 그것이 각하의 혈육일 뿐이다.[30]

이승만은 "반공의 상징"이자, "자주독립의 권화"이며, "세계의 민주선봉"이었다.[31] 1956년 8월 25일자 「경향신문」은 김영삼 의원이 UP통신

기자와의 인터뷰에서 "이승만 대통령이 그의 호를 따라 서울을 우남시로 변경하려고 하고 있다"고 주장했다고 보도했다.[32] 앞서 인용한 서해성의 「한겨레」 칼럼을 통해 1954년부터 1959년 사이에 이루어진, 문학을 통한 이승만 우상화 시도들을 개관해볼 수 있다.

'국부' 찬양이 정점을 이룬 건 1875년생인 대통령의 여든 살을 기리는 일련의 과정이었다. 송시 17편을 아예 시집 한 권으로 묶어 헌정한 조영암의 작업은 선제적이었다. 우남찬가(1954). 머리글은 이기붕이 썼다. 그 첫 줄에 '민족적 태양'이라는 숭앙 어린 언사가 등장하고, 제1부 두 번째 시이자 표제작 '우남찬가' 1연은 '님을 태양이라 / 부르지 않는데 도 / 님의 빛은 / 강토 샅샅이 비치십니다'로 시작하고 있다. 같은 해 찍어낸 『위인 이승만 전기』(이갑수)에 머리글을 받들어 올린 문교부 장관 이선근은 만주에서 관동군에게 군량미를 대던 사람이었다.

통치기간 동안 나온 이승만 전기류 산문과 운문은 스무 종이 넘는 다. '인간태양'은 분단 조국 남과 북에서 떠오르고 있었다. 1956년에 나온 성장세대를 위한 『대한민국의 아버지 우남 리승만 박사전』(박성하), 『민족의 태양: 우남 이승만 박사 평전』(김장홍, 경찰도서출판협회)은 더 대중적인 숭배 텍스트인 『국부 리승만 박사 그림전기』(1957)로 이어진다.

각하의 전기에서 뺄 수 없는 특성은 추천사다. 『우남 노선』(1958)은 10쪽이나 되는 화보 뒤에 아예 추천사 차례가 따로 붙어 있다. 입법부는 의장 이기붕을 비롯하여 7명, 사법부는 대법원장 조용순, 행정부는 내무부 장관 최인규 이하 각 부처 장관과 청장 등 16명, 군부는 참모총장 백선엽 등 6명, 그밖에 문봉제 등 3명이 헌사를 바치고 있다. 머리말까지 합쳐 34명의 추천사가 빼곡하다. '국부님의 위대하신 지도이념과 그 거룩하신 실현 과정을 천명한 이 책자'라는 언설은 백선엽의 글 가운데 한 대목이다. 공보실(실장 전성천)이 발행한 『하시첩』(1959)은 각처 유림 116명이 84회 탄신에 맞춰 만수무강과 회춘을 기원하면서 모신 한시집이다.

1956년부터는 이승만의 생일이 '임시 공휴일'로 지정되기 시작했다. 81회 생일을 앞둔 1956년 3월 21일 국무회의가 대통령 생일을 임시 공휴일로 지정했던 것이다. 생일인 3월 26일을 맞아 오전 10시에 각 도·시·군마다 경축식이 거행되었다. 서울에서도 이날 오전 10시 30분부터 서울운동장에서 중앙정부 주최로 '이 대통령 81회 탄신 경축식'이 거행되었다. 생일에 맞춰 야간통행금지가 해제되었고, 전면에 대통령 얼굴이 새겨진 5백 환권 지폐가 발행되었다. 기념우표가 발행되었고, 관공서·학교·사회단체들에서는 기념식수를 했고, 꽃전차와 꽃버스가 운행되었으며, 서울중앙방송HLKA을 통해 기념방송인 '경축 특별프로'가 전파를 탔다. 오전 11시에는 대한공론사에서 〈경무대의 하루〉와 〈불사조의 언덕〉과 같은 이승만 기념영화들이 무료로 상영되었다.[33] 1957년부터 1959년까지 이승만 생일은 매년 임시 공휴일로 지정되었다.[34] 이승만이 민중의 힘에 떠밀려 어쩔 수 없이 하야하기 직전인 1960년 3월 26일도 국무회의에 의해 "리 대통령 각하 제85회 탄신일"을 "거족적으로 경축"하기 위하여 임시 공휴일 지정되었다.[35]

1959년 2월 들어 문교부는 대통령의 생일을 공식적인 '국기게양일'로 제도화하는 절차를 밟았다. 이 때문에 대통령 생일날에 맞춰 전체 국민이 일제히 국기를 달아야 하는 새로운 '신민臣民의 의무'를 지게 되었다. 이 때 문교부가 각 부처와 협의하여 확정한 '국기 다는 날' 관련 '규정(안)'은 〈표 8-3〉과 같았다.

전상인은 1952~1953년경에 이르러 집권당인 자유당조차 '최고 권력자 1인의 붕당朋黨'으로 전락함으로써 "일원적 지배엘리트 구조"가 완성되

이승만 대통령 탄신기념 매스게임
이승만 대통령의 제84회 생일을 축하하기 위해 동명여고 학생들이 준비한 매스게임

〈표 8-3〉 문교부가 정한 국기게양일

구분	내용
국경일	삼일절, 광복절, 제헌절, 개천절
기념일	신정, 식목일(미확정), 현충일, 추석(미확정), 한글날, 국제연합일
경조일(慶弔日)	대통령탄신날(국가원수탄신일), 국장일, 국민장일
기타	정부가 필요하다고 인정한 날

* 출처: 동아일보, 1959.2.5, 3면; 동아일보, 1959.2.11, 4면.

었다고 보았다.[36] "어느 시대에나 주권권력이 부여된 지도자에게 주어지
는 국부國父라는 성인전聖人傳 식의 형용어구"라는 아감벤의 표현이 보여
주듯,[37] '국부 이승만'은 어느새 예외상태·비상사태를 선포할 수 있고 호
모 사케르들의 생명 박탈을 언제든 명할 수 있는 절대권력자(주권권력자)가
되어 있었다. 거의 모든 단체의 수장인 대통령, 국가의 아버지인 이승만,
국가의 어머니인 프란체스카, 양자養子의 입양, 왕의 생일 같은 축하행사,
여러 차례에 걸친 유교윤리와 삼강오륜에 대한 강조 등을 거치면서,[38] 이
승만을 정점으로 한 하나의 '가족국가'가 형성되고 있었다. 남쪽의 이승
만과 북쪽의 김일성 모두가 '민족의 태양'으로 호칭되고 있는 점도 주목
된다. 김일성의 경우 '민족의 태양'에서 시작하여, 그를 추종하는 무리들
로 구성된 '태양민족'으로까지 발전한다. 1950년대의 한반도 위에는 '두
개의 태양'이 빛나고 있었다.

4. 시민종교의 남북 분화

해방정국의 좌우익 투쟁을 거쳐 1948년 8~9월에 남북한에 각각 독립정부가 들어서면서, 시민종교의 '1차 대분화大分化'는 이제 되돌릴 수 없는 역사적 흐름이 되었다. 시민종교의 남북 분화 과정은 이후 한국전쟁을 거치는 과정에서, 그리고 전쟁 후 몇 년 동안 거의 완성 단계에 도달한 것으로 보인다. 남한 쪽의 동향에 대해서는 지금까지 살펴본 바와 같지만, 북한 쪽에서도 해방 직후부터 독자적인 시민종교가 빠르게 형성되어갔다. 1946~1948년에 걸쳐 북한에서 진행된 국가상징 만들기에 대해 김혜수는 다음과 같이 설명한 바 있다.

> 북한에서는 '아름다운 조국과 슬기로운 투쟁 전통'을 노래에 담아 애국심을 북돋우어야 한다는 김일성의 방침에 따라 1946년 가을 애국가 창작을 위한 작가 조직을 구성하였고, 1947년 6월 김일성의 심의로 완성되었다. 국기와 국장은 1947년 11월 북조선인민회의 제3차 회의에서 성립된 조선임시헌법제정위원회가 작성한 조선임시헌법 초안 제100조에 규정되었다. 조선임시헌법제정위원회가 설명한 홍람오각별기의 의의를 보면, 별은 혁명전통의 계승과 완수를 의미하고 붉은빛은 부강한 민주국가 건립과 보위, 푸른빛은 세계평화를 확보하는 상징, 흰빛은 광명 발전의 상징을 지닌다고 하였다. 북조선인민회의 특별회의에서 새로운 국기를 심의할 때 일부 대의원들의 반대가 있었다. 대의원 정재용은 '태극기는 지난날 우리 인민의 희망의 표징이었다'면서 태극기 폐지를 반대하였다. 그러나 헌법제정위원회 위원장 김두봉은 태극기는 비민주적이고 동양 봉건국가 전 통치계급의 사상을 대표하는 점, 근거 되는 주역의 학설이 비과학적이고 미신적이라는 점, 제정 당시부터 일정한 의의와 표준이 없었다는 점, 그 의미가 쓸데없이 어렵다는 점 등을

〈표 8-4〉 남북한에서 시민종교 신념체계의 형성

	남한	북한
표층 ↑	반공주의-자유민주주의 -친미주의	반미주의-사회주의 -인민민주주의
↓ 심층	민족주의 / 발전주의	

이유로 폐지 이유를 설명하였다. 북한은 국호·국기·국가 등 일체의 국가상징을 헌법 조항에 명문화시켰다.[39]

1948년 여름부터 한국전쟁이 끝나는 1953년 여름까지 약 5년 동안 북한에서는 '반미-사회주의 시민종교'가, 남한에서는 '반공-자유민주주의 시민종교'가 본격적으로 형성·발전되었다. '반미-사회주의 시민종교'는 반미주의·사회주의·인민민주주의를 공식적으로 표방했던 반면, '반공-자유민주주의 시민종교'는 반공주의·자유민주주의·친미주의를 공식 표방했다. 전쟁이 끝나면서 남한과 북한의 시민종교들은 각기 활짝 개화開花했다.

그러나 남한의 반공-자유민주주의 시민종교와 북한의 반미-사회주의 시민종교는 두 가지 핵심적 구성요소들, 즉 발전주의(근대주의)와 민족주의를 공유하고 있었다. 역사적으로 보더라도, 19세기 이후 많은 사회들에서 (주로 사회진화론의 영향을 받으면서) 근대주의와 민족주의는 상당한 친화성을 보이기도 했다.[40] 박정희 시대의 '민족중흥' 담론도 발전주의와 민족주의의 무리 없는 결합을 잘 보여주는 사례일 것이다.

'근대적인 민족국가 건설'은 19세기와 20세기 대부분 사회·민족들의 공통된 지향이었다. 19~20세기에 등장한 거의 모든 시민종교들은 '근대 민족국가'라는 관념·가치·이데올로기를 공유하고 있었다. 따라서 각 사

전쟁 이후 | 306

회의 시민종교들은 이런 공통분모 내지 핵심적인 모티프 위에 저마다 상이한 이데올로기들을 접합시키는 방식의 변주變奏를 시연함으로써 저마다의 고유한 색깔과 음조를 완성해가는 것이다.

남한의 '반공-자유민주주의'와 북한의 '반미-사회주의'는 모두 강한 민족주의 성격을 띠고 있었고, 아울러 근대화를 향한 강렬한 대중적 욕망과 열망을 반영하고 있었다. 홍성태에 의하면 모든 근대국가는 어김없이 '발전국가developmental state'이며, 성장주의와 발전주의가 발전국가(개발국가)의 핵심적 특징을 형성한다. "근대국가는 대체로 통상과 공업에 힘을 쏟으면서 가장 강력한 개발의 주체가 되었다. 이런 점에서 자본주의와 사회주의, 민주와 독재를 떠나서 모든 근대국가는 사실상 개발국가였다."[41] 한국의 엘리트층은 구한말 세기 전환기부터 이미 시대적 유행어가 된 '부국강병富國强兵'의 오랜 꿈을, 해방 후 민중은 이전의 근대적 모델국가였던 일본을 대신한 새로운 모델국가, 즉 미국처럼 '평화롭게 잘사는 나라'의 꿈을 꾸었다. 남북한을 포함한 대부분의 신생 독립국들에서 민족주의와 발전주의는 거의 모든 형태의 이데올로기들을 초월했을 뿐 아니라, 누가 국가권력을 잡든 상관없이 추구되었다는 점에서 정파政派마저 초월하는 경향이 강했다. 신생 독립국의 엘리트들에게 이처럼 초超이데올로기적이고 초超정파적 성격을 띤 민족주의와 발전주의는, 말하자면 절대성을 띠는 '정언적 명령'에 가까운 것이었다.

남한의 반공주의anti-communism나 북한의 반미주의anti-Americanism 모두 '반대/적대anti'를 표방하고 있는 데서 보듯이, 남북한의 시민종교는 매우 전투적이고 공격적이고, 배제적·억압적·폭력적인 성격을 드러냈다. 예를 들어 김득중에 의하면 남한에선 일찍이 1948년 여순사건을 계기로 "공산주의자=비인간非人間" 담론이 창출되었다. 남한의 반공주의자들은 신탁통치안을 둘러싼 갈등 당시 공산주의자를 "친소주의자, 반민족주의자, 매국노"라고 공격했지만, 여순사건 뒤에는 한 단계 더 나아가 공산주의자를 '비인간'으로 보는 데까지 나아갔다는 것이다.[42] 박정희 시대에도 "공산주의(자)=반인륜적·반도덕적 체계(인간)"임을 증명해 보이는 것이 반공주의의 확산에 가장 효과적인 방법이었다. '우리-그들'의 이분법적 사고 속에서 '그들'인 북한 공산주의자들을 "인간으로서 최소한의 도덕조차 상실한, 인간이기를 포기한 짐승들"임을, 그들의 '비인간적 잔인함'을 끊임없이 상기시켰다는 것이다.[43] 이처럼 비인간이나 짐승으로 규정된 공산주의자들에게 공격성을 발산하거나 폭력을 행사하는 것은 지극히 자연스러운, 어쩌면 의무적인 일이 된다.

시간이 지남에 따라 남한에서는 '반공'이 '자유민주주의'를, 북한에서는 '반미'가 '사회주의'를 점점 압도하게 되었고, 따라서 둘 모두에서 국가 권력의 폭력성·폭압성·전제성이 강화되었다. 시민종교의 남북 분열(분단)로 인해, 그리고 휴전·정전체제 하에서 남북 시민종교 간 상호경쟁 및 적대적 상호영향으로 인해, 남한 시민종교는 점점 더 '최대의 반공주의'와 '최소의 자유민주주의' 성격을 띠게 되었다.

한국전쟁을 거친 이후 남한 집권세력에게나 북한 집권세력에게나 '제 2의 열전熱戰', '제2의 한국전쟁'을 통한 민족통일 방식은 사실상 실현 불가능한 선택이 되었다. 냉전체제가 제도화되고 성숙해감에 따라 한반도에서 또 다른 대규모 전쟁이 발발하는 것을 방지하는 국제적 억제력이 작동하게 되었다. 그렇다고 상대 사회 내부의 반란이나 혁명을 도모하여 자체 붕괴를 유도함으로써 '전쟁 없는 흡수통일'을 이루는 방안도 결코 용이한 일이 아니었다. 상대방을 강제로 굴복시킬 길도 없고 내부 반란을 선동할 능력도 없는 '분단의 교착' 상태가 도래한 것이다. 이런 상태에서 한편으로는 대체로 평화적인 방식의 남북한 간 체제경쟁이 지속 혹은 심화되고, 다른 한편으론 경쟁 상대의 위협적 존재 자체를 최대한 부각시키고 이용하여 자기 체제·정권의 안보와 대내적 통합을 도모하는 '분단정치'가 고도로 활성화된다. '전쟁 없는 분단체제' 아래서 상호적 경쟁은 치열할지언정 근본적인 존재 위협이 되지는 못하는 맞수를 정치적으로 활용할 가능성이 최대한으로 열리게 된다. 요컨대 '적대적 공생hostile symbiosis' 혹은 '적대적 공존hostile coexistence'의 공간이 극대화되는 것이다.

적대적 공생·공존은 양자 간의 상호작용을 포함한다. 분단체제는 '적대적·경쟁적 상호작용 효과'를 산출한다. 그런 면에서 필자는 "적대적 공생은 동질화와 이질화의 변증법적 작용"이라고 말하고 싶다. 분단체제는 무엇보다도 그리고 압도적으로 남북한의 이질화를 촉진하고 확인·재확인하는 체제이나, 거기에는 남북한 간의 동질화를 촉진하는 상호작용 효과도 동시에 나타난다는, 동질화-이질화의 변증법을 강조하고 싶은 것이다.

남한과 북한이 반공주의와 사회주의, 친미주의와 반미주의를 각기 최고의 가치로 내세우고 숭배하는 모습은 이질화의 단적인 양상이다. 나아가 남한과 북한이 서로를 악마적으로 전형화·정형화하는 모습도 이질화의 핵심적인 징표이다. 이런 이질화의 측면에서 '냉전 관음증'이라고 부를 만한 흥미로운 현상 또한 나타난다. 이 현상은 냉전 시기 양 진영 사이에도, 남북한 사이에도 일어났다. 필자가 보기에 냉전 관음증은 '자기정보의 결핍과 타자정보의 과잉', 그리고 '악마화와 희화화의 혼합'에서 비롯된다. 내부 정보에 대한 통제와 자유롭지 못한 언론으로 인해, 남북한의 주민들은 자기 사회의 작동과 성격에 대해서는 매우 불충분한 정보밖에 갖지 못한다. 그렇지만 남북한 주민들은 상대 사회와 그 지도자에 대해서는 과다할 정도로 시시콜콜한 정보까지 제공받는다. 예컨대 남한 주민들은 이른바 안가安家에서 벌어지는 자기 대통령의 이중생활에 대해 전혀 모르지만, 북한 수령과 그 일가 구성원들의 '괴팍한 성품'과 '은밀하고 방탕한 사생활'에 대해서는 너무나도 세세히 알고 있다. 한편 악마화와 희화화의 혼합에 의해 남북한 당국은 상대 진영 장기독재자들의 '광기와 잔혹함, 가학적이고 방탕한 쾌락주의'를 입증하는 정보들을 자기 주민들에게 퍼붓듯 제공한다. 남북한 간의 교류와 접촉은 완벽하게 차단되어 있으므로, 정보의 정확성 여부는 아무 문제도 되지 않으며 그것을 과학적으로 검증해야 할 아무런 이유도 없다.

반면에 우리는 남북한 간 체제 경쟁이 양자의 동질화를 촉진하는 측면에도 주목할 필요가 있다. 분단체제가 구축된 이래 어느 한쪽의 민족주의, 발전주의 드라이브가 필경 반대쪽의 동질화 반응을 자극하는 사례를 우리는 무수히 목격해왔다. 심지어 우리는 '전체주의화'에서조차 '경쟁의 동질화 효과'를 발견할 수 있다. 한쪽이 전체주의적 병영사회가 되어간다면, 다른 쪽도 상대방이 조장하는 안보위협에 더욱 효과적으로 대비하기 위함을 명분으로 병영사회로 변모해간다. 북한이 여전히 위협적인 병영사회로 남아 있음에도 불구하고 남한에서 탈脫병영사회의 양상을 보인다면, 이것이야말로 한반도에서 이미 분단체제가 해체되고 있음을 보여주는 중요한 징표이리라.

분단체제하의 적대적 공생이라는 상황에서는 북한의 시민종교가 그와 적대하는 남한 시민종교의 존재를 정당화해주고, 남한의 시민종교가 그와 적대하는 북한 시민종교를 정당화해주는, '남한–북한 시민종교들의 적대적 공생' 관계도 아울러 작동하게 된다. 바로 이런 맥락에서, 북한의 '반미주의' 때문에 북한과 적대하는 남한에서는 거의 자동적으로 '친미주의'가 형성되었고 이내 신성불가침 영역으로 선포되었다. 그리하여 남한에서는 "반미反美를 말하는 이는 필경 빨갱이이거나 친북親北 세력"일 것으로 의심받았다.

한편 조은희는 남한과 북한의 '정통성 만들기' 경쟁을 〈표 8-5〉와 같이 요약한 바 있다. 〈표 8-5〉에 따르면 남한 정부들은 필요에 따라 임시정부, 3·1운동, 4·19, 5·16 등을 역사적 정통성의 근거로 활용했다. 그런 가운데서도 '3·1운동' 및 그 직접적인 결과인 '임시정부 법통 계승'이 가장 중요하게 활용되어왔다. 반면에 김일성 가계家系에 따라 반세기 이상

〈표 8-5〉 남북한의 '정통성 만들기' 비교

시기	남한			북한		
	시대	역사 정통성	표현	시대	역사 정통성	표현
1950년대	이승만	3·1운동	- 충무공 동상 - 이승만 동상	확립기	김일성 항일무장투쟁	- 김일성 동상 - 보천보 혁명전적지
1960~ 1970년대	박정희	3·1운동 4·19의거 5·16혁명	- 민족 활용 - 애국선열조상건립위원회, 문화공보부 - 이순신, 세종 - 현충사 - 경주(신라)	제도화기	김일성 항일무장투쟁 + 혁명가문	- 백두산 혁명전적지 - 혁명가 역사 - 고구려

1980년대	전두환
	노태우
		3·1운동	- 독립기념관
			- 경복궁, 창경궁 복원
			- 항일사적비
			- 국립중앙박물관,
			  예술의전당, 국립국악원,
			  국립미술관
				계승기	김일성
					항일무장투쟁
					+ 혁명가문
					+ 김정일
						- 개선문
						- 주체사상탑
						- 인민대학습당
						- 백두산 밀영 고향집

1990년대 이후	김영삼 이후	3·1운동 → 임시정부 법통성, 4·19 민주이념	- 민주화운동기념 - 임정 요인 유해 모시기 - 총독부 건물 철거 - 과거청산(친일, 군사독재)	유지기	혁명전통 계속 유지	- 계속 유지 - 전국 성역화

* 출처: 조은희, "남북한 박물관 건립을 통한 국가정통성 확립", 184쪽.

정치권력의 승계가 진행되어온 북한에서는 '김일성 항일무장투쟁'이 가장 중요한 역사적 정통성의 근거였으며, 여기에 '혁명가문' 전통이 덧붙여졌다. '빨치산 대 임시정부'의 계보정치, 정통성 원천의 이런 차별화 역시 적대적 공존 속의 '의도적 이질화' 시도를 보여준다고 하겠다. 남북한 모두 '민족주의적 정통성'이라는 특면에서는 동질화되면서도, 그 구체적인 내용에서는 의도적으로 상호 이질성을 강조하면서 차별화를 시도하고 있는 것이다.

'정치종교'라는 개념을 통해 북한사회에 접근했던 찰스 암스트롱은 건국 초기부터 현재까지 이어지는 '북한 정치신화political myth'의 중심이 되는 세 주제들을 (1) 조선의 자율성과 독립, 역사의 주체로서의 한민족을 두드러지게 강조한 것, (2) 민족의 구현체로서의 김일성의 이미지, (3) 북한의 혁명적 기원의 공간으로서의 만주滿洲라는 장소와 김일성의 항일 게릴라전으로 제시한 바 있다.[44] 물론 우리는 여기에 '반미투쟁'이라는 또 하나의 전통을 추가해야 할 것이다. 처음으로 시민종교(공민종교) 개념을 적용하여 북한사회와 주체사상을 분석했던 조혜인은 "세계의 중심에 북한을 놓는……선민주의적 순결의식"에 주목한 바 있다.[45] 1950년대 말 이후 이른바 '주체사상'이 본격적으로 등장함에 따라, 북한의 시민종교 역시 '반미-사회주의 시민종교'에서 '반미-주체주의 시민종교'로 변화했다고 말할 수 있을 것이다. 시민종교(공민종교) 개념을 통해 북한을 분석한 또 다른 학자인 정대일은 '수령론'을 중심으로 사회주의·인본주의·민족주의를 융합하고, 운명·생명·영생 등의 종교적 주제들이 본격 등장하는 1970~1980년대 이후의 북한에서 '주체사회주의'의 시민종교적 성격이 한층 선명하게 나타난다고 보았다.[46] 이 시기에 북한의 주체사회주의는 명백히 '국가종교'의 성격을 띠게 되었다고 정대일은 보고 있다.[47] 이와 유사하게 몇몇 학자들도 주체사상의 종교성과 종교화, 북한 정치의 종교성 등을 강조한 바 있다.[48] 정병호와 권헌익이 '극장국가' 개념을 통해 성공적으로 보여주었듯이,[49] '항일 빨치산투쟁 전통'에 대한 기억·기념은 오늘날까지도 북한 시민종교에서 중심적인 요소로 남아 있다. '일제日帝'에서 '미제美帝'로 이어지는 일련의 반제국주의 투쟁을 앞장서 이끌어온 김일성과 그의 직계혈통, 그리고 온갖 고난 속에서도 김일성 가문을 묵묵히 뒤따르는 '김일성민족' 혹은 '태양민족'이라는 내러티브는 북한 시민종교에 끊임없이 생명력을 불어넣는 원천인 셈이다.

암스트롱은 "민족을 위한 메타포로서 가족은 사실상 모든 내셔널리즘의 공통된 수사"라고 주장했다.[50] 그는 북한이 이런 가족 수사와 메타포

를 '정치종교'의 경지로까지 끌어올린 독특한 사례라고 보았다. 필자가
보기엔 '유교적 가족국가'의 이념, 그리고 이것이 '지도자숭배'나 '개인숭
배'와 결합된 것은 남북한 모두에서 공통적으로 나타난 현상이었다.

제 9 장

모순과 배교

전쟁 이후

식민지민으로 전락한 한민족이 마침내 독립을 얻게 될 때, 신생 독립국의 정체성을 규정할 시민종교는 과연 어떤 색깔과 음조를 보이기 쉬웠을까? 해방 직후만 해도 한민족이 세울 국가의 시민종교는 넓은 의미의 '독립운동가들'이 주도하는, 그러면서도 '강렬한 민족주의'를 특징으로 하는 그런 것이 될 가능성이 높아 보였다. 실제로 그리 될 것임을 의심하는 이들은 해방 당시 거의 없었을 공산이 크다. 설혹 그렇게 되지 않으리라고 주장하는 사람이 있다고 해도, 오히려 그게 이상해 보였을 것이다. 그러나 '독립으로의 과정'을 밟아나가는 동안, 특히 분단국가인 대한민국 정부가 수립되기까지 이런 기대와 배치되는 일들이 허다하게 발생했다. 독립운동가 출신들과 대척점에 서 있던 이들이 주도세력으로 떠올랐고, 그 만큼 민족주의도 뒷전으로 밀려나는 양상이 두드러졌다. 식민지에서 갓 벗어난 신생 독립국에서 이처럼 민족주의의 결핍 상태에서 시민종교가 형성된다는 게 대체 가능하기나 한 일일까?

장차 수립될 독립국가의 권력 주체와 성격·형태 등을 둘러싼 좌파-우파 간의 갈등이 치열해짐에 따라, 특히 과거사청산을 향한 아래로부터의 대중적 열망과 압력이 식민지엘리트들의 조직적인 저항·방해와 맞물리면서, 민족공동체를 떠받치던 '해방의 커뮤니타스'는 서서히 붕괴되어갔다. 해방의 커뮤니타스를 지탱해주던 수평적 연대와 수직적 연대 가운데, 지배엘리트와 대중 사이의 수직적 연대가 먼저 빠르게 허물어져갔다.

커뮤니타스의 붕괴 내지 해체와 거의 동시적으로, 구체제를 타파하고 새로운 유토피아적 비전을 만들어내던 '변혁의 리미널리티'의 시공간들 역시 점차 사라져갔다. 그 대신에 식민지엘리트들이 새로이 구축한 탈식민지 체제를 충성스럽게 지지할 순응적 주체를 주조하는, '질서의 리미널리티'를 창출해내는 시공간들이 증가했다. 커뮤니타스 속의 유토피아적 비전을 현실에 구현하려는 집합적인 실천 없이는, 리미널리티 경험은— 비록 그 자체는 비록 다양한 가능성에 열려 있을지라도—대개 기존질서의 강화로 종결되는 경향이 강한 것이다.

아울러 우리는 대한민국 정부 수립 이후에는 (해방 직후 집합행동에서 뚜렷하게 관찰되던) 대중의 '자발성'마저 급속히 감소하게 된다는 점에도 유의해야 한다. 반면에 위로부터의 비자발적 대중동원은 크게 증가했다. 고원에 의하면, "정부 수립 후 우파 세력은 좌익에 대한 테러투쟁에서 한 발 더 나아가 '일민주의'를 지도이념으로 하는 국가동원 체제를 전 사회에 확립하고자 했다. 1949년에 이르면……우파 세력은 왕조적 권력을 꿈꾸는 이승만의 요구에 부응하여 유사 국가기구적 대중조직을 결성하고 사상통일, 공산주의 잔재 일소, 국방계획 협조 등 관제 국민대회에 매일 같이 동원했다. 학도호국단, 대한청년회, 국민회 같은 단체들은 그 대표적 기구였다."[1] 대중의 자발성이 급속히 퇴조하는 가운데, 대한민국 시민종교를 빠르게 탄생시키고 성장시켰던 내적 동력도 점점 고갈되어갔다.

1. 시민종교의 내적 모순과 지배층의 배교

해방 후 등장한 '대한민국 시민종교'는 반공-자유민주주의 시민종교였다. 필자는 민족주의, 발전주의, 반공주의, 자유민주주의, 친미주의를 한국 시민종교의 다섯 기둥 혹은 5대 교리로 부르고 있다. 이 다섯 기둥들 사이의 관계는 때때로 복잡한 양상을 보이기도 한다. 두 가지 예를 들어 보자.

먼저, 한국 시민종교에서는 '반공주의와 자유민주주의 사이의 미묘한 균형 유지'가 무엇보다 중요하다.[2] 이미 몇 차례 지적했듯이, 한국에서는 '반공주의에 내재한 국가주의적 관성'으로 인해 반공주의 자체가 자유민 주주의를 침해할 가능성이 유난히 높은 편이기 때문에 둘 사이의 균형을 유지하는 게 생각만큼 쉽지가 않다. 한국사회에서는 '반공주의의 과잉발 달overdevelopment'이라고도 부를 만한 현상, 다시 말해 '반공주의의 과다 過多과 민주주의의 과소過少' 현상이 현실화할 확률이 훨씬 높다. 비록 드 물지만 정반대에 가까운 상황도 가능하긴 할 것이다. '4·19공간', 즉 4·19 혁명부터 5·16쿠데타까지의 단기 국면이 그런 희귀한 사례에 속한다. 그 러나 '자유민주주의의 과잉'이라는 담론이 확산되자, 반발적으로 반공주 의가 분출하면서 결국엔 반공을 표방한 군사쿠데타로 이어졌다. 공산주 의자들과의 전쟁 기억과 상처·공포, 적에 대한 불신과 적대감이 아직은 너무나도 생생했던 시기였다. 이처럼 반공−자유민주주의 시민종교 자체 에 반공주의와 자유민주주의가 서로를 일정하게 제한하고 견제하는 기 제가 내장되어 작동하고 있었다고 말할 수 있다.

두 번째로, 이에 비해 상대적으로 부차적인 중요성을 갖는 것이긴 하 지만 민족주의와 친미주의 사이의 균형 유지 또한 중요하다. 민족주의가 과도할 경우 이는 '옥시덴탈리즘적 반미주의'라는 오해와 항의를 초래할 가능성이 있고, 반면에 친미주의가 과도하면 '오리엔탈리즘적 친미주의' 라는 비난에 노출되기 쉽다.

실제로 남한에서 반공−자유민주주의 시민종교는 본격적인 개화의 바 로 그 시점부터 많은 취약점을 드러내면서 균열 징후들을 보이기 시작했 다. 전체적으로 1950년대는 한국 시민종교의 화려함과 초라함, 그 이중적 면모가 뚜렷하게 드러났던 때였다. 전쟁과 혁명이라는 형태로 국가적 위기가 두 차례나 닥칠 정도였다. 1950년대는 남북 시민종교 간의 전쟁으로 시작하여 남한 시민종교의 예언자 혁명으로 마감되었다. 1950년대의 맥락에서 볼 때 반공-자유민주주의 시민종교의 내적 취약성은 다양한 방식으로 노정되었다. 과도한 공포·강제와 노골적인 폭력에 기초한 사회통합 방식, 민족주의의 취약성, 자유민주주의의 훼손 외에도, 부실한 영웅 보호 장치, 발전과 번영에의 열망이 역설적으로 방대한 체제 도전세력을 양성했던 일,[3] 발전주의 드라이브와 정면충돌하는 현실[4] 등이 직간접으로 시민종교의 취약성을 조장한 요인들이었다. 민주주의와 배치되는 지도자 개인숭배도 여기에 포함되어야 할 것이다. 이승만 정권을 '극장국가'라는 개념을 통해 접근한 이화진은 "오직 '국부國父' 이승만을 기념하다"는 표현을 통해 1950년대 한국 시민종교의 상대적 빈곤을 간접적으로 드러낸 바 있다.

필자는 한국의 시민종교를 특유의 '열정' 내지 '뜨거움'이 결여된 비정상적이고 예외적인 유형의 시민종교, 한마디로 '차가운 시민종교'로 유형화할 수 있다고 본다. 국가와 지배층의 과잉 폭력성, 약한 민족주의, 그리고 불신에 기초한 사회조직화(불신사회·감시사회)가 차가운 시민종교 현상을 빚어낸 '트로이카 요인들'이었다. 한국 시민종교의 이러한 '비정상성'과 함께, 우리는 보다 근본적인 수준에서 발견되는, 반공-자유민주주의 시민종교에 내재한 '모순들' 혹은 '이율배반들'에도 주목해야 한다. 이미 1950년대부터 비교적 뚜렷하게 식별되었던 두 가지 이율배반이 중요하다. (1) 식민지엘리트 출신들이 주류를 형성한 집권세력과 민족주의 사이의 이율배반, (2) 반공주의와 자유민주주의의 이율배반이 바로 그것이었다. 여기서 '집권세력과 민족주의의 이율배반'은 대한민국 초기 지배세력의 '약한 민족주의'가 산출한 직접적인 결과이다. 따라서 지배층의 약한 민족주의는 한편으로 시민종교의 형태적 비정상성을 초래하고, 다

른 한편으로는 시민종교 내부에서 이율배반을 조장한다고 말할 수 있을
것이다.

(1) 식민지엘리트 출신 지배세력과 민족주의의 이율배반

해방을 맞은 한국인들 가운데선 민족주의적 열정이 넘쳐났다. '신생 대한
민국'의 지배층도 이를 잘 알고 있었다. 새 정부의 민족주의적 구호와 활
동, 프로젝트들이 대중적 호응을 받을 여지는 충분했다. 그러나 집권세력
의 노력 대부분은 국민들의 능동적 동의를 이끌어 내거나 헤게모니적 지
도력을 발휘하는 데, 국민들의 '집합적 열광'을 이끌어내는 데 실패하고
있었다. 그 때문에 한국전쟁 이전에는 국민적 통합 역시 여전히 취약한
상태로 남아 있었다.

왜 그랬을까? 가장 큰 이유는 이들이 지배이데올로기로 부상시키고자
했던 민족주의가 그들 자신의 행동에 의해 부정되고 있었던 데서 찾을 수
있다. 말하자면 그들 스스로가 자신들의 주장을 배반했던 것이다. 무엇보
다 반민특위를 통한 친일파 처단을 집권세력 스스로 저지했던 한편, 과거
의 친일파들이 정부 고위 관료와 여당 및 야당 지도자로 권력과 부를 여
전히 누리고 있었다. 김구가 피살되기 직전인 1949년 6월 6일 반민특위는
경찰의 습격을 받아 최악의 위기를 맞았고, 김구의 장례가 치러진 바로 다
음날(7월 6일) 국회는 반민법의 공소시효를 단축시키는 개정안을 통과시켰
다. 대중은 김구의 장례식을 통해 다시금 강렬한 민족주의적 감정을 표출
했지만, 그런 감정에는 김구 죽음의 배후로 의심받던 지배층에 대한 '민
족주의적 배반감·혐오감'이 오버랩되었다.

경찰이 반민특위를 습격한 바로 그날, 즉 1949년 6월 6일은 국방부 주
도로 서울운동장에서 '제2차 전몰군인 합동위령제'가 열린 날이기도 했
다. 위령제가 끝나자 "영령을 선두로 참가 회중이 시가행진하여 장충단

으로" 향했다.[5] 서울운동장을 출발한 '망자들의 행진' 끝에 447명의 전사자 유골이 남산 기슭 장충단공원 내의 장충사에 엄숙히 안치되었다. 결국 1949년 6월 6일은 대한민국 최초의 국립납골묘이자 최고의 반공 성지로 창출된 장충사가 국민에게 처음 공개된 날이자, 그곳에 국군 전사자 유해를 처음 안치한 날이기도 했던 것이다. 문제는 장충사의 실체實體였다. 여러 증거로 미뤄볼 때,[6] 장충사는 박문사博文寺의 본전을 일부 개조한 건물이었을 가능성이 높다. 초대 조선통감으로 한일병합을 주도하고 결국 안중근에게 피살당한 이토 히로부미伊藤博文의 추모 사찰로 1932년에 건립된 바로 그 박문사 말이다. 국립납골묘를 박문사에 설치했다는 사실 자체가 초기 대한민국 지배엘리트의 '약한 민족주의' 성향을 극명하게 보여준다.

가장 극단적인 민족주의 이데올로그였던 안호상 문교부 장관 역시 전쟁 직전인 1950년 5월 '친미파親美派'로 알려진 백낙준 목사로 교체되었다. 1949년 10월의 개천절 행사는 강화도의 산꼭대기로 밀려나 치러졌으며, 이승만 대통령은 개천절에 즈음한 담화를 통해 오히려 단군의 신격화 시도에 제동을 걸었다.[7] 임시정부 요인들이 이승만 정권에 의해 배척당함에 따라 대표적인 '민족종교'였던 대종교의 교세도 이미 전쟁 전부터 크게 감소하고 있었다. 정부 수립 후 "대종교가 임정계로 지목되어 늘 당국의 감시를 받게 되고, 이 대통령이 단군숭봉운동은 물론 대종교 발전을 은근히 가로막고 나서자" 대종교의 교세가 급격히 감소하기 시작했다는 것이다.[8] 집권세력이 내세우는 민족주의 이데올로기는 전쟁 이전에 혹은 전쟁과 함께 효력을 크게 잃어버렸거나, 자가당착적인 것임이 판명되었다. 따라서 '반공'을 제외하고 집권세력은 자신들의 정통성을 내세울 독자적인 전통을 만들어내는 데 실패하고 있었다. 게다가 그 반공마저 사회 성원들의 능동적이고도 광범위한 동의를 얻어내지는 못하고 있었다. 그럴수록 통치는 폭력에 더욱 의존할 수밖에 없었다.

민족주의 약세 현상은 1950년대에도 지속되었다. 필자는 이승만 정권 시기에 민족주의가 전반적으로 약화되어 가는 가운데 '위험한-불온한 민족주의'와 '안전한-건전한 민족주의'로 양분되었다고 주장해왔다. 과거 사청산·평화통일·반미주의 등과 관련된 전자는 감시와 처벌의 대상이었고, 다만 반공·스포츠·언어·근대화 등과 관련된 후자만이 선별적인 허용과 권장의 대상이 되었다. 전체적으로 볼 때 한국 현대사에서 '위험하고 불온한 민족주의'는 '강한 민족주의'와, '안전하고 건전한 민족주의'는 '약한 민족주의'와 상통한다고 해도 지나치지 않을 것이다. 해방 후 저명한 독립운동가들의 유해를 안장함으로써 '민족주의 성지'로 재탄생한 효창공원을 1950년대 후반 축구장으로 변모시킴으로써 훼손 내지 주변화하려 했던 일은 민족주의의 전반적인 약화 현상을 보여주는 대표 사례로 꼽을 만하다. 앞에서 보았듯이, 1950년대 들어 효창공원에 대한 지배세력과 정부의 냉대·방치가 지속되는 가운데 이승만 정권과 서울시는 국제축구대회 유치를 빌미로 '7위 순국선열'의 묘지 전체를 이장하라는 압력을 넣는 한편 운동장 건설을 밀어붙였다. 1956년과 1959년에 이로 인한 갈등이 집중되었다. 김창숙을 비롯한 민족주의자들이 '선열묘지 보존회'를 구성하여 저항하고 「동아일보」 등 일부 언론이 지원한 데 힘입어 효창공원이라는 성역이 묘지 이장에 의해 해체되는 사태만은 면할 수 있었다. 그러나 성역의 공간적 축소는 물론이고, 성지 주변이 위락장소로 전락해가는 사태 자체를 막을 수는 없었다.

1958년에 발생했던 두 사건, 즉 진보당 사건과 함석헌 필화 사건은 1950년대에 '위험시되고 불온시된 민족주의'의 전형적인 사례들이라 할 만하다. 먼저 1958년 1월에 조봉암을 비롯한 진보당 간부들이 '일망타진' 되었는데 바로 '평화통일론'이 화근이었다.

마침내 1958년 1월 12일 조봉암이 당수(위원장)로 있는 진보당 간부들에 대한 일대 검거 선풍이 일어났다. 경찰은 이날 진보당 부위원장 박기출, 간사장 윤길중, 선전부 간사 조규희, 재정부 간사 조규택, 민혁당 간부 이동화 등을 검거 구속했다. 종로2가에 있는 진보당 사무소도 수색했다. 정식 발표는 없었지만 조봉암과 부위원장 김달호도 검거된 것으로 알려졌다.……1월 13일 정순석 검찰총장은 다음과 같은 담화를 발표했다. "조봉암 진보당 위원장 등 일당은 북괴 김일성의 지령으로 남파된 간첩 박정호, 정우갑, 이봉창, 허봉희 등과 수차에 걸쳐 밀회하고, 동 당의 정강정책이 북괴가 주장하는 평화통일 노선과 합치된다는 것을 확인하고, 북괴와 야합할 목적으로 평화통일을 추진해왔다." 당국이 애초에 '평화통일론'을 문제 삼은 단서는 『중앙정치』라는 잡지(1957년 10월호)에 실린 조봉암의 글 "평화통일에의 길"이었다. "진보당의 주장을 만천하에 천명한다"는 부제가 붙어있는 이 논문 중에 "북과 동등한 조건으로 선거를 실시한다는 것은 다소 불쾌할 수도 있으나 한번 시행해보는 것도 결코 나쁘다고만 말할 수는 없다"라고 한 대목이 대한민국의 존재를 부인하고 국시에 위배된다는 것이었다.[9]

한편 함석헌은 『사상계』 1958년 8월호에 "생각하는 백성이라야 산다: 6·25 싸움이 주는 역사적 교훈"이라는 글을 게재했다. 이승만 정권은 남한을 "미국의 꼭두각시"로 표현한 것을 문제 삼아 같은 해 8월 초에 함석헌을 국가보안법 위반 혐의로 긴급구속 했다가 9월 말 불기소처분으로 석방했다.[10]

우리가 일본에서는 해방이 됐다 할 수 있으나 참 해방은 조금도 된 것 없다. 도리어 전보다 더 참혹한 것은 전에 상전이 하나였던 대신 지금은 둘 셋이다. 일본 시대에는 종 사리(종살이-인용자)라도 부모형제가 한 집에 살 수 있고 동포가 서로 교통할 수는 있지 않았나? 지금 그것도 못해 부모처자가 남북으로 헤져(헤어져-인용자) 헤매는 나라가 자유는 무슨 자유, 해방은 무슨 해방인가? 남한은 북한을 쏘련 중공의 꼭두각씨라 하고 북한은 남한을, 미국의 꼭두각씨라 하니 있는 것은 꼭두각씨뿐이지 나라가 아니다. 우리는 나라 없는 백성이다. 6·25는 꼭두각씨의 노름이었다. 민중의 시대에 민중이 살았어야 할 터인데 민중이 죽었으니 남의 꼭두각씨 밖에 될 것 없지 않은가?[11]

해방공간에서 좌파-중도파와의 치열한 투쟁 끝에 식민지엘리트 그룹이 집권세력의 지위로 올라서는 데 성공함에 따라, 이들 집권세력과 민족주의 간의 이율배반이 두드러지게 되었다. 한국 지배세력의 근본적인 비극은 식민지엘리트 중심의 세력 구성, 그로 인한 '민족주의와의 전도된 관계'에서 비롯된다고 해도 과언이 아닐 것이다. 시민종교의 가장 큰 수원지水源池이자 동력원이 바로 민족주의인데, 그와의 전도된 관계는 한국 시민종교의 생명력과 활력을 심각하게 제약할 가능성이 높았다.

식민지엘리트 그룹이 반공주의를 무기로 집권세력 지위로 올라서는 데 성공했다는 사실도 민족주의와의 이율배반을 더욱 강화했다. 1930년대 중반 이후 '우파 민족주의자들'의 '친일親日 전향'이 계속되는 가운데, 식민지 시대 말기로 갈수록 독립운동 진영의 내부 구성에서 '좌파 민족주의자들'이 확연히 우세해졌다는 사실에 주목할 필요가 있다. 따라서 해방 후 우파 측이 내세운 반공주의는 '민족주의 좌파 세력'을 배격, 나아가 척결할 수 있는 좋은 무기였다. 좌익-우익이 팽팽히 맞서던 해방정국에서, 반공주의는 남한 사회에서 민족주의자의 '절반 이상'을 손쉽게 식별해내고 제거해내는 효과를 제공했다. 반공주의는 좌파 민족주의자들이 생산한 수많은 '민족주의적인' 노래와 문학작품들을 금기의 대상으로 만듦으로써 그들의 대중적 영향력도 철저히 차단했다. 한반도 북쪽을 장악한 민족주의 좌파 세력과 연대하여 민족분단을 저지하려 시도했던 남한의 민족주의 우파 세력(즉 김구를 중심으로 한 남북협상 그룹)은 남한 단독정부에 참여하기를 '자발적으로' 거부해버렸다. 이들 남북협상파 역시 '용공 혹은 친북 세력'이라는 낙인을 피해갈 수 없었다. 절반 이상의 민족주의자들이 좌파 성향이어서 자동적으로 반공주의자들의 제거 대상이 되었다는 점, 그리고 나머지 우파 민족주의자 중 상당수가 남한 단독정부 수립 과정에 자발적으로 불참했다는 점이 식민지엘리트 그룹의 국가권력 장악을 훨씬 용이하게 만들어준 측면이 있음은 명백한 사실이다. 그러나 식민지엘리트 그룹에게 '행운'으로 작용했던 이런 사실들은 1940년대 후반 남한 사회에서 반공주의가 민족주의와 충돌했던 측면 또한 간접적으로 드러내준다. 반민특위 무력화 등 '민족주의에 대한 배반'의 양상들이 이미 전쟁 이전부터 뚜렷이 나타나고 있었다.

어쨌든 분단국가인 대한민국 형성에 참여했던 이들은 '우파 민족주의자들 중 일부'에 불과했다. 그 결과 1940년대는 물론이고 1950년대에도 국가기구나 파워엘리트 집단 내에서 민족주의자의 존재는 허울뿐이거나 매우 취약했고, 그마저 곧 주변으로 밀려났다. 초기의 대한민국 정부 안에는 몇몇 저명한 민족주의자들이 포함되어 있었다. 이승만 대통령 자신이 민족운동의 상징이기도 했고, 광복군 출신으로 초대 국방부 장관에 이어 내무부 장관, 국무총리를 지낸 이범석, 1~2대 국회의원·무임소장관과 자유당 원내대표위원을 역임한 지청천(이청천), 사법부의 김병로 대법원장, 안호상 문교부 장관을 비롯한 대종교 인사 등이 포진하고 있었다. 그러나 이승만은 곧 '친일파의 보호자'로 자신의 역할을 바꾸었다. 국가기구 내의 다른 대표적인 민족주의자들도 얼마 못 가 이승만과의 정치적 대립 때문에 밀려나고 말았다. 전쟁을 거치면서 파워엘리트 집단 내에서 가장 강력한 세력으로 성장한 군부 내에서도 광복군 계열 등 민족주의자들이 대부분 권력 경쟁에서 탈락했다. 민족주의자들 중 소수가 마치 체제의 장식품처럼 간택되었지만, 그나마 얼마 못 가 대부분 퇴출당했던 것이다.

심지어 이승만 정권 시기에는 민족주의 자체가 '반미주의'나 '용공주의'로 간주되어 금기시·불온시 되기도 했다.[12] 시민사회에서도 대표적인 친일 협력자들이 항일운동가들의 기념사업을 주도하는 희비극적인 사례들이 비일비재했다. 친일 협력자들이 특정 독립운동가의 기념사업회 간부를 맡거나, 독립운동가의 기념조형물이나 추모 노래·시詩 등을 만드는 역설적인 일들이 너무나 자주 반복되었다. 이런 상황은 마르크스의 저 유명한 경구를 당장 연상시킨다. "세계사적 사건은 두 번 나타난다. 한 번은 비극으로, 한 번은 희극으로."[13]

(2) 반공주의와 자유민주주의의 이율배반

반공주의와 자유민주주의의 이율배반과 길항, 대한민국 시민종교의 양대 축을 이루는 반공주의와 자유민주주의 사이의 모순과 갈등 역시 1950년대에 점점 현저해졌다. 이것은 '과잉 반공주의'와 '과소 민주주의'의 양적인 대립, 곧 너무 적은 민주주의에 비해 너무 많은 반공주의의 문제에 그치지 않았다. 이 이율배반은 반공주의와 자유민주주의 양자가 결합할 경우 시간이 갈수록 자유민주주의가 가장 혐오하는 체제, 즉 파시즘이나 전체주의 체제와 점점 유사해지는 현상으로 나타난다. 또 자신들이 수호한다는 바로 그 가치(자유민주주의)의 담지자나 옹호자들을 자꾸 체제 바깥으로 추방하거나, 정치적 무능력자로 만들어버리는 현상도 이런 이율배반의 한 표현이다.

　반공주의와 자유민주주의 사이 이율배반의 극치는 일종의 '목적−수단 전치' 현상으로 나타난다. 반공주의가 자유민주주의라는 목적을 방어하기 위한 수단인 것이 아니라, 거꾸로 자유민주주의가 반공주의를 정당화하는 수단이 되어 버리는 것이다. 같은 맥락에서 반공주의가 자유민주주의를 제한하고 위축시키는 수단이자 명분으로 이용되는 일도 잦다. 문제는 이 경우 자유민주주의는 아무런 알맹이도 없는, 그야말로 빈껍데기의 공허한 정치적 레토릭으로 전락하게 된다는 것이다. "대통령을 정점으로 한 비대한 행정부에 집중된 통치권력, 대통령과 행정부의 시녀로서의 의회, 대통령에 종속적인 사법부, 유명무실했던 지방자치제도, 여당의 권력 기생적 성격과 허약한 야당, 어용단체화 한 이익집단"[14]이 1950년대 한국 자유민주주의의 부인할 수 없는 현주소였다.

반공주의와 자유민주주의 간 이율배반은 '반공주의의 정치적 오남용' 에 의한 시민종교 및 48년 체제의 위기라는 주제와도 직결된다. 반공주의를 남용하는 지배층의 행위들에 의해 '자유민주주의 보호를 위한 반공주의'가 '자유민주주의를 억압하는 반공주의'로 변질된다. 이는 그 자체가 반공-자유민주주의 시민종교에 대한 지배층의 노골적인 '배교·배반 행위'이자, 반공-자유민주주의 시민종교에 기초한 48년 체제마저 심각하게 위협하는 행태였다. 시민종교의 배교 여부에 대한 판단은 이 문제를 바라보는 시선과 자리에 따라 달라질 수 있는 상대적인 문제이긴 하다. 무엇보다 시민종교의 사제 진영 쪽에서 바라보는가, 예언자 진영 쪽에서 바라보는가가 중요할 것이다. 엄청난 전쟁을 겪은 직후인 1950년대 중후반의 한국사회에서, 반공-자유민주주의 시민종교의 사제적 흐름을 신봉하는 세력들은 반공주의를 강하게 부각시키면서 '좌경 분자'나 '간첩 혐의자' 등을 시민종교의 배교자, 이단자異端者로 간주하기 쉬웠다. 이들에 의해 반공주의가 '국시國是'의 수준으로 과잉 강조되는 순간, 자유민주주의-반공주의 사이의 목적-수단 전치 현상은 이미 정상화·일상화 궤도에 올라섰다고 보아도 좋을 것이다. 반면에 예언자적 흐름의 신봉자들에겐 반공주의를 앞세워 자유민주주의를 함부로 훼손하는 권력자들이 배교자요 이단자로 비쳤을 것이다.

필자는 2장에서 "한국식 자유민주주의에 내재된 유토피아성과 억압성의 갈등적 공존"에 대해 언급한 바 있다. 필자는 한국에서 '자유민주주

의의 모호성'은 그것이 매우 정당하고 심지어 유토피아적인 것이었음에
도 불구하고, (국가보안법, 군대·경찰·정보기관, 주민들의 상호감시망 등에 의한) '항상
적인 전투와 감시'에 의해서만 보호될 수 있다는 인식과 병존하고 있었다
는 데서 비롯된다고 주장했다. 자유민주주의를 억압적 국가기구들이 이
중삼중으로 겹겹이 둘러싸고 있어서, 정작 자유민주주의는 제대로 보이
지도 않는 형국이었다. 항상적인 감시에 의해 보호되는 자유민주주의, 자
유민주주의와 감시·통제의 친화성은 푸코가 말한 '자유와 안전의 변증
법'을 연상시킨다. 그런데 "한국식 자유민주주의에 내재된 억압성"을 조
장하는, "항상적인 전투와 감시"의 필요성이 거의 항상 반공주의에 의해
제공되었다는 점이 중요하다. 반공주의 자체가 자유민주주의를 침해하
는 무기 내지 정당화 수단으로 종종 활용되었던 것이다.

　반공주의와 민주주의의 관계가 처음부터 그리고 항상 갈등적인 것은
아니다. 실제로도 세계적 냉전체제의 이른바 '자유진영'에 속한 수많은 나
라들에서 반공주의와 민주주의의 결합 방식은 매우 다양하게 나타났다.
한국에서 반공주의와 민주주의가 '불편한 결합' 혹은 '불안한 공존'의 양
상을 보임에 비해, 예컨대 냉전 시대의 미국이나 영국·서독西獨에서는 양
자의 '친화성' 내지 비교적 '유기적인 결합'도 종종 발견할 수 있었다. 아
마도 이런 대조는 세계적 냉전체제의 중심부-주변부의 차이에서 비롯되
는 것으로 보인다. 특히 냉전체제의 주변부에서는 반공주의-민주주의의
유기적 결합이 극히 희귀한 현상이었다. 냉전체제 주변부에선 반공주의-
독재(반민주주의)의 결합이 훨씬 익숙한 풍경이었다. 권헌익이 관찰한 것처
럼 세계적 냉전체제 중심부의 평화-질서와 변방(주변부)의 전쟁-무질서가
동전의 양면처럼 공존했던 것이고,[15] 그런 가운데 냉전체제 주변부에서는
반공주의를 내세운 전쟁(열전)과 국가폭력이 그치지 않았던 것이다.

　그런데 필자가 보기엔, 중심부-주변부를 떠나 냉전체제의 어느 곳에
서든 반공주의와 민주주의의 생산적이고 유기적인 결합은 오히려 '예외

적인' 현상이었다고 말하는 게 보다 정확할 듯하다. 1950년대의 광적인 반공주의(매카시즘)와 1960년대의 베트남전쟁 참전이 민주주의를 심각하게 위협한 바 있듯이, 미국에서조차 반공주의와 민주주의의 관계가 항상 유기적이었던 것은 아니다. 우리가 '공격적 반공주의'와 '방어적 반공주의'를 구분할 수 있다면, 오직 '방어적 반공주의'만이 민주주의와 순조롭게 공존할 수 있을 것으로 판단된다. 예를 들어 호시탐탐 북진통일北進統一을 노리는 남한과, 이를 어떻게든 억제해보려는 미국이라는 대조 속에서, '공격적 반공주의'와 '방어적 반공주의'의 비교적 뚜렷한 차이를 관찰할 수 있다. 무엇보다 반공주의 안에는 극우주의나 국가주의로 질주할 위험이 상존한다. 극우주의-국가주의만큼 민주주의를 심각하게 위협하는 것도 없다. 반공주의가 전투적·극단적인, 정복적征服的·팽창주의적인 성격을 띠지 못하도록 견제할 능력을 지닌, 강력하게 제도화되고 세심하게 성찰적으로 운영되는 민주주의를 갖춘 '소수의' 사회들만이 반공주의와 민주주의의 유기적 결합을 실현하고 유지할 수 있다.

　이처럼 반공주의가 국가주의-전체주의로 질주해 갈 위험의 정도는 사회마다 다르며, 그에 따라 어떤 사회는 '국가주의적 반공주의'의 성격을, 어떤 사회는 '자유주의적 반공주의'의 성격을 보다 강하게 띨 것이다. 그런데 1940~1950년대의 한국은 '식민지 경험의 작용'으로 말미암아 '국가주의적 반공주의'로 경도될 가능성이 매우 높은 사회였다. 식민지엘리트에 의해 해방 후 적극적으로 선택되고 재발견된, 그리고 식민지엘리트들에게 친숙했던 반공주의는 식민지 말기의 그것, 즉 국가주의-군국주의-전체주의와 단단히 결합되어 있던 반공주의였기 때문이다. 필자가 보기엔 한국 반공주의에 내재된 국가주의적 성격, 바로 이것이 반공주의와 민주주의를 이율배반의 관계로 끊임없이 몰고 갔던 가장 근본적인 원인이었다. 반공주의를 신봉해마지 않았던 지배세력 구성원들의 국가주의적 집단심성, 그리고 국가주의를 현실 속에 구현하기 위해 고안된 많은 식민지적 하드웨어들이 해방 후 대한민국 시민종교 안으로 새로 진입해 들어온 (자유)민주주의 요소들과 부단히 충돌했고, 나아가 (자유)민주주의를 질식시키곤 했던 것이다. 이승만 정권에 의해 국시로 제정되었던 '일민주의'처럼 반공주의의 국가주의적 성격을 선명하게 보여주는 사례도 드물 것이다. 해방 직후 이승만이 제시한 "뭉치면 살고 흩어지면 죽는다"가 일민주의를 상징하는 구호가 되었다.[16] 한국전쟁 발발 이후 그리고 그것이 휴전체제라는 '준전시체제'로 종결된 이후, "공산주의 방어를 위한 전 국민의 일치단결"이라는 구호가 외쳐질 때마다 반공주의의 국가주의적 면모도 끊임없이 되살아났다.

2. 성가정聖家庭의 궁핍과 분노: 현충일 유가족좌담회의 풍경

이 책에서 필자는 한국전쟁이 '반공 영웅들'의 거대한 산실이었음을 누차 강조했다. 전쟁 당시 대한민국 최초의 국민군國民軍 일원으로 출전했다 전사한 이들이 영웅 만들기의 집중적인 대상이었다. 국가적인 장례를 통해 전사자들의 정체성은 '조국의 수호신' 혹은 '호국신', '군신軍神'으로 격상되었다. 전사자의 영웅화는 이들을 낳은 가정과 유가족의 성화聖化를 필연적으로 동반할 수밖에 없다. 전사자 유가족들은 반공 영웅들과 호국신들을 국가에 바친 대한민국의 '신성가족=성가정들holy families'로 정체성이 재규정된다. 국부國父인 대통령을 가부장으로 모신 거대한 가족국가에서 최상위에 재배치된 성스러운 가정들이었다.

전사자 의례는 성가정을 창출하는 가장 중요한 기제이기도 했다. 이 의례는 국가의 군신·수호신을 배출한 성가정들을 국민 앞에 '현시顯示'함으로써 대중적인 '공인'을 받는 기제였다. 전사자 유해를 국가적 성소聖所로써 조성된 묘에 안장하고 관리하는 것, 전사자들을 서훈하거나 표창하는 것 역시 성가정을 창출하는 기제들이었다. 영웅-성가정의 '창출' 과정은 영웅-성가정에 대한 '예우'와 '보호' 기제·과정과 불가분하게 연결되게 마련이다. 전사자 의례나 국립묘 안장, 서훈이나 표창 등이 '성가정 창출'의 기제들이라면, 다양한 원호援護나 보훈報勳 정책들은 '성가정 보호'의 기제들이었다. 따라서 영웅-성가정이 일단 만들어지면 영웅-성가정을 대상으로 한 원호 및 보훈 문제가 곧바로 국가 차원의 현안이자 과업으로 떠오르게 된다.

여기서 다카하시 데쓰야가 제시한 '감정의 연금술'과 '희생의 논리' 개념과 관련된 문제들이 대두한다. 감정의 연금술이 주로 전사자 '유가족'과 관련되는 문제라면, 희생의 논리는 '국민'과 주로 관련된 문제이다. 감정의 연금술은 국가의례를 통해 전사자 유족의 슬프고 불행한 감정이 기쁘고 행복한 감정으로 변화되는 감정 통제의 기술을 가리킨다. "(유족의-인용자) 슬픔이 국가적 의식을 거침에 따라 완전히 달라져 기쁨으로 전화轉化된 것이다. '슬픔에서 기쁨으로', '불행에서 행복으로' 마치 연금술에 의한 것처럼 유족 감정이 180도 반대 방향으로 변해버리는 것이다."[17] 유족을 상대로 한 감정의 연금술이 효력을 발휘한다면, 이번엔 유족의 감정 변화가 국민들의 의식과 감정에도 영향을 미칠 수 있다. '감정의 전염'인 셈이다. "결정적으로 중요한 것은, 유족이 감격의 눈물에 목이 메어 가족의 전사를 기뻐하게 되고, 거기에 공감한 일반 국민은 전쟁이 나면 천황과 국가를 위해 죽기를 스스로 희망하게 될 것이라는 점이다."[18] 전사자 의례가 국민을 형성하는, 다시 말해 '애국적인 국민'의 정체성을 형성하는 데도 기여하는 것이다. 한편 희생의 논리는 전사자 숭배의 국민 형성 효과와 관련된다. '전사자 추모시스템'을 통해 반복되는 "숭고한 희생의 논리와 레토릭"은 "국가가 '조국을 지키기 위하여' 목숨을 바친 전사자를 '숭고한 희생'자로 받들고 그의 공적에 대하여 국가적 차원에서 경의와 감사를 올리는 것"이다. 아울러 "전사는 '숭고한' 것으로 찬양되고, '존경'받고 '감사'를 받아야 마땅한 대상으로 미화된다."[19]

유가족 사이에서 감정의 연금술이 주로 의례·전사자기념물·서훈을 통해 일어난다면, 감정의 극적인 변화가 일상생활 속에서 안정되게 착근하고 지속되도록 만드는 기제는 원호나 보훈으로 통칭되는 국가의 유가족 예우이다. 필자가 보기에 감정의 연금술을 통한 유족의 정서적 포섭, 그리고 희생의 논리를 통한 순응적이고 애국적인 국민 형성 모두가 제대로 효력을 발휘하는 위해선 성가정 보호 장치들의 원활한 작동이 대단히 중요하다. 다름 아닌 성가정 창출 과정 자체에 내포되어 있는 양면성 때문이다. 전사자 유족들은 국가와 지배층의 소중한 '자산資産'이기도 하고 감당하기 어려운 '부담負擔'이기도 하다. 우선, 성가정을 이루는 이들은 대한민국 시민종교의 참신자들true believers이요 핵심 신도 집단이다. 그들은 국가와 지배층의 든든한 정치적 우군友軍이요 강력한 지지 기반이기도 하다. 그러나, 이미 대규모 인구집단이 되어버린 유족들의 생계유지와 예우 문제는 가난한 신생 후진국, 그것도 파괴적인 전쟁에서 얼마 안 되는 자원마저 탕진해버린 국가로서는 가혹할 정도로 과도한 부담이었다.

성가정 보호의 기제들이 효과적으로 작동한다면, 그리고 유족들이 전사한 가족 성원에 대한 국가의 상징적·물질적 보상에 만족한다면, 유족들 사이에선 가족의 전사를 자랑스럽고 감사하게 여기는 감정의 연금술이 일어나고 확산할 것이다. 유족들은 가족을 잃은 상실감·절망감과 슬픔을 딛고 일어설 것이며, 나아가 자신들을 보호하고 예우해주는 국가·지배층을 강력히 지지할 것이다. 문제는 그렇지 못할 경우이다. 특히 성가정에 대한 국가의 예우가 기대를 전혀 충족시키지 못하는 수준에 머물거나 말뿐인 것에 그칠 때, 그래서 예컨대 성가정의 평균적인 경제형편이 일반 가정의 그것에도 턱없이 미치지 못하게 될 때, 유족들 사이에서 감정의 연금술은 거의 사라지거나 효력을 잃고 말 것이다. 성가정 보호가 성공적이지 못한 상황 자체가 국가적인 수치와 추문scandal으로 간주될 수 있을 뿐 아니라, 이런 상황에선 성가정들의 방대한 존재 자체가 오히려 지배체제의 약점 내지 균열 요인으로 작용할 수도 있다. 그런데 필자가 보기엔 정확히 이런 일들이 1950년대 후반의 국가적 전사자 의례 현장에서 벌어졌다. 이런 문제의식에 기초하여 이번 절에서는 국가와 지배층이 창출해낸 방대한 성가정 구성원들에 대한 보호나 원호 문제에 초점을 맞춰보려고 한다. 특히 1950년대에 전사자 의례의 일부로 진행된 '유가족좌담회'에 주목하면서 이 과정을 세밀히 관찰해보려 한다.

좌담회의 목적은 관계 부처 고위관료들과 유가족 대표들의 만남을 통해 국가 측의 다양한 정책적 노력들을 소개하는 한편, 유가족 측의 의견과 민원을 수렴하는 데 있었다. 좌담회에는 관계부처인 국방부와 사회부의 장관들을 비롯하여 실무책임자들이 두루 참여했다. 위령제나 추도식 날에는 참석한 유가족들에게 국가가 제공하는 각종 원호정책들을 안내할 뿐 아니라, 다양한 위로와 여흥 프로그램을 마련하고, 광목·곡물·건빵과 같은 선물을 제공하고, 국민이나 기업들로부터 모금한 조위금 일부를 나눠주는 등의 일들이 배치되었다. 따라서 좌담회는 국가가 유가족들을 잊지 않고 있을 뿐 아니라, 그들을 위해 주어진 여건 안에서 최선을 다하고 있음을 과시하는 자리이기도 했다. 어쩌면 이런 만남 자체가 중요했다. 이름 없고 배운 것 없고 가진 것 없는 촌로村老들이 '자식을 나라에 바쳤다'는 오로지 그 사실을 매개로, 오로지 그 자격만으로, 한 나라의 최고 권력자들과 주기적으로 한자리에서 만나 대화할 수 있는 권리를 얻게 된다는 것은 의미심장한 일이었다. 이 자리는 대한민국이라는 나라가 '국민국가'임을 생생히 입증하는 현장이었다. 또 이런 만남의 장場 자체가 유가족들이 '특별히 성별聖別된 가족들'임을 보여주는 중요한 지표이기도 했다.

어쨌든 유가족좌담회 등장이 가져온 중요한 효과 중 하나가 바로 '유가족과 상이군인 원호 문제의 부각'이었다. 좌담회를 준비하는 정부 측에서도 원호 관련 실적과 계획 등 정책 자료를 미리 준비하여 공표하고, 유가족은 이에 대응하여 관련된 각종 탄원과 건의와 불만을 쏟아내고, 이에 대한 언론사들의 보도가 잇따름으로써, 좌담회가 원호 문제를 쟁점화·공론화하고 대중적으로 확산시키는 주요 기제로 작용했다.

해방 후 국가가 주도하는 대규모 전사자 의례는 경찰의 경우 미군정 시기인 1946년 11월부터, 군인의 경우 단독정부 수립 직후인 1948년 12월부터 등장했다. 1956년에 현충일이 제정되어 국가 차원의 전사자 의례가 현충일로 수렴되기까지 중앙정부 주도로 거행된 전국 차원의 전사자 의례 사례가 〈표 9-1〉에 요약되어 있다. 이 가운데 굵게 밑줄 친 부분이 '유가족좌담회'가 개최된 의례들인데, 전사한 경찰관들을 위한 위령제·추도회에서는 유가족좌담 행사가 따로 준비되지 않았다.[20]

전사자 의례가 끝난 후 식후 행사로 유가족좌담회를 처음 개최한 것은 1951년 9월 28일 열린 '제1차 3군 전몰장병 합동위령제'부터였다. 전쟁을 치르는 가운데 9·28수복 1주년 기념일에 맞춰 열린 이 행사는 임시수도 부산의 동래 육군보병학교에서 거행되었다.[21] 이 좌담회에 누가 참석했으며, 어떤 얘기가 오갔는지는 확인되지 않는다. 1952년 9월 28일 동래 육군병기학교에서 열렸던 '제2차 국군 전몰장병 합동추도식'에서는 유가족좌담회 순서가 생략되었던 것으로 보인다. 전쟁이 끝난 직후인 1953년 10월 16일 서울운동장에서 거행된 '제3차 3군 전몰장병 합동추도식'에서는 유가족 대표 좌담회가 부활했다.[22] 이후 1955년의 4차 합동추도식을 거쳐 1956년 이후의 현충일 기념식에서도 유가족좌담회는 고정적인 프로그램으로 자리 잡는 모습을 보인다.

1953년 10월 16일의 유가족 대표 좌담회는 오후 4시 30분부터 서울시청 회의실에서 열렸다. 이 자리에는 손원일 국방부 장관과 박술음 사회부

〈표 9-1〉 해방 후 주요 전사자 의례: 1946~1955년

경찰	군인
제1회 전국 순직경관 합동위령제 (1946.11.30, 대구 키네마구락부)	
제2회 전국 순직경찰관 합동위령제 (1948.6.25, 세종로 국립경찰전문학교 강당)	제1차 순국장병 위령제 (1948.12.1, 서울운동장)
제3회 전국 순직경찰관 합동위령제 (1949.4.28, 창경원 비원)	제2차 전몰군인 합동위령제 (1949.6.6, 서울운동장)
제4회 전국 순직경찰관 합동위령제 (1950.4.25, 창경원 비원)	제3차 전몰군인 합동위령제 (1950.6.21, 서울운동장)
	<u>제1차 3군 전몰장병 합동위령제</u> (1951.9.28, 동래 육군보병학교)
제5회 전국 순직경찰관 합동추도회 (1952.4.15, 부산 토성국민학교 교정)	제2차 국군 전몰장병 합동추도식 (1952.9.28, 동래 육군병기학교)
제6회 전국 순직경찰관 합동추도회 (1953.5.4, 부산 아미동 시립병원 뒤뜰)	<u>제3차 3군 전몰장병 합동추도식</u> (1953.10.16, 서울운동장)
제7회 전국 순직경찰관 합동추도회 (1955.4.20, 세종로 경찰박물관 뒤뜰)	<u>제4차 3군 전몰장병 합동추도식</u> (1955.4.22, 동작동 국군묘지)
	<u>제1회 현충 전몰장병 추도식</u> (1956.6.6, 동작동 국군묘지)
제8회 전국경찰관 합동추도회 (1957.10.25, 서울고교 강당)	<u>제2회 현충 전몰장병 추도식</u> (1957.6.6, 동작동 국군묘지)
제9회 전국 순직경찰관·소방관 및 애국단체원 합동추도식(1958.6.6, 부평 국립경찰전문학교)	<u>제3회 현충 전몰장병 추도식</u> (1958.6.6, 동작동 국군묘지)
제10회 전국 순직경관·소방관 및 애국단체원 합동추도회(1959.6.6, 부평 국립경찰전문학교)*	제4회 현충 전몰장병 추도식** (1959.6.6, 동작동 국군묘지)
	제5회 현충 전몰장병 추도식 (1960.6.6, 동작동 국군묘지)

* 1958년(제9회)부터 1966년(제16회)까지 매년 현충일 국립경찰전문학교에서 거행되던 '순직경찰관·소방관·애국단체원 합동추도식'은 1967년부터 동작동 국립묘지에서 개최되는 현충일 행사로 통합됨. ** 유가족좌담회가 '대통령 초청 위로다과회'로 바뀜.

장관을 비롯하여 국방부·사회부 차관과 국장, 대한군경원호회와 대한유족회 관계자, 유족 대표 100여 명이 참여했다. 회의는 국방부 원호과장이 정부가 향후 진행할 유족 원호사업 계획을 발표하는 것으로 시작되었다. 여기에는 사회부가 건립할 공영주택의 우선 대용貸用, 직업보도, 구호미 배급, 광목 배급 등이 포함되었다. 이에 대해 유족 대표들도 여러 '건의'와 '진언'을 내놓았고, 대한유족회에 대한 '지도 편달'을 부탁하기도 하는 등 전체적인 좌담회 분위기는 비교적 화기애애한 편이었던 것 같다. 유족들의 태도에는 정부에 대한 기대와 의탁依託, 나아가 신뢰와 감사의 마음이 어느 정도 묻어났다. 그런 가운데서도 유족들의 탄원에는 절절함이 담겨 있었다. "유족 대표들은 이구동성으로 유족은 거의 다 세궁민이며 심신이 피로한 생활력 없는, 자식이나 남편만을 믿고 살던 자로서 현재 초근목피로 연명하는 상태이므로 구체적인 원호 방침을 세워 실시하여 주기를 바란다는 요지의 건의와 대한군경원호회는 명실상부한 것이 되어 주기를 바라며 또 가장 힘이 약한 유족들의 모임인 대한유족회를 유족들의 복리를 위할 수 있는 강력한 것이 되도록 지도 편달해 달라는 진언進言이 있었다."23

1954년에는 전몰장병 합동추도식이 열리지 않았고, 1955년 4월 22일에 '제4차 3군 전몰장병 합동추도식'이 개최되었다. 서울 동작동에 조성된 최초의 국립묘지인 국군묘지가 대중 앞에 첫 선을 보이는 날이기도 했다. 오전 10시 열린 추도식에 이어 이날 오후 3시에 경회루에서 유가족좌담회가 열렸다. 유가족 300여 명을 포함하여, 보건사회부 장관과 담당 국장, 정부 원호 담당관, 원호단체 대표 등이 참석했다. 이 자리에서 유가족 대표들로부터 "전사한 군인 직계 유가족이 아니더라도 양곡 배급을 실시하라는 발언과 동포애 성금 문제 그리고 학비 감면과 잡부금 문제, 이 밖에 주택과 수산장 설치를 주장하고 연금 지불을 원활히 하는 한편 6·25 전

전사자에게도 사금·연금을 해당시키고 유가족 직업보도에도 만전을 기해달라는 건의가 있었다."[24] 이 기사는 양곡 배급 확대, 군경원호회비 등 동포애同胞愛 성금 활용, 자녀 및 본인 학비 감면, 잡부금 감면, 주택 제공, 유가족 자활을 위한 수산장授産場 설치, 연금, 직업보도, 한국전쟁 이전 전사자 유족에게도 사금·연금을 지급하는 문제 등 유가족과 관련된 원호 문제의 복잡함과 다양함을 보여준다. 그러나 이것만으로는 유가족들이 처한 어려운 현실의 실상이 제대로 드러나지 않는다. 「경향신문」 1955년 4월 23일자에 실린 "철저치 못한 원호책, 자금 조처 없어 연금 지불도 부진"(3면)이라는 제목의 기사가 이를 다소간 보완해준다.

전국에는 전몰군인 유가족 중 원호대상자로서 33만 4천여 명이 있는데 이들에 대한 정부의 원호책으로서는 그 중 19만 4천여 명에게 1일 5환씩의 생활부조금이 지출되고 있으며 또한 5만 내지 6만 명에게 1년 1만 2천 환의 연금이 지급되고 있다. 그런데 1일 5환의 생활부조금은 군인 유족 원호대상자 중에서 극빈자에게 1년 1천8백25환이 부조금으로 지출되는 것으로서 극빈자에게는 하등의 생활에 도움을 못주고 있는 실정이라고 하며 1년 1만2천 환의 연금은 예산조처는 되어 있으나 자금 조처가 안 되어 85·86년도(1952년과 1953년-인용자)분만이 겨우 지급되고 있을 뿐 87년(1954년-인용자) 이후의 연금의 지급이 막연한 처지에 놓여 있다 한다. 그리고 군인 유가족에 대하여는 자제에 대한 학비 감면, 지방에 있어서의 부역 면제 등 보잘것없는 원호책이 취해지고 있다고 한다. 이러한 실정에 비추어 보건사회부에서는 생계부조금 5환을 10환으로, 연금 1만2천 환을 2만4천 환으로 각각 인상할 것을 국회에 요청하고 있다고 하는데 군인 유가족에 대한 정부의 강력한 원호와 국민 각자의 물심양면의 원조가 시급히 요청되고 있다.

위 기사들을 통해 유가족에 대한 현금 지원은 전사자 유족과 전상자에게 단 한 차례씩만 지급하는 '사금賜金' 혹은 '급여금', 전사자 유족에게 연 1회씩 지급하는 '연금年金', 전사자 유족 중 극빈자에게 하루 단위로 지급하는 '생활부조금'의 세 가지 형태로 이루어지고 있음을 확인할 수 있다. (1) 이 가운데 사금 혹은 급여금은 1951년 2월 28일 제정된 '군인 사망급여금 규정'(대통령령)과 '군인 전상급여금 규정'(대통령령), 같은 해 4월 18일 제정·시행된 '군인 사망급여금 규정 시행세칙'(국방부령), 같은 해 7월 16일 제정·시행된 '군인 전상급여금 규정 시행세칙'(국방부령)에 법적 근거를 두고 1951년 4월과 7월부터 전사자 가족과 전상자 본인에게 일시금 형태로 지급되었다.[25] (2) 연금은 1952년 9월 26일 제정·시행된 '전몰군경 유족과 상이군경 연금법'(법률 제256호), 같은 해 11월 28일 제정되고 9월 26일부터 소급하여 시행된 '전몰군경 유족과 상이군경 연금법 시행령'(대통령령 제727호)에 기초하여 1952년 9월부터 지급되기 시작했다.[26] (3) 생활부조는 '군사원호법'에 근거하고 있었고, 이 밖의 대부분 원호사업들도 이 법에 근거하여 시행되었다.

한국에서 "군사원호제도의 효시"[27]로 평가받는 군사원호법은 전쟁 발발 직전인 1950년 4월 14일에 법률 제127호로 제정되고 같은 해 6월 1일부터 시행되었다. 이 법의 시행령(대통령령 369호)도 1950년 6월 1일에 제정·시행되었다. 당시 군사원호법에 의한 원호는 크게 생계부조, 직업보호, 수용보호의 세 범주로 구성되었다. 이 가운데 생계부조는 다시 생활부조, 의료부조, 조산助産부조, 생업부조, 육영育英부조의 다섯 하위범주를 포함하고 있었다. 그러나 실제로 생계부조에는 '장의葬儀부조', 재해로 피해를 입은 전사자 유족들을 위한 '임시 생활부조'도 처음부터 포함되어 있었다. 1957년부터는 '결혼부조'도 추가되었다.[28] 〈표 9-2〉는 이 가운데 "생업에 필요한 자금과 기구자료를 급여 또는 대여하며 자치에 필요한 기능을 조성"(군사원호법 시행령 제7조)하는 생업부조를 제외한 나머지 생계부조

〈표 9-2〉 군사원호법 시행령에서의 생계부조의 각 부문별 지원액 추이

구분	1950년 6월 1일	1951년 4월 1일	1957년 10월 25일
생활부조	1인당 1일 100원 이내	1인당 1일 200원 이내	1인당 1일 30환 이내
의료부조	10,000원 이내	20,000원 이내	2,000환 이내
조산부조	10,000원 이내	20,000원 이내	2,000환 이내
육영부조	연간 10,000원 이내	연간 20,000원 이내	연간 2,000환 이내
장의부조	10,000원 이내	20,000원 이내	2,000환 이내
임시생활부조	20,000원 이내의 금품	40,000원 이내의 금품	10,000환 이내의 금품
결혼부조			8,000환 이내

지원액의 추이를 정리한 것이다.

여기서 앞서 인용했던 기사들을 되새겨보자. 첫째, 유족들에게 지급되는 연금과 생활부조금이 너무 적다는 문제가 제기되었다. 기사에 따르면 전사 군인 유가족 중 원호대상자로 인정되는 이는 1955년 4월 현재 약 334,000명이고, 이 가운데 약 58%에 해당하는 194,000명에게 매일 5환씩, 따라서 연간으로 환산하면 1,825환씩의 생활부조금이 지급되고 있었다. 아울러 유가족 중 5~6만 명에게는 매년 12,000환의 연금이 지급되고 있었다.[29] 그런데 연금 액수와 생활부조금 액수가 유가족들의 빈곤 해결에 너무 미흡하여 보건사회부가 각각 두 배로 인상해줄 것을 국회에 요청하고 있었다는 것이다.

이 중 생활부조금을 보자. 〈표 9-2〉에서 보듯이 1951년 4월 이후 생활부조금에 대한 법정 최대치는 "1인당 1일 200원 이내"로 정해져 있었다. 그리고 생계부조의 정도와 방법은 지방장관이 결정하게끔 되어 있었으므로(군사원호법 시행령 제3조), 지역마다 그 액수가 달라야 정상이었다. 그러나 실제로는 1955년 4월 현재 지역과 상관없이 일률적으로 '1인당 1일 5환'이 지급되고 있었던 것으로 보인다. 화폐 단위가 다르긴 하지만, 법정 최대치에 현저히 미치지 못하는 액수만 지급하고 있었던 것이다.

한편 연금 쪽 사정은 어떠했던가? "1950년대에는 1년에 쌀 한 가마 정도 살 수 있는 금액을 책정했으나 이나마 지급되지 않거나 중간에서 공무원들이 착복하는 경우도 많았다"거나, "1956년 12월 말 기준으로 지급되는 연금은 24,000환/년인 데 비해 서울시내 쌀 소매가는 28,224환/가마였다"는 기술에서도 확인할 수 있듯이, 전사자 유족연금은 대체로 '쌀 한 가마' 가격 정도를 기준으로 삼았던 것으로 보인다.[30] '전몰군경 유족과 상이군경 연금법 시행령'이 정한 연금 액수는 1952년 9월 법 제정 당시 6,000환이었고, 1954년 4월부터는 그 두 배인 12,000환으로 올랐다. 1955년 7월부터는 연금 액수가 보건사회부의 요구대로 다시 두 배인 24,000환으로 인상되었다(〈표 9-3〉 참조). 그러나 1955년 이후 연금액은 5년 이상 동결된 상태에서 물가가 급속히 상승하는 바람에, 1960년대 초에 이르면 연금의 실질 가치는 '쌀 한 가마'에 훨씬 못 미치는 수준으로 떨어져버렸다. 이런 상황은 그 후로도 지속되었다.[31]

둘째, 그나마 적은 액수의 연금마저 제때 지급되지 못하고 있었다. 연금 제도가 도입된 첫해인 1952년과 1953년만 연금이 지급되었을 뿐 1954년 이후에는 2년째 지급되지 못하고 있는 실정이었다. 연금의 적시適時 지급 문제는 이후에도 계속 갈등의 쟁점으로 남아 있었다. 이 쟁점은 정부에 대

〈표 9-3〉 '전몰군경 유족과 상이군경 연금법 시행령'에서의 연금액 추이

시기		연금액
1952년 9월 ~ 1954년 3월		6,000환
1954년 4월 ~ 1955년 6월		12,000환
1955년 7월 ~ 1960년 12월		24,000환
1961년 1월 이후	유족연금	84,000환
	상이군인연금	1급 180,000환 2급 120,000환 3급 60,000환

한 유가족의 불신을 갈수록 심화시키는 매우 중요한 요인 중 하나였다.

셋째, 한국전쟁 '발발 이전'의 전사자 유가족, 즉 1948년 8월 15일부터 1950년 6월 24일 사이에 전사한 군경의 유가족들에게는 여전히 연금과 사금(급여금)이 제대로 지급되지 않고 있다는 것이다. 원칙적으로는 1952년 9월 '전몰군경 유족과 상이군경 연금법'이 시행될 당시부터 한국전쟁 이전 전사자 유족들도 연금 수급권을 갖고 있었다. 이 법의 부칙에서 "본법은 본법 시행 전에 전몰 또는 상이를 받은 군경에게도 적용한다. 단, 본법 시행일에 전몰 또는 상이를 받은 것으로 간주한다"고 명시해둔 바 있기 때문이다. 다만, 연금을 받기 위해선 ① 국방부 장관(군인)이나 내무부 장관(경찰)이 발급한 전사 확인증을 교부받아, ② 주소지의 구청장·시장·읍장·면장을 경유하여 사회부 장관에게 신청하고, ③ 체신부로부터 연금을 수령하는 복잡한 절차를 밟아야 했다.[32] 때문에 전쟁 이전 전사자 유가족들은 이런 절차를 완결하는 데 상당한 어려움을 겪었을 가능성이 높았다.

한편 1955년 4월 현재까지도 전쟁 이전 전사자 유족에게 사금(급여금)이 지급되지 않고 있었음은 분명하다. 앞서 소개했듯이, 1951년에 '군인 사망급여금 규정'과 '군인 전상급여금 규정', '군인 사망급여금 규정 시행세칙', '군인 전상급여금 규정 시행세칙' 등이 연이어 제정되고 시행에 들어갔다. 이 법규들이 시행되기 이전의 전사자·전상자들은 수혜 대상에서 제외되어 있었다. 이를 바로 잡기 위한 제도적 장치가 1951년 10월 17일자로 제정·시행된 '군인 사망급여금 규정 및 군인 전상급여금 규정 준용에 관한 건'이었다. 이에 의해 그동안 공백으로 남아 있던 "개전(1950.6.25) 이후 사망자/전상자"도 급여금 지급 대상으로 편입되었다. 또 1956년 2월 24일에 개정·시행된 '군인 사망급여금 규정 및 군인 전상급여금 규정 준용에 관한 건'에 근거하여 1948년 8월 15일부터 1950년 6월 24일 사이에 전사 혹은 부상한 군인·사관후보생·군속도 급여금 수혜 자격을 부여받았다.

전사자 유족연금이 '쌀 한 가마' 가격 정도를 기준으로 삼았다면, 전사자 급여금은 '소 한 마리' 가격 정도를 기준으로 삼았다고 한다.[33] 1953년 11월 이후 "일등중사, 일등병조(해군), 그 이하의 사병土兵"의 경우, 이들 '목숨의 값어치'는 대략 소 한 마리 가격인 5만 환으로 정해져 있었음을 〈표 9-4〉에서 확인할 수 있다. 더구나 군인들의 '목숨 값'은 계급에 따라 큰 차이를 보이고 있었다. 살아서의 계급 차별이 죽어서도 계속된 것이다.

기대에 크게 미치지 못하는 액수도 문제였지만, 사망급여금 제도의 저변에 깔린 전근대적 인식, 그리고 운영 과정의 비리도 심각한 문제였다. 김종성에 의하면 "당시 사망급여금은 하사금을 뜻하는 사금賜金이라는 이름으로 통용되었는데 이때까지도 왕조시대나 일제강점기의 관념이 그

〈표 9-4〉 '군인 사망급여금 규정'에 따른 급여금 변화

사망자의 계급	1951년 2월 28일	1953년 11월 10일	1966년 6월 9일
장관(將官)	400,000원	165,000환	당해 계급 봉급 월액의 12개월분
영관(領官)	280,000원	115,000환	위와 같음
위관(尉官)	200,000원	85,000환	위와 같음
사관후보생	120,000원	60,000환	위와 같음
특무상사 일등상사 병조장(해군) 이등상사 일등병조(해군)	140,000원	60,000환	위와 같음
일등중사 이등병조(해군) 이하의 사병(土兵)	120,000원	50,000환**	위와 같음
소령 이상의 대우를 받는 군속	180,000원	85,000환	해당 없음
대위 이하의 대우를 받는 군속	110,000원	60,000환	

* 출처: 국가법령정보센터(www.law.go.kr)의 '군인 사망급여금 규정' 항목 참조(2016.6.8 검색). ** 군에 복무한 징용자 및 노무자도 포함.

〈표 9-5〉 '군인 전상급여금 규정'에 따른 급여금 변화

부상자의 계급	1951년 2월 28일	1953년 11월 10일	1963년 12월 16일
장교 소령 이상의 대우를 받는 군속	100,000원	30,000환	규정 폐지
사관후보생 사병(하사관, 병사) 대위 이하의 대우를 받는 군속	50,000원	15,000환	규정 폐지

* 출처: 국가법령정보센터(www.law.go.kr)의 '군인 전상급여금 규정' 항목 참조(2016.6.8
  검색).

대로 유지되고 있었음을 알 수 있다. 그만큼 보상적 개념이 약했다는 말
이 된다. 그나마 제때 지급하지 못하거나 착복하는 사례도 적지 않았다.
심지어 거액 횡령사건으로 내무부 장관과 치안국장이 경질된 사례까지
있었다."[34]

이처럼 1955년 4월 22일에 있은 제4차 3군 전몰장병 합동추도식과 유
가족좌담회는 유가족 보호 장치와 관련된 다양하고도 누적된 문제들을 노
출시켰다. 물론 이 좌담회를 계기로 연금 액수가 두 배로 인상되고, 그 얼
마 후엔 전쟁 이전 전사자 유족도 사금(급여금)을 받을 수 있게 되었지만 말
이다. 그럼에도 기존의 산적한 문제들과 새로 제기된 문제들이 한꺼번에
노출되면서 1956년 좌담회에서는 유가족들의 분노가 폭발하고 말았다.

1956년 추도식은 현충일이 제정되고 처음 맞는 행사로, 그 명칭도 '제
1회 현충 전몰장병 추도식'이었다. 이날 오전 10시부터 동작동 국군묘지
에서 추도식을 가진 후 오후 3시부터 덕수궁에서 유가족좌담회가 열렸
다. 추도식 때부터 쌓인 불만이 유가족좌담회의 분위기를 험악하게 몰고
갔다. 첫 번째 맞는 현충일인데도 이승만 대통령이 참석하지 않았을 뿐
아니라, 대통령 추도사를 부통령 등 다른 고위인사가 대독代讀하지도 않

왔다. 그러다보니 추도식은 불과 20분 만에 끝났다. 1956년 추도식부터 제단의 구성방식에서 일어난 변화, 즉 제단에서 제물祭物의 진설陳設이 중단된 것도 전통적인 유교적 제사방식에 익숙한 유족들의 반발을 샀다. 격앙된 분위기 속에 시작된 좌담회에는 국방부 및 보건사회부 장관, 연합참모본부장, 3군 참모총장, 해병대사령관, 군경원호회 관계자, 유가족 300여 명이 참석했다.[35] 유가족들은 여러 불만들을 쏟아냈다. 먼저 「경향신문」 1956년 6월 8일자 1면의 사설("현충기념은 잘 되었다")을 보자.

대통령령의 규정에 의하여 처음 거행되는 현충기념식전에 참석치 않았을 뿐 아니라 또 식순에 올려져 있는 대통령 추도사는 대독도 없이 생략되고 만 것은 얼마나 유가족을 비롯한 모든 참석자들로 하여금 섭섭한 마음을 일으키게 했던 것인가. 그 반향은 곧 이날 하오 좌담회에 참석한 유가족들에 의해서도 "이 자리에나마 대통령을 임석케 해 달라" 요구로 표시되어 석상을 소란케 하였다.……이날 하오 국방부 주최의 유가족 대표자 좌담회에서는 정부에 대한 불평의 연발로써 시종되었음에 대하여 정부 측에서도 예산 부족 혹은 국방력 강화의 요청에서 기대에 부응치 못했음을 말하면서 참고 견디자고 호소한 것이다. 그 불평의 요청을 요약해보면 (1) 그들 유가족의 원호(양곡, 주택 등)가 공약대로 실천되지 못한 데 대한 비난(추도식장에서 당장 받은 겨가 많이 섞인 이숭二升의 겉보리를 장관 집 개도 먹이지 않을 것이라고 정부 관계자 앞에 뿌리는 등), (2) 행방불명자, 실종자 등이 7, 8년이 지난 오늘에도 전사 확인 없이 유가족을 원호대상에서 제외하고 있다는 것과 유골 및 전사통지서까지 내고서도 실종자로 돌리고 있는 것, (3) 자식 5형제 중 4형제를 군문에 바치어 3명은 전사했음에도 불계不計하고 하나 남은 중학생마저 징집하겠다고 하는 등의 징집과 제대의 불공평을 들어 병무행정을 비난한 것이다. 더우기 한 대표는 "오늘날의 현실은 자식을 죽인 보람도 없고 개죽음을 시킨 것밖에 안 된다", "우리 눈앞에 보이는 것은 부패된 사회와 도둑놈, 거지 밖에 없다"고 외치는 등 참으로 듣기에도 끔찍한 원성까지 나온 것이다. 이 무슨 살풍경이냐. 유가족들 입에서 이런 원성을 나오게 하는 것이 과연 누구의 책임인가.……현충 영령들이 만일에 유가족들이 부르짖는 이 꼴을 본다고 가정하면 이 얼마나 비탄과 실망으로 대할 것인가. 그리고 더 현실적인 문제는 현충 영령보다도 이제 군문에서 복무하고 있는 장병들이 저렇듯 전몰장병 유가족에 대한 정부의 무성의를 귀로 듣고 눈으로 볼 때 그들의 사기가 얼마나 저상沮喪될 것인가.

다음 기사는 이날 좌담회에서 유족들이 제기했던 요구들을 좀 더 자세히 소개하고 있다. 길지만 인용할 가치가 있다.

유가족들이 유가족 원호 및 병무행정에 대하여 눈물로써 당국에 호소하고 정부에 비난을 퍼부었다.……정부는 작년과 재작년에 열린 3군 전몰장병 합동추도식에서 유가족들에게 정기적인 식량 배급과 학교 입학 및 진학에 있어 최대의 편의를 도모하는 한편 자제들의 교육 관계에 있어 학교공납금을 면제 내지 분납제도를 강구하고 잡부금을 일체 징수하지 못하도록 관하에 지시하겠다고 언약한 바 있다. 그런데도 불구하고 이 같은 혜택은 하나도 받지 못하고 있는 것이 현재 이들 유가족들의 실정이라 한다. 또한 이들은 병역 행정에 있어 정실적인 폐단을 없애고 좀 더 건전한 방법을 강구하여 줄 것을 갈망하였다. 이날 좌담회에서 유가족들이 외친 호소는 대략 다음과 같다.

(1) 1년에 한 번밖에 없는 추도식에 참석하지 않은 대통령을 이 자리에 임석케 하고 각부 장관을 불러내라고 외쳤으며, (2) 합동추도식에 대한 당국의 태도는 너무나도 무성의하다. (3) 제대가 불공평하다. (4) 첫째 밥을 먹어야 하니 농림부 장관을 이 자리에 불러내라. (5) 경북 대표

= 작년도에 당국자들이 유가족에게 공약한 것이 몇 %나 실천되었는가고 비난하자 일부 유가족들은 곳곳에서 흐느껴 울었으며 박수가 터졌다. (6) 경남 대표 = 작년도에 정부 관계자들은 집에 돌아가면 24시간 내에 양곡 배급을 실시하고 주택을 지어주겠노라고 하더니 1년이 되어도 아무런 말도 없으니 사흘이 걸려도 확답을 듣고 가겠다. (7) 제주도 대표 = 우리가 자식을 죽인 것은 이 나라가 좀 더 잘되어 나가게 하기 위해 죽인 것인데 오늘날의 현실은 자식을 죽인 보람이 없고 개죽음을 시킨 것밖에 안 된다고 외치면서 우리 눈앞에 보이는 것은 부패된 사회와 도둑놈, 거지 밖에는 보이는 것이 없다고 떠들어댔다. (8) 경기도 대표 = 행방불명자나 실종자의 가족들은 7~8년이 지난 오늘까지 그들의 전사 확인이 없어 하나도 원호를 받지 못하고 있으니 공산당에 가담하였다는 증거가 없는 한 전사자를 확인하여 그들 가족을 원호해주어야 할 것이다. 그리고 5형제 중 3형제를 군문에 보내어 전사시키고 남은 두 아들 중 또 하나를 또 다시 군문에 보내어 막내아들을 기르고 있던 차 중학교에서 공부하고 있는 그마저 국민개병주의라 하여 공부도 못하게 하고 또 병정으로 데려간다 하니 이따위 병무행정이 어디 있으며 특권계급의 자제들은 호의호식하고 영국이나 미국에 유학 가건만 일반인들은 열이건 스물이건 다 병정으로 보내어 죽여야 하는가라고 비난하였다. (9) 이와 같은 말들이 계속되는 동안 한 유가족은 추도식에 참가했다가 그 자리에서 배급받은 두 되가량의 "겉보리"를 정부 관계자들 앞에 뿌리고 장관 집 개도 먹이지 않는 이따위를 우리에게 먹으라는 이유는 어디 있느냐고 비난. (10) 경남에서 올라온 할머니 = 추도식장에 냉수 한 모금이 있었던들 이렇게 서럽지는 않았을 것이니 그것이 말이 되느냐! 세 살짜리 어린애가 죽어도 그렇지는 않았을 것이라고 눈물을 흘렸다.[36]

6월 6일 좌담회에 참석했던 경상남도 유족 대표 중 몇 명은 6월 8일에도 경향신문사를 찾아와 억눌렀던 분노를 토로하기도 했다. "추도식이 거행될 적마다 각부 장관들은 유족들의 요구사항을 들어준다고 했지만 약속의 백분지 일도 들어주지 않았으니 모든 약속이 믿어지지가 않는다. 위정자들이 반성하여 다소라도 실천에 옮겨주었으면 한다"(조성일). "좌담회에서도 식량 배급, 유족 자녀들의 학비 면감, 잡부금 면제, 실종자 및 노무동원에 나갔다가 사망한 사람들 가족들에 대한 대책 등을 요구했고 관계 장관들은 모두 잘해주겠다고 했는데 잘될지 의심스럽습니다. 도대체 유가족들이나 상이용사들은 무어니 무어니 하여 팔라고만 있지 유가족들에 대한 혜택은 누가 입었는지 모르겠습니다.……군경원호회 각 지부에서는 유족들이 예산 관계 등을 공개해달라면 해주어야겠는데 그것을 감추려고 애쓰고 있는 원인이 어디에 있는지 모르겠습니다. 특히 군경원호회란 유족들의 실태는 잘 파악치 않고 권리 행사만 하려고 드니 좀 시정해주어야겠습니다. 또한 전사통지서를 받아들고 육군본부에 가보면 명부에 없고 공연히 왔다갔다 돈만 쓰고 고생을 하는 경우도 있답니다"(임채문). "원호에 있어서도 어떤 사람에게는 연금年金만 주고 사금賜金은 안 주는가 하면, 어떤 사람에겐 사금만 주고 연금은 안 주는 등의 무질서한 조처로서 불공평하다는 비난을 면치 못할 것입니다. 특히 실종자 통지서를 받고 당국에 가보면 명부에는 없는 등 더 좀 성의 있는 행정이 요구됩니다"(서도진). "유족 자녀들도 그렇지만 어떤 미망인은 많은 어린이를 거느리고 며칠씩이나 굶어서 얼굴이 퉁퉁 부은 사람도 있답니다"(이정숙). "유가족들에게 기운을 돋구어준다면 앞으로 장정 징집에 좋은 영향을 미치게 될 것이 아니겠습니까. 항상 나라를 위해서 바친 자식이려니 하고 마음먹다가도 푸대접을 받으면 자식이 어떤 때는 개죽음한 것 같았다는 생각이 문득 난 적도 있었으니까요"(한창엽).[37]

이처럼 1956년이 되자 완전히 새로운 국면이 펼쳐졌다. 정부에 대한 뿌리 깊은 불신 문제가 전면으로 등장했다. 거듭되는 약속 불이행이 결정적이었다. 일관성 없고 부실하고 성의 없는 원호행정도 유가족들의 분노를 촉발한 중요한 요인이었다. "도대체 유가족들이나 상이용사들은 무어니 무어니 하여 팔라고만 있지 유가족들에 대한 혜택은 누가 입었는지 모르겠"다는 말에는, 실질적인 행동이 결여된 채 '말뿐인 찬사'만 늘어놓는 고위층 인사들이 유가족들을 정치적으로 이용하고 있다는 의식이 전제되어 있다. 정부의 하위파트너로 원호 업무를 분담하던 군경원호회에 대한 불만 제기도 새로운 쟁점이었다. "우리 눈앞에 보이는 것은 부패된 사회와 도둑놈, 거지 밖에는 보이는 것이 없다"는 유족 발언은 군경원호회와 정부를 겨냥한 것으로 보인다. "오늘날의 현실은 자식을 죽인 보람이 없고 개죽음을 시킨 것밖에 안 된다"는 감정, "나라를 위해서 바친 자식이려니 하고 마음먹다가도 푸대접을 받으면 자식이 어떤 때는 개죽음한 것 같았다"는 토로에서 감정의 연금술은 흔적조차 찾기 어렵다. 반면에, "유가족들에게 기운을 돋구어준다면 앞으로 장정 징집에 좋은 영향을 미치게 될 것이 아니겠습니까"라는, '유가족 예우'와 '원활한 장정壯丁 징집'의 관계를 꿰뚫는 한 유가족의 발언도 주목된다.

그때까지도 전사자로 인정받지 못한 한국전쟁 '실종자' 가족의 문제 역시 이 무렵부터 본격적으로 제기되었다. 이들은 전쟁터에서 가족 성원을 잃었음에도 '유가족' 대접조차 받지 못하고 있었다. 위 인용문에서도 나타나듯이 "행방불명자나 실종자의 가족들은 7~8년이 지난 오늘까지 그들의 전사 확인이 없어 하나도 원호를 받지 못하고 있으니 공산당에 가담하였다는 증거가 없는 한 전사자를 확인하여 그들 가족을 원호해주어야 할 것"이라거나, "행방불명자, 실종자 등이 7, 8년이 지난 오늘에도 전사 확인 없이 유가족을 원호대상에서 제외하고 있다는 것과 유골 및 전사 통지서까지 내고서도 실종자로 돌리고 있는 것" 등의 주장을 통해 유족들은 '실종 전사자' 문제를 정면으로 제기하고 있었다. 유족들의 격렬한 문제제기로 정부에 의해 전사자로 공식 인정된 수가 1956년 6월 88,641명에서 1957년 6월 142,501명으로 급증했고, 1958명 6월 현재 다시 155,171명으로 늘었다.[38] 장면 부통령의 1958년 현충일 담화에 등장하는 "15만 세대의 전몰 유가족 백여만 명"이라는 표현, 1959년 현충일 현재 "전몰 유가족 15만 5천 세대"라는 표현은 모두 공식 인정된 전사자 숫자를 반영하는 것이다.[39] 연금과 사금 혜택을 누릴 권리를 지닌 유족 숫자 역시 그만큼 늘어난 셈이었지만, 실제 행정처리 속도는 이를 전혀 따라잡지 못했다. 한국전쟁 중 국군 실종자·행방불명자가 13만 명이 넘는 방대한 규모였지만,[40] 그 유족들은 오랫동안 원호정책의 사각지대에 방치되어 있었다.

　1956년 좌담회에서 유족들이 격한 분노를 표출한 이후 이승만 정부가 유족의 존재 자체를 부담스러워하고 있음이 역력해졌다. 정부는 1957년 현충일을 앞두고 "재정부담을 경감"하기 위해 "행사를 간소화"한다는 명분으로 유가족좌담회를 포함한 유가족 초청행사 자체를 폐지하려 시도했다. "종래 중앙에 각 지구 유가족 대표들을 초청하여 집행하던 추도식 기타 행사는 각도별로 간략하게 집행할 방침"이라는 것이었다. 언론도 이를 보도하면서 "매년 '현충일'마다 말썽이 많은 사례에 비추어서 유가족들이 이 조치에 대해 어떤 반영(원문 그대로임-인용자)을 보일 것인지 주목되고 있다"고 덧붙였다.[41] 이게 여의치 않자 국방부는 초청 대상인 유족 대표를 교체하는 꼼수를 썼다. "해마다 있던 유가족들의 항의가 귀찮아 금년에는 각도 대표를 새로 선정 상경시키도록 한 원호당국의 모처럼의 묘책"이 바로 그것이었다.[42] 어느 것이든 유가족좌담회를 통한 정부비판을 회피하거나 최소화하려는 방책이었던 셈이다. 그러나 그럴수록 유가족들은 오히려 더욱 적극적인 태도로 좌담회에 임했다. 외무부·국방부·체신부·보건사회부 장관과 3군 참모총장, 각 시·도 유족 대표 182명이 참석한 가운데 1957년 6월 6일 오후 2시 30분부터 약 3시간 30분 동안 용산 육군회관에서 진행된 유가족좌담회 때는 유족 대표가 아닌 이들까지 몰려와 참여를 요구했다. "좌담회 도중 일반 유가족 6~70명이 동 회장으로 몰려들어 일시혼란"이 빚어졌다는 것이다.[43] 이날 좌담회에서 유가족 대표들은 갖가지 불만과 요구사항을 쏟아 냈다.

이날 좌담회에서 유족들은 특히 당국의 원호지책에 대하여 신랄한 비판을 하였다. 그런데 이에 대하여 해당 장관은 "잘되지 않아 미안하다…앞으로 노력하겠다…잘될 것이다"라는 등 불투명한 답변을 되풀이할 뿐 시원스런 언질을 주지 못하였다. 이날 유족들이 말한 요망사항은 다음과 같다.…… ▲ 사금 지급에 관하여 = 확인된 전사자의 유족이 아직 '사금'을 타지 못하고 있다. 또 '사금'을 준다고 하여 많은 여비를 들여 도道병사구사령부까지 찾아가면 의례히 며칠씩 묵거나 다시 되돌아와야 하니 이 사무를 면이나 군에서 취급하도록 하여달라(경북 대표의 말). ▲ 연금 문제 = '연금'은 즉시즉시 주기를 바란다. 작년 재작년에 전사자로 확인된 사람도 아직 연금을 타지 못했다(경북 대표의 말). ▲ 군사원호법의 개정 = 동법 제19조를 보면 각 직장 사업장에는 종업원의 30% 이상을 '상이군경'으로 채용하라고 규정되어 있는데 왜 우리 유족들은 그 대상에서 제외되어야 하는가? 동법의 개정을 요구한다(경북 대표). ▲ 양로원 등의 설치 = 군인 유족으로서 무의무탁한 사람들이 많이 있는데 이들을 위하여 각도에 하나씩 양로원, 고아원 등을 세워 수용하도록 하여달라(경남 대표). ▲ 기타 문제 = 황무지를 국가예산으로 개간하여 유족들을 정착하게 하여줄 수는 없는가? '군경원호회'의 회비 수금 실태가 말이 아니니, 우리에게 사무 감사권을 줄 수 없는가. 적십자 회비를 거출하는 것과 같이 '군경원호회비'에도 대통령이 담화 발표를 하여 거출하는 사람들의 힘을 덜 수 없는가?[44]

이날 좌담회는 비교적 긴 시간 동안 진행되었지만, 보건사회부 장관을 제외한 세 장관이 모두 회의 도중에 자리를 뜨자, 분개한 유가족 대표들이 요구사항을 문서로 작성하여 각부 장관에게 제출하기로 결정했다. 그 내용은 다음과 같았다.

(1) 금년도 지방 추도식에는 예산조치가 없어 지방 유지들로부터 갹출하였는데 명년도에는 동 추도식 예산을 정부예산에 계정하여 각도 단위로 배정할 것. (2) 국방부에서는 실종자 확인 후 사금 및 연금에 대한 하등의 예산조치가 없는데 조속히 대책을 세울 것. (3) 전몰장병의 연금은 공무원 봉급의 반액으로 계상 지급할 것. (4) 군사원호법 제19조 (직장마다 직원 30% 이상을 상이군인으로 고용)를 개정하여 유가족도 직업보도 대상으로 포함시킬 것. (5) 작년도(1956년-인용자)에 각도 단위로 설치된 수산장에 대한 운영자금을 추가 지출할 것. (6) 앞으로 유가족에 대한 정부의 원호는 영농사업에 중점을 두어 항구적인 원호대책을 수립할 것. (7) 군경원호의 재정 감사권을 피원호 단체인 군경유족회에 줄 것. (8) 각도에 군인유족회를 중심으로 한 양로원과 고아원을 설치할 것. (9) 각도 단위로 유가족을 위한 특수의료시설을 만들어줄 것.[45]

1957년은 원호기관의 부정부패 문제가 본격적으로 등장한 해이기도 했다. '대한군경원호회'가 지탄의 대상으로 떠올랐다. 1951년 9월 창립된 이 단체는 명목상으로는 민간단체였지만 "대통령과 부통령이 총재와 부총재를, 보건사회부 장관이 회장을 맡은 준정부기관으로 162개 시군 지부를 둔 방대한 조직"이었다. '대한군경원호회비'라는 명목의 준조세를 국민들로부터 거둬들인 기금이 "보건사회부 소관 원호사업비의 44%를 차지할 정도로 비중이 높았지만 대부분 인건비로 지출되었고 실제 지원 경비로 사용된 것은 20%에 불과했다."[46] 1950년대 후반 군경원호회가 매년 군경원호회비로 얻는 수입은 16억 원이나 되었다. "군경원호회의 회비 수금 실태가 말이 아니니, 우리에게 사무 감사권을 줄 수 없는가", 혹은 "군경원호(회)의 재정 감사권을 피원호 단체인 군경유족회에 줄 것"과 같은 유가족 요구사항도 군경원호회의 재정 비리를 전제한 주장이었다. 「경향신문」 1957년 6월 6일자 1면의 사설("영현들 앞에 엎디어 우는 마음")에서도 이 문제를 질타한 바 있다. "유족에게 대한 하사금·원호금이 국가재정 궁핍에 탁托하여 예산조차 넉넉지 못한데다가, 세운 예산마저 경리의 비능률로 공평 신속히 사용하지 못하고 있다 하지 않은가. 맡아보는 관리가 횡령한 금액이 누累천만 원이라는 실례까지 폭로되었으니, 이리고서 어찌 우리는 호국의 영현들을 대할 낯이 있으랴." 이 문제는 군경원호회 직원들, 연금·사금 담당 공무원들에 이어, 수산장 기업들의 비리로 이어졌다.

연금 미지급이나 늑장 지급 문제도 여전했다. 1957년 현충일 행사에 참가하려 광주에서 상경한 65세의 오태수는 장남인 오병근 소령과 차남 오상근 상사를 전쟁에서 잃었는데도, 3남인 오종근은 당시 현역 군복무 중이었고, "12명의 가족들과 하루하루 품팔이로 생계"를 이어가는 실정이었다. 그는 "정부에서 유가족에게 지급하는 사금과 연금은 88년도(1955년-인용자)에 사금으로 11만5천 환(오 소령)과 6만 환(오 상사)을 받고 아직 연금이라곤 6월 중순에 준다는 말만 들었을 뿐 받아보지 못하였다"고 말했다.[47]

위에서 소개한 「동아일보」 1957년 6월 8일자 기사는 1956년에 제기되었던 네 가지 쟁점을 추려 좀 더 상세한 실상을 전해주고 있다. (1) 연금 문제: 당시 연금 지급 대상자 수는 14만 명 이상이었지만 실제로 연금을 지급받고 있는 이는 72,030명에 불과했고, 따라서 유족의 약 반수는 연금 혜택을 받지 못하고 있었다. (2) 생업자금 대여: 1인당 10만 환씩 5년 상환 조건으로 제공하는 생업자금 대여 사업의 경우에도 전체 대상자 72,030명 가운데 혜택을 받은 이는 3%에도 미치지 못하는 1,732명에 불과했다. 재산감정서 등 20여 종의 서류를 제출해야 하는 등 대출 절차도 매우 까다로웠다. (3) 쌀 배급 문제: 매 세대당 1일 7환씩 제공하는 생활부조금을 쌀 배급으로 대신해달라는 유족들의 요청에 대해서도 정부는 부정적인 반응을 보였다. (4) 직업보도: 1956년 유가족좌담회에서는 군경원호회 예산 16억 환 중 2억 환이 인건비로 지출되고 있으므로 이런 막대한 인건비를 활용하여 유족을 한 사람이라도 더 많이 채용해달라는 요구사항이 제출되었다. 이후 군경원호회 직원 중 162명이 유족과 상이군인으로 대체되었지만, 1956년 한 해 동안 군경원호회가 올린 유족 직업알선 실적은 756명에 지나지 않았다. 또 '범칙물자 판매대금'을 활용하여 유족들에게 수산장들을 여럿 설립해주었지만 그곳에 채용된 유족은 941명에 그쳤다.

1958년의 유가족좌담회에서도 유가족들의 성난 목소리는 되풀이되었다. 좌담회는 6월 6일 오후 5시 국방부·보건사회부 장관, 각군 참모총장, 원호 담당 공무원과 유족 대표들이 참석한 가운데 육군회관에서 열렸다.

동 석상에서 유가족 측이 제기한 문제는 (1) 사금은 언제 지급될 것인가, (2) 연금은 91년도(1958년-인용자)분을 먼저 주고 그 다음에 85(1952년), 86(1953년) 양 년도 분을 주겠다니 87(1954년), 88(1955년), 89(1956년) 등 3개 년도분은 언제나 주게 될 것인가, (3) 연금의 지불 수속이 복잡한 것을 보다 간소화할 수 없겠는가, (4) 유가족 자녀들의 학비 감면 문제는 보다 적극적으로 혜택을 입게 할 수 없는가, (5) 수산장授産場의 통합은 부당하니 재고려할 여지가 없는가 등이었으며 이에 대한 정부 측 답변은 연금과 사금의 지급 문제는 "정부가 빚을 진 것이니 갚겠다"고 하였으며, 복잡한 수속은 간소히 하도록 고려하고, 학비 감면 문제는 성의껏 하겠다는 것이었으며, 수산장의 통합 반대에 대해서는 "악질업자가 있기 때문에 부득이 일부를 폐지하는 방향으로 나갈 것"이라고 강경히 반대하였다.[48]

여기서도 명확히 드러나듯이, 사금·연금의 미지급 및 늑장 지급 문제
는 1958년에도 여전했다. 특히 1954~1956년의 3년치 연금은 물론이고, 연
금제도 원년元年인 1952년분과 이듬해인 1953년분마저 5~6년이 지난 시
점까지 제대로 지급되지 못하고 있었다는 사실은 자못 충격적이다. 중등
학교·대학교와 사립학교의 선의에만 기대는 유가족 자녀 학비 감면 문제
도 전혀 해결 기미가 보이지 않았다. 정부 측의 성의 없는 답변에 비해, 장
면 부통령은 별도의 현충일 담화를 발표하여 "정해진 연금·사금 등의 적
기 지급" 필요성과 "유자녀 교육비 감면 등 기타 원호시책도 법률화" 해
야 한다는 점을 강조하고 나섰다.[49] "악질업자" 때문에 수산장의 부분적
통합을 강행할 수밖에 없다는 정부 측의 답변에서도 드러나듯이, 1958년
들어 원호기관 부정부패 문제 공론화는 수산장 기업 쪽으로까지 확대되
었다. 정부의 약속 불이행과 원호기관 부정부패 문제가 유가족의 분노를
고조시키는 양대 쟁점으로 굳어져가고 있음을 알 수 있다.

1958년은 유가족들의 분노가 국지적 수준에서나마 집단행동으로 표
출된 해로도 기억될 만하다. 생활부조금 대상자 선정의 공정성 문제가 직
접적인 쟁점이었다. 6월 12일 오전에 "대전시장실에 40여 명의 군인 유가
족들이 몰려들어 생계부조금 지급을 요구하는 집단소동"을 벌였다. 당시
대전에 거주하던 3,700여 명의 군경 유가족과 상이군인 가족 중 350명에
게만 생활부조금(1인당 하루 30환씩)을 지급하자, 배제된 유가족들이 집단적
항의행동에 나섰던 것이다.[50]

좌담회 폐지 시도에도 불구하고 1957년과 1958년에 유족들의 항의와
정부 비판이 빗발치고 1958년에는 집단행동마저 나타나자, 결국 1959년
에 유가족좌담회는 영구히 폐지되고 말았다. 1959년 6월 6일 오후 3시 경
회루에서 대통령 초대로 열린 '유가족 위로다과회'가 좌담회를 대신해버
렸던 것이다.[51] 그러나 좌담회를 폐지한다고 유가족들이 처한 참담한 현
실이 가려지진 않았다.

「동아일보」1959년 6월 6일자 3면에 실린 "6할이 극빈자, 전몰장병 유가족들의 현황"이라는 기사를 보자. 이 기사에선 전국 10개소에 설치된 수산장 기업들의 절망적인 상황이 상세히 소개되었다. "정부에서는 4287년도(1954년-인용자)에 범칙물자 공매처분 대금 4억 4천만 환을 각도에 배정하여 수산장 10개소를 건설하고 원호사업을 하는 한편 연금 2만4천 환을 지급하고 있었다. 전국 10개 수산장 중 ▲ 강원도의 피복공장 ▲ 전북의 제지공장 ▲ 경남의 전구공장 등은 운영자금 고갈로 아주 폐쇄된 형편이고 ▲ 서울의 피복공장 ▲ 경기도의 타올공장 ▲ 충북의 메리야스공장 ▲ 충남의 고무공장 등과 ▲ 전남 ▲ 제주 ▲ 경북 등 3개소의 목장 등은 근근이 현상을 유지할 정도로서 유족들 전원에게 혜택을 줄 능력은 없다고 하며 다만 각 수산장에서 직접 일하는 국한된 유족만이 생활할 수 있는 정도"였다. 전국 6곳의 모자원들도 심각한 어려움에 처해 있었다. "유족 중 가장 곤경에 허덕이고 있는 곳은 무의무탁한 모자만이 사는 전국 6개소 모자원이라고 한다. 바느질 품삯과 행상 등으로 살아가는 이들 모자원은 ▲ 서울 '시온모자원'에 60세대 ▲ '군경모자원'에 80세대 ▲ '장충모자원'에 26세대 ▲ 원주 '봉생원'에 42세대 ▲ 부산 '염광모자원'에 36세대 ▲ '두리성모자원'에 34세대를 각각 수용하고 재작년(4290년: 1957년-인용자) 3월까지는 그래도 없는 살림에나마 원조물자로 식량이 하루 2홉 5작과 돈 50환이 지급되어 큰 도움이 되었었으나 지금은 그것도 끊어지고 앞길이 점점 막막할 뿐"이라는 것이었다. 연금의 획기적인 인상을 비롯하여, 교육비 경감과 직업보도에 대한 요구도 계속되고 있었다. "유족들은 연금 2만4천 환으로는 통화가 팽창한 현재 유족들에게 별로 도움이 되지 못하니 '배액倍額으로 인상해 달라'고 정부에 요청하고 있으며 유족의 교육비 면제와 실업자의 직업보도 등을 관계당국과 사회에 호소하고 있다." 부패한 군경원호회에 대한 불신도 여전했다. "유족들 일부에서는 '군경원호회비'가 매년 국민들로부터 16억 환이나 거출되는데 이 돈의 혜택을 모든 유족들이 받고 있지 못하고 중간에서 유야무야가 되고 있다고 항의하고 있기도 하다." 무엇보다 "전몰 유가족 15만 5천 세대"의 "약 6할 정도가 극빈자 또는 실업자"였다고 한다.[52] 1960년 6월 7일자 「경향신문」 사설("군경원호사업의 적정·적극책을 세우라")에 소개된 당시의 정부통계에 의하면, 극빈층인 '요구호대상자要救護對象者'로 분류된 전몰군인 유족이 약 13만 6천 세대, 전몰경찰 유족이 약 1만 5천 세대였고, 요구호대상자인 상이군인은 약 14만 5천 명, 상이경관은 약 6천 명에 이르렀다. 1959년 현충일 당시 전몰군인 유족의 총수가 15만 5천 세대 정도였으므로, 13만 6천 세대에 달했던 극빈층(요구호대상자) 전몰군인 유족이 차지하는 비율은 전체의 90%에 육박한 셈이었다.

1959년에 사라진 유가족좌담회는 민주혁명의 해인 1960년에도 복원되지 못했다. 이승만 정권 붕괴 후 허정 과도정부는 유족의 불만을 달래기 위해 재빠르게 움직였다. 1960년에 유가족에게 제공해야 할 사금(사망 및 전상 급여금) 총액은 9억9500만 환이었는데, 5월 10일 이전에 이미 4억 9500만 환을 지급한 상태였고, 5월 10일 재무부가 나머지 5억 환을 국방부에 추가로 지급함으로써 현충일이 되기도 전에 1년치 사금 지급 절차를 앞당겨 완료했다. 한편 1960년에 지급해야 할 연금 총액은 80억 환으로서, 5월 10일까지 이미 10억 환이 공급된 상태에서 현충일까지 40억 환을 추가로 공급할 예정이었다.[53] 그러나 이 정도론 태부족이었다. 위에서 인용한 1960년 6월 7일자 「경향신문」 사설에 따르면, 1958년도 연금을 예로 들 경우 모두 226,021건에 37억6469만 환이 지급되었는데, 1건당 평균액은 16,650환 정도에 불과하여 법정 지급액 24,000환의 70%에도 미치지 못하는 실정이었다. 1956~1959년 사이 4년 동안 누적된 연금 체불 액수만 하더라도 77억 환에 이르렀다. 사설의 표현대로 "그나마 빈약한 연금도 화중지병畫中之餠에 지나지 않는 현상"이었고, 이승만 정권의 원호사업은 "거의 구두선口頭禪에 지나지 않았다."

    정부가 유족들의 불만을 수렴하려는 노력을 사실상 포기한 상태에서, 자신들의 의견을 표현하고 전달할 수 있는 제도화된 채널 자체가 사라지자 유족들은 직접행동에 나설 수밖에 없는 상황으로 몰렸다. 결국 1960년 현충일을 계기로 유족들이 불만을 폭발적으로 분출함으로써 전국 곳곳에서 동시다발 시위 사태가 벌어졌다. 서울과 지방에서 열린 현충일 추도식 행사장이 유족들의 시위 현장으로 바뀌었다. 중앙 추도식이 열린 서울 동작동 국군묘지에서부터 격렬한 유족 시위가 시작되었다. 부산 용두산공원(우남공원)에서 열린 현충일 추도식에서는 격분한 유족들이 스스로 제단을 파괴하고 나섰다. 유족들이 충혼탑 앞에서 제상祭床을 뒤집는 불상사가 발생한 것이다. 다음은 1960년 6월 7일자 「동아일보」가 "제2공화국 첫 현충일"(3면) 및 "부산시 추도식서 불상사, 유족들이 제상을 동댕이"(3면)라는 기사에서 소개한 서울과 부산의 현충일 풍경이다.

    현충일 추도식이 끝난 후 유가족들은 군에서 제공한 군용버스 편으로 시청 앞에 도착 '대한유족회' 서울지부 회원들은 현재 지급 중인 '연금'과 '사금'의 10배 인상을 비롯한 다음과 같은 요구조건을 내걸고 국회의사당 앞에 집결하여 연좌데모를 하였다. ▲ 연사금年賜金의 10배 인상 추가증액을 요구한다(현 연금은 연간 2만4천 환이며 사금은 평균 5만 환이나 이것조차 제대로 지불되지 않고 있음). ▲ '연금금고'를 신설하여 대상자에게 수시 유통 및 지출을 기하라. ▲ 각 원호단체를 즉시 해산하고 정부수반 직속 하에 '원호원'을 설치하라. ▲ 유자제에 대한 무시험 입학과 취학 학비를 면제하거나 정부예산으로 지출하라. ▲ 미망인들의 자활과 유족들의 국가기업체 취업을 알선하라. ▲ 국방부는 병무행정의 결함을 시정하고 미확인 전사자를 확인하라. ▲ 무가옥 유족에게 무상주택을 제공하라. ▲ 용공 정당이나 용공 사회단체 및 용공자容共者는 일체 배격한다. 이날 김성진 보건사회부 장관은 6일 하오 대우 개선을 요구,

데모를 전개한 군인 유가족들에게 ① 밀린 연금과 사금 87억 환을 연내로 지급한다 ② 정부기업체에는 유가족을 우선 채용케 한다 ③ 연금과 사금을 10배로 인상하는 문제는 차츰 실현하도록 해가겠다고 약속하였다. 이날 2시 반경 국회 앞에 모인 유가족들에게 김 장관 외에도 이 국방, 이 문교장관도 출석, 병무행정의 시정을 약속하고 유자녀의 학비면제도 각급 학교에 건의하겠다고 말하였다. 이들은 하오 3시 반경 민관식 의원의 권고에 따라 7일 유족회·입법부·행정부 대표가 연석회의를 갖고 구체적인 타협을 보기로 하고 해산하였다.

6일 상오 제5회 현충일을 맞아 이곳에서도 시내 우남雩南공원 충혼탑 앞에서 관계당국에서 마련한 거룩한 식전이 베풀어졌는데 식이 열리자마자 수많은 유족들은 소홀한 제전 준비 실태와 무성의한 유족 구호책을 비난하면서 흥분한 나머지 제상을 뒤집어엎어 난장판을 이룬 뒤 데모를 감행하는 불상사가 발생하였다. 이날 상오 10시 식이 열려 이기주 경남지사의 추념사가 계속되는 순간 약 2백 명의 마산 유족(주로 노파)들은 "제단 준비가 불충분하다" "우리 집 제사보다 못하다" 등의 불평과 함께 미리 준비해온 것으로 보이는 "수산장을 횡령한 3천만 환 하사금을 즉각 보상하라"는 유인물과 "부정축재 몰수하여 유가족에 배당하라" "연금을 10배 인상하라" "유가족을 멸시하는 군경원호회 직원은 즉각 파면하라"는 등 구호 인쇄물 수천 매를 살포하면서 일제히 제전에 몰려들어 21개의 조화를 내동댕이치고 제상을 뒤집어엎었다. 노기에 찬 유족들은 11시 20분부터 "군경원호회를 해체하고 원호회비를 세법화하라"는 등의 몇 가지 푸라카드를 들고 용두산을 출발하여 도청을 향해 데모에 들어갔다. 유족 데모대는 12시 15분경 경남도청에 쇄도하여 약 5백 명이 아우성을 치고 있는데 이들 대표 10여 명이 이 지사와 만났는데 이 자리에서 이 지사는 대표들에게 매년 현충일 행사는 더욱 성대히 성의 있게 거행하겠다고 약속하고 군경원호비(연금-인용자) 10배 인상 문제는 도지사로서 중앙에 건의하겠다고 말하였다.

대구에서도 유사한 사태가 발생했다. 수성동 충혼탑 앞에서 현충일 추도식을 마친 전사자 유가족 2천여 명은 "전몰 유족연금 10배 인상해라", "유가족 직업보도를 입법화하라" 등 6개 조건을 적은 현수막을 앞세우고 경북도청까지 시위를 감행했다. 이후 도청 회의실에서 약 100명의 유가족 시·군 대표를 비롯하여 군·도 당국이 참여하는 3자 좌담회가 열렸고, 이 자리에서 유족들은 "각종 원호사업 자체의 맹점들을 들어 시정을 요청하였다."[54] 참사에 가까웠던 1960년 서울, 부산, 대구의 현충일 풍경은 오랫동안 누적된 거대한 분노의 대폭발이었다. 1960년 4월에 학생들이 폭발했다면, 그해 6월에는 유족들이 폭발했다. 그리고 유족들은 위력 시위를 통해 이승만 정부가 일방적으로 중단시켰던 좌담회를 전국 곳곳에서 강제로 부활시켰다.

3. 감정의 연금술, 희생의 논리?

한국전쟁 때까지 유가족 보호라는 역사적 과업은 국가와 시민사회의 공동책임으로 간주되는 경향이 강했다. 유가족 원호는 일종의 '관민 협력 사업'이었다. 대체로 1년에 한 번꼴로 열린 전몰장병 합동추도식 때마다 정부는 국가재정 부족을 내세우며 국민들에게 원호사업 참여를 호소하곤 했다. 그러나 전쟁이 끝나자 유가족 보호 문제는 점차 국가의 온전한 책임이 되어갔다. 유가족을 돕기 위한 전국적인 모금운동도 1953년경부터는 뜸해졌다. 물론 그 대신 국민들은 군경원호회비라는 준조세를 꼬박 꼬박 내야만 했지만 말이다. 전쟁 후 정부가 유가족 원호사업을 거의 전담하게 됨으로써 생겨난 예상치 못한 결과 중 하나는 유가족과 국가 사이의 긴장이 점차 고조되어갔다는 사실이었다.

'성가정의 빈곤화' 현상을 낳은 일차적이고 구조적인 원인이 원호정책 재원의 절대적인 제한, 그리고 방대한 사각지대를 낳는 제도 자체의 결함에 있음은 분명했다. 그러나 국가에 대한 신뢰를 갉아먹는 고위관료들의 거듭되는 약속 불이행과 무책임한 허언虛言 남발, 원호 업무에 종사하는 공무원·준공무원들의 만성적이고 거의 체질화된 부정부패야말로 유가족의 불만과 분노를 직접적으로 자극한 요인들이었다. 원호 재원 부족과 제도 결함이 '성가정의 궁핍'을 불가피하게 만들었지만, 거듭되는 약속 불이행과 부정부패가 '성가정의 분노'를 촉발했다. 보다 근본적으로는, 국가가 내세우는 화려한 영웅적 수사와 누추하기만 한 현실의 극명한 대비, 국가가 만들어낸 성스런 이미지와 구차한 현실의 부단한 충돌이 국가-유가족 간 긴장의 밑바닥에 도사리고 있었다. 성가정 구성원들에게 시민종교의 내적 모순이나 신념체계 내부의 이율배반 등은 그다지 불편하게 느껴지지 않았을 가능성이 높다. 그러나 이미지와 실제의 양극화, 레토릭과 현실의 양극화 문제는 성가정 구성원들을 대단히 불편하게 만들었다.

정치이념, 특히 반공주의를 중심으로 한 '정치적 신新신분제'에 따라 전사자 유족은 체제를 지탱하는 핵심 지지 기반으로 자리매김 되었다. 어떤 면에서 전사자 유족들은 체제의 핵심 지지 세력일 수밖에 없고, 또 마땅히 그렇게 되어야만 하는 사회집단이었다. 이들은 '반공 성전聖戰'에서 대한민국의 생존을 위해 남편·아버지 혹은 자식의 소중한 목숨을 바친 이들이었고, 전쟁이 끝난 후에는 국가의 온정어린 손길에 자신들의 생존을 오롯이 맡길 수밖에 없었던 이들이었다. 국가의 도움과 보호에 전적으로 의탁해야만 했던 이들이 바로 전사자 유족들이었다. 그러나 자신들이 공들여 '성가정'으로 창출해냈던 바로 그 집단, 지배층을 향해 열렬한 성원을 보내야 자연스러울 이 핵심 그룹에게서조차 제대로 된 지지를 이끌어내지 못하는 상황, 바로 이것이 1950년대 말 대한민국 지배층의 딱한 실상이었다.

1950년대 후반으로 갈수록 의례의 불완전성 내지 미완결성이 전사자 추도의례의 두드러진 특징이 되어갔다. 조용하고 경건한 분위기 속에 시작된 의례는 요란하고 볼썽사나운 고성과 삿대질로 끝나곤 했다. '의례의 소음'이 점점 커지는 가운데, 성스러운 의례의 끝을 격한 분노의 목소리가 덮어버리는 빈도가 증가했다. 1950년대 초의 유가족좌담회에서는 국가를 향한 유가족의 시선에 기대·의존·신뢰·감사의 정조情調가 지배적이었다면, 1950년대 후반의 좌담회에선 불신·배반감·환멸·자괴감·절망·분노의 정조가 점점 지배적으로 되어갔다. 이런 상황에서는 분노와 환멸의 감정이 감정의 연금술을 압도하게 된다. 현충일 유가족간담회는 감정의 연금술이 발휘되는 '마법의 시간'이 아니라, 억눌리고 누적된 불만과 한을 폭발적으로 토로하는 '성토의 시간'이 되어갔다. 자식이나 남편의 죽음을 두고 유가족 입에서 "개죽음"이라는 단어가 거침없이 튀어나오는 현실에서 감정의 연금술이 제대로 작동할 리 없었다. 이런 상황에서는 슬픔이 감사·자부심의 감정으로 바뀌는 감정 연금술은커녕 정반대의 감정 연금술, 곧 슬픔이 분노·좌절의 감정으로 전환되는 감정 연금술이 작동하기 쉽다.

'대한민국 국군'의 이름으로 전투에 출정하여 전사했음이 확실함에도 불구하고 시신을 찾지도 못했고 '전사'로 인정받지도 못한 이들의 남은 가족들은 더욱 막막한 처지였다. 한국전쟁은 '확인 전사자' 숫자에 버금가는 '미확인 전사자'(실종자, 행방불명자)를 남겼다. 교착 상태의 고지전이나 진지전 같은 전투 현장의 독특한 사정 때문에 시신을 아예 수습할 수 없었거나, 나중을 기약하면서 전투 현장 인근에 임시로 매장해둔 전사자들의 유해를 발굴하려는 노력을 한국 정부는 전쟁이 끝난 후에도 거의 하지 않았다. 그럼에도 국가가 실종 군인을 '전사자'로 확정하고 공인해주지 않는 한, 실종자 유족들은 전쟁이 끝나고도 여러 해 동안 사금도, 연금도, 다른 원호 혜택도 전혀 받을 수가 없는 암울한 상황에 놓였다. 실종자 유가족들이야말로 가장 문제투성이인 유가족 그룹이자, 정부를 향해 가장 격렬한 불만을 토로할 가능성이 높은 유가족들이었다.

전사하지 않았을 뿐 아니라 신원도 완전하게 확인된 상이군인, 즉 전쟁부상자들이 처한 현실의 비참함도 별반 다를 바가 없었다. "상이용사, 애국용사, 백의白衣용사", "자유수호와 조국수호의 모델", 살아 있는 "반공주의의 본보기" 등의 화려한 레토릭에 감춰진, 그들이 실제로 감내하고 살아가야 할 현실은 한없이 비루하기만 했다.[55] "자유당 시절에는 연금이나 마나 몇 푼 주지도 않고"라는 표현에서 단적으로 드러나듯이,[56] 1950년대에는 상이군인에 대한 경제적·사회적 지원이 매우 미흡했다. 그나마도 부상으로 명예제대 한 군인이 12~14만 명에 달했지만 연금 수급권을 인정받은 이는 3만 명에도 미치지 못했다.[57] 나아가 "정부 원호대책의 빈곤과 사회적 천대에서 기인한 상이군인의 일탈행동은 '커다란 사회문제로' 부각되면서, 강도, 절도, 폭행, 사기, 금품 강요, 무전취식 등 적잖은 상이군인의 각종 탈선, 범죄행위가 신문에 등장했다."[58] 1957년 4월 하순에 열린 전국국민반상회班常會에서도 "상이군인의 비행 및 강매행위의 단속" 문제가 핵심적인 "요망사항"으로 중앙정부에 전달될 정도였다.[59]

일반 국민들도 괴로웠다. 국민들은 세금 외에도 군경원호회비 납부를 일상적으로 강제 당했다. 「민주신보」 1952년 12월 9일자에는 당시 부산시가 취급하던 각종 부담금 실태가 소개되어 있는데, 이에 따르면 군경원호회가 징수하는 부담금은 군경원호회비에 국한되지 않았다. "① 사랑의 깃, ② 연세력, ③ 원호경鏡, ④ 군·경 원호회(군경원호회비-인용자), ⑤ 잡지 『사랑의 세계』, ⑥ 기타 입장권 예매표, ⑦ 부채" 등 무려 7가지나 되는 부담이 일반 시민들에게 강요 혹은 강매되고 있었다. 이 가운데 "사랑깃, 군경원호회비"의 두 가지는 정부가 직접 강제한 것, 즉 "정부 방침에 따른 것"이었다. 국민들은 상이군인들의 행패도 견뎌내야 했다.

국가로부터는 성가정으로 영웅시되지만, 자식과 남편의 죽음 이후 한없이 깊은 가난의 수렁에서 허우적대는 유가족들을 보는 국민의 시선, 그 시선은 과연 존경과 선망의 염을 담은 것이었을까? 자식이나 남편의 목숨을 국가에 바치고도 '유가족'으로 인정조차 받지도 못할 뿐 아니라 온갖 원호사업에서도 소외된 채 극심한 생활고에 시달리는, 10만 세대 이상의 실종자 유가족들을 바라보는 국민의 시선은 또 어떤 것이었을까? 나라의 준엄한 명령에 따라 출정한 전투에서 팔다리를 잃었거나, 전쟁에서 비롯된 다양한 장애로 고통을 당하는데도 천덕꾸러기 취급이나 받는 상이군인들을 보는 국민의 마음은 어떠했을까? 국가를 위해 육신의 일부 혹은 전부를 바치는 행위는 과연 '숭고한 애국행위'로 받아들여졌을까? 오히려 어떻게든 피하고픈 상황에서 발생한 측은하고 불쌍하기만 한 행위, 나아가 세상물정 모르는 미련한 행위로 간주되지는 않았을까? 전사자 유가족들에게조차 감정의 연금술이 제대로 작동하지 않는 상황에선 이런 모습을 지켜보는 국민들 역시 희생의 논리를 내면화하거나, 국가·민족을 위해 자기 목숨을 바치려는 결의 따위를 하지 않게 될 것이다.

유족들 사이에서 감정의 연금술이 그리고 국민들 사이에서 희생의 논리가 효과적으로 작동하는 상황에서도, 다시 말해 대한민국 시민종교의 참신자 혹은 열혈 신자 규모가 상당할 뿐 아니라 이들이 기존 체제를 굳건히 지탱해주고 있는 상황에서도, 과연 4·19혁명이 성공할 수 있었을까? 4·19혁명은 한편으로 시민종교의 민주주의와 민족주의 교리로 무장한 예언자 세력의 성장과 결집에 의해, 다른 한편으로는 핵심 지지 기반(참신자들)의 이탈과 해체에 의해 점점 무르익어가고 있었다. 성가정의 극심한 궁핍과 분노야말로 핵심 지지 기반의 균열 내지 붕괴를 단적으로 보여주는

현상이었다. 그런 면에서 지배층이 유가족의 존재를 점점 더 부담스러워
하며 경원시하는 가운데 유가족좌담회가 폐지된 지 채 1년도 못되어 이
승만 정권이 붕괴된 것은 참으로 상징적이다.

제 10 장

예언자들과 저항, 그러나 부유하는 혁명

전쟁 이후

지금껏 4·19혁명에 대한 학문적 관심의 대부분은 혁명의 '이전'(원인)과 '과정'에 쏠려 있었다. 그러나 필자는 그 못잖게 혁명 '이후'(특히 '혁명 직후')도 중요하다고 생각한다. 시민종교의 관점에서 생각하면 특히 그러하다. 혁명의 성공은 정치권력의 붕괴와 교체만으로 판단될 수 없다. '혁명 이후'는 하나의 혁명이 법적·정치적으로 제도화되고, 그것이 의심의 여지 없는 정당성과 정통성으로 보호되며, 나아가 사람들의 일상적인 현실의 일부로 뿌리내리는 문제와 직결된다. 다채로운 기념·현양·추모 활동과 축제·의례를 통해 혁명을 민중이 공유하는 집합기억이자 문화적 기억으로 만들고, 하나의 빛나는 전통으로 자리 잡도록 하는 것이 무엇보다 중요하다.

　그것은 시간의 망각 효과에 맞서 혁명의 집합적 열광을 축제나 기념 행위를 통해 지속시키려는 노력이자, 집합적 열광 및 거기에서 도출된 이상적인 비전과 관념을 장시간에 걸쳐 존속하게끔 제도화하려는 노력이기도 하다. 그것은 "프랑스대혁명이 고취시킨 원리들을 영원한 젊음의 상태로 유지"시키려는 축제들에 대한 뒤르케임의 관심과 상통한다.[1] 터너의 표현을 빌자면, 이것은 순수한 집합적 열광 상태에 가까운 '자발적 커뮤니타스'를 '이데올로기적 커뮤니타스'나 '규범적 커뮤니타스'로 전환하고 구현하려는 노력이기도 하다.[2] 이런 일들이 현실화되려면, 하나의 혁명이 진정으로 성공하려면, 더 많은 기념, 더 많은 열광, 더 많은 축제가 필요했다.

실제 현실은 과연 어떠했던가? 이번 장에서는 이 문제를 집중적으로 들여다볼 것이다. 그 이전에, 혁명의 주역인 시민종교의 '예언자들'은 누구였는지, 그들은 어떤 혁명을 상상했는지에 대해 간략히 살펴보는 것으로 논의를 시작해보자.

1. "역사가 벙어리가 아닌 이상": 시민종교의 예언자들

1919년 수립된 대한민국임시정부는 기본적으로 민족주의 정치세력이었다. 그렇지만 '민족주의'만이 아니라 '민주주의'도 임시정부를 떠받치는 핵심 기둥 중 하나였다.[3] 1940년대에 임시정부가 '좌우 통합정부'로 발전하고 임시정부의 좌우합작이 '삼균주의三均主義'에 사상적 기반을 둠에 따라, 임시정부의 민주주의 안에 평등주의 요소가 대폭 강화되었다. 임시정부는 처음부터 민주주의를 중시했을 뿐 아니라 시간이 지나면서 그것을 내용적으로 더욱 심화시켰던 것이다.[4] 요컨대 우리는 임시정부를 중심으로 뚜렷하게 나타났던 '민주주의와 민족주의의 동시발전 내지 병진竝進' 경향에 주목할 필요가 있다. 그러나 임시정부 세력이 신생 대한민국 국가권력의 핵심 주체로 올라서는 데 실패함으로써, 상황은 '민주주의와 민족주의의 동시적인 약세弱勢' 경향으로 반전되었다. 반면에 독립운동 과정에서는 거의 부각되지 못했던 '반공주의'가 시민종교 신념체계에서 중핵의 자리를 차지하게 되었다(식민지 말기로 갈수록 독립운동 진영에서는 반공주의가 자리 잡기는커녕 정반대로 민족독립이라는 대의를 위해 좌파-우파의 협력을 강조하는 '좌우합작' 내지 '민족통일전선'의 기운이 고조되었다).

1950년대에 반공-자유민주주의 시민종교는 화려한 발전상을 과시했음에도 불구하고, 중대한 내적 모순과 취약점들 또한 비교적 적나라하게 드러냈다. 그로 인해 이 시민종교 안에서 '사제적' 지향과 '예언자적' 지향이 뚜렷하게 분화되었다. 시간이 갈수록 두 흐름, 두 지향, 두 진영 사이의 갈등이 점점 심화되었다. 1950년대 후반에는 곳곳에서 시민종교의 예언자들이 등장했다. 이들이 일종의 '유기적 지식인' 역할을 수행하면서 시민사회의 각성되고 조직화된 부문을 중심으로 광범위한 대중적 불복종을 자극함으로써, '타락한 지배층'을 응징하고 한국사회의 '윤리적 갱생更生'을 도모했던 것이다. 예언자 진영은 '자유민주주의에 대한 정면도전'으로 간주된 부정선거, 즉 불법적 선거운동과 대대적인 투표·개표 조작을 계기 삼아 4·19혁명으로 폭발했다.

시민종교의 예언자 중에 『사상계』를 중심으로 활동했던 일군의 지식인 그룹을 우선 지적할 수 있을 것이다. 1952년 9월 창간된 월간지 『사상계』는 전쟁이 끝난 후 비판적 성격을 강화했으며, 오히려 그럴수록 발행부수와 영향력이 더욱 증가했다. 1955년 6월에 발행부수 8천 부를 돌파한 이래 1959년에는 발행부수 5만 부를 넘어섰고, 4·19혁명 당시에는 일간지와 맞먹는 9만 7천 부의 발행부수를 기록했다고 한다.[5] 『사상계』는 시종 명료한 어조로 민주주의 담론을 생산하고 유포했다. 『사상계』는 "우리나라는 민주국가다. 그러므로 이 나라의 주인은 이 백성이라야 한다"는 입장을 내세웠다. 이런 맥락에서 국가 주권은 "자유와 평등을 누리는 불가침의 인격을 갖고 있"는 국민에게 있고, "국민의 의사가 최고 우위에 위치"하며, "정권이 국민의 의사에 귀의되며 정책의 우열에 따라 국민은 언제나 그 정권을 교체시킬 수 있"음을 주장했다. 같은 취지에서 『사상계』는 민권民權의 확립이 "구국의 원칙이요, 재건의 목표요, 치국의 방향이요, 우리의 공통된 염원"이라고 선언했다.[6]

장준하는 『사상계』의 발행인으로서 주로 '권두언'을 통해 발언했다.

그는 이렇게 단언했다. "만에 일이라도 관에 있는 자 번문욕례의 구름 위에 앉아서 백성을 농락하고 법을 짓밟는 일이 있다면 이것은 본말을 전도한 사회적 반역자가 아닐 수 없습니다. 우리는 이러한 자들의 퇴진을 요구할 권리를 보유하고 있는 것입니다." 그는 다음과 같이 역설하기도 했다. "이 나라가 다스려질 법은 우리 국민의 통일된 의사로서만 제정될 수 있다. 이것은 이 나라의 주권이 국민에게 있고 모든 권력은 국민으로부터 발하는 까닭이다.……그러므로 국민의 의사에 어긋나는 법은 반드시 철회되거나 수정되어야 한다. 입법이 국민의 일반 의지에 합일되어야 함과 같이 또한 행정도 법 제정의 이상과 합일되어야 한다."[7] 또 앞서 인용했듯이, 『사상계』 1958년 8월호에 기고한 "생각하는 백성이라야 산다"에서 함석헌은 "있는 것은 꼭두각씨 뿐이지 나라가 아니다. 우리는 나라 없는 백성"이라며 냉전 강대국들에 포획된 비참한 분단 현실을 탄식한 바 있고, 그로 인해 정권의 보복에 시달리게 되었다.

1940~1950년대에 한국 유림儒林을 대표했던 김창숙 역시 거침없이 이승만 정권의 비행을 고발하곤 했다. 1950년대에 김창숙만큼 예언자 면모가 잘 어울리는 사람을 또 찾아낼 수 있을까. 갑작스런 신익희의 죽음을 맞아 그는 말했다. "만인은 울고 있지만 한 사람만은 환성을 지르고 있으니 어찌하여 그는 홀로 환성을 지를까. 이제부터 독재는 지속되겠지. 독재는 비록 자신이 누리겠지만 천하의 이목耳目은 가리기 어려우리"("한 사람의 환성: 해공 신익희를 곡함", 1956년 5월). 이승만 정권이 독립운동의 성역인 효창공원을 훼손하려 하자 그의 일갈이 터져 나왔다. "효창공원에 쓰라린 바람 불고 처절한 비 내리는데 통곡하며 부르노라, 일곱 선열의 영혼을. 땅속에 묻힌 말라버린 뼈 일찌기 무슨 죄를 졌기에 멋대로 공병대의 괭이 아래 파헤쳐지는가. 저 남한산南漢山 저 탑골공원을 보라, 하늘을 찌르는 동상이 사람의 넋을 빼앗는구나. 독재의 공과 덕이 지금은 이렇듯 높을지나 두고 보시오, 상전桑田과 벽해碧海 일순간에 뒤집힐 것을"("효창공원에 통

곡함", 1956년 5월). "반민족자反民族者"인 최남선이 죽자 이승만 대통령이 지극한 조사弔辭를 지어 보낸 것을 두고는 이렇게 한탄했다. "아아, 우남雩南 늙은 박사여……그때 원수元首 대권大權으로 차노此奴를 비호터니 노제路祭에 임해선 애사哀詞를 보냈도다. 충역 선악의 분별에 그대는 어그러져. 나라 배신, 백성 기만 어찌 다 말하랴. 이 나라 만세의 부끄러움 박사 위해 곡하노라"("경무대에 보낸다", 1957년 10월).[8] 이런 시편詩篇들이 그때마다 여러 신문들에 게재되었다. 서중석은 1950년대의 김창숙을 다음과 같이 평가한다.

> 원로로서 김창숙의 정치적 위상이 높았던 것은 독립운동가로서의 명성과 사회적 영향력이 컸던 유교계의 대표적 지도자라는 점이 중요하게 작용했다. 그렇지만 무엇보다 자신이 따르는 대의를 위해 언제라도 순사殉死할 수 있다는 강직함에서 우러나온 강도 높은 비판정신이 그의 위상을 높이는 데 큰 역할을 하였다. 김창숙처럼 이승만 독재를 매섭게 비판한 사람은 없었다. 산림山林이 부유腐儒를 꾸짖듯 이승만 폭정에 대한 그의 서릿발 같은 비판은 이승만 독재를 반대하는 사람들의 가슴을 후련하게 하였다.……1950년대에 그는 여러 차례에 걸쳐 이승만 대통령 하야 또는 이승만 독재정권 타도를 주장했으며, 자유당을 망국당·도국당盜國黨·멸종당滅種黨 등으로 불렀다.[9]

1950년대의 신문사들은 정치적 성향을 비교적 뚜렷하게 드러냈다. 특히 「동아일보」와 「경향신문」이 이른바 '야당지野黨紙'를 대표하고 있었다. 그런데 야당지일수록 대중적인 인기가 높았던 것 또한 1950년대 후반의 특징이었다. 예컨대 1955년의 경우 「동아일보」 17만 부와 「경향신문」의 10만 부를 비롯해서, '중립 비판지'로 구분되는 「조선일보」와 「한국일보」 등이 '여당지與黨紙'나 '친여지親與紙'로 분류되던 신문들을 제치고 최

고의 발행부수를 기록하고 있었다.[10]

몇 가지만 예로 들어보자. 우선, 「동아일보」는 1955년 10월 '대구매일신문 피습사건'의 조사단장을 맡았던 자유당 최창섭 의원이 "애국심에 불타서 테러를 한 청년에게는 훈장을 수여해야 할 것"이라고 말한 데 대해, "폭력행위와 훈장" 제하의 사설을 통해 '애국심'의 의미를 되물었다. "'애국'의 명목으로써 하는 행위라면 그 수단방법의 여하를 묻지 않고 모두 법적 책임이 면제된다면 그러한 애국의 명목은 누구든지 사용할 수 있으므로 이 사회는 드디어 폭행과 테러로 수라장화修羅場化할 것이 아닌가?……우리는 자유당 의원 제군諸君에게 다시 묻노라. 국법 위반 행위를 어물어물 감추어 국민의 눈과 귀를 속이려는 자가 애국적이냐, 그러한 위법행위를 철저히 규명하여 국민 앞에 밝히고 문책하려 하는 자가 애국적이냐?"[11] 1956년 7월 「동아일보」는 "민주정치는 전취戰取되어야 한다"는 사설에서 비장하게 말했다. "우리들은 후손에게 무엇을 남기고 갈 것인가? '민주정치는 탁상에서 습득될 수 있는 안가물安價物이 아니고, 어디까지나 전취되어야 하는 고가물高價物'이라 하는 교훈뿐이다."[12] 「동아일보」는 1958년 5월의 제4대 국회의원 총선거를 앞두고 "단 한 번만이라도 용기를 내자"는 제목의 사설을 실었다. "투표일을 며칠 앞두고 관헌의 선거간섭은 양성화하고 있다"로 시작되는 이 기사는 '저항에의 호소'로 마무리된다. "5·15 정·부통령선거에 있어서 우리나라 유권有權 대중은 관권과 항쟁하여 빛나는 승리의 기록을 남긴 일이 있다. 이번 선거에 있어서 유권 대중은 5·15정신을 다시 한 번 살려 관官이 밀어주는 입후보자를 반드시 패배시키기 위해 용기를 내어야 할지며 투표의 진실을 보장하기 위해 끝까지 싸워야만 한다. 민주주의는 하늘에서 떨어지는 것도 아니요, 땅에서 솟아나오는 것도 아니요, 민중항쟁을 가지고 비로소 쟁취될 수 있는 것이다."[13]

서울대학교 신문연구소의 조사에 의하면, 1950년대 후반에 「경향신문」 사설 중 68.1%는 정부에 대해 비판적인 논조, 30.8%는 중립적인 논조였고, 불과 1.1%만이 정부 정책을 지지하는 논조였다. "야당지여야 잘 팔린다"는 표현이 회자되는 가운데, 당시 '4대 신문'이었던 「동아일보」, 「경향신문」, 「조선일보」, 「한국일보」의 "사설 내용의 압도적 다수가 정부에 대한 반대, 비난, 부정으로 일관"했다. 특히 「경향신문」은 "자유당 정부에 대해서 가장 도전적이요 정면으로 대결하고 있었던 신문"이었다.[14] 다음은 「경향신문」 1959년 2월 4일자 '여적餘滴' 난에 실린 주요한의 칼럼이다. 이 칼럼 자체가 이승만 정권에 의해 '내란선동'으로 몰렸을 뿐 아니라, 종국엔 정권이 「경향신문」을 아예 폐간시키는 빌미로 작용하기도 했다.

허멘스 교수의 '다수의 폭정'이란 글이 본보 석간에 역재譯載되고 있거니와, 동씨의 논거에 의하면 '다수결의 폭정'이란 것은 있을 수 없다는 것이다. 아마도 이 학설을 보는 한국의 다수당은 아전인수로 해석하려고 달려들 것 같으나 자세히 보면 동씨의 주장 속에는 하나의 커다란 전제조건이 있다.

그것은 즉 '인민이 성숙되어 있어서 자기 스스로 행동할 수 있다는 것을 전제로 하고 있다'는 것이요, 바꾸어 말하면 '어제는 다수당을 지지하여 그에게 권력을 준 투표자도 내일은 그것을 버리고 그를 소수자로 전락시킬지도 모르며, 당파에 속하지 않은 투표자도 만일 부정행위가 있다고 생각하면 재빨리 다수당을 소수당으로 떨어뜨릴 것'이라는 것이다.

문제는 그처럼 투표자가 자유로이 자기 의사를 행사할 수 있는가에 달렸다. 만일 투표자가 어떤 권력에 눌려서 그 의사를 맘대로 행사할 수 없는 환경이라 한다면 허멘스 교수의 다수결 원칙은 근거가 와붕瓦崩되고 마는 것이다. 인민이 '성숙'되지 못하고 또 그 미성숙 사태를 이용하여 가장된 다수가 출현된다면 그것은 두말없이 '폭정'이라고 할 수밖에 없는 것이니, 이런 논점은 허멘스 씨의 견지에서 본다면 전혀 별개의 문제라고 할 터이지.

그렇기 때문에 동씨는 '질서 있는 다수당'이라든가 '진정한 다수의 지배'라는 용어를 쓰고 있으니 다시 말하면 가장된 다수의 폭정은 실상 인즉 틀림없는 '소수의 폭정'이라고 단정할 것이 아닌가. 한국의 현실을 논하자면 다수결의 원칙이 '관용' '아량' '설득'에 기초한다는 정치학적 논리가 문제가 아닌 것이요, 선거가 올바로 되느냐 못 되느냐의 원시적 요건부터 따져야 할 것이다.

물론 '진정한 다수'라는 것이 선거로만 표시되는 것은 아니다. 선거가 진정 다수결정에 무능력할 때는 결론으로는 또 한 가지 폭력에 의한 진정 다수결정이란 것이 있을 수 있는 것이요, 그것을 가리켜 혁명이라고 할 것이다. 그렇다면 가장된 다수라는 것은 조만간 진정한 다수로 전환되는 것이 역사의 원칙일 것이니 오늘날 한국의 위기의 본질을 대국적으로 파악하는 출발점이 여기에 있지 않을까.

지방 언론사에도 이런 예언자적 지식인들이 곳곳에 포진하고 있었다. 「부산일보」의 황용주 주필, 「국제신문」의 이병주 주필, 「대구매일신문」의 최석채 주필 등이 대표적인 사례였다. 곽병찬 기자에 의하면, "두 사람(황용주와 이병주-인용자)은 1958~1961년 사이 천의무봉의 문장과 선명한 정치적 관점, 정연한 논리로 정권의 말기적 행태를 분석하고 비판했다. 이는 부산·경남을 넘어서 전국적인 주목을 끌었다."[15] 대한민국 최초의 필화筆禍 사건으로 꼽히는 「대구매일신문」 1955년 9월 13일자 사설 "학도를 '도구'로 이용하지 말라"도 빠뜨릴 수 없다. 최석채는 이 사설에서 "만성적인 학생동원의 폐풍"을 엄하게 질타했다.

요즘에 와서 중·고등학생들의 가두행렬이 매일의 다반사처럼 되어 있다. 방학 동안의 훈련을 겸한 모종某種 행렬만이 아니라 최근 대구 시내의 예로서는 현관顯官의 출영에까지 학생들을 이용하고 도열을 지어 3, 4시간 동안이나 귀중한 공부시간을 허비시키고 잔서殘暑의 폭양暴陽 밑에 서게 한 것을 목격하였다.……수천, 수만 남녀 학도들이 면학勉學을 집어치워 버리고 한 사람 앞에 10환씩 돈을 내어 수기를 사 가지고 길바닥에 늘어서야 할 아무런 이유를 발견치 못한다.……입을 벌리면 학생들의 '질'을 개탄慨嘆하고 학도들의 풍기를 위위하는 지도층이 도리어 학생들을 이용하고 마치 자기네 집안의 종 부려먹듯이 공부시간도 고려에 넣지 않는 것을 볼 때 상부의 무궤도無軌道한 탈선과 그 부당한 지시에 유유낙낙하게 순종하는 무기력한 학교 당국자에 대해 우리들 학부형 입장으로 분개하지 않을 수 없다는 것이다.

때때로 야당 정치인들도 시민종교적 가치들에 대한 '지배층의 배교'를 고발하고 시민불복종을 이끌어내는 예언자 역할을 수행할 수 있다. 여기서는 1950년대를 대표하는 정치인 연설로 꼽히는 두 사례, 즉 민주당의 대통령후보로서 한강백사장에 운집한 30만 군중을 열광시켰던 신익희의 "한강백사장 연설" 그리고 신익희에 이어 민주당 대표최고위원이 된 조병옥의 "이 대통령께 드리는 공개장"의 일부를 소개하려고 한다.

먼저, 신익희는 1956년 5월 3일의 한강백사장 연설에서 "우리들이 살아가는 모양이 이 꼬락서니, 우리들이 40년 동안 두고 밤이나 낮이나, 원하고 바라던 독립, 이 독립 이것이 결코 우리가 사는 꼬락서니, 이와 같으리라는 것을 생각했던 것은 아닐 것"이라면서, 시민종교의 핵심 가치에서 심히 일탈된 현실을 강하게 고발했다.[16] 이 역사적인 연설 직후 신익희는 갑작스레 죽음을 맞았고, 그로 인해 거족적인 국민장과 '추모투표' 현상이 이어졌다. 이에 대해 필자는 다음과 같이 평가한 바 있다.

1950년대에 있었던 세 차례의 국가적인 장례식 가운데 신익희의 국민장이 가장 의미 있는 것이었다고 할 수 있다. 그 자신이 저명한 독립운동가 출신이었을 뿐 아니라 대중의 관심을 집중시켰던 대통령선거 유세 도중에 숨진 정황 자체가 대단히 극적이었다. 더구나 '못 살겠다 갈아보자'는 구호를 내걸고 한강 인도교 아래 백사장에서 수십만 명의 청중을 끌어들인 전대미문의 유세를 치렀던 것이 바로 호남선 열차에서 사망하기 이틀 전이었다. 그의 돌연한 죽음에 흥분한 군중이 경무대로 몰려가 700여 명이 체포되었고, 투표 당일에는 무려 185만 명이 죽은 그에게 '추모표追慕票'를 던졌고, 그의 죽음을 기리는 〈비 내리는 호남선〉이 대중 사이에 유행했다. 그의 장례식이 국민적 추모와 단합의 제전이 되었던 것은 당연한 일이었다. 신익희는 대중으로 하여금 권력에 대한 오랜 공포심에서 벗어나게 하여 선거 과정을 국민적인 축제로 승화시켰고, '작은 권력교체'를 이루어냄으로써 정치사회가 시민사회와 다시 결합될 수 있는 계기를 마련했다.[17]

조병옥도 1957년 5월의 "이 대통령께 드리는 공개장"에서 조국의 '충혼들'과 '영령들'의 이름으로 지배층의 시민종교 배반 행태를 통렬히 비판했다.

이 나라를 이 모양 이 꼴로 만들어놓은 데 있어 전소 책임을 져야 할 각하께서는 과거 일제 36년 동안 민족의 자유와 해방을 위하여 초개같이 조국에 몸을 바쳐 이슬로 사라진 모든 충혼과 영령들의 울부짖는 장엄한 유언遺言의 소리가 도무지 들리지 않는 것 같이 생각됩니다.……영령들이 부르짖었던 자유의 소리를 잊지 않고 계신다면 이 나라를 이렇게 만들어놓지는 않았을 것입니다.……6·25 당시 "우리 국군이 적을 반격하고 있으니 모든 선남선녀들은 안심하고 동요하지 말라"는 각하의 녹음방송 때문에 수많은 시민들이 한강에 빠져 억울한 죽음을 하고 서울시민들을 3개월이나 생지옥 속에 빠뜨리게 한, 그때의 원한의 아우성소리가 들리지 않습니까? 또 거창사건 당시 남녀노유 수백 명이 억울한 학살을 당하여 저세상에 억지로 간 그들의 목청 놓아 우는 처량한 울음소리가 들리지 않습니까? 아니 6·25동란으로 인하여 이 나라 민주주의와 자유 수호를 위해 조국의 영령이 된 수많은 전사들의 무언의 절규를 무엇으로 보답하려고 하십니까?[18]

이런 고발에 이어 조병옥은 대중의 불복종과 저항을 요구했다.

국민의 자유와 총의總意를 무시한 독재정권이란 그 나라의 인민의 각성으로 점차적으로 타도되고 있다는 것을 알 수가 있습니다. 그리고 그들이 철권정치에 대항하여 자유를 부르짖고 혁명을 일으키고 폭동과 파업을 감행하는 것도 주권자의 자유 쟁취를 위하여 어쩔 수 없는 인권 옹호의 정당방위의 수단이라고 아니할 수 없습니다.……민주주의가 평화적 방법에 의하여 국정이 운영되지 못하고 관권의 발호로 인하여 국민의 참정參政의 길인 선거의 자유권을 박탈당할 시時에는, 자유를 수호하는 인간본능의 자연발생적인 수단으로서 항쟁을 일으키지 않을 수 없으며, 그것은 현대 자유인의 정당방위적 수단이라고 하지 않을 수 없습니다.[19]

국민의 입에다 '말' 모양으로 재갈을 물리고 '소' 모양으로 목에다 멍에를 메게 하고, 동물원의 범과 사자 모양으로 철창 속에 가둬놓고, 무조건 정부 정책에 복종치 않는 경우에는 경찰의 공포와 위협 정치로써 채찍질이나 하고, 야당 인사들이 국민의 각성을 촉구하는 강연회나 정부 정책 비판 연설 등을 하면 지난번 장충단공원 시국강연대회의 방해 사건 모양으로 경찰과 공모하여 폭력으로써 강연을 중단케 하고……국민반을 조직 강화하여 명실상부한 자유당 정권을 반￦영구화할 태세를 갖추고 있는 것이 틀림이 없습니다. 그러나 역사가 벙어리가 아닌 이상, 오늘날의 자유당적 독재정치를 또한 자유당적 민주주의 말살 정책을, 나아가서는 자유당적 국민 압살 정책을, 역사는 두고두고 우리 자손만대에 걸쳐서 비판하고 증언할 것을 여기에 말해두는 바입니다. 그리고 우리 국민들은 자유당 정권 치하에서 살고 있는 한 민족 역사를 조금이라도 더럽히지 않기 위하여 드높이 든 민권 옹호의 민중의 봉화와 기치 아래 최대한의 항쟁을 계속할 것을 국민과 더불어 우리들은 맹서하는 바입니다.[20]

마지막으로, 시민종교의 '예언자이자 각성된 대중'으로서 학생들, 특히 당시 여전히 소수 엘리트 그룹에 속했던 대학생들이 나섰다. 4·19 당시의 학생 선언문들에서 이승만 정권은 "민주와 자유를 위장한 전체주의" 혹은 "민주주의를 위장한 백색 전제"로 규정되었다. 따라서 이승만 정권에 대한 투쟁은 "짓밟힌 민주주의"와 "주권재민 원리의 파기"에 대한 정당한 분노의 표출로 간주되었다. 거리로 나온 학생들은 "무릇 모든 민주주의 정치사는 자유의 투쟁사이다.……근대적 민주주의의 기간基幹은 자유다"라고 외쳤다.[21]

특히 중등학교 학생들의 적극적인 참여와 주도적인 역할을 이해하기 위해서는 오제연이 "학생 통제와 동원의 역설"이라고 부른 현상에 주목할 필요가 있다. 이승만 정권의 빈번하고도 강도 높은 학생 통제 및 동원은 학생들 사이에서 (1) 반공과 반일 이데올로기를 내면화하고, (2) 통일과 반일에 대한 공감대를 형성함으로써 4·19혁명 후의 통일운동과 1964~1965년의 한일협정 반대운동을 준비시켰고, (3) 다른 저항적 잠재력들을 배양했다는 것이다. 구체적으로, '저항적 잠재력'은 자치능력 배양, (관제 데모 동원을 통해) 동맹휴학 등을 위한 시위 경험 축적, 학도호국단

간부들 사이의 인적 네트워크 형성을 비롯하여, '순수한 엘리트라는 자의
식'으로 압축되는 일정한 동질적 의식을 호국단 간부와 일반 학생들이 공
유하게 된 것, 노골화된 '학원의 정치도구화'에 대한 반감을 조장한 점 등
을 꼽을 수 있다는 것이다.[22]

2. 혁명의 기념

2·28 대구의거부터 3·15 마산의거, '피의 화요일'인 4·19, 그리고 4·25 대
학교수 시위를 거쳐 4·26 대통령 하야에 이르기까지 1960년 2월 말부터
약 두 달 동안 전국적인 시위운동이 지속되었다. 그리고 이승만 정권이
붕괴된 후의 수개월 동안 한국사회에는 일시적으로 열린 해방적 공간을
무대 삼아 '혁명과 자유의 커뮤니타스', '변혁의 리미널리티'와 방불한 상
황이 조성되었다. '혁명·자유의 커뮤니타스'와 '변혁의 리미널리티' 상황
에서는 대중으로부터 변혁적이고 창조적인 에너지와 상상력이 급격히 분
출하게 마련이다. 동시에 예언자적 지도자들에 의해 새로운 사회질서에
대한 탈脫일상적이고 초월적인 비전이 제시된다. 지난날의 과오들을 회
개하고 거듭날 새로운 대한민국, 새로운 한국사회에 대한 희망과 꿈이 넘
쳐흐르는 것이다. 이 기간 동안 변혁적 상상과 에너지는 주로 1950년대에
억압되었던 민주주의와 민족주의를 복원시키고 더욱 발전시키는 방향으
로 분출되었다. 지배층의 만연한 부정부패를 바로잡아 '더불어 잘살아보
자'는 발전주의적 욕망도 강렬하게 표출되었다.

필자는 앞서 5장에서 정치권력의 교체는 시대 교체의 일부에 불과하
며, 한 시대를 종결하는 시민종교적 방식은 구시대 핵심 상징의 파괴라고
주장했다. 구시대를 대표하는 조상彫像이나 성물聖物을 파괴하고, 이를 새

시대를 상징하는 조상·성물·성지로 대체하는 것이야말로 한 시대를 마감하는 전형적인 시민종교적 방식이라는 것이다. 그런 면에서 '혁명'이야말로 시민종교의 비밀, 시민종교의 은밀한 작동원리를 생생하게 가시화하는 회귀하고도 짧은 시간이라고 말할 수 있다.

사월혁명의 주역들은 이전 시대를 대표하는 조상들을 파괴하는 데 열심이었다. 무엇보다 그들은 남한 전체를 뒤덮다시피 한 '이승만 숭배'의 흔적들을 지워내는 데 매진했다. 4·19혁명은 이승만 동상들을 비롯하여 '우남'이라는 이름이 들어간 지도자숭배의 장소들을 모조리 파괴했다. 혁명 이전 반공-자유민주주의 시민종교가 '반공주의-친미주의 과잉, 민족주의-민주주의 결핍'으로 특징지어진 상황이었으나, 혁명을 계기로 '민족주의와 민주주의의 복원'이 비교적 신속하게 이루어졌다. 4·19혁명으로 48년 체제의 원형이 복원됨에 따라 반공-자유민주주의 시민종교에 대한 범사회적인 합의와 계약, 곧 "자유민주주의도 반공주의만큼 소중하다"는 합의·계약 역시 재확인되고 갱신되었다. 혁명 덕분에 엉겁결에 정치권력을 넘겨받은 야당 엘리트들의 반공주의는 여전했지만, 전체적으로 한국 반공주의 특유의 폭력성과 공격성이 크게 잦아든 것만은 명백했다.

그러나 4·19의 주역들 그리고 혁명에 참여했던 민초들은 '혁명의 기념', 나아가 '혁명의 신화화·종교화'에는 그다지 성공적이지 못했다. 한 시대의 마감, 한 시대와의 결별을 상징하는 성물 파괴나 조상 파괴 행위는 있었으되 이를 대신하는 새로운 '민주공화국의 종교'는 제대로 발전되지 못했다. 모리스 아귈롱이 미국과 프랑스에서 발견되는, "(유사종교적인 성격을 띠는) 공화주의적 신비주의"를 위시하여 "공화국 숭배", "공화국의 교회"에 대해 언급한 것이 바로 이런 의미였다.[23] 동시에 아귈롱은 (미국에서와는 달리) 프랑스에서는 "왕과 교회의 파당이 무겁게 누르고 있어, 이에 맞서기 위해서는 동등한 감정적 힘이 실린 열정을 동원해야만 했"다고 주장했다.[24] 프랑스의 공화파 지도자들은 국왕-가톨릭교회라는 양대 맞수들과의 힘겨운 투쟁에서 승리하기 위해 자신들만의 '새로운 종교'를 만들어내야만 했다는 것이다.

> 공화국은 실재하는 군주들에게 대항하는 새로운 주권이며, 기존의 종교에 대항하는 잠재적인 종교 감정이며, 사회적 지배계층에 대항하는 민중적 힘이기도 했던 것이다.……하지만 상황을 이처럼 제시하고 보니 왜 공화파가 그토록 끈질기게 그들의 힘을 강고히 하고, 그들의 정신과 함께 그들의 가슴까지도 열광적으로 고양시키며, 결국 체제에는 체제로, 신비주의에는 신비주의로, 심지어 숭배에는 숭배로 대응하지 않으면 안 되었는가를 좀 더 잘 이해할 수 있게 된다.……해방된 정신은 숭배의식 따위는 필요 없는 것이 아닌가? 하지만 철학자의 엘리트적 이상주의가 이 전쟁을 승리로 이끌 수 있었을까? 적을 약간 닮지 않고서는 결코 승리할 수 없다는 말은 너무나도 명백한 진리이다. 어쨌든 추상적인 공화국은 생명을 지니고 스스로를 영웅시하며, 심지어 스스로를 신성화하지 않으면 안 되었던 것이다. 상징화와 의인화를 향한 저항할 수 없는 경향이 있었던 가장 근본적인 이유를 바로 여기서 찾아야 하는 것이 아닐까?[25]

4·19혁명의 경우엔 어떠했을까? 1960년대 초에 4·19 기념행위가 없었던 것은 아니었다. 1966년까지 모두 17개의 4·19 기념조형물들이 만들어졌다. 그 내역이 〈표 10-1〉에 요약되어 있다. 그러나 기념물의 숫자가 많은 편도 아니었으려니와, 표에 소개된 17개의 기념물 가운데 무려 13개, 전체의 70%가 넘는 기념물이 희생된 학생들의 출신 학교 교정에 건립되었다. 가시성이나 접근성이 뛰어난 광장이나 공원 등 공공공간에 들어선 것은 부산 용두산공원에 세워진 '4월민주혁명 희생자 위령탑'과 광주공

〈표 10-1〉 4·19혁명 기념조형물들[26]

명칭	장소	시기	작가	건립자/비문/글씨
사월학생혁명 기념탑	수유리 묘역	1963.9.30	김경승	이은상(비문)
2·28 대구 학생의거 기념탑	대구 명덕로터리	1961.4.10	미상	유치환/박병철
3·15기념탑	마산 서성동	1962.7.10	김찬식	마산3·15의거기념사업 촉진회
민주의거 추념비	마산고교	1960.7.15		학생, 동창회, 교직원 건립; 이순섭·이훈경(비문)
비문(오성원을 기리며)	창원 내서면	미상	미상	친구 일동
추념탑(강수영 추모)	경남공업고교	1960.6.19		추념탑 건립추진위원회
4월민주혁명 희생자 위령탑	부산 용두산공원	1961.7 (1962.2.15)	미상	국제신보사/유치환
4·19 위령탑	광주공원	미상	미상	조지훈
4·19학생혁명 순국학도기념비 (박찬원 추모)	경기상고	1960.6	미상	교직원 및 학생 일동 건립
민주혁명 학생위령비	경기고	1960.10.3	미상	이희승/김충현
의혈탑(희생자 6인 추모)	중앙대	1960.9 (1961)	서산석재 공업소	중앙대 총장, 교직원 건립
4월학생혁명 기념탑	경희대	1960.6.25	김찬식	조병화/김충현
동우탑(노희두 추모)	동국대	1960.11.25 (1966.4.19)	송영수, 최기원, 김영중	총학생회 건립
고려대 사월혁명기념탑	고려대	1961.4.18	민복진	조지훈/김충현
서울대 문리대 4월혁명 기념탑 (김치호 추모)	서울대 문리대	1961.4.19	이연갑	기념탑 건립위원회; 박세연 (글씨)
서울대 사범대 4·19 기념탑 (손중근, 유재식 추모)	서울대 사범대	1960.10 (1961)	임종식	
서울대 미대 기념탑 (고순자 추모)	서울대 미대	1962.1	미상	미술대 학생회, 총여학생회 건립
서울대 미대 안승준 순국 기념비	서울대 미대	1961	미상	
서울대 법대 고 박동훈 기념비	서울대 법대	1961	양호일	

원에 세워진 '4·19 위령탑' 그리고 대구 명덕로터리의 '2·28 대구 학생의
거 기념탑'과 마산 서성동의 '3·15기념탑' 정도에 불과했다. 왜 수도 서울
에서 기념조형물 건립을 위한 최적의 장소로 꼽혀온 광화문이나 태평로,
남산, 장충단공원 등에 민주혁명 기념물을 건립하려 하지 않았을까? 이승
만 기념물이 섰다가 파괴된 바로 그 장소들에 4·19 기념물을 세우려는 시
도 역시 없었던 것 같다.

4월혁명은 음악적으로는 어떻게 기억되고 기념되었을까? 4월혁명 당
시 시위대가 함께 불렀던 노래는 빈약한 편이었다. 당시 시위 현장에서는
⟨학도호국단가⟩, ⟨애국가⟩, ⟨전우야 잘 자라⟩, ⟨6·25 노래⟩, ⟨통일행진
곡⟩, ⟨해방의 노래⟩(해방가), ⟨삼일절 노래⟩, ⟨광복절 노래⟩ 등이 불렸다
고 한다.[27] '저항가요'라고 할 만한 노래는 사실상 없었고, 오히려 반공주
의를 조장하거나 '순응적 주체 형성'에 기여할 법한 노래가 많았다. 민족
주의 감정을 북돋는 노래들은 있었으되, '민주주의 찬가讚歌'로 분류할 수
있을 노래는 전혀 없었다.

혁명 이후에는 어떠했을까? 우선, 1960년 5월 19일 서울운동장에서는
'순국 학도 합동위령제'가 거행되었다. 이른바 '관제 행사'로 치러진 4월
24일의 '4·19 희생 학생 합동위령제'를 거부하고 학생들이 독자적으로 개
최한 행사였다. 이날 진명여고 합창단이 조지훈 작사, 나운영 작곡의 ⟨4월
혁명 희생 학도 위령제 노래⟩를 불렀는데 그 가사는 다음과 같았다.

가슴에 치솟는 불길을 터뜨리니 / 사무친 그 외침이 강산을 흔들었다
선혈을 뿌리며 우리 싸워 이긴 것 / 아 민주혁명의 깃발이 여기 있다
가시밭을 헤쳐서 우리 세운 제단 앞에 / 올려 바친 희생들아 거룩한 이름들아
고이 잠들거라 조국의 품에 안겨 / 역사를 지켜보는 젊은 혼은 살아 있다

뜨거운 손을 잡고 죽음으로 맹세하던 / 티 없는 그 정성을 하늘도 흐느꼈다

더운 피를 쏟아 놓고 네가 죽어 이룬 것 / 아 민주혁명의 꽃잎이 만발했다
어둠을 밝혀서 네가 세운 공화국을 / 못 보고 간 동지들아 꽃다운 넋들아
고이 잠들거라 조국의 품에 안겨 / 역사를 지켜보는 젊은 혼은 살아 있다[28]

〈4월혁명 희생 학도 위령제 노래〉에는 '거룩한 피'라는 주제의식과 함
께, 그 희생으로 시대의 어둠을 밝히고 독재에 의해 무너진 공화국을 다
시 세웠다는 주제의식("어둠을 밝혀서 네가 세운 공화국")이 뚜렷하다. 아울러
4·19는 '민주혁명'으로 명확히 규정되었다. 1960년 5월경 김주열 추모곡
으로 〈남원 땅에 잠들었네〉가 실린 음반이 부산의 도미노레코드사에서
발매되었다. 이 노래는 차경철 작사, 한복남 작곡으로 손인호가 불렀으며
가사는 다음과 같았다.[29]

원통하게 죽었고나 억울하게 죽었고나 / 몸부림친 삼일오는 그 누가
만들었나 / 마산시민 흥분되어 총칼 앞에 싸울 적에 / 학도 겨레 장하도
다 잊지 못할 김주열 / 무궁화 꽃을 안고 남원 땅에 잠들었네
(1~2절 사이의 대사) 주열아 남원 땅을 떠나 마산에서 공부하여 / 성공한
다든 네가 죽다니 웬말이냐 / 그러나 내 아들 장하다 / 지금은 슬프지
도 않다 / 네가 원하고 원하든 우리 민족의 자유는 / 학생들의 힘으로
찾고야 말았단다 / 아~주열 아 주열아
남원 땅을 떠날 적에 성공 빌든 어머니는 / 애처로운 주검 안고 목매여
슬피 울 때 / 삼천 겨레 흥분되어 자유 민족 찾으려고 / 학도 겨레 장하
도다 잊지 못할 김주열 / 무궁화 꽃을 안고 남원 땅에 잠들었네

1960년 가을에는 '4·19기념음악회'가 대구에서 열렸다. 그 실황을 레코
드로 제작한 '4·19혁명 노래집'이 발매되기도 했다. 이 레코드에는 〈4월
의 꽃〉과 〈하늘이 안다〉 등 여섯 곡이 담겼다. 다음은 「서라벌신문」의 관

런 기사이다.

시민들은 민주주의와 자유를 쟁취한 혁명의 발상지가 대구라는 사실
에 큰 자부심을 가졌고, 4·19 후에 대구의 예술계 인사들 사이에서는
무언중에 4·19 정신을 선양하자는 의기義氣가 교감해서 4·19혁명 노래
집이 탄생한 것이다. 이 노래의 작사는 이미 작고한 당시 대구의 원로
시인 박훈산·신동집·전상열·서정희·이민영·김장수 제씨가 맡았으
며, 대구 중진 음악가인 하대웅·이기홍·백남영·박기환·안종배가 작
곡을 해서 6편의 노래로 1960년 가을 대구관현악단과 대구가톨릭합창
단의 협연으로 4·19기념음악회(지휘 이기홍)를 개최했으며, 그 실황을
SP레코드로 제작한 것이 4·19혁명 노래집이다.[30]

이 밖에도 1960~1961년 사이에 4·19를 기리는 노래들이 여럿 작곡되
고 발표되었다. 다음 인용문에서 볼 수 있듯이, 〈광명의 4·19〉, 〈못 잊을
4·19〉, 〈어머니는 울지 않으리〉, 〈어머니는 안 울런다〉, 〈사월의 깃발〉
등이 그런 사례들이었다. 이 가운데 당시 많이 불린 노래는 〈사월의 깃발〉
이었다고 한다.[31] 다음은 이준희의 설명인데, 〈어머니는 울지 않으리〉와
〈사월의 깃발〉 가사도 소개하고 있다. 특히 반야월이 작사한 〈사월의 깃
발〉에는 '거룩한 피/희생'("거룩한 더운 피", "피에 젖은 꽃송이")과 민주주의혁
명("민주 주권", "민주 대한") 주제가 반복되고 있고, 사자死者의 영웅화 시도
("조국의 별", "어린 영웅")도 발견된다. 월견초가 작사한 〈어머니는 울지 않으
리〉에서도 유사한 기념과 영웅화("빛나는 이름 석 자 삼천리강산 길이길이 남으리
라")가 나타난다.

지금은 대부분 단편적인 흔적조차 찾아보기 어려울 정도로 잊혀졌지
만 4·19에서 5·16에 이르는 1년 남짓한 짧은 시간 동안 다양한 각도에

서 4·19혁명을 묘사한 유행가들이 발표되었다. 〈광명의 4·19〉(정종원 노래, 대도레코드 발매)나 〈못 잊을 4·19〉(남성봉 노래, 아세아레코드 발매) 같은 작품은 제목에서 이미 4·19혁명을 소재로 했음을 알 수 있다. 또 '혁명의 노래'라는 부제가 붙어 있는 〈남원 땅에 잠들었네〉(차경철 작사, 한복남 작곡, 손인호 노래, 도미도레코드 발매)는 4·19혁명의 상징적 인물이라고 할 수 있는 김주열을 추모하는 내용을 담고 있다. 혁명의 와중에 자식을 잃은 어머니의 심정을 묘사한 노래로는 〈어머니는 울지 않으리〉(월견초 작사, 남백송 작곡, 박애경 노래, 아세아레코드 발매)와 〈어머니는 안 울련다〉(반야월 작사, 박시춘 작곡, 황금심 노래, 미도파레코드 발매)가 대표적인데, 지금도 은방울자매의 일원으로 무대에 서고 있는 박애경이 부른 〈어머니는 울지 않으리〉는 애처로운 모정을 절절하게 그리고 있다.

대사 장하다 내 아들아 남아답게 싸워서 남아답게 떠났구나. 이 어미는 울지 않고 웃으며 살아간단다. 영춘아.

노래 영춘아 잘 가거라 이 어미는 울지 않으리 / 마산 길은 우리의 길 정의의 길이 아니냐 / 남원에 봄은 와도 너는 다시 못 오련만 / 빛 나는 이름 석 자 삼천리강산 길이길이 남으리라

대사 어머니, 어머니, 불효의 이 자식을 용서하소서. 늙으신 어머님을 모시지 못하고 먼저 가는 이 몸은 어머님의 만수무강을 비옵나이 다. 어머니.

노래 춘아 장하도다 이 어미는 명복을 빌리 / 한 번 나서 한 번 가는 장 부의 길이 아니냐 / 마산에 몸은 지고 너의 혼은 남원 와도 / 강산 에 이름 석 자 겨레와 같이 길이길이 남으리라

혁명을 그리고 있다고는 해도 대부분 애상적인 곡조로 지어진 다른 작품들과는 달리 〈어머니는 안 울련다〉와 같은 유성기 음반에 수록된 〈사월의 깃발〉(반야월 작사, 박시춘 작곡, 남인수 노래, 미도파레코드 발매)은 혁명의 격정적인 분위기를 탁월하게 묘사하고 있어 4·19 관련 유행가 가

운데 백미로 꼽을 수 있다.

　사월의 깃발이여, 잊지 못할 그날이여 / 하늘이 무너져라 외치던 민주 주권 / 그 주권 찾은 날에 그대들은 가셨나니 / 임자 없는 책가방을 가슴에 고이 안고 / 흘리는 눈물 속에 어린 넋을 잠재우리 // 사월의 불길이여 피에 젖은 꽃송이여 / 빈주먹 빈손으로 쏟아져 나온 교문 / 어른이 못한 일을 그대들은 하였나니 / 민주 대한 새 터전에 초석 된 어린 영웅 / 조국의 품안에서 고이고이 잠드소서 // 사월의 태양이여 뭉쳐진 대열이여 / 양처럼 순한 마음 진리는 명령 되어 / 거룩한 더운 피를 그대들은 흘렸나니 / 역사 위에 수를 놓은 찬란한 어린 선열 / 조국의 별이 되어 길이길이 빛나소서[32]

　1961년 4월에는 '4월혁명 1주년'을 맞아 기념우표와 기념통신일부인이 발행되었다.[33] 1961년 4월 19일 서울에서는 대학생 시가행진, 가장행렬, 추념식, 4월혁명 학생기념탑 제막식(서울대), 4·19기념 야외예술제(덕수궁), 4·19기념 예술제(시공관), 시민 위안의 밤 교향악 공연(덕수궁) 등의 혁명 1주년 기념행사들이 거행되었다.[34] 마산에서 진행된 1961년의 3·15 의거 1주년 행사도 "'지나치게 사치스럽고 호화스럽다'는 여론이 있었을 정도로 화려하게 열렸다"고 한다.[35]

　4·19는 영화라는 형식으로도 기념되었다. 이를 기록영화와 극영화로 구분할 수 있다. 우선 4·19 관련 기록영화로는 공보실 영화과가 뉴스영화를 편집하여 외국으로 내보낼 목적으로 제작한 〈한국의 새 전망Review in Korea〉, 4월혁명동지회가 1시간 분량으로 제작한 〈4월 만세〉, 한형모 감독이 편집한 장편 기록영화 〈4월혁명〉 등이 있었다. 다음은 극영화인데, 1960년 9월 국도극장에서 개봉된 강찬우 감독의 〈제멋대로〉, 같은 해 10월 명보극장에서 개봉된 김수용 감독의 〈돌아온 사나이〉는 4·19혁명이 "극적 배경으로 등장"한 사례였다. 1960년 11월 국도극장에서 개봉된

덕수궁에서 열린 4·19 1주년 기념 시민 위안의 밤 행사 모습

신경균 감독의 〈사랑이 피고 지던 날〉은 "4·19혁명을 보다 직접적으로 다루면서 권력층의 부패상과 사회의 모순을 드러내는 경우"였다. 4·19의 열기 속에서 전창근 감독의 〈아아 백범 김구 선생〉이 같은 해 12월 국도극장에서 개봉되었는데, 백범에 대한 기억과 기념이야말로 이승만 정권에 의해 강하게 억압당했던 터였다. 이승만 정권 시기의 부정부패를 폭로한 액션스릴러인 이봉래 감독의 〈백주의 암흑〉은 1960년 11월에 촬영이 끝나 5·16쿠데타 직후 개봉되었다. 그러나 4·19혁명의 주역들을 다룬 〈젊은 사자들〉은 제작계획이 실행되지 못했고, 〈피어린 역사〉는 제작이 완료되었음에도 실제로 상영되진 못했다.[36]

3. 부유하는 혁명

혁명을 파괴한 세력이 혁명 기념 활동을 주도했다는 사실이야말로 '4·19의 역사적 아이러니'가 아닐 수 없다. 게다가 그들은 혁명으로부터 '혁명'을 탈취한 후, 대담하게도 자신들의 혁명 파괴 행위를 '혁명'으로 포장했다. '군사독재' 정권이 쿠데타를 군사혁명으로 미화하면서 4·19혁명을 계승하겠다고 선언함으로써, 4·19의 '민주혁명' 성격은 순식간에 뒤틀리고 일그러졌다. 쿠데타 군인들은 4·19의 고갱이, 4·19의 정수精髓이자 골수骨髓였던 비판과 저항정신, 그리고 민주주의를 죽여 버렸다. 4·19혁명이 지향했던 민주주의, 급진적 민족주의와는 정반대의 현실이 곧 모습을 드러냈다. 4·19는 부유하는 혁명, 알맹이 없는 껍데기만의 공허한 혁명이 될 운명이었다. '민주주의가 거세된 민주혁명', 그것이 5·16 이후 4·19에 강요된 운명이었다. 군사쿠데타 이후 4·19는 '부유하는 혁명'을 거쳐 '증발하는 혁명' 쪽으로 빠르게 이동했다.

4·19 덕분에 탄생한 제2공화국과 민주당 정권은 혁명의 기념과 계승에 그다지 관심이 없었던 것처럼 보인다. 새 헌법의 전문에서는 4·19가 전혀 언급되지 않았다. 민주당 주도로 기념탑 건립이 추진되었지만 내부 갈등으로 지연되다 쿠데타로 중단되고 말았다.[37] 오히려 군사쿠데타 세력이 4·19의 기념과 계승에 더 큰 관심을 쏟는 것처럼 보였다. 쿠데타 주역들은 1962년 12월 개정한 헌법의 전문에 "3·1운동의 숭고한 독립정신을 계승하고 4·19의거와 5·16혁명의 이념에 입각하여 새로운 민주공화국을 건설함"을 명시했다. 1962년 4월 제정된 '국가유공자 및 월남귀순자 특별원호법'을 통해 4·19 상이자, 4·19 사망자의 유족을 '특별원호대상자'로 지정한 이들도 쿠데타 주역들이었다.[38] 4·19묘지도 마찬가지였다. 국무회의를 통해 공원묘지 설립을 결의한 때는 1961년 2월이었지만, 기공식은 쿠데타 이후인 1962년 12월에야 열렸다. 묘지가 준공된 건 1963년 9월의 일이었다.[39] 박정희 국가재건최고회의 의장이 참여한 가운데 3·15의거 기념회관 준공식이 열린 때는 1962년 9월 20일이었다.[40]

그러나 쿠데타 주역들은 4·19 민주주의-민족주의 정신의 진정한 계승자가 아니었다. 그들은 혁명을 '의거'로 격하시켰다. 1962년부터 4·19와 3·15 기념행사는 급격히 축소되어 형식적으로만 치러졌다.[41] 김주열 추모 노래인 〈남원 땅에 잠들었네〉는 "5·16쿠데타 이후 금지곡이 되었고, 첫 부분에 들어 있던 총소리와 데모 소리, 아리랑 노래와 1절과 2절 사이의 대사 부분은 빠지게 되었다."[42] 그 대신에 "4·19 때 이를 환영하는 노래를 발표하던 가요인들은 이번에는 5·16을 지지하는 노래를 많이 만들었다. 〈조국을 품에 안고〉, 〈아 어찌 일어서지 않으리〉, 〈나가자 5·16혁명의 길로〉, 〈겨레의 영광〉 등 십여 곡이 쏟아져 나왔다."[43]

여기서 "4·19를 환영하는 노래를 발표하던 가요인들이 5·16을 지지하는 노래를 많이 만들었다"는 서술에 해당하는 인물 중 한 사람이 반야월이었다. 반야월은 앞서의 인용문에서 "혁명의 격정적인 분위기를 탁월하

역사의 아이러니
쿠데타로 집권한 국가재건회의 의장 박정희가 4·19의거 학생기념탑 준공식에 참석해 연설하고 있다.
그들 세력은 혁명을 의거로 격하시켰다.

게 묘사하고 있어 4·19 관련 유행가 가운데 백미로 꼽을 수 있다"는 평을
받은 〈사월의 깃발〉의 작사자였고, 또 다른 4·19 노래인 〈어머니는 안 울
런다〉의 작사가이기도 했다. 반야월이 작사하고 나화랑이 작곡한 '5·16
찬가'인 〈겨레의 영광〉의 가사는 이러했다.

> 참아 오다 참아 오다 더 못 참아
> 보아 오다 보아 오다 더 못 보아
> 나라와 겨레 위해 일어선 그날 새벽
> 아 5월 16일 5월 16일
> 잠을 깨라 외치며 악의 씨를 뽑았네
> 거룩한 큰 뜻을 찬양하며
> 우리 모두 감사의 꽃다발을 바치자[44]

역사의 가혹함 혹은 야박함이라고 해야 할까, 4·19가 대중의 아비투스
로 자리 잡기에는 허락된 시간이 너무 짧았다. 전체적으로 평가할 때 4·19
의 주역들은 대중의 지지와 참여를 유도하면서 자신들만의 축제, 기념물,
기념일, 성지·영웅 만들기, 기념예술 등을 통해 혁명을 제도화하고 뿌리
내리도록 하는 데는 명백히 실패했다. 얼마 안 되는 4·19 기념비들마저 공
개된 광장이 아닌 폐쇄된 교정과 캠퍼스에 유폐되었다. 혁명 1년 후 군사
쿠데타가 발생했을 때, 이상하리만치 쿠데타에 대한 대중적 저항이 드물
었다. 대중은 마치 아무 일도 없었다는 듯이 '혁명 이전의 일상'으로 회귀
했다. 혁명의 주역들도 재빠르게 새로운 군사정권 체제에 포섭되어갔다.

앞서도 말했듯이 1960년 2~4월 그리고 이승만 정권 붕괴 이후 수개월
동안 '혁명의 커뮤니타스'와 '변혁의 리미널리티' 상황이 조성되었다. 이
승만 독재정권 당시와는 전혀 다른 '새 하늘과 새 땅'이 펼쳐질 수도 있다
는 희망과 열망이 넘쳐났다. 우리는 이 기간을 조금 더 늘여 1961년 5월의

군사쿠데타까지를 빅터 터너가 말한 '사회극social drama'으로 간주할 수도
있을 것이다. 이 경우 1960년 2·28 → 3·15 → 4·19 → 4·26 → 허정 과도
정부 → 장면 정부 → 1961년 5·16 → 군사정부 출범으로 이어지는 사회
극의 결말은 (기존질서로부터의 '분리'가 아닌) 기존질서로의 '(재)통합' 쪽에 가
까웠다고 말해야 할 것이다. 어쨌든 한국의 민주주의는 1960년 봄 '민간
관료들'에 의해 자행된 조직적인 선거부정에 의해, 그 이듬해 봄에는 '정
치군인들'에 의한 헌정憲政 전복 행위에 의해 지속적으로 배반당했다.

제 3 부

쿠데타 이후

제 11 장

쿠데타와 시민종교 재활성화: 민족주의의 활용

쿠데타 이후

혁명으로 열렸던 자유공간은 쿠데타로 이내 다시 닫혔다. 4·19혁명을 통해 한국 시민종교는 '48년 체제' 당시의 원형적인 모습을 상당 부분 회복했다. 시민종교의 5대 기둥을 이루는 요소들 간의 정합성과 균형을 찾는 일은 여전히 딜레마에 가까웠지만, '반공주의-친미주의 과잉, 민족주의-민주주의 과소'라는 1950년대식의 일탈적인 혹은 배교적인 상황은 '민족주의와 민주주의의 복원'을 통해 대부분 바로잡았다. 그러나 4·19정국은 불과 1년 후 5·16쿠데타에 의해 폭력적으로 중단되고 해체되었다.

5·16쿠데타는 48년 체제의 '급진적인' 측면들을 폭력적으로 진압했다. 48년 체제의 급진성을 공격 대상으로 삼았다는 점에서, 1961년 '군사쿠데타'는 12년 전인 1949년의 '경찰쿠데타'(경찰의 반민특위 무력화 사건)와 성격상 대단히 유사했다. 두 사건은 국가 독점의 폭력을 불법적으로 동원하여 '국가 성뾀체계'(시민종교)를 훼손했다는 점에서, 말하자면 '국가가 국가를 공격'했다는 점에서, 자해적自害的이었다는 공통점 또한 갖고 있다.

어쨌든 반공주의-민주주의의 이율배반은 '말뿐인 봉합'을 거쳐 1950년대식 질서로 되돌아갔다. 정치군인들은 4·19공간 내지 4·19정국을 '민주주의 과잉, 반공주의 과소로 인한 불균형'의 상황으로, 이런 불균형으로 인한 혼란과 무질서와 안보위기 상황으로 해석했다. 그리고 이의 해법으로 '반공주의 강화, 민주주의 축소를 통한 균형 회복'을 제시했다. 일반 대중도 이런 해석을 대체로 받아들였던 것처럼 보인다. '4·19정신 계승'

이라는 립서비스 속에서 정치군인들의 주도 아래 4·19 희생자들의 묘역이 '서울 변두리'로 밀려난 채 조성되었고, 혁명은 '의거'로 격하되었다.

군사쿠데타 이후 반공주의와 친미주의가 다시 전면에 부상한 것은 분명한 사실이었다. 민주주의가 다시 역사의 뒷전으로 밀려난 것 역시 명백한 사실이었다. 집권 초기부터 한일협정 체결에 적극적으로 나서면서, 군사정권 수뇌부가 '반反민족적인 친일 세력'으로 몰렸던 것도 사실이었다. 4·19혁명기期가 민주주의·민족주의 부활로 특징지어졌으므로, '쿠데타 이후'의 질서는 '4·19 이전' 시대와 외양外樣 면에서 비슷해졌다.

그러나 군사정권의 엘리트들이 1950년대의 패턴, 즉 '반공주의·친미주의 강화, 민주주의·민족주의 약화'로 특징지어지는 정치사회적 질서로 단순히 복귀한 것만은 아니었다. 민주주의에 대한 정면공격, 발전주의의 극적인 부상, 민족주의에 대한 정치적 활용 증가, 전 국토의 성역화와 순례, 열광적인 체제 지지세력(참신자) 만들기 등은 '쿠데타 이후' 시대를 그 이전 시대와 비교적 뚜렷하게 구분해주었다. 특히 '자유민주주의' 교리의 측면에서, 유신체제가 등장한 1972년 이후의 질서는 1950년대 질서와는 '질적인' 차이를 드러냈다.

이 책의 제3부에서는 쿠데타 이후의 한국 시민종교를 고찰해본다. 쿠데타가 한국 시민종교에 끼친 영향은 복합적인 것이었다. 우선, 쿠데타를 계기로 시민종교가 재활성화되는 조짐이 뚜렷했다(11~12장). 한국전쟁이 그랬던 것처럼, '군사혁명'으로 지칭되었던 군사쿠데타 역시 기존 시민종교에 새로운 활력과 에너지를 공급했다. 그러나 특히 1960년대 말부터 군부엘리트가 주도하는 시민종교는 기본교리 혹은 계약契約에서 상당히 일탈적인 모습을 보이기도 했다(13장). 전쟁 후 시민종교에서 활성화와 일탈 현상이 동시에 나타났던 것과 비슷하게, 쿠데타 후에도 시민종교 재활성화와 일탈 현상이 거의 동시에 진행되었던 것이다. 결국 이에 대한 조직적이고 지속적인 저항운동이 1960년대 말부터 출현함으로써 시민종교에서 균열과 해체·분화의 징후가 나타나기 시작했다(14장). 이 역시 1950년 대 말과 유사한 현상이었다.

1. 민족주의와 역사 재구성

(1) 박정희 정권과 민족주의

박정희와 민족주의의 관계에 대해선 평가가 엇갈린다. 박정희 체제의 민족주의적 성격을 둘러싸고도 상충하는 견해들이 제기되고 있다. 서로 모순되는 것처럼 보이는 행동이나 정책도 집권세력 내에서 빈번히 나타났다. 특히 박정희 집권 초반기에 그런 모호성과 혼미의 양상이 두드러졌다.

만주군관학교와 일본육군사관학교 출신인 박정희 자신의 친일적 이력, 만주군 출신이 다수인 쿠데타 주도세력의 친일 성향, 4·19 이후 등장한 평화통일론이나 중립화 통일론 등에 대한 가혹한 처벌, '굴욕적'이라는 비판을 받았던 한일협정을 밀어붙임으로써 여전히 대중의 마음을 지배하던 '반일 민족주의 정서를 배반한 죄罪' 등은 박정희 및 박정희 체제와 민족주의의 관계를 부정적으로 보도록 만든다. 특히 1964~1965년에 걸쳐 진행된 한일 간의 과거사 및 수교修交 협상은 범국민적 저항에 직면했다. 박정희 정권은 구성원으로 보더라도 보다 온건한 형태의 식민지엘리트 중심 정권이었다. 한석정이 강조했듯이 만주국의 흔적과 영향이 가장 잘 나타났던 정권이기도 했다.[1] 박정희는 집권 초기에 '퇴영退嬰의 민족사'를 강조하던 부정적 역사관을 보여주었다.[2] 박정희의 역사인식은 과거의 한국사를 패배의 역사, 문약文弱의 역사, 타율의 역사, 모방의 역사로 인식하는 식민사관과 맞닿아 있다고 박계리는 지적한 바 있다. 유교에 대한 부정적 인식이 특별히 두드러졌다. 박정희는 "유교 때문에 선조들이 갖고 있던 활달하고 남성적인 기질을 상실하고 소아병적이고 추잡한 당쟁에 휘말렸던 역사"를 지적하는가 하면, "경제 발전 의욕이 없다"거나 "비주체적, 의타적, 사대적"이라고 조선시대 지배층을 강하게 비판했다.[3] 해방 후 최고의 독립운동 성지가 된 효창공원 선열묘지에 대해서도, 묘지 이장을 추진하고, 테니스장·어린이놀이터·철탑을 건설하고, 도서관과 대한노인회 건물을 짓고, 반공주의 기념탑(북한반공투사위령탑)을 건립하는 등 '독립 성지의 오염'에 앞장서는 모습을 보이기도 했다. '한국적' 혹은 '국적 있는' 등 민족주의 색채가 강한 수사들에 담긴 부정성도 간과할 수 없다. 예컨대 유신시대에 자주 강조된 이른바 '한국적 민주주의'에서 '한국적'이라는 형용사는 민주주의에 대한 부정·왜곡을 정당화하는 수사로 사용되곤 했다.

반면에 쿠데타 세력은 집권 초기부터 민족주의에 영합하는 모습을 보이기도 했다. 앞서 한 차례 언급된 바 있지만, 1962년에 80여 개의 단군 숭배 단체들이 연대하여 '단군숭령회'를 조직한 후 남산에 거대한 단군 동상을 건립하려 했다.[4] 그런데 당시 박정희 국가재건최고회의 의장이 이 사업을 지원하고 나섰다는 것이다.[5] 박정희는 쿠데타 후 처음 맞는 3·1절을 앞두고 독립운동 유공자들에게 대단히 호의적인 태도로 접근했다. 서울운동장에서 거행된 1962년 3·1절 기념식에서 군사정부는 "정부 수립 이래 최대 규모"로 205명의 독립유공자에 대한 포상을 단행했다. 이날 18명이 1등급 건국공로훈장인 중장重章을 받았고, 58명은 2등 훈장인 복장複章, 129명은 3등 훈장인 단장單章을 받았다.[6] 당시 군사정부는 독립운동가 포상과 동시에, "국사편찬위원회에서 독립운동에 관한 광범한 자료 수집과 종합 독립운동사를 편찬하는 일, 이번 조사에서 누락된 독립운동 유공자를 공적이 확인되는 대로 계속 포상하는 일, 독립운동 유공자 및 그 유가족에 대한 원호대책의 하나로서 연금 또는 취업을 위한 입법 조치의 강구" 등 세 가지 사업 계획을 발표했다.[7] 이와 대조적으로, 1949~1961년 사이 12년 동안 포상을 받은 독립유공자는 고작 11명에 그쳤다. 박정희 정부는 1963년에도 무려 1,009명의 독립유공자에게 건국훈장을 수여했고, 1968년에도 557명에게 같은 훈장을 주었다.[8] 박정희는 1962년 3·1절에 건국공로훈장 중장을 받은 18명 중 유일한 생존자였던 김창숙이 그 직후 병석에 눕자 극진한 정성을 기울였다.[9] 1963년 3월에는 국무회의의 의결을 거쳐 '애국지사' 김재근이 국군묘지에 처음으로 안장되었다.[10] 1956년 제정된 기존의 군묘지령을 1957년 1월에 개정하여 "순국열사 또는 국가에 공로가 현저한 자"(제2조 1항)에게도 안장 자격을 부여했지만, 1963년 이전에는 이에 따른 독립운동가 안장 사례가 전무한 상태였다. 1965년에는 아예 군묘지령을 폐지하고 '국립묘지령'을 신설하여 기존의 국군묘지를 국립묘지로 격상시키면서, "국가에 유공한 자"(제1조), 보다 구체적으로는 "국가 또는 사회에 공헌한 공로가 현저한 자 중 사망한 자로서 주무 부 장관의 제청에 의하여 국무회의의 심의를 거쳐 대통령이 지정한 자"(제3조의 5)를 안장 대상으로 명시했다.[11] 국립묘지의 재편을 통해 독립유공자들의 안장 기회를 획기적으로 늘린 것이다. 박정희 정부는 대중의 '반일 민족주의' 정서에 편승하여, 1964년 초 일본계 종교인 창가학회에 대해 초법적으로 포교 금지 조치를 내렸다.[12] 1964년 5월에는 세종로-태평로 일대에 '역사인물' 37명의 조각상을 설치했는데, 이 가운데 40% 가까운 14명이 '항일 인물'이었다. 1967년부터 1979년까지 이어지면서 무려 180점의 대형 미술작품들을 쏟아냈던 '민족기록화 제작프로젝트'는 박정희 식 민족주의의 종합관이라 할 만했다.[13]

　이처럼 동일한 시기에 상충하는 증거들이 혼재하는 상황에선 동어반복과 순환론의 함정, 혹은 목적론의 유혹에 빠져들기 쉽다. 따라서 필자는 대략 다섯 가지 정도의 논점들을 미리 강조해둘 필요가 있다고 본다.

　첫째, 필자는 이런 '복합성'과 '비일관성' 자체를 민족주의와 박정희 정권 간의 관계를 특징짓는 가장 중요한 키워드로 간주할 필요가 있다고 생각한다. 박정희는 민족주의와 역사에 대해 정치적이거나 실용주의적인 접근을 하는 경향이 강했고, 그로 인해 상황에 따라 상이한 대응을 했을 가능성이 높다는 것이다.

둘째, 필자는 식민지엘리트 출신들의 정치적·이데올로기적·문화적 헤게모니 장악으로 인한 '약한 민족주의'의 기조 위에서 지배층이 판단하기에 '안전한−건전한 민족주의'만을 제한적으로 허용하거나 때론 주도적으로 촉진했다는 점에서, 1960∼1970년대 군사정권 시기가 1950년대와 근본적으로 동일한 성격을 띠고 있다고 본다. '약한 민족주의'라는 1950년대의 기조가 계속 유지되었을 뿐 아니라, '위험한−불온한 민족주의'와 '안전한−건전한 민족주의'를 명확히 구분한 후 차별적으로 대응했던 것도 1950년대와 마찬가지였다. 앞서 제시했듯이, 위험하고 불온한 민족주의에는 '과거사청산의 민족주의'나 '평화통일의 민족주의', 그리고 '반미적 민족주의'가 우선 포함되었다. 실제로도 4·19혁명에 의해 일시적으로 열린 해방공간에서 분출되었던 '평화통일 민족주의'와 '과거사청산 민족주의'에 앞장섰던 사람들은 쿠데타 주도세력에 의해 혹독하게 처벌당했다. 반대로 안전하고 건전한 민족주의에는 반공주의와 결합되고 베트남 파병으로 더욱 고조된 '반공민족주의', 한국인 스포츠 영웅이나 스포츠를 통한 민족 경쟁과 관련된 '스포츠민족주의', 한국의 눈부신 발전상을 드러내거나 조국 근대화·민족중흥 등을 강조하는 '발전주의적−경제적 민족주의', 한글과 관련된 '언어민족주의', 민족의 우수성과 업적을 강조하는 '문화적 민족주의', 대륙을 호령하던 고대의 영광을 상기하거나 회복하자는 '영토적 민족주의', 국토의 아름다움이나 불변함을 강조하는 '국토민족주의', 수많은 영웅적 장군들을 배출한 국난극복사國難克服史를 부각시키는 '군사주의적 민족주의' 등이 포함되었다.

셋째, 박정희의 집권 전반기에 비해 집권 후반기에 민족주의의 정치적 활용 빈도와 강도가 대폭 증가했다. 필자는 예컨대 1960년대 초반과 1970년 중반 시기를 비교해보면 이런 차이가 확연하게 나타난다고 판단한다. 특히 1960년대 말엽부터 그런 양상이 비교적 뚜렷하게 가시화되었다. 1964~1965년에 한일국교정상화회담 반대운동, 한일협정 비준반대운동이라는 홍역을 치른 뒤 박 정권은 민족주의적 정통성·정당성을 보강해야할 필요성을 강하게 느꼈던 것으로 보인다. 집권 초기에는 '퇴영의 민족사'를 강조하던 부정적 역사관에서 긍정적 역사관으로 전환하는 모습을 보이기도 했다. 박정희가 집권 초기부터 을지문덕·김유신·이순신 등 '상무적尙武的 영웅들'을 찬양했던 게 사실이고, 집권 초기부터 한글 창제를 포함한 세종과 영조·정조 시대의 문화적 르네상스, 향약과 계契, 실학사상 등을 전승해야 할 유산이라고 강조했던 것 또한 사실이지만, (1960년대 말엽 이후) 전체적으로는 한국사 해석에서 부정적 측면보다는 긍정적 측면들로 무게중심을 이동시켰다는 것이다. 유사한 맥락에서 박정희는 "고구려의 드높은 기상과 화랑의 영용한 정신", "신라의 찬란한 문화", 신라의 화랑 관창, 유관순의 영웅적 행적, 이이의 10만 양병론, 의병 전통 등을 계승해야 할 민족유산으로 선택적으로 강조하기도 했다.[14] 아마도 박정희는 자신의 지도력으로 말미암아 '퇴영의 민족사'가 '영광의 민족사'로 크게 변전되고 있다는 인상을 대중에게 심어주고 싶었던 것 같다. 1970년대 이후 스포츠나 발전주의의 민족주의적 활용도 크게 증가했다. 문화재 복원사업과 국토 성역화 역시 1960년대 말엽부터 본격화되었다. 지배엘리트들이 전쟁사 중심의 '국난극복사관'을 체계화하면서 적극적인 역사 재구성을 시도했던 때도 1970년대였다. 국가에 의한 기억·역사 독점을 가능케한 역사교과서 국정화國定化 조치도 1970년대에 등장했으며, 그로 인해 민족주의의 정치적 이용과 역사 재구성은 한결 용이해졌다.

넷째, 1960년대 말 이후 박정희 정권의 민족주의에서는 시간이 갈수록 군사주의·군국주의militarism, 국가주의·전체주의, 반공주의 등을 특징으로 하는 '극우 민족주의' 성향이 한층 더 강화되었다. 베네딕트 앤더슨이 말했던 '공식적-관주도 민족주의official nationalism', 즉 지배엘리트에 의해 위로부터 강압적으로 부과된 국가주의적 민족주의의 성격을 강하게 띠게 되었다고도 말할 수 있을 것이다. 그럴수록 민족주의가 국가위기 담론, 총력전 체제, 총화단결 등을 정당화하는 이데올로기로 작용할 가능성 또한 높아지게 된다. 민족·국가 간 무한 생존경쟁이라는 사회진화론적 세계인식에 기초한 전투적인 민족주의 담론은 반공주의-발전주의와도 융합되면서 한국을 병영사회-병영국가로 재조직화하는 유력한 수단을 제공했다.

다섯째, 이러한 사실들이 함께 작용하면서 1970년대 말쯤에는 박정희 정권의 '민족주의적 외양'이 이전에 비해 훨씬 자연스러워졌다. 정권에 민족주의적 자산이 쌓여갈수록, 시민종교의 설득력 또한 그만큼 증대될 가능성이 높다. 민족주의의 능숙한 활용이야말로 '친일파 정권' 시비에 시달렸던 이전 정부들과 군사정권(특히 박정희 정권)을 확연히 구분시켜주는 지점이었다. 1970년대 이후 '개발독재' 체제에도 불구하고 비교적 두터운 '시민종교 참신자층'이 형성될 수 있었던 비결도 시민종교의 에너지원인 민족주의 요소들을 보다 적극적으로 활용할 수 있었던 집권세력의 능력과 역량에서 찾아야 할 것이다.

(2) 국난극복사관과 역사 재구성

1970년대 민족주의와 관련하여 우리가 가장 주목해야 할 부분은 지배세력에 의한 역사 독점과 역사 재구성 시도였다고 필자는 생각한다. 이 시대는 국정교과서로 웅변되는 국가와 지배층의 '역사 독점' 시대였다. 1968년 12월에 공포된 '국민교육헌장'이 "민족 주체성 확립"을 표방하고, 역사학계에서도 국사國史 교육 강화나 식민사관 극복 요구가 제기되는 상황 속에서 1973년 6월 국사 교과서 국정화 방침이 공식 발표되었다. 실제로 1974년 중학교에서부터 국정 교과서가 사용되기 시작했다.[15] 이미 적었듯이 역사교과서 국정화 조치로 지배세력에 의한 '역사 재구성' 작업은 한결 용이해졌다. 문제는 그 방향인데, 전투적이고 호전적인 민족주의에 기초한 전쟁사戰爭史 중심의 역사 재구성이 두드러졌다. 이런 역사 프로젝트는 한국사회의 병영화·군사화 추세와 병행되었다. 이런 관점에서 편찬된 국정 역사교과서를 학습한 세대는 '전쟁=국난'의 상황에서 총화단결總和團結과 멸사봉공滅私奉公의 자세, 곧 나라에 충성하고 기꺼이 개인적인 희생을 감수하는 자세를 갖도록 반복적으로 요구받았다.

이처럼 1970년대에는 정권 차원에서 아예 전쟁 중심으로 민족사를 재구성하는 거대한 역사 프로젝트가 수행되었고, 이는 국정 역사교과서 편찬 및 국토의 성역화 프로젝트와도 밀접히 맞물렸다. 은정태는 박정희 정권의 역사 정책을 "국난극복의 역사"와 "민족주체사관"으로 요약한 바 있다.

> 1960~70년대 박정희 시대는 '한국적 민주주의'로 표현된 주체의 시대였다. 그 주체는 곧 민족이었고, 민족주체성은 국가와 국민의 자기 정체성으로 규정되었다. 민족주체성의 확인 계기는 전통이었고, 때문에 전통의 계승과 발굴이 시대의 화두로 부각되었다.……민족문화 인식이라는 측면에서 식민지기는 '자기폄하'의 시대, 한국전쟁 이후는 '자기상실'의 시대로 규정된 반면, 이제 자기갱생의 시대를 열어야 했다. 민족주체성 확립 담론은 물질문명이 그 중심으로 규정된 근대화와 서구문물의 유입에 따른 위기감의 소산이었다. '제2경제', '국민교육헌장', '국적 있는 교육', '새마을운동', '충효교육', '새마음운동'은 모두 정신문명의 탐색이었고, 한국의 전통이 원천이 되었다. 이를 바탕으로 물질문명, 서구문명과 조화가 요구되었다.……전통의 복원과 창조 과정

은 필연적으로 선택적으로 구성되었다. 대내외적 상황과 관련하여 특히 국난극복의 역사에 주목했다. 그 교육은 민족주체사관 정립을 목표로 한 '국사교육 강화'라는 제도적 장치를 통해 이루어졌고, 여기에다 국난극복의 성지, 민족의 위인들과 관련된 유적지가 복원·정비되어 교실과 교과서의 역사는 현장에서 재현되어 추체험되었다.[16]

필자는 전쟁 중심의 역사 재구성이 갖는 몇 가지 이데올로기적이고 사회심리적인 효과에 주목해야 한다고 본다. 우선, 전쟁사 중심 접근은 '현역 군인들'의 자긍심 고취만이 아니라, (더욱 중요하게) 군인이 아닌 '시민들'을 '유사類似군인'으로 호명하고 동원하는 효과를 발휘할 수 있다. 시민들은 예비군, 후방지원군, 군인 후보생, 나아가 산업전사, 스포츠전사(태극전사) 등으로 정체성이 규정된다. 둘째, 전쟁사 중심 접근을 자세히 보면 대개 '내전'이 아닌 '대외 전쟁', 특히 (한민족의 외부 침략전쟁보다는) 외부 세력의 한반도 침략에 따른 전쟁에 초점이 맞춰져 있음을 발견하게 된다. 이처럼 '대외적' 전쟁에 초점을 맞추는 것은 침략하는 타민족과의 대립·적대를 통한 민족 정체성 형성·강화 효과, 그리고 대내적 단결·통합의 중요성을 환기하고 재확인시켜주는 효과를 발휘할 가능성이 높다. 전쟁 중심의 사관이 한국사회의 정치적·이데올로기적·문화적 통합과 동질화에 기여할 잠재력을 갖고 있는 것이다. 그리고 '대외 팽창주의적 공산세력'과 대결하는 냉전체제라는 맥락 속에서 그것은 '반공 국민'과 '반공 민족'의 형성이라는 방향으로, 나아가 기존 정치사회 체제에 대한 정당화로 귀결되기 쉽다.

국정화를 통한 역사 독점 체제 구축도 필경 민족주의·민족사를 보다 효과적인 체제 정당화 수단으로 활용하려는 목적에서 비롯된 것이리라. 몇 가지 사례를 통해 역사 재해석·재구성이 어떻게 체제 정당화 시도와 맞닿아 있는지를 확인해보자. 여기선 은정태의 논문을 텍스트로 활용했다.

첫째, 강화도 전적지는 반공주의와 대북對北 체제경쟁의 교육장으로 활용되었다. 현충사 정비 사업이 1960년대를 대표했다면 '강화 전적지 정화 사업'은 1970년대를 대표하는 국토 성역화 사업이었다. 현충사 성역화가 '성웅聖雄'으로 추앙된 특정인을 대상으로 했다면, 강화도 성역화는 '무명 영웅' 혹은 '대중영웅'을 대상으로 삼았다. 박정희 대통령은 전적지 정화 사업 현장을 방문하여 '무명용사 순절비' 건립을 직접 지시했다. 또 "이곳은 휴전선 이북이 보이는 곳이므로 망향루望鄕樓를 세워 반공교육장으로 삼자"는 제안에 대해서도 적극 검토하도록 지시했다. 결국 '접경지'인 강화도를 "국민의 산 반공교육장"으로 만들자는 구상이었다.[17]

둘째, 박정희 정권은 강화도 전적지를 포함하여 진주성, 칠백의총, 행주산성 등을 '무명 대중'에 의한 '총화단결 이데올로기'의 생생한 증거로 해석했고, 바로 이런 방향에 맞춰 해당 유적지들을 복원하고 성역화했다. "현충사에 탁월한 전략전술을 구사한 성웅 이순신이 있었다면, 강화 전적지에는 호국의지를 지닌 수많은 백성들(무명 영웅)이 부각되었다는 점에서 차이를 보인다. 즉 국난극복사관의 대두 이후 1970년대 중반에 이루어지는 전적지 정화 사업은 칠백의총이나 진주성과 행주산성의 경우처럼 다수의 백성들이 총화단결로 국난을 극복했다는 점에 주목하는 것으로 바뀌게 된 것이다.……신미양요 당시 광성보 전투에서 순절한 어재순·어재연 형제를 기억하는 기존 쌍충비雙忠碑 옆에다 '신미양요 순국 무명용사비'를 건립했다.……극난극복 과정에서 '유명 영웅'으로부터 '무명 영웅'의 발견과 복원이라는 점에서 강화도 전적지 정화사업은 그 결정판이었다." 동시에 행주산성 전투는 "구국의 일념으로 뭉치면 십 배의 적도 격멸할 수 있다는 것과 행주치마로 여성이 나라를 지킨 단심丹心"을 기억하고 기념하는 방식으로 재해석되었다. 부산 충렬사의 군관민 동상도 거의 동일한 취지를 담아 건립되었다.[18] 나아가 이런 국난극복-총화단결-군관민 합심의 이념은 끊임없이 환기되는, '여전히 현재진행형인 국난'이라는 상황인식으로 연결되었다.

셋째, 의병은 당시의 '향토예비군'과 동의어로 자리매김되었다. 은정태가 말하듯이, "성역화사업은……거기 정권의 의지가 관철되고 있는 한 필연적으로 정치적일 수밖에 없었다.……1971년 4월 13일 칠백의총 준공식에 참석한 박정희는 국군과 향토예비군을 호명하며 '의병=향토예비군'으로 규정했다."[19] 국난극복의 현장들이 선택적으로 성역화되었고, 그렇게 조성된 성지들은 정치적으로 적극 활용되고 있었다.

넷째, 대표적인 독립운동가인 윤봉길은 새마을운동을 정당화하는 농민운동가로 변형되고 재해석되었다. 다시 은정태에 따르면 "1970년대를 '만들어진 임진왜란'의 시대라 할 만하다. 근대 독립운동가나 독립운동의 유적이 기억되는 시대가 결코 아니었다고 하겠다. 이런 점에서 윤봉길의 유적 정화는 예외적이었다." 그러나 윤봉길은 독립운동의 맥락에서 탈각하여 일종의 '새마을지도자'로 변형되었다. "1975년 4월 윤봉길 생가 앞에 그의 동상이 세워졌다. 그런데 익숙한 폭탄투척 장면이 아니라 한 손에 『농민독본農民讀本』을 들고 다른 손은 앞을 내밀며 농민들에게 연설하는 자세였다. 그리고 매헌기념사업회는 농민상과 체육상을 제정했고, 매헌 장학재단은 농업 전공 학생들을 위주로 장학금을 지급했다. 1973년 5학년 국어 교과서에도 '농촌을 일으킨 윤봉길'이라는 제목으로 수록되었다. 독립운동가 윤봉길이 아니라 새마을운동과 관련하여 농촌지도자 윤봉길로 기억하려 했음을 보여준다."[20]

1970년대에 성역화 대상으로 선택된 강화도, 진주성, 칠백의총, 행주산성, 그리고 의병과 독립운동가 윤봉길은 단순한 민족주의 맥락을 넘어 반공주의, 새마을운동과 발전주의, 국가주의와 애국주의의 맥락에서 적극적으로 재해석되고 재구성되었다. 이처럼 역사와 민족주의, 그리고 새로 조성된 민족적 성지들은 편리한 정치적 도구로 이용되었다. 군사정권 시기는 '역사의 정치화'가 극심했던 시기로 기록될 만하다. 여기에다 반

공주의와 남북 체제대결의 맥락에서 재해석된 통일신라시대, 그런 관점
에서 수행된 경주 지역의 문화재 정화 사업도 선택적인 역사 재구성의 사
례로 추가될 수 있다.

박정희 정부는 (1) 국난극복의 역사적 유적, (2) 민족사상을 정립시킨
선현 유적先賢遺蹟, (3) 전통문화의 보존 계승을 위한 유적 등 세 가지로 구
분하여 문화재 보수·정화 사업을 전개했다. 이 중 두 번째와 세 번째에
해당하는 18개 유적 중 7개가 경주에 위치했다. 1973년에 건립된 '화랑의
집'(화랑교육원), 1977년에 건립된 (태종무열왕·문무왕·김유신을 위한) '통일전統一
殿'도 여기에 포함된다. 박정희는 통일신라와 세종대왕 시기를 민족중흥
기로 보고 이를 입증하려 노력했는데, 흥미로운 점은 북한과의 정통성
경쟁이라는 차원에서 '신라 대對 고구려'의 대립구도를 부각시켰다는 사
실이었다.[21] 바로 이런 맥락에서 "박정희 정권이 통일전과 화랑의 집을
건립하여 신라가 무열왕과 문무왕, 김유신 장군의 훌륭한 지도력과 화랑
도 정신을 바탕으로 고구려와 백제를 무너뜨리고 삼국을 통일한 것처럼
오늘날 남한이 박정희 대통령의 강력한 영도력 아래 온 국민이 화랑도의
정신으로 무장하여 북한 공산정권과의 체제 대결에서 승리하고 조국통
일의 위업을 달성해야 한다는 신념을 심어주고자 의도"했다고 전덕재는
주장한 바 있다.[22] 물론 통일신라에 대한 강조는 1970년대부터 활성화된
지역주의 내지 영남패권주의와도 관련이 있을 것으로 보이지만 말이다.

박정희 정권은 1968년부터 1972년까지 서울 시내에 건립한 '애국선열
동상', 특히 이순신, 김유신, 을지문덕의 동상에도 남북 대결주의와 반공
주의, 국가주의를 깊이 새겨 넣었다. 이 역시 정치적 목적에 따른 역사 재
구성의 생생한 사례라고 하겠다. 다음은 박계리의 설명이다.

박정희는 이순신, 강감찬, 을지문덕, 김유신과 같이 외적을 무찌르거나
통일에 기여한 조상을 이 시대에 본받아야 할 선현으로 선택하였다. 특

히 삼국통일의 공헌자인 김유신 장군을 시청 앞에 세워, 말을 타고 지금 북진통일을 위해 북으로 쳐들어가고 있는 자세로 제작하였고, 을지문덕 장군은 김포공항에서 서울로 들어오는 첫 관문인 한강대교(제2한강교임-인용자)에 북을 향해 칼을 뽑아든 형태로 세워 반공이데올로기를 적극적으로 표상시켰다.……광화문의 '충무공'상의 제작 동기에 대해서도 박정희는 스스로 밝힌 바 있다. 이 연설에서 그는, 국토의 북반부를 강점하고 있는 공산주의자들이 다시 침범하려고 노리고 있는 판국에 당리당략을 고집하여 국론의 통일이 되지 않고, 사사로운 이해관계에 집착하여 국가의 큰 이익을 외면하는 몰지각한 행위들이 사회 각층에서 아직도 근절되지 않고 있는 현실이 임진왜란 때와 유사함을 강조하며 충무공을 우리가 따라야 할 민중의 지도자, 민족의 태양으로 소개하였다.……이 시기 충무공 동상에서는 이승만 정권 시기 지니고 있었던 반일 이미지는 완전히 탈락되었다. 대신 반공 이미지의 보다 적극적인 표상 속에서 민족중흥·조국 근대화라는 명분 속에 이를 선도하는 지도자, 즉 박정희 자신으로 대표되는 국가주의의 이미지를 표상하였다.[23]

이번 장의 나머지 부분들에서는 민족주의 활용과 직결되는 세 측면에 대해 좀 더 자세히 살펴보려 한다. 첫째, 군사정권들에서는 '스포츠의 정치적 이용'이 빈번하게 나타났다. 스포츠와 민족주의의 수렴에 따른 '스포츠민족주의'에 대해서는 다음 절(2절)에서 고찰해볼 것이다. 둘째, 박정희는 '조국 근대화, 민족중흥' 모토로 대표되는 경제민족주의를 내세웠다. 경제 영역에서도 '민족'과 '조국'이라는 강렬한 민족주의적 레토릭이 구사되었다. 특히 '국민교육헌장'에서는 민족중흥을 사회구성원 모두가 짊어져야 할 "역사적 사명"으로 규정했다. 발전주의와 민족주의의 수렴에 따른 '경제적 민족주의'에 대해서는 3절에서 집중적으로 다룰 것이다. 마지막 4절에서는 베트남 파병의 맥락에서 '반공민족주의'에 대해 간략히 살펴볼 것이다. 한편, 박정희-전두환으로 이어지는 군사정권들은 '국토의 성역화', 그리고 '성역화된 국토의 순례'를 조직하는 데에도 많은 노력을 기울였다. 1970년대 이후에는 '국토행군'이나 '국민관광'과 같은 신조어도 등장했다. 국토의 성역화 및 순례와 관련된 '국토민족주의'에 대해서는 다음 장에서 주로 분석해볼 것이다.

2. 스포츠, 정치, 민족주의

군사정권 시기인 1960~1980년대에 스포츠와 정치의 관계는 복합적이었고, 어떤 면에서는 모순적이었다. 어쩌면 이 시기의 스포츠 자체가 '동원-탈동원의 모순적 통일', '정치화-탈정치화의 모순적 통일'이라는 성격을 강하게 보여준다고 하겠다. 다만 스포츠의 종목에 따라, 상업화의 정도에 따라, 동원-탈동원 및 정치-탈정치화 측면에서 상대적인 비중의 차이가 나타났던 것으로 보인다. 1960~1980년대에 대체로 프로스포츠에서는 탈동원-탈정치화 측면이 상대적으로 우세했던 반면, 국가의 적극적인 지원과 통제를 동시에 받았던 아마추어스포츠에선 동원-정치화 측면이 보다 우세한 편이었다. 태권도와 축구 종목, 올림픽과 아시안게임, 종목별 세계선수권대회에서는 동원-정치화 측면이 비교적 강했다. 이에 비해 1960~1970년대의 프로레슬링과 프로복싱, 1980년대의 프로야구와 프로축구에서는 탈동원-탈정치화 측면이 좀 더 두드러졌다.

그러나 이런 차이와 대조가 어디까지나 '상대적인' 것임을 기억해야만 한다. '스포츠정치'와 '스포츠민족주의'는 프로스포츠 영역들에도 상당한 강도로 관철되곤 했다. 경기에의 몰입을 통해 고달픈 현실을 잠시나마 잊게 해주는 망각과 위로·위안의 역할, 공격성과 억눌린 감정을 포함하는 심리적 에너지의 발산을 통해 현실을 감내해갈 힘을 충전하는 것, 대중의 관심을 사회정치적 현안들로부터 경기 승부로 전환시키는 것과 같은 요소가 1960~1980년대의 프로스포츠에 내장되어 있었음은 부인할 수 없다. 그러나 1960~1970년대의 프로레슬링·프로복싱과 1980년대의 프로야구·프로축구에서는 '탈정치화·탈동원과 민족주의적 동원의 절묘한 결합'이라고 부를 만한 현상도 빈번하게 나타났다.

1980년대에 프로야구와 프로축구가 수행했던 역할을 1960~1970년대에는 프로레슬링과 프로복싱이 담당했다. 라디오와 텔레비전을 포함하는 방송매체들이 이 스포츠들의 대단한 인기를 뒷받침했다. 1960년대를 지나면서 라디오는 대부분 가정에 보편적으로 보급된 가전제품이 되었다. 라디오시대의 총아였던 프로레슬링·복싱은 1970년대 'TV시대'의 개막과도 시기적으로 겹치며, 프로야구·축구는 1980년대 '컬러TV시대'의 개막과 시기적으로 중첩된다.

한국에서는 1960년대 중반부터 1970년대 초반까지 프로레슬링이 대인기였다. "저돌적인 박치기로 국내 최고의 인기를 누렸던 김일, 역도산이 애용하던 타이스를 입고 날카로운 당수를 구사하던 천규덕, 두발차기의 명수이자 검은 턱수염의 장영철, 1백10㎏의 거한이었던 우기환, 1m97의 장신에다 형제간이라던 박성남·박성모 등 기라성 같던 '우상'들"이 프로레슬링 전성시대를 이끈 주역들이었다.[24] 1965년 8월 6~11일에 걸쳐 서울 장충체육관에서는 "국내에서 처음 열린 국제 타이틀매치"인 '프로레슬링 극동헤비급선수권 쟁탈전'의 예선과 결선이 열렸다. 대회 첫날부터 8,500명의 관중이 "입추의 여지없이" 체육관을 메운 가운데, 11일 열린 선수권 결정전에서는 김일이 일본의 요시노 사도芳之里를 "독특한 박치기와 태권"으로 제압하고 챔피언 벨트를 차지했다.[25] 국내에서 처음 열린 극동헤비급선수권대회에서 한국 선수가 일본 선수를 누르고 챔피언 자리에 오르는 광경은 대중으로 하여금 '반일 민족주의' 감정을 마음껏 발산할 기회를 제공했다. 프로레슬링을 통해 스포츠민족주의가 만개했던 것이다. 한국의 전통 무술인 태권으로, 혹은 박치기로, 혹은 일본 특유의 권법인 당수(唐手: 가라테)로 상대인 일본인이나 서양인 선수들을 충격에 빠뜨리고 통쾌하게 제압하는 모습에 당대의 한국인들은 열광했다. 1966년에는 〈극동의 왕자 김일〉(손익동 감독)이라는 영화가 서울에서 개봉되었다. 극영화劇映畵가 아니었음에도 불구하고 10만 명의 관객을 동원했을 만큼 김일 선수의 인기는 하늘을 찌를 기세였다.[26]

1967년 4월 29일 장충체육관에서 김일의 세계프로레슬링연맹WWA: World Wrestling Association 세계챔피언 타이틀 도전 경기가 열렸다. 김일은 이 경기에서 미국의 마크 루니를 누르고 역도산에 이어 한국인으로는 두 번째로 세계챔피언 자리에 올랐다. 역도산이 국적을 바꿔 일본인으로 살았던 것을 고려하면, 김일은 사실상 최초의 한국인 프로레슬링 세계챔피언이었다. 김일은 자전적 신문기사에서 당시를 다음과 같이 술회했다. "아침부터 체육관 앞은 인산인해였다.……챔피언이 된 날, 신문사에서는 호외를 뿌렸다. 링 위에서 챔피언 벨트를 매던 날 내 손을 높이 치켜들어 줬던 사람은 김종필 씨였다. 나의 초대 후원회장이다. 그와 함께 나의 가장 열렬한 팬은 박정희 전 대통령이었다. 박 대통령은 유난히 레슬링을 좋아했다.……박 대통령은 나를 곧잘 청와대로 불렀다. 경기를 끝내고 청와대에 가면 육 여사가 직접 음식을 만들기도 했다. '안사람이 자네 주려고 특별히 만든 모양이야.'……박 대통령이 나를 아꼈던 것은 한국인도 하면 된다는 것을 보여줬기 때문이었다. 도저히 눕힐 수 없을 것 같은 거구의 서양인들도 박치기 한 방에 나가떨어지는 것을 보면서 아이들은 '하면 된다'는 것을 느낀다고 했다."[27]

1960~1970년대의 프로복싱에서는 국가의 의도적인 개입이 더욱 두드러졌다. 1966년 6월 25일 김기수가 장충체육관에서 열린 이탈리아 니노 벤베누티와의 경기에서 15라운드 판정승을 거두고 세계복싱협회WBA:

World Boxing Association 주니어미들급 세계챔피언 타이틀을 차지하자 프로
복싱의 인기도 절정을 향해 내달리기 시작했다. 다음 인용문들은 '챔피언
김기수'를 만들어내기 위한 정계·재계 핵심 인사들의 후원, 그리고 청와
대의 지원으로 타이틀매치가 성사되는 과정을 잘 보여준다.

> 1960년대는 국가 주도의 총력 경제 건설이 행해지던 때였다. 무엇이든
> 관官이 주도하는 시대였다. 김기수를 위해서도 국가의 지원이 이루어
> 졌다. 아직 포항제철이 생기기 전이었던 1965년, 박태준은 대한중석 사
> 장으로 있었는데 귀국한 김기수를 위해 신설동에 권일拳─체육관을 지
> 어준다. 김기수의 전용체육관이었던 셈이다. 또한 당시 국회의원이었
> 던 차지철도 김기수의 후원자로 나섰다.……벤베누티가 받을 개런티
> 는 당시로서는 파격적인 5만 5000달러였다. 문제는 국민영웅을 위해 세
> 계타이틀전을 홈 링에서 치르기로는 했는데, 이 돈을 마련하는 게 쉽지
> 않았다는 점이다. 한국의 연간 수출이 3억 달러도 안 되던 시절에 5만
> 5000달러는 생각하기 힘든 거액이었다.……박정희 대통령이 경제기획
> 원 장관에게 외화를 융통할 수 있는 길을 마련해주라는 지시를 내려 세
> 계타이틀전이 열렸다는 후일담이 전해진다. 한편 김기수의 대전료는
> 500만 원. 당시로서는 거액이었지만 패배할 경우 개런티를 받지 않는
> 다는 옵션이 달려 있었다.[28]

> 박정희는 우리나라에 동양챔피언 있는 거 아느냐는 질문을 박태준에
> 게 던지곤, "김기수란 친구가 있어. 굉장히 세다는데, 우리 국민의 사
> 기 진작을 위해 세계챔피언도 나와야지. 다른 나라를 이겨 우리도 할
> 수 있다는 자신감이 필요해." 그러면서 그를 후원하라는 명령을 내린
> 다. 박태준이 바쁘다며 빼려 하자 한마디 던진다. "여보게, 그것도 국
> 가사업이야."

이렇게 해서 김기수는 졸지에 '국가사업'이 된다. 덕분에 새로 지은 체육관도 생기고 막강한 후원자도 생긴 그는 세계타이틀을 위한 훈련에 매진하게 됐지만, 막상 도전하려니 문제가 생겼다. 바로 돈이었다. 그는 지면 한 푼도 받지 않기로 했지만 벤베누티는 대전료로 5만5000달러를 요구한 것이다. 찢어지게 가난했던 한국의 그 당시 1인당 국민소득은 고작 200달러에 머물 때였다. 이것도 역시 박정희의 지시로 정부가 대전료를 대기로 결정해 해결됐다.[29]

　　당사자인 선수는 "패배할 경우 개런티를 받지 않는다"는 배수진을 치고 나왔다. 토요일이던 6월 25일이라는 경기 날짜부터가 대단히 정치적이고 전투적인 분위기를 자아냈다. 게다가 대통령이 직접 경기장을 찾아 링을 주시하고 있었다. 최초의 한국인 챔피언이 탄생하던 감격적인 장면은 곧장 대통령을 클로즈업하는 장면으로 연결되었다. "미국인 주심 포프 씨가 김기수 선수에게 다가와 손을 높이 치켜들고 그의 승리를 선언하자 7천여 관중들은 일제히 기립, 터질 듯 환호성을 올렸으며 장내가 떠나갈 듯하는 갈채 속에 김 선수는 서서히 로얄박스로 올라가 박 대통령에게 정중한 인사를 올렸다."[30] 그러나 이 기사와는 달리, "엉엉 울며 관중들의 환호에 답한 김기수는 박정희에게 인사를 하기 위해 귀빈석으로 올라갔는데, 계속 우는 바람에 대통령의 축하에 대답도 제대로 못 했다."[31] 이틀 후인 6월 27일에는 서울 시내에서 최초 챔피언 등극을 축하하는 화려한 카퍼레이드가 벌어졌고, 김기수 선수는 "수십만 시민들의 열광적인 갈채에 파묻혔다."[32]

　　김기수 이후 무려 8년이 지난 1974년에야 두 번째 한국인 세계챔피언이 등장했다. 육군 일등병이던 홍수환이 그해 7월 3일 남아프리카공화국 더반에서 열린 아놀드 테일러와의 경기에서 이겨 WBA 밴텀급 세계챔피언 타이틀을 획득했던 것이다. "한국 복싱 사상 첫 원정 타이틀매치 승

세계복싱협회 밴텀급 타이틀전에서 아놀드 테일러를 15회 판정으로 누르고 챔피언 등극한
홍수환 선수의 귀국 퍼레이드

리"였다. 당시 라디오를 통해 중계방송을 들은 국민들은 환호했고, 경기 직후 홍 선수와 어머니의 전화통화도 라디오로 생중계되었다. "엄마, 엄마, 나 세계챔피언 먹었어"라는 홍 선수의 말에 대한 모친 황농선의 대답은 "수환아, 수환아, 대한민국 만세다"였다.[33] 라디오를 듣던 국민들의 심정도 마찬가지였을까? 어쨌든 세계챔피언의 영예는 대한민국이라는 국가로 돌아갔다. 김종필 국무총리는 현지로 축전을 보냈고, 한국권투위원회KBC는 훈장 상신을 건의했고, 이에 화답하여 문교부는 훈장을 수여하겠다고 발표했다. 결국 비슷한 시기에 제5회 차이코프스키 콩쿠르에서 피아노 부문 2위를 차지한 정명훈에게 은관 문화훈장을, 홍수환에게는 대통령표창을 수여하기로 국무회의에서 결정이 났다.[34] 1974년 7월 18일 박 대통령 부부는 홍 선수와 "대한민국 만세다"의 주인공인 모친을 함께 청와대로 초청하여 직접 대통령 수장綬章을 달아주면서 격려금을 전달하고 오찬을 함께했다. 이 자리에서 대통령은 "군인으로 조국방위의 임무를 다하면서 운동을 통해 국위를 떨쳤으니 더욱 자랑스럽고 기쁜 일……요즘 우리 젊은이들이 국제무대에서 조국의 명예를 빛낸 데 대해 국민 모두가 갸륵하게 생각하고 있으나 모든 젊은이들이 더 한층 정진하여 계속 세계 속의 한국을 빛내줄 것을 바라고 있다는 사실을 잊지 말아야 한다"고 말했다.[35] 홍수환에겐 그 후로도 국가주의의 그림자가 따라다녔다. 챔피언이 되어 부대로 복귀했을 때 일등병 신분으로 사열査閱을 받기도 했던 그가 1975년에 KO패로 타이틀을 상실한 후 1976년의 리턴매치에서 또다시 KO패 하자 "군인정신이 부족하다"는 이유로 영창 신세를 지기도 했다고 한다. 홍수환은 1977년 11월 26일 파나마시티에서 벌어진 헥토르 카라스키야와의 WBA 수퍼밴텀급 챔피언결정전에서 승리하여 "한국 최초의 두 체급 세계챔피언"이 되었다. 이 경기에서 그는 2라운드에 네 차례나 다운 당한 후 3라운드에서 KO승을 거둠으로써 '4전5기 신화'를 만들어냈다.[36]

1975년 6월 7일 일본 기타큐슈 고쿠라시에서 벌어진 타이틀전에서 일본인 챔피언이던 와지마 고이치輪島功一에게 KO승을 거두고 WBA 주니어 미들급 세계챔피언이 된 유제두에게도 최대의 찬사가 쏟아졌다. 이로써 그는 "68년 김기수가 이탈리아의 마징기에게 빼앗긴 타이틀을 탈환"했고, "주니어미들급의 김기수, 밴텀급의 홍수환에 이어 한국선수로는 3번째로 세계정상을 차지하게 되었다." 경기 직후의 인터뷰에서 선수는 '조국'을 가장 먼저 내세웠다. 그는 감격에 겨워 "조국을 위해 힘껏 싸워 이겼다. 오늘의 영광을 60만 재일동포와 오늘이 있기까지 나를 성원해준 온 국민들에게 돌려주고 싶다"고 말했다. 경기장을 찾은 재일동포들은 '태극기'를 흔들고 '아리랑'을 합창했다. 그리고 이번에는 선수의 어머니 대신 재일동포들이 "대한민국 만세"를 외쳤다. "7일 밤 일본 북구주시 고꾸라시립체육관은 태극기와 아리랑의 물결로 뒤덮였다. 유 선수의 대전 광경을 지켜본 1천여 명의 교포 응원단은 유 선수가 와지마를 7회에 세 번 다운시켜 KO승을 거둔 순간 일제히 목이 터져라 '대한민국 만세'를 외치면서 태극기를 들고 링 위로 뛰어올랐다. 감격에 눈물을 흘리기도 한 재일동포들은 징과 꽹과리 소리에 맞추어 아리랑 등 우리 민요를 넓은 경기장이 터져나갈 듯 합창했다." 토요일에 열린 이 경기는 라디오로 생중계된 후 다음날인 8일 저녁 MBC 등 3개 TV 방송국을 통해 일제히 녹화방송되었는데, "시민들은 모두 TV 앞에 모여앉아 유 선수가 일본의 터프가이 와지마를 7회에 통쾌하게 때려눕히는 장면을 보고 또 한 번 흥분했다."37 6월 12일에 귀국한 유 선수 일행은 김포공항에서 2천여 명이 참여한 환영식을 치른 후, 오픈카를 타고 김포공항—제1한강교—서울역—시청—중앙청—낙원동까지 카퍼레이드를 벌였다. 6월 20일에는 광주공항 광장에서 또 한 번의 환영식이 열렸고, 이 자리에서 허련 전남도지사는 유 선수에게 기념패와 격려금을 전달했다. 환영식 후 전남도청 앞 광장까지 다시 카퍼레이드가 펼쳐졌다. 6월 21일 유 선수의 고향인 고흥군의 고흥동국민학교에서는 군민 2만 명이 참가한 가운데 유 선수의 귀향환영대회가 열렸다.[38] 6월 17일 한국권투위원회는 서울 로얄호텔 에메랄드홀에서 세계 제패 환영리셉션을 개최했고, 6월 19일에는 유기춘 문교부 장관이 유 선수와 그의 후원회장인 박병규 해태제과 사장을 장관실로 초대하여 유 선수에게 금메달을 수여했다.[39] 그 직전인 6월 14일에는 박 대통령이 유 선수와 부모, 김덕팔 코치, 박병규 후원회장 등을 청와대로 초청하여 대통령표창 수장을 달아주고 격려금을 전달한 후 환담을 나눴다. 다음 기사에서 보듯이, 청와대 환담에선 스포츠민족주의에 국가주의와 남북대결의 반공주의가 자유롭게 뒤섞였다. 현역군인이었던 홍수환 선수와 비슷하게, 유제두도 흡사 군인 같은 모습을 보여주었다.

▲ 근혜 양 = 링 위에서는 자신감을 가질 때부터 이기는가 봐요. 와지마 선수는 형편없더군요.

▲ 박 대통령 = 국민들이 라디오와 TV 중계를 듣고 통쾌하게 생각했었지. 일본인 아나운서는 유 선수가 굳었느니 와지마가 호조니 하고 있더니 그 다음에 두들겨 맞더군. 교포들이 꽹과리 치고 하던데 조총련 계통도 나왔읍디가, 박 사장.

▲ 박병규 사장 = 모르겠읍니다.

▲ 김덕팔 코치 = 김일성이 사진을 붙이고 다니길래 발길로 차버리려 했읍니다. 조총련은 식사할 때 마주치기만 하면 도망가더군요.

▲ 박 대통령 = 김 선수(김덕팔 코치를 가리킴-인용자) 체격이 커서 무서워서 그러는 것 아니오.

▲ 근혜 양 = 큰 태극기가 많이 링 위에 올라왔더군요. 일제시대에 태극기 한 번 날리지 못했다가 이번에 마음껏 휘두른 것 같아요.

▲ 박 대통령 = 태극기가 여러 개 링 위에 올라왔더군. 일본 관중들이 배 좀 아팠을 거요. (유 선수에게) 수경사首警司에 있었지? 언제 제대했나?

▲ 유 선수 = 73년 3월에 제대했습니다.[40]

　　한국 프로복싱은 유제두 이후 1976년 11월 24일 챔피언 자리에 오른 염동균을 비롯하여, 김성준(1978년 9월 30일), 김상현(1978년 12월 30일), 박찬희(1979년 3월 18일) 등 4명의 세계챔피언을 더 배출했다. 1978년 12월에 김상현이 세계복싱평의회WBC: World Boxing Council 주니어웰터급 세계챔피언 자리에 오름에 따라, 한국은 "WBC 주니어플라이급 선수권자 김성준에 이어 사상 처음으로 2체급의 세계챔피언을 갖게 됐다."[41] 1980년대에는 더욱 많은 프로복싱 세계챔피언들이 줄지어 탄생했다. 1960년대에 1명, 1970년대에 7명의 한국인 세계챔피언들이 등장했지만, 1980년대에는 그 숫자가 12명이나 되었다.[42]

　　지금까지 간략히 보았듯이 프로레슬링과 프로복싱으로 대표되는 1960~1970년대의 프로스포츠는 결코 탈정치·탈동원의 영역에만 머물러 있지 않았다. 반대로 프로스포츠 안으로 민족주의, 국가주의, 애국주의가 끊임없이 침투해 들어갔다. 대통령을 포함한 지배엘리트들도 프로스포츠의 영웅들을 정치적으로 적극 활용하곤 했다.

　　흔치 않은 사례이나, 전 국민의 관심이 프로레슬링 경기에 쏠려 있는 틈을 이용하여 광범한 비판의 대상이던 한일협정 비준동의안을 국회 특위에서 날치기로 통과시킨 일도 있었다. 앞서 소개했듯이 1965년 8월 11일 저녁 장충체육관에서 김일의 극동헤비급선수권 결정전이 열렸고, 그 직후인 밤 11시가 넘어 여당에 의해 단 1분만에 계표計票 과정마저 생략한 채 동의와 가결 절차가 일사천리로 진행되었던 것이다. 「동아일보」에 따르면 "특위에서 한참 여야 막후 협상이다, 격돌 1보 직전이다 하여 붐비고 있는 동안 청와대에서 박 대통령은 텔레비존을 통해 장충체육관에서 거행되는 프로레슬링 시합 구경을 하고 있었다. 국회 특위 회의장엔 무거운 중압감이 감돌고 있었으나 박 대통령은 시합이 끝난 뒤 전화로 링에서

막 내려온 김일 선수를 불러내어 '김 선수야? 나 대통령인데...참 잘 싸웠어, 어디 다친 데는 없어?', 자신의 정권 운명을 걸었다고 할 수 있는 한일협정 비준 문제로 어지러워진 정국에선 아예 거리가 먼 곳에다 관심을 팔고 있었다."[43] 그날 밤 권력자 입장에선 김일 선수가 유난히 고마웠을 것이다. 공교롭게도 일본인 선수를 물리치고 극동헤비급챔피언에 올라 대중에게 만족감을 안겨줌으로써 '굴욕적인 한일협정'을 추진하는 정권에 대한 불만을 잠시나마 잊게 만들어주었기 때문이다. 어쨌든 이 일은 가장 저급한 방식으로 인기 절정인 프로레슬링을 정치적으로 이용한 사례에 해당할 것이다.

앞에서도 말했듯이 올림픽, 아시안게임, 유니버시아드대회, 종목별 세계선수권대회, 태권도, 축구 등으로 대표되던 아마추어스포츠는 보다 직접적으로 국가의 지원·통제를 받았고, 그에 따라 동원-정치화의 측면이 상대적으로 강하게 관철된 편이었다. 그로 인해 아마추어스포츠에서는 스포츠민족주의가 극대화·전면화되었다.

박정희 정권은 1971년 "한국이 주최한 최초의 국제축구대회"인 '박대통령컵 쟁탈 아시아축구대회' 혹은 '박스컵President Park's Cup'을 창설했다. 1971년 5월 '제1회 박대통령컵 쟁탈 아시아축구대회 기념우표'가 발행되었을 정도로 이 대회는 국가적으로 중요한 스포츠 이벤트였다.[44] 1960~1970년대 당시에 각종 국제대회에 출전한 국가대표 축구팀에는 청룡·화랑·충무 등의 이름이 붙여졌는데, 이런 이름들에서도 강한 스포츠민족주의가 감지된다. 박스컵은 1976년부터 '탈아시아 대회'를 선언하면서 비非아시아 팀들을 참여시키기 시작했다. 그런데 흥미로운 현상은 "당시 한국을 방문했던 구미권 팀들이 클럽의 이름으로 불렸던 것이 아니라 국가명으로 불렸다는 점이다. 브라질의 상파울로주 선발팀이나 빅토리아 클럽 등은 모두 브라질로 불렸다. 유니폼도 브라질 축구대표팀과 비슷

한 노란색 상의를 입고 경기를 했다. 중계를 하던 캐스터도 브라질이라고 했지, 무슨 클럽이라는 얘기는 없었다."[45] 박스컵이 무엇보다 스포츠민족주의를 구현하는 수단이었기 때문이리라.

축구는 남북 대결의 수단이기도 했다. 육영수 저격사건 직후에 열린 1974년 테헤란아시안게임에서는 당시 아시아 최강의 실력을 자랑하던 북한 대표팀을 피하기 위해 두 번이나 약팀에게 '일부러 져주는' 모습을 보이기도 했다. "메달을 못 따는 것은 괜찮지만 북한과 맞붙었을 때 패하면 뒷감당이 힘들었기 때문"이었다. 1976년 방콕에서 열린 아시아청소년축구대회에서 한국은 준결승전에서 북한과 만나 패배했지만 이 소식은 국내에 곧바로 알려지지 않았다. "혹시나 질지도 몰라 중계방송조차 되지 않았기 때문"이었다.[46] 남북 체제경쟁을 매개로 스포츠민족주의와 반공주의, 그리고 스포츠민족주의와 반공민족주의가 화학적인 결합을 이뤄냈다. 이제 스포츠는 '국위 선양의 수단'일 뿐 아니라 '반공투쟁의 무기'까지 겸하게 되었다.

스포츠를 통한 남북 대결은 1960년대부터 전 종목에 걸쳐 본격화했다. 정희준이 재치 있게 묘사했듯이, 1950년대까지만 해도 "스포츠에서의 '주적'은 여전히 일본이었다. '일본놈'한테만큼은 질 수 없다는 것이었다. 그런데 60년대 들어 새로운 상대가 생겼다. 바로 북한의 등장이다." 북한이 1964년 도쿄올림픽 때부터 올림픽 참가 의사를 밝히면서 스포츠를 통한 체제경쟁이 달아올랐다. "1963년 뉴델리에서 있었던 도쿄올림픽 배구 지역예선에서부터 첫 남북 대결이 벌어지는데, 이때부터 북한은 남한을, 남한은 북한을 경쟁상대 정도가 아니라 타도의 대상, 박멸의 대상으로 여기게 된다. 그냥 승리해야 하는 게 아니라 무찔러야 했다."[47]

1970년대의 태권도 역시 체제경쟁의 수단이자 스포츠민족주의의 표현이기도 했다. 박정희 정권은 1971년에 태권도를 '대한민국 국기國技'로 지정했다. 이후 군 장병 공식 무술 지정, 학교체육 편입, 대한체육회 가입 등

태권도를 국민적 무술로 보급하기 위한 노력을 대대적으로 경주했다.[48] 1972년 11월에는 서울 강남에 국기원國技院을 건립했다. 태권도나 씨름 등을 지칭하는 '국기'라는 말 자체가 스포츠민족주의의 단적인 표현이었다. 태권도의 경우 남북 체제경쟁을 반영하는 것이기도 했다. 이런 체제경쟁의 맥락에서 한국 정부는 1973년 5월에 '제1회 세계태권도대회'를 개최하고, 이를 계기로 대회 참가국 중심의 '세계태권도연맹' 창립을 주도했다.

1960년대 이후 스포츠가 국력의 과시 수단일 뿐 아니라 남북한 체제경쟁의 유력한 영역으로 떠오름에 따라, 한국 정부는 이학래가 "국가주의적 엘리트스포츠"라고 부른 것을 대대적으로 육성하기 시작했다. "한국전쟁은 남한사회에 극심한 반공주의를 조장함으로써, 체육이념도 민주주의적 가치보다는 반공에 기반한 국가주의에 기반하게 되었다"는 것이다.[49] 박정희 정부의 '엘리트스포츠정책'은 "올림픽게임에서 금메달을 획득하여 국위를 선양하고, 북한을 제압함으로써 남북 체제 대결에서 승리한다는 전형적인 스포츠내셔널리즘을 보여주는 것"으로, "훈련 역시 메달 획득 가능성과 대북한전 승리가 가능한 종목에 치중하거나 그 방식 또한 비록 스포츠 과학화를 추구했지만 스파르타식 강화 훈련과 통제적 수단에 크게 기댈 수밖에 없었다." 대한체육회도 이런 취지에서 "전시체제의 진면목을 투철하게 자각함으로써, 지도에 책임을 갖도록 하고, 총력·강력한 지도체제 확립"을 공식 표방하고 있었다.[50] 국가주의적 엘리트체육 육성을 위해 1962년 국민체육진흥법 제정, 1963년 도쿄올림픽에 대비한 '선수강화훈련단'의 조직, 1964년 이후 군 체육부대의 연이은 창설, 1965년 대한체육회에 의한 '6개년 장기훈련계획' 수립, 1966년 태릉선수촌 개촌, 1968년 스포츠과학위원회 출범, 1970년 체육행정기구(체육국제국) 확대 개편, 1971년 이후 체육중·고등학교 설립, 1972년 국민체육진흥기금 및 국민체육진흥재단 설립, 1972년 체육특기자제도 도입, 1972년 대한체육회에 의한 '체육 진흥 5개년계획' 수립, 1973년 체육특기자에 대한 병역특례 법

제화, 1977년 한국체육대학의 설립 등의 조치들이 연이어 취해졌다.[51]

스포츠민족주의가 위력을 발휘하기 위해서는 대중영웅의 일종인 '스포츠 영웅'의 창출, 즉 탁월한 경기력을 습득하여 거족적·거국적으로 자랑할 만한 가시적 업적을 이끌어낼 능력을 지닌 영웅을 만들어내는 게 반드시 필요하다. 이에 따라 단순한 '스포츠 엘리트'를 뛰어넘어 국가적인 인지도·인기도를 향유할 수 있는 '스포츠 영웅'을 창출하고 공인하고 보호하기 위한 핵심 기제들이 1973~1975년에 구비되었다. 필자가 보기에 가장 중요한 영웅 창출·공인·보호 기제는 1973년에 제정된 체육훈장·포장 제도, 그리고 1974년에 마련되어 1975년 초부터 실행되기 시작한 '우수 체육인 종신연금제도'였다. 유신체제 아래서 민주주의는 빈사 상태에 빠졌지만, 스포츠민족주의는 만개 상태로 진입했다.

우선, 체육훈장제도는 1973년 11월 1일에, 체육포장제도는 같은 해 1월 25일에 각각 신설되었다. '상훈법'에서는 체육훈장의 대상자를 "체육 발전에 공을 세워 국민체육의 위상을 높이고 국가 발전에 이바지한 공적이 뚜렷한 사람"(17조 4항)으로, 체육포장 대상자를 "체육 활동을 통하여 국민체육 발전에 이바지한 공적이 뚜렷한 사람 및 체육 활동을 통하여 국위를 선양한 사람"(26조 4항)으로 규정하고 있다.[52] 제정 당시 체육훈장은 청룡장(1등급), 맹호장(2등급), 거상장(3등급), 백마장(4등급), 기린장(5등급) 등 5개 등급으로 구분되어 있었다. 훈장이 제정된 지 10년이 지난 1983년 12월 31일 현재까지 체육훈장 수훈자는 모두 954명이었다. 이 가운데 1등급인 청룡장靑龍章 수훈자는 12명, 2등급 맹호장猛虎章 수훈자는 43명, 3등급 거상장巨象章 수훈자는 99명, 4등급 백마장白馬章 수훈자는 345명, 5등급 기린장麒麟章 수훈자는 455명이었다. 이때까지 체육포장을 받은 이는 모두 244명이었다.[53]

한편, 대한체육회는 1974년 10월 8일에 체육인종신연금제 도입을 공식 발표했다. 올림픽 금메달리스트에게 매달 10만 원, 은메달리스트에게

7만 원, 동메달리스트에게 5만 원을 지급할 것이며, 단일 종목 세계선수권대회 우승자와 아시안게임 3관왕은 올림픽 은메달리스트로 대우한다는 내용이었다.[54] 이후 논의 과정에서 아시안게임 3관왕은 올림픽 동메달리스트로 대우하는 쪽으로 수정되었다. 대한체육회는 1973년부터 올림픽과 세계선수권대회 메달리스트에 대한 연금 지급을 약속했지만, 기금이 제대로 조달되지 않아 2년가량 지연되었다. 그런데 1974년 들어 박정희 대통령이 기존에 제공한 희사금 2000만 원, 대통령 희사금 이자와 김택수 대한체육회 회장의 희사금을 합친 2300만 원, 국민체육진흥재단 기금 1100만 원, 기타 각계의 희사금 등을 합쳐 연금 기금 1억 원을 마련하는 데 성공했다. 덕분에 1975년 1월부터 매월 연금을 지급할 수 있게 되었다.[55]

연금제도 도입을 정당화했던 논리 역시 전형적인 스포츠민족주의에 부합하는 것이었다. 국가경쟁력 강화, 스포츠 영웅의 보호·예우, 국가에 대한 헌신과 충성 유도 등의 익숙한 담론들이 재차 등장했다. 김택수 대한체육회 회장은 1974년 11월에 가진 공개 좌담회에서 다음과 같이 발언했다. "국력과 국력의 대결장으로 변한 오늘날의 여건으로 미루어보아 앞으로의 문제는 선수들의 생활환경과 안심하고 경기에 전념할 수 있는 뒷받침 여하에 달려 있다.……역대 올림픽 메달리스트들의 현주소는 어디인가……그들의 생활 실정은 목불인견이며 사회적인 낙오자로 우울한 나날을 지내는 것이 고작이다. 이래서야 어느 누가 국가를 위해 젊음을 송두리째 바치겠는가."[56] 주요 국제스포츠대회를 국가·민족 간의 전쟁터로 인식하는 것, 나아가 치열한 남북 체제 대결의 장으로 인식하는 것 역시 전형적인 스포츠민족주의의 논리였다. 언론의 논조도 거의 다르지 않았다.

오늘날의 국제스포오츠사회는 순수한 아마추어리즘이 아닌 정치성과

이데올로기가 개재되어 '총알 없는 전쟁'으로 변모하면서 스포오츠의
국가관리(스테이트 아마추어리즘) 현상이 두드러지게 나타나고 있다.……
조국의 명예를 위해 모든 것을 희생해야 했던 선수들을 단순히 도와준
다는 의미보다는 그들이 마음 놓고 선수생활을 계속할 수 있도록 뒷바
라지를 해주고 은퇴 후에도 생활을 보장해주는 것만이 후진 확보와 적
극 참여라는 뜻에서 한국 스포오츠가 발전할 수 있는 경기 외적인 당면
과제였다.……이번 '아시언게임'에서도 실증되었듯이 스포오츠의 중
요성이 더없이 강조됨에 따라 불우한 대표급 선수들에 대한 뒷받침은
선수 개개인만의 문제로 그치지 않게 되었다. 만약 북한에게 참패했더
라면 국민은 허탈감에 빠졌을 것이고 선수들은 질책을 면치 못했을 것
이다. 그러나 이 같은 책임의 소재는 그들의 생활을 안정시켜준 다음이
나 어떤 보장책이 있고 난 후에 거론되어야 논리적이다. 외국 원정과
대표선수였다는 명성만이 전부라면 어느 누가 사명감을 갖고 땀 흘려
훈련을 하겠는가.[57]

   종신연금제는 영웅 만들기의 탁월한 기제이기도 했다. 전우용이 적절
히 표현했듯이 "(체육인연금제도가 도입된-인용자) 이후 올림픽 금메달은 무공
훈장보다 더 가치 있는 것이 되었으며, 올림픽 금메달리스트는 자기 목숨
을 던져 타인의 생명을 구한 의인보다 더 훌륭한 국민 영웅으로 칭송받았
다."[58] 1974년 11월 13일에 18명의 최초 연금 수혜자가 확정 발표되었다.
당시 만들어진 스포츠 영웅들의 면면은 〈표 11-1〉과 같았다. 이 가운데
수영의 조오련은 1970년 6회(방콕)와 1974년 7회(테헤란) 아시안게임에서 각
각 2개의 금메달을 획득한 것을 올림픽 은메달에 해당하는 것으로 간주
하여, 아시안게임 3관왕이 아님에도 그에 준하는 특별대우를 받았다.
   병역 면제 혜택과 결합된 종신체육연금제도의 위력과 효과는 대단했
다. 한국이 역대 하계 올림픽에서 거둔 성적을 요약해놓은 〈표 11-2〉를

〈표 11-1〉 체육종신연금제의 최초 수혜자들

구분	대상자	연금(월)
올림픽 금메달(1명)	손기정(마라톤, 11회 베를린, 1936년)	10만 원
올림픽 은메달(5명)	송순천(복싱, 16회 멜버른, 1956년)	7만 원
	정신조(복싱, 18회 도쿄, 1964년)	
	장창선(레슬링, 18회 도쿄, 1964년)	
	지용주(복싱, 19회 멕시코시티, 1968년)	
	오승립(유도, 20회 뮌헨, 1972년)	
세계선수권대회 우승(4명)	장창선(레슬링, 톨레도대회, 1966년)	
	이에리사·정현숙·박미라(탁구, 사라예보대회, 1973년)	
올림픽 동메달(7명)	남승룡(마라톤, 11회 베를린, 1936년)	5만 원
	김성집(역도, 14회 런던[1948년], 16회 멜버른[1956년])	
	한수안(복싱, 14회 런던, 1948년)	
	강준호(복싱, 15회 헬싱키, 1952년)	
	김창희(역도, 16회 멜버른, 1956년)	
	김의태(유도, 18회 도쿄, 1964년)	
	장규철(복싱, 19회 멕시코시티, 1968년)	
아시안게임 3관왕 (2명)	원신희(역도, 7회 테헤란, 1974년)	
	조오련(수영, 6회 방콕[1970년], 7회 테헤란[1974년] 2관왕)	

* 출처: 동아일보, 1974.11.14.

통해 이를 금세 확인할 수 있다. 1974년 '이전'과 '이후'는 한국 스포츠 역사에서 완전히 다른 시대가 되었다. '국위 선양'을 이룰 '엘리트체육'의 시대가 만개했고, 한국의 올림픽 순위는 수직상승했다. 종신연금제도 도입 후 첫 번째 올림픽인 1976년 몬트리올대회에서 한국의 순위는 20위 이내로 진입했고, 1980년대에는 다시 10위 안팎으로 뛰어올랐다. 대한민국 정부 수립 이후 최초의 금메달도 몬트리올대회에서 나왔다. 레슬링 종목에서 금메달을 따면서 일약 '국민적 스포츠 영웅'으로 등극한 양정모가 그 장본인이었다. 여자 배구팀이 '구기 종목 사상 최초의 메달'(동메달)을 획득한 것도 1976년 대회에서였다.

1980년대에 스포츠민족주의는 절정기에 도달했다. 이 시기는 온통

<table 11-2> 한국의 역대 하계 올림픽 성적

연도(회)	개최지	금메달	은메달	동메달	순위
1948 (14)	런던	0	0	2	32
1952 (15)	헬싱키	0	0	2	37
1956 (16)	멜버른	0	1	1	29
1960 (17)	로마	0	0	0	
1964 (18)	도쿄	0	2	1	26
1968 (19)	멕시코시티	0	1	1	36
1972 (20)	뮌헨	0	1	0	33
1976 (21)	몬트리올	1	1	4	19
1980 (22)	모스크바	대회 불참			
1984 (23)	로스앤젤레스	6	6	7	10
1988 (24)	서울	12	10	11	4
1992 (25)	바르셀로나	12	5	12	7
1996 (26)	애틀랜타	7	15	5	10
2000 (27)	시드니	8	10	10	12

* 출처: 다음백과(100.daum.net/encyclopedia) 중 '올림픽백과' 참조(2018.2.23 검색).

1986년의 서울아시안게임과 1988년의 서울올림픽 유치와 준비, 홍보에
바쳐진 듯했다. 1975년에 첫 번째 기념주화가 발행된 이후 1980년대 말까
지 모두 12회에 걸쳐 기념주화가 발생되었는데, 이 가운데 '24회 올림픽
대회 유치' 관련이 2회, '아시아경기대회' 관련 1회, '제24회 서울올림픽'
관련은 무려 5회 등 모두 8회가 올림픽 혹은 아시안게임을 기념하는 것들
이었다.[59] 1981년 10월 발행된 '88서울올림픽 유치 기념우표'를 비롯하여,
1986~1987년에 걸쳐 발행된 '올림픽 기부금 부가금우표', 1986년 10월
발행된 '88서울올림픽 유치 5주년 기념우표' 등 서울올림픽과 관련된 기
념우표나 부가금우표도 세 차례나 등장했다. 담배 역시 1980년대에는
'88', '88 라이트', '88 골드', '88 박하' 등 88올림픽 시리즈가 연이어 발매
되었다.[60] '영·호남 화합의 상징'으로 소백산맥을 동서東西로 뚫어 대구

와 광주를 연결시킨 고속도로가 1984년 6월 개통되었는데, 이 도로는 '88 올림픽고속도로'로 명명되었다. 한강종합개발의 일환으로 1986년 5월 완 공된 서울 남쪽의 강변도로는 '올림픽대로'로 명명되었다. 서울 성동구 구의동과 강동구 풍납동을 이음으로써 도심과 '올림픽공원'을 연결하게 될 '올림픽대교'가 1985년 11월 착공되었다. 이 다리는 "서울올림픽을 상 징하는 높이 88m의 주탑을 다리 중간에 건립, 24선의 케이블로 다리를 지 탱케 하는 구조"로 설계되었다.[61]

3. 우리도 잘살아 보세: 경제민족주의

시민종교의 발전주의 내지 근대화 교리가 1940~1950년대에 드러낸 한계 중 하나는 지배엘리트 측의 요란한 레토릭 그리고 대중의 강렬한 욕망·열 망에도 불구하고 가시적인 발전주의 기념물이 희소했다는 점이었다. 그 러나 발전주의 기념 활동은 1960년대부터 한국 시민종교의 가장 중요한 일부를 이루게 되었다. 그런 면에서 발전주의의 극적인 부상이 1960년대 이후 시민종교의 두드러진 특징 중 하나였다고 말할 수 있다. 앞서 인용 했던 김종태의 『선진국의 탄생』에 기대자면, 해방 후 1950년대까지는 발 전주의 내부에서 '문명 담론'과 '발전 담론'이 각축을 벌이다, 1960년대 들 어서는 발전 담론이 문명 담론을 확고히 대체하면서, 발전 담론의 하위 담 론인 '선진국 담론' 혹은 '근대화 담론'이 본격적으로 부상했다.

박정희는 1960년대 말부터 경제발전과 근대화를 촉진하기 위한 기초 로서의 민족주의, 즉 경제적 민족주의를 대대적으로 강조했다. 그것은 '조국 근대화'와 '민족중흥'이라는 구호로 집약된다. 근대화 담론(발전주의) 과 민족주의의 결합은 구한말 이래 익숙한 현상이지만, 1960년대 이후 경제민족주의 혹은 '발전주의적 민족주의'는 보다 체계적으로, 위로부터, 보다 의도적으로 생산되고 유포되었다. 1960년대 이후의 경제민족주의는 경제발전을 뒷받침하기 위한 민족주의였고, 선공후사先公後私의 민족주의, 곧 국가이익을 위한 개인의 희생을 당연시하는 애국주의-국가주의적 민족주의이기도 했다. 그것은 국민교육헌장·사회운동·노래·영화·드라마 등을 통해 국가주의적 민족주의를 적극적으로 설득하고 내면화시키려는, 궁극적으로는 '인간개조'와 '의식개조'까지 겨냥했던 민족주의였다. 김세중은 박정희의 민족주의가 외생적으로 촉발되었다는 점, 그리고 경제 발전과 산업화에서 민족국가의 후진성을 극복하는 길을 모색했다는 점을 들어, 19세기 유럽에서 등장한 '서구형 후진경제민족주의' 계열에 속한다고 주장한 바 있다.[62]

박정희 정권이 '민족중흥' 담론을 전면에 내세운 때는 1960년대 후반부터였다. 박계리에 의하면 박 정권은 1960년대 초에 (주로 경제정책 차원에서) '근대화'를, 1960년대 후반에는 (주로 문화정책 측면에서) '민족중흥'을 강조했다.

> 1960~70년대 박정희 정권의 통치이념과 정책의 기조는 반공과 부국강병으로 대변되는 국가주의, 조국 근대화였다. 박 정권의 초기에는 경제 개발로 대변되는 근대화가 강조되었던 반면, 1960년대 후반 이후에는 민족중흥이 강조되었다. 이는 민족주의 이념을 기반으로 한 정신근대화운동이라고 선전되었다. 국민교육헌장과 가정의례준칙 등에서 표현된 이러한 이념은 1970년대 초 유신이념과 새마을운동 정신으로 정형화되었으며, 이 시기의 문화정책을 지배하는 이념이기도 하였다. 1960년대 경제 개발 정책에서 강조된 것이 국력이었다면, 민족문화의 중흥은 경제 개발의 정신적 원동력이 된다는 식으로 해석되고, 실용주의적인 경제 개발과 이념적인 민족문화 중흥은 국력의 신장과 조국 근

대화를 위한 쌍두마차로 평가되어 정책이 실행되었다.[63]

1968년이라는 시점이 중요했다. 바로 그해에 '제2단계의 근대화', '제2 경제운동'을 주도할 총본부인 문화공보부가 탄생했다. 이 운동에 장애가 되는 모든 문화예술 활동을 철저히 검열·감시·색출하여 예방적으로 금지·추방하는 것도 문화공보부의 몫이었다. 은정태에 의하면 "문화공보부의 등장은 박정희가 1968년 신년사에서 밝힌 '제2경제'론의 산물이었다. 서구에서 근대화는 정신혁명부터 시작되었는데 한국을 비롯한 아시아 국가는 이것이 전도되었기 때문에, 이제라도 제대로 된 근대화를 해야 한다는 것이었다. 경제 개발의 수단으로서의 정신혁명이 아니라, 그 자체 본질적 가치를 갖는 것으로 '정신이 선도하는 물질문명'이라는 점을 분명히 했다."[64]

시민종교의 언어로 말하자면 '발전주의 교리의 영성적 기초'를 다지는 작업이 바로 정신개조운동으로서의 제2경제운동이었던 셈이다. 이처럼 1968년에 한국사회는 정치·외교·군사적 측면에서는 안보위기를 계기로 급속히 병영사회·감시사회로 재편되었을 뿐 아니라, '제2경제론'으로 압축되는 정신개조·정신혁명이 본격화되는 시점이었다. 말하자면 안보-정치-경제-문화 영역들이 서로 조응 관계를 이루면서 특정한 패턴으로 수렴하고 종합되는, '68년 체제'라고 불러도 좋을 새로운 시대가 개막되었다.

1969년 7월 "조국 근대화와 문화진흥책"이라는 주제로 문화공보부 주관의 문화예술 세미나가 열렸다. 이 자리에서 장관은 "근대화에는 경제건설만이 아니라 정신의 근대화도 포함된다"는 점을 강조했다.[65] '민족중흥 이념'이 대두하는 배경을 박계리는 다음과 같이 설명한 바 있다. "제2차 경제개발5개년계획이 착수되면서 박정희는 경제지상주의가 파생시킨 도덕의 해이를 우려하기 시작하였다. 따라서 박정희는 애국선열조상건립위원회의 첫 동상으로 충무공 동상이 제막하는 1968년부터는 이른바 '제2경제운동'을 표방하면서 근대화를 저해하는 사회악과 부도덕에 맞선 정신 개조운동에 착수했다. 즉, 제2단계의 근대화가 성공하기 위해서는 국민 개개인의 정신개조가 필수적이라고 판단했던 것이다."[66] 박정희가 가장 즐겨 쓴 휘호가 바로 '민족중흥'이었다.[67] '군사혁명 5주년'(1966년)을 맞아 '5·16민족상'이 제정되었는데, 이 상은 "민족중흥의 정신적 계기를 마련하고 민족의 예지와 역량을 조국 근대화를 위해서 가다듬어야 할 오늘의 시점에서, 이러한 참된 일꾼을 찾아내어 고무"하기 위한 것이었다.[68]

박정희 정권은 대중의 발전주의적 열망에 부응하려 노력했으며, 이에 발맞춰 1960년대 말부터 경제 발전의 성과를 기리는 산업적 기념물들이 급속히 증가했다. 각종 산업체들이나 고속도로와 같은 건설사업 현장에는 근육질의 영웅적인 전사상戰士像을 닮은 기념조각들이 다수 등장했다.[69] 〈표 11-3〉에는 도시기념탑, 공업단지·공장기념탑 등의 산업 기념

〈표 11-3〉 1960~1983년 사이의 발전주의 기념물(1): 도시기념탑, 공업단지·공장기념탑

연도	명칭	작가	장소	현존 여부
1963	부산직할시 승격기념탑	박칠성	부산시 서면 로터리	철거
1966	평화의 도시탑	박칠성	인천시 중구 숭의동 로터리	철거
1967	울산 공업탑	박칠성	울산 로터리	현존
1967	건설의 군상	김만술		
1968	구로동 수출공업탑	미상	서울시 구로동 제2수출단지	철거
1968	마산 수출자유지역	미상	창원시	철거
1970	이리 수출자유지역	미상	익산시	철거
1970	구미시 수출기념탑	미상	구미시	현존
1973	서울 한국은행 조각분수탑	이일영	서울시 중구 남대문로	현존
1974	포항시민탑	미상	포항시	철거
1974	포항오거리 기념탑	박칠성	포항시	철거
1983	인천 개항 100주년	이일영	인천시 중구 숭의동	철거

* 출처: 김미정, "1960~70년대 한국의 공공미술", 158쪽.

근대기와 시민종교 제활성화: 민주주의의 활용

〈표 11-4〉 1960~1983년 사이의 발전주의 기념물(2): 댐, 고속도로, 기타[70]

연도	명칭	작가	장소	현존 여부
1967~73	소양강다목적댐 건설기념비	미상	춘천 소양강다목적댐	현존
1968~70	남산 제1터널 부조(도약, 환희)	김세중	남산 제1터널 남단	현존
1969	대전 기념탑(고속도로)	박칠성	대전 경부고속도로 진입로	철거
1970	경부고속도로 기념탑	송영수	추풍령휴게소	현존
1970	고속도로 건설 희생자 위령탑	최만린	충북 옥천군 이원면 우산리	현존
1973	민족의 시련과 영광의 탑	강태성	충남 아산만	현존
1974	아산호 준공기념탑	미상	아산만 방조제 입구	현존
1975	남해고속도로 준공기념탑	김영중	섬진강휴게소	현존
1976	호남고속도로 준공기념탑	김영중	전주 고속도로 진입로	현존
1976	영동고속도로 준공기념탑	김경승	대관령휴게소	현존
1976	안동다목적댐 기념비	이일영	안동시 안동다목적댐	현존
1976	영산강유역 농업개발 1단계 사업 기념탑	미상		
1977	여명의 탑	강태성	경부고속도로 천안휴게소	현존
1977	번영과 평화의 길	김세중	구마고속도로 현풍휴게소	현존
1978	고리원자력발전소 기념비	이일영	경남 양산군 장안면	현존
1978	계화도 농업종합개발사업 준공 기념탑	미상	전북 부안군 계화면	현존
1979	호명호 양수발전소 기념비	이일영	경기 가평군	현존
1979	삽교천유역 개발사업 준공기념탑	미상	충남 아산군 인주면	현존
1983	88올림픽고속도로 기념탑	김영중	남원인터체인지	현존

물들, 〈표 11-4〉에는 댐·고속도로·간척사업 등 산업 기념물들의 주요 사례들이 정리되어 있다.

우리가 '기념비'와 '기념비적인 것'을 구분할 경우, 그 자체로 기념비는 아닐지라도 '기념비적 가치'를 갖는 발전주의의 가시적인 성과물들도 주목해야 한다. 준공이나 착공 즈음에 건설되는 발전주의 기념물 외에도, 이런 토목공사의 결과물 자체가 거대한 기념물 역할을 했다. 고속도로,

고가도로, 지하철, 고층빌딩, 타워(탑 형태의 전망대), 지하철, 수력·화력 발전소와 원자력발전소, 대규모 공장들, 심지어 지하차도와 육교마저도 '조국 근대화'의 상징물들로 간주되어 영화, 사진, 우표·엽서 등에 화려하게 등장하곤 했다. 이것들은 '한강의 기적'을 상징할 뿐 아니라, 그 기적이 '실제로' 일어났음을 보여주는 생생한 증거들이었다. 수도 서울에서도 1960년대 이후 여의도광장과 국회의사당을 포함하는 여의도 개발, 강남 개발, 청계천 복개사업과 청계고가도로, 세운상가와 낙원상가, 삼일빌딩, 세종문화회관 등의 기념비적 건축이 동시다발적으로 진행되었다.

서울 남산 일대 역시 발전주의 기념물처럼 가꾸어졌다. 1960년대에 건설된 장충체육관과 케이블카, 타워호텔, 남산도서관, 1970년대에 들어선 어린이회관과 서울타워, 국립극장(민족문화센터), 신라호텔, 남산터널 등이 남산을 발전주의의 웅장한 전당으로 만들었다. 이 중 장충체육관은 스포츠민족주의의 살아 있는 무대였다. 1970년대에 장충체육관은 대통령을 선출하고, 거기서 선출된 대통령이 취임식을 치르는 핵심적인 정치 공간 중 하나가 되었다. "1960년 당시 국내 최대 규모의 철골구조 대공간 건축물로 지어진 장충체육관은 건축가 김정수에 의해 디자인되었고, 1970년대까지 체육행사는 물론 통일주체국민회의 등 주요한 국가행사가 이루어졌던 곳"이었다.[71] 1965년 1월 기존의 소공동 남대문도서관을 대신하여 남산에 건립된 시립도서관은 야외음악당 앞 6천 평 대지 위에 연면적 2,820평, 열람석 1,600개를 보유한 5층 건물이었다. 당시로선 "우리나라 최대"의 도서관이었고 옥상에는 4백 평에 달하는 '스카이라운지'가 있어 "서울을 한눈에 굽어볼 수" 있었다.[72] 1970년 7월 25일 개관한 어린이회관도 지하 1층, 지상 18층에 수영장·체육관·무용실·도서관 등을 갖춘 "동양 최대를 자랑하는 어린이들의 꿈의 전당", "동심의 전당", "어린이의 파라다이스"였다.[73]

1980년대에는 올림픽과 아시안게임 개최를 준비하는 과정에서 도심지, 간선도로변, 불량주거지 등에 대한 대규모의 재개발사업을 추진함으로써 서울의 경관이 다시금 크게 달라졌다. 박해남은 '세계의 시선이 우리를 향해 있다'는 명분을 내세워, 아시안게임-올림픽을 전후하여 한국을 방문할 외국인의 시선이 미칠 만한 곳들을 우선적으로 정비하는 '시선의 사회정치'가 1980년대 서울을 지배했다고 보고 있다.[74] 한강종합개발사업도 그 일부였다. 1982년부터 1986년 9월까지 4년 동안 진행된 이 사업은 "연인원 420만 명, 총 사업비 4,133억 원, 장비 100만여 대가 투입된 국내 단일공사로는 최대의 공사"였다.[75] 보다 구체적으로, 한강종합개발사업은 ① 구부러진 물줄기를 바로잡고 준설을 통해 일정한 수심을 유지하도록 하는 저수로 정비, ② 강변에 시민 휴식처를 가꾸는 고수부지 조성, ③ 강변을 따라 하수터널을 만드는 분류하수관로 공사, ④ 행주대교에서 암사동까지 이어지는 강변도로 신설, ⑤ 한강 수위를 일정하게 유지하여 "한강을 인공호반으로" 만들기 위한 잠실·신곡 두 곳의 수중보 건설 등으로 구성되어 있었다.[76] 그리하여 이 사업이 종료된 후에는 유람선이 오가고 보트, 요트, 수상스키, 낚시 등의 레저 활동이 행해지는 새로운 한강 풍경이 형성되었다.[77] 사실 1980년대에는 한강을 포함한 4대강 전체가 개발 대상이었다. 강 하구를 둑으로 막아 거대한 담수호를 만드는 공사가 1980년대에 집중적으로 진행되었다. 1978년 1월에 착공하여 1981년 12월에 준공된 영산강 하굿둑, 1983년 4월 착공하여 1987년 11월 준공된 낙동강 하굿둑, 1983년 12월에 착공하여 1990년 11월에 준공된 금강 하굿둑이 바로 그것이었다.[78] 이로 인해 사후에 심각한 생태적 문제들이 발생했지만, 1980년대에는 영산강·낙동강·금강 하굿둑은 그 거대한 존재만으로도 찬양받을 만한 발전주의 기념비들로 간주되었다.

어쩌면 콘크리트와 철근이라는 건축 재료 자체가 발전주의 기념물로 여겨져야 할지도 모른다. '콘크리트 숭배'라고 해야 할 만큼 콘크리트는 발전주의의 강렬한 상징이었다. '경제 발전의 모뉴먼트'로서의 콘크리트 건축물들, 그런 건축물들을 대량생산했던 시대가 바로 1960~1970년대였다. 문화재 복원 작업도 대부분 콘크리트를 사용했다. 1960년대 말 굳이 콘크리트를 재료로 광화문을 복원한다든지, 복원된 광화문에 박정희의 글씨로 된 '한글' 현판을 달았던 것도 발전주의적 의지의 산물이었다. 문화재관리국은 '목재 광화문'을 세우고자 했지만 "박정희 대통령의 지시로"로 인해 '철근-콘크리트 광화문'으로 바뀌었다. "광화문의 주재료인 철근과 콘크리트는 산업화와 경제 성장의 상징적 재료"였다.[79]

> 조국 근대화와 민족중흥이라는 두 이념과, 건축과 조각이라는 두 정치적 도구가 강력한 통치 정당성의 효과를 산출하기 위해 공존하고 있는 대표적 공간, 그곳은 바로 광화문이다. 박정희 정권은 일본 제국주의가 이축한 뒤에 6·25전쟁의 참화로 인해 처참하게 파괴된 광화문을 모방한 '근대적' 광화문을 경복궁 앞에 건립하는 역사적 프로젝트를 구상하고 실천했다. 그리고 그보다 앞서, 근대화된 도로로 거듭난 세종로 중심부에 이순신 장군상을 세웠다.[80]

1960년대를 대표하는 성역화 사업이었던 아산 현충사 건물 역시 목재가 아닌 콘크리트로 건축되었다.[81] "국립서울현충원을 상징하는 현충탑의 출입문"인 현충문도 1969년 4월 콘크리트로 지어졌다. "건축양식은 고려 말기와 조선 초기의 사당전과 극락전을 본뜬 순 한국식"임에도 불구하고 "목재를 전혀 사용하지 않고 콘크리트로만 축조"했다는 것이다.[82] 박 대통령의 콘크리트 사랑은 1970년대에도 변함이 없었다. 그는 1974년 6월 10일 강감찬 장군의 출생지를 성역화한 낙성대 준공식에 참석하여 안국문安國門의 현판을 제막한 뒤, 안국사 기둥을 가리키며 "문화재위원들이 나무로 하자고 고집한 것을 내가 한 천 년 갈 수 있도록 철근 콘크리트로 하라고 했다"고 직접 밝혔다.[83]

다음 장에서 자세히 살펴보겠지만, 1970~1980년대는 초등학교를 중심으로 콘크리트(시멘트)로 만들고 청동을 덧칠한 조상彫像들이 대량생산되던 시대이기도 했다. 이승복, 이순신, 김유신, 을지문덕, 세종 등이 1970~1980년대에 대량생산되던 콘크리트 조상들의 단골 주역이었다. 반면에 민주화 시대인 1990년대 이후 설립된 초등학교들에는 위인偉人 동상이나 조상이 세워진 경우가 드물었다. 콘크리트 숭배는 종교 영역으로도 확산되었다. 다음은 1971년 개봉된 영화 〈내일의 팔도강산〉의 한 장면으로, '동양 최대의 시멘트 불상'에 감탄하는 모습이 담겨 있다.

(부여의 한 사찰) 카메라, 하강하여 일행을 보여준다.

정순　저렇게 큰 보살을 무슨 수로 세웠을까.

희갑　그러게 말이오.

승호　거, 사돈마님, 저, 이게 동양에서 제일로 큽니다. 그, 이 부처의 특색이 말이죠, 이게 이 세멘트로 만든 겁니다, 이게, 예.[84]

한편, '산업 기념물' 생산 과정은 성스러운 인물('산업 영웅' 혹은 '발전 영웅'), 성스러운 시간(산업적 국가기념일)의 창출 과정과 시간적으로 중첩되었다. 우선, 발전주의, 위로부터의 근대화를 보여주는 주요 지표 중 하나가 바로 이와 관련된 국가기념일의 제정이었다. 철도나 도로 준공기념탑과 같은 경제 발전의 기념비들이 발전주의의 '공간적' 차원을 구현한다면, 발전주의적 국가기념일들은 그것의 '시간적' 차원에 해당한다. 이런 '발전주의 기념일'은 1950년대부터 이미 등장하기 시작했지만 박정희 정권에서 크게 늘어났다. 〈표 11-5〉에서 1960년대 이후 등장한 '산업적 국가기념일들'의 목록과 변천 과정을 확인할 수 있다.

다음으로, 발전주의의 영웅들이 1960년대 이후 대량생산되었다. 산업영웅 만들기는 주로 산업훈장·포장, 새마을훈장·포장의 제정과 수여를

〈표 11-5〉 1960년대 이후 제정된 발전주의적 국가기념일들

일자	명칭	제정과 변천
3월 3일	세금의 날 (조세의 날)	국세청 발족일인 3월 3일을 '세금의 날'로 지정. 1973년에 '관세의 날'과 통합되어 '조세의 날'로 변경됨.
4월 10일	전기의 날 (상공의 날)	구한말 최초로 전등을 설치한 날을 '전기의 날'로 제정. 1973년에 전기의 날, 발명의 날, 계량의 날을 '상공의 날'로 통합.
4월 21일	과학의 날	식민지 시대에 과학자들이 찰스 다윈 사망 50주기인 1934년 4월 19일을 '제1회 과학의 날'로 삼고 큰 행사를 거행. 1969년에 과학기술처 개청일인 4월 21일을 '과학의 날'로 정함. 1973년에 '세계 기상의 날'을 '과학의 날'로 통합.
4월 22일	체신의 날 (정보통신의 날)	1956년에 12월 4일을 '체신의 날'로 제정. 1966년에는 5월 3일을 '집배원의 날'로 제정. 1972년에는 고종황제가 우정총국 개설을 명한 날이 근대적 체신사업의 창시일로 의미가 있다고 보고 '체신의 날'을 4월 22일로 변경. 1973년에는 '집배원의 날'을 '체신의 날'로 흡수통합. 1996년에 '정보통신의 날'로 명칭을 변경.
5월 3일	증권의 날 (저축의 날)	공영제 증권거래소 발족일인 5월 3일을 '증권의 날'로 제정. 1973년 '저축의 날'에 통합됨.
5월 19일	발명의 날 (상공의 날)	측우기를 발명한 날을 '발명의 날'로 제정. 1973년에 전기의 날, 발명의 날, 계량의 날을 '상공의 날'로 통합.
8월 27일	관세의 날 (조세의 날)	1971년에 8월 27일을 '관세의 날'로 지정. 1973년에 '세금의 날'과 통합되어 '조세의 날'로 변경됨.
9월 18일	철도의 날	1964년에 경인선 개통일을 기념하여 '철도의 날'을 제정(철도의 날에 관한 규정). 1973년에 '철도의 날에 관한 규정'이 '각종 기념일에 관한 규정'으로 흡수됨.
9월 25일	저축의 날	매월 25일을 '저축의 날'로 삼으라는 대통령의 친서가 내린 9월 25일을 '저축의 날'로 제정. 1973년에 기존의 '증권의 날'과 '보험의 날'을 흡수통합.
10월 26일	계량의 날 (상공의 날)	세종대왕이 척(尺), 두(斗) 등의 단위를 제정 실시한 날을 '계량의 날'로 제정. 1973년에 전기의 날, 발명의 날, 계량의 날을 '상공의 날'로 통합.
11월 21일	보험의 날 (저축의 날)	'보험의 날에 관한 규정'에 의해 1969년에 제정됨. 1973년 '저축의 날'에 흡수 통합됨.
11월 30일	수출의 날 (무역의 날)	1964년에 수출 1억 달러 달성일인 11월 30일을 기념하여 '수출의 날'을 제정. 1988년에 '무역의 날'로 명칭을 변경.

* 출처: 김민환, "한국의 국가기념일 성립에 관한 연구", 서울대학교 석사학위논문, 55-56, 58쪽.

통해 이루어졌다. 훈장·포장을 통해 산업 영웅들이 만들어지는 시간과 공간은 산업적 국가기념일에 의해 마련되었다. 특정 산업적 기념일의 기념의례를 거행하는 도중에 특정 인물(들)에게 훈장·포장이 수여되곤 했기 때문이다. '산업훈장'은 1962년 9월 29일에 처음 제정되었다. 당시 산업훈장은 금탑(1등급), 은탑(2등급), 동탑(3등급) 등 세 등급으로 구분되어 있었다. 1967년 2월 28일 여기에 철탑(4등급)과 석탑(5등급) 산업훈장이 추가되어 5등급 체계를 갖추게 되었다. 그리고 1949년 6월 6일에 제정되었던 '식산殖産포장'과 '근로포장'이 1967년 1월 16일에 '산업포장'이라는 새로운 이름으로 통합되었다. 한편 새마을훈장은 1973년 11월 1일에 제정되었다. 제정 당시부터 자립장(1등급), 자조장(2등급), 협동장(3등급), 근면장(4등급), 노력장(5등급) 등 5등급 체계를 이루고 있었다. 새마을포장은 1973년 1월 25일에 제정되었다.[85]

현행 상훈법에서는 산업훈장의 대상자를 "국가 산업 발전에 이바지한 공적이 뚜렷한 사람"(17조)으로, 산업포장 대상자를 "산업의 개발 또는 발전에 이바지하거나 실업實業에 부지런히 힘써 그 공적이 뚜렷한 사람 또는 공장, 사업장, 그 밖의 직장에 근무하는 근로자로서 그 직무에 부지런히 힘써 국가 발전에 이바지한 공적이 뚜렷한 사람"(26조)으로 규정하고 있다. 아울러 새마을훈장의 대상자를 "새마을운동을 통하여 국가 및 사회 발전에 이바지한 공적이 뚜렷한 사람"(17조의 2)으로, 새마을포장 대상자를 "새마을운동을 통하여 새마을정신을 구현함으로써 지역사회 개발과 주민복리 증진에 이바지한 공적이 뚜렷한 사람"(26조의 2)으로 각각 규정하고 있다.[86] 1983년 12월 31일 현재 산업훈장 수훈자는 모두 2,270명에 달했다. 이 가운데 1등급인 금탑金塔 산업훈장 수훈자는 138명이었고, 2등급 은탑銀塔 산업훈장 248명, 3등급 동탑銅塔 산업훈장 595명, 4등급 철탑鐵塔 산업훈장 562명, 5등급 석탑錫塔 산업훈장 727명이었다. 같은 시기에 산업포장을 받은 이는 모두 1,512명이었다. 또 1983년 12월 말까지 새마을훈장을 받은 사람은 1,414명이었다. 이 가운데 1등급인 자립장自立章 수훈자는 1명이었고, 2등급 자조장自助章 13명, 3등급 협동장協同章 325명, 4등급 근면장勤勉章 490명, 5등급 노력장努力章 585명이었다. 같은 기간 동안 새마을포장을 받은 이는 781명이었다.[87] 1983년 말까지 산업훈장·포장 혹은 새마을훈장·포장을 받아 '산업 영웅'으로 공인받은 이들이 6천명 가까이나(5,977명) 되었던 셈이다.

발전주의는 1960년대의 재건국민운동이나 1970년대의 새마을운동과 같은 '위로부터의 관제 사회운동'을 통해서도, 가요를 통해서도, 그림을 통해서도, 영화와 드라마를 통해서도, 우표를 통해서도, 열차와 담배 이름을 통해서도 유포되었다. '발전주의 가요' 가운데선 아마도 박정희 작사·작곡의 〈새마을 노래〉, 한운사 작사, 김희조 작곡의 〈잘살아 보세〉, 이진호 작사, 전석환 작곡의 〈좋아졌네〉가 가장 유명할 것이다.[88]

새벽종이 울렸네 새 아침이 밝았네 / 너도 나도 일어나 새 마을을 가꾸세 / 살기 좋은 내 마을 우리 힘으로 만드세

초가집도 없애고 마을길도 넓히고 / 푸른 동산 만들어 알뜰살뜰 다듬세 / 살기 좋은 내 마을 우리 힘으로 만드세

우리 서로 도와서 땀 흘려서 일하고 / 소득 증대 힘써서 부자 마을 만드세 / 살기 좋은 내 마을 우리 힘으로 만드세

우리 서로 굳세게 싸우면서 일하고 / 일하면서 싸워서 새 조국을 만드세 / 살기 좋은 내 마을 우리 힘으로 만드세

새 시대가 열렸네 우리 모두 힘 모아 / 민주 복지 정의의 새 역사를 만드세 / 살기 좋은 내 마을 우리 힘으로 만드세

잘살아 보세 잘살아 보세 우리도 한번 잘살아 보세 / 금수나 강산 어여쁜 나라 한마음으로 가꾸어 가면 / 알뜰한 살림 재미도 절로 부귀영화

우리 것이다 / <u>잘살아 보세 잘살아 보세 우리도 한번 잘살아 보세 잘살</u>
<u>아 보세</u>(후렴)
일을 해보세 일을 해보세 우리도 한번 일을 해보세 / 대양 너머에 잘사
는 나라 하루아침에 이루어졌나 / 티끌을 모아 태산이라면 우리의 피
땀 아낄까 보냐(후렴)
뛰어가 보세 뛰어가 보세 우리도 한번 뛰어가 보세 / 굳게 닫혔던 나라
의 창문 세계를 향해 활짝 열어 / 좋은 일일랑 모조리 배워 뒤질까 보
냐 뛰어가 보세(후렴)

좋아졌네 좋아졌어 몰라보게 좋아졌어 / 이리 보아도 좋아졌고 저리
보아도 좋아졌어 / 우물가에 물을 긷는 순이 얼굴이 하하 / 소를 모는
목동들의 웃는 얼굴이 하하 / 마을마다 길가에는 예쁜 꽃들이 하하 /
<u>좋아졌네 좋아졌어 몰라보게 좋아졌어 이리 보아도 좋아졌고 저리 보</u>
<u>아도 좋아졌어</u>(후렴)
좋아졌네 좋아졌어 몰라보게 좋아졌어 / 이리 보아도 좋아졌고 저리 보
아도 좋아졌어 / 비단 같은 우리 강산 푸른 나무가 하하 / 숲속에서 노래
하는 예쁜 새들이 하하 / 애써 일한 넓은 들에 오곡백과가 하하(후렴)
좋아졌네 좋아졌어 몰라보게 좋아졌어 / 이리 보아도 좋아졌고 저리 보
아도 좋아졌어 / 골목골목 아침 인사 우리 마을이 하하 / 골목골목 고운
인사 우리 생활이 하하 / 서로 믿고 서로 돕는 우리 인심이 하하(후렴)

　　1970년대 초에 나온 〈새마을 노래〉 말고도 박정희 작사·작곡의 노래
가 또 하나 있었다. 1977년에 발표된 〈나의 조국〉이 그것이다. "화랑의
옛 정신을 오늘에 이어받아 새마을정신으로 영광된 새 조국에 새 역사 창
조하여 영원토록 후손에게 유산으로 물려주세"라고 노래하는 이 곡의 전
체 가사는 다음과 같다.

백두산의 푸른 정기 이 땅을 수호하고 / 한라산의 높은 기상 이 겨레 지
켜왔네 / 무궁화 꽃 피고 져도 유구한 우리 역사 / 굳세게도 살아 왔네
슬기로운 우리 겨레
영롱한 아침 해가 동해에 떠오르면 / 우람할손 금수강산 여기는 나의
조국 / 조상들의 피땀 어린 빛나는 문화유산 / 우리 모두 정성 다해 길
이길이 보전하세
삼국통일 이룩한 화랑의 옛 정신을 / 오늘에 이어받아 새마을정신으로
/ 영광된 새 조국에 새 역사 창조하여 / 영원토록 후손에게 유산으로
물려주세[89]

노래와 함께 그림도 동원되었다. 화가들도 발전주의의 확산에 힘을 보
태고 나섰다. 1969년부터 1975년 사이에 발전주의를 주제로 한 전시회가
다섯 차례 열렸다. 이 중 세 차례는 문화공보부가, 두 차례는 서울신문사
가 주최한 행사였다. 〈표 11-6〉에 그 개요가 제시되어 있다.
영화와 드라마도 발전주의에 활용되었다. 〈대한뉴스〉나 각종 다큐멘
터리를 통해서도 발전주의 가치들이 적극적으로 홍보되고 교육되었다.
1973년 설립된 영화진흥공사가 직접 제작한 〈아내들의 행진〉(1974년)을

〈표 11-6〉 1960~1970년대 산업발전 전시회

시기	전시회 명칭	작품 수	장소	주최
1969.7	한국 주제 9인전	회화 10점	신문회관 화랑	서울신문사
1969.10	미술·사진 산업 건설상 (建設相) 작품전	사진 64점 회화 40점	국립박물관	문화공보부
1970	조국 근대화 10인전	미상	미상	서울신문사
1974.3	제1차 경제발전 기록화	회화 25점	국립현대미술관	문화공보부
1975.8	제2차 경제발전 기록화	회화 25점	국립현대미술관	문화공보부

* 출처: 김미정, "1960~70년대 한국의 공공미술", 76쪽.

비롯하여 1970년대에만도 이른바 '새마을영화'가 25편이나 제작되었다. 1971년에 제작된 〈월남에서 돌아온 김 상사〉와 〈내일의 팔도강산〉을 필두로, 1972년에 만들어진 〈쥐띠부인〉, 1976년에 만들어진 〈바다의 사자들〉, 〈아라비아의 열풍〉, 〈어머니〉, 〈우리들에게 내일은 있다〉, 〈청춘공화국〉, 1977년에 만들어진 〈만원〉, 〈고교결전자! 지금부터야〉, 〈여기자 20년〉, 〈사랑의 원자탄〉, 〈옥례기〉, 〈별 3형제〉, 〈꿈나무〉, 〈이 한 몸 다 바쳐〉, 〈독수리 날개를 펴라〉, 1978년에 제작된 〈경찰관〉, 〈슬픔은 이제 그만〉, 〈병아리들의 잔칫날〉, 1979년에 제작된 〈맏며 며느리〉, 〈터질 듯 한 이 가슴을〉, 〈하늘나라에서 온 편지〉, 〈달려라 만석아〉 등이 '새마을 영화'의 범주로 분류된 우수영화·국책영화·추천영화들이었다.[90]

약 10년에 걸쳐 다섯 편의 영화와 한 편의 드라마로 제작된 〈팔도강산〉 시리즈가 1960~1970년대 '발전주의 영화'의 대표 사례였다. 1967년 처음 제작된 영화 〈팔도강산〉은 국립영화제작소가 기획하고 공보부가 제공한 것이었는데, 국도극장 한 곳에서만도 32만 명 이상이 관람하는 등 큰 성공을 거두었다. 1968년 국립영화제작소에 의해 제작된 〈속續 팔도강산: 세계를 간다〉, 1971년에 제작된 〈내일의 팔도강산〉과 〈아름다운 팔도강산〉, 1972년에 제작된 〈우리의 팔도강산〉, 1974년 4월부터 1975년 10월까지 KBS를 통해 398회에 걸쳐 방영되어 당시로선 '최장수最長壽 일일연속극'으로 군림하면서 40% 이상의 시청률을 기록했던 〈꽃피는 팔도강산〉 등이 이어졌다.[91] '안보관광'이 관광과 안보를 결합하듯, '산업관광'(산업시찰)은 관광과 산업을 결합시킨다. 고속도로 위를 거침없이 질주하는 고속버스는 '일일생활권의 신화'와 같은 '산업 신화들industrial myths'을 만들어낸다. 필자가 보기엔 이 시리즈처럼 '국토민족주의와 경제민족주의의 절묘한 배합'을 잘 보여준 사례도 찾기 어렵다. 『조국 근대화를 유람하기』라는 책에서 김한상이 이를 잘 포착하고 있다.

시리즈의 첫 작품부터 두드러진 특징은 산업 현장을 관광의 대상으로 등장시킨다는 것이다. 1편에서는 첫째 사위 진규가 일하는 시멘트 공장, 둘째 사위 노식이 일하는 간척사업지, 셋째 사위 수련이 일하는 비료·정유 공업단지, 넷째 사위 장강의 수출항이 그러한 관광지 역할을 했다. 이는 속편들에서도 노식의 농장이나 영균의 원양어선 등과 같이 반복적으로 관광 무대의 역할을 하게 된다. 이러한 패턴은 시리즈화되면서 각 지역별로 산업적 상징물들을 그 지역의 장소신화로 만드는 효과를 낳는다. 즉 충북 단양은 시멘트 공장지대, 부산은 수출항, 울산은 화학·정유공장 같은 등식을 만드는 것이다.(85-86쪽)

이때 산업현장은 일종의 풍경landscape이 된다. 풍경으로서 산업현장의 이미지들은 단순한 미학적 응시의 대상이 아니다. 이 이미지들은 그것을 통해 세계를 해석하고 이해하고 구성하는 '제도화된 세계상'으로서의 풍경이다. 충청도의 벌판 한복판에 거대하게 솟아오른 시멘트 기계들, 넓은 바다를 옆에 끼고 거대한 위용을 자랑하는 부산의 무역선과 그 운동의 이미지들, 흙과 모래의 언덕을 다이너마이트로 폭파하는 계화도 간척장의 이미지 등은 관광 대상으로서의 장소신화를 보여주면서 동시에 어떤 '세계'의 이미지를 구성하는 것이다.(90-91쪽)

분절된 이미지들은 다시 전체로서의 '조국'을 조립한다. 산업현장의 풍경들과 관광지의 기념엽서 이미지들은 '대한민국'이라는 커다란 지도를 완성하기 위한 조각들이다. 이렇게 민족 혹은 국민국가nation state는 눈에 보이는visible 대상, 공간적으로 느낄 수 있는 대상이 된다. '민족지도 그리기mapping the nation'라고 부를 수 있는 이러한 전략은 '민족'이라는 표상을 절대적으로 필요로 했던 근대 민족주의운동에서 자주 볼 수 있다.(96-97쪽)

드라마나 영화는 종종 노래와 동행한다. 1950~1970년대에는 라디오·텔레비전 연속극의 주제곡이나 영화 주제곡이 유행가요가 되는 경우가 많았는데, 신봉승이 작사하고 이봉조가 작곡하고 최희준이 부른 〈팔도강산〉시리즈의 같은 제목 주제곡도 마찬가지였다. 앞서 소개한 〈새마을 노래〉, 〈잘살아 보세〉, 〈좋아졌네〉, 〈나의 조국〉처럼, "잘살고 못사는 게 팔자만은 아니더라, 잘살고 못사는 게 마음먹기 달렸더라"고 노래하는 〈팔도강산〉도 '발전주의 가요'의 대표곡 중 하나였다.

> 팔도강산 좋을시고 딸을 찾아 백리 길 / 팔도강산 얼싸안고 아들 찾아 천리 길 / 에헤야 데헤야 우리 강산 얼씨구 / 에헤야 데헤야 우리 강산 절씨구 / 잘살고 못사는 게 팔자만은 아니더라 잘살고 못사는 게 마음먹기 달렸더라 줄줄이 팔도강산 좋구나 좋다(후렴)
> 팔도강산 좋을시고 살판이 났네 / 팔도강산 얼싸안고 웃음꽃을 피우네 / 에헤야 데헤야 우리강산 얼씨구 / 에헤야 데헤야 우리 살림 절씨구 (후렴)[92]

〈표 11-7〉에서 쉽게 확인할 수 있듯이 발전주의는 우표 속으로도 스며들었다. 우표를 통해 발전주의 의식을 확산하려는 박정희-전두환 정부의 의지는 이승만-장면 정부 시기와 뚜렷한 대조를 이룬다. 군사정권들 중에서도 박정희 정부는 타의 추종을 불허할 정도였다.

지배엘리트들은 열차와 담배의 이름에도 발전주의 정신을 녹여냈다. 열차의 경우 1962년 5월부터 서울-부산 간을 운행한 '재건호'를 비롯하여, 1963년 8월부터 운행된 '약진호'(서울-부산)와 '풍년호'(서울-여수), 1966년 7월부터 운행된 '건설호'(서울-경주)와 '증산호'(서울-목포), 1974년 8월부터 운행된 '새마을호'(서울-부산), '풍년호'(서울-목포), '약진호'(서울-경주), '협동호'(서울-진주), '부흥호'(천안-장항) 등이 그런 사례들이다.[93] 담배의 경우

〈표 11-7〉 발전주의 가치를 담은 역대 정부의 우표들: 1948~1989년

시기	주요 우표와 발행 연월
이승만 정부 시기	철도교통 50주년 기념우표(1949.9)
장면 정부 시기	
박정희 정부 시기	원자로 가동 기념우표(1962.3), 제1차 경제개발5개년계획 캠페인우표(1962~1966년 사이 매년 2종씩), 제2차 경제개발5개년계획 캠페인우표(1967.6, 이후 매년 발행), 서울-부산간고속도로 준공 기념우표(1970.6), 박정희 업적 홍보 보통우표(1970.9, 1970.11), 새마을운동 캠페인우표(1972.5), 포항종합제철공장 준공 기념우표(1973.6), 소양강다목적댐 준공 기념우표(1973.10), 서울지하철(종로선) 개통 기념우표(1974.8), 100억불 수출의 날 기념우표(1977.12), 세종문화회관 개관 기념우표(1978.4)
전두환 정부 시기	국산자동차 시리즈 통상우표(1983년 2월부터), 88올림픽고속도로 개통 기념우표(1984.6), 서울국제무역박람회 기념우표(1984.9), 세계은행/국제통화기금 연차총회 기념우표(1985.10), 한강종합개발준공 기념우표 3종(1986.9)

* 출처: 나이토 요스케, 『우표로 그려낸 한국 현대사』, 18-221쪽 참조.

1961년 7월부터 발매된 '재건' 담배를 비롯하여, 1962년 1월부터 발매된 '새나라' 담배, 1966년 8월부터 판매된 '새마을' 담배, 1977년 5월부터 판매된 '협동' 담배와 '새마을' 담배 등이 이에 해당하는 사례들이었다.[94] 영화·드라마의 스토리나 가요의 가사가 비판적인 성찰의 대상이 되는 경우도 드물지만, 얼마간의 시간이 지나면 열차나 담배 이름에 담긴 '명명의 정치'는 거의 무의식 수준에서 작동하게 된다. 사람들이 자기 기호嗜好나 시간이 맞아서 그런 게지, 그 이름이 좋아서 굳이 '새마을' 담배를 피우거나 '새마을호' 열차를 타는 것은 아니지 않은가?

4. 베트남 파병과 반공민족주의

이 장을 마무리하면서 반공민족주의라는 맥락에서 한국군의 베트남 파병 문제를 잠시 고찰해보자. 한홍구에 따르면 박정희 정권이 한국군 파병의 명분으로 내세운 논리는 대략 세 가지였다. (1) 한국전쟁 때 한국을 도운 '자유 우방 16개국'의 은혜에 보답해야 한다는 보은론, (2) 베트남의 공산화가 동북아시아의 공산주의 세력 확대로 이어질 것이라는 '한국판 도미노이론'에 근거한 제2전선론("월남은 한국전의 제2전선"), (3) 지원을 받던 한국이 우방의 안전보장을 지원하는 위치에 서게 되었다는 국위선양론이 그것이었다.[95] 이 모두가 '반공 선민의식'이나 세계 냉전체제에서 한국의 고양된 위상과 역할·기여를 강조하는 '반공민족주의'와 맞닿아 있었다.

〈표 11-8〉에서 보듯이 1964년 9월 외과의사와 태권도 교관 파견으로 시작된 한국군 파병은 공병부대 파병으로, 나아가 전투부대 파병으로 이어졌다. 윤충로는 베트남전쟁 파병의 개요를 다음과 같이 정리한 바 있다.

> 짧게는 한국군이 참전한 8년 6개월, 길게는 1975년 4월 남베트남이 몰락할 때까지 한국은 '월남 붐'으로 뜨거웠다.……최초의 파월派越은 의

〈표 11-8〉 한국군의 베트남 파병 연표[96]

파병 시기		파병 규모(명)	파병 부대
1964년	1차 파병(9월 22일)	140	외과의(外科醫)와 태권도 교관
1965년	2차 파병(3월 16일)	1,984	공병부대(비둘기부대)
	3차 파병(10월 9일)	4,286	전투부대(청룡부대)
	4차 파병(11월 1일)	13,672	전투부대(맹호부대)
1966년	5차 파병(10월 3일)	25,064	전투부대(백마부대)
1967년	6차 파병(7월 1일)	2,963	전투부대(청룡부대)

료부대 130명, 태권도 교관단 10명으로 시작했다. 1964년 8월 24일 오전 10시 육군본부 광장에서 '월남 군사지원단' 환송식이 열렸고……이렇게 '조촐'하게 시작된 파병은 1965년 3월 건설지원단인 비둘기부대, 같은 해 10월 전투부대인 청룡·맹호부대, 1966년 8월 백마부대의 추가 파병으로 이어졌다. 140명으로 시작된 파병 인원은 불과 2년여 만에 4만 5,605명으로 늘었다. 1973년 3월 베트남에서 철수할 때까지 연병력 32만 4,864명의 한국군이 베트남전쟁에 참여했고, 이 가운데 5,099명은 살아 돌아오지 못했다. 또한 사람들의 기억에서 잊혔지만 파월된 한국군을 뒤따라 총 2만 4,000여 명, 연인원 6만 2,800여 명의 기술자들이 베트남으로 갔다.[97]

이 전쟁에 참여함으로써 한국군 5,099명이 전사했고 10,962명이 부상당했다.[98] 한국은 베트남에 파병한 8개 국가 가운데 미국 다음으로 많은 군인들을 보냈고, '국내인구 대비 베트남 참전군인 비율'(0.14%) 면에서도 미국(0.16%)에 이어 두 번째로 높았다.[99]

한국전쟁에 이어 베트남전쟁에서도 전쟁이 시민종교에 미치는 '형성적 효과formative effects'가 다시금 뚜렷이 나타났다. 베트남전쟁은 시민종교의 신념체계에서 주로는 반공주의 교리를, 부차적으로는 발전주의 교리를 활성화했다. 파병된 '국군' 장병들은 "베트남의 자유와 세계 평화를 위한 십자군"으로 칭송되었다.[100] 박정희는 베트남 파병을 "건국 이래 처음 있게 되는 역사적 장거壯擧"로, 파견 군인들을 "자유의 십자군", "반공 십자군", "화랑의 후예"라고 표현했다.[101]

조지 모스가 지적했듯이, '시민군'은 기존의 '용병군'에 비해 더욱 적극적으로 전쟁에 의미를 부여하고 전쟁을 긍정적으로 기억하려 하며, 이런 경향은 시민군 중에서도 자원입대한 '의용병' 가운데서 가장 현저하게 나타난다. 의용병들이야말로 '전쟁 경험의 신화화'를 촉진하는 '신화 제작

베트남 파병 장병 환송시민대회 퍼레이드

자들'이었다.[102] 이렇게 본다면 한국전쟁에서도 징병자보다는 '학도의용군' 출신이 더욱 적극적으로 전쟁 경험의 신화를 만들어냈을 가능성이 높았을 것이다. 베트남전쟁의 경우엔 강제 차출당한 이들이 대부분이었던 사병 출신들과 전쟁에 자원했던 장교 출신들 사이에서 주로 차이가 발생했던 것으로 보인다. 사병으로 참전했던 이들보다는 장교로 참전했던 이들에게서 "영웅적인 전과들과 베트남전쟁에 대한 군사적·정치적·경제적 합리화" 그리고 "전쟁에 대한 거대 담론과 전략, 전쟁에서의 성취감과 명예"가 집단기억의 중심으로 자리 잡게 되었던 것이다.[103] 사병들의 경우에도 '부대 단위 파병'이 이루어진 경우에는 대부분 '강제 차출'이 이뤄졌지만, 가정의 경제적 어려움 때문에 혹은 '군사적 남성성'의 발로로 자원한 경우도 점점 늘어났다고 한다.[104] 참전 사병 중 75%가량이 사실상의 강제적 차출, 나머지 25%가량이 자발적 지원자였다는 통계도 있다.[105] 이 경우 자발적으로 지원했던 사병 참전자들이 '전쟁 경험의 신화화'에 보다 적극적으로 나설 가능성이 높았다고 할 것이다.

이인호 해병 대위, 김수현 해병 중위(군의관), 지덕칠 해군 하사, 이상득 육군 병장, 송서규 육군 중령, 임동춘 육군 중위 등은 베트남전의 영웅으로 탄생했다. 베트남 현지에서 전사한 것은 아니지만, 파병을 위한 훈련 과정에서 '살신성인'의 죽음을 당한 강재구 육군 대위와 이원등 육군 중사도 반공 영웅으로 추앙받았다.[106] 지방 단위의 위령·현충 시설들에서는 기존의 한국전쟁 전사자 명부에 베트남전쟁 전사자 명단이 추가되는 등 '전사자 명부의 재편·재구성'이 진행되었다. 동작동 국립묘지에는 '파월 장병 묘역'이 신설되었다.

베트남전쟁 파병을 계기로 '반공주의와 발전주의의 접합'이 이루어지기도 했다. 이 전쟁은 "반공전쟁"이자 "경제 발전을 위한 전쟁"이었고, "전쟁을 통해 근대화의 욕망을 실현하는 장"이기도 했다.[107] 마찬가지로 박태균에 의하면 "한국에 베트남전쟁은 '알라딘의 램프'로 기억되고 있다.

한국군 파병은 엄청난 경제적 이익을 가져다줬고, 그 이익 덕분에 1970년대 중화학공업화가 시작되고 1970년대 말 건설 산업이 중동에 진출할 수 있었다.……한국의 교과서도 이런 상황을 그대로 반영하고 있다.……베트남 파병은 경제적 이익을 가져다준 사건으로 강조되고 있다."[108]

다양한 시민종교 인프라들이 베트남전쟁 참전을 정당화하고 미화하는 데 동원되었다. 윤충로는 베트남전쟁 파병 시기에 "후방에서의 전쟁, 일상의 전장화"를 위한 장치로서 위문사업, 우표와 담배(1966년 10월 전투사단 파월 기념우표, 1966년 8월 파월 기념 담배인 '자유종'), 전시 분위기를 고조시키는 문화적 기제들을 들었다. 이런 문화적 기제들 가운데 '파월 장병 환영·송영 행사', 언론매체들의 전황戰況 보도, 대중가요 등이 중요했다고 보았다.[109] 당시 "신문의 단골 메뉴였던 '월남통신' '베트남통신', 〈대한뉴스〉의 영상 등 다양한 매체들은 끊임없이 베트남의 전황과 나날의 소식을 퍼날라 대중의 일상을 잠식해갔고, 전장을 일상의 일부로 만들었다"는 것이다.[110] 아울러 윤충로는 "〈맹호들은 간다〉 같은 군가가 익숙하게 불리는 가운데 남미랑의 〈월남 가신 나의 님〉, 최정자의 〈월남에서 보내주신 오빠의 편지〉, 윤일로의 〈월남의 달밤〉 등의 대중가요가 유행했고, 신중현이 작사·작곡한 〈월남에서 돌아온 김 상사〉가 폭발적인 인기를 끌면서 1960년대가 마감되었다"고 적었다.[111]

한홍구는 텔레비전의 역할에 주목했다. 그에 따르면 "막 일반가정에 보급되기 시작한 TV를 켜면 '자유통일 위해서 조국을 지킵시다. 조국의 이름으로 님들은 뽑혔으니, 그 이름 맹호부대 용사들아'를 외치는 〈맹호의 노래〉와 얼룩무늬 번뜩이며 정글에 가서 귀신을 잡는 해병들을 찬양하는 〈청룡의 노래〉가 끊임없이 흘러나왔다."[112] 이와는 잘 어울리지 않지만, 베트남전 참전은 서구 대중문화가 한국사회로 유입되는 계기로도 작용했다. 박태균의 설명에 의하면 "한국군이 미군과 함께 베트남에서 활동한 것을 계기로 서구의 대중문화가 본격적으로 한국사회에 유입되기도 했다. 1895년 단발령 이후 처음으로 장발이 유행했으며, 미니스커트가 등장했다. 트로트 대신 통기타 가수들이 인기를 얻었고, 베트남을 통해 미국과 일본의 전자제품이 국내에 유입됐다."[113] 베트남전 파병 시기의 한국사회에서는 '반공민족주의 확산'과 '서구 대중문화 확산'이라는 서로 대조적인 풍경들이 별다른 마찰 없이 동시에 공존하고 있었다. 아마도 '발전주의적인 대중정서'가 두 이질적인 현상들을 비교적 매끄럽게 연결시켜주었던 것으로 보인다. 베트남전쟁 파병 문제에 대해서는 '한국의 병영국가화'라는 맥락에서 한 번 더 언급하게 될 것이다.

제 12 장

국토 성역화와 참신자 만들기

쿠데타 이후

필자는 5장에서 '영웅의 장소성'에 대해 언급한 바 있다. '어떤 장소를 성
스러운 장소로 만들 것인가'의 문제는 (무명 대중이나 대중영웅을 포함하여) '어
떤 영웅적인 인물(들)을 선호하는가'의 문제와 불가분한 관계를 맺고 있
다. 어떤 영웅이 태어나거나 성장한 곳, 가장 탁월한 업적을 낸 곳, 오래
거주했던 곳, 죽은 곳, 묻힌 곳 등이 우선적인 성역화의 대상이 되기 쉽다.
따라서 영웅과 성소는 서로 수렴하는 경향이 강하고, 성지 만들기는 왕왕
영웅 만들기이기도 한 것이다. 영웅과 성소의 이런 친화성을 전제할 때,
국난극복사-전쟁사 중심의 사관史觀이 중요시될수록 '전쟁 영웅'과 관련
된 장소들이 성화 대상으로 선택될 가능성이 높을 것이다. 앞 장에서 개
관해보았듯이 1960년대 이후에는 '스포츠 영웅'이나 '산업 영웅' 창출 기
제들도 속속 등장했다.

군사정권은 '전 국토의 성역화'라고 부를 수 있을 정도로 수십 년간에
걸쳐 대대적인 '국가 성지 창출 프로젝트'를 추진했다. 국토 성역화는 국
토민족주의와 직결된다. 이때 광의의 국토민족주의는 (1) 국토의 아름다
움이나 불변함을 강조함으로써 국토애國土愛를 촉진하는 '협의의 국토민
족주의', (2) 대륙을 호령하던 '위대한 고대' 혹은 '고대적 황금시대'의 영
광을 상기하거나 회복하자는, 고토故土회복주의 혹은 과거회귀주의·황금
시대론으로 치우친 '영토민족주의'를 모두 포함한다. 이런 맥락에서 국토
성역화는 '성역화된 국토의 순례'로 자연스럽게 이어진다. 국토 순례는

다양한 형태로 실행될 수 있다. 국토 행진·행군, 성지 참배, 국민관광·안보관광, 수학여행이나 견학·소풍과 같은 현장학습 등이 그것이다. 이번 장에선 국토 성역화의 한 부분을 이루는 '수도首都의 성화聖化 혹은 성역화'에 대해 먼저 논의한 후, 이어서 수도 서울을 넘어 전체 국토를 대상으로 한 성역화에 관해 논하려 한다.

1. 수도의 공간적 재편과 성역화

1960년대 이후 수도 서울의 공간적 재구성에서 세 가지를 구분하는 게 유용할 듯하다. 첫째, 국립묘지, 효창공원, 탑골공원, 광화문-태평로는 '수도 성화'와 보다 직접적으로 관련된 공간이었다. 둘째, 그 자체가 성성聖性을 띠지는 않지만 세운상가, 삼일빌딩 등의 고층빌딩, 고가도로와 지하보도, 지하철과 고속도로, 강남 개발, 한강 교량, 한강 개발 등은 '발전주의 기념물'로 간주하는 게 적절하다. 셋째, 1960~1970년대의 남산, 여의도, 제2한강교는 '수도 성화'와 '발전주의 기념물' 모두에 해당하는 사례라고 할 수 있다.

하상복의 언명대로 "1960년대는 이순신 장군과 세종대왕을 필두로 국가적 위인들의 조각상이 학교·도로·공원 등 주요한 공적 공간에 경쟁적으로 배치되었던 시기였다."[1] 이와 비슷하게 김미정은 1960년대를 "본격적인 국가적 모뉴먼트 건립의 시기"로 규정했다. 1960년대 초에 재건국민운동본부가 기획한 3개의 기념탑 건립사업은 '3·1독립선언기념탑'과 '유엔탑', '4·19혁명기념탑' 등으로 구성되어 있었다. 3·1운동, 한국전쟁, 4·19혁명을 종축縱軸으로 엮어 항일, 자유, 민주라는 상징적 대의를 빌리려 했던 것이다.[2] 물론 '반공주의 기념물의 과잉'으로 인해 군사정부 아래에선 민족주의-반공주의-민주주의 사이의 조화로운 균형이 한 번도 제대로 구현된 적이 없지만 말이다. 어쨌든 3개 기념탑 프로젝트 모두가 수도 서울을 무대로 삼았던 게 특징이었는데, 그만큼 강렬했던 수도 성화 의지를 보여준다고 하겠다. 이 가운데 3·1독립선언기념탑과 4월학생혁명기념탑은 1963년 각각 탑골공원과 수유리묘지에, '유엔군 자유수호 참전 기념탑'(유엔탑)은 1964년 제2한강교 입구에 건립되었다.

1963~1964년은 '국가적 모뉴먼트' 건립 프로젝트에 시동이 걸린 때였다. 위의 '3대 기념탑' 건립 사업 외에도, 1964년에는 "서울의 척추로脊椎路이고 심장 간선心臟幹線인"[3] 세종로-태평로 축의 광화문 일대를 성역화하려는 시도가 본격화되었다. 중앙청·광화문에서 남대문을 잇는 가로를 따라 대표적인 민족 영웅 37명의 조각상彫刻像을 줄지어 세운다는 야심찬 프로젝트였다. "5·16혁명기념일을 기해 국회 문공위가 발안하고 문교부가 맡아 추진"한 이 사업의 결과, 예정대로 1964년 5월 16일 맞춰 무려 37개의 조각상이 일제히 설치되었다. 이 조각상들은 "장안의 화제를 모으면서 후손들에게 그 선을 보여 명소로 등장했다."[4] 〈표 12-1〉에 조각상으로 표현된 역사 인물 37인의 신분별 명단이 제시되어 있다.

〈표 12-1〉 1964년 세종로-태평로에 건립된 37인 선현 석고상

신분	인원(명)	대상 인물
왕	3	왕건, 김춘추, 세종대왕
무신(武臣)	7	강감찬, 윤관, 최무선, 이순신, 을지문덕, 김유신, 권율
문신(文臣), 문화인	10	최충, 문익점, 김정희, 정몽주, 정약용, 이황, 이이, 김정호, 김홍도, 신사임당
승려	2	사명대사, 원효대사
항일운동가	14	이준, 안창호, 유관순, 안중근, 윤봉길, 김마리아, 이강년, 허위, 손병희, 김좌진, 김구, 이상재, 민영환, 최익현
기타(혁명가)	1	전봉준

* 출처: 김미정, "1960~70년대 한국의 공공미술", 49쪽.

그러나 이 사업의 과정이나 내용은 졸속으로 일관했다. 1964년 3월에 홍익대, 서라벌예대, 서울대, 이화여대 등 서울 시내 4개 대학에 조각상 제작이 의뢰되었다. "5·16혁명기념일" 제막 일정에 억지로 맞추기 위해 제작기간은 불과 2개월만 주어졌다. 전체 예산도 150만 원에 그쳐 작품 당 고작 4~5만 원의 제작비가 지급되었다. 적은 제작비 때문에 제작자도 전문성이 떨어지는 조각 전공 대학생이나 대학원생들로 정해졌다. 조각 상의 크기는 대략 6척(약 1.8m) 정도였다. 이 때문에 복식 고증조차 제대로 되지 못했다, 설치 장소가 인도가 아닌 중간녹지인 데다 조각상 크기가 작아 가시성이 떨어진다, 재료가 국산 석고여서 착색着色도 제대로 안 되고 금세 훼손되어 도시미관을 해칠 것이다, 예술적 가치가 떨어질 것이다 등 등의 비판이 설치 이전부터 빗발쳤다.5 과연 설치 직후부터 심각한 문제 들이 나타났고 그로 인해 비판은 더욱 고조되었다. "주요 도로명을 선현의 이름을 따서 고친 것은 좋았다고 하겠으나, 서른일곱 분의 선열 조상에 관한 한, 적지 않게 송구스럽다. 지난 봄 한두 달 동안에 급조해서 세울 때부터 걱정된 일이지만, 세워진 지 두 달도 못되어 얼룩지고 상처가 난다는 이야기이니 과연 올해 장마나 무사히 넘길 수 있을는지 모르겠다."6 실제로 장마철이 되자 상황이 한층 악화되었다. "장마철로 접어들면서부터 퇴색 변색하는가하면 소상塑像의 일부가 떨어져나가 도시미관상 좋지 않다고 하여, 지금 많은 물의를 자아내고 있다"는 것이다.7

선열 조상들이 수난을 받고 있다. 남대문 앞의 백범 김구 선생상으로부터 시작하여 중앙청 앞의 을지문덕 장군상에 이르는 하얀 석고와 청동으로 살짝 몸을 단장한 선열들은 세워진 지 두 달도 못 돼 빗물로 인하여 생긴 흉한 자국을 드러내고……김홍도 선생(서울대 교육대학원 엄태성 작)의 손은 보기에 애처롭게 동강이 나 있으며 임진왜란 때 민족을 지킨 사명대사(惟政=서울대 대학원 김영희 작)는 지휘봉을 굳게 쥔 손에 금이 가 있다. 그리고 을지문덕, 정약용, 윤봉길, 권율, 김정호 등 조상은 곳곳이 파손되어 있고 표면이 벗겨지고 있다.[8]

중앙청 앞에서 남대문에 이르는 녹지대의 애국 선현들의 조상은 부서지고 퇴색되어 눈뜨고 못 볼 지경. 16일(1964년 10월 16일-인용자) 아침 시청 앞에 있는 한말의 의병대장 최익현 선생의 조상이 땅바닥에 떨어져 산산조각이 나버렸는데...시체인 양 넘어진 조상을 보고 오가는 시민은 눈살을 찌푸렸다. 날림에다 제대로 모양도 갖추지 못해 처음부터 말썽도 많았지만...선열들에게 모독을 주는 이런 엉터리 작품을 왜 빨리 철거 않는지?[9]

비난 여론이 고조되자 문교부는 1964년 7월 조상 철거 문제를 국회 문화공보위원회와 협의하겠다는 입장을 처음 밝혔다. 윤천주 문교부 장관이 "작품이 훌륭한 것을 제외하고 이를 철거할 생각"이라면서 관계당국과 협의해 결정하겠다고 한 것이다. 윤 장관은 1964년 11월 초 국회에 나와서는 "석고상이 앞으로 겨울철을 넘기기 어렵고 관리가 불가능, 전부 철거키로 했다"고 '전면 철거' 입장을 천명했다.[10] 그러나 심하게 파손되거나 훼손된 석고상을 일부 철거하면서도, 군사정권은 '조상彫像 건립을 통한 중앙청-세종로-태평로 일대 성역화'라는 애초 구상에 대한 집착을 버리지 못했다. 1964년 11월에 표명된 문교부의 '전면 철거' 방침은 1965년 1월 말에 이르러 "제2단계 플랜", 즉 "중앙청 앞서부터 차례로 하나씩 순차적으로 브론즈로 바꾸어 세운다는 것", 그리고 "철거되는 석고상은 적당한 딴 곳으로 옮겨 적절히 보존시킨다는 것"으로 바뀌었다. '석고상 전면 철거' 방침이 '순차적인 동상으로의 대체' 방침으로 변경된 것이다. 건축가 김중업은 문교부의 새로운 방침을 두고 이렇게 비판했다. "제발 태평로의 행렬식 동상 계획일랑 중지되었으면 좋겠다. 그것은 오히려 선열에 대한 불경이 될 것이다. 외국에 그런 예라곤 없다. 서울에도 달리 선열 상을 세울 곳이 많지 않겠는가." 그러나 '순차적 동상 대체'라는 맥락에 서, 1965년 2월 9일 밤 열린 국무회의는 "칠이 벗겨진 서울 세종로와 태평 로에 있는 선열들의 조상을 정부예비비 93만 6천 원을 들여 올봄 안에 보 수하기로 의결"하게 된다.[11]

동상으로의 대체 작업이 지연되는 동안 기존 석고상들의 훼손은 나날 이 심해졌다. 특히 장마철 호우로 석고상 2개가 추가로 넘어지자, 결국 1966년 7월 20일 밤에 37개 석고상 중 그때까지 남아 있던 25개가 서울시 에 의해 모두 철거되었다. 철거 직전 서울시는 "미관상 좋지 않고 교통에 도 지장이 많은 이 석고상들을 철거하는 대신 앞으로 동상을 만들어 남산 공원 등 공원 지대에 세울 계획"이라고 말했다. 며칠 후에는 "서울시와 민족문화센터는 30개의 동상을 사적史蹟에 따라 공원·로타리·공공건물 에 세울 계획을 추진 중"이라는 보도가 나왔다.[12]

박정희 대통령이 시종일관 관여·지원하고 정권의 실력자였던 김종필 이 전면에 나선 '애국선열조상건립위원회'는 바로 이 시점에서 등장했다. 1964~1966년 사이에 존속했던 세종로-태평로 선열 조상 건립 프로젝트 를 보다 항구적이고, 더 웅장한 동상들로 대체하는 방식으로 계승한 조직 이 1966년 등장한 애국선열조상건립위원회였다는 것이다. 정권 차원의 후원을 받은 이 조직은 대단한 추진력을 발휘하여 1968~1972년 사이에 모두 15개의 동상들을 창출해냈다(〈표 12-2〉 참조). 1964년에 석고상이 건 립된 37명 중에서 13명이 1968~1972년에 동상이 건립된 인물 15인과 중 복된다. 세종, 강감찬, 이순신, 을지문덕, 김유신, 정몽주, 정약용, 이황, 이 이, 사명, 원효, 유관순, 윤봉길 등이 그들이다.

1968년 이후 서울 시내에 건립된 13개 애국선열 동상들의 장소를 보면 서울시와 민족문화센터가 밝혔던 '공원 중심 분산 설치 구상'에 가깝다. 따라서 김중업이 말했던 "태평로의 행렬식 동상 계획"에서도 벗어난 것

〈표 12-2〉 애국선열 기념동상 목록: 1968~1972년   단위: m

명칭	작가(글)	헌납자	건립일	위치	총 높이 (인물상)
충무공 이순신 장군상	김세중 (이은상)	박정희 (대통령)	1968.4.27	서울 세종로	18.0(6.4)
세종대왕	김경승 (최현배)	김종필 (공화당 당의장)	1968.5.4	덕수궁 중화전 앞	8.9(4.5)
사명대사상	송영수	이한상 (불교신문 사장)	1968.5.11	장충단공원	10.3(4.0)
율곡 이이 선생상	김정숙 (박종홍)	이양구 (동양시멘트 사장)	1969.8.9	사직공원	11.5(4.5)
원효대사상	송영수	조중훈 (한진 사장)	1969.8.16	효창공원	10.6(4.5)
김유신 장군상	김경승 (김상기)	김성곤 (국회의원)	1969.9.23	서울시청 앞(1971년 남산공원으로 이전)	9.3(4.5)
을지문덕상	최기원	김창원 (신진자동차 사장)	1969.10.9	제2한강교(어린이대공원 후문 밖으로 이전)	14.2(4.5)
류관순상	김세중 (서명학)	최준문 (대한통운 사장)	1970.10.12	남대문 뒤(1971년 장충단공원으로 이전)	12.1(4.5)
신사임당	최만린 (이서구)	이학수 (고려원양어업 사장)	1970.10.14	사직공원	10.5(4.5)
포은 정몽주 선생상	김경승	정주영 (현대건설 사장)	1970.10.16	제2한강교	10.0(4.5)
다산 정약용 선생상	윤영자 (류홍렬)	박영준 (진흥기업 사장)	1970.10.20	남산시립도서관 앞	8.5(4.5)
퇴계 이황 선생상	문정화 (박종홍)	구자현 (럭희화학 사장)	1970.10.20	남산시립도서관 앞	10.3(4.5)
김대건상	전진	최성모 (대한생명보험 사장)	1972.5.14	서울 절두산	10.3(4.5)
강감찬 장군상	김영중 (김상기)	전중윤 (삼양식품 사장)	1972.5.4	수원 팔달산	10.2(4.5)
윤봉길 의사상	강태성 (이숭녕)	최종환 (삼환기업 사장)	1972.5.23	대전체육관 앞	9.2(4.5)

* 출처: 김미정, "1960~70년대 한국의 공공미술", 58쪽.

처럼 보인다. 공원에 설치된 동상이 장충단공원의 사명대사 동상, 사직공원의 이이 동상과 신사임당 동상, 효창공원의 원효대사 동상 등 5개이고, 여기에 남산공원의 정약용 동상과 이황 동상까지 포함하면 7개로 늘어난다. 그러나 광화문 일대, 세종로-태평로 일대를 성역화하려는 권력층의 집착도 여전했다. 서울시청 앞쪽 "태평로의 녹지대"에 세워진 김유신 동상, 남대문 뒤쪽 "태평로2가 그랜드호텔 앞 녹지대"에 세워진 유관순 동상을 비롯하여,[13] 중요도도 높고 가장 먼저 동상이 건립된 두 인물인 이순신과 세종대왕의 동상이 바로 이곳에 자리 잡았던 사실에서도 이 점이 뚜렷하게 드러난다. 4개의 동상이 광화문, 세종로-태평로 일대에 차례로 건립된 것이다.

앞서 6장에서 살펴보았던 1940~1950년대 민족 영웅 만들기에서와 마찬가지로, 1960년대 이후 소환된 "역사적 영웅들 중에서도 이순신과 세종대왕은 박정희가 주장하는 민족중흥의 가치를 가장 명확하게 표상하고 있는 두 인물"로 간주되었다.[14] 박정희 정권이 이순신과 세종대왕에 대한 대대적인 영웅화에 나선 것도 바로 이 때문인데, 특히 이순신은 '국난극복형 전쟁 영웅'의 대표로, 세종은 (나중에 '산업 영웅'으로도 이어지는) '발전주의 영웅'이자 한글을 발명한 '문화 영웅'을 대표했다. 박계리는 이순신과 세종이 동상 건립 대상으로 우선 선택된 이유를 다음과 같이 서술하고 있다.

박정희는 우리의 역사와 전통 전반을 부정적으로 인식하는 가운데 유독 이순신과 세종대왕을 강조했고, 그들을 성군, 성웅으로 규정했다. 박정희에게 있어 이순신은 폐허에서의 벅찬 새 역사 창조를 일깨워준 구국의 영웅이었다. 박정희는 이러한 이순신에 자신의 이미지를 오버랩시키고자 하였다. 또한 박정희에게 세종대왕은 퇴영과 침체를 거듭한 우리 역사에서 유일하게 황금기를 구가한 번영의 상징이었다. 따라

서 박정희는 이순신과 같은 자신을 통해 퇴영과 침체에서 벗어나 세종
시대와 같은 황금시대를 재현하겠다는 메시지를 이미지화하려고 하였
던 것이다. 이에 따라 애국선열건립운동의 첫 사업은 충무공 동상, 두
번째 사업은 세종대왕상이 제작되어 세워지게 된 것이다.[15]

1968년 4월 27일 세종로 네거리 녹지대에서 박 대통령 등이 참석한 가
운데 충무공 동상이 제막되었다. "국내 최대 규모의 동상"으로서 박 대통
령이 헌납한 자금으로 만들어졌다.[16] 그 얼마 후인 1968년 5월 4일에는 박
대통령 부부 등이 참여한 가운데 덕수궁 중화전 앞에서 세종대왕 동상 제
막식이 열렸다. 이 동상은 애국선열조상건립위원회 총재인 김종필 민주
공화당 당의장이 기부한 것이었다.[17] 박정희 정권은 세종로-태평로 축,
특히 광화문을 이순신과 세종의 공간으로 성역화했다. '광화문을 이순신
·세종의 공간으로 만들기'는 1978년에 "유신문화의 신전"[18]인 세종문화
회관이 건립됨으로써 거의 완성되었다.[19] 그리하여 다음과 같은 광화문
일대의 새로운 경관이 형성되었다.

몇 십 년을 훑어보면 광복 이후 광화문 네거리와 세종로의 풍경은 몇
번에 걸쳐 크게 바뀌었음을 알 수 있다. 첫 번째는 시민회관이 서고 그
맞은편에 현재 미국 대사관 건물이 들어섰던 1960년대 전반기이다. 북
한산 아래 경복궁을 막아선 권위적이고 화려한 중앙청과는 전혀 다른
두 건물, 불필요한 장식을 다 떨어내버리고 실용적·합리적인 직선을
시원시원하게 드러내 보인 현대적인 건물이 들어선 것만으로도 그곳
의 분위기는 바뀌었다. 서유럽으로 대표되는 근대 초기의 이미지를 벗
어나 미국으로 대표되는 현대의 이미지를 세종로에 만들어냈다. 두 번
째는 1968년 이순신 동상으로 시작해 콘크리트조 광화문, 1978년 세종
문화회관 준공으로 완결되는 박정희 시대 후기의 풍경 변화이다. 1960

년대 전반기의 미국적인 모던함과 실용성의 이미지를 벗어나, 열주와 기와지붕, 갑옷을 입은 거대한 동상까지 국가주의·민족주의의 권위를 한껏 드러낸 모습이었다.[20]

애국선열조상 건립사업에서 또 하나 주목할 대목은 군사정권이 '제2 한강교'(현재의 양화대교)를 대단히 중시했다는 점이다. 5장에서도 언급했듯이 1965년 1월 완공된 이 다리는 김포공항에서 수도 중심부를 잇는 '서울의 관문'으로서, 외국 주요 인사들에게 서울과 한국에 대한 첫 인상을 좌우하는 곳으로 간주되었다. 때문에 다리가 완공되기도 전인 1964년 6·25 기념일에 맞춰 높이 50m가 넘는 초대형 전쟁기념물인 '유엔군 자유수호 참전 기념탑'이 세워진 데 이어, 1969년 10월에는 을지문덕 장군 동상, 1970년 10월에는 정몽주 동상이 속속 건립되었다. 1972년 5월에 김대건 신부 동상이 세워진 절두산 역시 제2한강교에서 500m도 떨어지지 않은 곳이었다. 애국선열조상 건립사업으로 서울 시내에 만들어진 13개 동상 중 3개가 제2한강교 주변에 배치되었던 것이다.

애국선열조상 건립사업의 일환으로 남산에도 두 개의 동상이 세워졌다. 1970년 10월 20일 남산 시립도서관에서 동시 제막된 정약용 동상과 이황 동상이 그것이다. 1971년에는 태평로에 있던 김유신 장군 동상까지 남산으로 이전되었다. 1950년대에 최고 성지로 가꾸어졌던 남산에서는 1960년대 이후 '반공주의적 공간 재편'이 빠르게 진행되기도 했다. 이와 관련하여 중앙정보부 건물들과 자유센터, 남산 요새화 프로젝트(남산터널)가 중요하다. 주요 국가행사가 열렸던 장충체육관과 국립극장(민족문화센터)도 1960~1970년대를 거치면서 남산 기슭에 들어섰다.

수도의 성화에서 중요한 부분을 차지하는 남산, 효창공원, 탑골공원, 동작동 국립묘지에 대해선 5장에서 비교적 상세하게 서술한 바 있다. 거기서 지적했듯이 중요한 시민종교 성지 중 하나였던 남산의 경우, 1960년대 이후 (1) 성성聖性의 과잉, (2) 위락적慰樂的 요소의 강화, (3) 과도한 정치화로 인해 오히려 '성지의 탈성화脫聖化'가 가속화되는 현상이 벌어졌다. '독립 성지'에 대한 다양한 공격이 1950년대 초부터 나타나기 시작했던 효창공원의 경우, 1960년대 이후에도 묘역 해체 등 '성지의 오염' 시도, 혹은 반공기념물 삽입 등 '성지의 중립화'를 통한 성성의 희석 시도, 혹은 스포츠나 위락시설 설치를 통한 '성지의 탈성화' 시도가 계속되었다. 효창공원과는 대조적으로, 탑골공원의 경우엔 4·19혁명 때 이승만 동상이 파괴된 대신 1960년대에 3·1독립선언기념탑, 손병희 동상, 독립운동사 기념부조 등이 속속 추가됨으로써 '독립 성지'의 성격이 더욱 분명해졌다.

1950년대 중반 탄생한 초대형 '반공 성지'였던 동작동 국립묘지는 1960년대에도 '유일한 국립묘지'의 지위를 유지했을 뿐 아니라, 공식 명칭도 '국군묘지'에서 '국립묘지'로 바뀜으로써 그 지위가 더욱 높아졌다. 군인 전사자만을 안장했던 국립묘지에 1960년대 중반 이후 경찰 전사자와 애국지사(독립운동가)까지 안장하게 됨으로써 '묘지의 성성'은 한층 강화되었다. 또 1967년과 1969년에 종전의 무명용사탑과 무명용사문 자리에는 현충탑과 현충문이 건설되었다. 1954년부터 1968년까지 14년 동안 전사자 추모의례의 중핵中核 위치를 차지했던 무명용사탑은 현충탑 좌측으로 이설되었다. 특히 현충탑은 그 높이가 무려 31m에 이르며, 지하에 위패봉안관과 납골당을 포함하고 있었다. 오늘날까지 이어지는 동작동 국립묘지(국립서울현충원)의 중심 경관이 사실상 완성된 때가 바로 1960년대 말이었다. 군사정권은 이 밖에도 국립묘지 연결도로 확장·포장, 묘비 교체사업, 식수와 공원화, 경내 도로 정비와 포장, 담장 설치 사업 등 국립묘지의 성역화에 대대적인 노력을 기울였다.

군사정권이 시도한 수도 성역화 노력과 관련해 빠뜨려선 안 될 것이 바로 여의도의 공간·기능 재편과 개발이었다. 여의도는 1916년 한국 최초의 비행장(간이비행장)이 된 이래 해방 후에는 국방경비대 산하 항공부대가

국토 성역화와 참신자 만들기 | 463

창설되면서 한국 공군의 발상지가 되었다. 한국전쟁 발발 이후에도 미 공군, 한국군, 민간항공사 등이 이 비행장을 이용했다.[21] 서울시가 여의 도 개발에 본격 착수한 것은 1967년부터였다. 김수근이 책임을 맡은 설계 팀이 1968~1969년에 걸쳐 '여의도 개발 마스터플랜'을 완성했다.[22] 김수 근 팀이 설계한 여의도 마스터플랜의 '주요 시설 및 녹지 배분도'에 따르 면, 현재의 국회의사당 부지에 '국회'가, 현재의 여의도성모병원 위치에 는 '시청'이, 현재의 한국방송KBS 터와 그 주변에는 '외국공관'이, 현재의 63빌딩 자리에 '종합병원'이 계획되어 있었다. 현재의 여의도순복음교회 자리에는 'Gas Plant'가 배치되어 있었다.[23] 에너지 자립의 신도시를 꿈 꾸었던 것이다. 섬의 동쪽 끝에는 '대법원' 자리도 마련해 두었다. 따라서 애초 여의도는 서쪽 끝에서 동쪽 끝으로 이어지는 '국회―상업·업무지 구―대법원·시청'의 구조를 이루도록 계획되어 있었다. 국회 부지는 무려 10만 평(약 33만㎡)에 달했고, 국회 지구 동남쪽에 자리 잡은 외국공관 지구 역시 비교적 규모가 컸다. 국회·공관지구와 대칭이 되는 동쪽 끝에 종합 병원, 그 앞에 시청과 대법원이 배치되었다. 완전히 신천지인 여의도와 마포 지역은 '서울대교'(현재의 마포대교)로 연결되었다.[24] 그러나 1970년 10월 뒤늦게 박 대통령이 "김수근 팀이 구상했던 상업·업무지구를 동서 로 절단해버리는" 대광장大廣場 건설을 일방적으로 지시함으로써 "김수 근 팀의 여의도 계획은 그 뿌리가 무너져버렸다." 언제든 군사용 비행장 으로 활용할 수 있는 길이 1,350m, 폭 280~315m, 12만 평(약 40만㎡) 규모 의 초대형 광장은 제안된 '민족의 광장'이나 '통일의 광장'이 아닌 '5·16 광장'으로 명명되었다.[25] 대법원과 시청의 이전 계획은 물론이고 주한 외교공관들의 여의도 이전 계획도 실현되지 못했다. 1974년경에는 여의 도에 '민족박물관'을 건립한다는 프로젝트도 추진되었지만 실현되지 못 했다고 한다.[26]

결국 여의도는 애초의 성역화 계획에 미치지 못한 채 국회의사당 및 광장, 5·16광장(여의도광장), 그리고 국영방송국인 한국방송KBS 정도를 창출해내는 데 그쳤다. 김백영은 "소통성이 거의 부재한 압도적인 과시성"을 특징으로 하는, "식민권력이 보여준 광장과 공공공간에 대한 태도의 양면성을 해방 이후 군부 권위주의 정권에서도 반복했다"고 평가했다.[27] 5·16광장이 이런 평가에 정확히 부합하는 예이리라. 1970년대 이후 5·16광장은 국가적인 중요 행사와 퍼레이드의 무대로 기능하면서 국가의 의지·이념·위력을 과시하는 공간으로 자리 잡았다. 그러나 여기서 우리는 1950년대 말부터 1960년대 초까지 추진된, 앞에서 필자가 "민주주의를 압살한 '식민지적 파시즘' 체제와 명확히 구분되는 '민주공화국'의 상징을 식민지 파시즘의 성지인 남산에 건설한다는 구상"으로 표현했던 국회의사당 건립 프로젝트의 역사적 의의를 상기할 필요가 있다. 1950년대에는 독재자의 거대 동상으로 가로막히고, 1960년대 이후에는 ('민주주의 성지'이기는커녕) '반공 성지' 혹은 아예 '공포의 공간'으로 변해버린 남산을 대신하여, 좌절된 민주주의 프로젝트의 부활과 완성을 도모할 수 있는 공간으로 여의도가 떠오른 것이다. 물론 여의도의 의사당 주변 공간이 '민주주의 성지'라는 면모를 획득한 때는 대의민주주의가 활성화되고 국회의사당 광장이 대통령취임식 장소로 선택되고 자리 잡은 '민주화 이후' 시기였지만 말이다.

2. 국토의 성역화와 성지순례

군사정권 시기에 국토 성역화는 대략 세 방향으로 진행되었다. 그것은 (1) 문화재 보수·복원 사업, (2) 한국전쟁 전적지 성역화 사업, (3) 민족·전쟁·반공 영웅의 동상 건립을 통한 학교, 특히 국민의무교육을 통한 '국민 만들기' 현장인 초등학교의 성역화였다. 이런 과정을 거치는 동안 한국은 점점 '동상공화국' 혹은 '기념비공화국'으로 변모되어갔다.

(1) 문화재 보수·복원을 통한 국토 성역화

국토가 '민족의 몸'이라면, 문화재는 '민족의 혼魂'이자 '민족의 의복·장신구'이다. 박물관을 통해 민족혼의 결정체인 문화재와 접촉하는 것은 곧 '민족의 가시화'이자, '민족의 육체성'에 대한 생생한 체험이기도 하다. 박정희 정권 시기 문화재 보수·복원 사업의 큰 성과는 그 이전 시기의 빈약한 성과와 선명하게 대조된다. 전국적인 국립박물관 체계가 어느 정도 완성된 것도 1970~1980년대의 일이었다. 기존의 국립박물관 분관分館들은 1975년에 모두 '지방국립박물관'으로 개칭되었으며, 이 무렵부터 '1도 1박물관 체제'가 점차 구축되어나갔다.[28] 1962년 제정된 문화재보호법을 비롯한 법률적 장치들, 문화재관리국이나 문화재위원회·문화공보부와 같은 실행 조직, 문화재 보수 5개년 혹은 3개년 계획이나 문화재 관계 조사사업 5개년 계획이나 문예부흥 5개년 계획과 같은 실행 계획 등이 착실히 마련되었다. 문화재 관련 예산도 대폭 증액되었는데, 특히 1970년대 중반 이후 증가 폭이 두드러졌다.[29]

　박정희 정부는 문화재가 "역사의 유산인 동시에 그 실체이며, 따라서 역사의식을 체득하고 민족적인 자아를 발견함에 있어 최선의 교재이자 방법이 된다"는 인식에 기초하여, "민족사를 창조해나가는 국민의 정신적 지주支柱로서 국민교육의 기능을 발휘하도록 한다는 기조" 위에서 문화재 보수와 정비 사업을 추진했다. 보다 구체적으로, 박 정부는 (1) 국난 극복의 역사적 유적, (2) 민족사상民族思想을 정립시킨 선현 유적, (3) 전통문화의 보존 계승을 위한 유적 등 세 범주로 나눠 문화재 보수·정화 사업을 시행했다.[30] 은정태 역시 1979년 12월 당시 문화공보부가 "대통령의 주체적 민족사관에 입각한 문화재 보수·정화는 새로운 민족사를 창조해 나가는 국민의 정신적 지주로 국민교육의 기능을 발휘하도록 하는 기조 위에서 이루어졌다"고 밝혔음을 전한 바 있다. 이런 기조 위에서 실제 문화재 보수 사업은 (1) 전적지인 한산도 제승당이나 행주산성과 같은 '국난극복 현장', (2) 현충사나 충의사와 같은 '호국 위인 유적', (3) 도산서원이나 오죽헌과 같은 '충효 선현 유적', (4) 궁궐과 사찰과 같은 '전통문화 유적' 등으로 구분되어 진행되었다고 한다.[31]

1970년대 말까지의 가시적인 성과들이 〈표 12-3〉에 정리되어 있다. 이를 통해서도 문화재 보수·복원 사업이 본격화된 시기가 1960년대 이후 임을 재확인할 수 있다. 이 표에서 보듯이, 박정희 정권의 문화재 보수·복원 사업 초기라고 할 수 있는 1966~1971년에 걸쳐 임진왜란의 영웅 탄생지 혹은 전투 현장이었던 현충사·진주성·행주산성·칠백의총을 비롯하여, 남한산성과 도산서원에 대한 성역화 작업을 진행했다. 이 가운데 임진왜란과 관련된 현충사, 진주성, 행주산성, 칠백의총은 1970년대에 재차 성역화 사업의 대상이 되었다.

한편 은정태는 박정희 시대에 진행된 국토 성역화 사업의 특징을 일곱 가지로 정리한 바 있다. 다소 길지만 인용한다.

첫째, 1970년대 후반으로 갈수록 사업 대상지가 확대되고, 투입 예산의 규모가 증가했음을 알 수 있다.……둘째, 사업은 대체로 문화재관리국이 주도했지만 간혹 지방정부가 문화재위원회의 자문을 받아 진행하는 경우도 있었다.……그러나 대체로 대통령의 지시에 의해 사업이 시작되었다. 셋째, 이들 성역은 추모·기념·교육 공간으로 기능했음을 신축된 구조물을 통해 알 수 있다. 사당·전시관·기념비·기념탑 등이 세워졌고, 관리사무소·안내관이 입구를 차지하여 민족 영웅의 호국정신을 공적으로 기억할 수 있게 했다. 넷째, 기념된 사건과 인물들

<표 12-3> 박정희 정권 시기의 성역화 사업: 1966~1979년　　　　　　　　　예산 단위: 억 원

사업지	시기	예산	신규 건축 및 제작	사건,인물
현충사(아산)	1966~69	5.9	현충사, 유물전시관, 고택, 기록화	이순신
	1972~74	7.8		
행주산성(고양)	1969~70	1.1	충장사, 덕양정, 진강정, 대첩비각, 행주대	행주대첩,
	1977~79	4.6	첩기념관, 기록화	권율
진주성(진주)	1969~70	3.4	촉석루, 서장대, 진주박물관	진주성전투
	1978			
칠백의총(금산)	1970~71	1.0	의총, 종용사, 삼문, 전시관, 순의탑, 순의	금산 의병
	1976	4.8	비, 순의비각, 기념비, 기록화	
황산대첩비(남원)	1972		대첩비, 대첩비각, 삼문	왜구 격퇴
낙성대(서울)	1973~74	4.6	안국사, 삼문, 사적비, 유허비, 영정, 기록화	강감찬
해미읍성(서산)	1973~77	1.4	진남문, 동헌, 성곽, 가옥 철거	
충의사(예산)	1974~77	1.5	충의사, 충의문, 생가, 유물진열관, 부흥원, 동상	윤봉길
충장사(광주)	1974~78	2.3	충장사, 재실, 익호문, 비각, 유물관	김덕령
오죽헌(강릉)	1975~76	4.7	문성사, 기념관, 기념비	이이, 신사임당
유관순 유적(천안)	1975~76	0.6	추모각, 봉화탑, 기념비	유관순
충민사(여수)	1975~76		충민사, 충의문, 사적비, 대첩비각	이순신
영릉(여주)	1975~77	13.9	세종전, 한글비, 기록화	세종
화성(수원)	1975~79	32.9	성곽, 기념비	정조, 정약용
한산도 제승당(통영)	1975~76	4.3	제승당, 충무사, 충무문, 정화기념비, 수루,	한산대첩,
	1978~79	1.5	대첩문, 한산대첩기념비, 기록화	이순신
서울 성곽(서울)	1975~80	61.3		
추사 고택(예산)	1976~77	1.1	사당	김정희
통일전(경주)	1976~77	6.5	통일전, 흥국문, 서원문, 사적비, 기념비, 기록화	무열왕, 문무왕, 김유신
강화 전적지(강화)	1976~77	9.2	광성보, 안해루, 고려궁지, 이방청, 4대문,	대몽항쟁, 신
	1978	0.8	기념비, 무명용사비	미·병인양요
항몽 전적지(제주)	1977~78	8.5	순의비, 삼문, 토성	삼별초
충렬사(충주)	1977~78	5.6	충렬사, 삼문, 유물전시관, 기념비, 강당	임경업
충익사(의령)	1977~78	7.6	충익사, 홍의문, 기념관, 기념비, 충의각, 의병탑, 기록화	곽재우
만인의총(남원)	1977~79	7.5	충렬사, 삼문, 기념비, 전황 부조, 기록화	정유재란
충렬사(부산)	1978~79	23.0	충렬사, 의열각, 소줄당, 충렬문, 기념관, 기념비, 충렬탑, 기록화	송상현, 정발
충민사(괴산)	1978~79	2.0	충민사, 삼문, 신도비, 기념비	김시민

* 출처: 은정태, "박정희시대 성역화사업의 추이와 성격", 251-252쪽의 표를 재구성.

은 대체로 임진왜란과 관련되었다. 사업에는 임진왜란의 3대첩이라는 한산대첩·행주대첩·진주성전투가 포함되었고, 이순신 관련 유적은 예외가 없었다. 1970년대를 '만들어진 임진왜란'의 시대라 할 만하다. 근대 독립운동가나 독립운동의 유적이 기억되는 시대가 결코 아니었다고 하겠다.······다섯째, 기념물은 예외 없이 총화단결 정신을 재현했다. 총화단결 담론은 유신체제와 불가분의 관계로 군관민 일치단결로 표현되었고, 칠백의총을 포함하여 남원 만인의총과 강화 신미 순의총 등은 이를 잘 보여주었다.······여섯째, 성역화 사업은 결코 단순 복원사업이 아니라 성역이라는 새로운 공간을 창출하는 것이었다. 기존 목조 건물을 헐고 콘크리트로 건물을 신축했고, 경내를 새롭게 단장했다. 그리고 세속 공간인 민가나 음식점, 여인숙 등은 철거되어 상당한 거리를 두고 관광단지화 했고, 주변 산림이 경역에 포함되면서 규모는 상당히 커졌다. 이 과정에서 경역 내외의 조경이 중요한 문제로 부각되었다.······일곱째, 창출된 성역의 접근성을 위해 도로 정비·주차장 시설·기타 편의시설 마련이 필수였다.[32]

위 인용문에서 대통령의 주도성, 임진왜란 전적지 및 이순신 관련 현장에 편향된 성역화, 반면에 독립운동 관련 성역화의 빈약함 혹은 그에 대한 상대적 무관심, 성역화를 통한 '총화단결 정신' 표현 등이 특히 주목된다. 사실 당시에도 문화재 복원과 성역화가 "너무 무장武將 위주로만 기리어지고 엄청난 예산이 쓰여진다는 비난"이 제기되고 있었다.[33] 아울러, 성역 창출 기제였던 세속 공간과의 분리 및 거리두기, 여기서 조경造景의 중요성, "창출된 성역의 접근성"에 대한 정교한 고려에서 드러나는 '영웅숭배 및 성지순례로의 동원' 문제, 창출된 성역에는 추모·기념을 위한 공간뿐 아니라 수련원이나 연수원 등의 '교육 공간'이 함께 배치되는 경우도 많았다는 점 등도 우리가 유의해야 할 대목이다.

박정희 정권 시기 국가 주도의 성역화 사업을 탐구한 은정태의 논문에는 이상하게도 동학 및 전봉준과 관련된 성역화 사례들이 누락되어 있다. 그러나 박정희는 집권 초기부터 동학-천도교에 대한 호감과 개인적 인연을 밝히기를 주저하지 않았다. 그는 전봉준의 위대성을 높이 평가했고, '동학난東學亂'을 '동학혁명'으로 격상시켰다. 박정희는 1963년에 자신의 아버지가 동학 농민군에 가담했음을 공개적으로 밝혔다. 최고권력자의 후원에 힘입어 1960년대 들어 동학과 전봉준 관련 기념 및 성역화 사업은 급속히 증가했다.[34] 박정희는 "동학혁명군의 순국정신"을 강조하면서 '5·16혁명-10월유신-동학혁명'을 긴밀히 연결시켰다.[35] 박정희 정권의 적극성은 〈표 12-4〉에도 잘 나타난다. 1963년의 '갑오동학혁명 기념탑' 그리고 10년 후인 1973년에 건립된 '동학혁명군 위령탑'처럼 건립 주체가 국가인 경우나, 국가의 적극적인 후원을 받는 경우가 대폭 증가했다. 직접 건립비용을 제공하지 않은 경우라 하더라도, 국가의 우호적인 배려에 따라 서울 탑골공원이나 경주 황성공원 등 접근성과 공공성이 뛰어난 장소에 동학-천도교 기념물이 세워졌다.

　　〈표 12-4〉에서 보듯이 1980년대의 전두환 정권 역시 동학과 전봉준 유적 성역화에 지원을 아끼지 않았다. 전봉준 장군 고택(1981년), 황토현전적지(1981년), 황토현기념관(1983년), 의암 손병희 어록비(1986년), 전봉준 장군 동상(1987년), 전봉준 장군 사당(1987년) 등이 그런 예들이다. 박명규에 따르면 "정읍의 기념사업회가 추진해오던 기념문화제·동상·사당·기념관 및 강당의 건립을 적극적으로 추진하여 1981년에 황토현 일대가 사적지로 지정되고 전봉준 고택이 역시 사적지로 지정되었다. 또한 전두환 대통령이 취임한 지 얼마 되지 않아 황토현기념관 건립 지시가 내려져 1983년에 황토현기념관이 건립되었고 1984년 다시 대통령의 '현충사처럼 성역화하라'는 지시로 황토현 일대가 크게 정비되었다."[36] 전 대통령은 1985년 11월 15일 열린 호남선 이리-정주 간 복선 개통식에 참여한 후 정읍군청을

<표 12-4> 동학·천도교 및 동학농민전쟁 관련 기념물: 1910~1987년[37]

시기	기념물	장소	건립년도
1910~1945.7	의사 한홍규 순절비	충남 금산	1912
	모충사	충북 청주 당산	1914
	칠의비	충남 홍주	1935
1945.8~1960	갑오민주창의통수천안 전공봉준지단	전북 정읍 이평면	1954
1961~1979	갑오동학혁명 기념탑	전북 정읍 덕천	1963
	의암 손병희 동상	서울 탑골공원	1966
	동학혁명 모의탑	전북 고부 신중	1969
	만석보 유지비	전북 정읍 이평	1973
	동학혁명군 위령탑	충남 공주 금학	1973
	갑오동학혁명군 추모탑	충남 태안읍	1978
	동학혁명군 위령탑	강원 홍천 서석면	1978
	해월 최시형 동상	경주 황성공원	1979
1980~1987	전봉준 장군 고택	전북 정읍 이평(사적 293호)	1981
	황토현전적지	전북 정읍 이평(사적 295호)	1981
	백산성지	전북 정읍 고부	1983
	황토현기념관	전북 정읍 이평	1983
	갑오기미무오 삼대운동 기념비	전북 임실	1983
	춘암상사 박인호 유허비	충남 예산 삽교	1985
	의암 손병희 어록비	독립기념관(충북 청원)	1986
	전봉준 장군 동상	전북 정읍 이평	1987
	전봉준 장군 사당	전북 정읍 이평	1987

방문하여 "군내에 있는 전봉준 장군 유적지는 역사적인 민족정신 교육장이 되어야 한다"면서 "유적지 보존 및 정화사업을 문공부에서 관장, 추진토록 하라"고 지시하기도 했다.[38]

그러나 전두환 정권의 동학에 대한 태도에는 이중성 또한 발견된다. 대표적 사례가 교과서에 나타난 동학농민혁명 명명 방식이었다. 식민지 시대부터 1950년대까지 "동학(당)의 난"이나 "동학난리, 동학난" 등으로 불리던 동학혁명은 박정희 집권 후 "혁명"으로 격상되었지만, 1981년의 4차

교육과정에서부터는 "동학운동"으로 다시 격하되었다.[39] 동학 관련 기념물의 대량생산 및 성역화 사업과는 모순되는 '역사적 위상의 격하'가 거의 동시에 진행된 것이다. 신군부 세력에 의한 '갑오동학혁명 기념사업회' 강제해산도 유사한 이중성을 보여준다. 1967년에 정읍 지역 인사들을 중심으로 조직된 갑오동학혁명기념사업회는 이후 매년 '갑오동학혁명 기념문화제'를 개최해왔다. 그러나 "80년 5월 11일 행사 때 김대중 씨가 참가한 데다 수많은 군중이 참여한 것이 빌미가 돼 당시 권력을 찬탈한 전두환 씨 등 이른바 신군부 세력에 의해 해체되어야 했다."[40] 동학농민혁명의 민중성과 저항성은 신군부 세력에게 '양날의 검'이었던 것처럼 보인다.

(2) 한국전쟁 전적지 성역화

국토 성역화의 두 번째 축은 한국전쟁 전적지 성역화였다. 문화재 보수·복원 사업이 '과거'(혹은 '먼 과거')의 국난극복 현장에 대한 성역화였다면, 한국전쟁 전적지 성역화는 '현재'(혹은 '가까운 과거')의 국난극복 현장에 대한 성역화였다. 앞서 보았듯이 전적지 성역화 움직임은 이미 1950년대부터 대단히 활발했지만, 당시 중앙정부 차원의 한국전쟁 전적지 성역화 시도는 사실상 전무했다고 해도 과언이 아니다. 도별 충혼탑 건립 프로젝트나 무명용사탑 프로젝트에서 보듯이, 이 시기에 중앙정부는 '전투 현장'이 아닌 '도시 내부' 공적 공간으로서의 반공 성지 만들기에 주력한 편이었다. 그러나 군사정권이 들어선 1960년대에는 중앙정부도 전적지 성역화에 적극 나서기 시작했다. 물론 1960년대 이후에도 지방정부와 민간 부문 역시 이전처럼 전적지 성역화의 주요 주체로 남아 있었다. 한국군의 베트남전쟁 참전과도 맞물리면서, 전적지 성역화를 포함한 '제2의 전쟁기념물 대량생산 시대'가 도래했다.

　지금까지 이 운동의 존재조차 거의 알려져 있지 않지만, 1960년대 전반기를 대표할 만한 정부 차원의 전쟁기념물 프로젝트는 '반공애국유적 부활운동'이었다. 전적지 성역화가 이 운동의 많은 부분을 차지하고 있었다는 점 또한 강조되어야 한다. "6·25동란 후 반공애국의 유적을 조사하여 이를 현창함으로써 전몰장병과 반공 애국지사들의 유훈을 깊이 흠모하고 거국적인 반공전선에 국민적인 귀감을 삼기 위하여"라는 게 공식적으로 표방된 운동 취지였다. 반공애국유적부활운동은 공보부公報部의 주도 아래 '6·25기념사업'의 일환으로 시작되었다. 중앙정부에서는 공보부 외에도 내무부, 문교부, 재건국민운동본부 등이 후원기관으로 나섰다. 각 도별로는 특정 신문사의 주최 아래 "도道와 재건국민운동 시·군 촉진회 및 각 중·고교 대학 등의 적극적인 협조로서 도내 권위 인사들을 망라한 반공애국유적부활위원회"를 구성하여 진행하는 방식이었다. 민간 언론사가 주도하는 모양새를 갖췄지만, 실제로는 계획 등 모든 단계에서 정부 주도로 진행되었다. 반공애국유적부활운동은 1961년부터 1963년까지는 비교적 활발했고 1964년 이후엔 동력이 크게 약해진 것으로 보이나, 그래도 1965년까진 명맥을 유지했던 것으로 판단된다. 최초의 반공애국유적부활운동 기간이었던 1961년 6월 25일부터 8월 15일까지 70일 동안 기념비 건립 90건을 포함하여 모두 255건의 실적을 올렸다고 한다. 1962년에는 이 운동이 8월 1일부터 9월 20일까지 50일 동안 전개되었다. 공보부는 1963년 1월에도 그해의 반공애국유적부활운동 추진 계획을 발표했다. 이 운동의 성과 중 신문보도를 통해 확인되는 마지막 사례는 호림부대虎林部隊를 기리기 위해 1965년 10월 30일 속초 설악동에 세워진 '이름 모를 자유용사의 비碑'였다.[41]

1960년대에는 유엔군 참전 국가별 기념비가 주요 전투지에 건립되기 시작했다. '유엔 한국 참전국 협회'라는 민간단체가 이 프로젝트를 주도했다. 그러나 실제로는 참전 기념비 건립비용을 해당 전적지가 속한 지역의 관민官民이 합작해서 조달하는 방식으로 프로젝트가 진행되었다.

1970년대 들어 정부의 전적지 성역화 노력이 부쩍 활성화되었고 규모
도 커졌다. 국방부나 교통부가 직접 주관하고, 대통령령과 같은 관계 법
령이 동원되었고, 예산도 대폭 확대되었다. 김미정의 말대로 "1970년대
는 전쟁 관련 조형물의 건립이 가장 활발하게 그리고 의도적으로 진행되
었던 시기"였다.[42] 이전까지 민간단체가 주도하던 유엔군 참전 기념비
건립 운동도 정부가 직접 떠맡았다. 정부 주도 프로젝트는 1970년대 전반
부의 '유엔군 국가별 참전 기념비' 건립 사업, 그리고 1970년대 후반부에
개시되어 1980년대 초까지 이어진 '전적지 개발' 사업으로 대표된다. 박

〈표 12-5〉 1970~1980년대 유엔군 국가별 참전 기념비 건립 추이[43]

시기	명칭	건립 주체(작가)	설치 장소
1971.10.1	스웨덴 참전 기념비	스웨덴 야전병원협회, 스웨덴한국협회	부산시 부산진구 부전동
1972.3.30	놀웨이(노르웨이) 참전비	한노협회	양주군 동두천읍 하봉암리
1974.9.6	터키군 참전 기념비	국방부(이일영)	용인군 구성면 동백리
1974.10.2	태국 참전 기념비	국방부(이일영)	포천군 영북면 문암리
1974.10.2	필리핀군 참전비	국방부(이일영)	고양시 덕양구 관산동
1974.10.3	그리스군 참전 기념비	국방부	여주군 가남면 오산리
1974.10.3 (1989.3.16)	프랑스군 참전 기념비	국방부(송영수)	수원시 장안구 파장동 지지대고개
1975.9.24	콜롬비아군 참전 기념비	교통부(이일영)	인천시 서구 가정동
1975.9.26	벨기에·룩셈부르크군 참전비	국방부(송영수)	양주군 동두천읍 상봉암리
1975.9.29	남아프리카공화국군 참전 기념비	국방부(백문기)	안성군 원곡면 용이리
1975.9.29	네덜란드 참전 기념비	국방부(김경승)	횡성군 우천면 우항리
1975.10.3	미국군 참전비, 트루먼 대통령 동상	국방부(김세중)	파주군 문산읍 사목리
1976.9.20	의료지원단 참전 기념비	국방부(이일영)	부산시 영도구 태종대
1982.4.6	유엔군 초전 기념비	국방부(이일영)	오산시 내삼미동 죽미령
1983.12.30	캐나다 참전 기념비	가평군, 유엔한국참전국협회	가평군 북면 이곡리
1988.9.23	뉴질랜드 전투 기념비	가평군, 유엔한국참전국협회	가평군 북면 목동리
1989.6.2	이탈리아 의무부대 참전 기념비	유엔한국참전국협회	서울 영등포 우신초교

정희 대통령의 지시에 의해 1976년부터 '6·25전쟁 전적지 개발' 프로젝트
가 역동적으로 추진되었다. 그해 12월 '전적지 개발 추진위원회'가 대통
령령으로 만들어졌고, 1977~1980년 사이에 매년 3개씩 모두 14개 전적비
가 세워졌다. 전적비 건립은 주변 공간을 공원으로 조성하는 것까지를 포
함했다.[44] '유엔군 참전 기념비' 프로젝트에서는 국방부가, '전적지 개발'
프로젝트에서는 교통부가 주도적인 역할을 떠맡았다(〈표 12-5〉와 〈표 12-6〉)

〈표 12-6〉 1970~1980년대 전적지 개발사업 추이[45]

시기	명칭	건립 주체(작가)	설치 장소
1978.10.30	춘천지구 전적기념관, 전적비	교통부, 국제관광공사 (김경승)	춘천시 삼천동
1978.11.10	설악산지구 전적비	교통부(최기원)	속초시 설악동
1978.11.30	왜관지구 전적기념관, 전적비	교통부(민복진)	칠곡군 석적면 중지리
1979.2.10	용문산지구 전적비	교통부(이일영)	양평군 용문면 신점리
1979.4.30	영산지구 전적비	교통부, 국제관광공사	창녕군 영산면 동리
1979.5.1	낙동강승전기념관, 전적비	경상북도교육위원회, 경상북도	대구시 남구 대명동
1979.11.23	지리산지구 전적기념관, 전적비	교통부(민복진)	남원군 산내면 부운리
1979.12.1	육사생도 6·25참전 기념비	국방부	포천군 가산면 어금리
1979.12.30	임진강지구 전적비	국방부(이일영)	파주군 문산읍 통일동산
1979.12.30	포항지구 전적비	교통부, 국제관광공사 (백문기)	포항시 북구 용흥동
1980.2.22	통영지구 전적비	교통부(김경승)	통영시 무전동
1980.9.15	인천지구 전적비	교통부(김경승)	인천시 남구 수봉공원
1980.10.7	영천지구 전적비	교통부(백문기)	영천시 교촌동
1980.11.8	화령장지구 전적비	교통부	상주군 화서면 신봉리
1981.11.30	다부동 전적기념관, 전적기념비, 구국용사충혼비	국방부(이일영)	칠곡군 가산면 다부리
1981.12.21	대전지구 전적비	교통부(김창희)	대전시 중구 보문산
1984.9.15	인천상륙작전 기념관	인천시, 국방부	인천시 연수구 옥련동
1989.6	철의 삼각 전적기념관	교통부, 관광공사	철원군 동송읍 장흥리

참조). 이전 시기와 비교할 때, 1970년대 후반부터 진행된 전적지 개발은 사업 규모가 대폭 확대된 게 특징이었다. 기념비·탑, 부조浮彫, 동상, 광장 등이 한꺼번에 조성되는, 복합적이고 입체적인 프로젝트로 진행되는 경우가 많았다. 일부 지역에서는 교육·전시 기능을 갖춘 기념관까지 건립하는 대형 프로젝트로 진행되었다. 전적지 성역화 프로젝트가 전쟁 시기의 기억을 되살리는 차원을 넘어, (기념관을 통해) 전후세대에게 전쟁기억을 계승하는 차원으로 발전되고 확장된 것이다.

1980년대에 주목되는 전쟁기념물 조성사업 중 하나는 공영방송인 한국방송공사KBS가 주도했던 '6·25반공위령탑' 프로젝트였다. 북한군이나 좌익 게릴라에 의해 민간인학살이 자행된 곳에 위령탑을 건립하는 게 이 프로젝트의 요체였다. KBS는 그 일환으로 1985년 6월 25일을 기해 포항시 송라면 지경리, 파주시 파평면 두포리, 춘천시 남산면 남이섬 등 세 곳에서 반공위령탑을 제막하는 등 모두 15개소에 '반공위령비' 혹은 '반공위령탑'을 세웠다. 전적지 성역화와는 성격이 다른, 그럼에도 '반공 성지'의 창출이라는 점에서는 공통점을 지닌 전쟁기념물들이었다. 표면상으론 방송사가 나섰지만 이 사업 역시 사실상의 국가 주도 프로젝트였다. 1984년 6월에 있었던 '제2회 교정대상' 수상자 다과회에서 전두환 대통령이 지시함으로써 이 사업이 시작되었기 때문이다.[46]

한국전쟁 전적지 성역화와 비슷한 '반공 성지' 창출의 사례 중에서 가장 중요한 것은 동작동 국립묘지에 이어 탄생한 대전의 '제2국립묘지'였다. 서울 국립묘지의 안장 능력이 한계에 다다르자 1970년대부터 새로운 국립묘지 건설이 모색되었고, 1976년 4월에 충남 대덕군 유성읍 갑동리(현재의 대전광역시 유성구 현충원로 251) 일원이 국립묘지 장소로 결정되었다. 전체 면적은 약 322만㎡(97만 평)으로 144만㎡(43만 평)인 서울 국립묘지의 두 배 이상이었다. 대전 국립묘지 조성공사는 1976년 5월에 시작되어 1985년 11월에 마무리되었지만, 안장은 이미 1982년 8월부터 시작되었다.[47]

(3) 학교 교정의 성역화

군사정권이 주도한 국토 성역화의 세 번째 유형으로 필자는 '학교 운동장'을 들고 싶다. 지배엘리트 입장에서는 의무교육 대상으로 군대(국민개병제)와 함께 '순응적인 국민=주체 만들기'의 핵심 현장인 '국민'학교가 특히 중요했다. 전국의 초등학교 운동장 주변을 이순신·을지문덕 장군과 같은 전쟁 영웅, 그리고 '반공소년' 이승복으로 대표되는 반공 영웅의 동상들로 채우는 일들이 1960년대 말부터 시작되었다. 국가주의와 반공주의와 민족주의가 혼합된 '국민교육헌장'이 초등학교 학생들에게도 암송할 것이 막 강제되기 시작하던 시절이었다.

박정희 정권이 만들어낸 대표적인 반공 영웅이었던 이승복의 예를 들어보자. 그는 1968년 12월 9일에 사망했다. 박정희 대통령은 1969년 1월 신년사에서 "'나는 공산당이 싫어요' 하다가 무참하게 죽어간 평창 지방의 10세 소년의 그 애절하고도 측은한 모습이 우리 삼천만 국민들 가슴속에 철천지 원한의 못을 박았다"고 말했다. 이에 따라 강원도 교육위원회 주도로 이승복 실기實記 편찬, 승공관 건립, 기념탑 건립, 묘지 이장, 장학회 조직 등의 기념사업이 추진되었다. 이를 위해 '이승복기념사업회'가 조직되었고 '이승복 기념사업기금 모으기 운동'이 전국적으로 확산되었다. 문교부 음악 담당 편수관이던 김병옥이 작사하고 정세문이 작곡한 이승복 추모곡 〈공산당은 싫어요〉가 제작·보급되었다. 1969년 6월에는 김병옥이 지은 『나는 공산당이 싫어요』라는 실기가 2만 부 발행되어 전국 학교에 무료 배포되었다. 그 후 고우영이 그린 컬러 만화책 『공산당이 싫어요』도 80만 부가 인쇄되어 무료 배포되었다. 이승복 이야기는 교과서에도 실렸다. 문교부가 1973년 3차 교육과정 개정 때 초등학교 6학년 2학기 『바른생활』 교과서에 이승복 이야기를 자세히 수록했던 것이다. 1975년에는 이승복이 살다 죽은 강원도 평창에 이승복기념관(이승복반공관)이 건립되었고 그의 동상도 거기에 함께 세워졌다. 이승복과 관련된 추모제, 장학사업, 영화 제작, 웅변대회, 글짓기 대회, 포스터 전시회, 달리기 대회 등이 전국 곳곳에서 개최되었다.[48] 전국 초등학교 중에서는 최초로 1970년 6·25기념일에 즈음하여 서울 강남국민학교에 이승복 동상이 섰다. 학생들이 두 달 동안 폐품을 팔아 마련한 돈으로 기단 1.8m, 인물상 1.2m 등 높이 3m 규모의 이승복 동상을 교내에 설치했던 것이다. 다음은 「경향신문」의 기사이다.

> "나는 공산당이 싫어요" 하고 지난 68년 12월 9일 울진·삼척지구에 침투한 무장공비들에게 항거하다 무참히 숨진 고 이승복(10·강원도 평창군 속사국민학교 2년) 군의 동상 제막식이 (1970년 6월-인용자) 24일 하오 서울 강남국민학교 교정에서 열렸다. 강남국민학교 어린이회는 지난 4월 18일 "공산당의 총칼 앞에서도 굽히지 않은 승복 군의 애국심을 본받기 위해 동상을 세우자"고 결의, 전교생 7천2백 명이 2개월 동안 헌 병 등 폐품을 모아 마련한 9만2천1백75원으로 높이 1.2m, 받침대 높이 1.8m의 동상을 마련, 6·25 20주년을 하루 앞두고 이날 제막식을 가진 것이다.[49]

1980년대에도 이승복 관련 장소의 성역화 노력은 계속되었다. 1982년 4월 16일 전두환 정부는 이승복에게 뒤늦게 국민훈장 동백장을 추서했다. 아울러 국방부는 "고 이승복 군의 희생정신과 반공정신을 청소년들이 본받을 수 있도록" 이승복이 다니던 속사국민학교 계방분교 옆에 7억 원의 예산을 들여 1만 평 부지에 기념관, 반공관, 동상, 가족 묘소를 포함하는 '이승복 유적단지'를 조성하겠다고 발표했다.[50] 그해 10월 26일에 이승복기념관 준공식이 열렸다. 이승복 유적단지는 이승복 기록화와 유품을 갖춘 전시실과 시청각실 등으로 구성된 203평 규모의 기념관을 포함하여 동상, 가족 분묘 4기, 기념비, 복원된 생가 등으로 '반공 성지'를 조

어린이대공원 이승복 동상 제막식
1974년 9월 서울 능동 어린이대공원에서 열린 이승복 어린이 동상 제막식에서 참석자들이 일제히 묵념을 올리고 있다.

성한 것이었다. 준공 당시를 기준으로 보면 예산은 7억 원에서 16억 원으로, 부지 면적은 1만 평에서 3.6만 평으로 각각 증가되어 있었다.[51] 당시 전두환 정부의 적극적인 의지를 읽을 수 있는 대목이기도 하다.

1970년 이후 전국 초등학교들로 이승복 동상이 들불처럼 번져나갔다. 전주 서일초등학교 서영주 교사가 2000년대 중반 무렵 직접 답사한 바에 의하면, 당시까지도 전북 지역에서 폐교된 초등학교 약 300곳 중 90% 이상에 여전히 이승복 조형물이 남아 있었다. 동상 건립 시기는 1970년대 중반부터 1980년대 중반까지였다고 한다.[52] 또 오경환 서울시의회 의원의 조사에 의하면, 2016년 8월 현재 서울시 초등학교에 남아 있는 이승복 동상은 3곳이었는데 모두 공립학교였다. 세 곳 중 동대문구에 있는 홍릉초등학교와 용산구의 한남초등학교에는 이승복 동상이 1979년에 건립되었고, 금천구의 문성초등학교에는 1981년에 건립되었다.[53] 서울에서도 1980년대 초까지 이승복 동상이 초등학교 운동장에 계속 건립되고 있었던 것이다.

이승복 뿐 아니라 이순신, 을지문덕, 김유신 등 전쟁·호국 영웅들의 동상들도 초등학교 운동장에 속속 들어섰다. 국난극복의 장군들과 '반공소년' 이승복 외에 세종대왕과 유관순도 동상 만들기에서 선호된 대상이었다. "1971년 난곡국민학교에서 어린이들이 모은 폐품을 판 돈으로 학교 교정에 충무공 이순신 장군 동상을 세운 것과 같이 대부분은 국민들의 성금으로 설립하도록"[54]하는 등 군사정권은 위인 동상 설립 운동이 아래로부터 자발적인 의지의 발로인 것처럼 보이도록 유도했다. 초등학교 운동장의 동상들은 1980년대 말 시작된 민주화 이후 하나둘씩 사라져갔다.[55] 그러나 군사정권 시기였던 1970~1980년대의 한국 초등학교들은 세계 어느 나라에서도 볼 수 없는 '동상들의 숲' 혹은 '동상들의 전시장'을 이루고 있었다. 물론 그 대부분은 조잡한 수준의 동상이거나, 시멘트로 급조해낸 조상들이었다. 그럼에도 국민 형성의 첫 단계를 이루는 초등교육 현장을 또 다른 국토 성역화의 현장으로 탈바꿈시키려는 지배층의 의지는 확고했다.

(4) 성역화된 국토를 순례하기

1960년대 이후 군사정권들은 수도 서울을 벗어나 전국 차원으로 국가 성지 창출 프로젝트를 왕성하게 확장해나갔다. 이 장 서두에서도 말했듯 국토 성역화는 '성역화된 국토의 순례'로 자연스레 이어지게 마련이다. 국토 행진, 국토 행군行軍, 성지 참배, 국민관광, 호국관광이나 안보관광 등 국토 순례는 다양한 방식으로 이루어질 수 있다. 의무교육제도 도입과 높아진 상급학교 진학률로 인해, 국가와 지배층은 수학여행, 소풍, 견학 등의 현장학습을 통해 전체 국민들을 상대로 국토애 혹은 국토민족주의 의식의 내면화를 도모할 수 있게 되었다. 실제로 1970~1980년대에 국토 순례나 국토 행군이 고등학교와 대학가를 중심으로 유행처럼 번져가는 등 국토민족주의적 실천이 대대적으로 강조되었고 또 의례적으로 수행 되었다.

은정태는 '성지 창출과 성지 순례의 결합'이 지배층에 의한 정교한 기획의 산물이었음을 강조한 바 있다. "성역화 사업은 단순히 사적지를 보수·복원하는 데 그친 것이 아니라, 국난극복 정신과 충효의 민족문화 정수를 재현하여 참배객을 맞는 공간으로 만드는 것이었다. 대체로 전쟁을 기억할 수 있는 전적지 혹은 성곽, 인물과 관련된 사당 등에 새로이 기념비, 기념탑, 기념관을 건립했다.……국민들이 쉽게 찾을 수 있도록 도로와 부대시설을 확보하는 일이 필수적이었다. 곧 성역화 사업은 종합개발계획이기도 했는데, 1970년대 중반 이후 '국민관광'과 결합되어 많은 이들이 참배할 수 있도록 했다.……후자(강화 전적지 성역화 사업-인용자)는 1970년대 중반 국난극복사관의 공식화 이후 총화단결론에 바탕한 민중적 에너지를 흡수하려는 국가권력의 의지를 잘 보여주며, 사적지와 결합된 '건전한 국민관광'의 첫 시도라는 점이 고려되었다."[56] 1970년대의 성역화 사업을 대표했던 강화 전적지에서의 '국민관광'은 '반공교육 관광'과 '국방

유적 관광', 그리고 '문화관광'으로 세분되었다.[57] '국민관광'이라는 낯선 이름의 국민적 순례 활동이 조직화되기 시작했던 것이다.

1960년대의 성역화 사업을 대표했던 아산 현충사 역시 행군과 참배, 견학, 수학여행의 대상으로 자리 잡았다. "성역으로 조성된 현충사에는 많은 국민들이 참배했다. 매해 탄신제전 행사 전후로 수만 명이 참배했고, 광복절을 맞아 고교생 수백 명이 행군 후 참배했으며, 가두직업 소년들도 현충사를 견학하도록 배려되었다.……교육부는 서울로 집중되던 수학여행지를 확대하여 공업단지나 고적지 등과 함께 현충사를 포함시켰다. 1970년대 후반 화랑이 재발견될 때까지 현충사는 소년체전 성화 채화지로 이용되기도 했다."[58] 다음은 1972년의 현충사 성지순례 풍경을 기술한 것이다. "충무공 탄신일에 맞춰 거행되는 '성지 참배 고교 대행군'은 교련복에 소총으로 무장한 고교생들이 서울에서 문교부 장관과 서울시장에게 출발신고를 하고 현충사까지 1백24km를 행군하는 행사이다. 이러한 일련의 충무공 관련 사업을 통해 현충사는 성지가 되었으며 학생들은 이 성지를 참배하여야 했다."[59]

1970~1980년대에 비교적 큰 규모로 조성된 전적지 등의 '반공 성지들'도 순례와 호국관광의 대상으로 떠올랐다. "1970년대 통치자의 주도로 만들어지는 전쟁기념물들은 전 국토의 전적지화와 호국관광 정책의 결과로 세워진 것들"이었다.[60] 1982년에 이전보다 훨씬 크게 신축된 이승복기념관도 "반공 영웅 이승복의 성지"가 되어, 정부의 강력한 권유로 곧 순례의 주요 대상 중 하나가 되었다. 1980년대에 "이승복기념관은 설악산 등 강원도 지역으로 수학여행을 갈 때 빠질 수 없는 경유지가 되어 매년 수학여행 철만 되면 북새통을 이루었다."[61] 기념관 측에 의하면, 1982년 10월 26일 대통령의 축복 속에 개관한 이래 이승복기념관 방문객은 1984년 5월 18일에 100만 명을 돌파했다고 한다.[62]

1970~1980년대에는 '그 자체로는 성지가 아님에도 순례의 대상이 된

예외적인 장소들'이 새로 등장했다. 일련의 남침용 땅굴들과 '평화의 댐'이 바로 그것이다. 푸코가 탈일상적이고 리미널한 공간을 가리키려고 만든 개념을 빌려 사용한다면, 이곳들은 불안·공포의 감정을 불러일으키는 '반공 헤테로토피아' 혹은 '분단 헤테로토피아'였다.[63] 땅굴은 1974년 11월 연천에서(제1땅굴), 1975년 3월 철원에서(제2땅굴), 1978년 10월 파주에서(제3땅굴), 그리고 1990년 3월 양구에서(제4땅굴) 발견되었다. 그리고 1970년대 중반 제1땅굴에서부터 순차적으로 대중에게 개방되었다. 땅굴들이 민간인 출입이 통제된 '민통선 북쪽'에 위치했으므로, 땅굴 현장을 방문하는 행위는 '안보관광'으로 명명되었다.[64] 군사정권들은 '반공 성역화'의 일환으로 땅굴의 관광자원 만들기나 안보교육장 만들기에 상당한 노력을 기울였다. 땅굴 발견 당시 교전이나 지뢰사고로 사망한 군인·군견軍犬의 추모비를 통해 성역화된 경우도 있었다. 다음은 1983년경 제2땅굴과 연관된 관광자원화 움직임을 보여준다. "교통부가 4억3천만 원을 지원, 철원군 동송읍 화지리에 있는 민통선출입통제소의 북쪽에 있는 6·25 이전의 북괴 노동당사, 월정역, 제2땅굴, 민통선 바로 남쪽에 있는 고석정을 개발한다. 이미 이 지구도 30% 정도 공사가 진척돼 있는데 이 공사가 끝나면 철원평야와 6·25 최대 격전지였던 철의 삼각지대, 경원선의 마지막 철길 등을 일반인들이 관광할 수 있게 된다."[65] 1991년에 양주군이 '평화의댐-제4땅굴-을지전망대'를 잇는 '안보관광지' 개발을 구상하고, 군 당국이 1992년 3월 '제4땅굴 안보교육장'을 개관하고, 파주시가 2002년 5월 제3땅굴에 비무장지대DMZ영상관과 전시관 등을 설치한 데 이어 2004년 6월 '제3땅굴 도보 관람로 개설 사업'을 마무리하는 등 땅굴 자체를 생생한 반공 기념비로 만들려는 노력은 1990년대 이후에도 계속되었다.[66]

그 자체로 거대한 반공 기념물인 '평화의 댐'을 여기에 추가해야 할 것이다. 1986년 10월 건설부 장관이 북한이 건설 중인 금강산댐 붕괴 시 여의도 63빌딩까지 잠길 것이라고 경고했고, 이것이 (땅굴을 통한 '제2의 남침'에 대한 공포심과도 결합되는 가운데) 북한에 의한 수공水攻 위협 담론으로 발전하면서 '평화의 댐 만들기'가 본격화되었다. '만들어진 공포'에 기초하여 이른바 '국민성금' 수백억 원이 모금되었고 1987년 2월 말에는 강원도 화천군 화천읍에서 댐 기공식이 열렸다. 1989년 1월에 1차 완공된 평화의댐은 곧 안보관광의 목적지 중 하나가 되었다.

강화도 전적지를 비롯한 '과거'의 국난극복 현장이 '국민관광'의 대상이었다면, 한국전쟁 전적지, 이승복기념관, 땅굴 등 '현재'의 국난극복 현장은 '호국관광' 혹은 '안보관광'의 대상이 되었다. 조지 모스가 『전사자 숭배』에서 말한 '전쟁 경험 신화'의 세속화를 촉진하기 쉽다는 점 때문에, 성지(전쟁 성지, 반공 성지)와 관광은 서로 충돌할 수도 있다. '호국관광'이나 '안보관광'이라는 용어 자체가 형용모순일 수도 있다. 그러나 관광이라는 친숙하고도 일상적인 형식을 통해 반공주의나 국가안보이데올로기가 별다른 거부감 없이 쉽게 내면화될 수도 있다. 그런데 관광과 같은 느슨한 형식이 아닌, 성지 참배나 순례, 성지로의 (무장) 행군, 성지에서 진행되는 며칠간의 '집체교육' 참여 등은 단순한 '유순한 국민 만들기' 차원을 넘어선다. 반공주의·민족주의·발전주의 등이 총동원되면서, 시민종교의 사제 진영은 핵심 지지 세력인 '참신자 만들기'에 적극적으로 나섰다.

3. 참신자 만들기와 집합적 열광

1970년대에 박정희 정권은 '참신자 만들기'라는 야심 찬 프로젝트에 착수했다. 그것은 시민종교를 진심으로 지지하고 행동에 옮길 핵심 세력을 양성하고 단련시키는 과정이었다. 그것은 시민종교를 가르치고 유포하고 더욱 창조적으로 발전시킬 '예비 사제司祭들과 신학자들'을 발굴하는 과정이기도 했다. 군사정권의 지도자들은 한국전쟁과 베트남전쟁 전사자 유가족들, 상이군경과 그 가족들로 구성되는 전통적인 지지 세력에 더하여, 새마을운동과 학도호국단을 통해 학원·농어촌·공장에서도 기존 시민종교에 대한 열정적인 신자층을 조직화하려 시도했다. 이전 정권들에선 결코 시도된 바 없는, 그야말로 '전례 없는' 국가 프로젝트였다.

'민족의 간부幹部' 역할을 담당할 참신자들을 만들기 위해 각종 수련원 등의 시설이 마련되었다. 국토 순례·행군, 견학 및 참배, 계몽영화 관람, 승공·멸공을 위한 웅변대회 및 포스터·표어·글짓기 대회, 국기강하식 등 훈련·교육 프로그램들도 고안되었다. 고등학교·대학의 학도호국단 간부와 농어촌·공장의 새마을지도자 등 두 집단이 핵심적인 포섭 대상으로 부각되었다. 공무원과 군인 전체, 특히 베트남전 참전군인들도 유력한 참신자 후보군에 속했다. 조스 모스의 용어를 빌어 황병주가 말한 "대중의 국민화" 역시 이런 참신자 군상群像 내지 핵심 지지층의 등장을 가리킨다.[67] 앞서 말했듯이 성역 창출 프로젝트 자체가 애초부터 '성역과 국민 형성·교육 기능의 결합'을 지향했다.

정화 사업의 결과 성역으로 재탄생된 경역에는 교육공간이 자리 잡았다. 현충사의 충무수련원, 오죽헌 근처의 신사임당교육원, 경주의 화랑교육원 등이 그것이다. 충무공 정신과 부덕婦德, 삼국통일의 중추였던 화랑의 호국정신이 살아 숨 쉬는 정신교육 도장이 되어 학생·농촌지도자·새마을지도자 등을 대상으로 호국정신·반공정신·새마을교육이 이루어졌다. 2만 평 대지에 본관과 기숙사 및 식당을 두어 120명을 수용할 수 있었던 신사임당교육원의 경우, 충효의 여성상 정립을 목표로 주로 여고생을 대상으로 교육했다. 교수 방법은 3박 4일 혹은 5박 6일 동안 합숙을 하면서 국민정신교육·여성교육을 주로하고 새마을운동 사례발표와 분임토의가 이루어졌다. 마지막에는 유적지 순례로 '조상 전

래의 부덕婦德'을 체험하도록 했다.[68]

인용문에서 보듯이 아산 현충사의 충무수련원, 강릉 오죽헌 인근의 사임당교육원, 경주의 화랑교육원 등이 '참신자 제조의 공장'으로 만들어졌다. 현충사 경내에 설치된 충무교육원에서는 연수자들이 매일 새벽 5시 40분부터 밤 10시까지 "군대 훈련소처럼 짜여진 생활을 하면서 이순신의 생애와 업적을 체득하는 활동"을 벌였다.[69] 다음 글은 충무교육원의 프로그램과 운영 방식을 좀 더 자세히 소개하고 있다.

> 1974년 4월 현충사 경역 내에 1만 평이 넘는 충무교육원이 개원되어, 학생·교원·일반 사회인사 등을 대상으로 한 정신교육과 훈련 활동 프로그램이 마련되었다. 1974년 한 해에만 중고생 1천여 명, 교육공무원·교수·서장·새마을운동 지도자 4천여 명이 연수를 했다. 초기에는 ① 국민교육헌장 이념, ② 충무공 정신의 체득, ③ 새마을정신 교육 등 모두 34시간이었는데, 1977년에 확정된 교육 내용을 보면 새마을정신 및 유신이념(4), 반공·안보 및 국난극복사(4), 학생 자세·호국정신(4), 정신단련(12, 행군, 사격, 태권도), 새마을 및 반공 영화(4, 시청각), 성공사례(2), 분임토의(6) 등 모두 50시간으로 늘어났다. 유신체제의 진전과 국난극복사관의 등장을 계기로, 현충사는 '충무공 정신의 생활화'로서 박정희 정권의 국민교육의 도장으로 분명히 자리매김할 수 있었다. 이때 제시된 충무공 정신은 멸사봉공의 애국·구국정신, 조국애, 민족애, 자주·자립·자위의 정신, 창의와 개척 정신, 유비무환의 정신, 정의에 사는 정신 등으로 정리되었다.[70]

새마을지도자들이 주로 교육받았던 곳은 1972년 7월 수원에 설립된 '새마을지도자연수원'이었다. 수원 새마을지도자연수원을 비롯하여 각

〈표 12-7〉 새마을 교육 누계 실적: 1972년부터 1980년 10월 말까지

대상별		이수 인원 누계	합숙	비(非)합숙
	새마을지도자	267,400명	133,500명	133,900명
	사회지도층 인사	273,800명	273,800명	
	공무원	268,000명	268,000명	
주민 교육	작목별 전문교육	1,900명		
	농업기계교육	473,000명		
	동계 새마을 영농기술교육	29,403,000명		
	특수마을 전체 주민 교육	1,618마을		

* 출처: 새마을연구회, 『새마을운동 10년사』, 313쪽.

부처 공무원교육원, 국영기업체 및 민간단체의 훈련원, 농민교육원 등 전 국적으로 80여 곳의 교육기관들에서 새마을 교육이 이루어졌다.[71] 1972년 부터 1980년 10월 말까지 새마을 교육을 이수한 인원이 〈표 12-7〉에 제시 되어 있다. 이 표에서 보듯이 1972~1980년 사이에 새마을지도자 26만7400 명, 사회지도층 인사 27만3800명, 공무원 26만8000명 등 약 81만 명이 새 마을 교육을 받았다. 이 가운데 합숙 교육을 받은 이들만 해도 무려 67만5 천 명에 달했다. 이들은 새마을지도자연수원 등지에서 동일한 훈련복을 입고 군대식 규율에 맞춰 합숙하면서 집단적인 교육을 받았다. 이곳에서 다양한 계층의 사람들이 한데 어울렸다. 다음은 황병주의 설명이다.

새마을 교육의 중추는 새마을지도자연수원이었는데, 교육의 확대 과 정도 흥미롭다. 1972년에는 농촌 새마을지도자와 독농가 중심의 교육 이 진행되었으나, 교육생들이 분임토의를 통해 더 많은 사람들이 교육 받을 필요성, 특히 부녀 지도자의 교육 필요성을 강조했다. 그래서 1973년에는 농촌의 부녀 지도자 교육으로 확대되었고, 다시 또 부녀 지 도자들이 일선 행정 책임자들의 교육 필요성을 건의하여 시장·군수 등

으로 확대되었다. 이러한 방식으로 1974년에는 도시 새마을지도자와
기업체 인사 및 사회지도층 인사, 고급 공무원을 거쳐 장·차관 전원이
대통령 박정희의 지시로 교육을 받게 되었다. 1975년에는 도시 각 계층
으로 확대되어 대학생까지 교육 대상에 포함되었고, 1976년 이후에는
교육이 공장노동자 및 도시민 대상으로 확대되어갔다.

그 결과 장·차관, 각급 공무원, 대학 총·학장, 교수, 국회의원, 판·검
사, 기업 임원, 종업원, 언론인, 농민, 가정주부, 학생 등 거의 모든 계층
의 사람들이 새마을 교육에 참여하게 되었다. 연수원의 새마을 교육은
남자지도자반, 부녀지도자반, 사회지도자반의 3개 반으로 편성되어 아
침 6시 기상부터 밤 10시 점호까지 모두 동일한 일과에 따라 진행되었
다. 다른 것이라고는 훈련복의 색깔뿐이었다. 그들은 사회적 위계상 평
생 마주칠 일이 거의 없는 사람들이었지만 적어도 연수 과정에서만큼
은 동등한 교육생으로 인정받았다.……연수생으로서의 동등성은 곧
평등한 국민임을 상징하는 것이기도 했다.[72]

마르친 쿨라는 "종교로서의 공산주의"라는 글에서 다음과 같이 썼다.
"기성 교회와 마찬가지로 공산주의는 단지 순응적 행위를 이끌어내는 것
으로 만족하지 않는다. 공산주의는 영혼 전체를 요구한다. 영혼을 얻기
위한 이러한 투쟁이야말로 공산주의를 기성 교회와 유사하게 만드는 요
인이다."[73] 1970년대 한국의 국가주의에서도 강렬한 애국심·민족애의 끊
임없는 고백과 간증confession, 맹세가 요구되었다. 개인주의적·이기주의
적 일상 체질과의 과감한 단절, 그리고 오로지 민족·국가 이익을 위한 헌
신과 희생을 약속하는 회심conversion이 요구되었다.

앞서 언급했듯이 고등학생 및 대학생 중 특별히 선별된 학도호국단 간
부들과 농어민 중에 특별히 선별된 새마을지도자들이 참신자 만들기 국
가 프로젝트의 집중적인 대상들이었다. 이들에게는 단순한 의례(예컨대 수

련회나 국토 순례) 참여만으로는 부족했다. 그들은 의례 장소에서 사제들의 끝없는 질타에 노출되며, 이전의 이기적이고 속물적인 삶에 대한 참회 penitence를 요구받는다. 이런 강한 심리적 압박과 압력 속에서, 드디어 그들은 민족·국가와의 신비스런 일치를 체험하거나 민족·국가의 원대한 미래 비전을 공유하는 '거듭남'과 '재생rebirth'의 벅찬 체험에 도달한다. 이때 이들은 진정한 선민chosen people으로 선포되고, 장차 민족과 국가의 간부요 지도자가 될 위대하고도 성스러운 운명과 사명mission을 부여받는다.

학도호국단 간부들은 1주일씩 경주 화랑수련원에 보냈는데, 일정에는 매일 한두 시간씩 박정희 전 대통령 어록을 들으며 명상하는 시간이 있었다고 한다. 이영미의 증언이다.

"그 정신교육이 얼마나 효과적이었는지, 일주일 후 퇴교할 때에는 정말로 애국심에 불타올라 태극기를 보며 애국가 부르면서 감격에 겨워 엉엉 울면서 나오게 만들었다. 나치 치하 독일이나 북한 이야기가 아니라 불과 몇 십 년 전 대한민국의 이야기이다. 박정희 전 대통령이 바랐던 청년의 모습은 이런 것이었으니, 그에게 당시의 청년문화는 사회악으로 여겨졌을 것이다. 대마초 사건을 겪으면서 청년문화의 자유주의 분위기는 완전히 부서졌다. 단지 미국 자유주의의 껍데기를 빌어오는 데 불과했다 하더라도 나름대로 새롭고 참신한 발상과 사고를 보여주던 청년문화는 이제 완전히 위축되었다. 사회는, 다양하고 참신한 발상이 완전히 사라져 그야말로 군기가 꽉 잡힌 상태가 되어버린 것이다. 그 위에 울려 퍼진 노래가 〈새마을 노래〉와 〈나의 조국〉이었다."

권인숙은 호국단 간부를 했다는 이유로 참가했던 전국 여고 간부 대상의 신사임당수련원의 경험을 이렇게 털어놓는다.

"교련복과 한복을 거듭해서 바꿔 입는 생활이 잘 표현해주죠. 봉건적인 전통 여성상, 순종적이면서도 살림도 잘하는 현명한 여성상과, 반공의식과 투철한 투쟁의식으로 무장한 여성 군인상의 복합이 아마도 그 이상理想이었다고 생각됩니다. 어두운 강당에 모이라고 하더군요. 너무 깜깜해서 밀린 잠을 때우려고 하는데, 갑자기 뭔가 비쳐 나오고 있었습니다. 서서히 밝아지는 것은 태극기였습니다. 갑자기 모든 여학생이 울기 시작했습니다.……통곡을 하는 듯한 격한 울음이었습니다."[74]

한도현에 의하면, 새마을연수원에서 교육받은 새마을지도자들도 유사한 의식 변화를 거쳤다. 그 핵심은 "새 역사의 창조자, 새 역사 창조의 주체, 근대화의 주역"이라는 자신감과 새로운 정체성이었다. 새마을연수원이라는 "용광로"에서 진행되는 연수는 대중전도 집회나 부흥회처럼 대량의 개종자·회심자를 얻어냈다. 연수원의 근대화 교육은 전도 집회처럼 체험담과 간증을 중시했고, 회심(개종)의 충격으로 심신의 재생, 금연과 금주 선언, 말문이 막히기 등의 현상이 속출했다. 연수를 마친 새마을지도자들은 마을로 돌아와 '개종자 역할'을 열정적으로 실천했다. 그들에게 새마을은 '나의 신앙'이었고, 자신은 '새마을운동의 성직자'였다. 이처럼 새마을연수원은 새마을운동을 종교적 차원으로까지 끌어올리는 역할을 담당했다는 것이다.[75] 한도현은 새마을운동이 "새 국민으로서의 농민의 재탄생 또는 갱생"을 낳았다고 주장했다.[76]

1978년 말부터 1979년까지 인천시 주안동에 위치한 새마음교육원에서도 유사한 현상이 발생하곤 했다. 다른 곳들처럼 이곳 역시 '시민사회 내부의 작은 군대들'처럼 엄격한 규율 아래 운영되었다.

새마음봉사단 간부 155명은 석 달 뒤 인천시 주안동에 위치한 '정신의 도장'으로 달려갔다. '지덕을 겸비한 새마음 역군'의 산실인 새마음교육원에 자진 입소(1978년 12월 20~22일 제1기 새마음 요원 양성교육)했다. 새마음 요원으로서 지성과 품위를 갖추고 나라에 충성하는 데 솔선수범해 생존과 번영을 위한 국력을 키워나가겠다는 뜻이었다.

입소하자마자 연수자들은 번호를 지정받고 반 편성이 됐다. 반장으로 선출된 사람은 반장 완장을 찼다.……입소자들은 정신무장을 철저히 해서 나가겠다는 결의로 긴장했다.

첫날 강의 3교시는 충·효·예 슬라이드 상영으로 진행됐다. 너무도 심금을 울리는 진리에 크게 감명 받았다. 즐거운 저녁식사가 끝난 뒤 방마다 명랑한 웃음소리가 흘러나오기도 했다. 저녁 8시엔 반공 안보와 국가 발전을 주제로 영화 상영이 있었다.

이튿날은 2㎞ 구보로 하루를 시작했다. 1교시엔 '박 총재님 격려사' 발췌본을 교재로 충에 대한 강의를 들었고, 2교시엔 충에 대한 개념에 완전을 기하도록 복습했으며, 3교시엔 배운 내용을 바탕으로 충에 대한 강연을 실습했다.

학교 졸업식장처럼 수료식장엔 아쉬움과 엄숙함이 감돌았다.…… 교육원을 나서는 연수자들은 아쉬운 듯 자꾸자꾸 고개를 뒤로 돌렸다. 가슴 가득 사명감을 안고 '신천지'를 향해 꿋꿋한 발걸음을 내딛는 개척자처럼 버스는 힘차게 달려갔다.77

이처럼 화랑수련원, 사임당수련원, 새마을연수원, 새마음교육원 등 정교하게 기획되고 설계된 '국가주의의 성소聖所들'에서는 어느 종교도 연출해내기 쉽지 않을, 밤새 울부짖으며 통성기도를 바치는 열정적인 종교 집회와 다를 바 없는 집단적 회심의 체험과 집합적 흥분·열광의 체험이 대량생산되었다. 회한悔恨과 함께 과거의 이기적인 삶을 뼈저리게 반성하는 모습도 종종 발견된다. 국가·민족의 생명력을 생생하게 체험하고, 때로는 마치 국가·민족이 생명체처럼 살아 있는 것으로 느끼면서, 나아가 (헤겔이 말한) "국가와의 합일"78을 신비스럽게 체험하면서, 국가의 운명 그리고 "이 불쌍하면서도 위대한 민족"의 운명이 바로 나의 운명과 일치됨을 느낀다는 고백이 쏟아진다. 비록 전체 국민 중 일부에 지나지 않을지라도, 분명 시민종교의 참신자들이 전국 곳곳에서 등장하고 있었다.

그런데 참신자 만들기의 한계 또한 뚜렷했던 것 같다. 사실 한국 지배 엘리트층의 대중 공포증은 오랜 역사를 갖고 있으며, 특히 해방 직후 형성된 대중에 대한 불신·불안은 식민지엘리트 출신들의 후천적 디엔에이 DNA 내지 집단적 아비투스로 뿌리내린 듯 보인다. 1970년대에는 기존의 '대중 공포증'에 '광장 공포증'까지 덧붙여졌다. 중앙청 광장에서 열리던 대통령취임식이 실내체육관으로, 동작동 국립묘지의 넓은 야외광장에서 열리던 현충일 추념식은 국립극장으로 옮겨진 것이 1970~1980년대의 풍경이었다. 집합적 흥분·열광이 넘쳐나는 옥외의 대규모 군중집회에 대한 집권세력의 불안과 공포로 인해 '정치 축제' 자체가 아예 실종된 시대였다. 앞 장에서 보았듯이 정읍에서 매년 열리던 '갑오동학혁명 기념문화제'가 1980년대 들어 금지된 일도 같은 맥락에서 해석될 수 있을 것이다. 박정희 정권은 여의도에 거대한 광장을 만들어놓고도 국군의 날 행사나 학도호국단 행사 등 극소수 사례를 제외하면 평소 제대로 활용하지 않았던 편이었다. 정권을 충실히 지지하는 보수 개신교 세력이 주최하는 몇 차례의 종교집회만 예외적으로 또 제한적으로 허용되었을 따름이다. 특히 종교자유와 인권 침해 논란이 벌어졌던 1970년대에 이 종교집회들은 한국 정부가 종교인들을 탄압하지 않을 뿐 아니라 종교의 자유를 보장하고 있음을 국제사회에 과시하는 데도 유용하게 활용되었다.

이런 상황에서 참신자 만들기를 위한 집중적인 연수나 교육은 학도호국단 간부나 새마을지도자, 기업 임원, 고위 공무원이나 군 간부 등 대체로 정권이 신뢰할 수 있거나 통제하기 쉬운 '간부급 인물'로 제한되는 경향이 강했다. 황병주가 강조했듯이 농촌 출신 새마을지도자들의 경우 '교육과 현실의 괴리·간극'도 컸다. "교육이 끝나면 교육생들은 자신의 사회적 위치로 복귀했다. 그들이 경험한 연수원은 상상의 공동체일 뿐이었다.……새마을운동의 성과가 현실의 차별과 격차를 해소할 수는 없었고, 교육생들이 연수원에서 만난 높으신 분들은 여전히 텔레비전을 통해서나 볼 수 있는 존재들이었다.……새마을 교육을 이수한 많은 농민들이 일정한 변화를 보여준 것만은 틀림없다. '정신혁명'이 누누이 강조된 데다 세뇌에 가까운 집중적 합숙교육까지 받은 사람들이 아무런 영향을 받지 않았을 것으로 생각하는 것이 오히려 더 이상한 일이다. 그러나 교육이 현실을 대체할 수는 없었고, 오히려 냉엄한 현실 아래에서 교육이 자기배반의 효과를 낼 수도 있었다."[79] 학도호국단 간부들의 경우도 크게 다르지 않았으리라. 저마다 소속 고등학교를 대표하는 모범생이던 학도호국단 간부들이 대학에 들어가서는 고교 시절에 겪은 '열광과 회심'의 체험을 '환멸과 수치'의 체험으로 재해석하면서 저항적 대학문화 속으로 편입되곤 했던 일들이 단적인 사례일 것이다.

4. 성가정을 성가정답게

사실 마땅히 체제의 핵심 지지 세력이 되어야 할 집단, 시민종교의 참신자 정도를 훨씬 뛰어넘어 한국 시민종교가 창출해낸 '성가정'의 구성원이 될 자격을 갖춘 이들이 일찍부터 존재했다. 한국전쟁 전사자 유가족, 그리고 전상자와 그 가족이 바로 그들이었다. 가족의 상실 혹은 자기 신체의 상실을 비탄과 좌절이 아닌, 조국에 생명·신체를 바쳤다는 자부심과 애국심으로 승화시키는 이들의 존재 자체가 국민들로 하여금 '희생의 논리'를 내면화하는 데, 또 그럼으로써 국민적 통합과 단결을 도모하는 데, 나아가 기존 지배질서의 정당성과 정통성을 공고화하는 데 큰 도움을 줄 수도 있었다. 그러나 9장에서 살펴본 바와 같이, 이들에 대한 국가의 배신과 '말뿐인 예우'로 인해 유가족과 전상자·가족들은 '감정의 연금술'은커녕 기존 체제의 균열과 불안을 증폭시키는 요인으로 작용했다.

쿠데타를 통해 집권한 군부엘리트들은 이런 상황을 뒤집기 위해 재빠르게 움직였다. 무엇보다 군사정부는 쿠데타 직후 보건사회부, 국방부, 군경원호회 등으로 분산되어 있던 원호 업무를 통합하여 '군사원호청'을 출범시켰다. 당시의 전사자 유가족과 전상자·가족들에게는 군사원호청의 등장 자체가 대단히 중요한 사건이었다. 김종성이 적절히 지적했듯이 "1950년대를 울분 속에 보낸 6·25 전상용사들은 1960년대 초에 대한 진한 향수가 있다. 자신들을 특별히 챙기기 위한 전담 기구가 창설됐다는 기억 때문이다."[80] 〈표 12-8〉에서도 보듯이, 군사정부는 1961년에만도 군사원호법과 경찰원호법을 통합한 '군사원호보상법'을 비롯하여, 국가기관 우선 임용을 규정한 '군사원호 대상자 임용법', 민간기업체 취업을 돕는 '군사원호 대상자 고용법', 장기 저리의 대출을 제공하는 '원호 대상자 정착 대부법', 자녀교육을 지원하는 '군사원호 대상자 자녀교육 보호법' 등을 연이어 제정했다. 1962년 4월에는 '군사원호청'을 다시 '원호처'로 승격시키고 그 산하에 종합원호원, 원호병원, 직업보도원, 원호정지심사위원회를 신설함과 동시에 각 지방에 출장소와 지청을 설립했다.[81] 〈표 12-8〉를 통해 1960~1980년대에, 특히 1960년대에 원호·보훈 관련 법체계가 대부분 정립되었음을 확인할 수 있다.

〈표 12-8〉에도 나타나듯이 1963년에는 '원호 대상자 단체 설립에 관한 법률'이 제정·시행되었다. 이에 따라 대한민국상이군경회, 대한민국전몰군경유족회, 대한민국전몰군경미망인회 등이 속속 설립되었다. 이들은 법정단체들이므로 정부로부터 재정보조나 사무실 지원 등의 다양한 혜택을 받을 수 있었다. 1962년 12월 말까지 보건사회부로부터 원호처로 이관된 원호 대상자의 숫자는 150,340명에 이르렀다.[82] 그 가족까지 포함하면 100만 명 정도의 핵심 지지 그룹이 조직화되는 셈이었다.

〈표 12-8〉 보훈 관련 법률의 변천 과정

시기	제정 법률(제정 연도)	주요 내용
전쟁 전후	군사원호법(1950)	토벌작전 시 전사한 군 장병 및 유가족 원호
	경찰원호법(1951)	상이 경찰 및 순직 경찰관 유가족 원호
	전몰군경 유족과 상이군경 연금법(1952)	전몰군경 및 상이군경 연금 지급
1960년대	군사원호보상법(1961)	군사원호법과 경찰원호법을 통합
	군사원호 대상자 임용법(1961)	국가기관 우선 임용
	군사원호 대상자 고용법(1961)	기업체 취직 알선
	원호 대상자 정착 대부법(1961)	장기 저리 대부(대출) 실시
	군사원호 대상자 자녀교육 보호법(1961)	전몰군경 유자녀, 상이군경 자녀 교육 지원
	국가유공자 및 월남 귀순자 특별원호법 (1961)	독립유공자, 4·19 희생자 등 특별원호
	군인보험법(1962)	직업군인 대상의 보험 운영
	군사원호 보상급여금법(1962)	'전몰군경 유족과 상이군경 연금법'을 대체
	원호 대상자 직업재활법(1963)	직업재활 기술교육 시설 및 재활사업 지원
	원호 대상자 단체 설립에 관한 법률(1963)	광복회, 상이군경회 등을 설치
	애국지사 사업기금법(1967)	애국지사와 유족 지원, 기념사업
1970년대	월남 귀순용사 보상법(1978)	'월남 귀순자' 보상
1980년대	원호기금법(1981)	기존의 3개 관련 기금을 통합
	한국원호복지공단법(1981)	원호병원 및 재활원 통합, 특수법인 설립
	국가유공자 예우 등에 관한 법률(1984)	7개 법률 폐지, 단일법으로 통합 제정
1990년 이후	참전군인 등 지원에 관한 법률(1993)	한국전 및 베트남전 참전군인 지원
	고엽제 후휴의증 환자 진료 등에 관한 법률(1993)	베트남전 고엽제 관련자 보상 및 진료
	독립유공자 예우에 관한 법률(1994)	국가유공자 예우법에서 분리 제정
	제대군인 지원에 관한 법률(1997)	장기복무 제대군인 지원 확대
	광주민주화운동 유공자 예우 등에 관한 법률(2002)	민주유공자 지정, 5·18국립묘지 설치
	참전 유공자 예우에 관한 법률(2002)	참전 군인을 참전 유공자로 격상
	특수임무 수행자 지원 등에 관한 법률 (2004)	취업 및 교육 지원 등
	국가보훈기본법(2005)	국가보훈에 관한 총괄 규범

* 출처: 김종성, 『한국보훈정책론』, 일진사, 2005, 158-159쪽의 〈표 2-3〉을 일부 재구성.

전사자 유가족, 전상자, 전상자 가족들에게는 1961년 쿠데타 직후의 군사원호청 설립과 유사한 감동이 1984년에도 생겨났다. 그해에 이루어진 '국가유공자 예우 등에 관한 법률' 제정을 통해 원호에서 보훈으로의 '패러다임 시프트'가 이뤄졌던 것이다. 다시 김종성에 의하면 "보훈報勳이 사용되기 전에는 원호援護였다. 원호라는 용어는 1950년 4월, '군경원호법'이 제정되면서 처음 사용됐다. 일본의 '전상병자 전몰자 유족 등 원호법'을 참고했던 것으로 보인다. 1961년 '군사원호보상법' 이후 쭉 원호, 원호대상자, 원호처라는 호칭이 사용되다가 1984년 들어 큰 변화를 맞이하게 된다. '원호'라는 말이 '구호'와 비슷한 느낌이 있어서 추앙과 존경을 받아야 할 분들이 구호를 받아야 할 대상자로 비하되는 현상이 초래되고 있었던 것이다."[83] 이에 발맞춰 '원호처'도 '국가보훈처'로 명칭이 변경되었다. 1984년의 또 다른 중요한 의미는 보훈행정 대상자 그룹의 대폭적인 확대였다. 〈표 12-9〉에서 보듯 1984년부터 그 대상이 3~5등급 무공훈장 수훈자, 보국훈장 수훈자, 장기복무 제대군인으로 크게 확대되었던 것이다.

〈표 12-9〉 1960년대 이후 보훈행정 대상자 집단의 확대 과정

연도	대상 인물
1961	상이군경, 전몰군경 유족
1962	애국지사, 4·19 희생자, 월남 귀순자
1968	재일 학도의용군, 반공포로 상이자
1974	공상·순직 공무원
1975	무공훈장(태극, 을지) 수훈자
1984	무궁훈장(화랑, 충무, 인헌) 수훈자, 보국훈장 수훈자, 국가·사회발전 특별 공로자, 장기복무 제대군인
1993	고엽제 관련자, 참전 군인
2002	5·18 민주유공자, 참전 유공자
2004	특수임무수행자

* 출처: 김종성, 『한국보훈정책론』, 183쪽.

1960년대 초부터 본격화된 원호·보훈 제도와 조직의 신속한 변화가 전사자 유가족, 전상자, 전상자 가족들을 감정적·이데올로기적으로 더욱 강력하게 포섭하는 효과를 냈으리라는 점엔 의문의 여지가 거의 없을 것이다. 이를 통해 군경 유가족과 상이군인 및 가족이 비로소 '정권의 (기반이자) 부담'이 아닌 '정권의 핵심 지지 기반'으로 자리를 잡게 되고, 이를 통해 정권의 안정성 역시 획기적으로 제고될 수 있었을 터였다. 그러나 1950년대의 실패를 초래한 결정적인 요인이었던 '유족·상이군인의 심각한 빈곤' 문제는 1960년대 이후에도 여전히 해결되지 못하고 있었다.

　전사자 유족연금과 상이군인연금의 액수가 문제의 핵심인데, 그게 품위 있는 삶은 고사하고 극도의 궁핍 상태에서 벗어나는 데조차 거의 도움이 되지 못하는 수준에 머물러 있었다. 앞서 9장에서 언급했듯이, 1955~1956년경에는 전사자 유족연금은 대체로 '쌀 한 가마' 가격 정도를 기준으로 삼았지만, 이후 연금액은 동결된 상태에서 물가가 급속히 오른 탓에 연금액의 실질 가치는 계속 하락했다. 1960년 현충일에 벌어진 '유족들의 반란' 덕분에 1961년 초에는 (전사자 유족연금 기준으로) 기존 연금액보다 3.5배나 인상되었지만, 여전히 쌀 한 가마 가치엔 미치지 못하고 있었다. 상황은 계속 악화되어 1970년대 중반 즈음에는 연금액의 가치가 '쌀 반 가마'에도 미치지 못하게 되었다. 1976년 5월에 작성되고 대통령의 재가까지 받은, "보상금 연차별 인상 계획"이라는 원호처 공식문서에는 "기본연금을 백미 반 가마 수준으로 끌어 올린다"는 것을 여전히 '향후' 달성해야 할 목표로 제시하고 있었던 것이다. 원호에서 보훈으로, "물질적 지원 위주에서 정신적 예우와 물질적 지원을 병행하는" 체제로 바뀐 1980년대에도 이런 상황은 거의 개선되지 못했다. 예컨대 1988년 현재 보훈연금은 정부미 기준 쌀 한 가마의 40%에도 미치지 못하는 월 3만 원 수준에 머물러 있었다.[84] 1990~1991년이 되어서야 엉뚱한 곳에서 문제 해결의 돌파구가 마련되었다.

5·18 민주화운동 관련자에 대한 보상은 기존 국가유공자 보상과의 형평성 문제를 야기했다.……그때까지 받은 6급 상이군경(당시 최저등급)이나 전몰군경 미망인이 받은 연금을 다 합쳐봐야 고작 수백만 원에 불과하다며 5·18 보상에 앞서 자신들의 보상금 개선이 먼저 해결되어야 한다는 주장이었다. 급기야 휠체어를 탄 중상이 군경들이 경제기획원 장관실에 난입하는가 하면 미망인들은 소복을 입고 정부청사에 들어가 집단적으로 요구를 하는 상황이 벌어졌다.……정부로서도 특단의 대책을 강구하지 않을 수 없었다. 이에 따라 1988년에 월 3만 원에 불과하던 연금이 1991년에 월 25만 원으로 대폭적으로 현실화되었다. 이로써 보훈예산은 1,616억 원에서 5,296억 원으로 약 3.3배로 늘어났고 일반회계 정부예산에서 차지하는 비율도 0.89%에서 1.69%로 2배 가까이 증가했다.……군이 쌀값으로 환산하면 쌀 두 가마 반에 해당하는 수준이 되었다. 1970년대 백미 반 가마를 목표로 했던 보훈연금이었지만 1980년대가 다 가도록 실현되지 못하다가 5·18 민주화운동 관련자 보상을 계기로 해결의 길이 열리게 된 것이다.[85]

1960년대부터 도입된 '상이등급제'의 운용 역시 상이군인들의 불만을 자아낸 요인이었다. 9장에서 보았듯이 1961년 1월부터 연금액이 대폭 인상되어 유족연금은 8.4만 환, 상이군인연금 1급은 18만 환, 2급은 12만 환, 3급은 6만 환으로 정해졌다. 어떤 등급 판정을 받느냐에 따라 연금액의 차이가 무려 3배에 이르렀다. 그러나 등급 판정을 위한 신체검사가 "대상자를 축소하고 획일화하는 데 맞추어져" 있었을 뿐 아니라, 판정 과정에 부정부패가 만연하여 상이군인들 사이에서는 "원호정책과 국가에 대한 불평과 서운함"이 널리 퍼져 있었다.[86] 전쟁 당시 부상으로 명예제대를 한 이들이 12~14만 명이나 되었지만, 지나치게 엄격한 등급 심사 때문에 연금 수급권을 인정받은 상이군인은 3만 명에도 미치지 못했다.[87] 요행히 연금 수급권을 획득하는 데 성공했더라도, '취업 가능자'로 간주되는 3등급으로 판정되면 빈곤에서 벗어나기 어렵게 된다. "2급에서 애매한 사람이 3급에 떨어지고 보면 이것은 정말 밥을 빌어다 죽을 쑤워 먹지 못할 형편이 되고 만다"는 것이다.[88] "멀쩡한 놈은 훈장 타먹고 돈 타먹고, 죽어라고 국가에 저거한 놈은 아무것도 혜택이 없는 게 이 나라 법이다 이거야"라는, 한 상이군인의 불평은 상이등급 판정 과정에 만연한 부패를 문제 삼고 있다. 상이군인의 또 다른 토로는 판정 과정의 부정확함 혹은 지나친 엄격함에 대한 항변을 담고 있다. "눈이 하나 쑥 빠졌던가, 어디 팔이 하나 부러졌던가, 이렇게 육안으로 딱 봐서 상이자야 어떻게 서류를 꾸며가지고 가설랑은 이렇게 해가지고 상이등급을 받고 연금을 타설랑은 생활을 하지, 우리 같이 몸이 시원치 않지만은 외관상으로 아무 이상이 없는 사람은 하늘의 별따기지."[89]

군사정권은 군사원호청-원호처를 설치하여 여러 부처에 분산되었던 원호 기능을 통합하고 다양한 원호 제도를 정비하거나 신설했다. 또 1950년대에는 '군경원호회비'라는 준조세 형태로 원호정책에 소요되는 재정 부담을 국민에게 전가했지만, 1960년대에는 관련 예산을 대폭 증액하여 중앙정부가 직접 떠맡음으로써 국민 부담을 경감시켰다. 전사자 유족, 상이군인, 상이군인 가족들이 한국전쟁 이후 착근한 '정치적 신新신분제'에서 핵심 지지층으로 비교적 확고하게 자리 잡고, 그야말로 '성가정'의 지위와 영예를 조금이나마 누리기 시작한 것은 1950년대가 아닌 1960년대부터였다고 봐야 한다. 그러나 '성가정의 빈곤'이라는 오랜 난제에 가로막혀, 1960~1980년대의 군사정권 시기에도 '성가정 만들기'와 '성가정 구성원 포섭하기'는 뚜렷한 한계를 드러내면서 여전히 미완성 상태로 남아 있던 것도 사실이었다.

5. 대중영웅, 사제, 대사제

그것이 민족 영웅이든 독립 영웅이든 반공 영웅이든, 영웅들은 참신자 만들기, 나아가 차세대의 '예비 참신자들'을 만들어내는 데 중요한 역할을 담당한다. 영웅들은 (예비) 참신자들이 존경하고 본받을 만한 '롤(역할) 모델'로 기능할 수 있기 때문이다. 전근대의 왕족·귀족이나 현대의 고위 관료·장교 출신이 아닌, 이름 없는 보통사람들 가운데 간택되고 상승한 '대중영웅'은 현대사회에서 큰 영향력을 발휘할 수 있다.

　대중영웅은 시대를 초월해서 발명될 수 있다. 이미 보았듯이 근대 이전 외세 침략에 맞서 싸운 민초들 가운데 성역화된 '칠백의총'의 의병들, 강화 전적지 '신미양요 순군 무명용사비'의 주인공들인 무명無名 병사들, 진주성과 행주산성의 무명 병사들과 여성들이 1960~1970년대에 대중영웅으로 창출되었다. 근대 이후에는 유관순 등 3·1운동을 비롯한 독립운동의 영웅들, 한국전쟁의 영웅들, 베트남전쟁의 영웅들, 1960년대에 등장한 강재구 대위나 이원등 중사나 지덕칠 하사 같은 '살신성인殺身成仁 영웅들'이 대중영웅으로 창출되었다. 1960년대에 새로 등장한 반공 영웅 리스트의 끝자락에는 이승복이라는 대중영웅이 기다리고 있다. 무공훈장과 무공포장, 보국훈장과 보국포장은 '반공·애국의 대중영웅'을 만들어내는 중요한 기제로 제몫을 다했다. 1960년대에 등장한 산업훈장·포장, 1970년대에 등장한 새마을훈장·포장은 '산업적인 대중영웅들'을 만들어냈다. 역시 1970년대에 등장한 체육훈장·포장 그리고 우수체육인종신연금제도는 '스포츠 대중영웅'의 산실로 기능했다. 대중영웅들은 홍수환의 '4전 5기 신화'나 김일의 '박치기 신화', 한국전쟁 직전의 '육탄10용사'에 이어 전쟁 시기 '백마고지 육탄3용사'와 '말고개전투 육탄11용사' 등으로 이어진 '육탄용사의 신화', 강재구·이원등·지덕칠로부터 최근의 '천안함 의인' 한주호와 '연평 호국영웅' 서정우·문광욱으로까지 이어지는 '살신성인의 신화' 등 대중영웅들은 수많은 신화와 전설들을 후대에 남긴다.

대단히 미묘한 그러나 피해갈 수도 없는 쟁점이 마지막으로 남아 있다. 바로 지식인 문제이다. 지식인들은 기존 시민종교의 '성직자'이자 '신학자' 역할을 수행한다. 지식인들은 시민종교의 교리를 연구하고 체계화·세련화하며, 상황 변화에 따라 기존 교리를 창조적으로 수정하기도 한다. 그들은 시민종교의 경전인 '헌법'을 만들고, '교과서'를 집필하며, 시민종교의 교리들을 응축한 '헌장'이나 '선언문'을 만들어낸다. 그들은 시민종교와 관련된 '신화 제작자들'이며 '의례 집전자들'이고, '영웅·성지의 발명가들'이고, 나아가 '상징 디자이너들'이기도 하다. 지식인들은 종종 참신자를 교육하고 양성하는 '교사' 역할까지 떠맡는다. 생존해 있는 대중영웅들 역시 (기존 사제-신학자의 조력에만 의존하지 않고) 때때로 자신이 직접 지식인집단과 유사한 성직자-신학자-교사 역할을 수행할 수도 있다.

시민종교의 양측, 즉 사제 진영과 예언자 진영 모두에서 지식인들은 기존 시민종교의 발전과 변형에 중요한 역할을 담당한다. 이들을 각각 '사제적 지식인'과 '예언자적 지식인'으로 부르도록 하자. 기존 정치사회 체제와의 관계 면에서 사제적 지식인은 '협력-영합'의 태도로, 예언자적 지식인은 '저항-비판'의 태도로 특징지어진다. 물론 사제 진영과 예언자 진영 사이에는 '중도적·중립적 지식인층'이 자리하고 있을 것이다. 나아가 기존 시민종교와는 완전히 결별한, 전적으로 새로운 시민종교를 창안하는 '혁명적 지식인'도 있을 수 있다. 따라서 결국 ① 사제적 지식인, ② 중도적·중립적 지식인, ③ 예언자적 지식인, ④ 혁명적 지식인의 네 범주가 존재하는 셈이다. 그러나 여기서는 기존 체제를 수호하고 변호하는 측인 사제 진영에 가담한 지식인들, 곧 사제적 지식인들에 대해서만 언급하려 한다.

몇 가지 상황을 가정해보자. 첫째, 기존 정치사회 체제에 대한 대중적 지지 기반이 튼튼하고, 저항세력은 약세를 면치 못하는 경우이다. 이때 대다수 지식인들은 사제 진영에 가담할 것이고, 중도적 지식인과 예언자적 지식인은 비교적 소수에 머물 가능성이 높을 것이다. 둘째, 체제 지지 기반이 아주 강력하지는 못하고, 체제 저항세력 또한 비교적 강세지만, 저항세력에 대한 억압·처벌의 강도 또한 높은 수준으로 유지되는 경우이다. 이때 사제적 지식인과 예언자적 지식인 모두가 상대적으로 소수일 것이고, 대신 중도적 지식인층이 두텁게 존재할 것이다. 셋째, 체제 지지 기반이 취약할 경우이다. 이때 대다수 지식인들은 예언자 진영에 가담할 것이고, 중도적 지식인과 사제적 지식인은 상대적 소수에 머물 것이다. 한편 조희연은 유신시대가 강제(강압)와 동의 모두가 강력했던 시기이자, 양자 간의 균형이 미묘하게 변화하는 시기이기도 했다고 주장한 바 있다. 다시 말해 1970년대 초에는 유신체제에 대한 강제와 동의가 모두 강력한 편이었지만, 시간이 지날수록 동의가 감소하고 강제에 대한 저항이 증가하면서 체제의 위기가 숙성해갔다는 것이다.[90] 이런 관찰이 옳다면, 1960년대 말부터 1970년대 말까지의 한국사회는 첫 번째와 두 번째의 혼합인 상황에서 출발하여 점차 세 번째 상황 쪽으로 이동해갔다고 말할 수 있을 것이다. 1980년대 역시 두 번째와 세 번째 상황을 혼합해놓은 쪽에 가까웠다고 판단된다.

1960년대 말부터 1980년대 후반까지의 한국사회처럼 기존 독재체제와 그에 대한 저항이 첨예하게 교차하고, 그에 따라 지식인사회의 정치적 분화가 빠르게 진행될 때, 시민종교의 사제 진영 편에 서는 것은 명백히 실존적인 결단과 선택의 문제가 된다. 사제적 지식인의 길이 비교적 소수만이 걸어가는, 따라서 대다수 지식인들의 행로와는 거리가 먼 것일 때는 더더욱 그럴 것이다. 그러나 결단의 강도나 선택의 성격에 따라 사제적 지식인도 다시 두 그룹으로 나뉜다고 필자는 생각한다. 하나는 강렬한 사명감과 함께 필요하다면 개인적인 희생까지 감수할 각오를 보이는 '자발적 헌신' 그룹이고, 다른 하나는 사명감과 희생정신은 상대적으로 약한

편이고 종종 개인적인 이익을 합리적으로 계산하여 처신하는 '자발적 투항' 그룹이다. 이들은 다양한 이유와 동기에 따라 자발적으로 정신적인 식민화를 수용했다는 점에서 '자발적 식민화' 그룹이라고도 말할 수 있을 것이다. 사제적 지식인의 두 그룹 중 후자를 좁은 의미에서 시민종교의 '사제司祭'라고 부를 수 있다면, 전자는 '대사제大司祭'라고 부를 만하다.

그렇다면 누가 군사정권 시기의 대사제였을까? 박정희 정권 시기 주요 행사의 첫 순서로 낭독되었을 뿐 아니라, 낭독의 행동규범까지 세세하게 정해놓았을 정도로 신성한 문서였던 '국민교육헌장'을 기초한 이인기·유형진·박종홍 같은 이들은 당연히 대사제 반열에 오를 자격이 있다.[91] '유신헌법'을 기초한 한태연·갈봉근·김기춘·김정렴 같은 이들, 그리고 '10월유신'이라는 용어를 창안하는 데 주도적인 역할을 한 것으로 알려진 이선근·박종홍·임방현 같은 이들 역시 마찬가지이다.[92] 중고교 국사 교과서의 '국정화' 전환을 건의하고 나섰던 문교부 '교수평가단'에 속한 교수들도 그러할 것이다.[93] 아마도 이 교수평가단 소속 교수들이 국정 역사교과서의 집필 과정도 주도했을 것이다. 1970년대에 '민족주체사관' 혹은 '극난극복사관'을 만들어낸 이들도 대사제에 포함되어야 마땅할 것이다. 남영동 대공분실을 설계한 건축가 김수근이나, 1960~1970년대 초의 '애국선열 조상 건립사업'에서 핵심적인 역할을 했던 조각가들도 대사제의 일원으로 간주되어야 하지 않을까. 관제 사회운동 조직의 핵심 간부들, 절대 권력자 찬양과 지도자숭배에 앞장섰던 시인과 음악가들과 언론사 고위직들도 빠뜨리지 말아야 할 것이다.

한편 '사제' 그룹은 군사정권 시기 사법부, 행정부, 사법부, 언론계, 예술계, 학계 등에서 활약했던 엘리트 지식인들로 구성된다. 1970년대의 '유정회'(유신정우회) 국회의원들, 그리고 유정회 국회의원과 대통령을 선출할 권한을 가졌던 '통일주체국민회의' 대의원들도 이 범주에 포함시켜야 할 것 같다. 체제 저항적인 예언자적 지식인들이 점점 늘어나고 더욱 많은 지식인들이 기존 정치사회 질서에 대해 중도적·중립적 입장을 취하는 상황에서는, 사제적 지식인의 길은 '소수파minority의 선택'이 되기 쉽다. 그럼에도 불구하고 이런 상황 자체가 소수자적 선택을 하는 이들에게 상당히 매력적인 기회들을 제공할 수 있다. 기존 정치사회 체제가 제공하는 회소한 지위·권력·재화의 획득 기회를 대다수 지식인들이 스스로 포기해버린 상황이므로, 사제적 지식인들은 그 회소한 자원을 비교적 손쉽게 독식할 수 있게 되는 것이다. 그런 면에서 사제적 지식인이 되는 것은 충분히 합리적이고 이득이 많이 생기는 선택일 수 있다. 필자는 이들이 여러모로 20세기 전반기의 '식민지엘리트' 그룹과 유사한 사람들이라고 생각한다. 이들은 '체제 내 위치'에서 주변부보다는 중심부에, 하층부보다는 상층부에 가깝고, 따라서 기존 체제에 대한 협력 행동 및 심리적 동화로의 보다 강한 압력과 유인 앞에 노출되어 있다. '능력주의' 혹은 '실력주의'meritocracy에 대한 강한 선호는 이들의 중요한 집합적 특성을 드러내는데, 능력주의·실력주의는 대개 경쟁주의·업적주의 사고방식과 친화적이다. 이들은 평균적인 한국인들에 비해 훨씬 강한 '성취 지향성'과 '경쟁 지향성'을 보이며, '능력에 대한 인정 욕망'이 강한 편이다. "정당한 경쟁을 통해 우수한 능력을 입증함으로써 자력으로 성취한 결실"이라고 확신한다는 점에서, 이들은 자신의 엘리트 지위에 강한 자부심을 갖는다. 예컨대 이들은 자기들이 '친親독재적'으로 '된' 것 혹은 그렇게 '보이는' 것은 천성이 '이기적인 출세주의자'이거나 '반反민주주의적'이어서가 아니라 '유능하고 성실했기 때문'이었다고 주장했을 것이고 스스로도 그렇게 믿었을 것이다. 자신들의 체제 옹호·정당화 행동은 강렬한 사명감의 발로라기보다는 '직업적 일상행위'일 따름이라고 주장할 가능성도 높은 편이다.

사제적 지식인을 각 분야별로 논의하다보면 너무 길어질 것이다. 그러니 한 가지 예만 들기로 하자. 1968년부터 1978년까지 10년 동안이나 대법원장으로 장기 재임하면서 법원장 회의에서 "유신체제는 가장 좋은 제도이며 법관들은 국가관에 입각해 재판하라는 훈시"를 한 민복기가 당시 사법부를 대표하는 '대사제'였다면, "법관들 사이에서 '중앙정보부원'이라는 소리를 들을 정도로" 평소 정보기관들과 원활하게 협업했던 법관들은 사법부 내부의 '사제들'이었을 것이다.[94] 다음 인용문에서 보듯이 이런 부류의 검사와 판사들이 결코 적지 않았다.

> 국가보안법 사건에서 사법부가 한 발씩 뒤로 물러설 때마다 어처구니없는 일이 벌어졌다. 처음 국가보안법이 만들어질 때 이북 정권을 국가로 인정할 수 없어 도출된 '반국가단체'라는 개념은 두 사람만 모여도 훌륭한 반국가단체로 낙인이 찍혔다. 사법부가 중앙정보부의 요구에 굴복하다 보니 국가기밀의 개념은 한정 없이 넓어졌다. 기밀이라면 당연히 '사람들이 모르는 것'이어야 할 터인데, 명문대학을 나와 고시에 합격한 검사님은 "짜장면은 싸고 맛있어"나 "경부고속도로는 4차선이다" 등등의 얘기를 간첩이 수집한 국가기밀이라며 공소장에 올렸고, 판사님들은 이따위 공소장을 받아들여 사형과 무기징역을 남발했다.[95]

시민종교의 사제 역할을 자임했던 다수의 지식인들이 없었더라면 우리가 지금까지 살펴본 현상, 즉 군사쿠데타 이후 기존 시민종교의 재활성화라는 현상은 명백히 불가능했을 것이다. 그것이 '자발적 헌신'이든 '자발적 투항·식민화'든, 사제적 지식인들의 자발적인 협력이 없었더라면 군사정권 시기에 시민종교의 생명력은 결코 유지되지 못했을 것이다. 그런데 1960년대 말부터 사제적 지식인들은 한국 시민종교를 기존 궤도에서 일탈하는 방향으로 몰아갔고, 이것이 한국 시민종교 역사를 전혀 새롭고도 낯선 국면으로 이끌었다. 다음 장에서 우리가 살펴볼 주제이기도 하다.

제 13 장

두 번째 배교와 시민종교 변형

쿠데타 이후

필자는 1970년대에 새마을운동과 유신체제-긴급조치체제가 시기적으로 완전히 일치한다는 사실에 주목해야 한다고 생각한다. 1970년대에는 한편으로 최고 수준의 폭력과 강제, 그에 대한 대중의 공포, 그리고 다른 한편으로 최고 수준의 '집합적 열광'과 동원, 사회적 통합이 시기적으로 공존하고 중첩되어 있었다. 이것이 어떻게 가능한가, 그리고 이것이 의미하는 바는 무엇인가? 이 질문은 1970년대를 독해하는 데 결정적으로 중요하다. 1970년대, 특히 1970년대의 전반부는 헤게모니적 지배의 양대 요소, 즉 '강제'와 '동의' 모두가 두텁게 강화되던 시기였다. 우리는 강제와 동의가 반드시 제로섬 식의 관계를 맺는 것은 아님에 유의해야 한다. 강제와 동의의 강도는 '동시에' 증가할 수 있는 것이다.

많은 이들이 지적해왔듯이, '안보위기'로 집약되는 1968년부터 유신체제가 등장하는 1972년까지를 하나의 연속적인 흐름으로 이해하는 게 중요하다. 베트남전 참전과 뒤이은 안보위기, '한강의 기적'으로 불린 급속한 경제 성장, 쿠데타 직후 잠재적 저항세력을 초토화함으로써 국가에 의한 시민사회 식민화가 급진전된 상황이 역사적으로 중첩되었음을 확인하는 것도 중요하다. 무엇보다도 "약한 시민사회, 고도성장 경제, 안보위기의 순차적·상황적 중첩"은 지배엘리트들을 '시민종교적 일탈' 쪽으로 자극하고 유혹했다는 점이 강조되어야 한다. 이 경우 시민종교적 일탈은 민주주의에 대한 전면 부정, 병영사회·감시사회 구축, 절대권력자의 종신집권 체제 형성, 지도자숭배 현상 등으로 현실화되기 쉬웠다.

이런 맥락에서 쿠데타 이후 기존 시민종교의 '재활성화' 현상과 '일탈·변질' 현상이 거의 동시적으로 진행되었음을 특별히 강조할 필요가 있다. 시민종교의 관점에서 볼 때, 또 한국 시민종교의 전체 역사를 조망할 때, 유신시대는 1960년대와는 질적으로 다른 시대였다. 대한민국 시민종교의 심각한 왜곡과 기형화, 핵심 지배층의 중대하고도 거듭되는 배교 행위들, 그로 인한 예언자운동의 활성화가 유신시대를 특징짓는 시민종교적 현상들이었다. 1961년의 군사쿠데타 이후 반공주의는 더욱 확고한 '국시'로서의 입지를 확보했고, 반공은 사실상 모든 것을 정당화하는 '전능한' 논리가 되어갔다. 반공주의는 정권에게 무엇이든 마음대로 결정하고 행동할 수 있는 자유, 즉 '독재의 자유'를 허용했다. 1960~1970년대에 반공주의가 발전주의와 단단히 결합하면서 이른바 '개발독재체제'가 본격적으로 등장했다. 군사쿠데타 이후 재차 뚜렷해진 '민주주의 약화' 추세는 1970년대에 이르러 '민주주의에 대한 전면 공격'으로 치달았다. 한국 반공주의의 태생적 특징인 국가주의적 성향, 즉 '자유주의적 반공주의'가 아닌 '국가주의적 반공주의'의 면모가 1950년대 후반에 이어 다시 한 번 선명하게 드러났다. 이 과정에서 한국 시민종교의 기본성격 자체가 변질되기 시작했다. 유신체제 이후 기존의 '반공-자유민주주의 시민종교'는 빠른 속도로 '반공-국가주의 시민종교'와 비슷해졌다. 달리 말하자면, 유신 이후 '반공-자유민주주의 시민종교'가 '반공-국가주의 시민종교'로 변질되었다.

1. 병영국가를 향하여

고통스런 전쟁의 기억이 아직 생생한 가운데 반공주의의 마법적 힘은 1960년대에도 여전히 강고했다. 전쟁을 거치면서 파워엘리트 그룹 중 가장 강력한 세력으로 부상한 군부엘리트들의 위세도 대단했다. 한국전쟁 과정과 그 직후에 식민지엘리트 출신들의 군부 장악력이 창군創軍 당시에 비해 훨씬 강화되었다. 쿠데타 성공 이후 그들은 4·19공간에서 활발했던 1940~1950년대 민간인 피학살자들의 신원伸寃운동과 과거사청산 운동에 대해 또 한 번의 강력한 역청산 조치를 단행했다. 4·19혁명 직후 경북, 부산, 경남, 제주 등에서 피학살자 유가족들이 중심이 되어 유해 발굴, 위령제 거행, 위령비 건립 등을 진행했다. 제주의 '백조일손지지百祖一孫之地'와 같은 합동묘지 조성도 추진되었다. 그러나 군사쿠데타 세력은 피학살자 유족회를 이적단체로 규정하고, 국가보안법상의 '반국가단체' 구성 혐의로 구속하여 사형·무기징역 등을 선고했다. 아울러 그들은 피학살자 묘와 위령비를 파헤치고 훼손하는 등 묘지 및 위령비를 상징적·실질적으로 파괴했다.[1] 그것은 "'제2의 학살', 즉 학살의 기억에 대한 학살"에 다름 아니었다.[2] 거창사건 희생자들의 경우 1951년 2월의 학살 사건, 그 직후 국회조사단에 대한 위협사격 등 진상규명 방해 공작 사건, 1961년 군사쿠데타 이후 위령비와 합동묘역을 파괴한 사건을 거침으로써, 국가가 희생자들을 "세 번이나 죽였다"는 한 맺힌 원성이 유가족들로부터 터져 나왔다.[3] 한 번의 실제적 살해와 두 번의 상징적 살해로 말이다.

　1940~1950년대에 몇 차례의 역청산을 통해 한국 시민사회의 저항적 잠재력은 이미 대부분 소진되었다. 그나마 얼마 남지 않은 '비판적 시민사회 부문'마저 4·19정국에서 재등장했다가 격심한 역풍을 맞아 소멸의 위기에 직면했다. 5·16은 한국사회에서 마지막 남은 저항의 잠재력마저 씨를 말려버렸다. 군사정부는 쿠데타 이후 무려 3,098명을 "용공·용의자"

로 구속했다.[4] 1960년대의 상황을 필자는 다음과 같이 기술한 바 있다.

> 식민지에서 해방된 한반도에서는 장차 수립될 국가권력의 성격과 주체
> 를 둘러싸고 격렬한 좌우익 갈등이 전개되었다. 이 갈등은 1948년 여름
> 에 이르러 남한에서는 우파의 승리로 사실상 종결되었다. 그 뒤 3년 간
> 의 한국전쟁 그리고 근 1년 간의 제2공화국 기간은 지하로 잠복했던 좌
> 파 및 중도파 정치세력이 재등장할 수 있는 상황을 조성해주었고, 바로
> 그 이유 때문에 한국사회에서 좌파와 중도파 정치세력의 "씨를 말리는"
> 계기 또한 제공했다. 일시적으로 지상에 나온 급진적 정치세력은 철저
> 하게 색출되고 처벌되었으며, 그로 인해 계급적 사회운동은 완전히 소
> 멸되었다. 저항적 사회운동의 토양은 황폐화되었고, 강력한 국가에 의
> 해 식민화된 시민사회는 극도로 위축된 채 긴 침묵으로 빠져들었다.[5]

철저히 무력화되고 비판적 잠재력을 거세당한 시민사회를 군사정부가
빠르게 식민화하는 가운데 베트남 파병과 남북 갈등, 동아시아 데탕트 등
을 겪으면서 한국은 '병영국가'를 향해 거침없이 돌진해갔다. 항구적 (준)
전시체제로의 돌진에 가장 중요한 추동력을 제공한 것은 물론 반공주의
였다. 1960년대로 접어들자 남북 간의 체제경쟁은 전례 없이 가열되었다.
전쟁이 체제경쟁으로 대체되면서, 이 경쟁에서의 승리가 정권의 존립 목
적으로 새롭게 설정되었다. 남북 체제경쟁은 국방·안보를 넘어 스포츠나
경제, 심지어 문화재 복원에까지 전면적으로 확대되었다. 남과 북 모두 체
제경쟁에서 완승을 거두기 위해 자원의 총동원체제를 맹렬히 추구했다.

한반도 주변의 냉전체제가 안정되어감에 따라 '제2의 열전熱戰' 등 폭력
적인 방법으로 상대를 제압하거나 붕괴시킨 후 흡수통합 할 수도 없는 상
황에서, 적대세력과의 긴장과 충돌을 내치內治 목적에 정치적으로 활용하
는 '적대적 공생'의 공간이 조금씩 열리기 시작했다. 적대적 공생이 어디

까지나 '적대에 기초한 공생'인 한, 대립하는 양측 간의 긴장 강도는 높은 수준에서 유지되어야만 했다. 전면전으로 비화할 정도의 휘발성을 갖지 않는 범위 내에서, 상호 무장침투나 국지적 충돌 사건들은 오히려 긴장 유지에 도움이 된다. 이런 사건들이 전시체제나 비상사태를 일상화·제도화할 명분을 제공함으로써, 남한과 북한 모두에서 기존 정치권력의 정당화·영속화를 뒷받침하게 되는 것이다.

남북한 간 적대적 공존을 통한 장기집권 구조는 이하나의 '과잉 냉전' 개념과도 상통하는 바가 있다. 남북한의 권력자들은 냉전적 적대·긴장을 필요 이상으로 고조시키거나 높은 수준으로 유지시킴으로써 체제·정권의 영속성을 보장받으려 하는 경향이 강하다는 것이다. 이하나는 "한반도의 분단 상황이 미국이라는 냉전의 맹주가 의도한 방향에 소극적으로 맞추어진 것이라기보다는 남북 스스로 자발적이고 지속적으로 냉전 논리를 생산하고 강화하는 시스템을 만들어내는 필요 이상의 냉전 상태"였다면서 이를 '과잉 냉전'으로 개념화했다.[6]

1960년대 후반부터 1970년대 중반까지 남한에서 고조된 반북주의, 안보위기론 및 체제 강화, 그리고 미군 철수 움직임에 맞선 박정희의 핵개발 카드까지, 이 모든 것들은 미소 갈등을 가장 중요한 변수로 설정하는 종래의 냉전 논리와 다른 시각에서 한반도 분단체제를 바라볼 필요성을 제기한다. 곧 한반도 분단체제는 미소 '냉전의 축소판'이라기보다는 남북 스스로 주체가 되어 재생산한 '과잉된 냉전'이라는 시각이다. 과잉 냉전은 전 사회를 과도하게 경직시켜 공동체와 개인 차원에서까지 '적의 색출'에 열을 올리게 만들었지만, 또 한편으로 그것이 유발한 지나친 통제와 규율은 반작용으로서 반정부적/반체제적 감성을 촉발하기도 했다는 점에서 문제적이다.[7]

어쨌든 과잉 냉전적 분단체제는 남북 체제경쟁 속에서 적대적 공생의 넓은 공간을 창출하고 유지함으로써 남한과 북한 정권 모두에게 장기 번영을 보장해주었다. 적대적 공생과 과잉 냉전의 자연스런 부산물이 남북한 모두에서 진행된 병영사회로의 재편, 그리고 전시체제의 영속화였다.

(1) 베트남 파병과 1968년 안보위기

개발독재체제가 성립되는 과정에서는 베트남전쟁 참전과 1968년의 안보위기가 대단히 중요한 계기로 작용했다. 1960년대의 베트남전 참전과 '68년 안보위기'를 거치면서, 한국전쟁 종료 후 시간이 흐름에 따라 점차 이완되던 전후 질서에는 다시 팽팽한 긴장이 조성되었다. 전시체제 재구축 혹은 재활성화라고 부를 만한 현상이 뚜렷해졌다.

먼저, 대부분의 연구자들이 베트남 파병이 '사회의 병영화·군사화'에 기여했음을 강조하고 있다. 예컨대 한홍구에 의하면 "베트남 파병이 한국사회에 미친 가장 중요한 영향은 박정희 정권이 미국과 군부의 확고한 지지를 바탕으로 독재 권력을 행사하면서 한국사회 전체를 병영국가로 만들어갔다는 점이다."[8] 오제연의 평가도 거의 동일하다. "박정희 정권은 베트남에 파병된 한국군을 앞세워 사회 전반을 군의 체계 내로 포섭함으로서 '전쟁 스펙터클 사회'를 구현"했으며, "이는 한국사회가 정권의 의도에 따라 '병영사회'로 나아가는 배경이 되었다."[9] "'싸우면서 건설하고 건설하면서 싸우자'라는 말처럼 당시는 전시(경제)와 평시(경제)의 구분이 사라진, 전쟁과 일상이 하나가 된 총력전의 시대"였다는 것이 파병 기간 중인 1960년대 후반부터 1970년대 초까지의 한국사회에 대한 윤충로의 평가이다.[10] 윤충로 역시 베트남전쟁 참전이 한국사회에 미친 영향을 "한국사회의 군사화·병영화를 가속화한 결정적인 계기"로 압축한 바 있다.

베트남전쟁은 한국사회의 민주주의를 지체시키고, 군사화·병영화를 가속화하는 결정적 계기이기도 했다.……전쟁에 직접적으로 연루된 사람들이나 그렇지 않은 사람들이나 당시 사회를 뜨겁게 달구었던 전쟁의 열기를 피할 수는 없었다. 8년 6개월이라는 긴 시간 동안 전선과 후방, 전장과 일상이 뒤엉켰다. 한국군이 베트남에 참전하고, 실제적인 안보위기가 고조되면서 국내의 일상은 전시동원과 통제체제를 강화하는 방향으로 바뀌어갔다. 1967년 이후 징병제도가 본격적으로 강화됐고, 1968년 4월 1일에는 향토예비군이 창설됐다. 1968년 11월 21일부터는 18세 이상 모든 국민에게 주민등록증이 발급됐고, 12월 5일에는 총 393자로 이루어진 국민교육헌장이 선포됐다.……박정희 대통령이 앞장서서 '싸우면서 건설하자'라고 외치던 1969년부터는 전국의 고등학교와 대학교에 교련이 정규과목으로 채택되었는데, 얼룩덜룩한 교련복, 군대식 사열과 분열로 끝났던 조회와 제식훈련, 총검술 등의 군사교육은 학원의 병영화를 심화시켰다. 1972년 유신체제의 설립은 미국의 닉슨독트린에 따른 안보 위기감을 반영한 것이었고, 1975년 남베트남의 몰락은 긴급조치 9호를 정당화하는 요인으로 작용해 한국을 그야말로 '겨울공화국'으로 만들었다.[11]

한편, '68년 체제'라고도 부를 수 있을 만큼 1968년이라는 시점도 대단히 중요했다. 오제연은 1965년부터 1968년까지를 하나의 연속선 위에서 볼 필요가 있음을 강조했다. 그에 의하면 "1965년 한국군 전투부대가 베트남에 파병된 후 전면화되기 시작한 남북 간 군사적 긴장 관계는 1967년부터 급속히 고조되었다. 특히 1968년 초 연이어 터진 북한 특수부대의 청와대 습격 사건과 북한의 미 정보함 푸에블로호 나포 사건 등은 남북 관계는 물론 북미 관계까지 극도의 긴장상태로 몰아갔다."[12] 1966년 북한의 조선노동당 대표자대회와 '베트남 인민들의 투쟁을 돕겠다'는 김일성의 발언, 1966년 존슨 대통령 방한 직전 남한군의 북한 공격 등이 맞물리면서 1967년부터 휴전선에서의 남북 무력충돌 사건은 10배 이상 증가했다. 1966년 80건이건 충돌 사례가 1967년 784건, 1968년 985건으로 증가했던 것이다.[13] 1968년 초의 청와대 습격 사건과 푸에블로호 납북 사건도 바로 이런 분위기 속에서 발생했다. 다음은 1968년이라는 시점의 역사적 중요성에 대한 신병식의 설명이다.

> 박정희 정권은 군사정권답게 군대의 운용을 체계적으로 정비하고 사회 전체를 병영화하고자 하였다. 특히 1968년의 1·21사태, 푸에블로호 납치 사건 그리고 그해 말의 울진·삼척 게릴라사건 이후 군사화 노력은 본격화되었다. 향토예비군제, 교련교육제, 주민등록증 도입과 더불어 국민교육헌장 선언과 혼분식 장려운동, 제2경제운동, 새마을운동 등 군사제도의 도입과 사회 전체의 총체적 동원화 노력이 주요 내용을 이룬다. 그러한 점에서 박정희 정권에 있어서 1968년은 중요한 시점이 된다. 3선 개헌, 사채 동결과 비상사태 선언, 유신 선포로 이어지는 독재화의 길은 1968년 이후 사회의 군사적 규율화가 동시에 이루어지지 않았다면 가능하지 않았을 것이다.[14]

한국에서 병영국가의 등장은 '전쟁의 일상화'와 '사회의 군사화'라는 두 흐름이 맞물린 결과였다. 전자가 '전시체제의 항구화·제도화'를 가리킨다면, 후자는 '사회의 군사주의적 혹은 군대식 재편·재구성'을 가리킨다.

(2) 전쟁의 일상화

우선, 한국전쟁 당시 전시체제의 일부였지만 전쟁이 끝난 이후에도 존속한 전시체제의 유제遺制들이 존재했다. 징병제, 주민등록제, 주민감시·통제·동원조직, 야간통행금지 등이 그런 예들이다. 전쟁 직전에 등장했고 종전 후에도 위력을 발휘했던 국가보안법, 계엄령, 위수령 역시 '전쟁의 일상화를 통한 일상의 전장화' 기제들이었다. 박정희 정권은 군대를 통치 수단으로 직접 동원하는 일이 잦았다. 박정희가 집권한 221개월 9일(즉 18년 5개월 9일) 동안 군대를 동원한 계엄령이나 위수령의 발령 기간이 무려 105개월에 이르렀다.[15] 집권 기간 전체의 거의 절반이 계엄령이나 위수령 기간이었던 것이다. 1960년대 이후에는 반공법, 대통령 긴급조치권, 사회안전법과 보호감호 처분 등이 추가되었다. 특히 유신체제와 긴급조치체제는 그 자체가 '비상사태', '예외상태'의 일상화이자 제도화였다. 이밖에도 이른바 '무장공비武裝共匪' 소탕전, 간첩과 부역자 사냥, 혈서가 난무하는 반공·반북 궐기대회들, 신원조사, 불심검문, 연좌제, 지속적인 예비군 소집 점검과 훈련, 대통령 등 주요 인사에 대한 저격 사건들, 휴전선과 해상에서의 남북 무력충돌 사건들도 전쟁의 일상화, 일상의 전장화에 기여하는 장치들이었다.

1960년대 이후 징병제와 주민등록제도가 대폭 강화되었다. 쿠데타 직후부터 군사정권은 당시 25%에 이르던 병역회피자 비율을 "입영율 100%"로 변화시킨다는 목표를 내세웠다. 이를 위해 먼저 1962년에 병역법을 개정하여 병무행정 관장 권한을 국방부 장관으로 일원화하고 지방 병무청을 신설했다. 이로써 병무행정이 직접 군부의 통제 아래로 들어갔다. 1970년에도 병역법을 개정하여 중앙정부 조직으로 병무청을 신설하고, 병무청장이 징집·소집 등 병무행정 전반을 관장하도록 했다. 이어 '병역수첩' 제도를 도입하여 병역 의무자에 대한 감시와 통제를 대폭 강화했다. 1972년의 유신체제 성립 이후에는 병역 미이행자를 '병역기피자' 혹은 '병역사범'으로, 나아가 '비국민'으로 낙인찍었다. 이 단계에 이르면 병역회피자는 거의 사라지게 되었고, "남자는 군대에 갔다 와야 사람 된다"라는 말이 당연시되면서 징병제가 매우 효과적인 '국민 만들기' 기제로 안착하게 된다. 원활한 신체 징발을 위해서는 인구이동에 대한 감시와 정보 집적이 필수적이므로, 징병제 강화는 곧 주민등록제 강화로 이어졌다.[16]

1960년대를 거치면서 한국의 주민등록제도는 세계적으로 희귀할 정도로 강력한 주민 감시·통제 시스템으로 발전했다. 먼저 1962년에 주민등록법이 제정된 데 이어, 1968년에는 주민증·주민등록번호·지문날인제도가 도입되었다. 1970년에는 주민증 소지가 의무화되었다. 1975년에는 이를 어길 경우의 과태료와 벌칙 규정이 강화되었다. 1977년에 이르러 세대별 주민등록표에 개인별 주민등록표까지 추가되었다.[17] 주민등록번호는 "부여 대상자 가운데 중복되는 경우가 없고 일생 동안 변하지 않아 개인을 정확하게 식별하는 수단으로 탁월한 효과"를 발휘할 수 있다. 지문날인제도의 경우 1968년에 처음 도입될 당시엔 양손 엄지 지문을 날인하게 했지만, 1975년부터는 주민등록증 발급신청서에 열 손가락 지문 모두를 날인하도록 강화했다.[18] 이렇게 수집된 전체 국민의 지문 정보를 경찰과 정보기관이 관리했다. 주민등록제도는 식민지 시기부터 수십 년 동안 변천을 거듭하면서 이어진 주민통제·동원 조직과 결합되었다. 김학재가 1950년대의 주민통제·동원 조직을 염두에 두고 언급한 바는 1960년대 이후에 대해서도 여전히 타당하다. "사람들은 이웃을 감시하는 한편 자신의 순수함으로 증명해야 했고, 그럴수록 불신에 기반한 상호 감시와 밀고는 '국민의 의무'가 되어갔다."[19]

강화된 징병제, 주민등록제, 주민통제·동원 조직을 통해 한국형 불신사회와 감시사회가 완성되었다. 필자는 불신사회society of distrust를 "사회 전반에 불신이 확산되고 일상화되어 있을 뿐 아니라, 무엇보다도 불신에 기초하여 사회질서가 생산·재생산되는 사회"로, 감시사회surveillance society는 "한편으로 피지배층에 대한 지배층의 일상적이고 조직적인 감시와 통제의 체계, 다른 한편으로 피지배층 상호 간의 감시와 고발의 체계에 기초한 사회"를 가리키는 용어로 사용하고 있다. 불신사회가 "불신

을 사회조직화의 중심적 원리로 삼는 사회"라면, 감시사회는 "불신의 제
도화·체계화·항구화에 자원을 집중적으로 투입하는 사회"이다.[20]

(3) 사회의 군사화

1960년대 말부터 (전쟁의 일상화뿐 아니라) '사회의 군사화'도 맹렬한 속도로
진행되었다. 사회의 군사주의적·군대식 재편은 학교, 마을, 직장, 기업,
정부 등을 망라하여 광범위하게 진행되었다. 1950년대 혹은 1960년대 초
에 사라졌던 예비군, 학도호국단과 교련교육, 전투경찰 등이 속속 부활
했다.

　우선, 직장과 마을 단위로 예비군이 재조직되었다. 1950년대에는 예비
군이 '민병대' 혹은 '예비군'으로 지칭되었다.[21] 군사쿠데타 주역들은 사
실상 폐지된 예비군을 되살리려 시도했다. 그 일환으로 1961년 12월 27일
에 '향토예비군 설치법'을 제정했다. 그러나 관련 예산이 배정되지 않았
을 뿐 아니라 시행령과 시행규칙도 제정되지 않아 사실상 사문화된 상태
를 벗어나지 못했다.[22] 그런데 1968년 2월 27일에 '향토예비군 설치법 시
행령'을, 같은 해 4월 1일 '향토예비군 설치법 시행규칙'을 뒤늦게 제정함
으로써 1968년 4월 1일에 향토예비군이 정식으로 창설될 수 있었다. 뒤이
어 박정희 정권은 1968년 5월에 향토예비군 설치법을, 6월에 그 시행령
을, 이듬해 1월에 시행규칙을 전면 개정하여 법적인 정비 작업을 마무리
했다.[23] 예비군은 직장예비군과 지역예비군으로 나뉘어 조직되었다.

　지역과 직장의 남자들은 '예비군' 뿐 아니라 '민방위대民防衛隊'로도 이
중적으로 조직되었다. 민방위대는 17세 이상 50세 이하의 남자로 구성되
었고, 이들 의무 가입자 외에 여자나 다른 연령층의 남자들 역시 지원에
의해 참여할 수 있게 되어 있었다.[24] 민방위대 역시 전시체제의 산물이었
음을 〈표 13-1〉을 통해 확인할 수 있다.

예비군 창설
1968년 4월, 1·21사태를 계기로 박정희 대통령의 지시 하에 예비군이 창설된다. 당시 창설식 장면을 보면 전국 각
지역별 부대는물론 부녀자 부대도 보인다. 대표로 나서 이가 손가락 피로 서약서를 쓰는 장면이 이상적이다.

〈표 13-1〉 한국 민방위 조직의 변천 추이

시기	주요 내용
1951.1.4	계엄사령부에 민방공(民防空)본부 설치, 각 시·도에 지부 설치
1951.1.26	민방공 업무를 내무부가 장악
1951.3.22	방공법 공포(법률 제183호)
1951.4.12	방공법 시행령 공포(대통령령 제477호)
1951.8.25	시·읍·면 방공단 조직령 공포(대통령령 제681호)
1952.7.3	민방공 기구 조직 규정 제정(내무부 훈령 제40호)
1963.5.30	합동참모부 작전기획국 내에 민방위과 설치(각령 제1325호)
1967.9.1	내부무 치안국에 민방위과를 설치(업무 이관)
1971.12.31	'민방위의 날에 관한 규정' 제정, 매월 15일에 민방공훈련 실시(대통령령 제5919호)
1972.1.15	제1차 민방공훈련 실시
1975.6.27	'민방공의 날'을 '민방위의 날'로 명칭 변경
1975.7.25	민방위기본법 공포
1975.8.22	민방위기본법 시행령 공포
1975.8.26	내무부에 민방위본부, 각 시·도에 민방위국, 시·군·구청에 민방위과 설치
1975.9.22	민방위대 창설

* 출처: 고시홍, "민방위대의 조직과 운영에 관한 고찰", 315-316쪽.

〈표 13-1〉에서 보듯이, 한국전쟁 당시 '방공법防空法'에 근거하여 조직되었던 민방공본부와 시·도 지부, 시·읍·면 방공단防空團이 민방위대의 전신이었다. 이 조직이 전쟁 종료 후 사라졌다가 1971년 12월 6일의 대통령 국가비상사태 선언을 계기로 전면적으로 되살아났다. 그달 31일 매월 15일에 민방공훈련을 실시하도록 규정한 '민방위의 날에 관한 규정'이 제정된 데 이어 1972년 1월 15일부터 민방공훈련이 실시되기 시작했다. 1975년 7~8월에는 민방위기본법과 그 시행령이 공포되었다. 이에 따라 그해 8월부터 내무부에는 민방위본부가, 각 시·도에는 민방위국이, 시·군·구청에는 민방위과가 각각 설치되었다. 같은 해 9월 22일에는 '민방위

대'가 창설되었다. 민방위대도 예비군처럼 지역민방위대와 직장민방위대로 구성되었다. 직장민방위대의 예를 들어보면, 대장과 부대장 아래 본부 분대, 소수방消水防 분대, 방호·복구 분대, 의료·구호 분대가 각각 배치되었다. 이들 말단 민방위대는 국무총리가 위원장인 중앙민방위협의회, 그리고 시·도 민방위협의회, 시·군·구 민방위협의회, 읍·면·동 민방위협의회 등의 민방위협의회 네트워크로 연계되었다.[25]

학원·학교의 군사화도 1960년대 말 이후 급진전되었다. 그 핵심은 이승만 정권 시기에 존재했던 학도호국단과 학생군사훈련을 부활시킨 것이었다. 이승만 정권은 1949년 8월 제정한 병역법을 통해 중등학교 이상 학생의 의무적인 학도호국단 가입과 군사훈련을 명시한 데 이어, 같은 해 9월 대통령령으로 '대한민국 학도호국단 규정'을 발표하여 그해 말까지 35만 명을 준군사단체로 조직했다. 학도호국단은 4·19혁명으로 이승만 정권이 무너진 직후인 1960년 5월까지 10년 이상 존속했다.[26] 1951년 12월부터는 학생군사훈련이 개시되어 1950년대 중반까지 지속되었다.[27] 박정희 정권은 1969년에 학생군사훈련(교련)을 재개한 데 이어, 1972년에는 미국식 학군단ROTC 제도를 도입했다. 군사정권은 1975년 9월 초에 학도호국단마저 되살려냈다.[28]

기업과 공장의 군사화도 맹렬했고 또 촘촘했다. 기업들은 이미 예비군과 민방위대 조직을 통해 충분히 군사화되어 있었지만, 거기에 그치지 않았다. 군사정권은 "징집제를 산업화하는 경제 조직으로 통합"함으로써 "군사화된 경제"를 창출해냈다. 1973년 이후의 병역특례법, 군가산점제도, 취업 자격으로서의 병역필兵役畢 요구, 군복무를 경력으로 인정하는 것, 병역 미필자를 채용한 고용주에 대한 벌금형과 사업자등록 취소 처분 등의 기제들을 통해, 남성의 군복무가 노동시장 조직에 정교하게 통합되었다.[29] 기업문화의 군사화도 심각했다. 문승숙이 지적하듯이 "한국의 정치 경제를 탐구하는 다양한 시각의 학자들은 대기업의 생산직-사무직

중앙 학도 호국단 발단식

학원·학교의 군사화

남녀 학생 구분 없이 교련 수업을 받아야 했던 시절의 모습들이다. 학도호국단이 조직되고, 각급 학교 운동장에서는 물론, 이른바 5·16광장이라 명명된 곳에서 전국 교련 합동 사열식이나 교련 실기대회 등이 정례적으로 열렸다.

노동자들의 일상적인 노동과 사회관계가 근대의 군대와 매우 유사하다
는 점을 언급했다."30

이 세 가지 이유(병역필이 취업의 전제조건이라는 점, 군복무 경력이 더 많은 보수
와 빠른 승진을 가져다준다는 점, 그리고 군가산점제) 때문에, 군사독재 시절의
대기업 문화는 군사주의 가치와 실천으로 가득했다. 대기업의 기업문
화는 직위에 따른 엄격한 위계, 일방적 명령만 있는 의사소통, 개인의
희생을 정당화하는 집단윤리 등을 그 특징으로 한다. 기업문화의 이런
측면들은 사무실과 작업장에서 노동자와 관리자 사이의 상호작용의
기초가 된다. 게다가 사무직 대졸 사원들을 위한 오리엔테이션과 현장
실습에서는 단체시간표에 종종 극기훈련이 포함된다(운동복을 단체로 입
고 집단체조나 행진을 한다). 그것은 군사훈련의 모습과 다를 바 없다.31

다음 인용문은 군사정권 시절 이른바 '공장 새마을운동'이 진행되던
당시의 공장 문화를 더욱 직설적으로 묘사하고 있다. "헌병과 다를 바 없
는 경비원"이 버티고 서서 두발과 복장, 신분증 등을 검사하는 살벌한 출
근 풍경이 이채롭다.

공장 새마을운동은 '근무 기강 확립운동'으로 번져 갔다. '작업 중 잡담
안 하기', '보행 중 담배 안 피우기', '꽁초 안 버리기', '안전모 안전화 착
용하기', '표준 삭발하기', '인사 먼저 하기' 등 다양한 운동이 펼쳐졌다.
이를 강제하는 통제 도구로 새마을 성과급제가 활용됐다.……군대 같
은 작업장에서 경비원은 헌병 노릇을 맡았다. 건장한 체구의 경비원은
출근하는 노동자들을 일일이 점검했다. 짧은 머리 사진을 붙여놓고 그
기준에 따라 두발을 쟀다. 불량할 경우 머리를 깎도록 경고하거나 이발
기구로 직접 밀어버렸다. 출입증이나 작업복이 없는 노동자는 공장 안

으로 아예 들여보내지 않았다.……"늦어서 택시를 타고 출근해 정문에 내리는데 경비가 다짜고짜 귀싸대기를 올리더라고요. 현대차 안 타고 다른 차 탔다고. 경비원이 이유 없이 때려도 다 맞았습니다."[32]

억압적 국가기구들, 특히 경찰과 검찰에도 군사화 물결이 몰아쳤다. 검찰의 경우 "군대문화를 모방해 기관장과 악수할 때 '검사 ○○○'이라고 밝히는 관등성명식 신고"가 사라진 것은 민주화 이행이 시작된 지 30년이나 지난 2017년의 일이었다.[33] 국가기구 가운데 군사화가 가장 강력하게 관철된 곳은 경찰이었다. 1960년대 말 이후 한국사회의 병영화·군사화에 주목한 연구자들은 많지만, '경찰의 군대화'에 주목한 연구자는 거의 없었다. 학도호국단·교련교육 및 예비군과 마찬가지로, '전투경찰대' 역시 1950년대에 폐지되었다가 1960년대 후반에 재등장했다.

한국에서 전투경찰대는 한국전쟁 발발 직전인 1950년 5월 18일에 창설되었다. 같은 해 9월 내무부는 지리산지구와 태백산지구의 '경찰 공비 토벌대'인 '경찰전투대'를 해체하고 소속된 대원들을 도 단위 경찰국으로 돌려보냈다.[34] 그러나 "지리산 일대 잔존 공비 근멸을 위해" 독립된 전투경찰대가 필요하다는 주장이 힘을 얻으면서 '서남지구 전투경찰대 설치법'이 1953년 1월과 4월에 각각 국무회의와 국회에서 통과되었다. 이에 따라 같은 해 6월 5일 서남지구전투경찰대가 발족했다. 1955년 7월 1일에는 서남지구전투경찰대가 26개월 만에 해체되었고, 대신 서남지구 일원의 치안을 담당하는 '경찰기동대'가 발족했다.[35] 이처럼 1955년에 해체되었던 전투경찰대가 12년만인 1967년에 부활했다. 무엇보다 이는 '군대와 경찰의 수렴'을 통한, '군대 같은 경찰'의 등장을 뜻한다.

1967년 8월 26일에 "북괴 무장간첩의 대량 남파에 대비"하기 위한 전투경찰대 발대식이 열렸다. 발대식은 전투경찰로 선발된 이들이 강도 높은 훈련을 받았던 그 군부대에서 거행되었다. 1968년 2월 채원식 경찰국장은 모든 신규 채용 경찰들로 하여금 소정의 경찰교육을 마친 후 추가로 2개월의 유격특수훈련을 받게 할 것이며, 이후 1년 동안 전투경찰대에서 복무하도록 하겠다고 발표했다. 아울러 "경찰의 전투 능력을 강화시키기 위해" 앞으로는 "파월 제대 장병, 해병대, 공수단 등 특수부대 출신자를 우대"하겠다는 방침도 밝혔다. 그 직후 서울시경찰국은 "1·21 북괴 무장 공비 남침 사건을 계기로 전투력을 보강하기 위해" 전투경찰 300명을 특 채했다.[36] 군 출신자의 경찰 채용이 급증하는 가운데, 경찰의 무장 수준 도 나날이 높아져갔다. 1970년 12월 24일 "전투경찰의 구성을 현역병에 소집되어 소정의 훈련을 받은 귀휴병"으로 하도록 규정한 '전투경찰대 설치법'이 국회를 통과함으로써,[37] 1971년부터 전투경찰의 역사가 크게 바뀌었다. 종전에는 직업경찰들로만 충원되던 전투경찰이 전투경찰대 근무로 군복무 의무를 대신하는 이들로 채워지게 되었던 것이다. 기업에 서 대체복무를 하는 것과 마찬가지로, 개별 전투경찰 요원들 역시 국방 의 무를 대신하는 대체복무를 이행하게 되었다. 군인 신분과 경찰 신분이 중 첩된 사람, 곧 '경찰-군인'이 매년 대규모로 탄생하게 된 것이다. 1970년 '전투경찰대 설치법' 제정 당시에는 전투경찰대의 임무가 '대對간첩작전' 으로 한정되어 있었다. 이 법 제1조에서 전투경찰대의 임무를 "간첩(무장 공비를 포함한다)의 침투 거부·포착·섬멸 기타의 대간첩작전을 수행"하는 것으로 명시했던 것이다. 그러나 1975년 12월에 법이 개정되면서 해당 조 항은 "간첩(무장공비를 포함한다)의 침투 거부·포착·섬멸 기타의 대간첩작전 및 경비임무를 수행"하는 것으로 확대되었다.[38] 대간첩작전에 시위 진압 업무가 추가되었던 것인데, 이후 시간이 지날수록 시위 진압 업무의 비중 이 점점 증가했다.

1980년대에 등장한 의무경찰도 전투경찰처럼 대체복무자들로 충원되 었다. 1982년 8월 내무부는 이듬해부터 의무경찰 제도를 실시한다고 발 표했다. "신병훈련소에서 차출하여 경비 업무에 활용"하던 전투경찰 제도를 그대로 둔 채, 단지 '차출'이 아닌 '모집'으로 충원 방식만 달리한 채 의무경찰 제도를 추가한 것이다. 당시 발표에 따르면 의무경찰을 모집하여 "군 신병교육과 경찰종합학교에서 12주 교육을 마친 후 일선 지·파출소에 배치, 단순 업무(순찰, 경비, 신고 등)를 맡도록 하고 36개월 간 근무한 후 퇴직, 병역의무를 대신케 한다"는 것이었다.[39]

2. 명랑사회를 위하여

(1) 주권권력, 규율권력, 생명권력의 3중 중첩

신병식은 징병제-국민개병제를 통해 '근대적 규율화'를 넘어서는 '군사적 규율화'를 달성했던 게 1960년대 이후 한국의 특징이었다고 주장했다. 근대적 규율화가 '순종적이고 효율적인 근대 주체'의 생산을 지향한다면, 한국의 군사적 규율화는 '보다 덜 효율적이더라도 보다 더 순종적인 근대 주체'의 생산을 지향한다는 것이다. 신병식에 따르면 "미셸 푸코의 논의를 빌려 근대를 근대적 규율화, 다시 말해 '순종적이고 효율적인' 근대 주체를 생산해내는 규율화라고 본다면, '보다 덜 효율적이더라도 보다 더 순종적인' 노동자라는 정체성을 갖는 당대 주체들을 만들어내었고, 그들을 토대로 삼는다는 전제 위에서 경제 발전과 독재권력, 다시 말해 개발독재가 성립되고 유지될 수 있었다."[40]

이와 비슷하게, 문승숙은 한국적 근대성의 특징을 '군사화된 근대성 militarized modernity'으로 성격 지으면서 한국에서는 "푸코식 훈육과 군대식 폭력이 독특하게 결합"했다고 주장했다. "군사화된 근대성은 푸코가말한 훈육권력과, 순응하지 않는 자들에 대한 폭력적 처벌의 광범위한 사용이 공존했음을 보여준다"는 것이다.[41] 문승숙은 이를 식민지 시대의 영향으로 보았다. 국가의 훈육적 통제는 근대국가의 공통된 특징이지만, '일본 식민지 국가'에서만 발견되는 두 가지 특징이 존재한다고 한다. 첫째, 국가가 구성원들의 마음까지 통제하려는 것인데, 나치 독일도 고안한 적이 없는 사상범 전향제도, 사상범에 대한 면밀한 감시, 국체國體를 유지하기 위한 사상통제 등으로 나타났고 해방 후까지 계승되었다는 것이다. 이런 마음 통제 시도는 근대성에 대한 독특하게 국가주의적이고 전체주의적인 해석, 즉 "사회계약·민주주의·법치 같은 자유주의 개념과 반대되는 것, 구성원 개인이 국가라는 총체에 통합되어야 한다고 강조하는 것"을 근대성으로 해석하는 데서 비롯된다. 둘째, 행정적으로 통제되는 대중조직, 즉 관변조직의 존재로서 "그것은 전국적인 단계적 연결망을 가지고 있으며 국가정책을 수행하기 위해 근대적 군대를 모델로 해서 만든 것"이었다.[42] 문승숙은 "1960년대는 훈육과 처벌의 낡은 기술과 새 기술이 만나는 시대"였고, 훈육과 처벌의 한국적인 결합은 1970년대에 절정에 도달했다고 보았다.[43]

　　푸코의 표현을 빌리자면, 필자는 주권권력·규율권력·생명권력(생명관리권력)의 작용이 3중적으로 중첩되고 공존했던 것이 1960년대 이후 군사정권 시기 한국사회의 중요한 특징이었다고 생각한다. 해방 후만 놓고 보자면, 1940년대 중반부터 1980년대 중반까지 약 40년 동안은 '주권권력 sovereign power과 규율권력disciplinary power의 공존' 시대로, 1960년대 초부터 약 25년 동안은 '주권권력·규율권력과 생명권력biopower의 공존' 시대로 분류할 수 있을 것이다. 푸코는 규율권력과 생명권력은 시기적으로 공존할 수 있지만, 주권권력과는 시기적으로 구분된다고 보았다. 심세광의 설명을 빌자면 "생명관리권력은 규율권력으로 대표되는 해부정치와는 병행하지만 주권 모델과는 대립된다."[44] 푸코는 『감시와 처벌』에서도 규율권력의 시대를 주권권력의 시대와 대비시킨 바 있다. "호화로운 신체형"으로 대표되던 주권권력의 시대는 "다수의 인간을 질서정연하게 배치하기 위한 기술"인 규율에 기초한 권력의 시대에 의해 대체되며, 규율권력은 "통치권자의 성대함과 권력의 장엄한 과시"가 아닌, "감시의 일상적인 행사와 상호 교차적인 시선의 철저한 경계"로 특징지어진다.[45] 그러나 필자는 주권권력·규율권력·생명권력이라는 '비동시성의 동시성'이 20세기 중반 이후의 한국사회에서 실제로 현실화했다고 본다.

여순사건과 4·3사건, 한국전쟁을 거치면서 '주권권력과 규율권력의 결합' 양상이 광범위하게 나타났다. 신병식의 '근대적 규율화'와 '군사적 규율화', 문승숙의 '훈육·규율'과 '처벌, 군대식 폭력'의 결합도 유사한 문제의식을 담고 있다고 생각된다. '주권권력과 규율권력의 한국적 결합'은 실상 식민지 시대의 잔존물이나 유제들인 경우가 대부분이었다. 앞에서 필자가 '전쟁의 일상화'라고 불렀던 일련의 변화와 과정·기제들은 주권권력의 영역과 가장 가깝다. 주권권력은 "억압적이고 제한되어 있는 단조로운 권력이며 '죽게 하거나 살게 내버려두기'의 메커니즘에 따라 행사되는 권력"으로, "본질적으로 죽이는 권리, 생사여탈권"이다.[46] 이것은 호모 사케르 내지 비국민을 창출하는 권력이고, 비국민의 생명을 옥죄고 희롱하고 박탈하는 권력이다. 따라서 법치가 중단되고 자의적인 생명 박탈이 자행되던 수용소들의 창출 혹은 계승, 제노사이드에 가까운 대규모 민간인학살, 그 유가족들에 대한 연좌제 탄압, 사상범·정치범들에게 거의 관행적으로 이루어지던 전근대적 신체 고문, 고문에 기초한 간첩의 주문생산 등은 대체로 주권권력의 영역에 해당된다. 비상사태 혹은 예외상태인 '전쟁'을 영속화·제도화하는 장치들, 예컨대 야간통행금지, 계엄령, 위수령, 주민감시·통제·동원 조직 등도 주권권력에 어울린다. 반면에 필자가 앞에서 '사회의 군사화'라고 불렀던 것들은 대체로 규율권력에 가깝다고 하겠다. "사회에 대한 군사적 통제"나 "군대에서 통용되는 방식을 산업조직에 대대적으로 투영"한 것이 규율권력의 중요한 특징이기 때문이다.[47] 군사적 조직과 규율을 학교, 기업·공장, 지역사회, 국가기구 등에 확대 적용하던 관행은 1940년대 말부터 1950년대 후반까지 그리고 1960년대 말부터 1980년대까지의 시기에 특히 현저하게 나타났다. 그러나 앞에서 보았던 것처럼 한국 현대사에서 '전쟁의 일상화' 흐름 및 기제들과 '사회의 군사화'의 흐름·기제들은 서로 중첩되어 있었다. 그에 따라 주권권력과 규율권력도 서로 섞이고 서로 침투했다.

1960년대로 접어들면서 기존의 주권권력-규율권력 결합체에 생명권력까지 추가로 결합되는 양상이 본격적으로 나타났다. 한석정이 지적했듯이 "권력이 신체에 침투한다는 개념"이 생명권력의 핵심일 것이다.[48] 아감벤은 푸코의 '생명정치biopolitics' 개념을 "인간의 자연생명이 권력의 메커니즘과 계산 속으로 점점 더 포섭되어가는 과정"으로 설명한 바 있다. 그것은 '생명의 조직화', 즉 "인간 생명을 규범적이고 집단적(따라서 정치적)으로 조직화하려는 시도"이고, '생명의 정치화', 즉 "생명 자체를 정치투쟁의 쟁점으로 만들려는 근대성의 충동"의 소산이기도 하다.[49] 이에 따라 "근대(성) 속에서 생명이 점점 더 분명하게 (푸코의 용어로는, 생명정치화한) 국가 정치의 중심부에" 놓이게 되었으며, "이제 정치의 유일한 진정한 문제는 벌거벗은 생명에 대한 보살핌, 통제, 향유를 보장하는 데 가장 효율적인 정치조직의 형태가 무엇인지 결정하는 것"이 되었다.[50] '가족계획사업'에서 특히 선명하게 나타나듯이, 한국사회에서 생명권력과 생명정치가 1960년대부터 제대로 작동하기 시작했다. 아울러 '생명권력과 규율권력의 결합', 다시 아감벤의 표현을 빌자면 "'순종하는 신체'를 산출해낸 새로운 생명권력의 규율적 통제"가 뚜렷하게 가시화되었다.[51]

(2) 인간개조를 추구하다

1960년대 이후의 군사정권 시대를 특별하게 만든 요인 중 하나는 '인간개조 가능성에 대한 믿음'에 근거하여 사회와 개인에 대한 총체적인 통제와 개조를 지향했다는 점에 있었다. '사회'를 대상으로 한 통제·개조 노력은 사회 전체를 대상으로 한 '거시적' 통제·개조 시도, 그리고 일상세계를 대상으로 한 '미시적' 통제·개조 시도를 모두 포함하고 있었다. 1960년대 말부터 급진전된 사회의 군사화는 사회개조 시도를 대표한다고 하겠다. '개인'을 대상으로 한 통제·개조 노력 역시 '신체'에 관한 것과 '마음·감정·의식'에 관한 것을 모두 포함하고 있었다. 앞에서 문승숙의 책을 인용하면서 소개했듯이 '일본 식민지 국가'의 중요한 특징이 바로 "국가가 구성원들의 마음까지 통제하려는 것"이었다. 그리고 그 수단으로 사용되던 사상범 감시·전향제도 등이 해방 후까지 계승되었다.

국가에 의한 인간개조의 대상은 '국민'과 '비국민'으로 구분된다. 사회와 인간 개조의 목표는 '명랑화'와 '건전화'로 설정되었다. 사회 및 개인의 명랑화와 건전화를 위해 다양한 수단들이 활용되었다. 이를 (1) 감시와 검열, (2) 처벌과 공포, 즉 일탈 행동에 대한 처벌과 처벌 위협에 대한 공포, (3) (최고지도자의 가르침을 포함하는) 훈육과 교화, (4) 욕망의 자극, 즉 '잘살아 보세' 구호로 대표되고, 경쟁에 따른 성취와 성과에 대한 자부심을 고취하는 것으로 압축할 수 있을 것이다.

명랑사회·건전사회를 구축하기 위해 이중적인 통제가 일상적으로 행해졌다. 이를 각각 '포섭적 통제'와 '배제적 통제'로 명명할 수 있을 것이다. 포섭적 통제는 이른바 '선량한 국민'을 대상으로 삼으며, 명랑·건전사회의 '유지'를 지향하는 통제이다. 배제적 통제는 '비非국민'이나 '반半국민'을 대상으로 한다. 배제적 통제는 명랑·건전사회의 '보호', 명랑·건전사회와 불온·불건전사회 사이의 '경계 유지', 나아가 비국민·반국민의 '전향과 갱생·정화'를 지향하는 통제를 가리킨다.

명랑·건전사회의 내부는 질서, 정상, 순수, 근검, 자조·자립, 준법, 애국심이 지배하는 국민의 공간이다. 국민에 대한 포섭적 통제를 위해 공장이나 직장, 학교, 마을 등에 군대식 조직원리를 확대 적용하는 방식이 애용되었다. 명랑·건전사회의 외부는 무질서, 일탈, 비정상, 범죄, 불온, 향락, 퇴폐, 의타심이 지배하는 비국민과 호모 사케르의 공간이다. 거기에는 양아치, 깡패, 똘만이, 왕초, 히라이·부랑인, 노숙인, 성매매 여성, 양공주 등이 배회하고 있었다. 이들에 의한 오염 위협으로부터 명랑·건전사회를 보호해야 하며, 불온·불건전사회와의 경계를 명확히 유지해야 한다.[52] 이를 위해 (배제적 통제의 맥락에서) 비국민들은 때때로 혹은 항구적으로 사회에서 추방된 채 대한청소년개발단, 선감학원, 형제복지원, 경기여자기술학원, 삼청교육대 등의 온갖 수용소들에 갇혀야 했다. 그리고 이런 격리된 공간 속에서 비국민에 대한 집중적인 인간개조 시도가 행해지곤 했다.

먼저, 개조의 대상인 비국민은 (1) 사상범·정치범들로 대표되는 '정치적·이데올로기적 오염 분자', (2) 건전·명랑한 사회규범과 질서를 오염시키는 '사회적 오염 분자'로 양분된다. 전자는 1949년 결성된 국민보도연맹 회원들,[53] 그리고 이후 한국전쟁 기간 중에 '부역자'로 분류된 이들이 우선적인 대상이었다. 좌익 사상범들도 개조되어야 마땅할 '정치적·이데올로기적 오염 분자' 범주에 당연히 포함된다. 1956년에는 사상전향제도가 공식화되었다. 이 제도는 1998년 7월 '준법서약제도'로 대체되었다가 2003년 7월 준법서약제도가 폐지될 때까지 끈질기게 존속했다. 전향을 거부한 사상범들은 "정치적으로 배제되고 사회적으로 잊힌 존재"이자 "심지어 죽어도 문제가 되지 않는 존재"였다. 이들이 갇힌 "사상범 수용 특별사特別舍는 무한대의 폭력이 마구잡이로 행사될 수 있는 법 외의 공간"이었다.[54]

사상전향제도는 일제 강점기 시행되기 시작했다. 1949년 국가보안법을 개정하면서 보도구금조항을 삽입했고, 1956년 법무부장관령에 따라 사상전향을 공식 제도로 확립했다.……1973년에는 사회안전법에 의해 '좌익 수형자 전향공작 전담반'이 만들어져 비전향 장기수를 집중적으로 전향 공작시켜 공안당국은 비전향 장기수의 2/3을 전향시켰다고 했다. 극한적인 폭력이 동원된 전향공작에 의해 수많은 사람들이 자살, 타살되는 일이 벌어졌다.[55]

한편 비국민 범주 중 '건전·명랑한 사회규범과 질서를 오염시키는 이들'도 종종 인간개조 사업의 대상으로 간주되었다. 식민지 말엽 만들어져 1982년까지 선감도에 존속했던 '소년 감화' 시설이었던 '선감학원'이 대표적인 사례였다.

선감학원은 경기도가 1946년 2월 1일 선감도에 세워 운영하던 부랑아 보호시설이었다. 1942년 일제가 '조선소년령'을 발표하고 선감도에 지었던 선감학원을 일제의 패망과 함께 넘겨받았다. 일제는 부랑아 교화를 내세웠지만 실제로는 "대동아전쟁의 전사로 일사순국할 인적 자원을 늘리려는 것"이었다. 전국에서 붙잡힌 수백 명의 어린이들이 중노동과 인권유린을 피해 섬을 탈출하다 죽는 등 '선감도의 비극'이 벌어졌다. 그런데 일제강점기가 끝났지만 이 비극이 그 정도는 덜했어도 1982년 경기도가 선감학원을 완전 폐쇄할 때까지 이어졌다.[56]

1960년대 초에는 "사회의 명랑화와 질서 유지를 도모"하고 "'사회악'을 '생산적 주체'로 창출"하기 위해 "부랑아를 국토개발에 동원하는 부랑아정착사업"이 시작되었다.[57] 1961년 8월 11일 군사정부는 신설한 국토건설청 산하에 '국토건설군國土建設軍'을 창설하겠다는 계획을 발표했다. 이는 "'사회악'으로 지목되었던 자들이나, '빈곤'을 표상하던 존재들을 '생산적 주체'로 거듭나도록 강제하는" 정책의 일환이었다.[58] 이에 따라 대관령으로 떠난 '한국합심자활개척단', 경남 창원으로 떠난 '재건소년개척단', 충남 서산으로 향한 '대한청소년개척단' 등이 조직되었고, 전남 장흥으로 향했던 또 다른 개척단도 있었다. 이들은 황무지나 간척지 개발에 동원되었다. 서울에서는 11개 수용소의 52개 동 천막에서 거주하면서 폐품을 수집하는 '넝마주이들'로 구성된 '근로재건대'도 조직되었다.[59]

개척단과 근로대는 산업전사나 재건의 일꾼으로 표상되었다. 각 지역 개척단에는 부랑아뿐만 아니라 연장 고아, 음성나환자도 포함되었다. 정부는 가정에서 보호받지 못하고, 사회적으로도 문제시되는 사람들이 정착사업을 통해 산업 발전과 재건의 주체로 거듭날 것을 요구하고 있었다. "국토가 그들을 부르고" 있으며, "개척의 터전으로 총진군하라"는 것이었다.[60]

1961년 11월 "윤락행위를 방지하여 국민의 풍기 정화와 인권의 존중에 기여함"(제1조)을 목적으로 제정된 '윤락행위 등 방지법'에 따라 "선도 보호" 시설인 '보호지도소'(제7조)와 "자립갱생의 정신과 능력을 함양"하는 '직업보도시설'(제8조)이 전국 곳곳에 세워졌다.[61] 한때 60여 곳에 이르던[62] 성매매 여성 '교화' 시설들도 1995년까지 강제적이고 억압적인 방식으로 인간개조를 시도했던 곳들이었다. 예컨대 1995년 8월 원생들이 비인간적 처우에 항의하여 집단적 탈출을 시도하면서 방화함으로써 무려 39명이 사망하는 대형 화재사건이 발생했던 경기여자기술학원이 마지막으로 폐쇄된 시설이었다. 수용소와 다름없었던 이 학원은 경기도 양주군(현재의 서울시 노원구 상봉동)에 있던 종전의 '국립부녀보호소'를 1962년에 경기도가 인수하여 '도립부녀보호소'로 개소한 데 이어, 1966년에 '경기여자기술학원'으로 이름을 바꾼 경우였다.[63]

1980년 신군부에 의해 강제 연행되어 군부대에서 이른바 '순화純化교육'을 받아야 했던 '삼청교육대' 대원들 역시 "사회질서를 해친다고 의심되는 젊은이들"이 주 대상이었다. 강압적인 '순화' 교육의 과정에서 54명이 사망했고 28명이 실종되었다.[64]

한편, '국민' 범주에 속하는 개인·집단들을 대상으로 한 인간개조 노력도 오래 전부터 계속되어왔다. 개조를 위한 캠페인이나 관제 사회운동의 '계몽적 레퍼토리'도 대체로 비슷했다. 해방 직후부터 시도되었던 신생활운동과 미신타파운동, 국민 의복 개선요령, 국민 내핍생활 개선안 실시요령, 전쟁 시기의 전시생활 개선법, 전쟁 후의 국민 생활 검소화운동, 신생활복 착용안, 국민 명랑화운동 등이 그런 사례들이었다.[65] 식민지 시절 권장되었던 '국민복'은 해방 직후 '건국복'을 거쳐, 전쟁 시기에는 다시 '국민복'으로, 군사쿠데타 이후에는 '재건복'으로 이름과 디자인을 약간씩 바꾸어 계속 등장했다.

관혼상제 등 통과의례 개선을 통한 의식·생활 개혁 노력은 식민지 시대의 '의례준칙'으로 소급된다. 총독부는 중추원이 중심이 되어 만든 의례준칙을 1934년 11월에 "조선 풍습 개선의 방침"으로 최종 확정하여 발표했으며, 이 준칙은 혼례婚禮와 상례喪禮의 두 부분으로 구성되어 있었다.[66] 그러나 1940~1950년대의 부단한 인간개조 시도에도 불구하고 그다지 큰 효과는 나타나지 않았다. 예컨대 "국민정신의 앙양"을 내세운 전시 생활개선법이 1951년 11월에 제정된 데 이어 1952년 1월에는 '국민복'도 제정되었지만 제대로 시행되지 못했다.[67] 이민정이 큰 흐름을 제시하고 있는데, 다소 길지만 인용한다.

> 계층별 복식의 간극을 줄이고 근대화를 도모하기 위해 정부에서는 국민생활합리화운동을 추진하였다. 당시 신생활운동에서는 공무원을 위시한 권력층에게 사치 금지를, 일반 민중들에게는 색상 있는 옷色服을 입도록 하였다. 1949년 6월, 서울시 신생활촉진회에서 결정한 간편한 여름 복장은 남자는 상의 자켓을 걸치지 않고, 노타이셔츠만을 입도록

하였으며, 여자는 일반 가정부인이나 여학생도 전부 동정과 깃이 없는 적삼에 통치마로 정하여 예식과 외출에 착용하도록 하였다. 표본을 시내 각 백화점에 전시하고 일반에게 적극 장려하였다.……1949년 8월, 문교부는 국민 의복 개선요령을 정식으로 결정하고 전국적으로 일대 생활개선운동을 추진하였다. 스탠 깃의 해방 전의 국민복과 유사한 형태의 건국복이 남자 공무원복으로 제시되었다.……1950년 5월, '국민 내핍생활 개선안' 실시요령이 결정되어 시행될 예정이었으나, 같은 해 6월 25일 한국전쟁의 발발로 중단되었으며, 1952년 8월 다시 전시에 내핍 생활을 강조하는 '전시생활개선법'으로 명칭을 바꾸어 그 시행령까지 통과되었으나 전쟁이 종료된 1955년까지도 공포公布는 미루어졌다.

전쟁 후인 1955년에 다시 국민생활 검소화운동이 본격적으로 시작되었다. 국산품과 색복의 착용, 통치마, 바지 착용, 옷고름 폐지, 외국산 고급품과 귀금속 폐지가 장려되었다.……국회에서도 생활 개선에 관한 법안이 상정되었다.……그러나 국회에서 통과된 신생활복 착용안은 결국 공포되지 않았다.'

Im(1955)은 신생활운동이 이미 진부한 운동이 되어버렸고, 실천되지는 못하면서도 피상적인 운동의 형태로서만 전개되어왔다고 비판하면서, 국민의 생활을 연구하여 국민적 표준을 설정해야 한다고 주장하였다. Choi(1952)는 당시 대부분의 권력층 지도계급은 신생활 개선안을 호령만 하고 민중들에게 강요할 뿐 언제나 열외에서 교란자의 장본인이었다고 비판하였다. 시행령과 개선안들은 제시만 될 뿐 실천되지 않았다.[68]

쿠데타 직후의 박정희 정부도 유사한 계몽적 사회운동이나 캠페인을 시도했다. 예컨대 1961년 7~8월에 재건국민운동본부 주도로 명랑생활 운동, 명랑화 운동 등이 전개되었다. 같은 해 9월에는 국민 생활 명랑화 방안으로 '국민노래운동'도 시도되었다.[69] 같은 달 최고회의는 재건국민운동본부가 작성한 '관혼상제에 관한 표준 국민의례 규범'을 수용했다. 이는 "관혼상제 간소화", 특히 혼례·상례·제례의 간소화에 초점을 맞춘 것이었다.[70] 그러나 이런 움직임들 역시 이전 시대와 마찬가지로 눈에 띄는 성과를 거두진 못했다.

(3) 가정의례준칙, 경범죄처벌법, 혼분식 장려

안보위기가 닥치면서 '사회 군사화'의 광풍이 몰아치기 시작했던 1968년이 인간개조 측면에서도 하나의 전환점이었던 것 같다. 발전주의 확산을 위한 의식개조·인간개조 프로젝트로서의 '제2경제론'이 바로 이때 등장했다. 박정희 대통령은 1968년 1월의 연두기자회견에서 제2경제를 "눈에 보이지 않는 정신적인 면이라든지, 또 우리의 마음가짐 등 우리 국민이 근대화를 하는 데 있어서의 철학적인 바탕 또는 기조"라고 설명했다. 국민교육헌장이 발표된 직후 민주공화당 시·도 지부 연차대회에서 박정희는 "제2경제란 우리들 주변의 갖가지 폐풍을 타파하는 사회생활의 합리화이며 근면과 검소에 사는 개인생활의 경제화인 동시에 새 시대가 요구하는 의식혁명이기도 합니다"라고 천명했다. 이처럼 제2경제론은 사회생활 개조, 개인생활 개조, 의식 개조의 세 차원 모두를 포괄하는 총체적인 인간개조 이념을 담고 있었다. 이런 맥락에서 박정희 정권은 "새로운 정신혁명, 의식혁명, 내지는 마음가짐을 갖춘 국민", "새로운 국민상"이 필요하다고 역설했다.[71]

　이런 변화된 기류 속에서 1970년대 들어 국가권력을 직접 동원한 강제적인 인간개조 시도가 곳곳에서 나타났다. 더 이상 자발적인 참여와 변화에 호소하는 계몽이나 캠페인 방식에만 매달리지 않겠다는 것이었다. 일상생활과 신체에 대한 직접적인 국가 통제·개조 시도를 담고 있는 가정의례준칙(혼례, 상례, 제례, 회갑연), 두발과 미니스커트 단속, 음식문화(혼·분식 장려)의 예를 들어보자.

먼저, 가정의례준칙은 "국민의 일상생활에 깊이 개입하여 이를 통제하고 규율하려 했던 박정희 정권의 통치양식"을 보여준다. 동시에 가정의례준칙은 "경제적 근대화를 주도해온 박정희식 발전국가 모델의 내면적 특성을 일상생활의 측면에서 이해"할 수 있는 수단을 제공한다. 혼례·상례·제례를 규율하는 '가정의례준칙'은 1969년 1월 제정된 '가정의례준칙에 관한 법률'과 '가정의례준칙에 관한 법률 시행령'에 근거하여 1969년 3월 5일에 대통령고시 제15호로 제정되었다.[72] 그러나 공포 2주년을 맞는 1971년 3월에 이르러 「동아일보」는 "'허례 타파' 제자리, 국민의례준칙 공포 2년의 평점"라는 제목의 기사에서 "일부는 이미 사문화" 되었다고 혹평했다.[73] 다음은 이 기사의 일부이다.

> 주무 부서인 보사부 당국은 그동안 전국에 3,449개의 추진위원회를 두어 250여 회의 위원회를 개최했고 1만여 회에 걸친 좌담회와 강연회를 통해 새 준칙의 계몽 보급에 힘써왔으며 문화공보부도 생활문화협의회를 통해 생활합리화운동의 일환으로 가정의례준칙 보급의 문제점을 검토, 국영방송망 등을 통해 새 준칙의 생활화를 꾀해온 것은 사실이다.……도시에서 상례喪禮는 상당히 지켜지지만 약혼식을 없앤 혼례婚禮는 거의 지켜지지 않고 있고 축문을 한글화하고 탈상을 1백일로 줄인 상례는 시골에서 전혀 외면당하고 있다는 것이다. 상례의 절차가 상당히 간소화된 도시인들의 경우도 그러나 부고만은 지켜지지 않아 70년 3월부터 9월 중순까지 6개월 간에 중앙일간지에 나타난 부고 광고는 1,258건에 달하고 있다.

위의 기사는 보사부 당국이 "오는 74년부터 약간의 강제성을 도입해

〈표 13-2〉 가정의례준칙과 건전가정의례준칙의 대상 범위 변화

구분		준칙이 규정한 가정의례의 범위				
가정의례준칙	1969년		혼례	상례	제례	
	1973년		혼례	상례	제례	회갑연
건전가정의례준칙	1999년	성년례	혼례	상례	제례	수연례
	2008년	성년례	혼례	상례	제례	수연례

* 출처: 김종희, "건전가정의례준칙 변화 연구", 『차문화·산업학』 25집, 2014.

실천 단계 운동을 펼 생각인 것 같다"고 보도했다. 그러나 이런 계획은 1973년으로 앞당겨 시행되었다. 1973년 3월 개정된 '가정의례에 관한 법률'과 '가정의례에 관한 법률 시행령', 같은 해 5월 개정된 '가정의례준칙'과 '가정의례에 관한 법률 시행규칙'이 그 수단이었다. 법령의 명칭이 약간 바뀌었고, 가정의례준칙의 법적 위상이 대통령고시에서 대통령령으로 격상되었고, 〈표 13-2〉에서 보듯이 '회갑연'으로 적용 대상이 확대되었다. 그러나 이때의 가장 중요한 변화는 강제적 처벌 조항이 도입되었다는 점에 있었다. 청첩장·부고장, 화환·화분, 답례품, 굴건제복 착용, 만장 사용, 경조 기간 중 주류·음식물 접대 등과 관련된 '허례허식의 금지' 조항을 어길 경우 "50만 원 이하의 벌금형"이 명시되었다. 아울러 의례식장의 영업허가제를 도입하면서 법을 위반할 경우 "1년 이하의 징역 또는 50만 원 이하의 벌금"에 처하도록 명시했다.[74]

1973년 이후 가정의례준칙은 일상생활을 실질적으로 바꾸는 위력을 발휘했다. 고원이 지적하듯이 "오늘날 우리 사회의 혼례의식의 기본모형이 바로 가정의례준칙 제정을 기점으로 확립되었고, 상례喪禮 절차상의 상기喪期가 오늘날 3일장으로 보편화된 것도 1973년 개정된 가정의례준칙에서 3일장으로 제한한 것과 밀접한 연관이 있는 것이다."[75]

음식문화의 변화를 위해서도 강제력이 동원되었다. 1970년대에 식당

의 반찬 가짓수를 축소 제한한 '표준식단제'와 '혼식·분식 장려 정책'을 축으로 한 식생활 개선 캠페인이 대대적으로 전개되었고 상당한 성과를 냈다.[76] 음식점에 대한 '일제단속'은 말할 것도 없었고, 학교에서도 '도시락 검사'가 빈번하게 이뤄졌던 데서 보듯이, 박정희 정권의 행정명령과 학교·관변단체들을 통한 강력한 통제로 인해 혼·분식은 단순한 장려나 선택의 문제가 아닌 강제적이고 의무적인 준수 대상이 되었다.[77] 다음 인용문에서 보듯이 이는 그 이전엔 발견되지 않던 현상이었다.

> 미군정 시기는 물론이고 제1공화국 시기에도 줄기차게 정부에 의해서 쌀로 만드는 떡이나 술이 금지되었고, 절미운동과 혼합식 장려, 그리고 술 마시지 않는 날 등이 정해졌다. 그러나 행정력이 강력하지 않을 때는 정부의 이런 정책이 국민의 생활에 큰 영향을 미치지 못했다. 그런데 제3공화국은 강력한 행정력을 동원하여 혼분식 장려 운동을 실시했다. 쌀과 보리를 섞어서 밥을 짓도록 한 혼합식과 함께 미국에서 들어온 잉여농산물 밀을 이용한 분식 장려도 정부에 의해서 강조되기 시작했다.[78]

'경범죄 처벌법'을 활용한 신체통제도 주목해야 할 대목이다. 이 법은 1954년 4월에 제정되고 시행되었다. 군사쿠데타 직후인 1963년 7월에 이 법이 처음으로 개정되었다. 당시 "공안유지상 필요한 죄의 유형을 추가함으로써 공공의 질서 유지에 만전을 기하려는 것"이 개정 이유로 제시되었다. 이에 따라 "정당한 이유 없이 도검·철봉 기타 기구를 은닉·휴대한 자", "청하지 아니한 노역 제공으로 보수를 강청한 자", "난폭 또는 위협적인 언동으로 타인에게 불안감 또는 혐오감을 준 자" 등이 경범죄 처벌 대상으로 추가되었다. '가정의례에 관한 법률'이 개정되기 약 한 달 전인 1973년 2월에 '경범죄 처벌법'이 두 번째로 개정되었고 같은 해 3월부터 시행되었다. 이때는 "우리 사회에 만연되고 있는 퇴폐풍조를 일소하여 명랑한 사회질서를 확립하기 위하여 경범죄 처벌 대상의 폭을 늘리려는 것"이 법 개정 사유로써 제시되었다. 이를 위해 "함부로 휴지·담배꽁초를 버리거나 침을 뱉는 행위", "술주정 행위, 유언비어 유포 행위", "장발·비천한 복장을 하거나 신체의 과도 노출 행위", "비밀댄스 교습 행위 및 그 장소 제공 행위", "암표 매도 행위, 새치기 행위" 등이 새로운 처벌 대상으로 편입되었다.[79] 바로 "장발·비천한 복장을 하거나 신체의 과도 노출 행위"라는 규정에 따라 두발과 미니스커트 단속이 이루어졌다. 당시 정부는 "미풍양속과 정신위생에 좋지 않다"는 명분을 내세워 '장발 시민'을 단속했고, '장발 연예인'은 방송 출연도 금지 당했다.[80] 정부는 1976년 5월에 '히피성 장발 단속 계획'을 수립하고 경찰서 단위로 '장발 추방 대책위원회'를 구성했다. 또 "남녀의 성별을 구별할 수 없을 정도의 긴 머리, 옆머리가 귀를 덮거나 뒷 머리카락이 옷깃을 덮는 머리, 파마 또는 여자 단발 형태의 머리"를 장발 단속기준으로 제시했다. 미니스커트의 단속기준은 "무릎 위 20cm"였다.[81] 그룹 쉐그린이 부른 〈어떤 말씀〉(백순진 작사·작곡)이라는 대중가요의 가사로 미루어, 장발과 미니스커트뿐 아니라 때에 따라선 콧수염까지 단속했던 것으로 보인다. 머리카락의 길이와 치마의 길이도 모자라 콧수염을 기를지 여부까지 국가가 일일이 간섭하고 '지도'했던 것이다.

어머님의 말씀 안 듣고 머리 긴 채로 명동 나갔죠
내 머리가 유난히 멋있는지 모두들 나만 쳐다봐
바로 그때 이것 참 큰일 났군요, 아저씨가 오라고 해요
웬일인가 하여 따라갔더니 작두만한 가위로 내 머릴 싹둑
어머님의 말씀 안 듣고 짧은 치마 입고 명동 나갔죠
내 치마가 유난히 멋있는지 모두들 나만 쳐다봐

바로 그때 이것 참 큰일 났군요, 아저씨가 오라고 해요
웬일인가 하여 따라갔더니 그 다음은 말 안 할래요
여러분도 이런 봉변당하지 말고 어서 머리 깎으세요
여러분도 이런 큰일 당하지 말고 어서 긴 치마 입으세요

어머님의 말씀 안 듣고 코털 긴 채로 명동 나갔죠
내 코털이 유난히 멋있는지 모두들 나만 쳐다봐
바로 그때 이것 참 큰일 났군요, 아저씨가 오라고 해요
웬일인가 하여 따라갔더니 이발소에 끌려가 내 코털 싹둑
여러분도 이런 봉변당하지 말고 어서 코털 깎으세요
여러분도 이런 큰일 당하지 말고 어서 코털 자르세요

(4) 명랑하게 순응하는 주체

이처럼 강제성과 벌칙을 도입하면서 여러 방면에서 실제적인 변화가 나
타나기 시작했다. '국민'들을 대상으로 한 '순응적 주체화'에도 일정한 효
과가 나타났을 것이다. 물론 그렇다고 해서 사람들의 마음과 감정까지 과
연 명랑하고 건전해졌는지, '강요된 명랑'이 과연 대중에 의해서도 별 거
부감 없이 수용되었는지를 판단하기는 어렵다. 그러나 그런 야심만만한
신체 및 감정 개조 시도가 대대적으로 또 꽤 오랜 기간에 걸쳐 행해졌다
는 사실 자체는 매우 중요하다.

다음은 1923년에 아멘돌라Giovanni Amendola라는 반反파시스트의 언명
인데, 여기서 이탈리아를 유신체제 시기의 한국으로 바꾸어도 무방할 것
같다. "파시즘이 추구하는 것은 이탈리아의 지배라기보다는 이탈리아인
의 의식의 독점과 통제다. 권력 장악만으로는 충분하지 않다. 파시즘은
모든 시민들의 개별적인 의식을 소유하기를 원하며 이탈리아인들의 '개

종'을 바란다."[82] 유선영은 박정희 시대를 염두에 두고서, "민족에 대한 감정적 애착을 국가와 체제에 대한 애착으로 전이시키는 감정의 통제와 조정"을 본질로 하는 '감정의 정치'에 대해 말한 바 있다.[83] 군사정권은 유순할 뿐 아니라 유능하고 효율적인 주체를 주조하고자 했다. 노동과 생산의 주체가 유능하고 효율적이려면, 주체의 그 유순함은 소극적이고 내키지 않는 복종이 아니라 능동적이고 명랑한 순응·복종이어야 했다. 분명 군사정권은 단순히 '순응하는 주체'를 넘어, '명랑하게 순응하는 주체', 즉 보다 능동적이고 자유롭고 주체적으로 순응하는 주체를 요구하고 있었다. 지젝이 최근 한 칼럼에서 말했듯이 "각 개인은 자신을 자유롭고 자율적인 행위자로 경험할 때 더 쉽게 통제"되며, 이런 상황에선 "규제가 자유로 경험"되고 "자유의 부재가 자유의 현현으로 오인"된다.[84]

국가는 의식개조 노력에 방해가 될 만한 도서, 가요, 영화, 연극, 드라마 등에 대해 면밀한 검열을 일상적으로 실시하여 미리 걸러냄으로써, 대중이 그런 작품들과 접촉할 가능성을 철저히 예방하고 봉쇄했다. 가요의 경우 1965년 3월부터 1985년 6월까지 국내 가요 837곡이, 1975년 11월부터 1985년 6월까지 외국 가요 1,135곡이 '방송금지곡'으로 지정되었다.[85] 아울러 국가는 명랑·건전의 감정을 불어넣기 위해 '건전가요'를 적극 보급했다. 국립영화제작소 등을 통해선 〈팔도강산〉 시리즈 등 '건전영화'를 제작·보급했다. 영화관에선 국가가 제작한 〈대한뉴스〉가 항상 상영되었다.

공보부와 재건국민운동본부가 주관하는 국민개창皆唱운동인 '노래의 메아리사업'(1962년)을 시작으로, 방송국 제작자들이 중심이 된 '가정가요 운동'(1965년), 공보부의 '다함께 노래 부르기 사업'(1967년), 민간단체인 '대한 노래 부르기 중앙협의회'의 조직(1969년), 문화공보부의 '건전가요 보급협의회' 구성(1971년), 문화공보부에 의한 '전국 건전가요 경연대회' 창설과 제1회 대회 개최(1971년), '건전가요 육성·보급 단체'인 '새 노래 부르기회' 창립(1972년), 문화공보부의 '민요 개창 운동'(1973년), '제1차 문예중흥 5개년계획'에 따른 건전가요운동(1974~1978년) 등을 연이어 전개했다. 1979년 3월부터는 모든 음반에 건전가요 한 곡씩을 반드시 삽입하도록 강제하는 '건전가요 음반 삽입 의무제'도 실시되었다.[86] 문옥배는 같은 군사정권 시기임에도 1960년대와 1970년대가 달랐다고 주장했다. "1960년대까지의 건전가요운동은 비록 관변 형태를 띠었지만 민간단체 주도로 이루어졌으나, 1970년대 들어서는 정부 주도로 바뀌게 된다. 정부에 의한 본격적인 의식개혁운동이 노래를 통해 전개된 것이다." 1970년대로 접어들자 "국민개창운동은 '국민가요', '가정가요', '애국가요', '생활가요', '건전가요' 등에 이르기까지 다양한 명칭을 가지고 국가 주도로 끊임없이 지속된다."[87]

한편 1973년 4월 설립된 영화진흥공사를 중심으로 수많은 '국책영화'가 제작되었다. 1975년까지는 영화진흥공사가 직접 국책영화 제작에 나섰지만, 1976년부터 민간영화사가 의무적으로 국책영화를 제작하도록 하고 이 가운데 '우수영화'를 선정하여 외국 영화 수입 권한을 부여하는 방식으로 전환했다. 이에 따라 '반공영화', '새마을영화', '민족영화'의 세 범주로 분류되는 국책영화들이 대량생산되었다.[88] 그러나 국산 영화 제작이 외국 영화 수입을 위한 수단으로 전락하면서 "싸구려 졸속 영화를 양산"하는 부작용도 나타났다.[89] 1973년도의 '우수영화 제작 방침'은 국책영화를 통해 국가가 무엇을 추구하는지를 극명하게 보여준다.

① 10월유신을 구현하는 내용
② 민족의 주체성을 확립하고 애국·애족의 국민성을 고무 진작시킬 수 있는 내용
③ 의욕과 신념에 찬 진취적인 국민정신을 배양할 수 있는 내용
④ 새마을운동에 적극 참여케 하는 내용

⑤ 협동·단결을 강조하고 슬기롭고 의지에 찬 인간 상록수를 소재로 한 내용

⑥ 농어민에게 꿈과 신념을 주고 향토문화 발전에 기여할 수 있는 내용

⑦ 성실·근면·검소한 생활자세를 가진 인간상을 그린 내용

⑧ 조국 근대화를 위하여 헌신 노력하는 산업전사를 소재로 한 내용

⑨ 예지와 용단으로써 국난을 극복한 역사적 사실을 주제로 한 내용

⑩ 극난극복의 길은 국민의 총화된 단결에 있음을 보여주는 내용

⑪ 민족 수난을 거울삼아 국민의 각성을 촉구하는 내용

⑫ 수출 증대를 소재로 하거나 전 국민의 과학화를 촉진하는 내용

⑬ 국가와 민족을 위하여 헌신하는 공무원상을 부각시킨 내용

⑭ 우리의 미풍양속과 국민 정서 순화에 기여할 수 있는 내용

⑮ 건전한 국민오락을 개발·보급하여 생활의 명랑화를 기할 수 있는 내용

⑯ 문화재 애호정신을 함양하는 내용

⑰ 고유문화의 전승 발전과 민족예술의 선양에 기여할 수 있는 내용

⑱ 창작에 의한 순수 문예물로서 예술성을 높인 내용[90]

'국민교육헌장'을 제정하고, 모든 학생들에게 이를 강제적으로 암기하도록 하고, 공식행사에서 헌장을 의무적으로 낭독하도록 한 것도 국민 의식개조를 위한 국가의 노력을 보여준다. '국기에 대한 맹세'를 제정하고, 모든 이들이 그것을 암송하도록 하고, 주요 행사 때마다 반복하도록 한 것도 유사한 의도를 담고 있다. 매일 일정한 시각에 맞춰 애국가가 거리와 학교에 울려 퍼지는 가운데 국기강하식을 거행하면서 국민들의 신체 움직임을 일시적으로 통제했던 것도 군사정권 시기의 일상적인 풍경이었다. 정부는 새마을운동을 전개하면서 '전 국민의 과학화 운동'을 제창하고 과학자를 '과학 시대의 성직자'라고 추켜세우면서 농어촌에서 '미신타파 운동'을 전개했다.[91] 새마을운동은 '새마음운동'과 병행되었다. 국토 순례

를 조직하거나, 새마을지도자나 학도호국단 간부들을 연수원에 입소시켜 합숙교육을 받도록 했던 것도 의식개조·인간개조 노력의 일환이었다.

(5) 개인의 군사화

'사회의 군사화'에 발맞춘 '개인의 군사화'를 지향하는 움직임도 여러 분야에서 나타났다. 특정 개인을 군인이나 전사戰士로 호명하고 주체화함으로써 군인과 유사한 정체성을 갖도록 만드는 게 그 요체였다. '사회 군사화'와 '개인 군사화'의 관계처럼, 1970년대 이후 사회개조와 인간개조 사이의 순환관계, 양자 간의 순환적 상호작용이 점점 뚜렷하게 가시화되었다.

신병식은 대체복무 대상인 병역특례자를 '군인노동자'로, 노동자로 단련되는 현역군인들을 '노동자군인'으로 부른 바 있다.[92] 병역특례자뿐 아니라 산업 현장의 노동자 전체가 종종 '산업전사'나 '산업역군産業役軍'으로 호명되곤 했다. 1970~1980년대 각종 산업체나 건설사업의 현장에 세워진 기념조형물들에 등장하는 노동자의 형상도 '군인 같은 노동자', 즉 나치나 군국주의 조각상과 유사한 '근육질의 영웅적인 전사상戰士像'으로 표현되었다.[93] 군사주의 문화가 기업문화 속으로 깊이 스며들어 있었을 뿐 아니라, 모든 노동자들은 직장예비군 및 직장민방위대라는 준準군사 조직으로 편입되어 있었다. 그들은 군인 정체성을 반복적으로 환기하는 주기적인 훈련에 동원되었다.

위에서 보았듯이 1960년대 초 군사정부는 '부랑아' 등을 황무지나 간척지 개발에 동원하면서 이들을 '국토건설군軍'으로 명명했다. '학도군學徒軍'인 학도호국단으로 편성되어 의무적인 군사훈련을 받아야 했던 고등학생과 대학생들에게도 군인 정체성이 강제로 주입되었다. 특히 학군단 ROTC 소속의 대학생들은 명백히 '군인학생'이었다. 전투경찰이나 의무경찰 신분으로 대체복무를 하던 청년들에겐 '군인경찰' 정체성이 부여되었다. 특히 전투경찰 대원의 경우 실제로 전투 같은 상황에 빈번히 투입되어 군인처럼 싸워야만 했다. 국가대표급 운동선수들에게 부여된 '태극 전사'라는 용어에는 애국심과 군인 이미지가 절묘하게 버무려져 있다. 식민지 시대부터 존속해온, "근대적 군대를 모델로 해서 만든" 주민감시·동원 조직이 1970년대에는 반상회와 지역민방위대라는 이름으로 운영되고 있었다. 한마디로 '전사 국민 되기'가 시대적 요청이었다.

(6) 가족계획사업

생명권력의 행사를 가장 선명하게 관찰할 수 있는 영역은 이른바 '가족계획사업'이었다. '출산 억제를 통한 인구통제'라는 발상은 이전에 볼 수 없던 완전히 새로운 현상이자, 완전히 새로운 시도였다. 인구 문제에 대한 사회적 관심이 대두한 구한말에는 '민족의 자강을 위해 인구를 증식해야 한다'는 주장이 힘을 얻었다. 식민지 시기에는 당국이 피임법을 법률로 금지했다. 해방 후 이승만 정권은 '남북 총선거가 실시될 때 남한의 인구가 적으면 안 된다'는 논리를 내세워 일각의 인구 억제 주장을 물리쳤다.[94] 대규모 인명 손실이 불가피했던 한국전쟁 역시 인구 증가의 필요성을 강조하는 입장에 힘을 실어주었다. 전쟁 후 불어 닥친 베이비붐의 여파로 1950년대 말부터 『사상계』와 여성잡지, 대한어머니회 등의 일부 민간단체들에서 산아제한 정책의 도입 필요성을 제기했지만, 이승만 정부와 장면 정부는 모두 국가 차원에서 '인구 억제 정책'을 추진하지 않았다.[95] 다음은 이진경의 설명이다.

> 정부가 아이의 출산과 다산을 장려하는 것은 일제시대 이래의 '전통'이었다.……'국부'라는 관념 자체가 국민국가 간의 경쟁과 전쟁을 전제로 포함하는 것이란 점에서, 대동아전쟁이나 태평양전쟁을 치르면서 일

제 총독부가 다산을 장려했던 것이나, "공산주의와 대치하고 있는 특수 상황에서 국가안보를 책임질 근거를 인력"에서 발견했던 이승만 정권이 다산을 장려했던 것은 사실은 연속성을 갖는 것이라고 할 수 있다. 그래서 대동아전쟁기 일제시대에 이어서 이승만 정권 시기에도 다산 가정을 표창하던 제도는 지속되었는데, 가령 "『여원』 1957년 7월호에는 13남매를 낳아 어머니날에 다산자 표창을 받은 47세 여성의 사진이 '대한의 어머니'라는 제목의 권두화보로 실려 있다"고 한다.[96]

그러나 군사정부는 출범 초기부터 출산 장려에서 출산 억제로의 '대전환'을 시도했다. 그 이전에도 출산 통제 정책이 없었던 것은 아니지만, 그것은 특정한 수용소 공간에 격리된 소수의 인구집단으로 제한되었다. 한센인들을 대상으로 식민지 시대부터 해방 후까지 이어졌던 '우생학적 출산 통제'가 바로 그런 사례였다.[97] 1960년대 이전 시기엔 국가에 의한 출산 억제 시도는 출산 장려 정책이라는 더 큰 흐름 속의 '예외적인' 사례에 불과했다.

범죄자나 사상범 등 특정 사회범주만이 아닌, 전체 국민을 대상으로 한 정교하고도 조직적인 신체통제를 위해선 주기적인 인구센서스, 주민등록제도, 징집 체계, 선거 하부구조 구축 등을 통해 산출된 신뢰할 만한 인구통계의 존재가 필수적이다. '산아제한'으로 대표되는 생명통치로의 이행은 이런 사회적 기반이 마련되었을 때 비로소 본격화될 수 있다. 베네딕트 앤더슨이 강조했듯이 식민지들에서 센서스는 지도, 박물관과 함께 '권력의 제도'로 기능해왔으며, 구체적으로는 종족적·인종적 범주의 구성, 인구에 대한 체계적인 계량화, 종교적 귀속 획정 등의 용도로 활용되었다.[98] 한반도에서도 식민지 당국은 1925년부터 5년 주기의 인구센서스를 '국세조사'라는 이름으로 실시해왔다.[99] 인구센서스를 비롯한 주민등록·징집·선거의 하부구조들이 더욱 체계화되고 강력해진 1960년대에 인구증가 억제를 위한 출산통제가 본격적으로 실시되었던 것이다.

인간의 몸은 규율권력과 생명권력이 모두 작용하는 영역이다. 규율권력은 '순종적인 신체', "복종과 활용이 가능한 유용한 신체"를 만들어내는 것을 지향한다. 이것은 '신체의 조작 가능성'이라는 새로운 인식에 기초한다. 이에 따르면 "신체란 만들어지고, 교정되고, 복종하고, 순응하고, 능력이 부여되거나 혹은 힘이 다양해질 수 있는 것"으로 인식된다. '순종하는 신체'는 "복종시킬 수 있고, 쓸모 있으며, 변화시킬 수 있고, 나아가 완전하게 만들 수 있는 신체"이다.[100] 규율권력이 주로 신체 '외부'의 통제를 통해 순종하는 신체를 만들어간다면, 생명권력은 신체 '내부'로까지 파고들어 순종하는 신체를 만들어간다. 앞에서 보았듯이 '신체에 침투한 권력'이 생명권력이고, '신체를 넘어 인간 생명 자체를 권력의 메커니즘·계산 속으로 점점 더 포섭해가는 과정'이 생명정치이기 때문이다.

가족계획은 단순한 생명정치 이상이었다. 군사정권은 "가족계획을 통해 경제 발전을 이룩하여 공산당보다 잘 살 수 있다", "공산당을 이기는 최선의 방법으로 가족계획 이상의 것은 없다"면서 가족계획을 발전주의·반공주의와 직접 연결시켰다.[101] "가족계획, 즉 알맞은 수의 자녀를 낳아 잘 키우는 일은 근면하고 검소한 가정생활, 허례허식 타파와 간소한 가정의례, 의식주 생활에서 위생과 영양을 고려하는 것 등과 함께" 당대 여성들에게 국가가 부여한 '조국 근대화'의 신성한 과업이자 사명이었다.[102] 문승숙은 군사정권 시기의 가족계획사업이 근대국가로 여성을 통합해내는 기제이기도 했다고 해석했다. 가족계획사업은 "자기 생식력의 애국적 통제"와 "피임의 애국적 형태"를 통해 여성이 당당한 국가 구성원이 되어가는 과정이기도 했다는 것이다.[103] 바로 이런 '애국 피임' 및 '반공 피임' 담론에서 생명권력과 규율권력, 주권권력이 하나로 수렴되었다.

1962년 이후 출산력 억제를 위해 다양한 수단들이 동원되었다. 구체적으로 (1) 정관 불임술, 난관 불임술, 콘돔, 자궁 내 장치, 먹는 피임약 등의

〈표 13-3〉 가족계획사업 관련 표어에 나타난 근대 가족 이미지

이미지	표어	시기
근대 핵가족	좋은 환경 밝은 가정 알고 보니 가족계획	1970년대
	한 가정 한 자녀 사랑 가득 건강 가득	1980년대
	한 부모에 한 아이 이웃 간에 오누이	1980년대
	늘어나는 하나 가정 이웃 담장 낮아진다	1980년대
	내가 이룬 가족계획 웃음 짓는 우리 가정	1980년대
남녀 평등관	딸 아들 구별 말고 둘만 낳아 잘 기르자	1970년대
	잘 키운 딸 하나 열 아들 안 부럽다	1980년대
	성 구별 없는 출산 성차별 없는 사회	1980년대
근대 모성	적게 낳아 엄마 건강 잘 키워서 아기 건강	1980년대
	엄마 건강 아기 건강 적게 낳아 밝은 세상	1980년대
	낳을 생각 하기 전에 키울 생각 먼저 하자	1980년대
소자녀관	알맞게 낳아서 훌륭하게 키우자	1960년대
	많이 낳아 고생 말고 적게 낳아 잘 키우자	1960년대
	덮어놓고 낳다 보면 거지꼴을 못 면한다	1960년대
	적게 낳아 잘 기르면 부모 좋고 자식 좋다	1960년대
	둘 낳기는 이제 옛말 일등국민 하나 낳기	1980년대
	여보! 우리도 하나만 낳읍시다	1980년대
경제적 부/발전	우리 집 부강은 가족계획으로부터	1960년대
	하루 앞선 가족계획, 십년 앞선 생활안정	1970년대

* 출처: 김홍주, "한국 사회의 근대화 기획과 가족정치: 가족계획사업을 중심으로", 『한국인구학』 25권 1호, 2002, 64쪽의 〈표 2〉.

'피임 보급', (2) 〈표 13-3〉에 나타난 표어, 노래, 영화, 슬라이드, 비디오, 간행물, 상담실 운영 등 다양한 형태의 '계몽교육', (3) 소득세 공제 혜택, 공공주택 분양 및 입주 우선권 부여, 여성에 대한 상속 혜택을 확대하는 가족법 개정, 영농 잉여자금 대출 등 '사회제도적 지원 시책', (4) 학교교육과 사회교육을 포함하는 '인구교육', (5) 시술 의사와 가족계획 요원들을 대상으로 한 '훈련', (6) 가족계획 실태조사, 가족계획 평가반 설치, 국

립가족계획연구소 설립 등의 '연구 및 평가' 등이 그런 수단으로 활용되었다.[104] 그 결과 출산율이 급속히 하락했다. 1960년에 6명 수준이던 합계출산율은 1966년에는 5.3으로, 1976년에는 3.2, 1984년에는 2.1 수준으로 떨어졌다.[105] 이런 과정을 거치면서 국민 개개인의 신체에 대한 국가권력의 침투력과 장악력은 점점 강력해져갔다. 이 과정이 '명랑하게 순응하는 주체'를 만들어내는 데 얼마나 성공적이었는지는 여전히 불분명하지만 말이다.

3. 자유민주주의에 대한 정면공격

유신체제 등장과 함께 한국 시민종교의 역사도 큰 분기점을 맞게 되었다. 가장 중요한 점은 이때부터 정권이 민주주의를 부정하면서 정면으로 공격하고 나섰다는 것이다.

> 박정희는 유신체제 수립의 명분을 민주주의의 비효율성에서 찾았다. "국력의 배양과 축적을 위해서는 정치 경제 사회 문화 모든 면에서 그 역량을 생산적으로 조직화하여……비능률과 낭비를 제거하여 국력 증진을 합리적으로 조작하는 기능적 장치가 또한 있어야 했다"는 것이다.[106]

한국의 지배엘리트들은 유신체제를 통해 '총력동원' 체제를 거의 온전히 구현했다. 이런 취지에서 오제연은 "유신은 1960년대 박정희 정권이 계속 강화한 병영사회와 총력전 체제 건설 시도의 최종 결과물이었다"고 평가했다.[107] 정부·지도자에 대한 비판이나 정부 정책에 대한 저항은 단결을 저해하고 낭비와 비효율을 조장하는 반사회적-반국가적 행동으로 낙인찍혔고, 심지어 엄하게 처벌당했다. 이런 국가주의적-전체주의적 '총화단결' 이데올로기가 민주주의와 어울릴 수 없음은 어쩌면 당연한 일이었다.

정근식과 이병천은 유신체제의 특징을 "국민의 자유로운 보통선거의 폐지, 또는 대의제 민주주의의 핵심인 국회의원 선거 이외의 방법을 통한 선임, 사법권 독립의 훼손, 예외상태의 남발, 총력안보를 내세운 동원의 극대화, 억압적 문화정책 등"으로 요약한 바 있다.[108] 이 인용문에서 "예외상태의 남발"은 계엄령이나 위수령, 국가비상사태 선포, 그리고 무엇보다도 유신헌법이 대통령에게 부여한 '긴급조치권'을 의미할 것이다. 홍석률은 긴급조치권에 대해 다음과 같이 설명한다.

> 유신헌법은 대통령에게 '긴급조치권'을 부여하여 국민의 기본권을 자의적으로 제약할 수 있는 길을 열어주었다. 유신체제 하에서 취해진 일련의 긴급조치는 반대세력을 탄압하는 가장 강력한 법적 통제수단이었다. 유신헌법에 따르면 대통령은 "천재지변 또는 중대한 재정·경제상의 위기, 국가의 안전보장 또는 공공의 안녕질서가 위협받을 수 있을 때" 국민의 자유와 권리를 잠정적으로 정지하고, 국회와 법원의 권한에 관해서도 긴급조치를 취할 수 있는 권한이 있었다(제53조).……유신체제 하에서 국민들은 긴급조치에 의해 자신의 기본권이 침해당해도 이를 항변하고 시정할 수 있는 법적 통로가 전혀 없어졌다. 대통령의 긴급조치는 사법적 심사 대상이 아닌 그야말로 절대적인 것이었기 때문이다.[109]

유신헌법은 대통령이 지명하는 국회의원들로 전체의 3분의 1에 해당하는 의석을 채울 수 있게 해주었다. 또 중선거구제를 도입하여 보수양당제 구도 속에서 여당 후보의 도시 지역 선거구 당선을 사실상 보장함으로써 집권당의 골칫거리였던 종전의 '여촌야도與村野都' 현상을 단번에 해결해주었다. 이 두 제도를 통해 집권당은 개헌선인 국회의석 3분의 2를 안정적으로 확보할 수 있게 되었다. 국회가 온전히 대통령의 수중에 장악되었다. 사법부도 제 기능을 발휘하기 어렵게 되었다. "유신체제 이전까지만 하더라도 사법부는 일정 부분 정부의 전횡을 견제하는 역할을 하였다.……그러나 유신체제 하에서 사법부 독립은 심각하게 훼손되고 사실상 대통령과 행정부의 종속적 기구로 전락하였다."[110] 특히 법관추천회의의 제청에 의해 뽑히던 대법원장을 유신 이후엔 대통령이 일방적으로 임명하게 되었다.[111]

1960년대 말부터 이미 상당히 진전된 병영사회화와 전시체제 재구축을 토대로, 비판언론 탄압 및 언론지형 종속화, 문화·예술계 장악과 검열 강화, 의식주와 통과의례 통제 등이 거침없이 추진되었다. 양심·사상의 자유가 국가보안법과 반공법에 의해 억압된 상태에서, 언론과 예술·간행물에 대한 일상적인 검열과 통제·감시로 언론·표현·학문의 자유까지 거의 사라지게 되었다. "국가가 나서서 '정전canon'을 쓰는 사업"이자,[112] 기억의 국가 독점을 가능케 할 역사교과서 국정화도 이루어졌다. 앞서 보았듯이 전쟁사 중심의 '국난극복사관'이 국정 역사교과서를 만드는 지침으로 활용되었다.

사상범·정치범들에게 신체 고문이 거의 관행적으로 행해졌으며, 가혹한 고문에 기초하여 간첩이 '제조'되었다. 고문은 "쌍방의 대결", "결투", "전투"이며 "관례에 따라 진실을 '생산하여' 적을 제압하는 한쪽의 승리"라고 푸코는 말한 바 있다.[113] 대공對共 수사관들은 사명감을 갖고 혹은 상부 지시에 따라 마치 전투를 치르듯 적(빨갱이)을 이념적·정신적으로 제압하기 위해 '초법적으로' 고문에 의존했다. 신체에 대한 고문 관행은 서울대 학생이던 박종철이 남영동 대공분실에서 물고문을 받다 사망했던 1987년 초까지도 계속되고 있었다. 해방 후 무려 40년 이상 고문이 반복되었고, 박종철 사건을 계기로 비로소 그 빈도가 점차 감소했다.[114] 1975년 7월에는 '사회안전법'이 제정되었다. 이에 따라 '비전향 장기수'는 형기를 다 마쳤을지라도 보안감호 처분, 주거제한 처분, 보호관찰 처분 중 하나를 부과 받게 되었다.[115] 이처럼 정보기관과 경찰을 이용한 강압통치가 횡행했던 게 유신체제의 특징이었다. 아울러 박정희 정권 시기 전체의 절반 가까운 기간이 '계엄령·위수령의 시대'였을 정도로 군대가 통치수단으로 빈번히 활용되었음은 이미 언급한 바와 같다. 자유민주주의와 의회민주주의를 정면으로 공격하고 조롱하면서, 긴급조치권을 손에 쥐고, 계엄령·위수령을 남발하며, 총화단결 구호 아래 준전시체제를 이끄는 절대권력자가 탄생했다.

이처럼 자유민주주의 자체를 정면으로 공격하고 나선 유신체제는 '반공-자유민주주의 시민종교'로 압축되는 '대한민국 시민종교'의 역사에서 결정적인 전환점이었다. 우선, '자유민주주의 수호를 위한 반공주의'라는 논리구조가 깨졌다. 그러자 수십 년 동안 당연시되어왔던 공식, 다시 말해 자유민주주의(목적)와 반공주의(수단) 사이의 목적-수단 관계 자체가 격렬하게 흔들리게 되었다. "반공은 (자유민주주의를 위한 것이 아니라) 단지 정권 안보를 위한 편리하고도 무시무시한 수단에 불과하지 않은가?"라는 의문을 많은 이들이 제기하게 되었다. 시민종교의 양대 축인 반공주의와 자유민주주의 사이의 오랜 이율배반이 마침내 폭발 지경에 이르렀다. 그 결과 기존 체제에 저항하는 예언자 진영이 급속히 팽창함과 더불어, 시민종교의 성격 자체가 '반공-국가주의 시민종교' 쪽으로 변질되었다.

반복하거니와 1940년대 말 집권세력의 지위에 오른 식민지엘리트 출신자들이 해방 직후 되살려낸 반공주의는 식민지 말기 천황제 파시즘 체제가 내세웠던 반공주의, 즉 '국가주의가 내장된 반공주의'였다. '반공주의와 국가주의의 친화성'이 가장 뚜렷하고도 선명하게 가시화된 때가 (1940년대나 1950년대가 아니라) 바로 1970년대의 유신체제 시기였다. 1970년대

야말로 식민지 말기에 이어 '국가주의적 반공주의'가 재차 진면목을 드러냈던 시기였다.

파시즘 국가들과 해방 후 남한사회는 모두 반공주의를 표방했지만, 한국의 반공주의는 '자유민주주의' 수호라는 목적을 표방했다는 점에서 민주주의를 정면으로 공격했던 파시즘과 달랐다. 그런데 "민주주의의 비효율성"을 내세워 자유민주주의 자체를 직접 공격하고 나선 유신체제에 와서 한국의 반공주의는 비로소 '파시즘적 반공주의'와 유사해졌다. 민주주의의 한계와 비효율성을 정면으로 비판하고 공격했던 유신체제는 사실상 스스로 독재로 인정한 시기였고, 독재라는 단어만 쓰지 않았을 뿐 강력한 지도력, 총력단결·총화단결 등 독재나 파시즘 체제와 유사한 표현들을 종종 사용했다. 1960년의 3·15부정선거가 자유민주주의 정치게임 룰 안에서의 '반칙'이나 '속임수'였다면, 유신체제는 자유민주주의라는 게임 룰 자체를 '거부'한 것에 가까웠다.

발전주의·반공주의·민족주의 측면을 보강했음에도 불구하고, 1970년대 들어 지배세력은 1950년대에 이어 두 번째로 시민종교적 합의로부터 중대하게 일탈했다. 1960년 공공연한 부정선거라는 형태로 가시화한 민주주의 배교 행위에 이어, 1970년대에 다시금 민주주의에 대한 전면 공격이 시도되었다. 자유민주주의가 공개적으로 탄핵당하는 가운데 4·19를 통해 어렵사리 재확인되고 갱신된 한국판 사회계약은 여지없이 깨져나갔다.

한국전쟁이 1950년대의 '반反자유민주주의적' 일탈을 준비했듯이, 베트남전쟁 참전과 1968년 안보위기는 시민종교의 결정적 변질인 유신체제의 길을 닦았다. 그리고 '비상사태'를 선언함으로써 '헌정질서의 중단'을 명령할 수 있는 절대권력의 존재를 확인시키는 두 번의 사건, 즉 1971년 12월 6일의 '비상사태 선언'과 1972년 10월 17일의 '대통령 특별선언'을 통해 유신체제가 등장했다. 그러나 이런 비상사태 선언 자체가 초법적인 것이기도 했다.

대통령제는 탄생 직후부터 제도의 틀을 벗어난 괴물로 변해가고 있었다. 없는 권한까지 휘두른 대통령도 있다. 박정희 대통령은 1972년 국회를 해산하고 헌법 조항의 효력을 정지시키는 비상조치를 선포해 유신체제의 길을 열었지만, 비상조치 선포 당시의 3공화국 헌법에는 대통령의 국회해산권이나 헌법 조항 효력정지 권한은 없었다. 유신을 반헌법적 친위쿠데타로 보는 이유다. 그 뒤의 유신체제는 제헌국회 당시의 걱정대로 대통령제라기보다 '총통제'였다.[116]

한국식 반공주의에 잠복한 국가주의적-전체주의적 충동이 전면화되면서 시민종교에서도 종래의 '자유민주주의' 측면이 결정적으로 약화되는 대신 '국가주의' 측면이 기형적으로 발달하게 되었다. 그에 따라 '반공-자유민주주의 시민종교'의 성격은 '반공-국가주의 시민종교'에 좀 더 가깝게 변질되어갔다. 이런 상황에서 국가주의-전체주의 색채가 강렬한 시민종교적 경전과 의례들이 새롭게 창안되었다. 1960년대 말부터 등장했던 국민교육헌장이 새 경전을 대표한다면, 국기에 대한 맹세와 국기강하식은 대표적인 새 의례였다.

박정희는 국민교육헌장을 10월유신 이념의 실천강령으로, 새마을운동을 헌장의 실천도장으로 설정함으로써,[117] 국민교육헌장, 10월유신, 새마을운동을 삼위일체적인 관계로 결합시켰다. 지배엘리트는 국민교육헌장의 정신을 일상생활 속에서 실천하는, 이른바 '헌장의 생활화'를 추구했다.[118] 그 일환으로 1971년 12월에는 "국민교육헌장 이념 구현의 방안으로" '국민의례규범'이 새로 제정되었다. 1972년 새 학기부터 학교에서 교육되기로 예정되었던 국민의례규범은 예절, 공중도덕, 사회생활, 가정윤리, 개인생활, 국민생활 등 6개 부문으로 구분되어 있었다.[119] 국민교육헌장 낭독의 행동규범을 포함하는 '헌장의 의례화, 규격화, 이벤트화'에 대해 신주백은 다음과 같이 설명한다.

김종필 국무총리의 지시로 1974년 6월 22일자 『관보官報』에 게재된 바에 따르면, 헌장을 낭독할 때는 행사 참석자 전원이 모두 기립하여 부동자세로 경청하는 것은 물론, 낭독자도 교육헌장을 반드시 양손으로 공손히 들고 낭독하도록 하였다. 경건함과 신성함을 강조하려는 지시는 낭독자가 뒷짐을 지거나 연설하는 자세로 낭독하지 않도록 했을 뿐만 아니라 낭독문을 연단演壇 등에 올려놓고 읽지 않도록 하는 금지조치도 내렸다. 헌장에 대한 국가의례 체계를 규정한 이것을 '헌장 정치의 규격화'라고도 말할 수 있겠다.[120]

헌장의 의례화와 규격화는 동시에 이벤트적인 요소의 도입도 동반하였다. 1974년 6월 전국소년체전과 1975년 10월 전국체육대회 때부터 식순式順에서 가장 먼저 국민교육헌장을 낭독하고, 이어 개회선언 등이 진행되었다. 국가적 스포츠행사에서 헌장이 개회선언 및 개회사, 환영사보다 먼저 낭독되는 이러한 형식은 일제강점기 1940년대 스포츠대회에서 그 지역의 신사神社에 먼저 참배하고 행사를 진행했던 것의 '유신적 변형'이라 볼 수 있다.[121]

위의 첫 번째 인용문은 국민교육헌장이라는 문서가 1970년대에 얼마나 중요한 시민종교 경전으로 간주되었는가를 생생하게 보여준다. 또 두 번째 인용문에서 보듯이 1980년까지 국민교육헌장은 주요 스포츠행사의 첫 순서로 낭독되었다. 이 대목은 '스포츠와 국가주의의 결합'에 대한 탁월한 경관을 제공해준다.

박정희 정권이 내세운 '한국적 민주주의' 역시 형용모순에 가까운 용어였다. '한국적'인 색채가 강해질수록 '민주주의'의 색채는 더욱 더 옅어질 따름이었다. 유신체제 등장 이후 권력자들에 의해 '반공-국가주의'로의 일탈이 갈수록 심화되는 가운데, 이에 대한 비판과 저항이 점점 거세지고 조직화되었다. 이로 인해 기존의 반공-자유민주주의 시민종교 내부에서 예언자적 흐름과 사제적 흐름 사이의 갈등이 점점 심화되었다. 이에 대해선 다음 장에서 자세히 살필 예정이다.

4. 지도자숭배와 역사적 퇴행

나인호는 '지도자숭배'를 "정치적 메시아주의"라고 규정한 바 있다.[122] 최근 앤서니 스미스는 "지도자의 메시아적 역할messianic role of the leader" 이 근대적 민족주의에 공통적으로 나타나는 특징이라고 주장했지만,[123] 지도자숭배는 파시즘과 나치즘의 중요한 특징 중 하나이기도 했다.

> 순수한 의지에 심취하는 것은 파시즘과 나치즘의 주요한 근간이었다. 이들은 자유로운 서구는 그 소심함 때문에 아무것도 할 수 없을 정도로 마비되어 있다고 비난했다. 중요한 결정을 내리는 능력은 내용이 무엇이든 간에, 그 자체로서 숭배의 대상이었다. 이것이 바로 나치 '지도자 원리Führerprinzip'의 바탕이 되었다. 절대권력을 지닌 지도자 한 사람이 국가의 운명을 결정할 능력을 가졌기 때문에 권위를 갖게 되었다. 친親 나치 사상가인 마르틴 하이데거와 카를 슈미트의 정치신학에서, 결정 주의란 정치에서 신과 같은 역할을 의미하는 것이었다. 지도자는 구약 성서 〈창세기〉에서 신이 했던 역할을 해야 하는 것이다. 즉 "하나님이 가라사대 빛이 있으라! 하시매 빛이 있었고, 그 빛이 하나님이 보시기에 좋았더라."[124]

1960년대 말 종신집권의 길로 접어든 후 박정희는 유신체제를 통해 진정한 절대권력자로 거듭났다. 이런 상황에서 박정희에 대한 영웅화·신화화·성화로 특징지어지는 지도자숭배 현상이 나타나는 건 오히려 자연스럽다. 나아가 '참신자 만들기'와 '지도자숭배'는 사실상 동전의 양면과도 같은 현상들이었다. 시민종교의 참신자들은 자신들이 열렬히 섬기고 숭배할 지도자를 요청하게 마련인 것이다. 이처럼 1960년대 후반으로 가면서 지도자숭배의 조짐이 나타나기 시작했고, 1970년대에 가서는 더욱 뚜렷해졌다.

쿠데타 직후부터 박정희가 개헌을 통해 "강력한 대통령제"를 법제화했을 뿐 아니라,[125] 과도하게 자기 미화나 영웅화의 징후를 보였던 것은 분명한 사실이다. 자신을 "격랑 속의 독주獨舟를 저어가는 사공"으로 비유하는 등 "스스로 폐허의 사회를 구원할 고독한 혁명가"로 자부하고, 1961년의 첫 저서 『지도자도指導者道』를 통해 스스로 "인간의 얼굴을 한 새로운 혁명적 영웅의 전범을 제시"하거나 "영웅적 지도자 대망론"을 제시하고, "자신과 혁명 동지들의 영웅적 활약을 오로지 백성들을 위해 고군분투하는 성군의 모습"으로 묘사한 것 등이 그런 예들이다.[126] 반면에 이승만 대통령의 개인 우상화와 거리두기를 시도하는 등 박정희 정권 초기에는 지도자숭배에 대해 비교적 조심스런 태도를 취했던 것도 사실이었다. "국민 만들기의 문화적 기획을 이승만을 중심으로 구축하고 실천하려 했던 제1공화국의 기념에 대해 5·16 후 집권한 박정희 체제는 '개인 우상화의 내용에 편중하는 경향'이 많았고, '구 정권의 시정이 정도를 벗어'나 정부와 국민의 거리가 멀어졌다고 평가했다"는 주장도 이를 뒷받침한다.[127] "박정희가 자신을 이순신과 동일시함으로써 따라 배우려 했을지는 모르지만, 이에 기반하여 지도자 숭배론을 제기하지는 않았다. 이 점은 이승만 정권 말기 그의 숭배와 몰락 과정에서 배운 교육 효과로 보인다"는 지적도 마찬가지이다.[128]

그러나 박정희 대통령은 1969년 삼선개헌을 통해 종신집권의 길을 열었다. 사실상 '대한민국의 절대군주', '민주공화국의 절대권력자'라는, 형용모순인 존재가 된 것이다. 하상복은 1968년 12월 11일 거행된 광화문 복원 준공식 풍경에서 '박정희의 군주화君主化' 조짐을 발견한다. 그는 "최고 권력자가 자신의 글씨로 현판을 제작하고, 다른 사람들이 그 현판의 제막식에 전혀 참여할 수 없었다는 점은 마치 왕조시대 절대군주의 모습을 재현하는 것처럼 보인다"면서, "대통령 내외에게만 허락된 어문 통과는 현판 제막과 마찬가지로, 절대군주의 현대적 재현인 것처럼 보인다"고 지적한 바 있다.[129]

국난극복사관에 따라 '국난극복 영웅들'이 대대적으로 재발견되고 성화되었다. 이순신, 전봉준 등이 대표적인 사례였다. 번영과 황금시대를 상징하는 인물로는 세종대왕이 주로 영웅시되었다. 이런 영웅 만들기 프로젝트에는 박정희 대통령 자신도 포함되었다. 앞서 언급했듯이 박정희는 자신으로 말미암아 '퇴영의 민족사'가 '영광의 민족사'로 변전되고 있음을 과시하려 했고, 이를 위해 국난극복 영웅의 상징인 이순신과 문화융성 영웅의 상징인 세종의 이미지와 자신의 이미지를 오버랩시키려 했다. 1971년에는 한국이 주최한 최초의 국제축구대회인 '박대통령컵 쟁탈 아시아축구대회'(박스컵)이 창설되었다. 김학균 등이 말한 바 있듯이 "살아 있는 당대의 최고 권력자의 이름을 딴 스포츠 대회가 만들어졌다는 점은 당시 권위주의적 사회상의 일단을 보여주고 있는 것"이었다.[130]

박정희는 이승만 대통령처럼 '휘호정치'에 열중했다. 그 결과 박 대통령의 글씨가 담긴 현판과 기념비들이 전국 곳곳에 빼곡히 들어섰다. 현판과 기념비에 새겨진 휘호는 지배자의 분신分身이자, 지배자의 숨결과 정신의 체화로서, 지배자의 반영구적 현존現存을 가능하게 한다. 아울러 그는 매년 '신년 휘호'를 공개하여 그해의 국정지표를 제시하곤 했다. 1962년에는 '혁명 완수', 1965년에는 '근면 검소', 1972년에는 '유비무환', 1973년에는 '국력 배양', 1975년에는 '국론 통일', 1979년에는 '총화 전진' 등을

지도자 숭배의 단면
새마을운동 현장 시찰에 나선 박정희 대통령이 제주도 협업목장에 들러 현장을 지켜보고 있다.

신년 휘호로 내놓았다.[131]

대통령의 손길은 농촌의 수해水害에도 미쳤다. 다음은 전라남도 장성군 장성읍 상오1리의 이야기이다.

> 1963년에 큰 홍수가 나 황룡강이 범람하자, 이 마을은 온통 물난리를 겪게 되었습니다. 마을 사람들은 실망이 컸고 정부가 도와줄 것을 기다리는 중이었는데, 마침 대통령 각하께서 수해 당한 곳들을 돌아보시다가 이 마을에 들르시게 되었습니다. 대통령 각하께서는 '평소에 준비가 소홀하여 이런 재난을 당한 것이다. 지금부터라도 늦지 않았으니 굳게 뭉쳐 잘살도록 노력하라'고 따뜻하게 격려해 주셨습니다. 그들은 대통령 각하의 말씀을 되새기며 청년들을 모아 물이 휩쓸고 간 마을을 복구했습니다."[132]

이런 광경은 김일성이나 김정일·김정은의 '현지지도'를 둘러싼 북한 사회의 풍경과 그다지 다르지 않다. 다카시 후지타니가 천황의 화려하고도 과시적인 순행巡幸 과정에서 이루어지는 왕-신민 사이 상호적인 시선의 교환에 주목했듯이,[133] 박정희의 현지 방문 행사는 대통령-국민 간 시선의 교환을 통해 권력을 과시하고 또 인정받는 퍼포먼스였다. 박정희는 주요한 산업적 성취의 현장들을 직접 방문하고 현장에 건설된 기념물에 자신의 글씨를 새겨 넣음으로써, '현지지도'와 '휘호'를 적극적으로 결합시켰다. 대통령의 손길("대통령 각하의 특별하신 배려")은 실업고등학교의 산업체 특별학급이라는 형태로 가난한 청소년들에게도 미쳤다.

> 이제 나는 대통령 각하를 위시하여 내 주위의 많은 선배님들, 회사의 특별하신 배려로 경남여자상업고등학교 산업체 특별학급에 입학하게 되었다. 비로소 나의 꿈 어느 한 모퉁이가 형성되어 가고 있었다.[134]

내가 만일 고교에 진학하게 되면 학자금을 어떻게 마련할 것인가 하는 걱정이 먼저 앞서, 그렇게도 가겠다고 우겨대던 고입 응시를 주저하고 있던 차에 박 대통령 각하의 특별 배려로 근로 청소년을 위한 특별학급이 전주여자상업고등학교에 생겼다는 소식을 뒤늦게서야 듣고……저는 국가의 고마움을 알고 그보다 먼저 저의 직장에 감사함을 느꼈습니다.[135]

　한병철은 칸트를 인용하여 존경심을 "공포와 결부된 경의"로 정의한 바 있다.[136] 그보다 훨씬 이전에 루돌프 오토는 종교의 본질을 이루는 '누멘적 경험numinous experiences'을 두려움, 신비로움, 매혹적임의 총합으로 설명했다.[137] 우리가 타자의 두 영역을 구분하여 '경멸할 타자'(호모 사케르와 같은)와 '경외할 타자'를 구분한다면, 위의 인용문들은 박정희가 신앙과 숭배의 대상인 '경외할 타자', 곧 '공경하고 두려워할 타자'의 영역으로 접근하고 있음을 강력히 시사한다. 1970년대 박정희의 '존영尊影'에 관한 다음 일화도 마찬가지 판단을 가능케 한다. "유신헌법 공포 이후 박정희 얼굴 사진이 한국방송KBS 뉴스를 탔다. 편집자의 손자국이 사진에 묻은 채 방송됐다. 뉴스가 끝난 뒤 '기관원들'이 들이닥쳐 편집자를 폭행했다. 이 사건 뒤 케이비에스엔 대통령 사진을 '모셔두는' 보관함이 생겼다. 박정희 정권은 신문사에도 주기적으로 '새 존영'을 내려 바꿔 사용하도록 했다."[138] 유사한 맥락에서 이명선 기자는 유신헌법을 다음과 같이 평가했다. "'유신維新헌법'이 아니라 '유신有神헌법'이었다. 낡은 제도를 새롭게 하겠다는 유신維新헌법은 사실 대통령 박정희를 대한민국의 신神으로 만드는 법이었다."[139]

　유신체제 등장 이후 뚜렷해진 지도자숭배, 곧 박정희에 대한 영웅화와 성화 움직임은 민주주의에 대한 정면공격과 병행되었다는 점에서 그 자체가 '역사적 퇴행'이었다. 점점 심해진 '광장공포증' 내지 '대중공포증'

도 역사적 퇴행의 한 단면이었다. 이런 측면이 현충일 추념식과 대통령 취임식에서 주로 나타났다. 현충일 추념식의 경우 1970년대에는 대통령 이 불참하는 '대독代讀 추념사' 형태로 진행되다가, 1980년대에는 아예 실 내행사로 전환되었다. 대통령 취임식도 1970~1980년대에는 광장에서 실 내체육관으로 후퇴했다. 박정희에 대한 영웅화가 절정에 달했던 바로 그 시기에 마치 '후궁'이나 '기녀'처럼 여성 연예인들을 청와대 근처의 은밀 한 안가安家로 불러들이곤 했던 대통령의 윤리적 타락도 지극히 퇴행적이 었다. 물론 당시 그의 '숭배자들'은 이 사실을 전혀 몰랐지만 말이다.

> 10·26사건 재판 과정에서 박선호 중앙정보부 의전과장 등을 통해 궁정 동·세검정 안가에서의 비화가 흘러나오기 시작했다. "텔레비전 사극 에 나온 어린 배우가 수영복 차림으로 캘린더에 실린 것을 보고 대통령 이 경호실장에게 '어린 줄 알았는데 성숙하구먼'이라고 말하면 실장이 금방 의전과장에게 연락해 급히 촬영 현장에 가서 체포하듯이 데려와 야 했다."……'미녀 찾기'는 주간지 표지 사진이나 티브이 시청에서 시 작되고, 경호실장이 티브이 등을 보다 지명한 경우도 30%나 됐다고 한 다. 접견 때 변호인에게 '저기 걸린 달력에 나온 미녀 모두 안가를 다녀 갔다'는 말도 했다. 김재규 중앙정보부장도 변호인 접견 때는 "(궁정동 안가 다녀간 연예인 중에) 임신해서 낙태한 사람도 있고…간호 여성이 임신 해서 애먹기도 하고…"라고 털어놓았다.[140]

해방 후 역대 정권 가운데 박정희 정권에서 식민지 시대의 영향이 가 장 강하게 나타나거나, 식민지 체제와 가장 닮은 것처럼 보인다는 사실도 역사적 퇴행으로 볼 수 있지 않을까. 최근 한석정은 박정희 체제와 만주 국 체제의 유사성에 대해 심층적으로 논구한 바 있다. 박정희 체제의 '기 원'을 밝히려는 시도가 얼마나 성공적이었는지는 별문제로 하더라도, 한석정은 『만주 모던』을 통해 만주국과 박정희 시대 한국의 '유사성'을 밝히는 데는 명백히 성공했다. 만주국과 박정희 체제의 유사성은 속도전-총력전의 불도저식 재건체제(경제개발계획), 반공대회, 표어 제작, 집단체조, 국방국가 만주국과 1960년대의 "싸우면서 건설하자" 구호, 국책영화와 〈대한뉴스〉, 현모양처론, 위생 담론과 아동 신체 규율 및 사회정화(깡패 소탕), 노동영웅 만들기와 노동 경쟁운동 등을 망라한다.

한석정이 아니더라도, 박정희 체제는 식민지 유산, 특히 군국주의적 가치관이나 통제 기제들과 같은 군국주의 유산을 보다 순수한 형태로 발현하고 있다는 지적을 종종 받는다. 정근식과 이병천은 유신체제와 식민지 전시체제 시기의 유사성을 강조했다. "이때(유신체제 시기-인용자) 등장한 비민주주의적 제도들은 총력안보를 내세운 준전시 동원과 국민에 대한 감시제도와 밀접하게 연결되었으며, 이 제도들이 식민지 전시체제기의 제도와 매우 유사했으므로, 식민 지배의 부정적 유산들이 대거 재생산된 것으로 인식되었다. 일제강점기 식민지 지배는 권력의 분립이 없는 총독에 의한 전일적 통치에 의존했는데, 이런 사회의 조직화와 권력 배분의 양상이 유신체제와 거의 유사했고, 따라서 유신체제는 식민지 지배체제의 재생으로 간주되는 경향도 나타났다."[141] 윤해동의 다음과 같은 문제제기도 경청할 가치가 있다.

박정희 체제의 성격을 둘러싼 논쟁은 어떤가? 이 논쟁을 민주주의와 성장이라는 가치 대립의 문제로만 볼 수 있을까? 이 역시 일제 잔재의 청산 문제와 관련되어 있음을 간과할 수 없다. 박정희 개인을 두고 볼 때도 일제하 제국 신민으로서의 역할에 충실했으며 제국주의 침략전쟁에 자발적으로 참여한 경험을 가지고 있다. 여기에 더하여 박정희 체제를 전반적으로 떠받치고 있었던 것은 일제가 한국을 병합한 이후 즉 1910년대 전후에 출생하여 처음부터 식민지 교육을 받았으며 1930년대 이후에는 식민 체제의 중축으로서 황국 신민으로서의 역할을 충실히 수행하고 있던 세대들이 아니었을까? 이들은 1960년대에 한국사회의 중추를 형성하면서 한 번도 청산의 과정을 여과한 적이 없는 제국 신민으로서의 가치를 그대로 1960년대 한국사회의 가치로 이어갔던 것은 아닌가? 이런 측면에서 박정희 독재와 성장주의는 일제 동화정책의 직접적인 산물이며, 박정희 독재는 이런 정신사적 구조에 의하여 지지되고 있었다고 하면 너무 과장된 것일까?[142]

마지막으로, '국립묘지의 재봉건화'라고 부를 만한 현상이 1970년부터 뚜렷해졌다.[143] 1955년 문을 열 당시 동작동 국립묘지는 '묘역의 배분'이나 '묘비의 크기' 측면에서는 계급 간 차별이 심했지만, 묘의 '형태'나 '면적'에선 평등한 상태를 유지하고 있었다. 그러나 1970년을 기점으로 국립묘지에는 계급과 신분에 따른 전면적인 차별주의가 관철되었다. 죽은 이가 장군 출신이냐, 장교 출신이냐, 하사관(부사관)·병사 출신이냐에 따라 묘역 위치, 묘비 크기, 묘의 형태, 묘의 면적이 모두 달라졌다. 살아서의 차별이 죽은 후에도 고스란히 연장되었다. 뿐만 아니라 박정희 자신의 묘를 포함하여, 전직 대통령들의 묘는 '국립묘지 내부의 왕릉'처럼 거대하게 조성되었다.

제 14 장

저항과 시민종교 균열

쿠데타 이후

유신체제 시기를 독특하게 만드는 또 하나의 현상은 이 시기가 한편으론 기존 체제에 대한 '참신자' 혹은 '핵심 지지층'이 두텁게 형성되는 시기이 면서, 그와 동시에 다른 한편으론 체제를 비판하는 '예언자들'과 저항운 동의 '순교자들'도 빠르게 증가했던 때였다는 사실에서 찾을 수 있다. 필 자는 유신체제 등장을 계기로 시민종교 내의 사제 진영과 예언자 진영이 선명하게 모습을 드러냈을 뿐 아니라, 두 진영 사이의 갈등이 점점 치열 해졌다고 주장한다. 이런 주장이 가능한 이유를 위에서 지적한 유신 시대 의 독특한 역사적 맥락에서 찾을 수 있다는 것이다.

유신체제에 대한 자발적인 (나아가 어느 정도는 열렬한) 지지 세력의 '범위' 와 관련된 쟁점이 학계에서 제기된 바 있다. 이른바 '대중독재' 개념을 유 신체제에 적용할 수 있느냐와 관련된 논쟁이 대표적일 것이다. 핵심 쟁점 은 1970년대의 박정희 정권이 과연 대다수 국민의 광범위한 지지를 받았 는지, 아니면 그 범위가 핵심 지지층으로만 제한되었는지에 있었다. 대중 독재 논쟁에도 직접 참여한 바 있고, 앞서 12장에서도 잠깐 소개했던 조 희연의 주장을 상기해보자. 조희연에 의하면 유신시대 자체가 강제와 동 의 모두가 강력했던 시기였다는 게 특징이지만, 그와 동시에 시간의 흐름 에 따라 양자 간의 균형이 미묘하게 변화하는 시기였다는 특징을 보이기 도 했다. 처음에는 유신체제에 대한 강제와 동의가 모두 강력했으나, 갈 수록 자발적인 동의가 감소함에 따라 더욱 강제와 폭력에 의존하는 통치

방식을 구사하게 되었고, 이런 통치방식이 더 큰 저항을 불러오면서 체제 위기가 점점 깊어졌다는 것이다. 필자는 조희연의 이런 주장을 수용하는 편이다.

시민종교의 관점에서 볼 때 1960년대 말 이후 '시민종교 재활성화와 변형의 동시성'을 강조할 필요가 있다. 다시 말해 군사쿠데타가 시민종교의 재활성화 계기로 기능했지만, 그 '재활성화'가 시민종교의 심각한 '변형·변질'과 '일탈'을 동반했다는 사실이 대단히 중요하다는 것이다. 무엇보다 시민종교 재활성화와 시민종교 변형의 동시성이 예언자적 저항의 촉진 요인으로 기여했다. 앞 장에서도 말했듯이 안보위기, 고도 경제성장, 저항세력 초토화의 역사적 중첩이 종신집권, 병영사회·감시사회 구축, 지도자숭배로 현실화되는 시민종교적 일탈을 위한 유혹적인 배경이자 조건으로 작용했다. 그러나 정권의 기대와 달리 사제 진영의 시민종교적 일탈·배교와 거의 동시에 예언자 진영에서 지속적이고도 강력한 저항운동이 등장했고, 그로 인해 시민종교의 내부 균열이 가시화되었다.

1960~1980년대를 거치면서 두 가지 흐름이 갈수록 뚜렷해졌다. 그 하나는 민주주의에 대한 정면공격 등 기존의 반공-자유민주주의 시민종교에 대한 지배세력(시민종교의 사제 진영)의 일탈과 노골적인 배교 행위가 만연해지는 흐름이다. 다른 하나는 기존 시민종교를 수호하려는 예언자 진영의 저항이 점점 조직화되고 확산되는 흐름이다. 두 흐름이 동시적으로 진행됨에 따라, 반공-자유민주주의 시민종교 내부에서 균열과 해체의 징후가 점점 확연해졌다. 나아가 시민종교의 사제 진영을 중심으로 반공-자유민주주의 시민종교에서 아예 벗어나 '반공-국가주의 시민종교'로 변질될 조짐을 보이자, 예언자 진영 또한 '민주-공화주의 시민종교'의 성격을 강화해갔다. 그럼으로써 1940~1950년대의 제1차 시민종교 분화(남북 분화)에 이어 시민종교의 제2차 분화 조짐이 처음으로 나타나기 시작했다. 1940~1950년대 '두 개의 코리아'로의 시민종교 분열(대한민국 시민종교와 조선

민주주의인민공화국 시민종교의 분열)에 이어, 유신체제가 등장하는 1970년대 이후 '두 개의 대한민국'으로의 시민종교 분열이 점차 가시화된 것이다.

시민종교의 5대 교리 가운데 반공주의, 발전주의, 친미주의는 예언자 진영에서도 전혀 문제시되지 않았다. 1960년대 후반 이후 군사정권이 민족주의를 비교적 능숙하고도 빈번하게 정치적으로 활용했으므로, 민족주의 교리에 대해서도 사제-예언자 진영 사이에 근본적인 차이는 존재하지 않았다. 따라서 '민주주의의 약화' 차원을 훨씬 넘어서는 '민주주의의 부정'이 핵심적인 차이이자 뜨거운 쟁점으로 작용했다. 예언자 진영에 의한 1970년대 이후의 저항운동이 무엇보다 '민주화운동'(혹은 '인권운동')으로 명명되었던 것도 바로 이 때문이었다.

예언자 진영이 문제 삼았던 것은 '반공주의의 정치적 오용誤用'이었지, 반공주의 자체가 아니었다. 오히려 예언자 진영은 '승공勝共을 위한 더 나은 길'로서 민주주의를 주장하곤 했다. 사제-예언자 진영 사이에 발전주의를 구현하는 방법론의 차이는 존재했을지언정, 양 진영은 발전주의 교리를 공유하고 있었다. 친미주의가 도전받기 시작한 것은 1980년대의 일이었다. 민족주의를 둘러싼 차이가 점점 확대되고 뚜렷해진 시기도 1980년대부터였다.

1. 예언자 진영의 형성

유신체제로 상징되는 '한국판 계약 파기' 상황은 시민종교의 민주주의 축에 중점을 두는 이들, 즉 예언자 진영의 지도자들에 의해 '지배층의 배교'로, 그것도 여러 면에서 1950년대보다 훨씬 심각한 배교 행위로 해석될 만했다. 자유민주주의에 대한 정면공격이라는, 말하자면 '시민종교의 자해自害'와도 유사한 사태에 직면하여, 시민종교 내부의 '민주주의' 원칙을 수호하기 위한 예언자 운동이 급속히 확산되고 뿌리를 내리게 되었다. 이런 움직임은 대학가와 제도정치권 주변부(이른바 '재야' 세력)를 넘어 종교계, 언론계, 문화계 등으로 확산되었다. 특히 종교계의 경우 '교회 내 사회운동 부문들'(church social-movement sectors: CSMSs)이라는 형태로 시민종교의 예언자적 흐름이 일정하게 제도화되는 양상도 보이게 되었고, 이는 다시 저항적 사회운동의 지속성을 보강하는 요인으로 작용하게 된다.[1] 1960년대 후반부터 반정부운동을 이끈 각계의 재야인사들과 종교인들, 학생운동가들, 그리고 일부 야당 인사들이 시민종교의 예언자 진영을 형성했다.

개신교에서는 1973년 4월의 '남산 부활절연합예배 사건'(남산 부활절 내란예비음모사건)이, 천주교에서는 1974년 7월 발생한 '지학순 주교 구속 사건'이 민주화운동에 본격적·조직적·지속적으로 참여하도록 만드는 '촉발促發 사건triggering event'으로 작용했다. 이후 한국기독학생회총연맹KSCF, 한국기독자교수협의회, 한국도시산업선교연합회, 한국크리스찬아카데미, 한국기독청년협의회EYCK, 한국기독교사회문제연구원 등이 개신교 민주화운동을 이끌었다. 한국기독교교회협의회NCCK 산하의 인권위원회, 교회와사회위원회, 선교자유수호위원회 등도 개신교 민주화운동의 주요 주체들에 속했다. 천주교에서는 '대한가톨릭학생총연합회'와 그 후신인 '대한가톨릭학생전국협의회', 가톨릭노동청년회JOC, 한국가톨릭농민회, 천주교정의평화위원회, 천주교정의구현전국사제단, 명동천주교회청년단체연합회 등이 민주화운동의 주역으로 나섰다. 개신교와 천주교 연합 조직인 한국교회사회선교협의회도 빠뜨려선 안 될 것이다.[2]

전문적인 인권운동 단체들도 1970년대에 여럿 등장했다. 1972년 3월 설립된 '국제엠네스티 한국지부'가 그 시초였다. 1974년 9월 창립된 '구속자가족협의회'가 뒤를 이었고, 이 단체는 1976년에 '양심범가족협의회'로 명칭을 바꾸었다. 또 1977년 10월에는 '평화시장 근로자 인권문제 협의회'가, 1977년 12월에는 '한국인권운동협의회'가, 1978년 5월에는 '민주청년인권협의회'가 각각 만들어졌다. 1970년대의 언론계 민주화운동은 유신 전후 언론 통제에 맞선 기자들의 '언론자유 수호투쟁', 그리고 1974년부터 다시 활성화된 '자유언론 실천운동'으로 대표된다. 그 중심에 섰던 단체들이 동아자유언론수호투쟁위원회(동아투위)와 조선일보 자유언론투쟁위원회(조선투위)였다. 자유언론 실천운동 과정에서 해직된 기자들이 모여 1975년 3월에 출범시킨 자유언론수호투쟁위원회도 중요하다. 또 1974년 11월 결성된 자유실천문인협의회가 문학계의 민주화운동을 이끌었다. 지식인 저항운동은 1957년에 결성된 기독자교수협의회와 1978년 4월 결성된 해직교수협의회로 대표된다. 1970년대 말엽에는 '출판문화운동'도 민주화운동 대열에 가세했다. 1978년 4월 부산에서 시작되어 1년여 만에 전국적으로 확산된 '양서 협동조합 운동'이 대표적인 사례였다.[3]

　이렇듯 각 부문별로 형성되기 시작했던 예언자 진영을 하나로 묶는 연대기구들도 1970년대에 다양하게 등장했다. 1971년 4월 19일 창립된 민주수호국민협의회(민수협)이 그 시발이었다. 민수협은 1971년 4월의 대통령선거와 뒤이은 국회의원 총선거를 앞두고 '공명선거 쟁취투쟁'을 전개하고자 했고, 이를 위해 대구·전주·광주·천안 등의 지역조직도 결성했다.[4] 유신체제 등장 이후 유명무실해졌던 민수협은 1973년 12월부터 활동을 재개했다. 같은 시기에 '헌법 개정 청원 운동본부'가 결성되어 '개헌청원 100만인 서명운동'을 시작했다. 민수협으로 시작된 연대 활동의 흐름은 1974년 12월에 창립된 민주회복국민회의(국민회의), 1978년 7월 결성된 민주주의국민연합(국민연합), 그리고 1979년 3월 결성된 '민주주의와 민족통일을 위한 국민연합'(민주통일국민연합)으로 이어졌다.[5]

　반면에 청와대와 여당에 의해 완전히 장악된 의회 안에서 야당이 할 수 있는 일은 별로 없었다. 자연스럽게 저항의 주 무대는 의회 바깥으로 이동했다. 의회 바깥에서 벌어지는 친정부-반정부, 체제-반체제 간의 대결은 갈수록 치열해져갔다. 이에 따라 예언자 진영의 중심축과 주도권도 정치사회에서 시민사회로 옮겨갔다.

종교계를 매개로 한 국제적 연대 활동이 등장했던 것도 1970년대 민주화운동·인권운동의 중요한 특징 중 하나였다. 미국과 일본, 그리고 독일 등 유럽 일부까지 포함하는 '국제시민사회international civil society' 차원의 연대와 협력이 처음으로 형성되었다. 한국 그리스도교 교회의 탄생과 성장 과정에 기여한 외국의 그리스도교 교회·단체들은 한국 종교계의 민주화·인권운동에 대한 광범위한 '국제적 지원구조'로 기능했다. 아울러 한국에서 민주화·인권운동을 벌이다 추방당한 미국인·일본인·오스트레일리아인 선교사들을 비롯하여, 1973년 남산부활절연합예배사건을 계기로 구성된 '일본 기독자 한국문제 긴급회의', 임창영 목사를 중심으로 1974년 미국에서 결성된 한국수난자가족돕기회, 1975년 한국 선교사 출신 페기 빌링스가 중심이 되어 조직한 '한국의 인권을 위한 북미주연합' 등이 속속 출현했다. 1970년대 말 북미 지역에는 뉴욕의 '목요기도회'를 비롯하여 기독학자협의회, '한국 민주화를 위한 북미주연합', '한국의 인권을 위한 북미주연합' 등의 단체들이 활동하고 있었다. 또 유럽·북미·일본을 망라하는 '한국민주사회건설세계협의회'가 1975년 11월 결성되었고, 1977년 10월에는 '한국민주화기독자동지회'로 명칭을 변경했다.[6]

민주주의, 인권, 자유, 박애, 평등의 가치를 중심으로 한 국제연대 네트워크와 활동 경험은 1970년대의 예언자 진영에서 매우 흥미롭고도 중요한 변화를 동반했다. 첫째, 국외-국내 인사들의 관계가 기존의 수직적 종속 관계에서 수평적 동역자 관계, 나아가 동지적인 관계로 이행하면서 한국 시민종교의 예언자적 흐름이 배타적 국수주의나 정복주의, 문명론적 우월의식 등 오리엔탈리즘과 옥시덴탈리즘의 부정적 측면들을 모두 넘어설 가능성이 생겨났다. 둘째, 시민종교의 예언자 진영은 '민족주의'와 '탈민족주의' 모두를 별 무리 없이, 그리고 비교적 자연스럽게 수용할 가능성 역시 보여주었다. 물론 이 가능성은 '민족주의로부터의 이탈'이 아닌, '보다 유연하고 개방적인 민족주의'로 전환할 잠재력을 지닌 것이기도 했다. 탈춤과 가면극, 농악과 사물놀이, 마당굿 등으로 대표되던 대학가의 민족주의 열기는 국제적 협력·연대 활동과 별다른 충돌 없이 공존했다. 나아가 지미 카터 정부의 '인권외교'로 인한 한-미 갈등까지 겹쳐지면서, 유신 시기에는 (적어도 겉으로는) '저항세력의 친미주의, 지배세력의 반미주의'라는 현상이 때때로 나타나는 것처럼 보이기조차 했다.

한편 종교인들과 문화인·예술인들이 저항적 사회운동에 대거 참여하게 되면서 예언자적 시민종교 흐름의 신념체계, 상징, 의례, 운동문화 movement culture 등이 한층 풍성해졌다. 이것이 다시금 대중적 설득력과 영향력을 확장하는 등의 방식으로 대안적 시민종교의 발전을 촉진했다. 1970년대에는 시민종교의 예언자적 흐름이 매우 선명하게 드러났을 뿐아니라, '저항의 제도화'라고도 부를 수 있을 만큼 일정한 지속성과 세력을 갖게 되었다. 대학가와 교회들을 중심으로 저항적 노래, 탈춤, 마당극 (마당굿), 가면극, 연극, 노래극 등으로 구성된 저항 문화 내지 운동권 문화도 빠르게 확산되었다. 1974년에 자유실천문인협의회를 결성했던 문인들도 시나 소설을 통해 저항문학, 민중문학, 민족문학을 발전시켜갔다.

1970년대에 특히 눈부시게 발전했던 것은 '탈춤부흥운동'이었다. 1960년대부터 전통 연희演戲와 놀이문화에 대한 관심이 태동하다가, 1970년대부터는 "본격적인 문화운동으로서의 탈춤부흥운동"이 전개되었다. 1970년 부산대를 필두로 1971년 서울대, 1973년 이화여대·연세대·서강대, 1975년 중앙대·한양대에서 탈춤 관련 동아리나 모임이 생겨났다. 1978년경에는 탈춤반이 등록된 곳이 서울 24개, 지방 9개 등 모두 33개 대학에 이르렀고, '탈꾼'의 숫자도 수천 명을 넘어서게 되었다. 탈춤부흥운동은 농촌문제, 노동문제, 도시빈민문제, 종교문제, 역사의식 등 넓은 영역의 주제들을 다뤘다. 그 형식도 마당극, 노래극, 판굿 등 매우 다양하게 실험되었다. 이 운동의 이념적 자원은 민족주의와 민중론이었다. 탈춤부흥운동은 1977년 이후 대학을 넘어 노동운동 현장으로까지 확산되었다.[7] 그러나 탈춤부흥운동을 제외한다면 음악이나 미술 분야에서는 '문화운동'의 발전이 비교적 더딘 편이었다. 황병주는 1970년대의 문화운동에 대해 다음과 같이 진단했다.

> 1970년대 문화예술계의 민주화운동은 영화, 미술, 음악, 탈춤부흥운동 등 다양한 영역에서 이루어졌지만 가장 주목할 만한 것은 대학가 중심의 탈춤부흥운동이었다. 미술계에서는 '현실과 발언' 동인 집단의 활동이 주목되었고, 노래패도 대학가에 나타나기 시작하였다. 하지만 오윤, 강요배, 손장섭 등이 참여한 '현실과 발언'은 1979년 12월이 되어서야 발족하였고, 메아리와 한소리 등의 노래패도 1977~1978년에야 결성되는 등 대부분 1970년대 후반에 집중되었다. 물론 1970년대 초반부터 대학가에서는 〈해방가〉〈정의가〉〈선구자〉 등이 전해지고 있었으며, 종교계를 중심으로 〈흔들리지 않게〉〈우리 승리하리라〉〈오! 자유〉 같은 외국의 민권운동 노래들도 불리곤 하였다. 하지만 이를 본격적인 노래운동으로 보기는 힘들다. 다만 〈아침이슬〉(1970년)을 작곡한 김민기의 활동은 독보적인 것이었다. 김민기는 〈아침이슬〉뿐 아니라 1970년대 중반 이후로는 〈기지촌〉〈강변에서〉와 같은 민중 현실을 담아내는 노래를 만들기 시작함으로써, 향후 노래운동에 매우 큰 영향을 미치게 되었다. 김민기의 노래들은 금지곡이 되거나 발표조차 되지 못하였음에도 불구하고 입에서 입으로 전해져 민주화운동 진영의 중요한 노래로 자리 잡게 되었다. 이러한 분위기 하에서 메아리(1977년 서울대), 한소리

(1978년 이화여대) 등의 노래패가 생겨나 개인 차원이 아닌 조직적 수준의 노래운동이 발생하게 되었던 것이다.……1960년대 이래 현실과 밀착된 문화예술계의 움직임은 대부분 문학 쪽에서 이루어졌고, 여타 분야들은 상대적으로 뒤늦게 이루어졌다고 볼 수 있다.[8]

김민기의 노래에는 야근을 마치고 힘없이 귀가하는 공장노동자들, 기지촌 여성이나 혼혈아의 삶이 담겼다. 그의 노래에 등장하는 바람과 구름, 새와 물고기 같은 은유는 독재로부터의 '자유'뿐 아니라, 겹겹이 무기로 둘러싸인 휴전선 철책마저 자유로이 넘나드는 '탈분단'과 '평화'까지 상상할 수 있게 해주었다. 한편 위 인용문에도 나타나듯이 1970년대 후반부터는 대학가를 중심으로 '민중가요'라는 새로운 노래문화가 탄생하게 된다. 이영미의 설명을 들어보자.

초기 포크 중 비교적 사회비판이 날카로웠던 김민기와 한대수의 노래는, 금지조치로 대중가요권에서는 사라졌지만 노래의 수명이 끝난 것은 아니었다.……1970년대 후반부터 대학가에서, 대중가요의 상업적 유통 구조의 밖에서, 대중가요에 대한 비판적 태도를 바탕으로, 구전口傳이라는 새로운 유통 방식으로 성립된 독자적 노래문화가 탄생한다. 이를 후에 민중가요라고 칭하게 되는데, 김민기와 한대수의 노래는 대중가요를 벗어나 민중가요 속에서 재해석되면서 새로운 생명을 갖게 된다.[9]

1970년대 대학 내에서, 음반과 방송 등 대중매체의 도움을 전혀 받지 않고 오로지 수용자들의 구전으로만 형성된 독자적인 노래문화가 전국적인 현상으로 나타났다. 이들 노래는 검열성 심의나 대중가요 시장의 논리로부터 독립적이었고, 수용자 대중들이 대중가요의 사랑타령 중심의 획일성에 대한 강한 비판의식을 지니고 있었으며, 노래가 그 사회의 어두움을 극복하고 더 건강한 세상을 만드는 과정에 함께 해야 한다는 생각을 가지고 있었기 때문에, 대중가요와는 매우 다른 내용을 지니고 있었다.[10]

대학 캠퍼스 바깥의 일부 공간들에서도 새로운 노래문화가 형성되었다. 서울 명동 YWCA회관의 청년문화 공간 '청개구리'도 그 중 하나였다. 김민기나 방의경 등이 이곳을 무대로 활동했는데 다음은 방의경에 관한 기사이다.

> 이대 장식미술과에 입학해서도 강의실보다는 청개구리에서 어울리는 시간이 더 많았다. 덕분에 72년 첫 음반 〈내 노래 모음〉이 나왔다. 19살 때 쓴 〈겨울〉을 비롯, 포크의 명곡으로 꼽히는 〈불나무〉, 〈풀잎〉, 〈친구야〉 등 12곡이 담겼다. 혼자서 직접 작사·작곡·노래에 기타 반주까지 해낸, 진정한 의미에서의 우리나라 첫 여성 싱어송라이터 독집 음반이다. "모두 500장을 발매했다는데, 정작 저조차 갖지 못했어요. 발매 1주일쯤 뒤 광화문의 음반점으로 달려갔을 땐 이미 공안당국에서 압수해 간 뒤였어요. 판매는 물론 방송 금지곡이 됐구요."[11]

'금지곡의 시대'였던 1970년대에는 음반 판매와 방송이 금지되었기에 오히려 더 애창·애청되거나 열심히 불법 복제되던 가요들이 점점 축적되었다. 이런 과정에서 기존 정치사회 체제와 비판적 긴장을 유지하는 저항적인 대학문화가 형성되어갔다. 1970년대 후반부터 대학가에서 새로운 노래문화가 형성되는 가운데, '메아리'와 '한소리' 같은 본격적인 노래운동 조직들이 하나둘씩 나타나기 시작했다. "단순한 취미모임으로 시작한 두 노래서클은 기존의 대중문화를 비판하면서 김민기의 노래와 서정적인 노래들을 보급하기 위해 노래공연을 올리고 노래집을 발간했다. 메아리와 한소리의 노래집에 실린 악보와 가사는 집회 현장에서 참가자들에게 배포되어 확산되었다."[12] 실제로 1970년대 학생운동이나 재야단체의 시위·집회 과정에서는 다양한 저항가요들이 애창되고 있었다. 1980년 4월에 서울대 총학생회가 발간한 소책자에는 〈홀라송〉, 〈정의가〉, 〈해방가〉 등이 수록되어 있었다.[13] 1970년대 이후 탈춤, 농악, 저항가요 등을 중심으로 예언자적 시민종교의 의례와 성가聖歌들이 빠르게 형성되고 축적되어갔다. 한편 예언자적 시민종교의 신념체계에서도 의미 있는 변화들이 나타났다.

군사정권 시기 시민종교의 예언자들에게는 '국가주의적 반공주의'에 맞서 시민적 자유와 인권을 수호함과 동시에, '반공주의와 자유민주주의 사이의 균형'을 회복하는 것이 일차적 목표였다. 이런 기조는 1960년대 뿐 아니라 1970년대에도 내내 유지되었다. 앞에서도 보았듯이 당시 등장한 재야단체들은 '민주주의', '민주회복'이나 '자유'를 표방한 것들이 대부분이었다. 이는 이들의 목표나 지향이 '자유주의' 혹은 '자유민주주의'에 있음을 보여주지만, 어쨌든 1970년대의 저항적 언론단체나 문인단체가 단체 이름으로 내건 '자유'는 자유총연맹의 '자유'와는 명백히 다른 것이었다.

그런 와중에 1970년 11월 발생한 전태일의 분신자살은 시민종교 예언자들에게 사회경제적 양극화를 심화시키는 '박정희식 발전주의'의 암울한 이면을 새롭게 상기시켰다. 장세훈은 전태일 분신사건의 파장과 의의를 다음과 같이 정리하고 있다.

이미 1960년대 중반부터 지식인들이 노동문제에 관심을 갖기 시작했지만, 이는 연구나 교육 활동을 통한 학문적 관심과 간접적인 지원의 수준을 크게 넘어서지 못했다. 그런데 1970년 11월 전태일의 분신과 관련해서 서울대에서는 법대, 문리대, 상대 등이 앞다투어 '전태일 추도식'을 갖고 데모에 나섰고, 고려대, 연세대, 숙명여대, 외국어대 등으로 추도 항의 시위가 이어져갔다. 이를 계기로 노동 현실에 대해 새로운 인식을 갖게 된 대학생들은 이후 야학 등을 통해 노동자 대중과 접촉하면서 노동문제를 체감하게 되고, 노동자를 직접적으로 후원할 뿐 아니라, 노동 현장에 직접 투신하거나 노동조합의 실무자로 참여하면서 노동운동의 주역으로 활동하며, 1980년대 이후 노학연대의 발판을 마련했다.……전태일 분신 사건을 계기로 노동조합운동의 어용화·무력화에 실망한 종교계는 한국노총과의 관계를 끊고 독자적인 노동자 의식화 교육을 시작해서, 노조 민주화의 밑거름이 되었다.……전태일의 죽음은 노동운동과 진보적 사회세력과의 연대의 접점을 마련해서 '노동운동의 사회화'를 가능케 한 중요한 분기점이라고 할 수 있다.[14]

전태일 죽음의 여파는 1974년 4월 전국민주청년학생총연맹(민청학련)의 "민중·민족·민주선언"으로 이어졌다. 다음은 이에 대한 이기훈의 설명이다.

여기에 전태일의 죽음이 결정적인 역할을 하였다. 1970년대 초부터 운동가들 사이에서는 학생운동만으로는 부족하며 민중의 삶 속으로 들어가야만 한다는 의식이 확산되었다. 이에 따라 이념서클별로 여름이나 겨울방학 기간 동안 광산, 공장 등으로 현장 활동을 다녀오기도 하였다. 그리하여 1960년대의 3반이념(반외세·반매판·반봉건)은 1970년대에 민중·민족·민주의 이념으로 발전하게 된다. 민청학련은 1974년 4월 3일 시위에서 "민중·민족·민주선언" "민중의 소리" "지식인·언론인·종교인에게 드리는 글" 등의 유인물을 배포하였다.……자립경제와 신식민주의 청산을 추구하고 공공연하게 민중의 편임을 선언하는 이 민중·민

족·민주의 3민이념은 민중주의적 민족주의 지향을 확고히 보여주고
있다.[15]

　　1979년에 이르러 '민중 담론'은 민주화운동 세력 전체에 의해 공유되
었다. 그해 3월 민주화운동 세력의 광범위한 연합조직으로 등장했던 '민
주주의와 민족통일을 위한 국민연합'(민주통일국민연합)은 "민중 주체의 민
주정부 수립과 민족통일 달성"을 목표로 설정했다. 유신체제 말기 재야
인사들은 "'민중' 지향적이고 '연합'을 중시"한 것이 특징이었다. 그런 맥
락에서 민주통일국민연합은 "조직적 체계를 갖추었다는 점뿐만 아니라
민중운동과의 연대를 강조하였다는 점에서 기존 연합체와 달랐다."[16] 허
은에 의하면 "이들은 민주화 달성을 위해서는 민중과의 광범한 연대가 필
수라고 보았다. 이때 '민중'은 노동자, 농민, 봉급생활자, 중소상공업자,
공무원, 학생, 지성인, 종교인을 포함하는 것이었다."[17]

　　1970년대에 등장한 '민중 담론'은 평등주의나 공동체주의 지향, 나아
가 대안적인 이상적 사회질서에 대한 상상을 자극했다. 발전주의의 부정
적 산물들에 대한 새로운 관심은 국가주의-전체주의에 맞선 개인의 자유
옹호, 민주주의에 대한 전통적인 강조, 반공주의의 정치적 오남용에 대한
비판적 성찰과 맞물리면서 시민종교의 예언자적 흐름을 점점 '민주-공화
주의 시민종교'에 가깝게 변화시켰다. 종전의 민주주의, 자유, 인권에 대
한 관심에다 평등, 박애, 연대, 공동체 등으로 대표되는 공화주의적 요소
들을 덧붙인 것이다.

　　분단과 전쟁으로 이어진 격심한 좌우 갈등을 특징으로 하는 해방 직후
의 독특한 역사 과정으로 인해, 그리고 신성불가침의 권위와 무소불위의
권능을 갖게 된 반공주의의 엄청난 존재감으로 인해, 한국사회에서는 사
회경제적 불평등이나 양극화, 사회적 약자에 대한 배려, 사회적·국가적
차원의 복지 등의 쟁점 내지 문제상황이 서구사회들처럼 '사회주의 운동

및 정당'으로 표출되고 수렴된 것이 아니라 주로 '공화주의 담론'으로 표현되고 집약되었다. 과거에는 사회주의가 평등·공동체·연대의 가치를 대표했지만, 사회주의가 금기어가 된 이후로는 공화주의가 그 역할을 떠맡게 된 것이다. 필자는 전태일의 분신자살로 촉발된 지식인·대학생들의 민중 담론 역시 사회주의보다는 공화주의에 더욱 가깝다고 생각한다. 이 공화주의/민중 담론의 형성에는 그리스도교의 이웃사랑이나 불교의 자비 등 종교사상의 영향도 작용했다.[18] 아울러 소설이나 수기 등을 통해 알려진, '공순이·공돌이', 도시 빈민(판자촌·달동네·꼬방동네 사람들), 기지촌 성매매 여성, '혼혈아', 장애인(난장이) 등 사회적 약자들에 대한 지식인 특유의 연민과 부채의식도 작용했던 것으로 보인다. 물론 이런 공화주의 담론은 당시 남한 여당(민주공화당)의 '공화당'이나 북한 국호의 '공화국'에서 말하는 공화주의와는 다른 것이다.[19]

필자는 기존의 시민종교론이 '공화주의적 시민종교론'과 '자유주의적 시민종교론'의 양대 흐름으로 구성되어 있다고 본다. 신진욱은 "자의적 권력의 부재를 뜻하는 비-지배non-domination, 평등한 자유와 존엄을 향유하는 시민공동체, 정치공동체 내에서 시민들의 상호의존과 호혜, 이를 가능케 하는 '좋은 정부', 그리고 그것을 가능케 하는 시민들의 정치적 주체성과 참여"를 '공화주의'의 요체로 제시한다.[20] 공화주의적 시민종교 패러다임에서는 공동체주의적인 가치에 대한 강조, 공화주의적 덕목을 습득하고 체화한 시민·공민 만들기, 공화주의 정치체제의 형성 및 공고화 등이 시민종교의 핵심 요소들로 자리 잡게 된다. 공화주의적 시민종교 전통은 로버트 퍼트넘으로 대표되는 사회자본 이론과도 친화적이다. 반면에 미국 풍토에서는 시민종교 담론이 자유주의 담론과 만나 '자유주의적 시민종교 패러다임'으로 발전했다. 자유주의적 시민종교 패러다임은 기존 시민종교 담론의 공화주의적 성격을 수용하면서도, 그것이 시민적-개인적 자유를 제약하거나 국가주의-전체주의와 닮아갈 가능성도 경계한다. 자유주의적 시민종교 전통은 로버트 벨라가 말한, 국가·민족·지배엘리트로부터 '시민종교의 분리 및 초월성' 테제, 그리고 시민종교 교리·가치로부터 지배엘리트 혹은 대중의 일탈로 인한 '파기된 계약broken covenant' 테제에서 잘 드러난다.[21]

4·19혁명 당시 한국 시민종교의 예언자 진영은 '자유주의적 시민종교 패러다임'에 보다 가까웠다. 1970년대에 유신체제가 등장할 당시에도 마찬가지였다. 문지영이 『지배와 저항』에서 정확히 지적했듯이, 한국에서 '자유주의'는 '공식적 지배 이념'이었을 뿐 아니라, 자유주의에서 일탈한 지배체제에 맞서는 '저항 이념'이기도 했다. 따라서 '자유주의적 시민종교 패러다임'도 국가주의나 독재체제에 맞서는 혁명적 잠재력을 얼마든지 발휘할 수 있었다. 실제로도 한국 현대사에서 여러 차례 그런 잠재력이 표출되었다. 그러나 1970년대를 거치면서 예언자 진영은 '자유주의적 시민종교 패러다임'에서 '공화주의적 시민종교 패러다임'으로 서서히 이행해갔고, 1980년대에는 그런 성격이 더욱 강해졌다. 1970년대식 민중론은 '민주주의의 공화주의적 확장'이라는 측면도 내포하고 있었다. 다시 말해 민중론을 매개로 예언자 진영의 민주주의에 대한 인식 자체가 '정치적 민주주의'를 넘어 '사회적·경제적 민주주의'로 확장되고 심화되는 측면이 있었다는 것이다.

1970년대 들어 예언자적 흐름이 뚜렷하게 드러나고 일정한 지속성을 갖게 되었다. 또한 기존 시민종교가 점점 반공-국가주의 방향으로 변질되는 데 맞서는 가운데 예언자 진영의 시민종교적 신념체계에서도 의미 있는 변화가 진행되었다. '반공'(즉 국가주의적 반공주의)이 '자유민주주의'를 압도하다 못해 완전히 질식시키다시피 한, 시민종교 스스로가 시민종교 정신·원칙으로부터 심각하게 일탈한 유신체제가 등장한 후부터 기존 시민종교 내의 예언자적 흐름이 독자적인 시민종교로 성장할 징후를 처음으로 엿보이기 시작했다. 물론 이런 시민종교 분화 징후가 보다 뚜렷이 가시화되기 위해선 1980년대까지 더 기다려야 했지만 말이다.

민중 담론에서 상상된 대안적이고 이상적인 사회질서는 1970년대 시민종교 사제들이 꿈꾸었던 '명랑한 병영사회' 이미지와는 거리가 멀었다. 그렇다고 해서 1970년대의 예언자적 흐름이 기존 시민종교의 경계 바깥으로의 탈주脫走를 꿈꾸었던 것은 결코 아니다. 예언자적 흐름과 사제적 흐름 사이의 갈등은 점점 치열해졌지만, 양자 사이에는 이질성보다는 동질성이 훨씬 강했다. 예언자 진영은 민족주의, 발전주의(근대화 열망), 반공주의 등 많은 것들을 사제 진영과 공유하고 있었다. 1970년대의 민중 담론이나 평등 담론 역시 발전주의 자체에 대한 거부가 아니라, '발전주의의 개발독재 버전'에 대한 거부였을 따름이다.

더구나 예언자 진영은 여전히 많은 취약성을 내포하고 있었다. 예언자 진영은 1970년대를 거치면서 급속히 발전하고 확대되었지만, 그 영향력은 아직 대다수 국민에게 미치지 못하고 있었다. 1970년대 들어 노동계의 '민주노조운동'을 비롯하여 가톨릭농민회의 농협민주화운동과 저농산물가격 반대운동, 도시빈민들의 철거반대투쟁 등 '저항의 대중화·민중화' 움직임이 뚜렷하게 나타났다.[22] 그러나 이런 민중운동의 흐름은 학생운동과 재야·종교계의 민주화·인권운동 흐름에 합류하지 못했다. 게다가 대다수 '국민'은 민주화·인권운동은 물론이고 노동·농민·도시빈민운동과도 동떨어져 있었다.

1979년 10월 중순에 발생한 부마항쟁은 1970년대에 발생한 거의 유일한 정치적 대중봉기 사례였다. 정권의 야당 탄압이 도화선이 되어 분출한 대중봉기는 10월 16일 낮부터 20일 새벽까지 부산과 마산 지역에서 계속되었다. "유신 철폐", "독재 타도", "언론자유", "김영삼 총재 제명 철회", "계엄 철폐", "박정희 물러가라", 심지어 "부가가치세를 철폐하라"는 구호까지 나왔지만, 시위 과정에서 대중이 함께 목청껏 부를 수 있는 노래는 〈애국가〉 정도에 불과했다. 간혹 〈우리의 소원은 통일〉이나 동요童謠

도 불렸다고 한다.[23] 한국 현대사에서 자유주의가 지배와 저항 모두의 수단이었던 것과 비슷하게, 그리고 태극기가 지배와 저항 모두의 상징이었던 것과 똑같이, 〈애국가〉 역시 지배와 저항 모두의 상징이자 수단으로 활용되었음을 부마항쟁에서도 분명히 확인할 수 있다. 태극기와 〈애국가〉가 시민종교 사제-예언자 진영 간에 진행된 치열한 상징투쟁의 대상이었음은 분명하다. 그러나 대중이 저항이나 시민불복종을 위해 활용할 수 있는 문화적 레퍼토리의 빈곤함은 어쩔 수 없이 노출되었다. 식민지 시대 독립운동 과정에서 만들어진 전투적이고 저항적인 노래들, 나아가 4·19혁명을 기념하고 찬양하는 노래들이 어느 정도 대중화되었더라면, 이런 문화적 빈곤은 미리 피할 수 있었을 것이다. 그리고 이런 상황은 1970년대에 새로 등장한 사회운동가 범주인 '문화운동가들'에 의해 나날이 발전하고 있던 대학가·종교계 '운동문화'의 풍요와도 선명하게 대조된다.

2. 광주항쟁

1979년 10월부터 1980년 5월 말까지 그리고 광주항쟁 이후의 상황 전개를 빅터 터너의 '사회극social drama' 개념을 통해 살펴볼 수도 있을 것이다. 부마항쟁, 10·26사건, 12·12쿠데타(1차 쿠데타), 서울의 봄, 5·17 계엄 확대(2차 쿠데타), 5·18광주민주화운동과 그것의 유혈적인 종결에 이르기까지 7~8개월 동안의 일련의 사태 전개 과정, 나아가 1980년 5월 이후 '광주 문제'를 둘러싼 공방과 갈등 과정은 '개별 사회극들', 그것들이 다시 연쇄 관계로 연결되면서 '더 큰 하나의 사회극'을 형성하는 거대한 사회적 드라마의 과정으로 해석될 수 있다.

아울러 우리는 1980년 5월의 광주에서 구현된 리미널리티 시공간 및

국립5·18민주묘지 내 기념비에 새겨진 광주민주화운동 서판

커뮤니타스 체험에 주목할 필요가 있다.[24] 불과 열흘 정도의 짧은 기간 동안 이곳에서 '시민적 공화주의' 혹은 '애국적 민주공화주의' 이상理想이 집약적으로 표출되었다.[25] 바로 '이 시간 이곳'에서 대안적이고 저항적인 시민종교의 기본 주제와 지향이 비교적 선명하게 드러났다. 우리는 이를 '민주-공화주의 시민종교'라고 명명할 수 있을 것이다. 다음은 1980년 5월 19~20일 형성된 광주 커뮤니타스의 단면이다.

19일 저녁 비가 내렸다. 시민들은 비를 피해 흩어졌다가 20일 아침 다시 모였다. 전남주조장 앞에서 참혹하게 찢긴 시신 한 구가 발견됐다. 이날 오후가 되자 시 외곽의 시민들이 남녀노소를 가리지 않고 중심가로 몰려들었다. 시위대는 금세 수만 명에 이르렀다. 시위대 규모가 커지자 다시 7공수여단과 11공수여단의 공수부대가 시내로 투입되었다. 2시 30분께 서방삼거리에서 공수부대가 화염방사기를 쏘아 그 자리에서 여러 명의 시민이 타 죽었다. 오후 3시 금남로 화니백화점 앞에서 시민 수천 명이 최루탄 연기 속에서 연좌농성을 벌이기 시작했다. 시민들은 〈애국가〉와 〈아리랑〉을 불렀다. 〈아리랑〉이 금남로 바닥을 타고 퍼지면서 일대가 울음바다로 변했다. 시위대는 "우리를 다 죽여라!" "우리 다 같이 죽읍시다!" 하고 죽음을 작정한 절규를 쏟아냈다. 공수부대의 만행을 알리는 대자보는 "아, 형제여! 싸우다 죽자!"고 절망적으로 부르짖었다.

광주는 공수부대에 맞서 싸우며 한 몸뚱이처럼 됐다. 스크럼을 짠 시민들은 공수부대의 곤봉에 피범벅이 되어가면서도 스크럼을 풀지 않았다. 황금동의 술집 아가씨들, 대인동의 사창가 여자들도 할 일을 찾아 뛰어나왔다. 피를 뽑아 헌혈하고 부상자를 치료했다.……날이 어두워오자 유동삼거리 쪽에서 대형 트럭과 버스를 앞세우고 200여 대의 택시가 전조등을 켠 채 금남로로 밀려왔다.…… 택시 200대가 한꺼번에 밀려들자 금남로의 시민들은 "만세"를 부르며 서로를 껴안고 눈물을 흘렸다. 여자들은 김밥·주먹밥·음료수·수건을 가지고 나와 시위대에게 나누어주었다. 이날 저녁 수천 개의 태극기를 손에 든 시민들이 〈아리랑〉을 부르며 도청을 향해 나아갔다. 그때 상황을 「동아일보」 기자 김충근은 이렇게 전했다. "나는 우리 민요 〈아리랑〉의 그토록 피 끓는 전율을 광주에서 처음 느꼈다. 단전단수로 광주 전역이 암흑천지로 변하고……도청 앞 광장으로 태극기를 흔들며 모여드는 군중들이 부르는 〈아리랑〉 가락을 깜깜한 도청 옥상에서 혼자 들으며 바라보는 순간, 나는 내 핏속에서 무엇인가 격렬히 움직이는 것을 느끼며 얼마나 하염없이 눈물을 흘렸는지 모른다."[26]

5월 18일부터 20일에 걸쳐 공수부대에 의한 '피의 살육'이 휩쓴 광주에서는 5월 21일 오전부터 다시 한 번 커뮤니타스가 펼쳐졌다.

21일 오전 10시 30만 명에 이르는 시민들이 광주 중심가로 운집했다. 전날 밤 최전방 20사단 병력이 서울을 출발해 21일 광주 지역의 공수부대와 합류했다. 광주는 2만 명의 병력에 둘러싸였다. 사람들은 하나로 뭉쳐 싸우지 않으면 이 무서운 고립 속에서 살아남을 수 없다고 느꼈다. 30만 시민은 공수부대 철수를 요구하며 금남로를 채우고 도청을 에워쌌다. 한 도시의 시민 전체가 일어나 완전 무장한 군대와 맨몸으로 맞선 것은 현대사에 유례가 없는 일이었다.

시위대는 아침부터 버스와 트럭을 이용해 시민들을 금남로로 실어 날랐다. 여자들은 동마다 통반 조직을 가동해 쌀을 거두고 김밥과 주먹밥을 만들었다. 전 시민이 시위대를 성원하고 시위대와 일체가 됐다. 당시 시위에 참여해 차를 타고 시내를 돌았던 이세영은 이렇게 증언했다. "가는 곳마다 아주머니들이 힘내서 싸우라며 김밥과 주먹밥을 차

에 올려주었다. 이 가게, 저 가게에서 음료수와 빵을 던져주었다. 물수
건으로 최루탄 가스에 뒤덮인 얼굴을 닦아주기도 했다. 시민들의 격려
와 보살핌은 어느새 나의 두 눈에 눈물이 고이게 했다. 아무리 눈물을
흘리지 않으려고 해도 그러면 그럴수록 가슴은 뜨거워졌고 눈시울은
젖어 마침내 눈물은 볼을 타고 흘러내리기 시작했다. 나는 자연스럽게
죽음마저도 각오했다.……이것이 바로 운명공동체인지도 모른다."[27]

　　광주광역시 5·18사료편찬위원회가 발간한 『5·18민주화운동』에서
"시민공동체: 광주의 대동세상"으로 표현된, 5월 22일부터 27일 새벽 무
력진압작전까지의 광주 풍경은 다음과 같았다.

　　'수습위' 내에서의 갈등이 커져가는 것과는 달리, 시민들은 어느 정도
질서를 회복해가고 있었다. 시장과 상점들이 문을 열기 시작했고, 사회
복지단체에 대한 식량공급이나 전기, 수도 등은 관련 공무원들의 지원
으로 별다른 어려움 없이 해결되고 있었다. 병원들은 민주화운동 기간
동안에 발생한 수많은 부상자들 때문에 혈액이 부족하여 곤란을 겪기
도 했지만, 이 소식을 듣고 달려온 시민들의 헌혈로 혈액원마다 피가
남아돌 지경이었다.
　　치안 유지력이 매우 약화된 상황임에도 불구하고 은행이나 신용금
고 같은 금융기관에 대한 사고는 단 한 건도 발생하지 않았으며, 금은방
등 일반 상점에서도 별다른 사고가 일어나지 않았다. 이 기간 동안에 발
생한 범죄율이 오히려 평상시보다 훨씬 낮았다. '수습위'나 시민군들에
게 필요한 자금은 시민들의 자발적인 성금으로 해결되었으며, 300~400
여 명에 이르는 시민군과 항쟁지도부의 식사도 시민들이 자발적으로
지어다준 밥으로 해결되었다. 그 수는 줄었지만 시민군도 지도부의 의
견 대립과는 관계없이 대부분이 자신의 위치를 고수하고 있었다. 이

모든 것이 시민들의 도덕성과 자치능력에 의해 유지되고 있었다.[28]

　　광주커뮤니타스의 진수는 5월 23일부터 26일까지 다섯 차례 '민주수호 범시민궐기대회'라는 이름으로 열린 대규모 집합의례였다. 이 의례의 식순과 주요 발표문 및 활동은 〈표 14-1〉에 요약되어 있다. 표에서도 확인할 수 있듯이, 집합의례에서는 애국가, 태극기, 만세 삼창 등이 중요한 부분을 차지하고 있었다. 특히 이런 대중집회 외에도 애국가와 태극기가 광주항쟁 기간 내내 중요하게 활용되었다.[29]

　　이런 커뮤니타스의 정신은 항쟁 이후에도 지속적으로 환기되었다. 예컨대 2016년 현재 국립5·18민주묘지의 참배광장에는 두 개의 조각상이 자리 잡고 있는데, 그 하나는 '무장항쟁 군상群像'이고 다른 하나는 '대동세상 군상'이다. 역시 2016년 4월 현재 5·18민주화운동기록관의 1층 제1전시실을 구성하는 10개의 주제 중 2개가 '자치공동체'와 '대동세상'으로 구성되어 있었다. 기록관 2층 제2전시실을 구성하는 4개 주제 중 하나가 바로 '시민공동체'였다.

　　광주커뮤니타스를 형성한 동력 중 하나는 노래였다. 노래의 공동체 형성 기능과 관련하여, 천유철은 광주에서의 항쟁 당시 "노래 제창은 상호 간의 감성과 동질감에 호소함으로써 계층적 차별성을 극복하고 시민들 사이를 차단하는 가식이나 장애물을 제거해주는 이상적인 수단이었다"고 평가한 바 있다.[30] 노래를 통해 "여러 층위의 감정들이 수렴되고 확산"되었고, "연대감과 동질감이 형성"되었고, "정의감과 떳떳함, 연대의식이 표현"되었다.[31] 노래를 부름으로써 "민주시민-투사-정의파라는 주체로서의 전이 및 주체로의 상승"이 실현되는,[32] 일상을 초월한 새로운 정체성의 형성이라는 놀라운 변화도 이루어졌다. 천유철은 광주 현장에서 불렸던 노래들을 (1) 〈애국가〉, 〈아리랑〉, 〈우리의 소원은 통일〉, 〈선구자〉, 〈봉선화〉, 〈진짜 사나이〉 등 이미 대중화된 노래들, (2) 〈홀라송〉, 〈늙은

〈표 14-1〉 민주수호 범시민궐기대회의 식순과 주요 활동

개최 시기	차수	식순	주요 발표문 및 활동	발표문의 주제
5월 23일 오전 11:30	1	1. 희생자에 대한 묵념 2. 국기에 대한 경례 3. 애국가 제창 4. 각종 성명서 낭독 5. 공지사항 전달 6. 피해상황 보고 7. 민주주의 만세 삼창	시국선언문; 민주시민 여러분; 광주 애국시민에게; 광주 시민 여러분께 알려드립니다(이상 발표문); 자유발언; 2차 민주수호 범시민 궐기대회 안내	질서 회복 요구; 기물 복구; 상부상조; 일상 업무 복귀; 민주화를 위한 투쟁 결의
5월 24일 오후 3:00	2	1. 희생자에 대한 묵념 2. 국기에 대한 경례 3. 애국가 제창 4. 전두환 화형식 5. 결의문 발표 6. 민주시 낭독 7. 민주주의 만세 삼창	껍데기 정부와 계엄당국을 규탄한다; 국민에게 드리는 글; 전국 민주시민에게 드리는 글; 대한민국 모든 지성인에게 고함(이상 발표문); 전두환 화형식; 이윤정의 시 '민주화여!'	무기 회수; 항쟁의 확산 소식; 무장투쟁 결의; 전 민족의 궐기 촉구
5월 25일 오후 3:00	3	1. 무기 반납 백지화 선포 2. 희생자에 대한 묵념 3. 국기에 대한 경례 4. 애국가 제창 5. 피해상황 발표 6. 결의문 채택 7. 민주주의 만세 삼창	광주 시민 여러분께; 희생자 가족에게 드리는 글; 전국 종교인에게 드리는 글; 국민에게 드리는 글; 전국 민주학생에게 드리는 글; 우리는 왜 총을 들 수밖에 없었는가(이상 발표문)	무기 반납 백지화 선포; 피해상황 보고; 전국 종교인의 궐기 촉구; 전국 대학생들의 궐기 촉구; 무장의 정당성 호소
5월 26일 오전 10:00	4	1. 국기에 대한 경례 2. 희생자에 대한 묵념 3. 경과 보고 4. 수습협상 결과 보고 5. 결의문, 시 낭독 6. 노래 제창	광주 민주시민 여러분께; 광주사태에 대한 우리의 견해; 대한민국 국군에게 보내는 글; 전국 언론인에게 보내는 글; 과도정부 최규하 대통령께 보내는 글(이상 발표문)	계엄사의 허위약속 폭로; 언론인의 진실보도 촉구; 대통령의 사태수습 촉구
5월 26일 오후 3:00	5	1. 국기에 대한 경례 2. 희생자에 대한 묵념 3. 경과 보고 4. 수습협상 결과 보고 5. 결의문 낭독 6. 가두행진 7. 재집결 후 해산	광주 시민은 통곡하고 있다; 정부의 오도된 보도를 바로 잡는다; 전국 언론, 지성인들에게 보내는 글; 광주 시민 여러분께(재); 대한민국 국군에게 보내는 글(재), 80만 광주 시민의 결의(재); 과도정부 최규하 대통령께 보내는 글(재)(이상 발표문)	항쟁의 전 과정 설명; 정부의 허위보도 질타; 계엄군의 재진입 예고

* 출처: 천유철, 『오월의 문화정치』, 415-416쪽.

투사의 노래〉처럼 1970년대부터 대학생들의 민중가요가 미리 있었기에 짧은 학습과정을 거쳐 시민들에게 빠르게 공유될 수 있었던 노래, (3) 〈전우가=투사의 노래〉, 〈늙은 군인의 노래〉, 〈아리랑〉 등 익숙한 곡에 새로운 가사를 입힌 개사곡(이른바 '노가바')으로 구분한 바 있다.[33] 〈표 14-2〉에 이런 내용이 한데 정리되어 있다. 항쟁 기간 동안 국가國歌인 〈애국가〉와 함께 국기國旗인 '태극기'가 애국심과 저항·민주주의의 상징으로 활용되었다. 1980년대의 민주화운동은 1980년 '서울의 봄' 시위와 광주 5월항쟁으로 시작해서 1987년의 6월항쟁으로 절정에 도달했는데, 5월항쟁과 6월항쟁 모두에서 태극기가 저항적 민주주의 상징으로 애용되었다.

　1980년 5월 광주시민들은 '시민적 공화주의'(정근식) 혹은 '애국적 민주공화주의'(신진욱)로 명명될 수 있는 새로운 시민종교적 이념을 표출했다. 필자가 앞에서 '민주-공화주의 시민종교'라고 불렀던 저항적-예언자적 시민종교와 상통한다고 말할 수 있을 것이다. 그러나 1980년의 5·18에서조차 반공주의의 위력은 여전했다. 대립하는 쌍방 모두가 상대를 빨갱이로 비판한 점이 흥미롭다. 지배세력(신군부)은 저항하는 광주시민을 폭도, 불순분자, 고첩(고정간첩) 등으로 호명하거나 낙인찍었다. 나아가 간첩사건을 조작해내려 시도했다. 저항세력은 이에 맞서 스스로를 '애국시민'으로 정체성을 부여함과 동시에, 전두환 신군부와 계엄군을 "공산당과 다를 바 없는 자들", "공산당보다 더 흉악무도한 살인마" 등으로 지칭했다.[34]

　1980년 5월 광주에서 형성된 해방의 커뮤니타스는 군부에 의해 무참히 파괴되었다. 그에 따라 시민과 시민군이 주도했던 '변혁의 리미널리티'는 '질서의 리미널리티'로 변질되는 것처럼 보였다. 계엄 확대-5월항쟁-전두환 정부 출범으로 이어지는 사회극 역시 '기존질서로의 재통합'으로 귀착되는 것처럼 비쳤다. 그러나 이것은 피상적인 관찰에 불과하다는 것이 필자의 판단이다. '기존질서로의 재통합'으로 귀결되었던 1960~

<표 14-2> 항쟁 기간 중 광주에서 불린 노래 목록[35]

곡명	원곡	주요 가사	유형
애국가	애국가	무궁화 삼천리 화려강산 / 대한사람 대한으로 길이 보전하세	원곡
아리랑	아리랑	나를 버리고 가시는 님은 / 십 리도 못 가서 발병 난다	원곡
아리랑	아리랑	나를 버리고 가시는 시민 여러분 / 십 리도 못 가서 후회하게 됩니다	개사곡
우리의 소원은 통일	우리의 소원은 통일	우리의 소원은 통일 / 꿈에도 소원은 통일 / 이 정성 다해서 통일 / 통일을 이루자	원곡
투사의 노래	전우가	이 땅에 민주를 수호코자 일어선 시민들 / 시민들은 단결하여 다 같이 투쟁하자	개사곡
늙은 투사의 노래	늙은 군인의 노래	아들아 내 딸들아 서러워 마라 / 너희들은 자랑스런 투사의 아들딸이다	개사곡
봉선화	봉선화	울밑에 선 봉선화야 네 모양이 처량하다 / 길고 긴 날 여름철에 아름답게 꽃필 적에	원곡
정의파	훌라송	우리들은 정의파다 좋다 좋다 / 같이 죽고 같이 산다 좋다 좋아	개사곡
광주 시민 장송곡	광주 시민 장송곡	자랑스런 민주투사 젊은 영들이여 / 정결한 피 최후의 날 우리 승리하리라	창작곡
진짜 사나이	진짜 사나이	멋있는 사나이 많고 많지만 / 내가 바로 사나이 진짜 사나이	원곡
선구자	선구자	일송정 푸른 솔은 늙어 늙어 갔어도 / 한줄기 해란강은 천년 두고 흐른다	원곡
내게 강 같은 평화	내게 강 같은 평화	내게 강 같은 평화 / 내게 강 같은 평화 / 내개 강 같은 평화 넘치네	원곡

1961년의 '4·19 사회극'과 달리, '5·18 사회극'은 기존질서로부터 '분리'되는 방향으로 치달았으며, 그 결과 '시민종교 예언자 진영의 강화', 나아가 '새로운 저항적 시민종교의 형성'으로 이어졌다고 필자는 생각한다.

3. 대안적 시민종교로의 탈주 혹은 상상

5·18은 1970년대 민주화운동은 물론이고 그 이전의 4·19에 비해서도 훨씬 강한 '적대敵對'를 포함하고 있었다. 시민들은 진압군의 공격에 맞서 스스로 무장했으며, 군인들이 퇴각한 광주를 해방구로 만들어 직접 통치했다. 많은 이들이 군인들과의 교전에 참여했고 그 과정에서 사망하거나 부상당했다. 그리고 시민들의 봉기는 군대에 의해 폭력적으로 진압 당했다. 이 과정을 지켜본 많은 이들이 분노와 좌절, 그리고 도덕적 죄책감에 사로잡혔다. 한국군에 대한 작전지휘권을 갖고서도 이런 처참한 유혈사태를 묵인하고 방조한, 나아가 진압군 파견을 승인하고 협조한 미국에 분개했다. 1979~1980년의 경험과 감정을 공유한 하나의 세대가 그렇게 탄생했다.

박인배는 민주화운동에 가담했던 이들에게 1980년 광주항쟁이 끼친 심리적 영향을 이렇게 표현했다. "1980년 5월 광주의 기억은 민주화운동 진영의 모든 인사들의 뇌리에 지울 수 없는 각인으로 남았다. 살아남은 자들은 먼저 간 영령들에 대한 죄책감에 어쩔 줄 몰라 했고, 전두환 일당에 대한 분노로 칼을 갈았으며, 무기력하게 나약한 자신에 대한 자괴감에 괴로워했다."[36] 광주항쟁을 향한 분노와 죄책감이 복합된 감정은 한편으론 저항 이념의 급진화로, 다른 한편으론 저항의 에너지로 분출했다. 정근식은 "공동체적 윤리"에 기초한, 죄책감-부채감의 연쇄적이고 나선형적인 확산 과정에 대해, 그리고 이 과정에서 발생한 거대한 저항적 에너지에 대해 다음과 같이 기술했다.

> 1980년 5월 27일 새벽, 도청이나 광주YWCA에서 저항했던 시민군들은 계엄군에 의해 죽음을 맞거나 체포되었다. 윤상원의 죽음은 그의 예언대로 광주 시민들에게 커다란 부채감으로 작용하여 민주주의를

위한 증언을 하도록 만들었다. 당시 도청에서 체포되거나 5월 26일 밤 도청에서 빠져나와 목숨을 구했던 사람들은 자신만 살아남았다는 죄책감에 시달렸고, 민주화를 갈망하던 광주 시민들은 도청에서 희생된 이들에 대한 부채감에 시달렸다. 광주 시민들의 희생은 민주적 정치공동체를 열망하고 있던 국민들에게 도덕적 부채감을 주었다. 광주민주항쟁의 진실을 모르던 다수 국민들은 당시에는 이런 도덕적 부채감을 갖지 않았으나, 점차 항쟁의 진실이 알려지면서 도덕적 부채감을 느끼게 되는 과정을 밟았다. 이런 공동체적 윤리는 1979년 부산과 마산에서 민주항쟁에 참여했던 학생 및 시민들, 그리고 1980년 5월, 이른바 서울의 봄 시기에 민주화운동에 참여했던 학생과 시민들에게 크게 작용했다. 이들이 지니게 된 죄책감과 부채감은 한국 민주주의의 회복과 사회정의를 추동하는 정신적 에너지가 되었다.[37]

1980년 5월 27일의 무력진압과 엄청난 유혈사태, 뒤이은 대대적인 관련자 검거·처벌 선풍과 공포정치에도 불구하고, 1961년 5·16쿠데타 때처럼 혁명적 열기와 민주화 열망이 급속히 증발해버리는 일은 일어나지 않았다. 1980년대 중반 대통령 직선제 개헌을 요구하는 '개헌정국'으로 넘어가기까지, 시민종교 예언자 진영의 요구는 온통 5·18과 관련된 진상규명, 희생자 명예회복, 학살 책임자 처벌로 집약·고착되었다고 해도 과언이 아니었다.

1980년대에 시민종교의 예언자 진영은 급속히 확대되었다. 종교계의 기여가 두드러졌던 1970년에 비해 1980년대에는 '비非종교적이고 세속적인' 민주화·인권운동의 외연이 대폭 확장되었다. 1980년대 들어 교육계와 학계, 여성계로 저항운동이 확산되었다. 통일운동이 본격화된 때도 1980년대였다. 새로 등장한 단체들 가운데는 1983년 9월에 창립된 '민주화운동청년연합'(민청련)이 주목된다. 1980년대를 거치면서 '교육민주화운동'이라는 새로운 분야에서 점차 형성된 저항적 역량은 민주교육실천협의회(1986년 5월)와 전국교사협의회(1987년 9월)로 결집되었다. 대학과 학계 쪽에서도 한국산업사회연구회(1984년 7월), 망원한국사연구실(1984년 12월), 농어촌사회연구소(1985년 12월), 역사문제연구소(1986년 2월) 등 진보적 학술단체들이 속속 등장했다. 이런 작은 흐름들이 '민주화를 위한 전국교수협의회'(1987년 7월)와 학술단체협의회(1988년 11월)라는 보다 큰 흐름으로 모였다. 여성운동 쪽에서도 1983년 6월 창립된 '여성의 전화'와 여성평우회를 비롯하여, '또 하나의 문화'(1984년 11월), 기독여민회(1986년 7월) 등이 연이어 창립되었다. 출판문화운동 분야에서는 1970년대 말 빠르게 확산된 양서협동조합운동을 이어 1986년 6월 한국출판문화운동협의회가 조직되었다. 부문별 저항운동들을 폭넓게 결집하는 연대기구도 연이어 만들어졌다. 농민·노동자·청년·종교인·해직 언론인들로 구성된 민중민주운동협의회(민민협)가 1984년 6월에, '명망 있는 재야인사들'이 중심이 된 민주통일국민회의(국민회의)가 같은 해 10월에 각각 결성되었다. 1985년 3월에는 민민협과 국민회의가 통합된 민주통일민중운동연합(민통련)이 출범했다. 이로써 "해방 후 가장 폭넓은 계층, 부문, 지역 간의 운동틀"이 마련되었다. 정치권에서는 야당의 김영삼 계파와 김대중 계파가 뭉친 민주화추진협의회(민추협)가 1984년 5월에 결성되었다. 직선제 개헌운동이 절정에 이른 1987년 5월에는 재야인사들과 야당 인사들이 모두 참여하는 민주헌법쟁취국민운동본부(국본)가 조직되었다.[38]

1960년대 이래 가장 많은 사회운동가들을 배출해온 학생운동에서도 1980년대 초부터 참여자 규모가 빠르게 팽창했다. 학생운동에서 선명하게 나타난 '졸업정원제의 역설'도 주목할 만하다. 졸업정원제 도입에 따라 대학 입학정원이 급증하자 학생운동에 가담하는 학생 수도 덩달아 급증함으로써 학생운동이 폭발적으로 발전했던 역설 말이다. 1980년대 대학가에서 저항운동·저항문화가 만개滿開했던 현상은 '5·18과 졸업정원제의 합작품'으로 부를 만했다. 1980년대 들어 체제에 대한 저항은 더욱 확산되고 더욱 조직화되었다. 다소 극단적인 사례지만, 1980년대 들어 '저항적 자살'을 감행한 이들이 극적으로 증가했다. 1970년대에는 이런 사례가 전태일(1970년)과 김상진(1975년)에 불과했지만, 1980년대 전두환 정권 기간에는 그 숫자가 26명으로 늘어났다. 전두환과 함께 군사쿠데타를 이끌었던 노태우의 정부에서도 무려 48명이 저항적 자살을 선택했다.[39]

5·18의 상흔傷痕과 여운餘韻은 1980년대 운동문화에도 깊이 새겨졌다. 5·18을 소재 혹은 주제로 삼은 작품들은 시·노래·판화 등의 문화운동으로, 나아가 1987년 이후 사진 분야로 확산되었다. 특히 1982년 4월에 만들어진 〈임을 위한 행진곡〉은 새로운 비판적·저항적 감성구조에 바탕을 둠으로써 사회운동 감수성 자체의 변화를 초래했다는 게 정근식의 평가이다. 다시 말해 〈임을 위한 행진곡〉은 1960년대 이후 약 20년간 지속된 '계몽적·낭만적 감성'과는 질적으로 다른, 1970년대 이전의 '엘리트적 민족주의'나 1970년대의 '그리스도교적 구원주의'에서도 벗어난 새로운 감성구조에 바탕하고 있었다는 것이다.[40] 천유철은 광주항쟁과 관련된 민중가요나 운동가요들을 '5월 음악'으로 명명하면서 이를 세 범주로 분류했다. 첫째, "항쟁의 비극과 산 자의 부채의식을 노랫말과 느린 단조 행진곡으로 형상화한 작품"이다. 이 범주는 1980년 12월 최초로 광주항쟁을 노래한 〈전진가〉(박치음 작곡)와 1982년의 〈임을 위한 행진곡〉(임종률 작곡)으로 대표된다. 둘째, "창작민요 형식의 노래"로서, 〈꽃아 꽃아〉(김정희 작사, 정세현 작곡, 1985), 〈남도의 비〉(조용호 시, 김상철 작곡, 1985)로 대표된다. 〈내 가슴에 살아 있는 넋〉, 〈에루아 에루얼싸〉, 〈그리움 가는 길 어드메쯤〉, 〈무등산 자장가〉, 〈광주천〉, 〈모두들 여기 모였구나〉 등도 이 범주에 해당한다. 셋째, "서정적인 가사와 선율을 담은 노래"인데 이 범주의 노래가 무려 20곡에 육박한다. 문승현 작사·작곡의 〈오월의 노래〉를 비롯하

여 〈광주여 무등산이여〉, 〈꽃도 십자가도 없는 무덤〉, 〈눈 감으면〉, 〈다시 오월에〉, 〈무등산가〉, 〈무진벌 그 자리〉, 〈바람에 지는 풀잎으로 오월을 노래 말아라〉, 〈부활하는 산하〉, 〈아, 우리들의 십자가여〉, 〈예성강〉, 〈오월〉, 〈오월꽃아〉, 〈오월에서 유월로〉, 〈오월의 노래2〉(오월, 그날이 다시 오면), 〈이 산하에〉, 〈젊은 넋의 노래〉, 〈지리산2〉, 〈찢어진 깃폭〉 등이 그런 예들이었다.[41]

시인 채광석은 1980년대를 가리켜 "노래의 시대"라고 했다. 천유철은 "1984년을 전후로 대학을 졸업하거나 노래패를 형성한 주체들"을 열거하고 있다. 서울의 '노래를 찾는 사람들'과 민요연구회, 짜임, 예울림, 기러기, 안양의 새힘, 인천의 산하, 수원의 천리마, 성남의 노래마을, 부천의 '더 큰 소리', 부산의 '노래야 나오너라'와 부산민요연구회, 광주의 친구, 소리모아, 대전의 터, 들꽃소리, 전주의 산하, 청주의 녹두패, 안동의 '한햇살', 마산의 소리새벽, 대구의 소리타래, 장승포의 한가슴, 제주의 우리소리연구회 등이 그들이다.[42] 이영미는 1980년대 민중가요 흐름을 다음과 같이 개관한 바 있다.

> 1970년대 후반의 민중가요의 주도적 양식은 역시 포크였으며, 포크의 영향은 오랫동안 매우 컸다. 그러나 광주항쟁을 겪고 난 후인 1980년대에는 포크의 관조적이고 관념적 태도와 지식인적 분위기가 수용자들의 공감을 얻지 못하고, 더 격렬한 비극성과 대중성을 지닌 1960년대풍 단조 이지리스닝이 주도하는 경향을 보이고 있다. 이들 민중가요는 1980년대 중반에 이르면 전국적으로 널리 퍼진 작품의 곡 수만도 1천여 곡에 육박하고, 전국 대학에 민중가요를 표방하는 노래동아리들이 속속 생겨나며, 대학을 졸업하고 전문적으로 음악운동을 표방한 단체인 노래모임 새벽이 생겨나는 수준에 도달한다.[43]

위 인용문에 등장하는 '노래모임 새벽'은 1984년 10월에 결성되었다. 정은경에 의하면 "1984년 메아리와 한소리를 비롯한 대학의 노래서클 출신들은 대학을 졸업하고 최초의 노래운동 전문조직인 노래모임 '새벽'을 결성했다. 이들은 노래운동의 이론화 작업을 위해 부정기 간행물인 『노래: 진실의 노래와 거짓의 노래』(김창남·이영미·박윤우·김해식, 1984)를 발간하고, 합법 음반인 〈노래를 찾는 사람들〉을 녹음했다."[44]

음악뿐 아니라 연극과 풍물風物, 미술, 문학 분야에서도 저항적·비판적인 문화운동이 활발하게 전개되었다. 다시 정은경에 의하면 "연극운동과 풍물운동은 1980년대부터 사회운동 현장에서 저항예술로 시작하였으나, 시민사회 영역에서 대안적 문화운동을 전개하여 비교적 독자적인 예술활동을 정착시켰다. 연극운동과 풍물운동은 대안 예술로서 기존 예술계와 차별화된 '민족극'과 '풍물굿'이라는 독자적인 장르 및 스타일의 분화를 구축하였다."[45] 전국 곳곳에서 탄생한 소규모의 '연행 예술 집단들'은 '소극장운동'을 전개해나갔다. 아울러 '길놀이-난장亂場-군무群舞-탈놀이-뒤풀이'로 구성되는 '대동놀이'가 1982년 대학가 가을축제에서 처음 나타나, 불과 몇 년 사이에 전체 대학들로 빠르게 확산되었다. 그리하여 "대학가의 1970년대가 탈춤의 시대였다면, 1980년대 초반은 대동놀이의 시대라 해도 과언이 아니었다." 1979년에 결성된 '현실과 발언' 동인同人과 광주자유미술인협의회에 이어 1980년대 초부터 토말, '젊은 벗들', 임술년, 두렁, 시대정신, 시각매체연구소 등의 미술 소집단들, 그리고 대학의 민화반民畵班과 판화반 등 동아리들이 판화, 만화, 걸개그림, 깃발그림, 벽화 등을 망라하는 민중미술운동을 주도해갔다.[46] 비판적 영화운동을 지향하는 최초의 대학 영화동아리였던 '얄라셩'의 멤버들이 주도적으로 결성한 서울영화집단(1982년 3월), 여러 분야의 젊은 예술가들이 함께 결성한 민중문화운동협의회(1984년 4월), 전국에 산재한 다양한 미술 소집단들을 아우르면서 저항적 미술운동을 이끈 민족미술협의회(1985년 11월) 등도

등장했다. 1970년대에 조직되었던 자유실천문인협의회도 1984년 12월에 '재발족'했다.[47]

시민종교의 사제 진영이 1970년대에 전쟁사 중심의 국난극복사관을 무기로 역사 재구성을 시도했던 것처럼, 같은 시기 예언자 진영에서도 분단 극복을 지향하는 민족주의적 관점에서 한국 근현대사를 재구성해보려는 시도들이 나타났다. 그로 인해 시민종교의 사제-예언자 진영 사이에 일종의 '역사투쟁' 혹은 '기억투쟁'이 벌어졌다. 그것은 반공민족주의, 스포츠민족주의, 경제민족주의, 언어민족주의, 영토민족주의, 국토민족주의 등으로 구성된 '안전한-건전한 민족주의'와, 과거사청산의 민족주의, 평화통일의 민족주의, 반미적 민족주의 같은 '위험한-불온한 민족주의' 사이의 대결이기도 했다.

임종국과 강동진 등에 의해 주도된 식민지 시대 연구와 '친일파' 연구에 힘입어 1980년대에는 한국 근현대사에 대한 관심이 폭발적으로 증가했다.[48] 특히 "해방 전후사"라고 이름 붙인, '대한민국'과 '분단체제' 등장의 배경이 된 시기에 관심이 집중되었다. 그것은 분단과 독재로 집약되는, 현대 한국사회 뒤틀림의 원인과 기원에 대한 관심이기도 했다. 역사에 대한 엄청난 갈증을 만들어내는 데 혁혁하게 공헌한 것은 1979년 10월에 처음 출간된 『해방전후사의 인식』이었다. 이 갈증은 그 후 10년 동안 6권의 『해방전후사의 인식』 시리즈가 연이어 발간되게 만든 동력이기도 했다. 시리즈 1권은 1970년대에 쓰인 글들로 구성되었지만, 2권부터는 대부분 1980년대에 쓰인 글들로 채워졌다. 2권부터 다수의 젊은 학자들이 필진에 가세하기 시작했다. 리영희의 『전환시대의 논리』(1974년)와 『우상과 이성』(1977년), 한완상의 『민중과 지식인』(1978년) 등 몇몇 책들과 함께 『해방전후사의 인식』은 시민종교 예언자 진영의 '경전經典'과도 같았다. 물론 예언자 진영의 경전들은 예외 없이 사제 진영이 작성한 '금서禁書' 목록에 포함되어 있었다.

『해방전후사의 인식』은 민족주의 혹은 '주체적 민족사'의 시각에 서서 '분단 지향적 현대사'를 '분단 극복의 현대사' 접근으로 전환하려 시도했다. 시리즈의 첫 번째 책은 1979년 10월 15일에 발행되었고, 두 번째 책은 1985년 10월에, 그리고 마지막인 여섯 번째 책은 1권 발행일로부터 정확히 10년 후인 1989년 10월 15일에 발행되었다. 1권의 서문에서 한길사 편집부는 분단 현실의 기원·원인에 대한 학문적 탐구가 필요함을 역설했다. "우리 민족과 국토에 왜 이러한 역사가 만들어졌는가? 왜 이러한 비극이 배태되었는가? 우리는 민족사의 전진을 위해, 이 시대와 숙명적으로 대결하는 자세를 가다듬으면서 이 시대의 의미를 추적하지 않을 수 없다. 반세기가 가까워오는 해방 전후는 이제 학문연구의 대상으로서 충분하다. 우리는 이 시대를 감정으로 처리해버릴 것이 아니라 냉철한 민족사적 안목으로, 그리고 논리적으로 인식해야 한다.……역사는 궁극적으로 현재의 역사를 의미하며 역사를 논의함은 바로 현재를 성찰하기 위해서라는 전제를 여기서 다시 상기시킬 필요는 없을 것이다."[49] 1985년에 2권을 펴내면서 한길사 김언호 사장은 발문跋文에서 『해방전후사의 인식』을 "반민족적이고 반민주적인 정치사회적 상황을 실천적으로 극복해내는 민족주의자들의 작업"으로 규정했다.

『해방』 제1권이 놀라운 반향을 불러일으킨 것은 이미 우리 사회가 '해방' 또는 '해방 전후'에 대한 정당하고도 정확한 규명을 그만큼 내적으로 요구하면서 일정한 역사적 단계에 진전해 있었다는 사실을 보여준다. 민족사의 정당한 인식 작업은 70년대에 들어오면서 본격적으로 진행되었던바, 『해방전후사의 인식』 작업도 바로 이러한 작업을 토대로 하여 생성된 것이라 할 것이다. 반민족적이고 반민주적인 정치사회적 상황을 실천적으로 극복해내는 민족주의자들의 작업이 출판운동과 연대되고 그것은 다시 민족운동 내지 민족문화운동으로 발전 심화되는 가운데에 『해방』은 역사적 실천성을 갖는 한 권의 책으로 존재하게 되었던 것이다.

저간 우리의 분단에 대해 여러 이야기가 설왕설래되었지만, 우리는 해방 전후를 통해 그것을 주체적으로 보고 싶었다. 왜 분단되었는가를 외재인外在因에서 찾을 것이 아니라 내재인內在因에서 찾는 것이 보다 주체적이고 타당한 것이 아닌가 생각되었다. 민족사의 전진을 위해 우리는 1945년 해방의 의미를 따져보아야 했고 나아가서 분단을 극복의 시각에서 고찰하려 했던 것이다.[50]

시리즈를 마무리하는 6권의 발문에서 한길사 편집부는 『해방전후사의 인식』 시리즈의 업적과 기여에 대해 이렇게 평가했다. "1979년 10월 우리는 『해방전후사의 인식』의 출간이라는 사회과학 출판계의 역사적 사건을 경험하였다. 그로부터 꼭 10년이 지난 오늘 우리는 이 기획을 전 6권으로 완간하게 되었다. 그간 10년의 역사는 전환기의 역사였으며 변혁의 역사였다. 민족민주운동의 활성화와 함께 한국 현대사를 보는 시각과 그 구체적 연구에서도 혁명적 변화를 경험하였다. 이 과정에서 『해방전후사의 인식』이 시각 전환에 큰 공헌을 하였다는 것은 의심할 수 없는 사실이다. 왜곡과 은폐의 '분단 지향적 현대사'에서 벗어나 분단과 통일에 대한 올바른 관점과 내용성을 채워주었다고 감히 자부해본다."[51]

민족주의 성향의 좌파와 중간파가 주도하던 자주적 통일국가 건설의 시도가 친일파와 미국에 의해 저지되어 결국 좌절됨으로써 분단과 전쟁, 독재의 비극이 잉태되었다는 메시지가 『해방전후사의 인식』 시리즈를 통해 반복적으로 강조되었다. 특히 1권에 실린 오익환의 "반민특위의 활동과 와해" 그리고 임종국의 "일제 말 친일 군상의 실태", 2권에 실린 임종국의 "제1공화국과 친일 세력", 3권에 실린 안진의 "미군정기 국가기구의 형성과 성격" 등을 읽은 대학생과 지식인 독자들은 대한민국이 '친일파들의 나라'이고 친일파들이야말로 '민족분단과 독재의 주범'이라며 분개하곤 했다. 이런 과정에서 반공 및 반미 금기가 한국사회 일각에서 서서히 허물어져가고 있었다. 해방 후 수십 년 동안 한국사회를 주물러온 '지배층의 신화'가 일거에 깨지거나 해체되었고, '지배이데올로기'의 탈신비화가 진행되었다. 북한 연구에 전적으로 바쳐진 5권이 보여주듯이 시리즈는 '북한 바로알기'도 시도했다.

　시리즈는 공식기억과 반대로 "구조적으로 문화적 망각의 제물이 될" 사람들, "패자와 억압받은 자들의 이야기를 담고 있는" 반反기억을 되살리려는 시도를 보여주기도 한다.[52] 3권에 실린 황남준의 "전남 지방정치와 여순사건", 4권에 실린 김남식의 "1948~50년 남한 내 빨치산 활동의 양상과 성격", 임헌영의 "해방 이후 무장투쟁에 대한 문학적 형상화", 고창훈의 "4·3민중항쟁의 전개와 성격" 등이 그런 글들이다. 이는 당시의 진보적 학술운동이 노동자·농민·도시빈민 등 '사회적 약자'에서 '역사적 약자들'로 공화주의적 연대의 범위를 확장하고 있었음을, 또 그럼으로써 시민종교 예언자 진영의 공화주의 성향을 대폭 확충하고 있었음을 보여준다. 1983년부터 문학지에 연재되었다가 1989년에 출간된 조정래의 『태백산맥』, 1988년 출간된 이태의 『남부군』도 지리산 일대의 빨치산 이야기를 담고 있다. 『해방전후사의 인식』 시리즈는 1990년대 이후 오랜 망각과 '기억 감옥'에서 벗어나 재발견되고 재발굴되는 역사적 약자들의 범위를 급진적으로 확대할 수 있는 든든한 문화적 기초를 제공해주었다. 나아가 시리즈는 민주화 이후 전개될 '과거사청산 운동'을 예고하는 한편, 나중에 실제 진행된 과거사청산 프로젝트에 학문적 기초를 마련하는 작업이기도 했다.

　박정희 대통령의 갑작스런 죽음, 신군부 세력의 쿠데타, 서울의 봄,

5·18광주항쟁과 비극적 종결의 충격을 겪으면서 1980년대 초 대학생들을 중심으로 시민종교의 예언자 진영 일부가 빠르게 급진화되었다. 이는 기존 시민종교의 한 축인 반공주의를 완전히 넘어서는 것이었다. 특히 1980년 광주 5월항쟁을 계기로 기존 체제 안에서는 누적된 문제와 고통들이 해결될 수 없다는 생각이 대학가와 저항적 시민사회를 중심으로 확산되었다. 유혈 낭자한 학살극, 그럼에도 그것이 (상황의 개선으로 이어지기는커녕) 기존 권력 및 체제의 공고화로 귀착되는 듯한 상황에서 나오기 쉬운 '방어적 무장론'이나 '무장 투쟁론'을 포함해서, 급진적인 사회주의적-공산주의적 대안을 숙고하는 것까지, '체제 너머' 혹은 '체제 바깥'으로의 탈주를 꿈꾸는 이들이 부쩍 늘어났다. 대신 한국전쟁 이후 한국 시민종교의 5대 교리 중 중심적인 위치를 점유해온 반공주의와 친미주의, 이 양대 교리의 한없이 공고했던 지위와 정당성은 예언자 진영 내에서 격심하게 동요했다. 예언자 진영의 상당 부분이 반공주의와 친미주의에서 이탈했다는 것은 이들이 '반공-자유민주주의 시민종교'와의 결별에 가까워졌음을 상징한다.

넓게 보면, 1980년대에 활발했던 '대안의 상상'은 대체로 '민주-공화주의 시민종교'로 수렴될 수 있다는 게 필자의 판단이다. 예컨대 민주, 민중, 민족이라는 '삼민三民이념'을 보자. 1980년대의 예언자 진영은 여러 흐름들로 구성되어 있었지만 '삼민'을 공통분모로 하고 있었다. 민주, 민중, 민족 3자의 조합을 이루는 방식에서 강조점이나 상대적 비중의 차이에 따라 운동 노선이 갈라졌다. 이때 '민주'가 상수常數 역할을 하면서 '민주 + 민족'의 조합을 강조하느냐, '민주 + 민중'의 조합을 강조하느냐에 따라 '민족해방'(NL) 노선과 '민중민주주의'(PD) 노선이 갈리는 식이었다.[53] 어쨌든 중요한 점은 민주, 민중, 민족의 3민 이념이 예언자 진영에서 확고하게 합의된 공통지대를 이루고 있었다는 사실이다.

우선, '민족'은 시민종교의 영원한 주제이며, 따라서 '변수'라기보다는

'상수'에 가깝다. 예언자 진영의 민족주의는 온건한 민족주의(안전한-건전한 민족주의)를 넘어 급진적 민족주의(위험한-불온한 민족주의)로 거침없이 나아갔다. 1980년대 민족주의는 분단 극복 및 통일 담론, 그리고 반미 담론을 포함하는 것이었다. 이와 유사한 맥락에서, 1980년대 이전에는 '분단 극복 혹은 통일' 요인이 억제되고 '반공 및 근대화' 요인이 민족주의를 과잉결정했다면 1980년대 이후에는 '분단 극복 혹은 통일'에 의한 민족주의의 과잉결정이 본격화되었고, 그 결과 지배적인 민족주의 유형도 '분단 유지적 민족주의'에서 '통일 지향적 민족주의'로 바뀌었다고 강정인은 주장했다.[54] 둘째, '민주'는 해방 이래 한국 시민종교의 예언자적 흐름을 이어받은 것으로 볼 수 있다. 이 민주 이념은 '민중' 이념에 포함되어 있는 '급진 민주주의'까지 일정하게 포함할 수 있다. 민중 이념과 결합함으로써 민주주의는 더욱 단단해지고 깊어질 수 있다. 마지막으로, (이미 앞에서 얘기했듯이) '민중'이 표상하는 사회경제적 '평등'과 '복지'의 이념은 한국적 맥락에선 종종 '공화주의'로 대신 표현되었다. 대한민국의 역사 내내 사회주의나 공산주의라는 용어 자체가 금기이자 무의식적 공포의 원천이었기 때문이다. 1980년대에 재강조된 '민중주의'의 의미는 '발전주의의 개발독재 버전'에 대한 더욱 급진적인 문제제기였다는 데서 찾을 수 있다. 아울러 1980년대 민중주의는 1990년대 이후 본격적으로 대중화된 '복지 담론'을 예비하는 것이기도 했다.

예언자 진영 일각의 사회주의화와 반미주의 수용은 1980년대에 대중의 폭넓은 지지를 얻어내는 데 실패했다. 1980년대 말부터 빠르게 진행된 사회주의블록의 붕괴와 냉전체제 해체에 따라, 그리고 북방정책에 의한 사회주의 국가들과의 교류 확대에 따라, 한국사회에서 반공주의의 위력은 점차 감소했다. 그러나 사회주의에 대한 대중적 반감이나 레드콤플렉스는 쉽게 사라지지 않았다. 한국에서 반미주의 투쟁의 서곡 역할을 했던 1982년 3월의 '부산미문화원 방화사건'에 대한 대중의 반응은 한마디로 경악에 가까웠다. '반미 자주화'를 주요 목표 중 하나로 내세운 학생운동 그룹이 주도했던 1986년 10월의 '건국대 점거농성사건'을 보는 대중의 시선도 명백히 부정적이었다. 한국사회에서 대중이 극단적인 친미주의에서 벗어나 보다 현실주의적 관점에서 미국과 한-미 관계를 바라봄으로써 '미국의 탈신화화·탈신비화'가 진행된 것은 그보다 한참 후의 일이었다. 미국에 대한 대중 시선의 변화는 윤금이 사건(1992년), IMF 구제금융 사태(1997년), 미군 장갑차에 의한 중학생 압사 사건(미선·효순 사건, 2002년) 등을 거치면서 조금씩 그리고 느리게 진행되었을 따름이다.

사회주의적 해방 기획은 대중성 부족으로 대안적인 시민종교로 발전하지 못했지만, 그 덕분에 예언자적 흐름 자체는 외형적으로 더욱 화려해지고 내용적으로 풍부해졌다. 특히 (반공주의와 친미주의로부터는 조금 더 멀어진 반면) 시민종교의 공화주의적-공동체주의적 성향이 한층 강화되었다. 1980년대 많은 대학들에서 축제 명칭이 '대동제大同祭'로 바뀐 것도 그런 분위기를 반영하는 한 예이리라. 일각의 급진화에도 불구하고, 민주화 이행으로 결실을 맺은 1986~1987년의 직선제 개헌운동에서 보듯이 1980년대 예언자 진영의 지배적인 흐름은 '온건한 민주주의-공화주의' 지향을 벗어나지 않았다.

4. 시민종교의 균열과 분화

민주-공화주의 시민종교라는 '상상된 대안'은 1987년에 거대한 대중적 운동으로 육화肉化되어 표출되었다. 1979~1980년의 사건전개 과정을 사회극으로 해석할 수 있듯이, 1986~1987년의 직선제 개헌운동 역시 '또 하나의 사회극'으로 해석할 수 있을 것이다. 여기서는 직선제 개헌운동이 이어지는 가운데, KBS시청료 납부거부운동, 박종철 고문치사 사건, 4·13 호헌선언, 천주교정의구현전국사제단에 의한 박종철 사건 은폐·조작 폭로와 재수사·처벌, 6·10대회(고문살인 은폐 규탄 및 호헌 철폐 국민대회)와 명동성당 농성, 6·29선언, 이한열의 죽음과 장례식(민주국민장), 개헌과 직선제 대통령선거, 민주정의당의 재집권 성공 등이 드라마의 주요 구성요소들을 이뤘다.

1970~1980년대를 거치면서 시민종교의 사제 진영뿐 아니라 예언자 진영 역시 변화를 거듭해왔음을 확인하는 것이 중요하다. 시민종교 내 이율배반의 두 대립 축에 정확히 부합하게, 사제 진영은 반공주의 교리를 중심으로, 예언자 진영은 민주주의 교리를 중심으로 결집했다. 아울러 사제 진영은 점차 '반공-국가주의 시민종교'의 성격을, 예언자 진영은 점차 '민주-공화주의 시민종교'의 성격을 강화해갔다.

이 책의 3부 전체를 아우르면서, 1961년의 군사쿠데타부터 1987년의 민주화 이행 개시까지 25년 남짓한 기간 동안 한국 시민종교에서 진행되었던 변화의 흐름과 특징들을 다음과 같이 정리해볼 수 있을 것이다.

첫째, 한일韓日 국교정상화를 위한 회담과 협정의 과정에서 아래로부터의 민족주의적 저항에 시달렸던 군사정권은 1960년대 후반부터 민족주의 담론을 적극적으로 활용하기 시작했다. 물론 여기서 민족주의는 과거사청산·평화통일·반미주의를 지향하는 '위험하고 불온한 민족주의'가 아닌, 반공주의·스포츠·근대화 등과 결부되는 '안전하고 건전한 민족주의'의 범위를 벗어나지 않았다. 특히 이 시기의 민족주의는 반공주의·발전주의와 적극 결합하는 가운데, '공식적-관 주도 민족주의'의 성격을 강하게 띠게 되었다. 나아가 지배엘리트들은 '역사의 국가 독점체제'에 기초하여 국난극복사관 등을 통해 역사 재구성을 시도하기도 했다.

둘째, 1940~1950년대에는 요란한 레토릭과 대중의 집단심성·감정에만 머물러 있을 뿐 가시적인 기념물이 희소했던 발전주의가 시민종교의 중요 부분을 이루게 되었다. 발전주의의 극적인 부상이 1960년대 이후 시민종교의 두드러진 특징 중 하나였다. 한국사회에서 최근까지 위력을 떨쳤던 '박정희 향수鄕愁'도 '국가안보' 쪽보다는 '경제 성장' 쪽에 더 무게가 실려 있었다.

셋째, 반공주의·민족주의·발전주의 등이 총동원되면서, 시민종교의 사제 진영은 핵심 지지 세력인 참신자 만들기에 적극적으로 나섰다. 한국전쟁과 베트남전쟁 전사자 유가족들, 상이군경과 그 가족들로 구성되는 전통적인 지지 세력에 더하여, 새마을운동과 학도호국단을 통해 학원·농어촌·공장에서도 기존 체제에 대한 열정적인 지지층을 조직화하려 시도했다.

넷째, 반공주의는 특히 1960년대 후반부터 완전히 새로운 국면으로 진입했다. 반공주의는 '사회의 전체주의적 재조직화'를, 그리고 전쟁의 일상화와 일상의 전장화로 특징지어지는 '전시체제적 병영사회 구축'을 정당화했다. 쿠데타 이후 반공주의는 더욱 확고한 국시로서의 입지를 구축했고, 반공은 모든 것을 정당화하는 전능한 논리가 되었다. 반공주의는 정권에게 무엇이든 마음대로 결정하고 행동할 수 있는 '독재의 자유'를 허용했다. 많은 이들이 이런 정치사회 질서를 '개발독재체제'로 명명한 바 있다. 반공주의적 기념물들도 쏟아져 나왔다.

다섯째, 민주주의 약화 추세는 1970년대에 이르러 명목적 민주주의조차 포기할 정도의 '민주주의에 대한 전면 공격'으로 치달았다. 한국 반공주의의 특징인 국가주의적 성향, 즉 자유주의적 반공주의가 아닌 국가주의적 반공주의의 면모가 유감없이 드러나는 가운데, 한국 시민종교 기본 성격 자체가 '반공-국가주의 시민종교'로 변질되었다. 이런 변화는 예언자 진영에 의해 1950년대에 이어 역사상 두 번째로 지배층이 시민종교에 대해 배반 내지 배교를 일삼는, 혹은 그릇된 우상숭배에 빠져드는 위험천만한 상황으로 간주되었다.

여섯째, 반공-자유민주주의 시민종교에 대한 사제 진영의 일탈과 배교에 반발하여 시민종교의 예언자 진영은 점차 '민주-공화주의 시민종교'를 발전시켜나갔다. 시민종교 사제-예언자 진영의 분화가 촉진되는 가운데, 사제 진영은 반공-국가주의 시민종교로 치달았고 이에 대응하여 예언자 진영은 민주-공화주의 시민종교를 각기 형성해감으로써, 한국 시민종교의 균열과 해체 양상이 점점 심화되었다.

　　필자는 1970년대 이후, 특히 유신체제 등장 이후의 변화가 '두 개의 코리아'를 산출한 1940~1950년대의 '제1차 시민종교 대분화大分化'에 이어 '두 개의 대한민국'을 산출하는 '제2차 시민종교 대분화'의 시작이었다고 판단한다. 제1차 대분화가 해방 직후 불과 3~8년 내에 초고속으로 진행되었던 데 비해, 제2차 대분화는 지난 40년 이상 비교적 장기간에 걸쳐 진행되고 있다. 어쨌든 해방 후 70여 년이 흐르는 동안 시민종교의 거대 분화가 두 차례나 진행되었던 셈이다. 이것은 '대한민국 시민종교'가 얼마나 파란만장한 세월을 거쳐 왔는지, 나아가 한국 시민종교가 얼마나 내적으로 취약한지를 역설적으로 보여준다고 하겠다.

제 4 부

민주화 이후

제 15 장

민주화 이행기의 시민종교

/

민주화 이후

1970년대에는 유신체제 등장 이후 반공-자유민주주의 시민종교 내부의
예언자적 흐름과 사제적 흐름 사이의 대립이 격심해졌고, 반공-자유민주
주의 시민종교 자체가 반공-국가주의 시민종교로 성격이 바뀌는 변화를
겪었다. 1980년 광주에서의 처참한 민간인학살극을 겪은 후에는 '시민종
교 내부의 두 흐름'이라는 상황이 '두 개의 시민종교로의 점진적 분열'이
라는 상황으로 더욱 나아갔다. 1980년대에는 1970년대에 비해 시민종교
의 분화 징후가 한층 뚜렷해졌다.

　이처럼 1972년 이후 시민종교의 두 번째 분화가 진행되어왔다면, 우리
는 과연 어디쯤 와있는 것일까? 시민종교의 견지에서 볼 때, 지금의 한국
사회에는 '하나의 동질적인 대한민국'이 존재하는가, 아니면 '두 개의 이
질적인 대한민국들'이 힘겨루기를 하며 각축하고 있는 것인가? 현재의 국
면은 과연 어떻게 종결될 것인가? 기존 시민종교의 단일성을 유지하면서
그것을 질적으로 성숙시키고 공고화하는 방향으로 귀결될 것인가, 아니
면 적대하는 두 시민종교들로의 분열로 귀착되고 말 것인가?

　민주화 이후의 30여 년 세월을 돌이켜보면, '단일 시민종교로의 질적
성숙 및 공고화'를 위한 (시기적으로 다소 중첩되는) 세 차례의 기회가 있었다고
판단된다. 그 세 번의 기회란 (1) 1987년에 시작된 민주화 이행, (2) 1997년
에 성사된 최초의 평화적 정권교체, 그리고 (3) 노태우 정부에서 시작되고
김영삼 정부에서 본격화되어 노무현 정부를 거쳐 이명박 정부 초까지 지

속된 일련의 과거사청산 작업을 가리킨다.

먼저, 민주화 이행은 시민종교 내에서 갈등하는 두 흐름을 하나로 합류시킬 수도 있었다. 정해구에 따르면 한국에서 민주화 이행은 두 가지 점에서 매우 독특했다. 그 하나는 권위주의 체제의 온건파가 주도하는 자유화가 아니라 민주화운동이 민주화 이행의 중심 역할을 담당했다는 점이었고, 다른 하나는 독재정권으로부터 어렵게 쟁취해낸 '정초 선거 founding election'에서 민주화운동 세력이 패배함으로써 기존 지배세력이 재집권했다는 점이었다.[1] 민주화운동 세력이 민주화 이행을 주도했지만, 그렇다고 혁명적 권력교체가 이뤄진 것도 아니었다. 또 권위주의 체제의 온건파가 사태를 주도하지는 못했지만, 그들의 동의와 양보 없이는 민주화 이행이 불가능한 형국이었음도 분명했다. 더욱이 (혁명은 고사하고) 선거를 통해서조차 정권교체는 성사되지 못했으므로, 기존 지배세력은 여전히 건재했다.

'적대하던 양측의 타협에 의한 평화적 이행'이었다는 점에서, 한국의 민주화 이행은 시민종교의 전면적인 교체를 수반하지 않았음은 물론이고, (기존 시민종교가 유지될 뿐 아니라) 갈등하던 사제적－예언자적 흐름들이 서로 수렴하거나 접점을 모색하는 일이 충분히 가능한 상황이었다. 합의와 타협에 의한 비폭력적 민주화 이행이 '민주적 공고화의 지체' 같은 여러 한계를 낳기도 했지만,[2] 기존 시민종교의 분열과 분화를 억제하는 데는 오히려 더 효과적이었던 측면이 있었던 셈이다. 1960년의 4·19혁명 당시와 마찬가지로 1987년의 민주화 이행을 계기로 (국가주의적으로 기형화되었던) 종전의 '반공－자유민주주의 시민종교'가 재차 복원되었다. 아울러 민주화 이행 과정이 순조로울 경우 민주주의를 더욱 공고화·심화함으로써 반공주의의 국가주의적 잠재력을 최소화함과 동시에 기존 시민종교에 부족했던 공화주의적 요소들을 보강하는 방식으로 시민종교의 창조적 발전을 도모하는 것도 충분히 가능한 역사적 시나리오였다.

두 번째로, 최초의 평화적 정권교체 사례인 김대중 정부 시기 역시 시민종교 발전의 획기적인 계기가 될 잠재력을 갖고 있었다. 빈번한 정권교체(물론 선거라는 합법적이고 평화적인 방식에 의한 잦은 정권교체)는 사회의 문화적-이데올로기적 양극화를 제어하고, 극단적 소수의 선동에 휘둘리지 않는 계몽된 정치적 중도세력을 두텁게 만듦으로써, 시민종교의 사회통합 역량 제고에 기여하는 경향이 있다. 정권교체 직후부터 그런 조짐이 실제로 나타났다. 다시 말해 김대중 정부가 들어선 1998년 직후 '두 개의 시민종교로의 분화' 경향이 일시적으로 약화되는 것처럼 보였다. 김대중 정부는 초超장기집권 체제의 교체를 가능케 했을 만큼 충격적이었던 외환위기와 굴욕적인 IMF 구제금융 사태를 배경으로 출범했으며, 이런 경제위기 속에서 외채 상환에 기여하기 위한 국민적인 금모으기운동이 벌어졌다. 2000년의 역사적인 남북정상회담과 노벨평화상 수상, 2002년의 한일 월드컵에서의 전국적인 응원 역시 국가적 단합에 기여하는 국민축제의 분위기를 수반했다.

세 번째로, 과거사청산도 시민종교의 창조적 종합이나 질적 발전에 기여할 수 있다. 폭넓은 사회적 공감대와 지지에 기초한 질서정연한 과거사 청산은 사회를 강하게 통합하면서 기존 시민종교를 더 단단하게 만들 수 있다. 2차 대전 직후의 유럽 국가들이나 최근의 남아프리카공화국 등에서 보듯이 그런 사례는 상당히 많은 편이다. 나아가 문화적-이데올로기적 내전 상태에 빠져들어 두 개 이상의 시민종교들로 분열되었던 사회가 하나의 단일한 시민종교로 통합되는 대단히 이례적인 사건들도 바로 성공적인 과거사청산을 통해서 발생한다. 이처럼 과거사청산은 특유의 '화해의 힘과 치유력'을 통해 시민종교에 새로운 생명력과 활력을 공급하는 유력한 원천이자 기제로 기능할 수 있다.

이 밖에도 국립묘지 체계의 재구성이나 대통령의 기념정치 역시 시민종교 내부의 균열을 봉합 내지 치유하는 데 기여할 수 있다. 북군 전사자

김대중 대통령과 김정일 국방위원장 간의 제1차 남북정상회담

들만을 안장하여 '국가적 분열의 상징'이 되었던 미국의 알링턴국립묘지가 남군 전사자의 시신을 함께 안장함으로써 '국가적 화합의 상징'으로 변모했던 것처럼,[3] 또 독재자 프랑코가 공화파 포로들을 강제 동원해 만든 우파들만의 묘지였던 스페인 '망자의 계곡'(로스카이도스 계곡)이 프랑코 자신에 의해 "스페인 내전에서 죽어간 모든 희생자들을 위한 추모 공간"으로 바뀌면서 화해의 상징으로 조금씩 탈바꿈했던 것처럼,[4] 최고의 국가 성지인 국립묘지에 적대하던 이들을 한데 안장하여 시민종교의 사회 통합 능력을 제고할 수 있다. 예를 들어 만약 동일한 국립묘지 공간 안에 군인·경찰만이 아니라 민주화유공자들이 함께 안치되어 공경의 대상이 된다면, 그 자체가 반공주의와 민주주의의 유기적 결합을 촉진할 수 있을 것이다. 한국식의 '제왕적 대통령중심제' 아래서 대통령에게 귀속된 막강한 권한과 권위를 감안할 때, 대통령이 반공주의 성향의 기념식만이 아니라 민주주의 성향의 기념식이나 국가폭력 희생자들을 기리는 국가적인 추도식에도 적극적으로 참여하는 것 역시 유사한 시민종교의 통합―성숙 효과를 산출할 것이다. 예컨대 기득권 세력을 대표하는 보수 성향의 대통령이 이런 기념일의 예식에 대부분 직접 참석하여 깊은 애도와 성찰을 담은 연설을 할 뿐 아니라 '임을 위한 행진곡'(5·18기념식)이나 '잠들지 않는 남도'(4·3추념식)와 같은 노래를 기꺼이 합창한다면, 대통령은 국민적 통합을 상징하고 촉진하는 시민종교의 핵심 주체가 될 수 있을 것이다. 물론 반대로 중도나 진보 성향 대통령 역시 예컨대 현충일 추념식이나 한국전쟁 기념식처럼 전통적으로 보수 성향 인사들이 주로 참여해왔던 국가적 의례에서 넓고도 깊은 울림이 있는 메시지와 행동으로써 유사하게 국민적 통합의 상징 역할을 수행할 수 있다.[5]

그러나 결과적으로 민주화 이행, 평화적 정권교체, 과거사청산이 제각각 열어주는 시민종교 성숙의 가능성은 어느 것도 제대로 현실화되지 못했다. 국립묘지 체계나 대통령의 기념정치 역시 유사한 역할을 거의 하지 못했던 것은 마찬가지였다. 만장滿葬 상태에 이미 도달했거나 곧 도달할 예정인 서울·대전 국립현충원의 재구조화는 더이상 가능한 역사적 시나리오가 아니며, 특히 보수 성향 대통령들의 편파적인 기념정치는 사회적 분열의 골을 더욱 깊게 만들었을 뿐이다. 여기서 중요한 점은 민주화, 정권교체, 과거사청산이라는 세 역사 계기 모두 시민종교의 내부 균열을 봉합할 수도, 반대로 더욱 확대할 수도 있는 '양면성'을 가진다는 데 있다. 그런데 시민종교 내의 사제적-예언자적 흐름이 서로 수렴하기보다는 각기 반대 방향으로 질주함으로써, 큰 추세는 '두 시민종교로의 분열' 쪽으로 형성되었던 것으로 보인다. 몇 차례 마주친 통합과 분화의 갈림길에서 거의 예외 없이 후자 쪽이 선택된 것이다. 그 결과 전체적으로 볼 때 민주화 이행 이후 '두 개의 시민종교로의 분화 현상'은 보다 뚜렷해졌다. 1987년 이후 30여 년을 거치는 동안 지배적 시민종교인 '반공-국가주의 시민종교'와 도전적·저항적·종속적 시민종교인 '민주-공화주의 시민종교'가 지속적으로 분화하여 서로 경합하는 갈등 구조가 구축되었다. 민주화와 과거사청산을 중심으로 이 과정에 대해 좀 더 자세히 살펴보기로 하자.

1. 민주화와 시민종교 변형

먼저 민주화로 인한 시민종교 변형·재편의 측면을 들 수 있다. 필자는 여기서 민주화가 여러 방면에서 기존 시민종교에 대대적인 변화를 몰고 왔음을 강조하고 싶다. 조금 더 구체적으로 말하자면, 우리 사회에서 민주화는 (1) 기존 시민종교 전반을 크게 동요시키는 가운데 시민종교 내 사제 진영의 정당성을 실추시켰던 반면, (2) 시민종교의 예언자 진영을 대폭 강화시켰으며, (3) 그럼으로써 전체적으로는 시민종교 내부의 균열을 더욱 심화시키는 경향을 보였다. 기존 시민종교의 동요와 예언자 진영의 급성장이라는 두 측면은 우리가 '민주화에 대한 문화적 접근'을 시도할 경우, 다시 말해 '민주화의 문화적 의미들'을 찬찬이 추적해보는 작업을 시도할 경우 한층 선명하게 드러난다.

민주화에 수반되는 다음의 변화들은 오랫동안 당연시되던 기존 시민종교를 뒤흔들면서 특히 사제 진영을 약화시키기 쉽다. 이런 가운데 수십 년 동안 대중을 사로잡아온 '시민종교적 신화들'을 탈脫마법화하는 과정이 진행된다. 필자가 보기에 권위주의 체제에서 전형적으로 나타나는 트로이카 현상은 (1) 인기 있는 독재자들, (2) 시각격차, (3) 기이한 폭력성으로 압축될 수 있다. 그러나 이 모두가 민주화 이후 결정적으로 약해지거나 사실상 사라진다.

첫 번째 현상은 "모든 독재자는 인기가 있다, 그러나 그가 진정으로 인기가 있는지는 (권좌에 있는 동안에는) 알기 어렵다" 정도로 요약될 수 있다. 그렇지만 신비한 베일에 싸인 채 100%에 가까운 지지율로 선거에서 재신임되곤 하던 '인기 절정의 통치자'가 민주화 시대에 나오는 것은 불가능에 가깝다.[6] 대통령들은 이제 열광적인 '지도자숭배'는 고사하고 '종신집권'마저 꿈도 꿀 수 없는 형편이 되었다. 언론·정보의 통제와 수평적 의사소통의 부족에서 비롯된, (외국인-내국인 사이에서 주로 발생하지만 때때로 내국인 사이에서도 발생할 수 있는) '시각격차' 현상을 이용하는 것도 힘들게 되었다. 한국의 민주화가 '정보화' 및 '세계화'와 시기적으로 중첩됨으로써 이런 효과는 훨씬 증폭되었다. 지배층의 입맛대로 조작된 상황정의에 기초하여 정치적 반대자나 희생양들에게 집중적으로 가해지는 엄청난 폭력, 외부자에게는 끔찍하고 경악할 과잉처럼 비치지만 내부자들은 수긍 내지 불가피함, 심지어 환영의 반응마저 보이는 '기이한 폭력성' 현상을 이용하는 것도 쉽지 않게 되었다. 강력한 언론·정보 통제, 폭력의 위협, 왜곡된 선거제도와 정당질서에 기초한, 그러면서도 높은 대중적 지지율을 향유하던 손쉬운 통치의 시대는 종결되었을 뿐 아니라 '독재의 잔재'로 공공연히 비난받게 되었다. '외신'이나 국제기구로 대표되는 외부자의 시선을 더 이상 차단할 수 없고 국내에도 이미 비판적 언론매체들이 다수 등장한 상태에서, 정치적 반대자들에게 대놓고 국가폭력을 퍼붓는 것도 만만치 않은 일이 되었다.

인기 있는 독재자, 시각격차, 기이한 폭력성과 같은 낯익은 현상들이 퇴조하자 탈권위, 해금解禁과 성역聖域 타파, 자유, 국가주의·애국주의와 반공주의의 설득력 약화와 같은 새로운 현상들이 우후죽순처럼 모습을 드러냈다. 꽤 오랫동안 대통령이 독점해왔던 '각하'라는 경칭이 사라진다거나, 교실이나 관공서 사무실에서 '존영'이라 불리는 대통령 사진이나 초상화가 사라지거나, 대통령이 하사하는 '휘호'가 급격히 감소하거나, 대통령이 (화폐 디자인에는 물론이고) 기념우표에 등장하는 빈도가 대폭 감소한 반면 대통령에 대한 풍자·조롱·희화화는 빈번해진 것은 대통령을 위시한 권력자들의 권위 추락을 단적으로 보여준다. 민주화 시대의 어떤 대통령도 자신의 동상이나 조상彫像을 세우려 하지 않았다.

역사상 처음으로 최고지도자의 '진정한' 인기도가 주기적으로 또 정확하게 계량화 되고 측정 가능한 것이 되었다. 대통령의 지지도 조사가 일상화된 것, "현재는 얼마나 많은 국민들이 대통령에게 '반대'하고 있는가?"를 감히 주기적으로 측정하게 된 것은 정확히 민주화 이후의 현상이다.[7] 대통령과 정당 지도자들을 비롯한 권력자들은 나날이 변하는 지지율에 일희일비하게 되었다. 정치인들이 대중적 인기 관리에 골몰하게 되자 '이미지정치' 확산과 '정치의 이벤트화·심미화審美化' 추세가 빠르게 자리 잡게 되었다. 이런 추세는 선거에서 방송광고·방송토론이 활성화되면서 더욱 가팔라졌다. 비슷한 맥락에서 민주화 이후 시민 참여를 확대하고 대통령 당선자의 보다 친근하고 대중적인 이미지를 부각시키는 방향으로 대통령취임식의 풍경과 장소, 프로그램들이 변했다.

민주화 이전에는 독재자 스스로도 국민들 사이에 자신이 정말 인기가 있는지를 확신하지 못했다. 그래서 대중과의 직접적인 접촉을 최소화하면서 자꾸 밀실로 숨어들었다. 독재시대는 탈脫광장의 시대, 광장공포증의 시대이기도 했다. 한국에서도 1970~1980년에 대통령취임식과 현충일 추념식은 엄선된 인원만 참여하는 실내행사로 바뀌었다. 민주화는 권력자들의 광장공포증이 사라짐을 뜻했다. 현충일 추념식과 대통령취임식 장소는 다시 옥외 광장으로 환원되었다. 1988년 2월 13대 대통령의 취임식은 16년만에 실내체육관이 아닌 광장에서 열렸다. 그것도 행정부의 상징이던 중앙청 광장이 아니라, 대의제민주주의의 상징이자 '민의民意의 전당'인 국회의사당 광장에서 말이다. 그해 6월의 현충일 추념식도 국립극장을 벗어나 동작동 국립묘지의 현충문 앞 광장에서 열렸다.

우리는 〈표 15-1〉를 통해 선거제도와 취임식장의 상관성, 즉 직선제는 실외(광장), 간선제는 실내(국회의사당 혹은 체육관)라는 명확한 상관관계를 확인할 수 있다.[8] 마찬가지로 13대 대통령취임식부터 이전의 체육관 취임식에 비해 참여 인원이 대폭 늘어났고, 대통령의 복장도 '예복'이 아닌 '평복' 차림으로 바뀌었다.[9] 식전式典의 무대를 이루는 단상壇上 구성 방식도 좀 더 평등하게 바뀌었다. 취임식을 마친 후 악수 등의 직접적인 접촉이나 행진, 카퍼레이드 등을 통한, 신임 대통령과 대중 간의 상호작용도 부쩍 늘어났다.

'5·16광장'이라는 이름으로 처음 등장했던 서울 한복판의 거대한 광장이 '여의도광장'이라는 명칭 변경을 거쳐 민주화 이후에는 '여의도공원'으로 변신했다. 그것은 민주화 이전의 '국가 광장'이 '시민의 광장'으로, 나아가 '시민을 위한 공원'으로 바뀌는 과정이었다.[10] '한국의 김일성광장이자 천안문광장'이었던, 권력을 대중 앞에 과시하고 현시하는, 권력자들이 오만한 자세로 대중의 충성 맹세를 헌납 받는 거대한 권력의 공간이었던 국가 광장이 시민들이 나무그늘 아래 벤치에서 담소를 나누거나 청

<표 15-1> 역대 대통령 선거제도와 취임식 장소

구분	취임식 일자	대통령	선거제도 (선출 방법)	취임식 장소
1대	1948.7.24	이승만	간선 (국회 선출)	중앙청 광장
2대	1952.8.15	이승만	직선 (직접 선출)	중앙청 광장
3대	1956.8.15	이승만	직선 (직접 선출)	중앙청 광장
4대	1960.8.13	윤보선	간선 (국회 선출)	실내 (국회의사당)
5대	1963.12.17	박정희	직선 (직접 선출)	중앙청 광장
6대	1967.7.1	박정희	직선 (직접 선출)	중앙청 광장
7대	1971.7.1	박정희	직선 (직접 선출)	중앙청 광장
8대	1972.12.27	박정희	간선 (통일주체국민회의 선출)	실내 (장충체육관)
9대	1978.12.27	박정희	간선 (통일주체국민회의 선출)	실내 (장충체육관)
10대	1979.12.21	최규하	간선 (통일주체국민회의 선출)	실내 (장충체육관)
11대	1980.9.1	전두환	간선 (통일주체국민회의 선출)	실내 (잠실실내체육관)
12대	1981.3.3	전두환	간선 (대통령선거인단 선출)	실내 (잠실실내체육관)
13대	1988.2.25	노태우	직선 (직접 선출)	국회의사당 광장
14대	1993.2.25	김영삼	직선 (직접 선출)	국회의사당 광장
15대	1998.2.25	김대중	직선 (직접 선출)	국회의사당 광장
16대	2003.2.25	노무현	직선 (직접 선출)	국회의사당 광장
17대	2008.2.25	이명박	직선 (직접 선출)	국회의사당 광장
18대	2013.2.25	박근혜	직선 (직접 선출)	국회의사당 광장
19대	2017.5.10	문재인	직선 (직접 선출)	실내 (국회의사당 로텐더홀)

소년들이 자전거나 스케이트보드를 타는 공원으로 바뀌었던 것이다.

국가주의·애국주의와 반공주의 약화 추세도 뚜렷하게 나타났다. 국가에 대한 애국심과 충성심의 공개적인 간증 행동을 요구하던 관행들도 대부분 자취를 감췄다. 민주화는 매일 온 국민에게 '동작 그만'을 강요한 국기하강식의 폐지를 뜻했다. (국민교육헌장 암송은 이미 옛 풍경이 되었고) 국기에 대한 맹세나 학교운동장에서의 애국조회도 사라지거나 덜 빈번해졌고,

내용도 민주화 시대에 걸맞게 변화되었다. 교련이 폐지되는 등 학교에서 군사주의가 약화되었다. 정치권력의 손길이 거두어지면서 지명, 도로명, 화폐 디자인, 기차, 선박(특히 해군), 담배의 이름에서 정치색깔이 확연히 옅어졌다. 1980년대까지 88서울올림픽이 지배하던 담배의 명칭에서도 "90년대 이후부터는 대개 다 영어식 이름을 붙인 것이 특징"으로 나타났다.[11] 민주화는 세계와 현실을 오로지 지배엘리트의 시선에서만 보도록 강요하는 〈대한뉴스〉 제작이 중단됨을, 그리고 그것의 극장 의무상영이 종료됨을 뜻하기도 했다. 관제운동들의 동력과 인기 추락으로 상징되는, 시민사회에 대한 국가의 윤리교사 역할도 대폭 축소되었다. '강인한 애국적 남성' 이미지로 각인된 전통적인 영웅관이 퇴색되면서 '영웅의 탈정치화' 내지 '영웅의 문민화'가 진행되었다. 대중영웅 부문에서도 '전쟁·애국·산업' 영웅들이 '스포츠·예능·예술' 영웅들로 대체되었다.

군사주의와 반공주의의 아성이자 상징으로 기능하던 권력의 공간들도 민주화에 따라 재배치되거나 재구성되었다. 개발과 토건자본의 압력에 밀려 도심에 자리하던 많은 군부대, 국군기무사령부(현재의 국가안보지원사령부), 중앙정보부의 후신인 국가안전기획부(현재의 국가정보원) 등이 외곽으로 이전되었고 공원이나 미술관 등 비정치적이고 시민적인 공간으로 개조되었다. 고문이 일상적으로 이뤄지고 권력의 주문에 따라 간첩과 빨갱이들이 '제조되던' 비밀수사공간들의 일부는 인권의 현장으로 변했다. 남영동 대공분실이 '경찰청인권센터'로 바뀌고 그 안에 '박종철기념관'이 자리 잡거나,[12] 남산 중앙정보부 6국 터가 '기억6'으로 변신한 예가 대표적일 것이다. 국군기무사령부(옛 국군보안사령부) 터와 건물은 미술관으로 변신했다. 아울러 대통령의 은밀한 만남이나 비밀 연회宴會가 이뤄지던 청와대 인근 '안가安家들' 중 일부도 시민들의 공간으로 탈바꿈했다. 1968년 이후 통행이 금지되었던 청와대 앞길이 시민들의 산책길로 개방되었고, 청와대 뒷산(북악산)도 시민들의 등산로로 개방되었다.

수도首都의 재구성에서도 이전처럼 정치적–이데올로기적 메시지를 담은 대규모 기념시설을 건설하기보다는, 기존 공간을 공원화하거나 시민 친화적 공간으로 재편하는 것이 큰 추세를 이뤘다. 삼일고가도로 철거에 이은 청계천 복원이나 서울숲 조성, 용산 미군기지 일부에 가족공원을 조성하고 그곳으로 국립중앙박물관을 이전한 것, 용산 미군기지 터 전체를 공원으로 전환하는 것, 서울역 고가도로 철거에 이은 '서울로7017' 조성 등이 그런 예들이다. 수도의 중핵中核인 광화문 앞 세종로 풍경도 민주화를 계기로 크게 변했다.

> 1995년에 조선총독부 건물이 해체됐고, 2006년에 광화문 복원이 시작됐다. 남산의 일본 신사를 향하도록 근정전에서 각도를 비틀어 조선총독부를 세웠는데 남산 일본 신사를 향해 있던 콘크리트조 광화문의 각도도 바로잡아, 복원된 광화문은 원래대로 관악산을 향하도록 세워졌다. 이보다 몇 년 전인 2005년부터 광화문 네거리에 보행자를 위한 횡단보도가 생겼고, 2010년 광화문 복원 준공으로 이러한 변화는 일단락 지어졌다. …… 중앙청, 콘크리트조 광화문, 이순신 동상, 대형 아치까지 늘어서고 자동차만 다니던 1970년대 풍경은 이로써 완전히 청산되었고, 복원된 경복궁과 광화문, 세종대왕 동상, 이순신 동상이 일렬로 서 있고 그 사이를 시민들이 자유롭게 걸어 다니게 된 것이 2010년대의 풍경이 됐다.[13]

도심의 미군기지들이 외곽으로 밀려났을 뿐 아니라, 미군의 이미지도 기존의 '자비로운 은인恩人' 이미지에 '무례한 잡범雜犯' 이미지가 겹쳐지는 등 전체적으로 '미국·미군 이미지의 탈신비화'도 진행되었다. 휴전선 주변 공간의 접근성이 제고되고 이곳들이 공원이나 트레킹 코스로 개발되었으며, 호국관광·안보관광 등의 방식으로 '안보·반공의 상품화'가 더욱 진전되었다. 북한군 남침이나 남파 간첩을 막기 위해 해안, 하천변, 주요 도로에 설치되었던, 방문객들에게는 엄중한 분단·휴전 체제를 생생하게 상기시켜주던 철책과 대전차방호벽 등의 군사시설들 역시 관광산업 증진을 명분으로 상당 부분 사라졌다.[14] 반공·국가안보이데올로기를 품고 양육해온 철책선, 민간인통제선, 방호벽, 군사보호구역은 관광, 지역 개발, 주민 생업·복지의 물결에 밀려 차츰 뒤로 후퇴하고 있다. 민주화와 시기적으로 중첩된 남북화해 및 북한 식량난·경제위기는 반공주의의 위력을 뒷받침해온 북한에 대한 공포를 약화시켰고 이는 반공주의의 설득력 감소를 불러왔다. 한 예로, '실리적이거나 멍청하거나 선량하기조차 한 간첩'을 다룬 몇몇 영화들은 민주화 이전 시기였으면 개봉은커녕 아예 제작되지도 못했을 것이다. 물론 북한의 집요한 핵무기·미사일 개발과 실험에서 최근의 남북·북미 정상회담에 이르기까지 민주화 이후 한반도 정세가 몇 차례나 결빙과 해빙의 롤러코스터를 타야 했지만 말이다.

민주화는 자유와 해방의 공기를 사회 구석구석에 불어넣었다. 민주화 시대는 '해금의 시대', 즉 금기/금지의 해제와 공론화, 금기 깨기 혹은 금기에 도전하기, 금지의 소멸·무력화 등으로 특징지어지는 시기였다. 한국인들은 민주화 덕분에 많은 가요, 소설, 시, 영화, 책, 미술작품들을 과거로부터 돌려받았다. 만일 "이 땅의 금지곡은 다름 아닌 이 땅의 희망가"라는 윤재걸 시인의 말이 정확하다면,[15] 민주화 시대는 민초들의 '희망 노래'가 자유롭게 울려 퍼지는 시대이기도 했을 것이다. 민주화로 인한 검열과 감시·사찰의 이완은 상상력의 해방, 특히 저항적이거나 비판적인 상상력의 해방을 낳았다. 얼마 지나지 않아 해방된 상상력을 밑거름 삼아 한국영화의 전성시대가 도래했다. '마음의 해방'은 기실 '몸의 해방'에 뒤이어 온 것이었다. 이미 민주화 이전인 1980년대 초부터 군사정권에 의해 야간통행금지 해제, 장발·미니스커트 단속 폐지, 두발·교복 자유화와 같은 유화적 조치들이 취해진 바 있다. 개인의 신체에 대한 국가의 간섭과 폭력이 현저히 감소함에 따라 시민들은 '몸의 주권'을 상당 부분 되찾았다. 민주화 시대의 가장 중요한 징표 중 하나가 바로 국가의 신체통제 자체가 새로운 금기가 되었다는 사실이었다.[16]

억압된 기억의 해방도 민주화의 산물이었다. 수십 년 동안 '기억의 감옥'에 갇혀 있던 빨치산, 보도연맹 구성원들을 비롯한 한국전 전후 민간인 피학살자들, 월북 예술인들, 양심적 병역거부자들, 한국군에 학살된 베트남인들, 베트남전쟁에 참전했던 한국군 포로와 고엽제 피해자들, 북파공작원들(HID), 고문에 의해 간첩으로 제조되어 처벌받은 이들, 5·18 희생자들, 수많은 의문사 희생자들, 연좌제 대상자들, 한센인들, 선감학원 원생들, 창원·서산·장흥 등의 개척단들과 서울의 근로재건대, 형제복지원 등 전국의 수많은 '복지수용소'에 감금되었던 이들의 한 맺힌 사연들이 다소간의 시차를 두고 소설로, 수기로, 영화로, 다큐멘터리로, 드라마로 소개되고 되살아나고 회자되었다. 피에르 노라는 "기억 재산은 아주 많으면서 역사학적 재산은 아주 적은 종족ethnie, 집단, 가족 등"에 대해 언급한 바 있다.[17] 한국에서 민주화는 기억 자체를 강제로 혹은 자발적으로 억압당해왔던, 따라서 기억의 단절 속에서 극심한 '기억의 빈곤' 상태에 처해있던 서발턴 및 호모 사케르 그룹들의 '기억의 재산'이 급증함을, 나아가 '역사학적 재산'도 조금씩 축적됨을 의미했다.

1980년대에 가장 치열했던 기억투쟁은 광주항쟁을 둘러싸고 벌어졌다. 대학가나 민주화운동 진영에 갇혀 있던 광주항쟁의 진실은 민주화 이후 일반 대중에게로 확산되었다. 1988년 광주청문회와 5공화국청문회를 통해 광주의 진실이 조금씩 드러나기 시작했다. "지상파 최초로 광주민주화운동을 다룬 특집 다큐멘터리"였던 〈어머니의 노래〉가 1989년 2월 3일 MBC를 통해 방송되었다. 시청률이 무려 44%에 이르렀고, 점유율은 59%나 되었다.[18] 이 프로그램이 68분 동안 방영되자 "국민들은 슬픔과 경악, 그리고 충격 속"으로 빠져들었고, 방송사에는 "이날 밤 격려와 분노, 재방영 요구 등을 전하는 전화가 빗발쳐 전화가 불통될 정도"가 되었다. 시청자들의 요구로 이 다큐멘터리는 2월 21일에 재방영되었다. 같은 해 3월 8일에는 KBS가 제작한 〈광주를 말한다〉가 방송되었는데, 이 역시 전국 평균 시청률이 70%를 넘었다.[19] 이듬해인 1990년 8월 '광주민주화운동 관련자 보상 등에 관한 법률'이 제정되었다. 이제 '광주사태'는 '광주민주화운동'이 되었다. 1995년 초에는 평균 시청률 50.8%를 기록할 정도로 인기를 모았던 SBS 드라마 〈모래시계〉에서 항거하는 시민들의 시선에서 광주항쟁을 다뤘다. 이것은 "5·18 광주민주화운동을 처음으로 다룬 드라마"였으며, "5·18 광주민주화운동 당시 실제 필름을 드라마 방영 중간에 삽입하기도" 했다.[20] 그 덕분에 국민들의 적극적인 관심과 지원을 받으면서 1995년 12월에 '5·18민주화운동 등에 관한 특별법'이 제정될 수 있었다. 1996년에는 장선우 감독이 영화 〈꽃잎〉을, 1999년에는 이창동 감독이 영화 〈박하사탕〉을 각각 발표했다. 두 영화 사이인 1997년에 5·18은 국가기념일이 되었다. 이런 일련의 과정을 거치면서 광주항쟁에 대한 '기억의 대전환'이 이루어졌고, 지배엘리트들이 구축해놓은 공식기억이 전복되었다.

한국사회가 보유한 기억의 창고가 대대적으로 확장되는 가운데 '기억의 중층화', 다시 말해 갈수록 증가하는 모순과 딜레마, '상충하는 기억들' 사이의 갈등을 포함하는 기억의 중층화가 진행되었다. 집합기억의 중층화는 기념(물)의 중층화, (어느 정도 제도화된 기억이라 할 수 있는) 문화적 기억의 중층화와 맞닿아 있게 마련이다. 민주화에 의해 가능해진 억압된 기억에 대한 관용 나아가 복권은 이처럼 기억투쟁의 점화 및 격화로 이어지기 쉽다. 이런 맥락에서 공식적-정통적 역사해석에 대한 예언자 진영의 도전도 드세질 수밖에 없다. 실제로 민주화 이후 역사교과서 발행체계가 국정에서 검인정으로 바뀌었는데, 이는 '하나의 (공식)역사'에서 '여러 개의 (공식)역사들'로의 전환을 뜻한다는 점에서 예언자 진영의 기억투쟁이 상당한 성취를 이뤄냈음을 보여주는 증거이기도 하다.

'기억의 탈옥脫獄'은 얼마 지나지 않아 '국민-비국민 경계의 재설정'으로 이어졌다. 1940~1950년대에 진행된 국민-비국민 경계 설정의 초점이 '국민에서 비국민으로의 이동·추방'에 놓여 있었던 것과는 대조적으로, 민주화 이후 경계 재설정의 초점은 '비국민에서 국민으로의 이동'에 놓여 있었다. 권력에 의해 비국민 내지 호모 사케르 지위로 강제 추방되거나 강등 당했던 많은 이들이 민주화 이후 '국민'의 지위와 권리, 곧 '국민권國民權'을 회복했다. 민주화 이후에조차 공론화에 또 다시 꽤 오랜 세월이 필요했던 양심적 병역거부 희생자들의 경우 '비국민'에서 '양심수'로의 극적인 정체성 전환을 경험했다.[21] 위에서 열거한 이들 외에도 식민지 시대의 강제징용자, 징병에 따른 전사자, 군대 위안부, 원자폭탄 피해자, 사할린동포 등도 국민의 지위, 설사 그렇지 않을 경우라도 최소한 반半국민의 지위를 얻었다. 명예회복과 약간의 물질적 보상도 뒤따랐다. 송두율이 '국민으로의 불완전한 이동'을 대표하는 사례라면, 윤이상이나 정지용은 (우여곡절이 없지는 않았지만) '국민으로의 보다 완전한 이동'을 대표하는 사례일 것이다.[22] 2005년 1월과 2006년 3월 국립대전현충원에서 열린 북파공작원 전사자들의 합동 위패 봉안식[23]은 '비국민에서 모범국민(선민)으로의 이동'을 상징한다. 수십 년 동안 사회적 망각 속에서 서울과 강원도의 몇몇 사찰에 안치되어 있던 북파공작원 전사자들의 위패가 '국가 영웅들의 영원한 안식처'인 국립묘지로 이동했던 것이다. 민주화 이후 조성된 파주 적군敵軍묘지 사례에서 보듯이 적군 전사자들마저도 (완전한 무관심과 방치의 대상에서 벗어나) 약간이나마 인간적인 관심의 대상으로 지위가 격상되었다. 나아가 중국·북한과의 관계가 개선됨에 따라 적군의 유골들은 소중한 '외교적 자산'으로도 활용되었다.

민주화는 과거를 기억하고 기념하는 방식이 달라짐을 의미하기도 한다. 시대 변화에 따라 동일한 대상에 대해서도 상이한 접근, 상이한 의미

〈표 15-2〉 동학농민혁명 기념물이 상징하는 의미체계

구분	1894~ 1910년	1910~ 1945년	1945~ 1960년	1961~ 1979년	1980~ 1987년	1988~ 1996년	계
국가권력의 힘	8						8
유교적 충절	15	3					18
민중의 혁명성				2	1	8	11
보국안민의 애국심			1	5	6	5	17
동학사상의 위대함				1	2	4	7
계	23	3	1	8	9	17	61

* 출처: 박명규, "역사적 경험의 재해석과 상징화", 67쪽의 〈표 9〉.

화, 상이한 해석이 부여되었다. 동학농민혁명에 대한 기념을 예로 들어보자. 동학농민혁명 기념물에 부여된 의미나 상징을 시대별로 구분해보면, 구한말과 식민지 시기에는 "국가권력의 힘"이나 "유교적 충절"이 강조되었고, 군사정권 시기에는 "애국심"이 강조되었다면, 민주화 이후 "민중의 혁명성"에 대한 강조가 두드러지게 강해짐을 알 수 있다(〈표 15-2〉 참조). 동학농민혁명에 대한 명명법도 시대에 따라 달라졌다. 교과서를 중심으로 보면, 일제강점기에는 "동학(당)의 난"으로, 미군정기 및 제1차 교육과정에서는 "동학난리, 동학난"으로, 박정희 집권 후 제2차 교육과정에서는 "혁명"으로 부상했다. 그러나 오히려 1980년대에는 "운동"으로 격하되었다. 즉 1981년 제4차 교육과정 이후 "동학운동"으로, 1990년 제5차 교육과정에서는 "동학농민운동"으로 명명되었던 것이다.[24] 군사쿠데타를 주도한 바 있던 대통령이 집권 중이던 1990년이 아니라 문민정부 시기였던 1994년(동학농민혁명 100주년)에 와서야 "운동"은 다시금 "혁명"으로 격상되었다. 동학농민혁명을 기념하는 방식도 민주화 이후 부분적으로 달라졌다. 기존의 영웅주의적 기념문화에서 탈피한 대안적 기념문화를 담는 기념물들이 일부 출현한 것이다. 예컨대 1995년에 건립된 우금치 기념

조형물은 "10m 높이의 대나무로 엮어 만든 남녀 허수아비 등의 조형물"
이었다. "허수아비는 속절없이 일본군에 죽음을 당한 농민군의 수가 20만
명으로 추산되면서도 익명으로만 남는 그들을 상징하며, 무기로 쓴 대나
무로 그 형체를 만들었다." 또 2002년에 만들어진 삼례봉기 기념조형물
은 기존의 중앙주탑식中央柱塔式을 탈피하여, 관람자들로 하여금 "농기구
를 받쳐 든 강렬한 인상과 더불어 반사되는 흑경을 통해 역사와 자신을 반
추하게" 만들고 있다.[25]

　억압되었던 기억의 복권이 대안적 기념문화로까지 발전하게 되었던
점도 주목할 만하다. 필자가 뒤에서 살펴볼 '위험사회기념물'이 급증한 것
도 민주화 이후의 일이다. 국가폭력state violence 및 국가범죄state crime 희생
자·피해자들을 기리는 기념물들 역시 민주화 이후 처음 등장했거나 이전
보다 증가하는 양상을 보였다. 두 움직임 모두 국가보다는 민간 혹은 시민
사회에 의해 주도되었거나, 민간·시민사회 쪽의 적극적인 참여를 수반했
다는 특징을 보였다. 필자가 보기에 두 범주에 속하는 기념물들은 좀 더
근본적인 수준에서 기념문화의 변화를 초래할 잠재력을 갖고 있다. 위험
사회기념물이나 국가폭력 희생자 기념물을 지배하는 가치는 탈권위주의,
연민, 해원, 상생, 명예회복 등이다. 이런 부류의 기념물들은 대체로 '슬픈
기념비'여서 성격상 '자기기념'이나 '자화자찬'이 아닌 '반성문'에 가까우
며, 그러므로 '대안적인 기념문화'에 보다 가까울 수밖에 없다. 이런 대안
적 기념문화는 '기념비의 부재, 기념비의 죽음', 혹은 '기념비를 기억하는
기념석' 등으로 종종 표현된다.[26] 동학 삼례봉기 기념조형물의 검은 거울
(흑경)이 그러하듯, 새로운 기념문화는 관람자 스스로의 성찰과 체험을 강
조한다.[27] 전통적인 기념문화의 문법이 "나를 본받아 이를 행하라"는 것
이었다면, 대안적인 기념문화의 문법은 "다시는 되풀이되어선 안 된다"는
것이다. 전통적 기념문화의 문법이 '유사 행위의 영속적 반복'을 추구한다
면, 대안적 기념문화의 문법은 '재발 및 반복의 즉각 중지'를 추구한다.

2. 과거사청산, 민주화의 가장 깊은 비밀

20세기를 거치는 동안 한국을 비롯한 일부 국가들은 역사적 상처를 치유하기 위한 '과거청산' 혹은 '과거사청산'이라는 독특한 집합적 경험을 거쳤다. 파시즘, 전체주의, 전쟁과 연루된 민간인학살, 군부독재, 사회주의적 일당독재, 인종주의 등을 겪은 일부 국가들이 과거사청산이라는 어둡고 혼미한 터널을 통과했던 것이다. 특히 20세기 후반부에 세계 곳곳에서 과거사청산 절차가 진행되었다. 서구에서는 2차 대전 후 전범재판 등을 통해 학살자의 색출과 처단이 이뤄졌고, 일부 비서구 사회들에서는 20세기 말부터 유사한 일들이 발생했다. 1990년대에는 이전의 사회주의 사회들에서도 과거사청산 작업이 진행되었다.

우리가 제노사이드genocide라는 개념으로 지칭하는 사건들은 실상 인류사에서 비교적 흔하게 발생했다. 아렌트가 말하듯이 "이는 고대에서는 일상적인 명령이었고, 식민지를 갖고 제국주의를 표방하는 나라들은 이런 종류의 다소 성공적인 시도들의 수많은 예를 제공한다."[28] 어쩌면 근대국가가 구사하는 '두 국민 전략' 자체에 제노사이드의 잠재적 가능성이 내장되어 있다고도 말할 수 있을 것이다. 한국의 경우 불과 한 세기만에 동학농민군 학살, 간토대지진 당시 재일조선인 학살, 제주 4·3학살, 보도연맹 등 한국전쟁 당시의 민간인학살, 4·19와 5·18 등 여러 차례의 제노사이드들을 연이어 겪은 특이한 사례에 속한다.[29]

20세기 중엽 이후의 과거사청산은 군사적 정복, 왕조·정권 교체를 위한 정변政變 등에 부수되는 보복 행위나 인적 숙청과는 확연히 다르다. 이런 부류의 보복·청산은 기존 정치체제의 변동과는 대체로 무관하거나, 오히려 기존 체제의 강화를 도모하는 게 대부분이다. 현대의 과거사청산은 민주화나 자유화, 식민지 혹은 군사적 점령 상태에서의 해방과 같은 대대적인 정치체제 변동과 맞물리는 경향이 강하다. 그것은 대개 '이행적 정의

transitional justice'를 확립하려는 노력의 일환으로 시도되고 있다. 민주화가 항상 과거사청산을 동반하는 것은 아니지만, (한국에서도 그랬듯이) 과거사청산은 종종 민주화 이행과 동시에, 민주화 과정의 일부 혹은 그 성취로써 진행되었다. 의문사 진상규명, 억울한 죽음이나 희생에 대한 해원, 희생자나 유가족의 명예회복과 보상과 같은 차원에서 과거사청산 작업이 기획되고 추진되었던 것이다.

이제 한국의 역사적 맥락에 좀 더 집중해보자. 인기 있는 독재자, 시각 격차, 기이한 폭력성 같은 트로이카 현상이 역사 무대에서 퇴장하는 데 부수되는 변화들이라고도 볼 수 있는 탈권위, 애국주의와 국가주의 퇴조, 자유, 해방 등이 만들어내는 합작품은 바로 '비판'의 활성화이다. 그 비판의 절정에서 우리는 두 가지, 즉 (1) 민간이 주체가 된 '영웅 죽이기' 그리고 (2) 국가가 주체가 된 '과거사청산'과 만나게 된다.

먼저, 민주화는 과거에 영웅화-신화화된 인물들을 대상으로 한 '영웅 죽이기'를 동반했다. 말하자면 이것은 '조상祖上의 조상彫像을 파괴하는' 행위였다. 알라이다 아스만은 지배는 항상 계보를 필요로 하기에 "계보학적 기억"을 발전시킨다고 했다.[30] 영웅 죽이기 내지 조상彫像 파괴는 '거짓 조상祖上'을 부인하고 '진짜 조상'을 찾아 새로운 계보를 구축하려는 작업일 수 있다. 특히 '친일파' 오명을 비껴가기 힘들면서도 해방 후 대한민국 역대 정부들에서 승승장구했거나 권위주의체제에 기여한 이들이 영웅 죽이기의 집중적인 타깃이 되었다. 이들과 관련된 동상 등 기념물이 다수 철거되었고, 서훈이 취소되거나 관련 도로명과 지명이 변경되기도 했다. '가짜 독립운동가들'이 적발되어 퇴출되기도 했고, 국립묘지에 안장된 일부 인사들을 이장시키라는 운동도 벌어졌다. 『친일인명사전』 편찬은 그 하이라이트였다. 외국인인 맥아더 장군의 동상이 철거 논란에 휩쓸리기도 했다. 전직 대통령 중에서는 전두환과 박정희가 가장 많은 공격을 당했다('독재자'로 지목된 또 다른 인물인 이승만과 관련된 기념물들은 4·19 직후 이미

대부분 파괴되었다). 이런 행위들이 기존 시민종교의 균열을 촉진할 것임에는 의문의 여지가 없다.

둘째로, 시민사회의 기억투쟁 중 일부가 국가적인 과거사청산의 의제로 채택되었다. 필자의 판단으로는 민주화로 인한 변화 가운데 과거사청산 만큼 시민종교에 심대한 영향을 미친 것은 없었다. 따라서 시민종교의 견지에서 볼 때는 과거사청산이야말로 '민주화의 가장 깊은 비밀'이었다. '영웅 죽이기'가 특정 개인의 전기傳記를 새로 쓰는 일이었다면, '과거사청산'은 대한민국이라는 국가의 전기를 새로 쓰는 일이었다. 아울러 과거사청산 작업은 집단기억의 일정한 재편, 특히 국가의 공식기억·정통기억의 재편을 반드시 낳게 마련이다. 따라서 불가피하게 국가적인 기념문화·기념체계 자체의 크고 작은 변화들이 뒤따르게 된다. 4·19 직후에도 그랬던 것처럼, 민주화 국면은 국가폭력의 희생자들을 위한 '신원伸寃운동의 공간'을 창출했고 '회복적 정의restorative justice'에 대한 민감성을 만들어냈다. "과거의 '희생자'들에게 민주주의의 실현이란 박탈된 권리를 회복하거나 자신이 입은 피해를 복원하는 것이다. 민주주의의 심화는 '회복적 정의'에 대한 민감성을 만들어냈다."[31]

민주화 이후 억울한 죽음들의 신원과 명예회복을 위한 요구가 일정한 시차를 두고 분출했다. 예컨대 제주4·3 희생자들의 해원운동이 시작된 때가 민주화 이행과 거의 동시에 해당하는 1988년부터였다면, 여순사건 희생자들을 위한 위령제가 조심스레 시작된 것은 그로부터 10년 후인 1998년의 일이었다.[32] 한국군에 의한 베트남 민간인학살 문제가 본격적으로 부각되기 시작한 때는 1999년이었다. 개신교 계통 소수 교파들에 속한 양심적 병역거부자들에 대한 명예회복운동이 시작된 것은 더욱 늦은 2001년의 일이었다.

한국전쟁 전후 민간인 피학살자의 신원운동으로 좁혀보아도 상당한 시차가 발견된다. 1989년부터 월간 『말』지誌의 정희상 기자가 문경 석달리 민간인 집단학살 사건을 시작으로 전국의 학살 현장들을 연속보도한 이후 한국전쟁 전후 민간인학살 사건들이 언론의 조명을 받게 된다.[33] 이후 유족과 언론의 합작에 의해 '학살의 공론화'가 진행되었고, 전국 여러 곳에서 유족회가 속속 결성되었다. 1989년에 희생자 유족회가 결성된 산청·함양 사건의 경우는 상당히 빠른 편에 속한다.[34] 전남 함평에서는 1992년 8월에 '함평 양민학살사건 진상규명준비위원회'를 결성한 데 이어, 그해 12월에 합동위령제를 거행했고, 1995년 12월에는 '함평 양민학살사건 명예회복 유족회'를 발족했다.[35] 1992년과 1994년에 제주에서 피학살자 유골이 우연히 발견되면서 유족 주도로 유해 발굴이 시작되었다. 1993년에는 경기도 고양에서 유족회가 결성되었고 유족회 주도로 1995년에 유해 발굴이 이루어졌다.[36] 이런 움직임이 하나로 모여 2000년에는 '한국전쟁 전후 민간인학살 진상규명을 위한 범국민위원회'와 '한국전쟁 전후 민간인 희생자 전국유족회'가 결성되었다.[37] 2005년 발족한 국가기관인 진실화해위원회는 2007년부터 전국 10여 곳에서 피학살자 유해 발굴에 직접 나섰다.[38]

민주화 이후 역사상 처음으로 '사회운동'의 한 형태로 '대중적 기억운동'이 등장하고 확산되었다. 한국전쟁 전후 민간인 피학살자들을 기리는 다양한 형태의 기념물들을 비롯하여, 대중적 참여와 모금으로 만들어진 『친일인명사전』이나 국내외 곳곳에 들어선 위안부 소녀상, 베트남전쟁 민간인학살 재조명과 관련된 기념조형물 등은 대표적인 몇몇 사례에 불과하다. 자발적으로 혹은 강제적으로 망실·왜곡된 기억을 바로 잡는 이런 움직임을 노용석은 '사회적 기억회복운동'이라고 부르고 있다.[39] 어쨌든 이런 과정에서 과거사청산은 시민종교의 공화주의적 측면을 보강하게 된다. 앞서 말했듯이 과거사청산을 통해 공화주의적 연대의 대상은 '사회적 약자'에서 '역사적 약자'로까지 확대되는 것이다.

1980년대 이후 한국에서 진행된 과거사청산은 의제의 '포괄성'과 기간의 '장기성', 나아가 '국제성'[40]의 특징마저 보여준다. 과거사청산은 1988년의 광주5·18청문회와 5공화국청문회에서 시동을 걸고 김영삼 정부 출범 이후 본격화되어 '진실·화해를 위한 과거사정리위원회'의 종합보고서가 발간되는 2010년 말까지 무려 20년 넘게 진행되었다. 그 대상 시기 또한 "전근대 시기, 일제강점기, 한국전쟁기, 권위주의기" 등을 모두 망라하는 등 지극히 포괄적이었다. 정호기 역시 한국의 과거사청산은 근현대사 전반을 재조명했다는 점에서 세계적으로도 드문 일임을 강조한 바 있다.[41] 정근식도 한국사회에서는 약 20년에 걸친 "이행기 정의의 시대"가 전개되었음을 지적한 바 있다. 그에 의하면 이행기 정의의 시대는 곧 '증언의 시대'였다.[42] 과거사청산의 20년은 증언의 시대, 곧 "이제는 말할 수 있다"의 시대였다. 〈표 15-3〉을 통해 이 시대를 개관할 수 있다.

〈표 15-3〉을 역대 행정부별로 구분하여 재구성하면 〈표 15-4〉와 같다. 법률적 과거사청산 작업을 중심으로 작성된 이 표에서 보듯이, 노태우 정부에서 5·18민주화운동이 첫 번째 과거사청산 대상으로 떠오른 이후, 김영삼 정부에서 5·18민주화운동, 일제 위안부, 거창사건을 비롯한 민간인 학살 사건으로 확대되었다. 김대중 정부에서는 5·18민주화운동, 일제 위안부 문제를 넘어, '제주4·3사건 진상규명 및 희생자 명예회복' 문제, '의문사 진상규명' 문제, '민주화운동 관련자 명예회복 및 보상' 및 '민주화운동 기념사업' 문제로 과거사청산 대상이 대폭 확대되었다. 마지막으로, 노무현 정부에서는 근대 이행기의 '동학농민혁명 참여자 등의 명예회복' 문제, 식민지 시기의 '일제강점 하 강제동원 피해 진상규명', '일제강점 하 친일반민족행위 진상규명', '친일반민족행위자 재산의 국가귀속', '태평양전쟁 전후 국외 강제동원 희생자' 문제, 해방 이후의 '노근리사건 희생자 심사 및 명예회복' 문제를 비롯하여 '특수임무수행자 보상 및 지원' 문제와 '삼청교육 피해자의 명예회복 및 보상' 문제, '군의문사 진상규명' 문제, 나아가 가장 포괄적인 '진실·화해를 위한 과거사정리기본법' 제정과 활동에

〈표 15-3〉 민주화 이후 과거사청산 관련 법률의 제정: 대상 시기별[43]

대상 시기	진상규명	명예회복	책임자 처벌	보상·배상	기념사업
전근대 시기		동학농민혁명 참여자 등의 명예회복에 관한 특별법(2004.3.5)			
일제 강점기	일제강점하 강제동원 피해 진상규명 등에 관한 특별법(2004.3.5) 일제강점하 친일반민족행위 진상규명에 관한 특별법(2004.3.22)		친일반민족행위자 재산의 국가귀속에 관한 특별법(2005.12.29)	일제하 일본군위안부에 대한 생활안정지원법(1993.6.11) 일제하 일본군위안부에 대한 생활안정지원 및 기념사업 등에 관한 법률(2002.12.11) 태평양전쟁 전후 국외 강제동원 희생자 등에 관한 법률(2007.12.10)	일제하 일본군위안부에 대한 생활안정지원 및 기념사업 등에 관한 법률(2002.12.11)
한국전쟁 전후 시기	제주4·3사건 진상규명 및 희생자 명예회복에 관한 특별법(2000.1.12)	거창사건 등 관련자의 명예회복에 관한 특별법(1996.1.5) 제주4·3사건 진상규명 및 희생자 명예회복에 관한 특별법(2000.1.12) 노근리사건 희생자 심사 및 명예회복에 관한 특별법(2004.3.5)			
권위주의 시기	의문사 진상규명에 관한 특별법(2000.1.15) 군의문사 진상규명 등에 관한 특별법(2005.6.29) 진실·화해를 위한 과거사정리기본법(2005.5.31)	민주화운동 관련자 명예회복 및 보상에 관한 법률(2000.1.12) 삼청교육 피해자의 명예회복 및 보상에 관한 법률(2004.1.29) 진실·화해를 위한 과거사정리기본법(2005.5.31)	헌정질서파괴범죄의 공소시효 등에 관한 특례법(1995.12.21) 5·18민주화운동 등에 관한 특별법(1995.12.21)	광주민주화운동 관련자보상 등에 관한 법률(1990.8.6) 민주화운동 관련자 명예회복 및 보상에 관한 법(2000.1.12) 광주민주유공자 예우에 관한 법률(2002.1.26) 삼청교육 피해자의 명예회복 및 보상에 관한 법률(2004.1.29) 특수임무수행자 보상에 관한 법률(2004.1.29) 특수임무수행자 지원에 관한 법률(2004.1.29)	민주화운동기념사업회법(2001.7.24)

* 출처: 굵게 표시된 것은 진상규명, 명예회복, 보상, 기념사업 등 여러 목표를 갖고 있는 법제들임.

〈표 15-4〉 민주화 이후 과거사청산 관련 법률의 제정: 역대 행정부별

역대 정부	진상규명	명예회복	책임자 처벌	보상·배상	기념사업
노태우 정부				광주민주화운동 관련자 보상 등에 관한 법률 (1990.8.6)	
김영삼 정부		거창사건 등 관련자의 명예회복에 관한 특별법 (1996.1.5)	헌정질서파괴범죄의 공소시효 등에 관한 특례법 (1995.12.21) 5·18민주화운동 등에 관한 특별법 (1995.12.21)	일제하 일본군위안부에 대한 생활안정지원법 (1993.6.11)	
김대중 정부	제주4·3사건 진상규명 및 희생자 명예회복에 관한 특별법(2000.1.12) 의문사 진상규명에 관한 특별법 (2000.1.15)	제주4·3사건 진상규명 및 희생자 명예회복에 관한 특별법(2000.1.12) 민주화운동 관련자 명예회복 및 보상에 관한 법률 (2000.1.12)		민주화운동 관련자 명예회복 및 보상에 관한 법률 (2000.1.12) 광주민주유공자예우에 관한 법률 (2002.1.26) 일제하 일본군위안부에 대한 생활안정지원 및 기념사업 등에 관한 법률(2002.12.11)	일제하 일본군위안부에 대한 생활안정지원 및 기념사업 등에 관한 법률 (2002.12.11) 민주화운동기념사업회법 (2001.7.24)
노무현 정부	일제강점하 강제동원 피해 진상규명 등에 관한 특별법(2004.3.5) 일제강점하 친일반민족행위 진상규명에 관한 특별법(2004.3.22) 군의문사 진상규명 등에 관한 특별법(2005.6.29) 진실·화해를 위한 과거사정리기본법(2005.5.31)	삼청교육 피해자의 명예회복 및 보상에 관한 법률(2004.1.29) 노근리사건 희생자 심사 및 명예회복에 관한 특별법(2004.3.5) 동학농민혁명 참여자 등의 명예회복에 관한 특별법(2004.3.5) 진실·화해를 위한 과거사정리기본법(2005.5.31)	친일반민족행위자 재산의 국가귀속에 관한 특별법(2005.12.29)	삼청교육 피해자의 명예회복 및 보상에 관한 법률(2004.1.29) 특수임무수행자 보상에 관한 법률(2004.1.29) 특수임무수행자 지원에 관한 법률(2004.1.29) 태평양전쟁 전후 국외 강제동원 희생자 등에 관한 법률(2007.12.10)	

이르기까지 가장 적극적이고도 방대한 과거사청산 작업이 진행되었다.

뿐만 아니라 노무현 정부에서는 관련 법률의 제정 없이 기관 자체의 규정이나 훈령에 의거한 과거사청산 작업도 진행되었다. 이에 따라 경찰청, 국가정보원, 국방부가 각기 독립적인 과거사청산 기구를 구성한 후 주요 사건들에 대한 진상조사를 진행하여 결과를 발표했다. 경찰청과거사규명위원회(2004~2007년), 국정원과거사진실위원회(2004~2007년), 국방부과거사진상조사위원회(2005~2007년) 등이 바로 그것이었다(〈표 15-5〉 참조). 이명박·박근혜 정부를 거쳐 2017년에 등장한 문재인 정부 역시 '적폐 청산'이라는 이름으로 이와 유사한 방식의 과거사청산 작업을 전개했다.

앞서 얘기했듯 민주화가 항상 과거사청산을 동반하는 것은 아니다. 따라서 과거사청산은 어쩌면 민주화의 부차적이고 우발적인 결과에 불과

〈표 15-5〉 경찰청, 국정원, 국방부의 과거사청산 관련 위원회의 설치와 활동

기관	활동 기간	진상 규명 대상
경찰청과거사규명위원회	2004.9~2007.11	서울대 깃발사건, 민주화운동청년연합사건, 강기훈 유서대필사건, 보도연맹원 학살 의혹 사건, 남조선민족해방전선사건, 1946년 대구10·1사건, 청주대 자주대오사건. 아울러 불법 선거개입 의혹, 민간인 불법사찰 의혹, 용공조작 의혹 사건 등을 포괄적 조사 대상으로 선정.
국정원과거사진실위원회	2004.11~2007.10	7대 의혹 사건인 김형욱 실종사건, 부일장학회 및 경향신문 사건, 인혁당 및 민청학련사건, 동백림사건, 중부지역당사건, KAL기 폭파사건, 김대중 납치사건을 선정하여 조사. 아울러 노동, 언론, 사법, 간첩, 정치, 학원 등 분야별 사건도 조사.
국방부과거사진상조사위원회	2005.5~2007.11	강제징집·녹화사업 사건, 실미도사건, 12·12사건, 5·17사건, 5·18사건, 삼청교육대 사건, 10·27법난 사건, 신군부의 언론통제 사건, 보안사 민간인사찰 사건, 재일동포 및 일본 관련 간첩조작 의혹 사건 등을 조사.

* 출처: 안종철, "김대중·노무현 정부의 인권과 과거사 청산 정책", 54쪽의 내용을 표로 구성.

했다고도 볼 수 있다. 그러나 그것이 시민종교에 미친 영향은 상상을 초월하는 것이었고, 오히려 민주화의 시민종교 변형 효과마저 능가하는 것이었다. 과거사청산은 '국가폭력의 (충격적인) 재발견'으로, 그에 따른 '국가의 탈脫성화·탈신비화'로 연결되었다. 여기서 필자는 과거사청산과 민주화는 설사 동시적인 현상일지라도 그것들이 '국가의 성성聖性'에 대해 갖는 영향이나 함의는 상당히 다를 수 있음을 강조하고 싶다.

우선, 민주화의 영향과 효과에 대해 살펴보자. 앞서 필자가 제시했던 '민주화에 대한 문화적 접근'을 취할 경우, 민주화는 '지배적 시민종교'의 탈마법화·탈신화화와 균열·해체, 지배체제와 절대권력에 대한 풍자와 조롱의 증가, 그것을 통한 오랜 심리적 공포의 극복, 기억의 감옥에서 석방되기, 억압된 기억과 인물의 복권, 나아가 이들에 대한 기념과 영웅화 작업의 활성화, 정치적·사회적·문화적 금기에 도전하기, 금기의 소멸 혹은 무력화, 정치적·사회적 기념문화나 기념체계(기념일이나 관련 의례)의 변화, 권력공간의 해체와 기능 전환 등 공간의 재배치·재구성 같은 것들을 의미하게 된다. 민주화는 '국가의 성성'에 대해 양면적으로 작용한다. 때문에 '민주화 시대'가 국가의 성화/탈성화에 미치는 효과는 대단히 미묘하고 복합적이라고 말할 수 있다.

한편으로, 민주화는 기존의 '국가 성聖체계', 특히 시민종교 사제 진영의 정당성을 크게 훼손하면서, 거기에 심각한 균열을 만들어놓는다. 시민종교의 사제 진영(혹은 지배적 시민종교)은 민주화 이행과 함께 '정당성 훼손'이라는 심한 내상內傷을 입었을 뿐 아니라, 예언자 진영(혹은 도전적·종속적 시민종교)과 경쟁해야 하는 처지가 됨으로써 '상대화'의 압력 앞에도 놓이게 되었다. 국가보훈처는 가해자와 피해자 모두를 국가적 영웅으로 보호해야 하는 딜레마에 직면한다. 국가의 혼란스런 정체성과 갈수록 불투명해지는 이미지, 오락가락하는 행동 속에서 '국가의 성성'은 점점 약화될 수밖에 없다. '국립5·18민주묘지'와 '5·18민주화운동기념일'의 등장으로 생겨난

'5·18의 봉인封印 효과'로 인해, 한국사회에서 1970년대식의 맹목적인 애국주의-국가주의 열풍이 재연될 가능성은 훨씬 줄어들었다. 2014년에는 '4·3국가추념일'마저 등장함으로써 그 가능성은 더더욱 줄어들었다.

다른 한편으로, 민주화는 '국가의 성성'을 보강하는 측면도 갖고 있다. 어차피 경합하는 것은 '시민종교들'이고 '세속적 정치종교들'이기에, 그 과정에서 전체로서 국가의 '성성' 자체는 소멸되지 않는다. 문화정치cultural politics의 관점에서 볼 때, 민주화는 시민종교의 사제-예언자 진영 사이에, 혹은 지배적-도전적 시민종교 사이에 '성화聖化 경쟁'을 더 촉진시키는 측면을 갖고 있다. 우리가 '과거사청산'이 아닌 '민주화'의 측면에 주목하게 되면, 민주화 이후 오히려 이전보다 더 많은 '성스러운 것들'이 등장하고 있음을 비교적 쉽게 발견할 수 있다. '대량생산되는 성물聖物들' 그리고 갈수록 가열되어가는 '상징투쟁' 속에서 국가의 성화 경향도 여전한 것이다.

지금까지 살펴본 것처럼 민주화가 '국가의 성화/탈성화'에 미치는 효과는 양면적이다. 민주화는 국가를 성화하기도 하고 탈성화하기도 한다. 이에 비해 과거사청산의 국가 탈성화 효과는 매우 강력하고도 또렷하다.

민주화가 '뜨거움'의 이미지와 가깝다면, 과거청산은 '차가움'의 느낌과 가깝다. 민주화와 관련된 지배적인 정조情調는 열정, 유대감, 승리감, 분노와 같은 '감정의 여기상태excited state'와 상통한다. 반면에 무지막지한 공적·사적 폭력이나 원한의 산물인 시신·유골·유품들과 끝없이 마주해야 하는 과거청산의 지배적인 정조는 냉정해지기, 숨죽인 흐느낌, 분노라기보다는 슬픔, 슬픔조차도 '뜨거운 슬픔'이 아닌 '차갑게 가라앉는 슬픔', 심지어 종種으로서 인간에 대한 회의나 불신 등과 상통한다.……여기서 중요한 점은, 민주화의 뜨거움이 '국가의 신비화'와 연결될 가능성이 높은 반면에 과거청산의 차가움은 '국가의 탈신비화'로 이어질 가능성이 높다는 것이다.[44]

그런데 '지속가능한 정치통합'은 물론이고 '국가주의'가 성공적이기
위한 관건은 '국가에 대한 사랑'을 국민들로부터 이끌어내는 것이고, 다
시 이를 위해서는 '효율적으로 작동하는 국가적 성체계'가 불가결하다.
이전에 필자가 썼던 대목을 다시 인용해보자.

국가주의가 성공적이기 위한 관건은 '국가에 대한 사랑', 즉 애국심愛國
心, 국가애國家愛, 조국애祖國愛를 대다수 국민들로부터 이끌어내고 유
지할 수 있느냐는 것이다. 고도로 추상적인 실체이자, '만들어진 상상
의 공동체'에 불과한 어떤 것을 사랑의 대상으로, 심지어 그것의 명령
에 따라 목숨까지 바칠 대상으로 만들고 유지하는 게 결단코 쉬운 일은
아니다. 국가에 대한 사랑愛과 충성忠의 자세는 강압이나 금전적 보상
만으로 결코 만들어질 수 없다. 바로 이 지난한 과업의 상당 부분이 효
율적으로 작동하는 국가적 성체계(시민종교)에 의해 달성되는 것이다.
그런데 과거사청산을 통해 대한민국의 '어두운 역사들'이 밝은 조명 아
래 놓이게 되었고, 은폐된 정보와 억압된 기억들이 쏟아져 나왔다. 과
거사청산과 과거사 진상규명 활동에는 반드시 신화화되고 과잉 정당
화된 정통기억의 해체, 이단적 기억의 복원과 복권이 병행되기 마련이
다. 문제는 과거사청산 작업 자체가 국가에 대한 새로운 이미지, 즉 국
민에 대한 '가해자'로서의 국가, '거대한 폭력장치'로서의 국가, 한없이
엄하기만 한 가부장으로서의 국가, 나아가 '정치적 이단'을 색출·심판
하고 처벌하는 '분노에 찬 악신惡神'으로서의 국가 이미지를 만들어내
기 쉽다는 것이다. 가공할 국가폭력을 드러내는 일, 국가범죄를 고발하
거나 공식적으로 인정하는 일은 국가주의를 지탱해온 애국심, 곧 '국가
에 대한 사랑'을 갉아먹는다. 이런 일이 반복되면 국가는 사랑의 대상
이 아니라, 공포와 회피의 대상이 되어 버린다. 갈수록 애국은 거북하
거나 역겨운 일이 되어 버린다. 실상 과거사청산은 "지배구조를 해체

하는 작업"일 뿐 아니라, 그 밑바닥에서 작용하는 보다 근본적인 힘인 "국가적 성체계를 해체하는 작업"이기도 한 것이다.[45]

이런 일련의 과거사청산 작업이 정통기억을 균열·해체시키고 나아가 부분적으로 전복함으로써 기존 시민종교(특히 시민종교의 사제 진영)의 정당성을 상당 부분 잠식했을 뿐 아니라 일정하게 시민종교 예언자 진영을 강화시켰을 것임에는 의문의 여지가 없다. 그럼에도 한국의 과거사청산은 국가폭력의 책임자나 가해자를 밝혀내는 데서는 치명적인 한계를 드러내기도 했는데, 역설적이게도 오히려 그 때문에 기존 시민종교에 더 큰 타격을 입혔다.

여기에 하나의 역설이 있다. 한국에서 그랬던 것처럼 구舊 지배세력의 집요한 방해 때문에 과거청산이 불철저하게 타협적으로 진행되고, 그 때문에 가해자의 특정specification, 그에 상응하는 가해자의 고백·사죄 혹은/그리고 처벌 과정이 후속되지 못할 경우, '국가의 탈脫성화' 과정이 오히려 더 급진적으로 진행될 수도 있다는 것이다. 한국에서 과거청산은 '피해자'의 발견과 명예회복, 보상에 초점을 맞춘 나머지 '가해자'를 괄호 안에 남겨두었다. 그 바람에 한국인들은 아렌트가 말했던 '악의 평범함banality of evil'을 관찰할 수 있는 기회를 잃어버렸다. 한국인들이 국회 청문회나 재판정에서 "한국의 아이히만들"을 제대로 관찰할 수 있었더라면, 다시 말해 코앞에 다가온 자식의 대학입시를 걱정하거나 고부갈등에 끼인 난처함을 토로하거나 대출을 잔뜩 안은 아파트의 원리금 상환이나 집값 하락을 걱정하는 출세지향적인 고문기술자나 인간도살자들을 다소 충격적으로 목격할 수 있었더라면 어땠을까? 자타가 공인한 가해자들이 세인의 손가락질을 당하면서도 동정심을 얻기 위해 변변치 못한 변명들을 늘어놓으며 인간적인 누추함을 고스란

민주화 이후 | 640

히 드러냈더라면, 이들이 주도했던 국가폭력 사건들에게도 '망각으로의 길'이 열렸을지 모른다. 그러나 악의 평범화·범속화·진부화banalization of evil를 기대할 수 있는 가해자의 특정 과정이 통째로 생략됨으로써, '국가', '상부', '그곳'(남산, 서빙고 등)과 같은 비인격적인 실체가 모든 범죄의 책임을 짊어지게 되었다. 실제 가해자들이 요리조리 빠져 나간 구렁텅이에 대신 국가가 빠져버린 꼴이 되었다. 이렇게 등장한 '가해자 국가'는 "익명의 거대한 폭력장치", 심지어 익명이기 때문에 더욱 잔혹하고 무자비한 "대량 살상 기계"의 이미지를 얻기 쉽다.[46]

과거사청산, 더욱이 불철저한 과거사청산을 통한 국가의 탈성화·탈신비화는 기존의 시민종교 자체를 위기에 빠뜨릴 수 있다. 그 중에서도 시민종교의 사제 진영이 더욱 심각한 위기에 직면할 가능성이 높다. 이런 상황에서 시민종교의 예언자 진영의 빠르게 성장한다면 '두 시민종교로의 분열'이라는 상황이 현실화할 수도 있다.

3. 저항적 시민종교의 급속한 발전

1940년대에 형성된 반공-자유민주주의 시민종교에서 예언자 진영의 존재는 1950년대부터 뚜렷하게 나타났다. 그러다 1970년대 유신체제의 등장 이후로는 예언자 진영이 '민주-공화주의 시민종교'라는 독자적인 시민종교로 이탈해갈 조짐을 조금씩 드러내기 시작했다. 1980년 광주항쟁과 학살극을 거치면서 시민종교 분화의 징후가 한층 강해졌다. 1980년대를 거치면서 예언자-사제 진영 사이의 이질성과 적대성은 점점 더 심해졌다. 따라서 1970~1980년대의 예언자 진영을 반공-자유민주주의 시민종교 내의 '민주-공화주의 블록' 정도로 불러도 좋을 것이다(그렇다면 당시의 사제 진영은 반공-자유민주주의 시민종교 내의 '반공-국가주의 블록'으로 부를 만했다). 예언자 진영은 기존 시민종교인 '반공-자유민주주의 시민종교'와 새로운 시민종교인 '민주-공화주의 시민종교'의 중간 어딘가 쯤에 위치하고 있었다. 여기서는 이 실체가 애매한 세력을 일단 '저항적 시민종교'로, 또 그 반대쪽 세력을 '지배적 시민종교'로 부르기로 하자.

민주화로 이행해가던 1980년대 말의 한국사회에서 '저항적 시민종교' 쪽은 여전히 초기 형성 단계, 혹은 잠재태-현실태의 혼재混在 단계를 벗어나지 못했던 게 사실이었다. 따라서 체계성·완결성·정교함의 측면에서 여전히 허다한 결함과 한계들을 드러내고 있었다. 그럼에도 불구하고, 또 '지배적 시민종교' 쪽의 끈질긴 방해에도 불구하고, 민주화 이행을 계기로 저항적 시민종교 역시 빠르게 세력을 확장해나가는 데 성공한 것으로 보인다. 뿐만 아니라 87년 헌정체제에서 저항적 시민종교도 종속적으로나마 공식적인 '국가 성聖체계' 안으로 일부 편입되었다. 그게 민주화의 또 다른 문화적 의미 중 하나였다. 전체적으로 볼 때 '지배적 국가 성체계'에서는 국가의 주도성이 두드러지는 반면, '종속적 국가 성체계'에서는 시민사회의 주도성이 두드러지게 나타난다. 그런데 민주화 이후에는 부차적일지라도 국가 역시 '종속적 성체계'의 형성 과정에서 일정한 역할을 담당한다. 국가는 특히 민주화운동 관련 법률이나 기념일의 제정, 투쟁 현장이나 희생자 묘지 등 민주화 관련 장소들의 성역화聖域化를 통해 '억압되었던 역사적·집합적 기억의 복권復權과 공인公認' 기능을 주로 수행한다.

민주화는 지배적 시민종교에 심대한 타격을 가했던 반면, 저항적 시민종교에는 급속한 발전의 기회를 제공했다. 민주주의 자체가 기존 '구조' 안에 '반反구조'를 제도화하는 것이라고 할 때, 어떤 면에서 이런 변화는 자연스러운 것이기도 했다. 48년 체제는 체제 반대세력의 존재를 억압하고 정치지형에서 진보세력을 배제하는 '국가보안법 체제'이자 '보수적 패

권체제'라는 뚜렷한 한계를 안고 있었다.[47] 헌법의 자유민주주의 정신에
도 불구하고 실제 현실에서는 정치적 반대세력에 대해 불관용으로 일관
했다는 점에서, 48년 체제에 명시된 민주주의는 헌법과 현실 간의 괴리가
극심한 일종의 '페이퍼 데모크라시'로 전락했다. 87년 체제 역시 많은 한
계를 내포하고 있었지만,[48] '저항의 자유공간들free spaces'이 실제로 존재
했다는 점에서 48년 체제와 결정적으로 구별된다. 이 사소한 차이가 엄청
난 결과를 초래했다. 이런 크고 작은 자유공간들을 활용하여 저항적 시민
종교가 급격히 확산될 수 있었고, 미미하나마 진보정당의 제도정치권 진
입도 가능하게 되었다.

역설적인 사실이지만, 한국에서 민주화운동의 가장 급속한 발전은 '민
주화 이후'에 왔다. '민주화 이후의 민주주의'는 고전을 면치 못했지만,[49]
'민주화 이후의 민주화운동'은 눈부신 발전과 급성장을 거듭하여 전성기
를 맞았다. 특히 1980년대 말에 시민단체와 노동조합의 숫자가 폭증했으
며, 농촌에서도 농민 조직화가 급진전되었다.

민주화 이전의 상황이 '반공주의 기념'의 압도적 우위로 특징지어졌다
면, 민주화 이후에는 '민주주의 기념'이 극적으로 증가되었다. '민주주의
영웅들'이 대규모로 탄생했다. 과거의 '폭도'가 '국가유공자'로 변신했다.
민주화운동 과정에서 희생된 수많은 이들이 '열사烈士'로 호명되고 또 추
앙되었다. 김주열, 전태일, 윤상원, 박종철, 이한열, 김경숙, 배달호 등 여
러 열사들의 기념사업회들, 열사들의 기념관과 기념비들이 속속 만들어
졌다. 민주화운동의 희생자들은 '영령英靈'으로 격상되기도 했는데, 1997
년에 국가기념일로 제정된 이후의 5·18기념식에는 "순국선열과 호국영
령, 민주화운동 희생자 영령"에 대한 묵념과 헌화 순서가 포함되었다.[50]
대통령이 참여한 가운데 열린 2018년의 '제주4·3 70주년 추념식'에서는
'4·3영령'이라는 표현이 명시적으로 사용되었다. 민주화운동에 기여한
이들도 사망 후 기념사업의 대상이 되었다. 장준하, 함석헌, 최종길, 문익

환, 리영희, 임종국, 이돈명, 조영래, 송건호, 제정구, 김근태, 김진균, 김남
주, 박영숙, 홍남순, 신영복 등이 그런 예들이다. 광주항쟁과 관련하여 안
병하·이준규 등의 경찰 간부들, 위르겐 힌츠페터 기자, 아놀드 피터슨 목
사, 선교사이자 의사인 찰스 헌틀리 등이 남긴 공로가 재발견되었다.

민주화는 과거의 부정적인 공식기억에 도전하는 기억투쟁, 그리고 과
거의 부당한 호칭에 도전하는 '명명命名의 정치학'을 동반하게 마련이다.
민주화 이후 4·19는 '의거'에서 '혁명'으로 격상되었고, 반면에 4·19와 연
동된 5·16은 '혁명'에서 '군사정변'(쿠데타)으로 격하되었다. 광주5·18은 민
주화 이후 '사태'에서 '민주화운동'으로 재규정되었다. '반란'으로만 지칭
되던[51] 제주4·3은 민주화 이후 보다 중립적인 용어인 '사건'으로 대체되었
다. 그러나 4·3을 둘러싼 명명투쟁은 그 후로도 계속되었다. '반란·폭동'
에서 '사건'을 거쳐, 다시 '항쟁'이나 '운동', 혹은 국가폭력에 의한 '학살'
등을 지향하는 '정명正名운동'이 전개되었던 것이다. 물론 이런 변화는 약
간의 시차를 두고 법률, 교과서, 공문서들에 반영되었다. 공식적인 기억과
호칭 자체가 바뀐 것이다. 최근에는 대구10월사건, 여순사건과 관련해서
도 '반란·폭동'이란 해묵은 딱지를 떼어낼 뿐 아니라 사건 진상에 부합하
고 희생자 명예도 되살릴 수 있는 '개명改名'이 활발하게 추진되고 있다.

민주화 이후 한국의 집단묘지 중 지고至高인 국립묘지 지위에 오른 '민
주묘지'도 여럿 생겨났다. 1997년에 서울 4·19묘지가, 2002년에는 마산
3·15묘지와 광주 5·18묘지가 국립묘지로 승격되었다. 국립 '민족묘지'를
창출하려는 시도도 계속되고 있다. 이 가운데 독립운동가들의 집단묘지
인 대구 '신암선열공원'이 2018년에 국립묘지로 먼저 승격되었다. 또 노
무현 정부 때 국립 '민족공원'으로의 격상 및 재정비가 시도된 바 있던 '효
창공원'을 국가 차원의 '민족·독립공원'으로 조성하자는 운동이 2018년
에 되살아났고, 문재인 정부도 이에 적극 호응하고 있다. 국가폭력과 국
가범죄의 희생자들을 위한 진상규명과 명예회복, 기념사업 등도 넓은 의

미에서 민주화운동의 범주에 포함될 수 있을 것이다. 2000년대 이후에는 한국전쟁 전후 시기의 국가폭력 희생자들을 기리는 두 개의 '추모공원'(거창사건추모공원, 산청·함양사건추모공원)과 두 개의 '평화공원'(제주4·3평화공원, 노근리평화공원)이 국가에 의해 만들어졌는데, 이 또한 민주화운동의 중요한 성과라 할 수 있을 것이다.

민주화 직후부터 '노래를 찾는 사람들'(노찾사) 등 인기 있는 노래패들이 대거 등장한 가운데, 역사상 처음으로 〈아침이슬〉이나 〈상록수〉, 〈광야에서〉 같은 저항가요가 국민적 애창곡이 되었다. 사실 4·19나 부마항쟁, 5·18의 저항 현장들에서 대중이 함께 부를 수 있는 노래는 기껏해야 〈애국가〉나 〈아리랑〉, 〈우리의 소원은 통일〉 정도밖에 없었다. 대중은 이명박-박근혜 정부에 항의하는 대규모 촛불집회나 노무현 대통령 노제路祭 등에서 많은 저항가요들을 열정적으로 함께 불렀다. 저항집회 현장은 〈헌법 제1조〉와 같은 새 저항가요가 발표되고 공유되는 무대가 되기도 했다. 수십만 혹은 수백만 명의 남녀노소 시민들이 한 자리에 모여 저항적인, 심지어 전복적인 가사의 저항가요들을 익숙하게 합창하는 모습은 한국 역사에서 전례가 없는 일이었다. 더구나 이런 일들이 같은 날 전국 주요 도시들에서 동시다발적으로 벌어지곤 했다. 이처럼 민주화 덕분에 예언자 진영도 비교적 방대한 '시민종교적 자산'을 확보할 수 있게 되었다. 뒤이은 과거사청산 역시 예언자 진영의 시민종교 자산 목록을 대폭 늘려놓았다.

반격과 역사적 쐐기

민주화 이후

노무현 정부가 등장한 2003년부터 한국사회의 이데올로기적-문화적 양극화 추세는 절정에 달했다. 노무현 정부의 등장이 시민종교 분화를 촉진했던 것과 비슷하게, (10년 동안의 야당 집권을 초래한 1998년의 '제1차 평화적 정권교체'에 이은) 2008년의 '제2차 평화적 정권교체' 역시 시민종교들의 '통합'보다는 '분화 지속' 효과를 더욱 강하게 냈다. 결국 1990년대 말 이후 약 20년에 걸쳐 진행된 두 차례의 '평화적 정권교체'가 시민종교들 사이의 공통분모 증가, 단일한 시민종교로의 점진적 수렴, 시민종교의 성숙 및 통합기능 강화, 실제적인 사회통합 증진의 경로보다는, 역으로 시민종교 분화를 촉진하는 역설적인 상황이 지속되었다. 2016~2017년 박근혜 대통령 탄핵 쟁점을 중심으로 수개월 동안 계속되었던 '촛불집회 대 태극기집회'의 대결이 그 끝자락에 자리하고 있었다. 반공-자유민주주의 시민종교의 사제 진영은 점점 더 '반공-국가주의 시민종교' 쪽으로, 예언자 진영은 '민주-공화주의 시민종교' 쪽으로 줄달음질쳤다.

한편 노무현 정부 시기(2003~2008년)를 거치면서 한국사회에서는 사제 진영의 반공-국가주의 시민종교 흐름과 예언자 진영의 민주-공화주의 시민종교 흐름이라는 두 대립적인 세력이 조숙하고 불완전한 형태로나마 '경합적 교착 상태'를 이루고 있는 것으로 판단된다. (1) 예언자 진영이 아직은 독자적인 시민종교 체계를 갖추고 있지 못하다는 의미에서 '조숙하고 불완전하며', (2) 양 진영 사이의 이질성과 적대의 수준은 매우 심각하다는 의미에서 '경합적이고', (3) 그럼에도 양측 모두가 이미 방대한 시민종교적 자산을 확보한 상황이라 어느 쪽도 상대 진영을 일방적으로 또 단기간 내에 제압할 수단이나 무기를 갖고 있지 못하다는 점에서 '교착 상태'에 놓여 있다는 것이다.

심각한 불화不和를 내장한 국립묘지 체계 및 국가기념일 체계의 형성, 점차 가열되는 '역사전쟁' 혹은 '교과서전쟁'은 두 시민종교 흐름 간의 치열한 갈등, 나아가 양자의 경합적 교착 상황을 상징한다. 물론 역사전쟁이나 교과서전쟁은 더 큰 '문화-이데올로기 전쟁'의 일부를 이룬다. 역사전쟁-교과서전쟁은 '두 개의 성스러운 역사 내러티브들', '두 개의 신성한 경전 텍스트들' 사이의 충돌이라는 측면에서, 국립묘지 체계 사이의 충돌은 '두 가지 성스러운 공간들 사이의 갈등'이라는 측면에서, 국가기념일 내부의 불균형과 소음은 '두 가지 성스러운 시간들 사이의 갈등'이라는 측면에서 시민종교의 뚜렷한 분화 과정을 보여주기도 한다.

사제-예언자 진영 간의 조숙한 교착 상태가 주로 '역사전쟁'이라는 형태를 띤 사제 진영의 대대적인 공세적 반격에 의해 처음 촉발되었다는 사실에 주목할 필요가 있다. 주로 지배층으로 구성된 사제 진영의 공세에 대한 예언자 진영의 응전 내지 재再반격에 의해 양 진영의 갈등 상황은 교착에 가까운 단계로 접어들었다. 2002년 노무현 후보가 대통령으로 당선되던 시기와 1997년 김대중 후보가 대통령으로 당선되던 시기를 대조적으로 만든 특징들, 예컨대 기존 정치질서를 뒤흔들 만큼의 심각한 '경제적 천재지변'(이른바 'IMF 구제금융 사태')이 있었던 것도 아니고, 보수 정치세력과의 전략적 연대(이른바 'DJP연대')를 통한 것도 아니고, 나아가 보수 측 정치아성의 일각(이른바 'PK' 지역)을 허물었던 노무현 정부의 등장 과정과 존재 자체가 사제 진영의 위기의식을 심각하게 자극했던 것으로 보인다.

1. 지배층의 반격

한국에서는 과거사청산이 '화해의 힘과 치유력'을 발휘하여 시민종교의 질적 성숙에 기여하기는커녕, 반대로 기존 시민종교의 거대 분화를 촉진함으로써 사회갈등이 더욱 증폭되는 결과로 나타났다. 이런 '예외적인' 사태가 현실화되는 맥락을 다음과 같이 정리할 수 있을 것 같다.

(1) 과거사청산으로 기존 시민종교가 심하게 동요했고, 지배세력의 정통성·정당성 역시 큰 상처를 입었다. 기존질서에 대한 탈성화·탈신화화·탈마법화 효과 면에서 과거사청산은 민주화를 능가했다. 그럼에도 불구하고 (민주화 이행이 기존 권력의 교체를 동반하지 않았던 데 이어) 과거사청산으로 처벌받은 이들은 사실상 전무했고, 오랜 기득권질서 역시 거의 손상되지 않았다. 민주화 이후 지배층은 기존의 상징적·문화적·역사적 자산을 일부 빼앗겼지만, 정치적·경제적·군사적 자산을 고스란히 움켜쥐고 있었다. 뿐만 아니라 과거사청산 작업에도 불구하고 국가폭력의 가해자나 책임자가 여전히 오리무중인 가운데, 진심어린 고백과 사과에 나서거나, 처벌을 면제받은 데 대해 감사의 뜻을 표하는 구舊 지배층 성원은 거의 없었다.

(2) 지배층의 동의와 주도 아래 노태우-김영삼 정부 때 진행된 과거사청산 작업은 '비국민'으로 추방되었거나 '역도逆徒, 폭도, 빨갱이'로 낙인찍혔던 이들에게 '국민'의 자격을 회복시켜주고(명예회복) 약간의 물질적 은전恩典을 베푸는(보상), 한마디로 지배층이 베푸는 '시혜'의 성격을 띠고 있었다. 따라서 대다수 지배층 성원들이 과오와 범죄적 행위를 인정·고백하고 사죄를 해야 할 이유를 찾지 못하는 것은 어쩌면 당연한 반응일 수도 있었다.

(3) 그러나 과거사청산은 1998년 최초의 평화적 정권교체 이후에도 계속되었을 뿐 아니라, 이전보다 더욱 왕성하게 진행되었다. 비록 가해자의 색출과 처벌에는 소극적이었을지언정 한국의 과거사청산은 포괄성과 장

기성으로 인하여 (상당수의 야당 지도자들까지 포함해서) 1948~1987년 사이의 지배층 구성원 어느 누구도 청산의 예봉에서 안전하게 벗어나기 어려울 정도가 되었다. 지배층 내에서 위기의식이 점점 확산되었다. 기득권 상실에 대한 위기의식에 더하여, 자신들의 과거나 성취가 통째로 부정당하고 있다는 분노와 치욕감 또한 확산되었다.

(4) 김대중 정부 시기에도 평화적 정권교체와 경제위기에 따른 통합 효과보다 분열 효과가 한층 강하게 나타났는데, 이 또한 김영삼 정부 때부터 본격화된 과거사청산 움직임이 김대중 정부에 와서 더욱 활성화·가속화·광역화된 게 결정적인 요인이었으리라 판단된다. 지배층 입장에서 볼 때 '정권교체와 과거사청산의 동시성', 즉 정권교체와 과거사청산이 동시적으로 중첩적으로 진행되는 사태야말로 민주화로 인해 발생할 수 있는 최악의 상황, 한마디로 악몽에 가까운 상황을 빚어냈다. 지배층이 주도권을 장악한 채 과거의 호모 사케르들에게 다소간의 시혜를 베푸는 노태우-김영삼 정부의 과거사청산 방식이 기득권층이 공유한 인내심의 상한선이었으나, 김대중 정부는 이 선을 훌쩍 뛰어넘어버렸다. 김대중 정부 아래서 일련의 과거사청산 움직임이 본격화되는 가운데 외환위기 이후 급속히 심화된 '사회경제적 양극화' 추세는 한국사회의 '문화적-이데올로기적 양극화' 추세와 점차 동조화同調化되기 시작했다.[1]

(5) 이런 상황을 배경 삼아 민주화 이후 10~20년 동안 누적되어 오던 지배층의 불만이 폭발적으로 터져 나오기 시작했다. 특히 노무현 정부 초기부터 기득권 세력의 본격적인 반격이 개시되었다. 김대중 정부에 비해서도 시민종교 예언자 진영에 더욱 가까운 것처럼 보이던 노무현 정부가 2003년 초에 출범하자, 더구나 2004년 4월 치러진 17대 총선거에서 대통령 탄핵에 대한 역풍으로 노무현 대통령을 지지하는 열린우리당이 과반 의석을 차지하는 등 국회마저 예언자 진영에 가까운 이들에 의해 점유되자, 구 지배층의 위기의식은 최고조에 달했던 것으로 보인다.

1948~1998년까지 50년 동안, 식민지 시기까지 거슬러 올라가면 거의 한 세기에 가깝도록 별다른 변화가 없었던 초장기超長期 지배체제를 향유해온 이들이 잃어버린 상징권력을 되찾기 위해 힘을 과시하면서 역사적 반동에 나서는 것은 어쩌면 당연하고도 자연스런 현상이었다. 사실 이 오랜 시기 동안 인적 구성 측면에서는 지배체제에 근본적인 변화가 없었다. 기득권에서 유리된 이들의 눈으로 보면, 이 기간 동안 (기득권 분파 간의 내부적인 권력교체만 이뤄졌을 뿐) 단 한 번도 지배세력 교체가 없었다고도 볼 수 있다. 이런 맥락에서 한국 관료 연구에 전력해온 안용식 교수의 말을 경청할 필요가 있다. 그는 "국권 상실이나 회복 등의 고비에도 아랑곳하지 않고 굳건한 관료집단의 연속성"을 강조하면서 이렇게 지적했다. "1910년 대한제국 관료가 그대로 총독부로 넘어갑니다. 합방 전 군수가 300여 명이었는데요. 일제가 거의 그대로 군수를 시킵니다. 해방 뒤도 비슷해요. 특히 법관들은 거의 그대로 대한민국 정부로 넘어옵니다. 경찰이나 지방관들 상당수가 자리를 지키지요."[2] 이 주장이 옳다면 한국의 장기 지배체제는 대한제국 시기까지 한 세기 이상으로도 소급될 수 있을 것이다.

최근 김성일은 기득권 지배층의 반격을 "체제 수호를 목적으로 사회변화를 표방한 특정 운동에 대응하는 일종의 저항운동"인 '대응사회운동counter-movement'으로 개념화했다. 그는 한국에서 "우익 진영의 대응사회운동"이 본격화된 시점을 2003년 3·1절 행사로 규정했다.[3] 가장 발 빠르게 치고 나온 이들은 다름 아닌 보수 개신교 세력이었다. 여중생 미군장갑차 압사 사건으로 촉발된 반미 성향의 촛불집회와 16대 대통령선거 패배의 충격 속에서 보수 개신교 세력이 '정치적 행동주의political activism'로 전환하여 광장에서 대규모 시국기도회를 열기 시작한 게 바로 그때부터였다. 보수 언론과 정치·사회단체들이 이를 '애국 기독교의 궐기'로 찬양하고 나서면서 '개신교-극우 동맹'이 빠르게 형성되었다.[4]

2004년 무렵부터는 역사전쟁 혹은 교과서전쟁을 중심으로 한 문화적

-이데올로기적 내전이 한국사회에서 전면화할 조짐을 보이기 시작했다. 이 역시 지배층 반격의 일환이었다. 이른바 '뉴라이트' 계열의 각종 단체들이 우후죽순처럼 등장했던 것도 이 무렵이었다. 2004년 4월 17대 총선거에서 승리한 열린우리당과 노무현 정부는 '4대 개혁입법'을 추진하면서 여기에 사립학교법, 국가보안법, 언론관계법과 함께 '과거사 진상규명법'을 포함시켰다. 과거사 진상규명을 위한 법제를 마련한다는 시도 자체가 반공주의를 약화시킬 것이 명백한 국가보안법 개폐改廢 시도와 어울려 기득권 세력의 반발을 자극했다. 그 직후 2004년 광복절 경축사에서 노무현 대통령이 재차 과거사청산을 '국정과제'로 제시했던 것은 기득권층에게 일종의 선전포고로 간주되었다. 2004년 가을부터 금성출판사 발행 역사교과서에 대한 공격이 개시되어, 뉴라이트를 표방한 자유주의연대(2004년 11월)와 교과서포럼(2005년 1월)의 연이은 창립, 뉴라이트전국연합의 출범(2005년 11월), 『해방전후사의 재인식』(2006년 2월)과 『대안교과서 한국 근·현대사』(2008년 3월) 발간, 2008년 4월에 시작된 금성출판사 역사교과서에 대한 두 번째의 대대적인 공격 등으로 이어졌다.

'과거사청산의 트라우마'가 마치 격세유전을 거쳐 되살아난 듯했고, 1940~1950년대와 마찬가지로 과거사청산 시도가 사회적 대충돌을 야기했다. 지배층의 '역사적 반격'은 노골적인 폭력을 동반하지 않았을 뿐 이전의 '역청산' 시도와 성격 면에서 거의 동일했다. 지배층의 반격을 계기로 전면화된 역사전쟁의 핵심을 정근식과 이병천은 다음과 같이 요약했다.

> 보수주의자들은 산업화와 민주화를 달성한 대한민국 현대사의 밝은 측면을 자기 방식으로 전유하여 대한민국 '성공사관'을 구성했고 이를 식민지 시대와 유산 문제로까지 밀어붙였다. 식민지 유산 문제를 보는 그들의 주요 담론은 '식민지 근대화'론이다. 이 담론은 일제강점기와 식민지 유산의 인식에서 민족주의적이고 내재적 발전의 관점을 기각하면

서 일제강점기의 근대화 유산—친일 유산을 포함하여—이 대한민국의 '건국'과 '성공한 대한민국'으로 계승되는 연속적 측면을 보자고 주장한다. 그리하여 그들은 '식민지 유산-산업화-민주화-선진화'라고 하는, 한국 근현대사에 대한 기승전결식 진화론을 제기하기에 이르렀다.[5]

박태균은 보수적 시각의 '과거사 재구성' 시도가 1993~1995년 무렵부터 태동했다고 보았다. 그는 『월간조선』 1993년 11월호에 실린 "박정희와 김영삼의 역사적 화해"라는 글, 그리고 조선일보사가 1995년에 '광복 50주년 기획'으로 연재했던 '이승만과 나라세우기' 시리즈에 주목하면서, 이를 통해 한국 현대사의 재구성이 시도되었다고 보았다. 그에 따르면 "여기에서 핵심은 건국 → 산업화 → 민주화 → 선진화 등 한국 현대사를 단계별로 재구성하는 것이며, 이를 통해 한편으로는 과거 독재의 역사를 긍정화하고, 반공·반북주의를 사회적 차원에서 확산시키고자 하는 것이었다. 이 과정에서 「동아일보」와 「조선일보」를 중심으로 하는 보수언론들은 철저하게 냉전적 보수 세력의 입장을 대변하는 언론으로 변신하였다. 물론 보수언론의 변화와 함께 이들의 주장이 사회적으로 광범위하게 수용된 배경에는 탈냉전과 함께 북한의 사회적 경제적 몰락이 중요한 요인이 되었다."[6] '한국 (근)현대사 단계론'과 함께 이승만—박정희—김영삼으로 이어지는 '거룩한 계보'가 구축되었던 것이다. 계보학과 단계론의 친화성이 이채롭다.

과거사청산의 대상이었던 독재와 국가폭력을 강조하는 접근은 '자학사관'으로 폄훼되었고, '성공사관'이 그 대안으로 제시되었다. "대한민국의 건국"과 "성공한 대한민국"을 각각 대표하는 인물로서 이승만과 박정희가 집중적인 영웅화의 대상으로 선택되었다. 이런 맥락에서 '건국 대통령' 이승만의 재발견과 '박정희 향수'의 자극, 구미시를 비롯한 박정희 연고 공간의 성역화, 새마을운동의 재조명 등이 활발하게 진행되었다. 선거운동 과정에서 이명박 후보는 박정희의 경제적 성공 이미지를 최대한 활용했다. 박근혜 후보가 대통령으로 당선되는 데 '박정희의 딸'이라는 사실이 결정적으로 작용했음은 두말할 필요도 없다.

물론 이런 '새로운' 요소들에다 '반공주술呪術'로 대표되는, 시민종교 사제 진영의 '전통적인' 요소들을 추가해야 할 것이다. 햇볕정책 등 남북화해 노력에 대한 집요한 공격, 북핵北核 문제를 둘러싼 극단적인 남북 대립, 한·미·일 삼각동맹체제로의 보다 확고한 편입 등에서 확인되는 반공, 안보, 호국, 애국 등의 가치나 논리 말이다. 이때 최신의 '한국 근현대사 재구성'과 전통적인 '반공·안보 이념'의 '담론적 접합'이 적극 시도되었다는 점을 강조할 필요가 있다. 바로 이런 맥락에서 박태균은 "건국 → 산업화 → 민주화 → 선진화의 과정을 한국 현대사를 바라보는 '정통'의 시각으로 설정해놓고, 이에 대해서 반대하거나 비판적 입장을 가진 사람들을 '친북 좌파'로 보는 시각이 형성되었다는 점"을 강조했다.[7] 역사 단계론에 기초한 '정통사관'(성공사관)을 구축해놓고, 국민을 '정통사관 추종자' 대 '친북 좌파'로 양분하는 논리가 창의적으로 개발된 것이다. 이에 따르면 "좌파 정부"인 김대중-노무현 정부 10년 동안 "친북·종북 세력들"이 급성장하여 권력 중심부까지 진출했으며 핵심세력은 약 3만 명, 추종세력은 50만 명 이상이고, 심정적으로 지지하는 부동층은 약 300만 명으로 추산된다.[8] 2000년대에 등장한 뉴라이트 세력은 처음엔 '친북 좌파'라는 용어를 사용했지만 노무현 정부 이후에는 "종북 좌파"로 호칭을 바꿨다. 2004년부터 보수언론 지면에 노무현 정부의 대북정책을 '종북 반미', '종북 탈미' 등으로 비판하는 구절이 등장했다는 것이다.[9] 이렇게 등장한 '종북 프레임'의 구성 논리는 두 가지인데, 그 하나는 '종북주의'이고 다른 하나는 '반대세론' 즉 반反대한민국 세력론이었다. 김정인도 종북 프레임의 생산·유통 기지이자 핵심 기제로 언론을 지목했다.[10] 현대사상연구회의 『반대세의 비밀, 그 일그러진 초상』이 2009년에, 홍진표 등이 지은 『친북주의 연구』가 2010년에, 류현수의 『보이지 않는 위협, 종북주의』와 조갑제닷컴 편집실이 편찬한 『종북백과사전』이 2012년에 각각 출판되었다. 특히 『종북백과사전』은 "매카시즘의 결정판"으로서, 저자들은 이 책을 통해 "종북 감별 퇴치법"을 고안해냈다고 주장했다.[11]

김성일은 2000년대 이후 '대응사회운동'의 주요 사례들을 통해 '시민 종교적 반격'의 주체, 집회 양식 등을 일목요연하게 제시한 바 있다. 〈표 16-1〉에서 보듯이 핵심 사례는 2003년의 미선이·효순이 촛불집회(여중생 미군 장갑차 압사 사건), 2008년의 미국산 쇠고기 수입반대 촛불집회, 2016~2017년의 박근혜 탄핵 촛불집회의 세 가지이다.

2008년 이후 이명박-박근혜 정부 등 보수-극우 정권들이 연달아 등장했던 데 힘입어 지배층 반격의 위력은 획기적으로 증가되었다.[12] 기존 지배층은 김대중-노무현 정부 시기를 '잃어버린 10년'으로 규정하면서 역사의 반전을 시도했다. 이명박 정부는 진실화해위원회를 중심으로 진행되던 과거사청산 작업을 서둘러 종결했다. 2010년경부터 5·18광주항쟁에 대한 극단적인 폄훼가 시작되었다. 종합편성(종편) 방송, 극우 인터넷언론들, 인터넷 커뮤니티인 일간베스트(일베) 등이 앞장서 북한군 개입설을 퍼뜨리고, 호남을 겨냥한 지역주의 선동을 일삼는 가운데 〈임을 위한 행진곡〉과 관련된 의례 갈등이 벌어졌다. '5·18 역사쿠데타'라 부를 만했다.[13] 제주4·3과 관련해서도 유사한 반격이 가해졌다. 2000년 제정된 특별법에 따라 2003년에 국무총리 산하 4·3위원회가 진상규명보고서를 발간하고, 대통령이 사과하고, 2004년부터 정부(제주도)가 추모의례를 주도하게 되었다. 그 과정에서 위령의 '주체'와 '대상'이 변화되고 기존의 국가유공자들이 위령제에서 주변으로 밀려나는 변화가 뒤따랐다. 이에 반발하여 2004년 7월 보수 단체들은 대통령 사과와 4·3진상규명보고서가 위헌이라며 헌법소원을 제기했다. '군경 유가족' 측은 정부(제주도) 주도 의례에 대해 거부하거나 불참함과 동시에 새로운 유족회를 구성했고, 보수

〈표 16-1〉 우익 진영의 주요 대응운동사례

활동 기간	2003년	2008년	2016~2017년
대응 대상	미선이·효순이 촛불집회	미국산 쇠고기 수입반대 촛불집회	박근혜 탄핵 촛불집회
대응사회 운동	반북집회	맞불집회	태극기집회
주요 참여단체	바른사회를 위한 시민회의, 힘찬나라운동본부, 한국기독교총연합회, 육해공 예비역 대령연합회, 한반도전쟁방지협회, 독립신문	뉴라이트전국연합, 시민과 함께 하는 변호사들, 바른사회시민회의, 대한민국 특수임무 유공자회, 국민행동본부, 선진화국민회의, 한국자유총연맹, 대한민국재향군인회, 과격불법 촛불집회 반대 시민연대, 라이트코리아, 대한민국고엽제전우회, 6·25남침 피해 유족회	박근혜를 사랑하는 사람들의모임, 박근혜 대통령을 존경하고 사랑하는 모임, 대통령 탄핵 기각을 위한 국민총궐기 운동본부, 대한민국엄마부대, 대한민국어버이연합, 새로운 한국을 위한 국민운동, 육군3사 예비역 애국동지회, 예수재단, 태극기시민혁명 국민운동본부
주요 집회	- 반핵반김 자유통일 3·1절 국민대회 - 반핵반김 자유통일 4·19 청년대회 - 반핵반김 한미동맹 강화 6·25 국민대회 - 건국 55주년 반핵반김 8·15 국민대회	- 법질서 수호 및 한미자유무역협정 비준 촉구 국민대회 - 국정 흔들기 중단 촉구 국민대행진 - 광우병 선동 MBC규탄대회 - 한미 우호 기념 문화축제 - 이승만 건국대통령에 대한 범국민 감사 한마당	- 미스바 구국기도회 - 특검 규탄 집회 - 탄핵 기각, 태블릿PC 조작 수사 촉구 집회 - 탄핵 무효를 위한 국민총궐기 - 중국의 사드 배치 보복조치 중단 촉구 집회
집회양식	- 태극기, 성조기, 유엔기 - 납북 후 귀환자와 탈북자의 증언 - 애국가, 군가, 미국 국가	- 태극기, 성조기 - 시민 발언대 - 미국산 쇠고기로 만든 소시지 시식 행사 - 구국기도회	- 태극기, 성조기, 이스라엘기 - 백만송이 장미 대행진 - 트로트 등 대중가요, 군가 - 천안함, 연평해전 분향소

* 출처: 김성일, "한국 우익 진영의 대응사회운동 전개와 정치과정", 149쪽.

단체들과 연대하여 4·3사건에 대해 '공산폭동론' 공격을 가했다.[14] 이후 보수 단체와 군경 유가족 측의 요구는 특별법 개정 및 희생자 재再조사로 나아갔으며, 이런 움직임을 집권세력과 도지사가 거들고 나섬으로써 갈등이 더욱 격화되었다.

'뉴라이트 교과서'라고 불린 교학사 발행 고등학교 한국사교과서가 검정을 통과하자 2013년 5월경부터 2014년 초에 이르기까지 '교과서전쟁'이 재연되었다. 결과는 기존 지배층에게 매우 실망스러운 것이었다. 여당인 새누리당과 보수 언론사들, 교총(한국교원단체총연합회), 보수 시민단체들의 지원에 힘입어 교학사 교과서가 검정을 통과하는 데는 성공했지만, 정작 이를 교과서로 채택한 고등학교가 거의 없었던 것이다. 그러자 2014년부터 기존 지배층 일각에서 역사교과서 국정화 주장이 나오기 시작했다. 2015년에 이르자 박근혜 정부가 직접 전면에 나서 역사교과서의 국정화 전환을 거칠게 밀어붙였다. 일방적인 국정화 결정으로 인해 교과서 전쟁에서 발단한 역사전쟁은 더욱 확전되었다. 국정화 지지와 반대 세력이 격렬하게 대립했다. 2016년 11월에 처음 공개된 국정교과서 역시 학교 현장에서 거의 채택되지 못했고, 문재인 정부가 출범한 2017년 5월에 공식적으로 폐기되었다. 교학사 교과서 파동부터 따지면 교과서 전쟁이 무려 4년 동안이나 계속되었다. 이 과정에서 한국사회는 정확히 두 쪽으로 갈라졌다. 교과서전쟁과 역사전쟁이 시민종교 분화 추세를 더욱 촉진했음은 명백했다.

노무현 정부가 출범하는 2003년부터 박근혜 정부가 몰락한 2017년까지의 '시민종교적 반격' 과정 전체를 한눈에 개관해보면, 기존 지배층의 집합적 멘탈리티와 통치양식 측면에서 두드러진 특징들이 발견된다. 우선, 집단심성 차원에서 해방 직후 식민지엘리트 출신들이 보였던 바와 유사한 위기의식과 불안감이 눈에 띈다. 이들에게는 피해의식과 열세劣勢의식이 강하게 감지된다. 예컨대 교과서전쟁과 같은 역사전쟁에서 패배할 수록 그런 의식 성향이 점점 더 강해지기 쉬웠다. 이들은 '온화한 지배자'라기보다는 '공격적이고 신경질적인 투사·전사' 이미지에 가깝다. 권력 사다리의 위로 올라갈수록 더더욱 그러했다. '밑에선 때려잡고 위에선 베푼다'는 독재 시대의 상하上下 정치적 분업 내지 역할 분담이 2000년대에는 오히려 '위에선 싸우고 밑에선 눈치만 보거나 어쩔 줄 모르는' 풍경으로 바뀐 것처럼 보였다. 공안검사 출신 등 싸움에 능한 이들이 권력의 정점 혹은 핵심부에 배치되었다. 각계의 블랙리스트를 작성하고 집행하는 과정이나 공영방송을 장악하는 과정에서 그런 모습이 종종 나타났다.

다음으로, 지배층의 집단심성은 이명박-박근혜 정부의 통치양식에도 반영되었다. 독재 시대에는 강력한 처벌 위협 속에서 '강제적 동질화·통합'이 추구되었다면, 이명박-박근혜 정부 시기에는 '분열의 제도화'와 '저강도 갈등 사회 만들기'가 통치전략의 핵심이었던 것처럼 보인다. '저강도 갈등 사회 만들기'의 핵심은 관리·통제가 가능한 수준의 크고 작은 갈등들을 끊임없이 촉발하는 것이다. 통합이 아닌 분열이, 동질화가 아닌 이질성의 온존이 능동적으로 추구되었다. 박근혜 대통령이 확보한 '콘크리트 지지율'로 상징되었던 다수파 지위를 유지하는 것을 전제로, 한편으로는 사회적 분열을 고착시키면서 다른 한편으로는 정치적 반대세력을 항구적 소수파 지위에 묶어두는, 그럼으로써 장기적 집권을 추구하는 그런 전략이 모색되고 실행되었던 것이다. 분열과 갈등, 은밀한 배제가 일상화되었다. 그에 따라 지배층의 통치양식은 전투적이고 공격적인 외양을 띨 수밖에 없었다. 경찰과 검찰, 정보기관이 다시 권력의 전면에 나섰다. 노동조합과 진보정당은 가장 손쉬운 먹잇감이었다. 문화예술계와 학계·언론계에 대한 블랙리스트 검열과 차별이 되살아났다. 이명박-박근혜 정부는 대학평가와 등록금 동결을 무기로 저항 담론의 산실 구실을 해왔던 대학들을 순치시키기에 몰두했으며, 특히 '인문사회과학 죽이기'를 조장하거나 방임했다. 그러면서 극우 시민단체들을 적극적으로 육성했다. 박근혜 정부 들어서는 재벌과 대기업 연합체인 전국경제인연합회(전경련)가 뉴라이트나 국가폭력 대행조직들에 대한 재정 후원자로 등장하기도 했다. 그런데 분열 제도화 전략이나 저강도 갈등 사회 전략은 시민종교의 분화와 분열, 두 시민종교 현상, 두 개의 대한민국 현상을 더욱 촉진한다. 박근혜 탄핵 과정에서 나타났던 촛불집회와 태극기집회의 생생한 대조야말로 한국 시민종교의 분열·분화를 상징적이고 가시적으로 보여주었다.

2. 재반격과 역사적 쐐기

시민종교의 예언자 진영은 지배층의 이런 반격을 '87년 체제'라는 형태로 갱신되고 집약된 시민종교 차원의 합의와 계약을 파기하는 행위로, 나아가 시민종교에 대한 심각한 일탈과 배교 행위로 간주했다. 외면상으로는 민주주의를 긍정적으로 수용하는 것 같으면서도 산업화라는 명목으로 독재체제를 은근히 미화한다는 점에서 자가당착 내지 자기모순으로 비칠 수 있었을 뿐 아니라, 식민지 시대와 식민지 협력자들을 사실상 정당화하는 것은 더욱 강한 반발을 초래했다. 유사한 맥락에서 임시정부 법통을 격하하는 반면, 식민지 협력자들을 비호했던 '독재자 이승만'을 국부로 찬양하면서 '건국절建國節' 제정운동을 벌이는 것 역시 시민종교에 대한 배신행위로 간주되었다. 이런 일들, 특히 박근혜 정부 말기의 역사교과서 국정화 시도에 대해 예언자 진영에서 '역사쿠데타' 같은 표현을 거침없이 사용했던 자신감도 시민종교의 정통성을 자신들이 계승하고 있다는 윤리적 우월감에서 비롯되는 것이리라.

　한국의 우파 지배세력은 1940년대 이후 북한과의 정통성 경쟁에서 '임시정부 법통의 계승'을 극구 내세웠다. 그럼에도 불구하고 2000년대의

'뉴라이트' 세력은 식민지엘리트 출신들의 과거를 정당화하는 역사 재해석에 몰두하느라 독립운동과 (임시정부를 중심으로 활동했던) 독립운동가들을 역사의 주변부로 밀어내는, 그럼으로써 독립운동·독립지사라는 엄청난 시민종교적 자산을 고스란히 예언자 진영에 헌납해버리는 큰 실수를 저질렀다. 그 덕분에 예언자 진영은 별다른 노력도 없이 독립운동 역사와 수많은 독립지사들을 거의 독점적으로 전유할 수 있게 되었다.

2003년경부터 기득권층(사제 진영)의 대대적인 반격이 시작되자마자 예언자 진영의 대응도 본격화되었다. 그 중에서도 2004년의 노무현 대통령 탄핵 반대운동, 2008년의 미국산 쇠고기 수입반대운동과 4대강사업 반대운동, 2015년부터 본격화된 역사교과서 국정화 반대운동, 2016년의 박근혜 대통령 탄핵 촉구 촛불집회가 특별한 중요성을 갖는 사건들이었다.

지배층의 역사적 반격이 예언자 진영의 재再반격을 촉발하는 가운데 '역사적 쐐기historical wedge'라고 부를 만한 현상이 뚜렷하게 드러났다. 민주화나 근대화가 구불구불하거나 심지어 뒤로 돌아 우회하는 여러 길들을 거쳐 가는 것이 엄연한 사실이라 할지라도, 민주화나 과거사청산 작업은 일종의 '역사적 역진방지장치historical ratchet'로 기능할 잠재력을 갖는 것들을 다수 산출해내기 마련이다. 일차적으로는 시민종교의 경전이자 계약문서인 헌법과 교과서(특히 근현대사에 대한 공식적인 평가가 포함된 역사교과서와 사회교과서)가 그러하지만, 민주화의 결실로 혹은 과거사청산의 부산물로 창출되고 공인公認의 과정까지 거친 수많은 성스러운 시간(기념일), 신성한 장소, 신성한 인물·사물 중 일부도 역사적 쐐기로 작용할 잠재력을 지닌다.

일단 사회적 인정을 받을 경우, 역사적 쐐기는 혁명적 사태나 쿠데타적 사태가 아니고서는 혹은 헌정 중단의 비상사태를 선포할 권능을 지닌 절대주권자의 등장이 아니고서는 그 존재를 부인하거나 효능을 무력화시키거나 효력정지를 명할 수 없는 특징을 지니게 된다. 아마도 가장 강력한 역사적 쐐기는 '국립'의 위상을 확보한 집단묘지라는 특정한 공간,

그리고 역사적 사건과 관련된 날들 가운데 '국가기념일'의 지위에 오른 특정한 시간일 것이다. 물론 이 사건들은 시민종교 핵심 교리·신념의 형성이나 수호와 관련되며, 이 과정에서 희생당한 이들이 집단묘지들에 안장되어 있다. 그리하여 어떤 기념일이나 무덤은 한번 성립되면 마치 철옹성처럼 깨뜨리기 힘들게 된다. 5·18, 3·15, 4·19, 4·3 등이 민주화 이후 국가기념일 혹은 국가추념일國家追念日로 제정된 사실, 또 국가의 최고성지인 국립묘지로 지정된 3·15민주묘지, 4·19민주묘지, 5·18민주묘지 등이 그런 특별한 지위를 지니고 있다.

광주민주화운동을 가리키는 5·18은 1997년에, 이승만 정권의 부정선거에 저항한 3·15는 2010년에 각각 국가기념일로 지정되었다. 2007년에는 1987년 6월항쟁의 정점이었던 '6·10민주항쟁기념일'이 국가기념일 목록에 추가되었다. 제주도의 비극을 상기시키는 4·3은 2014년에 국가추념일로 지정되었다. 2017년 말에는 광복절 하루 전인 8월 14일이 '일본군 위안부 피해자 기림의 날'로 정해졌고, 2018년 1월과 10월에는 3·15와 4·19 항거의 도화선이 되었던 대구 2·28민주운동과 대전 3·8민주의거가 각각 48번째와 49번째로 국가기념일 대열에 뒤늦게 합류했다. 2018년 11월에는 황토현전승일인 5월 11일이 동학농민혁명의 법정기념일로 최종 결정되었다.

1963년 준공 당시 이미 '국립'이라는 타이틀을 갖고 있던 4·19묘지를 제외한 3·15묘지와 5·18묘지는 모두 2002년에 국립묘지로 지위가 격상되었다. 1997년에 4·19묘지가 분명한 법적 뒷받침을 갖는 국립묘지로 승격되면서 관리권이 서울시로부터 국가보훈처로 이관되었다. 2002년에는 5·18묘지가 국립묘지로 승격되면서 광주시로부터 국가보훈처로, 3·15묘지 역시 국립묘지로 승격되면서 마산시로부터 국가보훈처로 관리권이 이관되었다.[15] 3·15묘지, 4·19묘지, 5·18묘지에 대한 대대적인 성역화 사업이 진행된 것 역시 모두 민주화 이후의 일이다. 2011년 5월에는 '5·18기록물'이 유네스코 세계기록유산Memory of the World으로 등재되기도 했다. 5·18민주화운동이 '한국사회의 공식기억'이라는 지위마저 뛰어넘어 문자 그대로 '세계의 기억', 곧 '국제사회의 공식기억'으로 인정된 것이다. 광주의 성공을 지켜본 제주에서도 2012년부터 '4·3기록물'을 유네스코 세계기록유산으로 등재하기 위한 노력이 시작되었다. 2017년 10월에는 대구의 '신암선열공원'이 독립운동가들의 집단묘지로는 최초로 국립묘지로 승격되었다. 현재 36,800㎡ 넓이인 이 묘지는 1955년에 처음 조성되었고 이후 몇 차례 확장 및 정비 과정을 거쳐 2018년 현재 52명이 5개 묘역에 안장되어 있다.

국가가 주도하거나 후원하는 과거사청산 과정은 '진상규명' 작업을 통해 어느 정도 '역사적 진실'로 공인된 '공식보고서', 그리고 '진실의 공적 전시'인 기념시설(기념관이나 기념공원)을 생산한다. 이런 보고서와 전시관은 모두 역사적 쐐기로 기능할 수 있다. 어쩌면 디지털시대에는 진실의 쐐기 효과가 과거사청산의 과정에서 '진실임을 증언'한 것 전체로 확대될 수 있을지 모른다. 여기에다 민주화 이후 세상으로 쏟아져 나온 국가폭력 희생자들의 유골, 특히 (장준하의 함몰된 유골처럼) 학살이나 고의적인 살해의 증거를 품은 유골들이 새로운 쐐기로 추가될 수도 있다. 그것이 추모 비·탑을 갖춘 합동묘소로 발전할 경우는 역사적 쐐기로서의 가치가 말할 필요도 없겠지만, 그 이전에 '유골 그 자체'만으로도 충분히 쐐기 기능을 할 수 있다는 것이다. 구 지배층이 어렵사리 발굴된 유골의 방치를 강요함으로써 유해를 다시금 '모욕'할 수는 있지만, 군사쿠데타 직후의 1960년대 초와 같은 이차적인 '파괴'는 불가능할 것이다.

이런 국가기념일·국가추념일, 국립묘지들, 세계기록유산 등과 함께 역사적 쐐기로 기능할 잠재력을 지닌 기념시설들을 몇 개의 표들로 정리해볼 수 있을 것이다. 우선, 민주화운동 관련 기념시설들을 〈표 16-2〉에서 확인할 수 있다. 필자가 보기엔 김해시 봉하마을의 노무현 대통령 묘

〈표 16-2〉 민주화 이후 역사적 쐐기로 기능할 잠재력을 지닌 기념시설들의 등장(1)[16]

범주	명칭	완공	소재지	주요 내용
민주화운동	민주화운동 기념공원	2016.6 (개원)	경기 이천시 모가면	150,674㎡ 부지에 묘역, 기념관, 유영봉안소, 야외학습장, 근대사공원, 역사의 문, 민주의 문, 방문객휴게소 등으로 구성.
2·28의거	2·28학생의거 기념탑	1990.2	대구시 달서구 두류공원	2·28기념탑이전건립위원회 주도로 2,280평 부지에 광장과 함께 조성.
	2·28기념중앙 공원	2003.12	대구시 중구 공평동	대구중앙초등학교 이전부지를 공원으로 조성하면서 '2·28기념중앙공원'으로 명명.
	2·28민주운동 기념회관	2013.2 (개관)	대구시 중구 2·28길	지하 1층 지상 4층, 기념관과 도서관 기능을 갖춤. 전시실, 열람실, 자료실 등으로 구성.
3·15의거	3·15의거탑 주변 공원	1999.12	경남 마산시 서성동	3·15의거탑 주변을 298평 규모의 시민공원 으로 조성.
	고 김주열열사 기념관	2001.4 (개관)	전북 남원시 금지면	김주열의 고향에 있는 묘소와 추모각 인근에 한옥 형태로 건립. 유품 80여 점 전시.
	국립3·15 민주묘지	2002.10	경남 마산시 구암동	43,546평 부지에 유영봉안소, 기념탑, 상징 문, 조각군상, 부조벽, 기념시비 등으로 구성.
	3·15기념관	2003.3	경남 마산시 구암동	국립3·15민주묘지 내에 건립. 상설전시실, 영상실, 수장고 등으로 구성.
	3·15아트센터	2008.5	경남 마산시 양덕동	1962년에 건립된 3·15기념회관의 대체시설. 연면적 19,812㎡ 규모의 다목적 홀.
4·19혁명	국립4·19 민주묘지	1995.4	서울시 강북구 수유동	1963년 조성된 기존의 4·19묘지를 41,400평 규모로 확장하여 새로 조성, 기념관 건립.
	4·19혁명기념 도서관	1999.4	서울시 종로구 평동	1964년 건립된 4·19의거기념도서관을 지하 2층 지상 7층 규모로 신축, 1층에 전시 공간.
	4·19혁명회생자 위령탑과 유영봉안소	2007.2	부산시 중구 영주동	1961년 용두산공원에 건립된 4·19혁명회생 자위령탑을 부산민주공원으로 이전하면서 유영봉안소를 추가로 건립.
	4월 민주혁명 50주년기념탑	2010.4 (제막)	세종로 시민열린 마당	사단법인 사월회 주도로 당시 가장 많은 회 생자가 발생한 광화문에 건립.
	4·19혁명 민주 열사 노희두상	2010.5	동국대학교	'동국대학교 4·19혁명유공계승자회'가 서울 캠퍼스 동우탑 옆에 흉상을 세움.
	충북4·19학생 혁명기념탑	2010.11	청주시 상당공원	청주시가 시 예산으로 건립.
	충주4·19학생 혁명기념탑	2017.3 (제막)	충주시 용산시민 공원	기념탑건립추진위원회의 주도로 시민 성금 으로 건립, 기념탑과 동상으로 구성.

범주	명칭	완공	소재지	주요 내용
부마항쟁	10·16부마 민중항쟁탑	1988.11	부산대 중앙도서관 앞	부산대 총학생회가 건립한 부마민주항쟁 최 초의 기념물.
	부산민주공원	1999.10	부산시 중구 영주동	6,000평 부지에 민주항쟁기념관, 기념조형물 등으로 구성.
	부마민주항쟁 발원지 표지석	1999.10	부산대 자율 도서관 앞	항쟁 20주년을 기념하여 부산대 민주동문회 가 발원지에 건립.
	10·18부마항쟁 상징조형물	2000.1	경남 마산시 해운동	부마항쟁정신계승위원회가 항쟁 20주년을 기념하여 청소년공원에 조성.
	민주의 이름	2003.7	부산시 중구 영주동	부산민주공원 내의 민주항쟁기념관 초입에 조성한 추모 공간.
5·18항쟁	국립5·18민주 묘지	1997.5	광주시 북구 운정동	50,280평 규모로, 묘역, 추모탑, 군상조형물, 유영봉안소, 5·18추모관 등으로 구성.
	5·18사적지	1998.5 1999.12	전라남도 광주시	전라남도 80개소, 광주광역시 26개소를 대 상으로 사적지 보존사업이 진행됨.
	5·18자유공원	1999.4	광주시 서구 치평동	10,000평 규모로, 상무대 영창, 헌병대, 법정 등을 복원. 회의 및 기념공간인 자유관 포함.
	5·18기념공원	2001.4	광주시 서구 쌍촌동	62,000평 규모로, 조각 및 추모공간, 기념문 화관, 오월루, 기념탑 등으로 구성.
	5·18기념관	2005.5	전남대학교	전남대 용봉관 1층에 전시실 위주의 50여 평 규모로 개관. 2007년 5월에 재개관.
	5·18민주화운동 기록관	2015.5 (개관)	광주시 동구 금남로	항쟁 현장이기도 했던 옛 광주가톨릭센터(지 하 1층 지상 7층)를 기록관으로 리모델링함. 유네스코에 등록된 4,275점을 포함한 8만여 점을 보관.
	민주평화교류원	2015.11	광주시 동구 광산동	국립아시아문화전당의 5개 원 중 하나로, 그 산하에 민주인권평화기념관과 아시아문화 교류지원센터를 둠. 마지막 항쟁지였던 옛 전남도청 건물 일부를 리모델링하여 지음.

역 일대를 비롯하여, 모란공원 민주열사 묘역, 광주 망월동 민족민주열사
묘역 등도 역사적 쐐기로 기능할 잠재력을 충분히 갖고 있다.

이 가운데 가장 근자에 생겨난 기념시설 중 하나인 경기도 이천의 '민
주화운동기념공원'은 사망한 민주화운동가들을 안장한 곳이다. 그 성격
상 서울 4·19묘지, 광주 5·18묘지, 마산 3·15묘지에 이어 민주화운동을 테

마로 한 '네 번째의 국립묘지'에 가깝다. 그러나 역사적 쐐기 효과를 최소화하기 위한 지배층의 의지 역시 담겨 있다는 점에서 민주화운동기념공원은 특이한 사례라고 볼 수 있다. 기념공원의 입지 선정을 둘러싼 국가와 유족 간의 갈등에서 이런 측면이 잘 드러난다. 민주화운동기념공원에는 '역사적 쐐기 만들기'와 '지배층의 반격'이 중첩되어 있을 뿐 아니라, 그 반격의 부정적 파급력에 따른 내상內傷까지 겹쳐져 있다. 다음 기사에서 이를 확인할 수 있다.

지난(2016년-인용자) 6월 이천시 모가면 어농리에 민주화운동기념공원이 개원됐다. 유가협(전국민족민주유가족협의회-인용자) 등의 피눈물 나는 노력 끝에 1999년 제정된 '민주화운동 관련자 명예회복 및 보상 등에 관한 법률'에 따라 조성된 이 기념공원은 법률에 근거한 10개 사업계획 중 유가협 쪽이 맡아 행자부 산하 민주화보상심의위원회와 함께 추진해 온 것이다. 원래 유가협은 수유리 4·19묘역 쪽 솔밭공원 일대 2만 7천 평의 국유지에 세우려 했다. 법에 따라 497억 원의 비용까지 확보돼 있었다. 그런데 뜻밖에도 성사 막바지에 처음에 호의적이던 근처 주민들을 비롯한 400~500명의 사람들이 설명회·공청회장에 몰려와 반대했다. 내세운 이유는 교통난 유발 등이었으나, "빨갱이들에게 그 땅을 내줘서는 안 된다는 수구보수세력 공작 때문"이라고 장 회장은 말했다.……이천 등이 대안으로 제시됐지만 유가협은 반대했다. 이천 모가면 부지는 "이천에서 하루 4번 다니는 대중교통을 이용해야 하는데다 정류장에서 4킬로미터나 떨어진 곳이어서 부지 자체의 적정성이나 기념공원의 일차적 고려조건인 대중적 접근성 등에서 받아들일 수 없었다." 하지만 행정자치부 산하 민주화보상심의위 쪽은 2007년 말 이천으로 결정하고 사업을 강행했다. 그 과정에서 유가협이 분열됐다.…… 피장자로 인정받은 희생자는 136명이었으나 실제 이천 묘역에 안장된 이는 지금까지 49명이다. 결국 예산은 '합법적으로' 소진됐고, 유가협은 분열됐으며, 법적 소임을 다한 셈이 된 정부만 승자가 됐다.[17]

보수 정권들은 민주화운동기념공원의 존재 자체에 극도로 냉담했다. 2016년 6월 9일 열린 민주화운동기념공원 개원식에는 박근혜 대통령은 물론이고 국무총리도 참석하지 않았다. 민주화운동기념공원의 '민주묘역'은 모두 136명을 안장할 수 있는 공간을 확보했지만, 개원 당시 실제로 안장된 인원은 49명에 지나지 않았다. 1년이 지난 후에도 안장 인원은 52명으로 불과 세 명 늘어났을 따름이다. 외진 곳에 위치한 데다 홍보도 부실한 탓에 개원 후 1년 동안 이곳을 방문한 인원 역시 1만 명에도 미치지 못했다.[18] 물론 이런 한계에도 불구하고 수도권에 위치한 민주화운동기념공원이 시간이 흐를수록 가장 중요한 역사적 쐐기 중 하나로 부각될 가능성은 충분하다.

두 번째로, 〈표 16-3〉은 식민지 시대의 고난과 독립운동 관련, 그리고 해방 직후의 민간인학살 사건들과 관련된 기념시설들을 정리한 것이다. 〈표 16-3〉에 포함된 기념시설 가운데, 2016년 5월에 개관한 '근현대사기념관'은 동학혁명에서부터 4·19혁명에 이르기까지 독립운동과 민주화운동을 중심으로 전시물이 구성되어 있다. 그런 면에서 이 기념관은 2012년 12월에 개관할 당시 대한민국임시정부와 민주화운동의 비중이 축소되어 '뉴라이트 세력의 신전神殿'으로 평가받았던[20] '대한민국역사박물관'의 '대항 기념관' 성격을 강하게 띠고 있다. 1998년에 완성된 '일본군위안부 역사관'(경기 광주)과 '서대문형무소역사관'(서울), 2002년에 건립된 '백범기념관'(서울), 2004년에 문을 연 '민족과 여성 역사관'(부산), 2012년에 개관한 '전쟁과 여성 인권박물관'(서울)과 2014년에 개관한 '일제강제동원역사관'(부산), 2015년에 개관한 '희움 일본군위안부 역사관'(대구), 2018년에 개관한 '식민지역사박물관'(서울) 등은 독립운동이나 식민지국가 폭력의 희생자

《표 16-3》 민주화 이후 역사적 쐐기로 기능할 잠재력을 지닌 기념시설들의 등장(2)[19]

범주	명칭	완공	소재지	주요 내용
근대/현대	근현대사기념관	2016.5 (개관)	서울시 강북구 수유동	2,049m² 부지, 연면적 951m², 지하 1층 지상 1층. 동학혁명부터 4·19혁명까지 독립운동과 민주화운동 중심으로 전시.
독립/식민지	일본군위안부 역사관	1998.8	경기도 광주시 퇴촌면	'나눔의 집' 부속 건물로 건립(350m²). 6개 주제별 전시공간으로 구성. 세계 최초의 일본군 위안부 역사관임.
	서대문형무소 역사관	1998.11	서울시 서대문구 현저동	1987년 11월 서울구치소가 의왕시로 이전함에 따라 옛 보안과 건물을 보수하여 단장.
	백범기념관	2002.10	서울시 용산구 효창동	18,365m² 부지, 연면적 9,683m², 지하 1층 지상 2층. 7개의 전시공간에 500여 점의 유품과 자료를 전시.
	민족과여성 역사관	2004.9	부산시 수영구 수영동	김문숙 정신대문제대책 부산협의회 이사장의 사재로 마련. 상가건물의 2층(462m²)에 소재.
	전쟁과여성인권 박물관	2012.5	서울시 마포구 성산동	350m² 부지, 지하 1층 지상 2층 주택을 리모델링해 개관.
	국립일제강제 동원역사관	2014.10	부산시 남구 대연동	75,465m² 부지에 지하 4층 지상 3층, 연면적 12,062m² 규모.
	희움일본군 위안부역사관	2015.12	대구시 중구 서문로	지상 2층 건물(283m²)로 전시실, 교육관, 사무실 등이 들어섬.
	유품전시관과 추모기록관	2017.11	경기 광주시 퇴촌면	'나눔의 집' 내 1,300m² 부지의 2층 건물. 1층 유품전시관(430m²)과 2층 추모기록관(126m²)으로 구성.
	식민지역사 박물관	2018.8	서울 용산구 청파동	민족문제연구소가 연구소 5층 건물의 1~2층(463m²)에 설립.
민간인 학살	거창사건 추모공원	2004.10	경남 거창군 신원면	162,425m² 부지에 합동묘역, 천유문(정문), 참배단과 위령탑, 위패봉안각, 역사교육관 등으로 구성.
	산청·함양사건 추모공원	2004.10	경남 산청군 금서면	74,890m² 부지에 합동묘역, 복예관(역사교육관), 회양문, 위패봉안각, 위령탑 등으로 구성.
	제주4·3 평화공원	2008.3 (개관)	제주도 제주시 봉개동	359,380m² 부지에 봉안관, 위패봉안실, 위령제단·위령탑, 각명비원, 행방불명자 표석, 평화기념관 등으로 구성.
	노근리평화공원	2011.10	충북 영동군 황간면	132,240m² 부지에 위령탑(위패봉안시설 포함), 사건 현장(쌍굴), 평화기념관, 교육관 등으로 구성.

들을 기리는 기념시설들이다. 아울러 독립운동가들이 안장되어 있는 효창공원을 필두로, 북한산 수유지구의 독립유공자 묘역, 망우리공원 내 독립유공자 묘역과 애국인사 묘역 역시 역사적 쐐기와 유사한 역할을 담당할 수도 있으며, 이곳들이 국립묘지에 준하는 '국가관리묘역'으로 지정될 경우엔 말할 것도 없을 것이다. 광주 일원의 5·18사적지 수십 곳에 세워진 표지석들도 마찬가지이다. 2015년 말의 한일 외교부 장관 위안부 합의에 대한 국민적 항의 움직임에서 위안부 기념조형물이 저항의 거점이 된 데서도 드러났듯이, 2011년 12월 일본대사관 앞에 처음 선을 보인 이후 국내와 외국에서 빠르게 확산된 위안부 소녀상들 역시 역사적 쐐기 역할을 할 수 있다. 강제징용 희생자들을 추모하기 위해 2016년부터 전국 곳곳에 세워질 '평화디딤돌'도 유사한 역할을 수행할 수 있을지 지켜봐야 한다.

2004년에 등장한 '거창사건추모공원'과 '산청·함양사건추모공원', 2008년에 문을 연 '제주4·3평화공원', 2011년 완공된 '노근리평화공원' 등은 한국전쟁 전후의 민간인 학살사건들과 관련된 기념시설들이다. '대전 산내 학살사건'의 현장인 곤룡골(골령골) 일대에 건립될 '한국전쟁 민간인 희생자 추모공원'도 유사한 성격의 기념시설로 간주할 수 있다. 1950년 6월 말부터 이듬해에 걸쳐 학살당한 보도연맹원, 제주4·3사건과 여순사건 관련 정치범, 대전 수복 이후의 부역 혐의자 등 7천여 명이 이곳에서 학살당한 후 집단 매장되었다. 11만㎡ 규모로 조성될 추모공원에는 봉안관을 비롯하여 교육전시관, 상징조형물 등이 들어서게 된다.[21]

인기가 있고 공감대도 넓게 형성되었던 예술적·문화적 창작물들도 기념시설들과 유사한 효과를 산출할 수 있다. 예술적·문화적 창작물들은 역사의 역진 사태에 대한 거부행동을 자연스레 촉발시키는 '문화-심리적 제동장치들'을 대중의 집단심성 속에 발달시킨다. 여기에는 노래, 소설, 시, 영화, 다큐멘터리, 드라마, 연극, 그림, 판화, 만화와 같은 장르들이 두루 포함될 수 있다. 명작으로 평가받고 생명력도 긴 예술적·문화적 작품들이 많으면 많을수록 '문화심리적 제동장치'도 더 풍부하고 강력해질 것이다. 아울러, 과거의 희생자들을 기억의 감옥에서 해방시켜 현재로 소환한 후 회복적 정의의 혜택을 받을 수 있도록 만드는 과정은 '기억연대'와 '기억공동체'를 탄생시킨다. 역사교과서 제작과 관련된 사회운동은 가장 폭넓은 기억연대를 형성할 수 있다. 역사교과서는 그 성격상 특정 집단이나 사건을 넘어 '역사 전반'과 '기억 전반'을 다룰 수밖에 없기 때문이다. 위안부 문제의 공론화나 평화의 소녀상 건립 과정에서 보듯이 기억연대는 전국적인 차원은 물론이고 국제적인 차원에서도 형성될 수 있다.

따라서 '문화심리적 제동장치'와 '기억연대'가 존재할 뿐 아니라 원활하게 작동할 때 역사적 쐐기들의 기능과 작용은 훨씬 강력해진다고 말할 수 있다. 정치적-법적 기반만 갖고선 역사적 쐐기가 제대로 힘을 발휘하지 못한다. 그런 면에서 가장 강력한 역사적 쐐기는 '정치적인' 것이거나 '법적인' 것이 아니라 '문화적인' 것이다.

역사의 역진방지장치인 역사적 쐐기들의 목록이 빠르게 늘어남에 따라 '공식기억이 된 반기억들'을 뒤집거나 무효화하기는 갈수록 어렵게 되었다. 최근 5·18에 대한 공격은 즉각 소송의 대상이 되며 거의 대부분 벌금형이 선고되고 있다. 조금은 더 성공적으로 보였던 4·3에 대한 공격도 보수정부(박근혜 정부)의 손으로 4·3이 국가추념일로 제정되는 역설적 결말로 이어졌다. 긍정적인 성과를 기대하기도 어려운 마당에, 상대편을 침묵시키고 무력화하려는 시도에 힘과 자원을 낭비하는 것보다는 이미 수중에 확보한 역사적-시민종교적 자산을 더욱 돋보이도록 힘쓰는 게 더 나은 선택처럼 보이게 되었다. 영웅화와 신화의 창출, 기념물의 생산에 주력하는 선택 말이다.

기념물의 대량생산과 전선의 교착: 두 개의 대한민국?

민주화 이후

1. 역사전쟁의 확전, 기념물의 경쟁적 대량생산

지금까지 살펴본 것처럼 2000년대 이후, 특히 노무현 정부 등장 이후 시민종교 사제 진영의 반격으로 '한국판 문화전쟁culture war'인 역사전쟁이 촉발되었고, 예언자 진영의 재반격으로 인해 이 문화적-이데올로기적 내전은 더욱 격화되었다.[1] 문화전쟁의 가장 직접적이고 가시적인 결과는 '기념물의 경쟁적인 대량생산'이었다. 민주화 이후 예언자 진영 쪽에서 민주화운동과 국가폭력 희생자 기념물이 급증했음은 물론이고, 전쟁기념물을 중심으로 한 사제 진영의 기념물 역시 폭발적으로 증가했다. 어느 한쪽이 압도적 우위를 점하지 못하는 상황 자체가 위기의식을 조장하는 가운데, 사제-예언자 진영의 '성화聖化 경쟁'이 양쪽 모두에서 기념물의 경쟁적인 대량생산으로 이어졌다. 한국전쟁 이후 수십 년 동안 반공과 호국의 기념비·기념탑·기념관·박물관들이 전 국토를 뒤덮었듯이, 민주주의와 민주·민중 열사의 기념비들이 그 틈새를 비집고 하나둘씩 세워지고 있다.

　　예언자 진영의 기념물은 '역사적 쐐기'와 관련해서 이미 소개했으므로, 여기선 전쟁기념물을 중심으로 한 사제 진영의 기념물 생산에 대해 집중적으로 살펴보자. '민주화 이후 전쟁기념물의 대량생산' 현상이 가장 먼저 눈에 들어온다. 한국전쟁 관련 조형물이 1994년에는 577개였던 것이 1997년에 702개로 증가했다거나,[2] 국가보훈처가 집계한 '참전기념조형물'이 1996년 당시 667개였다가 2006년(이때의 명칭은 '국가수호시설'이었음)에는 882개로 늘어났다는 통계도 있다.[3] 2005년 4월 현재 국가보훈처가 관리하고 있던 이른바 '현충시설'은 1,530여 개에 달했다.[4]

〈표 17-1〉은 2008년 9월 현재 국가보훈처 홈페이지에 공개된 896개의 '국가수호시설'을 역대 정권별로 구분해놓은 것이다. 이 표만 보면, 이른바 '민주정부들'에서 전쟁기념물 건립 활동이 오히려 더 활발했음을 알수 있다. 김대중-노무현 정부 10년 동안 전쟁기념물이 257개나 건립되었는데, 이는 전체(896개)의 28.7%에 이른다. 나아가 1987년 민주화 이후 건립된 전쟁기념물이 419개로 전체의 61.3%나 된다. 이것만 보더라도 한국전쟁은 아직 끝나지 않았다! 더구나 이 통계에는 민간인 집단희생과 관련된 15개의 반공적 성격의 위령탑·위령비[6]가 포함되지 않았다. 1980년대 이후 본격화된 개신교의 순교자기념사업과 관련된 기념물들 역시 대부분 전쟁 시기의 '반공 순교자들'을 대상으로 하고 있다는 점에서 주목할 만하다.[7] 〈표 17-1〉에서 확인되듯이 김대중-노무현 정부에서 가장 많은 전쟁기념물이 생산된 것은 한국전쟁 발발 50주년(2000년) 및 휴전 50주년(2003년)과 시기적으로 중첩된 탓이 컸지만, 그것들조차 시민종교 사제 진영의 주도 아래 그렇게 되었음은 말할 것도 없다. 고조된 위기의식이 개전·종전 50주년이라는 시의성과 결합하여 전쟁기념물의 폭발적 증가를 낳은 것이다. 민주화 이행기에 해당하는 노태우 정부 때 그 이전보다 전

〈표 17-1〉 정권별 전쟁기념물 건립 현황[5]   단위: 년, 개

정권	이승만	박정희	전두환	노태우	김영삼	김대중	노무현
집권기간(A)	13	19	8	5	5	5	5
건립 수(B)	166	218	93	96	66	151	106
B/A	12.8	11.5	11.6	19.2	13.2	30.2	21.2

쟁기념물이 부쩍 늘어났던 사실 역시 민주화 이후 가시화된, 시민사회 내 기억투쟁의 고조 그리고 그에 따른 시민종교 양 진영에 의한 '경쟁적인 기념물 생산'이라는 시대적 분위기를 반영한다고 볼 수 있을 것이다.

〈표 17-2〉는 2003년 이후 연도별 '현충시설' 지정 및 예산 지원 추이를, 〈표 17-3〉은 2013년 현재까지 국내에서 현충시설로 지정된 기념물들을 종류별로 정리한 것이다. 여기서 반공 기념물 성격이 강한 '국가수호시설'에 특히 주목해볼 필요가 있다. '현충시설'은 크게 '독립운동 관련 시

〈표 17-2〉 현충시설 지정 및 예산 지원 추이   단위: 개소, 억 원

구분		2003년	2005년	2007년	2009년	2011년	2013년
현충시설 합계		811	2,176	2,314	2,449	2,521	2,650
국내시설	소계	811	1,507	1,595	1,661	1,733	1,862
	독립운동	335	666	701	721	749	823
	국가수호	476	841	894	940	984	1,039
국외시설		0	669	719	788	788	788
예산		111.5	70.8	149.9	191.0	270.0	452.0

* 출처: 형시영, "통합적 현충시설관리체계 구축방안 연구", 286쪽에서 재구성.

〈표 17-3〉 2013년 현재 현충시설 지정물의 유형별 분포   단위: 개소, %

구분	합계	기념관	동상	탑/비	사당	생가	조형물	기타
합계	1,862 (100.0)	66 (3.5)	125 (6.7)	1,449 (77.8)	48 (2.6)	43 (2.3)	17 (0.9)	114 (6.1)
독립운동시설	823 (100.0)	49 (6.0)	84 (10.2)	515 (62.6)	38 (4.6)	43 (5.2)	7 (0.9)	87 (10.6)
국가수호시설	1,039 (100.0)	17 (1.6)	41 (3.9)	934 (89.9)	10 (1.0)	0 (0.0)	10 (1.0)	27 (2.6)

* 출처: 형시영, "통합적 현충시설관리체계 구축방안 연구", 287쪽. 여기서 '기타'는 공원, 장소 등을 가리킴.

설'과 '국가수호 관련 시설'로 나뉜다. 현충시설은 독립유공자·국가유공자·참전유공자 등 국가를 위해 공헌하거나 희생한 이들의 공훈 및 희생정신을 기리는 각종 건축물, 조형물, 사적지, 공헌·희생이 있었던 구역 등을 가리킨다. 현충시설은 국민의 애국심을 기르는 데 가치가 있다고 인정되는 기념비, 기념탑, 기념관, 전시관, 사당, 생가, 장소 등으로 구성된다. 중앙정부 차원에서 현충시설 건립과 관리에 대한 지원이 시작된 것은 '광복 50주년'이던 1995년부터였다. 정부 지원은 2001년부터 기존의 '독립운동시설'을 넘어 '국가수호시설'로까지 확대되었으며, 2003년부터는 독립운동·전쟁 관련 기념물들을 국가의 체계적인 관리와 지원을 받는 현충시설로 '지정'하기 시작했다.[8]

전쟁기념물이 대다수를 차지하는 '국가수호시설'이 2000년대 이후, 특히 2001년과 2003년을 계기로 국가의 적극적인 재발견과 조명의 대상이 되었다는 점을 강조할 필요가 있다. 2003년에는 그런 곳이 476곳에 그쳤지만 2013년 현재로는 무려 1,039곳이 되어 전체 현충시설의 55.8%를 차지하고 있다. 여기에 만만치 않은 국가예산이 매년 투입되고 있다. 또 2013년 현재 전국 방방곡곡에 무려 934개나 되는 크고 작은 전쟁기념탑이나 전쟁기념비들이 세워져 있다. 한편 2010년 6월 현재 국가보훈처가 '현충시설'로 지정한 대상 중 '국가수호시설' 940개소의 유형별, 지역별 분포를 파악한 것이 〈표 17-4〉이다. 한편 민주화 이후 건립된 전쟁 관련 기념시설 중 특별히 중요하거나 규모가 큰 편인 것들만 다시 추리면 〈표 17-5〉와 같다.[9]

앞서 소개했지만 1974년부터 1990년에 이르기까지 연천, 철원, 파주, 양구에서 발견된 4개의 군사용 땅굴들도 '안보관광'을 위한 여러 시설물들이 추가로 건립되면서 반공 유적지·순례지로 자리 잡아 가고 있다. 인천광역시는 2010년 이후 몇 차례 '인천상륙작전 기념공원'(전승기념공원) 조성 계획을 발표했다.[10]

〈표 17-4〉 2010년 6월 현재 현충시설 중 '국가수호시설'의 유형별·지역별 분포

구분	기념관	동상	탑	비석	사당	조형물	장소	기타	합계
강원	6	2	39	79	1	0	4	1	132
경기	0	2	54	90	0	3	0	1	150
경남	1	4	39	56	0	1	1	2	104
경북	3	2	32	56	0	0	0	2	95
광주	0	0	4	2	0	0	0	0	6
대구	2	1	2	6	0	0	0	0	11
대전	0	1	0	3	0	0	1	0	5
부산	0	1	2	12	0	1	0	1	17
서울	1	4	4	10	0	1	0	0	20
울산	0	1	3	5	0	0	0	0	9
인천	1	2	7	10	0	0	0	0	20
전남	0	2	59	33	0	0	0	1	95
전북	0	1	38	54	0	0	0	0	93
제주	0	5	15	26	0	0	0	0	46
충남	0	0	25	17	7	0	1	0	50
충북	1	2	28	52	1	1	1	1	87
합계	15	30	351	511	9	7	8	9	940

* 출처: 이영자 외, 『현충시설의 효율적 관리 및 활용 방안 연구』(연구보고서), 보훈교육연구원, 2010, 13쪽.

1994년에 서울 용산구 용산동에 국립 전쟁기념관이 개관했는데, 전쟁기념관으로는 당시 '세계 최대'의 규모였다. 기념관 내부에는 한국전쟁과 베트남전쟁 전사자와 경찰 등 16만 명의 성명을 기록한 '전사자 비명碑銘 회랑'도 자리하고 있다.[11] 전쟁기념관은 '건립 목적'을 다음과 같이 제시하고 있다.

    1. 호국 자료의 수집·보존 및 전시: 외적의 침입으로부터 나라를 수호

〈표 17-5〉 민주화 이후 건립된 주요 전쟁기념시설들

명칭	완공	장소	주요 내용
백마고지전적기념관	1990.5	강원 철원군	191,736m² 부지에 기념관(165m²), 전적비, 위령비, 전망대, 평화의 종 등으로 구성됨.
학도병기념관	1991.2	강원 태백시	100평 부지에 건물면적 40평으로, 강원도교육청이 태백중학교 교정에 건축.
전쟁기념관	1994.6	서울 용산동	116,793m² 부지에 건축 연면적 84,129m² 규모로, 지하 2층 지상 4층의 전시관, 야외전시장, 부대시설 등으로 구성됨.
거제도포로수용소 역사공원	1999.9	경남 거제시	1998년 9월에 착공하여 1999년 9월에 제1차로 완공했고, 2002년 11월 확장공사를 하였음. 이에 앞서 1991년 9월 소규모의 '거제도포로수용소 유적관'(50평)이 개관된 바 있음.
양구전쟁기념관	2000.6	강원 양구군	3,491m² 부지에 건물 413m², 전시면적 334m² 규모로, 9개 전투를 소개하는 9개 전시공간으로 구성됨.
춘천대첩기념 평화공원	2000.6	강원 춘천시	2,457m² 부지에 춘천대첩 기념조형물, 무공탑, 6·25 참전 학도병기념탑 등으로 구성됨.
빨치산토벌전시관	2001.5	경북 산청군	2층의 지리산빨치산토벌전시관, 8개의 아지트, 4개의 답사코스, 야외 무기전시장, 기념조형물 등으로 구성되어 있음. 산청군이 건립.
학도병전승기념관	2002.7	경북 포항시	2층 건물로 학도의용군 관련 사진과 유품, 무기, 지도 등을 전시. 인근의 포항지구 전적비, 전몰학도 충혼탑과 함께 탑산 추모공원을 형성.
박진전쟁기념관	2004.6	경남 창녕군	창녕군이 폐교된 초등학교 터에 건립. 기념관, 박진전쟁기념탑, 추모조형물, 야외 무기전시장 등으로 구성.
도라산평화공원	2008.9	경기 파주시	99,000m² 부지에 해병대 파로비(破虜碑), 평화의 탑, 전시관, 평화통일 염원 상징조형물(개벽), 통일의 숲, 연평해전 영웅의 숲 등으로 구성.
월남파병용사 만남의장	2008.10 (개장)	강원 화천군	139,788m² 부지에 참전기념관, 구찌터널, 베트남 전통가옥, 추모비, 상징탑, 훈련체험장, 야외 전투장비 전시장 등으로 구성.
DMZ박물관	2009.8	강원 고성군	151,242m² 부지에 지상 3층 연면적 10,761m²의 전시관을 포함하여, 다목적센터, 대북심리전 장비, 철책걷기 체험장, 야외 무기전시장, 야외무대, 야생화동산, 팔각정 등으로 구성. 강원도가 건립.
유엔군초전기념관	2013.4	경기 오산시	유엔군 초전기념비 옆에 지상 3층 규모로 세워짐. 야외 무기 전시장도 있음.

명칭	완공	장소	주요 내용
평화통일기원 테마공원	2014.3	경기 의정부시	미군 반환 공여지(5,000㎡)에 미군 참전 기념조형물, 베를린장벽 실물조각, 시 승격 50주년 상징조형물 등으로 구성.
울산대공원 안보테마공원	2014.3	울산시 남구	현충탑(위패실 포함), 호국관, 6·25 및 월남 참전 기념탑, 무시전시장 등으로 구성.
영국군 설마리전투 추모공원	2014.4	경기 파주시	설마리전투비, 이미지월과 베레모 형상 조각을 포함한 추모조형물, 평화의 문, 영국군 동상, 글로스터교, 칸 중령 십자가 등으로 구성.
칠곡호국평화 기념관	2015.10 (개관)	경북 칠곡군	낙동강방어선전투를 기념하며, 호국평화기념관, 왜관지구전적기념관, 호국평화탑, 참전용사비 등으로 구성.
경찰기념공원	2016.6 (개장)	서울시 중구	전사·순직경찰관 명패가 새겨진 추모벽, 경찰70주년기념탑, 추모위비로 구성.
영천전투 메모리얼파크	2017.3 (개장)	경북 영천시	영천전투 전망타워, 전투체험시설, 호국기념관(2018년 완공 예정)으로 구성.
화령전승기념관	2018.10 (개관)	경북 상주시	상주호국역사관, 화령전투체험관, 야외시설(승리의 광장, 기억의 정원, 참호정원, 대화정원, 상징조형물로 구성.
효령고로지구 전투기념공원	조성 중	경북 군위군	호국기념광장, 추모공원, 전투체험시설 등으로 구성.
장사상륙작전 기념공원	조성 중	경북 영덕군	1950년 9월 13일 장사상륙작전 때 투입된 2700톤급 문산호를 재현(문산호전시관)하면서 전승기념탑도 건립. 2018년 현재 사실상 완공 상태임.

하기 위하여 역대 전쟁에서 사용된 각종 유물과 전쟁 체험의 실체를 보여주는 자료들을 종합적으로 수집·보존 및 전시하고 호국 유산을 후세에 전한다.

2. 전쟁의 교훈과 호국정신을 학습하는 호국의 전당: 후세들에게 국난 극복의 정신을 일깨우고, 역대 전쟁의 역사적 교훈을 통하여 어떠한 경우에라도 대처할 수 있는 국민정신교육의 공간으로 호국 전당의 역할을 다한다.

3. 용사들의 호국위훈護國偉勳을 기념하고 추모한다: 조국을 지키기 위

하여 목숨을 버린 용사의 숭고한 희생을 추모하며 그 업적과 정신을 칭양한다.[12]

이전의 육군본부가 있던 자리에 세워진 전쟁기념관은 국방부 청사와 인접한 곳에 위치하고 있었다. 전쟁기념관은 한강을 사이에 두고 국립현충원과 마주보고 있다. 여전히 '전사자 묘지' 성격이 강한 현충원과 강 건너편의 전쟁기념관은 강한 공명共鳴 관계 속에 놓여 있다. 말하자면, 국립현충원과 전쟁기념관이 한 쌍을 이뤄 전쟁의 기억을 되새기는 강력한 장소성을 창출해내고 있다. 우리는 여기에다 신축하여 2005년 10월에 개관한 '국립중앙박물관'을 추가할 수도 있을 것이다.[13] 국립중앙박물관의 신축 이전과 함께 국립현충원-국립중앙박물관-전쟁기념관으로 구성되는, 더 확장하면 국립현충원-국립중앙박물관-전쟁기념관-(용산공원)-남산-서울시청-광화문-청와대로 이어지는 수도 서울의 '성스러운 남북 축軸'이 비로소 완성되었던 것이다.

베트남전쟁을 둘러싼 기억투쟁, 특히 한국군에 의한 민간인학살 문제가 쟁점화되었던 상황도 기념물의 경쟁적 대량생산을 자극했다. 1992년 12월 한국-베트남 수교 당시 한국 정부의 유감 성명, 1994년 한승주 외교부 장관의 유감 발언, 1998년과 2001년 김대중 대통령의 유감 표명과 사과 등이 이어지는 가운데, 이에 반발하는 베트남전쟁 참전자들이 점차 결집하기 시작했다.[14] 그러다 1999~2000년에 걸쳐 주간지인 『한겨레21』이 연속 보도를 통해 베트남전 학살 진상규명운동을 전개해나갔다. 이에 호응하는 시민단체들의 움직임, 이에 저항하는 베트남전 참전자들의 움직임이 중첩되면서 기억투쟁이 갑자기 격화되었다.[15] 한국사회에서 베트남전쟁을 둘러싼 기억투쟁이 치열해짐에 따라, 시민종교 사제 진영에서는 베트남전쟁 참전 기념물을 대량으로 생산해냈다. 베트남 참전자들이 참전 기념물 건립운동을 시작한 것은 1990년부터였다. 그 성과로 충북 옥천에 최초의 월남참전기념비가 세워진 때는 1992년 5월이었다. 베트남전쟁 기억투쟁이 뜨거워진 1999년 이후 참전 기념물 건립운동이 재차 가속화되었고, 2009년 동작동 국립현충원 정문 건너편 주차공원에 건립된 월남참전기념탑을 비롯하여 수십 개의 기념비들이 연이어 등장했다.[16] 평화박물관건립추진위원회 측은 2009년 1월부터 2010년 12월까지 약 2년 동안 조사를 진행하여, (비문에서 한국전쟁과 베트남전쟁을 동시에 언급하고 있는 것을 포함하여) 모두 110개의 베트남 참전 기념물들을 확인했다.[17] 2007년 8월 현재까지 세워진 베트남 참전 기념물이 74개였으니,[18] 불과 3년여 만에 36개 안팎의 베트남전 기념물이 신설되었던 셈이다. 이 가운데 가장 규모가 큰 것은 베트남 파병 장병들의 훈련 장소였던 강원도 화천군 간동면에 건립된 '월남 파병용사 만남의 장'이다. 월남파병용사만남의장은 139,788m² 부지에 참전기념관, 구찌터널, 베트남 전통가옥, 옛 취사장, 추모비, 상징탑, 전술기지, 훈련체험장, 연병장, 야외 전투장비 전시장, 내무반 등으로 구성되어 있다. 이 시설은 "베트남 참전의 의미를 되새기고, 참전용사들의 자긍심을 높이기 위해" 강원도와 화천군이 1998년부터 건립을 추진하여 2006년과 2008년에 각각 1단계와 2단계 사업을 완료했다.[19] 윤충로에 의하면 월남파병용사만남의장은 "한국의 베트남 참전에 관련한 공식기억이 지닌 특징을 단일한 공간에서 종합적으로 보여주는 최초의 사례"였다. 윤충로는 이 시설의 성격을 "관 주도의 전쟁 기억"과 "기억의 상업화"로 요약했다.[20] 아울러 그는 월남파병용사만남의장에 설치되어 있는 '베트남 현지 재현물'은 "베트남을 타자화 함으로써 한국을 주체로 세우는 '아류 오리엔탈리즘'의 시선을 함축"하고 있다고 비판했다.[21]

　2012년 이래 다양한 방식의 '안보테마공원'이 새로운 형태의 기념시설로 등장하고 있는 점도 주목된다. '여가·휴식과 안보·반공의 부드러운 결합'을 추구한 게 안보테마공원 프로젝트의 특징이었다. 2012년 10월 양평군에 처음 등장한 안보테마공원은 "군부대 연병장을 주민들의 체육시설

과 안보공원으로 개방하는 사업"이었다. 양평군의 경우 "안보테마공원
은 20사단이 사용하던 부대 내 연병장을 리모델링한 것으로 안보교육관,
병영도서관, 주차시설, 휴게시설 등을 갖춰 민간에 개방했다. 연병장은
인조잔디구장, 야간조명, 관람석 등으로 조성돼 세련된 체육시설로 변모
했으며, 각종 안보장비가 전시되는 안보교육관"도 갖추었다.[22] 2013년
10월에는 양평에 이은 두 번째 안보테마공원이 화성시에서 개장했다. 양
평군에서처럼 도·시와 군부대가 협력하여 51사단 연병장을 주민체육시
설로 개조하고 안보교육관, 주차·휴게시설 등을 설치하는 내용이었다.[23]
2014년 3월에는 의정부의 반환된 미군기지 일부에 '평화통일 기원 테마
공원'이 조성되었다. 이곳에는 미군 참전 기념조형물, 베를린장벽 실물
조각, 시 승격 50주년 상징조형물 등이 들어섰다.[24] 거의 같은 시기에 울
산대공원 내의 현충탑과 호국관 주변에 6·25 및 월남 참전 기념탑, 무기
전시장 등을 추가로 만듦으로써 또 하나의 '안보테마공원'이 탄생했다.[25]

　국가보훈처와 경상북도는 2008년부터 한국전쟁 당시의 낙동강 전선
과 그 인근 전적지들, 즉 상주-칠곡-군위-영천-경주-포항-영덕을 잇
는 '낙동강 호국평화벨트 조성사업'을 추진해왔다. 〈표 17-5〉에 포함된
칠곡호국평화기념관, 영천전투메모리얼파크, 화령전승기념관, 효령고로
지구전투기념공원, 장사상륙작전기념공원은 '낙동강 호국평화벨트 조성
사업'의 일환으로 추진된 전쟁기념물 프로젝트들이었다.[26] 2016년 6월에
는 현충일을 맞아 서울시 중구의 서울경찰청 인근에 '경찰기념공원'이 문
을 열었는데, 여기에는 경찰 창립 이래 70여 년 동안 전사하거나 순직한
1만 3,700명의 명패가 새겨진 추모벽, 경찰70주년기념탑, 추모시를 담은
와비석 등이 들어섰다. 경찰기념공원 역시 넓은 의미에서 전쟁기념시설
로 간주할 수 있을 것이다.[27]

　우리는 〈표 17-6〉을 통해 민주화 이후 국립묘지 체계의 대대적인 확
대가 진행되었음도 확인할 수 있다. 서울현충원과 대전현충원 이후 경북

영천, 전북 임실, 경기 이천, 경남 산청에 각기 참전유공자들을 안장하기 위한 '호국원'이 신설되었다. 국립호국원은 1995년에 '대한민국재향군인회 현충사업단'이 발족되면서 추진되었던 집단묘지로, 국가유공자와 참전유공자가 안장 대상이다. 다시 말해 한국전쟁과 베트남전쟁에 참전한 군인과 경찰, 국가유공자, 장기복무 제대군인들을 위한 집단묘지인 것이다. 1994년부터 재향군인회가 추진한 '참전군인묘지 조성사업'에서 태동한 곳인 만큼 처음부터 '군인묘지'의 성격이 강했다. 앞으로 제주도와 충북 괴산에 호국원이 추가로 개원하게 되면, 또 2018년부터 본격적으로 추진된 제3국립현충원(국립연천현충원) 프로젝트가 현실화된다면, 또한 예고된 대로 서울의 효창공원과 수유리 애국선열묘역이 국립묘지에 준하는 예우의 대상인 '국가관리묘역'으로 지정된다면, 현충원이라는 이름을 지

⟨표 17-6⟩ 국립호국원의 등장

명칭	개원 시기	건립 장소	주요 내용
국립영천호국원	2001.1	영천시 고경면	384,369m² 부지에 묘역, 충령당(1관, 2관), 현충문, 현충탑, 현충관(호국안보전시관 포함), 홍살문, 영천대첩비, 전투장비전시장, 호국지, 쉼터, 호국식물원 등으로 구성.
국립임실호국원	2002.1	임실군 강진면	묘역, 충령당, 현충문, 현충탑, 현충관(호국안보전시관 포함), 홍살문, 야외전시장, 호국지, 휴게소 등으로 구성.
국립이천호국원	2008.5	이천시 설성면	묘역, 위패봉안시설, 현충문, 현충탑, 현충관(안보전시관, 임시봉안실 포함), 충용탑, 홍살문, 쉼터 등으로 구성.
국립산청호국원	2015.4	산청군 단성면	묘역, 봉안담, 현충문, 현충탑, 현충관(안보전시관, 임시봉안실 포함), 제례단, 홍살문, 쉼터, 호국지 등으로 구성.
국립제주호국원	진행 중	제주시 노형동	
국립괴산호국원	진행 중	괴산군 문광면	

닌 세 곳, 민주묘지라는 이름을 지닌 세 곳, 독립운동가 묘역 세 곳, 호국원이라는 이름을 지닌 여섯 곳 등 모두 15곳으로 국립묘지 숫자가 늘어나게 된다. 전사자들을 중심으로 한 현충원-호국원 계열 국립묘지들은 한편으로 국립민주묘지들, 다른 한편으로는 국가가 관여한 다른 공공 묘지들—실향민, 징용자, 해외 한인, 한국전쟁 전후 민간인 피학살자 등을 대상으로 하는—과 공존하고 있다. 그럼으로써 국립묘지 체계의 중층성과 내적 이질성이 증가되고 있기도 하다.

한편 1950년대 이래 가장 중요한 전쟁기념물 지위를 차지해왔던 서울 동작동의 국립서울현충원(국군묘지)과 부산의 유엔기념공원(유엔군묘지) 역시 민주화 이후에도 지속적인 발전상을 보여 왔다. 그 핵심적인 내용이 〈표 17-7〉, 〈표 17-8〉, 〈표 17-9〉에 요약되어 있다. 서울 동작동 국립묘지의 경우, 1980년대 이후 신 현충관(1980년), 호국교육관(1988년), 사진전시관(1991년), 임시정부 요인 묘역(1993년), 대한독립군 무명용사 위령탑(2002년), 봉안시설인 충혼당(2005년), 영현봉안관(2005년), 봉안식장(2013년) 등이 새롭게 등장했다. 국립묘지에서 상징적 우주의 중심인 현충탑도 지하의 위패봉안관에 충혼승천상을 설치하고(1992년), 위패봉안관을 증축하며(1993년), 무명용사 봉안실을 개선하는(1998년) 등 또 한 번의 대대적인 변신을 꾀했다.[28] 2005년 3월 말 현재 서울과 대전의 두 곳 국립묘지에 안장된 이들만 해도 무려 84,717명에 이르렀다.

〈표 17-9〉에서 보듯이 1998년과 2005년을 계기로 유엔기념묘지의 '가치 재발견'이라고 할 수 있을 만큼 이곳에 대한 정부의 관심이 급속히 증대되었다. 이는 1978~1998년 사이 무려 20년 동안의 무관심과 예리하게 대조된다. APEC 정상회담을 계기로 한 대대적인 정비에서 확인할 수 있는 세계화 이데올로기와의 결합, '시민공원'으로의 변신이 2000년대 이후 유엔기념묘지에서 나타난 변화의 큰 줄기를 구성하고 있다. 정부가 적극 나서고 있음은 2001년 이후 유엔기념묘지의 관리비용을 한국 쪽에서 대

〈표 17-7〉 민주화 이후 국립서울현충원의 주요 변화: 1988~2013년

시기	주요 변화
1988.3.29	호국교육관(현충선양관) 건립
1990.8.31	유품전시관(기념관) 건립
1991.11.30	사진전시관 건립
1992.10.10	충혼승천상 건립
1993.10.29	임시정부 요인 묘역 조성
1993.12.15	광복정(육각정) 건립
1993.12.31	현충탑 내 위패봉안관 증축
1996.6.1	국립현충원으로 기관 명칭 변경
1998.12.15	무명용사 봉안실 개선(유골함, 실내 장식)
2002.5.17	대한독립군 무명용사 위령탑 제막
2005.8.31	충혼당(봉안시설) 건립
2005.11.13	영현봉안관 건립
2010.6.23	정문 및 측문 확장
2013.10.16	봉안식장 건립
2013.12.15	만남의 집 건립

〈표 17-8〉 국립묘지 안장 현황: 2005년 3월 31일 현재

구분	안장 능력			안장 위 수			잔여 위 수		
	계	서울	대전	계	서울	대전	계	서울	대전
계	104,464	54,496	49,968	84,717	54,457	30,260	19,747	39	19,708
국가원수	10	2	8	2	2	-	8	-	8
임정요인	33	33	-	18	18	-	15	15	-
애국지사	2,613	216	2,397	1,851	209	1,636	768	7	761
유공자	161	62	99	75	62	13	86	-	86
장군	1,517	355	1,162	573	355	218	944	-	944
장교·사병	93,219	52,998	40,221	78,856	52,998	25,858	14,363	-	14,363
경찰관	6,192	829	5,363	3,296	812	2,484	2,896	17	2,879
기타	719	1	718	52	1	51	667	-	667

* 출처: 신진우, "국립묘지법제정(안) 관련 주요 쟁점과 대안", 『국립묘지법안 및 국립묘지기본법안에 대한 공청회』(자료집), 국회정무위원회, 2005.4.19, 65쪽의 〈표 2〉.

〈표 17-9〉 유엔기념공원의 변화 과정: 1987년 이후

시기	주요 변화
1998	오스트레일리아 정부가 오스트레일리아 기념비 건립(2010년 재정비)
2001.3.30	공식 명칭이 '재한유엔기념묘지'에서 '재한유엔기념공원'으로 변경됨(영문 명칭은 그대로 유지)
2001.10.24	유엔조각공원 준공(15,458㎡ 규모). 참전 21개국의 조각품 34점을 기증받아 조성
2001.11.11	캐나다한국참전기념사업회가 캐나다 전몰용사 기념비 건립
2005.10.28	APEC 정상회담을 계기로 '유엔평화공원' 조성(32,893㎡ 규모)
2005.11.19	뉴질랜드 정부가 뉴질랜드 기념비 건립
2006.10.14	한국 정부가 유엔군 전몰장병 추모명비 건립
2007.1.4	프랑스 정부가 프랑스 기념비 건립
2007.5.10	노르웨이 정부가 노르웨이 기념비 건립
2007.5~6	묘비석 교체, 도로 정비, 연못 조성
2007.9	도운트 수로(Daunt Waterway) 조성
2007.9	유엔군위령탑 재정비. 제2기념관(카라보트전시관) 조성
2007.10.24	문화재청이 근대문화재로 지정(등록문화재 제359호)
2008.7.9	부산은행의 경비 지원으로 '한국-태국 우정의 다리' 교체
2008.8	'무명용사의 길' 조성, 녹지 지역 공사
2008.10.8	태국 정부가 태국 기념비 건립
2009.4.29	필리핀 기념비 건립
2010.3.16	영국 정부가 영국 기념비 건립
2010.5.19	유엔기념공원 일대를 '평화특구'로 지정

* 출처: 우신구, "유엔기념공원의 형성과정과 공간구조", 민주주의사회연구소 편, 『유엔기념공원과 부산: 국제평화도시의 환상을 넘어』, 선인, 2013, 170-176쪽에서 재구성.

부분 부담하고 있는 사실에서도 확인할 수 있다(〈표 17-10〉 참조). 이 표에는 나타나지 않으나, 한국정부는 2005년에 36억 원, 2007년에 8.5억 원, 2008년에 6.5억 원 등 세 차례에 걸쳐 '특별예산'을 지원하기도 했다.[29]

1950년대에 조성되었지만 대부분 망각된 상태로 수십 년 동안 방치되어 있었던 '작은 국군묘지들', 그 가운데 현재까지 남아 있는 42곳의 국군

<표 17-10> 유엔기념공원의 정규 예산 구조

시기	예산 부담 내역		
1951~1959년	전액 유엔군 부담		
1960~1973년	전액 유엔 부담		
1974~2000년	한국 정부		총액의 약 45% 부담
	나머지 10개국		총액의 약 55% 부담
2001년 이후	인건비, 운영비	한국 정부가 전액 부담	총액의 약 93% 부담
	관리비, 자산취득비	한국 정부가 45% 부담	
		나머지 10개국이 55% 부담	총액의 약 7% 부담

* 출처: 김선미, "재한 유엔기념공원의 조성 경위와 관리의 성격", 94쪽.

묘지들이 2010년대 이후 재발견·재강조·재성역화 되는 것도 경쟁적인 기념물 대량생산이라는 맥락에서 볼 수 있지 않을까? 최근에는 국방부가 수행하는 '전사자 유해 발굴사업'도 전쟁기념물을 양산하는 동인으로 작용하고 있다. 전사자 유해 발굴사업은 '6·25전쟁 50주년 기념사업'의 일환으로 2000년에 시작되었다가 2007년에는 항구적 사업으로 전환되었다. 흥미로운 대목은 2011년부터 경기도가 해당 시·군과 함께 유해 발굴 현장에 '평화의 쉼터'라는 전쟁기념물을 설치하기 시작했다는 것이다. 경기도는 2015년 1월까지 모두 21개소의 기념시설을 설치했다.[30] 유해 발굴사업이 앞으로도 오랫동안 계속될 예정이므로 기념물의 숫자도 계속 증가할 수밖에 없다.

연평해전, 제2연평해전, 침몰된 천안함, 연평도 포격 현장 등 2000년대 이후 남북 간 무력충돌과 관련된 기념물들도 계속 만들어지고 있다. 1996년에 동해안 강릉 앞바다에 침투하던 중 좌초한 북한 잠수함도 거대한 기념물로 변신했다. 기념물이 아닌 반공 기념일이 두 가지 신설된 사실도 주목할 만하다. 한국전쟁 정전협정 체결 60주년이 되는 2013년에는 매년 7월 27일이 국가기념일인 '유엔군 참전의 날'(정식 명칭은 '6·25전쟁 정전협정 및 유엔군 참전의 날')로 제정되었다. 2016년에는 제2연평해전, 천안함 사건, 연평도 포격 등을 기억하는 '서해수호의 날'이 제정되었다. 2010년 3월 26일에 천안함 사건이 발생한 것을 기려 '3월 넷째 주 금요일'이 서해 수호의 날로 정해졌다.[31]

박정희기념관 건립운동과 이에 맞서는 민주화운동기념관(민주의 전당) 건립운동의 충돌로 대표되듯이, 이미 1990년대 말부터 기념물들이 사제-예언자 진영 양측 모두에서 경쟁적으로 건립되고 있었다.[32] 박정희와 이승만을 둘러싼 영웅 만들기(조상 건립) 운동과 영웅 죽이기(조상 파괴) 운동의 극단적인 대립도 주목할 만하다. 이명박 대통령이 2008년 광복절 경축사에서 현대사 박물관을 세우겠다고 공표하면서 건립이 추진되었고, 2010년 10월 착공하여 이명박 대통령 임기 말인 2012년 12월에 개관하는 등 초고속으로 진행된 '대한민국역사박물관' 역시 박정희와 이승만 대통령을 중심으로 한 현대사 재구성 시도를 담고 있다.[33] 특히 박정희 대통령 관련 숭배 내지 기념 공간·조형물은 딸인 박근혜 대통령이 취임한 2013년 이후 급증하는 양상을 보였다. 특히 박정희 탄생 100주년이 되는 2017년 11월을 전후하여 '새마을운동테마공원'과 '박정희 대통령 역사자료관' 등 다양한 기념물과 기념시설이 만들어졌다.

2. 지역주의와 위험사회기념

민주화 혹은 과거사청산과 직접 관련은 없지만 시기적으로 겹쳐지는, 그러면서도 시민종교의 분화 혹은 재통합에 의미 있는 영향을 미쳤을 것으로 판단되는 두 가지 현상이 있다. 지역주의와 위험사회기념이 바로 그것이다.

먼저, 영남과 호남의 지역주의에 대해 살펴보자. 박상훈에 따르면, 한국의 정치지형이 지역주의에 따라 재편되면서 지역주의가 '망국적亡國的' 차원으로까지 부각된 것은 1987년의 대통령선거에서부터였다. 다시 말해 영남-호남 간의 지역주의 갈등이 "망국적 질병"으로 지탄받게 된 때는 '민주화 이후'였다. 그런 면에서 영호남 지역주의는 일종의 '만들어진 갈등'이었다.[34] 민주화로 인해 도전에 직면한 지배층은 기득권체제 유지를 위한 방책의 일환으로 지역주의를 적극 활용했다. 온전한 영남 대 호남 갈등 구도가 만들어졌다는 점에서 1990년의 3당 합당으로 지역주의 대립구조가 완성되었다. 이후 민주화를 계기로 활성화된 잦은 선거와 선거정치의 과정을 거치면서 지역주의 대립구조가 점점 더 고착되었다.

그런데 정근식에 의하면 1980년 5월의 광주항쟁 기간 동안 '시민적 공화주의' 이상理想이 집약적으로 표출되었다. 이와 유사하게 신진욱은 '민주공화주의적 가치 지향'과 '애국주의적 정체성'이 결합된 '애국적 민주공화주의'가 광주항쟁 과정에서 탄생했고, 그것이 항쟁을 이끈 동력이기도 했다고 보았다.[35] 1988년부터 시작된 5·18과 관련된 과거사청산, 명예회복, 기념사업 등을 거치면서 '시민적 공화주의' 혹은 '애국적 민주공화주의' 지향은 '광주정신', '오월정신', '5·18정신' 등의 이름으로 명명되었다. 이 정신 혹은 이념은 다시 호남 사람들의 지역주의 정서와도 복잡 미묘한 방식으로 결합되었을 것이다. 5·18의 복권과 선양宣揚, 신화화가 빠르게 진행됨에 따라 광주·호남은 시민종교의 예언자 진영 혹은 '민주-공화주의 시민종교'의 강력한 보루 중 하나가 되어갔다.

반면에 주민들이 패권적 지역주의의 포로 내지 열성 지지자가 된 영남에서는 1990년의 3당합당 이후 영남 출신 인사들이 주도하는 기존 지배체제에 대한 지지가 더욱 공고해졌다. 1990년대 중반 이후에는 특히 TK(대구경북) 지역을 중심으로 박정희 기념 내지 숭배가 점점 더 활성화되었다. 이런 과정에서 영남 사람들은 시민종교의 사제 진영 혹은 '반공-국가주의 시민종교'의 강력한 지역적 토대가 되어갔다. 영남의 지역주의가 반공

-국가주의 시민종교(사제 진영)와, 호남의 지역주의가 민주-공화주의 시민종교(예언자 진영)와 친화성을 보임에 따라, 지역주의가 강해질수록 한국사회의 문화적-이데올로기적 양극화가 심해지고, 그럼으로써 다시 시민종교의 분화를 촉진할 가능성이 커지게 되었다.

한편, '위험사회 한국'을 기념하는 조형물들이 대량으로 등장한 것이 민주화 이후의 또 다른 중요한 특징이었다. 필자는 이를 '위험사회기념물'이라고 명명하고자 한다. 중요한 점은 이 기념물들이 과거사청산과는 또 다른 방식으로 과거에 대한 반성을 유도하고 촉구한다는 사실이다. 울리히 벡은 『위험사회』에서 이렇게 말한 바 있다. "원자로 사고나 화학적 재난과 함께 '공백 지점들'이 가장 선진적인 문명 단계에서 지도 위에 다시 생겨난다. 그 지점들은 우리를 위협하는 것을 기리는 기념비이다."[36] 물론 여기서 벡은 가시적·물질적인 기념비를 말하는 게 아니다. 그렇지만 대형 참사와 재난의 현장에는 위험사회의 기념조형물들이 실제로 건립되는 경향이 있다. 재난의 현장을 고스란히 보존함으로써 그 자체가 거대한 기념비가 되도록 하기도 한다. 이전의 권위주의체제에서는 사회적 재난들을 정권의 치부로 여겨 감추는 데 열중했지만, 민주화 이후에는 위험사회기념물 건립을 막는 게 쉽지 않게 되었다. 2014년 4월 304명을 수장水葬시키면서 침몰했다가 3년 후인 2017년 4월 인양된 세월호의 거대한 선체는 한국 역사상 최대 규모의 위험사회기념물이 될 가능성이 높다.

위험사회기념물은 '발전주의 기념물' 혹은 '풍요사회 기념물'과 대척점인 위치에 서 있다. '한국적 근대화'가 내장한 엄청난 위험들을 폭로하는 사건들을 적극적으로 상기시키는, 동시에 압축적 근대화 과정에서 스러져간 무수한 희생자들을 기리는 위험사회기념비들은 (성장제일주의 신화의 '종언'은 아닐지라도) 성장제일주의 신화의 환상에서 벗어날 필요성을 보는 이의 마음속에 각인시킴으로써, 시민종교의 중요한 일부를 차지하는 '발전주의'의 부분적인 균열과 해체를 동반한다. 위험사회기념비들은 국민을 보호하지 못하고 국민의 안전을 보장하지 못하는 국가의 존재이유를 되묻는다. 아울러 생명을 경시하는 지배층과 자본의 무능, 무책임, 탐욕을 적나라하게 폭로한다.

이런 점에서 위험사회기념비들은 국가와 지배층의 정당성을 실추시키며, 나아가 국가와 지배층을 탈신비화·탈성화한다. 앞에서 언급했듯이 위험사회기념비들은 전통적인 기념문화 자체의 부분적 변형을 보여주기도 한다. 성찰적인 위험사회기념비들이 더 많이 등장할수록 개발독재-재벌체제에 기초한 유형의 발전주의, 위험을 사회경제적 약자들에게 전가하고 집중시키는 유형의 발전주의는 점점 더 약화될 수밖에 없다. 반면에 보다 인간적인 자본주의, 사회적 안전망과 복지국가 모델에 대한 대중적 지지는 증가할 수밖에 없다.

대규모의 재난 그 자체, 또 그것을 기리는 위험사회기념물들은 다른 한편으로 사회적 통합과 연대를 촉진할 잠재력을 갖고 있다. 미국에서는 2001년 9·11테러의 현장인 '그라운드제로'에서 전개된 구조와 추모 움직임이, 한국에서는 1995년 삼풍백화점 붕괴 사고의 구조와 추모 움직임이 강렬한 사회적 통합·연대 효과를 발휘했다. 실시간 중계되는 텔레비전 방송이 여기서 매우 중요한 역할을 담당했다. 그러나 재난의 통합·연대 효과가 2014년 발생한 세월호 사건에서는 거의 나타나지 않았다. 반대로 이 사건은 맹목적인 발전주의에 사로잡힌 '위험사회 한국'의 공포와 불안, 비인간성만을 적나라하게 노출시켰을 뿐이었다.

재난에서 대통령의 역할에 관해 김이수·이진성 헌법재판관은 "보충의견"에서 이렇게 말했다. "대규모 재난과 같은 국가 위기 상황에서 대통령이 그 상황을 지휘하고 통솔하는 것은 실질적인 효과뿐만 아니라 상징적인 효과까지 갖는다.……상징적으로는, 국정의 최고책임자가 재난상황의 해결을 최우선 과제로 여기고 있다는 점을 대내외적으로 보여줌으로써 그 자체로 구조 작업자들에게 강한 동기부여를 할 수 있고, 피해자나 그 가족들에게 구조에 대한 희망을 갖게 하며, 그 결과가 좋지 않더라도 정부가 위기상황의 해결을 위하여 최선의 노력을 다하였음을 알 수 있어 최소한의 위로를 받고 그 재난을 딛고 일어설 힘을 갖게 한다.……진정한 국가지도자는 국가 위기의 순간에 상황을 신속하게 파악하고 그때그때의 상황에 알맞게 대처함으로써 피해를 최소화하고 피해자 및 그 가족들과 아픔을 함께하며, 국민에게 어둠이 걷힐 수 있다는 희망을 주어야 한다."[37] 재난의 연대 효과는커녕, 재난을 국가적 분열의 계기로 몰고 간 박근혜 대통령은 결국 대통령직에서 파면 당했다.

3. 시민종교 대분화와 조숙한 교착

중요한 점은 시민종교 사제-예언자 진영 간의 격렬한 경쟁 상황이 시민종교의 제2차 분화를 더욱 촉진한다는 사실이다. 이미 1970년대 유신체제 등장 때부터 조금씩 진전된 시민종교 분화 과정은 2000년대 초에 이르러 제대로 가속도가 붙었다. 종전의 반공-자유민주주의 시민종교가 지배적 지위의 '반공-국가주의 시민종교'(사제 진영)와 도전적·종속적 지위의 '민주-공화주의 시민종교'(예언자 진영)로 본격적으로 분화되어갔다. '합의에 의한 민주화 이행'이나 '합의에 의한 과거사청산' 국면에 비해, 역사적 반격, 쐐기, 재반격 등을 거치면서 대립하는 양 진영의 차이와 정체성이 훨씬 명료해졌다. 특히 노무현 정부 출범 이후 문화적-이데올로기적 내전이 격화됨에 따라, 양측이 경쟁적으로 성물聖物을 대량으로 생산하는 가운데 '두 개의 시민종교' 내지 '두 개의 대한민국'에 근접한 상황이 초래되었다.

1940~1960년대에 시민종교의 사제 진영과 예언자 진영은 대한민국 시

민종교(반공-자유민주주의 시민종교)의 5대 교리를 대체로 공유하고 있었다. 양 진영은 발전주의와 친미주의를 공유하고 있었고, 강도나 성격 면에선 달랐을지라도 민족주의와 반공주의도 공유하고 있었다. 자유주의적 반공주의(예언자 진영)와 국가주의적 반공주의(사제 진영)의 차이는 있었을지언정, 양 진영은 반공주의를 공유하고 있었다. 약한 민족주의(사제 진영)와 강한 민족주의(예언자 진영)의 차이에도 불구하고, 양자는 민족주의를 공유했다. 민주주의 교리를 둘러싼 치열한 경쟁이 벌어지기는 했지만, 그렇다고 사제 진영이 민주주의 자체를 적대시하거나 공격하지는 않았다. 1970~1990년대를 거치면서 양측의 이질성이 점점 심해졌지만, 따라서 양자가 공유하는 지대地帶가 조금씩 축소되었지만, 그럼에도 두 진영의 공통분모는 아직 꽤 넓게 남아 있었다. 그러나 2000년대에 이르자 사제 진영과 예언자 진영 사이의 공유 지대는 아주 협소해졌다.

2000년대에는 사제-예언자 진영 사이에 공유하는 '가치와 이념'이 드물게 되었다. 양 진영이 공유하는 아름답고 화려하고 자랑스러운 '집합적·사회적 기억'—예컨대 전쟁·산업화·민주화투쟁 같은—도 거의 없다. 양 진영이 공유하는 '기념일'과 '축제', '의례'도 거의 없다. 태극기와 애국가는 두 진영 모두가 중시하는 희귀한 상징·의례의 사례들이지만, 각각이 거기에 부여하는 의미는 천양지차이다. 양 진영에 속한 이들이 즐겨 순례하고 참배하는 공통의 '성스런 장소'도 거의 없다. 심지어 국립묘지들조차 그런 공유된 장소의 역할을 하지 못하고 있을 뿐 아니라, 종종 분열을 확대재생산하는 장소로 기능한다. 현대사로 좁혀 볼 경우 양 진영 모두가 추앙하는 '위대한 인물 혹은 영웅'을 찾기도 쉽지 않다. 오늘날 양측 모두가 존경하는 시민사회나 정치사회의 '원로 혹은 원로그룹'도 거의 존재하지 않는다. 이들이야말로 극단적인 양극화를 막고 통합을 이룰 수 있는 사람들임에도 불구하고 말이다. 시민종교의 사제-예언자 진영을 각기 대변하는 이들의 말들은 점점 더 서로 알아듣기 어려워지고 있다. 각 진영은 점점 더 이질화되어가고 있는, 폐쇄적인 각자 '생각의 회로' 속에서만 맴돌고 있는 것처럼 보인다. 양 진영 사이의 시민종교적 공통분모가 거의 바닥난 상태인 반면, 서로간의 이질성과 악감정은 매우 선명하고 심각한 형국인 것이다. 더욱이 반세기 이상 지속돼온 무차별적인 이념적 마녀사냥은 사회 구석구석에 '혐오의 아비투스'를 지뢰처럼 촘촘히 심어놓았고, 이로 인해 언제든 혐오정치가 발흥하기 쉬운 비옥한 토양이 마련되어 있기도 하다.

사제—예언자 진영의 반격과 재반격이 요란하게 충돌하는 가운데, 사제진영의 우위가 현저함에도 불구하고 예언자 진영에서 산출한 역사적 쐐기들 또한 강하게 작동하고 있다. 이런 상황에서는 어느 한쪽이 노골적인 폭력으로 상대를 제압하지도 못하기 때문에, 사제—예언자 진영 간의 갈등이 주로 '상징투쟁'의 형태를 취하는 경향이 강하게 나타난다. 이 상징투쟁은 사안에 따라 역사전쟁이나 기억투쟁, 기념투쟁, 의례투쟁 등 다양한 모습으로 표출된다.[38] 최근의 상황은 두 진영의 갈등이 때 이르게 혹은 조숙하게 '경합적 교착 상태'에 빠져 있는 것이 아닌가 생각된다. 분명한 사실은 이런 교착적 상황이 장기화될 경우, 한국 시민종교의 제2차 분화는 돌이킬 수 없는 추세가 되고 두 개의 시민종교 현상도 점점 굳어져 가리라는 것이다.

앞서 지적했던 베트남전쟁의 기억과 기념도 '갈등적 교착'의 주요 사례 중 하나이다. 김대중 정부 시기에 일련의 의미 있는 정치적 행동과 사업들이 진행되기도 했지만, 국가가 개입하여 법률적 근거를 지닌 과거사 청산이 시도되는 것도 아니어서, 오로지 시민사회 양 진영 사이의 치열한 갈등이 서로 요란하고 충돌하고 있을 따름이다. 윤충로는 한·베평화공원, 하미마을위령비, 베트남참전용사만남의장이라는 세 가지 베트남전쟁 기념물을 예로 들어 한국사회 안에서 벌어지고 있는 '기억정치'의 한 단면을 부각시킨 바 있다(〈표 17-11〉 참조).

베트남전쟁 기억·기념을 둘러싼 이런 갈등적 교착은 한국의 국립묘지 체계 안에도 존재한다(〈그림 17-1〉). 특히 국립민주묘지들과 국립추모·평

〈표 17-11〉 한국군의 베트남전쟁 참전을 둘러싼 기념물·공간의 재현과 기억정치

주체		한겨레21·푸엔성	월남참전전우복지회·하미마을	강원도
기념물·공간의 재현	대상	베트남전 당시 한국군의 베트남 민간인학살	베트남전 당시 한국군의 베트남 민간인학살	한국군의 베트남 참전
	조성 지역	푸엔성	하미마을	강원도 화천군 오음리
	조성 시기	2003년 1월	2000년 11월	2008년 10월
	내용	평화·화해 공간	과거 종결, 화해 기념물	참전기념관·공간 조성
	재현 형태	한·베평화공원	하미마을 위령비	월남파병용사만남의장
전쟁 기억과 기억의 정치	갈등구조와 목표	공식기억과의 투쟁, 기억의 재편	대항기억에 대한 투쟁, 지배적 기억의 정형화	지배적 기억의 정형화, 기억의 상업화
	과거사청산	과거사청산 추구	과거의 합리화와 부정	과거의 합리화와 부정
	탈국가적 맥락	탈국가적 기억문화, 화해의 단초 마련	폐쇄적 기억문화, 반성 없는 화해의 시도	폐쇄적 기억문화, 반성 없는 자기 정당화

* 출처: 윤충로, "한국의 베트남전쟁 기념과 기억의 정치", 155쪽의 〈표 1〉. 필자가 '조성 시기'를 추가하였음.

〈그림 17-1〉 국립묘지/준(準)국립묘지의 대립

지배/애국/영광의 공간		저항/희생/침묵의 공간
현충원 (서울, 대전 + 연천)	↔	민주묘지 (4·19, 3·15, 5·18, 민주화운동기념공원)
호국원 (영천, 임실, 이천, 산청 + 괴산, 제주)	↔	추모·평화공원 (거창, 산청·함양, 제주, 노근리, + 대전 곤룡골)

〈표 17-12〉 보훈대상자 범위의 변화 추세

명칭	제정·개정 시기	주요 내용
군사원호법	1950.4.14	상병(傷病) 군인과 그 가족으로서 생계 곤란자, 장병 또는 상병 군인의 유족으로서 생계 곤란자, 하사관병의 가족으로서 생계 곤란자
군사원호보상법	1961.11.1	제대군인, 상이군경 및 전몰군경의 유족
	1963.8.7	전투, 공무집행, 공비 토벌 중 그 상이(傷痍)로 인하여 사망한 자를 전몰군경 해당자로 추가
	1968.7.10	군사적 목적으로 외국에 파견된 군속 및 공무원으로서 직무상 상이를 입은 자 또는 사망한 자의 유족, 정부의 승인을 얻어 전투 또는 군작전에 종군하는 기자로서 종군 중 상이를 입은 자 또는 사망한 자의 유족도 준용
국가유공자 및 월남귀순자 특별원호법	1962.4.16	애국지사 및 그 유족, 4·19의거 상이자 및 4·19의거 사망자의 유족 및 월남 귀순자
	1968.7.10	재일학도의용군 참가자 및 반공포로 상이자를 추가
	1968.12.31	재일학도의용군 참가자의 범위를 확대
	1974.12.24	공상(公傷) 공무원 및 순직 공무원의 유족을 추가
국가유공자 등 특별원호법	1975.12.31	태극 또는 을지 무공훈장 수훈자로서 생계 곤란자를 추가
	1977.12.19	애국지사를 건국훈장 수훈자 외에 건국포장 및 대통령표창을 받은 자도 추가
	1979.12.28	재일학도의용군 참가자 중 일본국 귀향자도 추가
국가유공자 등 예우 및 지원에 관한 법률	1984.8.2	국가유공자의 범위에 순국선열, 순직 군경, 보국훈장 수훈자를 포함시키고, 국가·사회발전 특별공로 순직자, 국가·사회발전 특별공로 상이자, 국가·사회발전 특별공로자를 추가
	1991.12.27	순국선열 및 애국지사의 범위를 상훈법의 개정 내용에 맞게 독립운동의 공로로 건국훈장을 받은 자로 함
	1994.12.31	4·19의거를 4·19혁명으로 개칭하고, 순국선열 및 애국지사를 분리 입법하며, 무공·보국훈장 수훈자를 각각 무공훈장 수훈자와 보국 훈장 수훈자로 분리
독립유공자 예우에 관한 법률	1994.12.31	순국선열 및 애국지사에 관한 별도의 입법
고엽제 후유의증 환자 진료 등에 관한 법률	1993.3.10	고엽제 후유의증 환자 지원 추가
	1995.12.30	'고엽제 후유의증 환자 지원 등에 관한 법률'로 명칭 변경
참전군인 등 지원에 관한 법률	1993.12.27	참전군인 등 지원 추가
	2002.1.26	'참전유공자 예우에 관한 법률'로 명칭 변경
제대군인 지원에 관한 법률	1997.12.31	제대군인 지원 추가
5·18민주유공자 예우에 관한 법률	2002.1.26	5·18 광주민주화운동 유공자 지원 추가

* 출처: 손희두, "국가보훈기본법 제정(안)에 관한 검토 의견", 『국가보훈기본법안에 대한 공청회』(자료집), 국회정무위원회, 2005.4.19, 136쪽의 〈표 4〉.

화공원들(4·3, 거창, 산청·함양, 노근리, 향후 조성될 대전 곤룡골)을 한편으로 하고, 국립현충원 및 국립호국원을 다른 한편으로 하는 대립구도에 주목할 필요가 있다. '순직한' 군인과 경찰이 압도적 다수인 서울 국립현충원—대전 국립현충원—부산 유엔기념묘지(유엔기념공원), 그리고 경찰과 군인에 의해 희생된 이들이 묻혀 있는 서울 국립4·19민주묘지—광주 국립5·18민주묘지—마산 국립3·15묘지의 부자연스런 공존이 시민종교들 사이의 갈등적 경합·교착 상태를 극명하게 상징한다. 국립묘지 체계 내부의 모순과 적대성은 '민주묘지 대對 현충원·호국원' 구도에서보다는 '추모공원·평화공원 대 현충원·호국원' 구도에서 훨씬 강렬하게 표출된다.

국립묘지에 안장되어 있는 이들은 대부분 국가가 '유공자'로 공인한 이들이다(〈표 17-12〉 참조). 따라서 국립묘지 체계의 갈등적 교착은 유공자들에 대한 예우나 선양에서의 갈등으로 확대될 소지가 충분하다. 적대하는 시민종교 양 진영에 속한 수많은 국가유공자들과 그 가족들은 상대 진영을 의심과 경계의 시선으로 바라보는 동시에, 혹시라도 어느 편에 편파적인 결정을 내리지 않을지 국가의 일거수일투족을 항시 예의주시하고 있다. 국가가 보훈정책 등을 통해 양 진영의 세력균형을 언제든 무너뜨릴 수도 있기 때문이다. 실제로도 〈표 17-13〉에서 보듯이 국가적 영웅들은

〈표 17-13〉 2005년 현재 보훈대상자별 공훈선양시설 현황

보훈대상자	공훈선양시설	관련 법령(소관 부처)	관련 사업
독립유공자	독립기념관	독립기념관법(문화관광부)	독립운동 기념사업
국가유공자	국립현충원 (국립묘지) 전쟁기념관	국방부와 그 소속기관 직제, 국립묘지령(국방부), 전쟁기념사업회법(국방부)	호국정신 고취 및 민족통일 관련 사업
민주화유공자	4·19묘지 5·18묘지	국립4·19묘지규정(국가보훈처) 국립5·18묘지규정(국가보훈처)	민주화운동 기념사업

* 출처: 손희두, "국가보훈기본법 제정(안)에 관한 검토 의견", 130쪽의 〈표 3〉.

〈표 17-14〉 2005년 현재 부처별 공훈선양사업

주관부처	공훈선양사업
국가보훈처	독립운동, 국가수호, 민주화 등과 관련된 국가유공자의 공훈선양사업
국방부	전쟁기념관 운영, 전사 편찬, 국립묘지 관리 등
행정자치부	국가상징의 관리, 국경일·법정기념일 관리
교육부	학교교육을 통한 민족정기 선양, 한국학중앙연구원 및 국사편찬위원회 등의 민족사 관련 학술연구
문화관광부	독립기념관 및 호국문화시설 관리, 문화재 업무 총괄 및 박물관 관리, 계기별 문화행사 주관
국정홍보처	국가이념 및 국민정신 함양을 위한 홍보사업

* 출처: 손희두, "국가보훈기본법 제정(안)에 관한 검토 의견", 129쪽의 〈표 2〉.

독립유공자, 국가유공자(참전유공자 포함), 민주화유공자 등으로 나뉘어 있고 소관 부처나 법령들도 제각각이다. 또 〈표 17-14〉에서 보듯이, 이른바 '공훈선양사업'이 여러 부처들로 분산되어 있어 집권세력 내부(국가기구 내부)에서조차 저마다 엇박자를 낼 가능성이 충분히 존재한다.

앞에서 본 '기념물의 경쟁적 대량생산' 현상 역시 문화적-이데올로기적 내전의 교착 상태를 상징한다. 〈임을 위한 행진곡〉(광주5·18) 제창을 둘러싼 의례 갈등, 제주 4·3 사망자들과 관련된 위패 갈등, 2000년대부터 십년 넘게 계속되었던 역사교과서 갈등, 과거사청산 관련 법률 제정·개정을 둘러싼 국회 내의 팽팽한 대립, 과거사 관련 사건들에 대한 법원의 엇갈리는 판결들도 교착 상태를 보여주는 또 다른 지표들이다. 2015년 말한일 위안부 합의 이후 등장했던 두 개의 재단도 두 시민종교의 갈등적 교착 상태를 보여주는 한 징표였다. 한국정신대문제대책협의회(정대협) 중심의 '정의기억재단'과 일본 정부의 자금으로 박근혜 정부가 설립한 '화해치유재단'(화해와치유재단) 사이의 대립구도가 바로 그것이었다. 민주화 이행이 시작되었던 1987년 이후 10년 주기로 반복된 두 번의 평화적 정권교체가 중도층을 두텁게 만들기보다는 양대 진영의 갈등을 더욱 증폭시키는 결과로 나타났던 것도 한국사회의 특수성을 보여준다.

어렵사리 발굴은 되었지만 컨테이너 등에 방치되는 기간이 한없이 길어지고 있는 한국전쟁 전후 민간인 피학살자 유골들도 그 자체가 교착의 징표이자 산물이라 할 수 있다. 발견된 유골들을 이러지도 저러지도 못한 채 세월을 보내고 있는 곳이 경기도 고양 금정굴 등 여럿이다. 박근혜 정부 초반 몇 년 동안 지속되었던 '콘크리트 지지율'과 '콘크리트 반대율'의 대립, 자신이 혐오하는 전·현직 대통령을 극도로 비하하는 별칭들에 이르기까지 시민종교 전선의 교착은 일상적인 의식마저 지배하고 있다.

해방 후 남한 시민종교는 크게 세 국면을 거쳐 왔다. 첫째, 시민종교의 급속한 형성과 남북 분화, 그리고 한국전쟁으로 폭발한 두 시민종교 사이의 격렬한 충돌 국면이다. 이 국면은 1945년 8월 시작되어 1953년 7월까지 이어졌다. 둘째, 한국전쟁 종전終戰 이후 '반공-자유민주주의 시민종교'의 급속한 성장, 그리고 시민종교 내 예언자적 지향의 간헐적·폭발적인 분출로 특징지어지는 시기이다. 4·19혁명을 포함하여 대략 1953~1971년의 시기가 여기에 해당한다. 셋째, 1972년 유신체제 등장 이후 기존 시민종교가 내적인 취약성들을 노출함에 따라, 또 사제-예언자 진영 간의 갈등이 심화됨에 따라, '반공-자유민주주의 시민종교'의 내적 균열이 심화되면서 '두 시민종교'로 분열될 징후가 점점 뚜렷해진 국면이다. 불과 70여 년 동안에 두 차례나 거대 분화가 진행된 시민종교의 '단기 격변劇變 현상' 자체가 한국의 특이성을 잘 보여준다. 역으로 말하자면, 보다 장기적인 관점에서 볼 때 한국 시민종교는 여전히 형성 및 재형성의 역동적 과정을 겪고 있는 셈이다.

한국 시민종교의 파란만장한 역사에서 몇 가지 사건들이 결정적으로 중요하다. (1) 해방 8년, 그 중에서도 해방과 한국전쟁, (2) 유신체제, (3) 87년 체제와 민주화 이행, 평화적 정권교체, 과거사청산이 바로 그것이다. 여기에 (4) 5·18광주항쟁과 항쟁 진압과정에서의 민간인학살, 그리고 (5) 2016

~2017년의 박근혜 대통령 탄핵과 촛불혁명, 세 번째 평화적 정권교체도 추가할 수 있을 것이다. 우선, 해방 8년은 남한 시민종교의 본격적 형성과 발전, 그리고 시민종교의 남북 분화라는 점에서 중요하다. 다음으로, 유신체제는 반공-자유민주주의 시민종교의 내적 모순과 이율배반이 절정에 도달하여 한편으론 시민종교 자체가 '반공-국가주의 시민종교'로 변질되고, 다른 한편으론 남한 내에서 시민종교 분화가 시작되었다는 점에서 중요하다. 5·18광주항쟁과 민간인학살은 박정희 체제의 붕괴에도 불구하고 시민종교의 분화를 오히려 더 가속시킨 계기였다는 점에서 중요했다. 포스트 민주화 시기는 예언자 진영과 저항적 시민종교(민주-공화주의 시민종교)의 급성장 속에서 민주화와 과거사청산이 동시 진행되는 가운데 '역사적 쐐기들'이 다수 등장하고, 구舊 지배층의 역사적 반격을 계기로 '기념물의 경쟁적인 대량생산' 속에서 아직 덜 성숙한 두 시민종교 사이의 때 이른 장기교착이 시작되었다는 점에서 중요하다. 특히 한국사회의 민주화 이행 직후인 1988년에 시작된 '5·18 광주민주화운동 진상조사 특별위원회'(광주특위)와 '제5공화국에 있어서의 정치권력형 비리조사 특별위원회'(5공특위)에서 2010년 활동을 마무리한 '진실·화해를 위한 과거사정리위원회'에 이르기까지 무려 20년 이상 계속된 '과거사청산의 장기 국면'은 예언자 진영의 급성장과 두 시민종교 흐름 간의 조숙한 교착 모두

에 지대한 영향을 미쳤다. 이렇게 보면 1972년 유신체제 이후 지난 50년 가까운 세월은 '저항적 시민종교의 형성사形成史'라고 명명할 수도 있으리라. 어쨌든 해방 후 제1차 시민종교 분화에 10년도 채 걸리지 않았던 데 비해선 상대적으로 오랜 기간에 걸쳐 시민종교의 두 번째 분화가 진행되고 있는 셈이다.

해방 후의 두 차례 거대 분화 모두에 식민지 요인과 분단 요인이 함께 작용했다고 말할 수 있지만, 1940~1950년대의 남북 시민종교 분화에는 강대국들의 전후정책(특히 과거사청산의 미봉)과 일방적이고 임의적인 한반도 분단 조치가, 1970년대 이후 남한 시민종교 내부 분화에는 반공-자유민주주의 시민종교의 내적 취약성과 이율배반이 특별히 중요하게 작용하고 있다. 남한 시민종교 내부의 이율배반, 다시 말해 대한민국 시민종교의 양대 축을 이루는 반공주의와 자유민주주의 사이의 모순은 대개 '반공주의의 과잉'과 '자유민주주의의 과소함'으로 표출되었다. 반공주의는 자주 또 파상적으로 자유민주주의를 질식시켰다. 시민종교의 예언자 진영이 간헐적으로 자유민주주의를 소생시켰지만, 반공주의와 자유민주주의 간의 일시적 화해는 익숙한 반목 관계로 회귀하곤 했다. 문제는 이런 반전 때마다 엄청난 국가폭력의 분출이 동반되면서 한국 현대사의 수많은 비극들을 양산해냈다는 사실이었다.

1972년 유신체제 등장과 1980년 광주에서의 제노사이드로 소급될 수 있는, 한국 시민종교 (재)형성의 세 번째 국면이 현재도 지속되고 있다. 현 국면이 '통합적 시민종교의 성숙과 공고화'로 귀착될지, '적대하는 두 시민종교들로의 분화'로 귀착될지는 여전히 유동적이다. 가해자들과 피해자들이 '여러 개의 국립묘지들'로 각기 나뉘어 성역화 되어 있긴 하지만 여전히 '하나의 국립묘지 체계'에 속해 있고, 가해의 시간과 피해의 시간이 모두 '하나의 국가기념일 체계' 안에 자리 잡고 있고, 상쟁하는 영웅들 모두를 '동일한 국가보훈처'가 기념하고 현양하고 있다는 점에서, '두 개의 시민종교 현상'이 돌이킬 수 없는 기정사실로 굳어진 것은 아니다. 그러나 대립하는 두 세력이 서로 화합하기 어려울 정도로 이질적인 각자의 신념체계·정통기억과 교리, 각자의 기념일과 국가력, 각자의 의례와 상징들, 각자의 영웅과 성인들, 각자의 성소들을 갖고 있다는 점도 부인할 수 없는 현실이다. 우리 사회에서 사회경제적 양극화 못지않게 문화-이데올로기적 양극화가 심해질수록, 상황은 '적대하는 두 시민종교로의 분화' 쪽으로 기울어질 것이다. 이 경우 사회분열은 고착화될 것이며, 두 진영 간의 사회적 적대 행위는 거의 일상화될 것이며, 결국 진정한 사회통합은 난망해질 것이다.

시민종교 내 두 흐름, 즉 반공-국가주의 시민종교 흐름과 민주-공화주의 시민종교 흐름 간 '갈등의 장기교착 상태'가 2003년 노무현 정부 출범 이후 지속되었다. 이야말로 두 번째의 시민종교 거대 분화가 실제로 진행되고 있음을 보여주는 뚜렷한 징후이다. 갈등적 교착 상태의 생생한 지표들에는 여러 가지가 있지만, 가장 주목할 만한 현상은 20세기 한국사韓國史 서술과 관련된 이른바 '역사전쟁'과 '교과서전쟁'이다. 이를 통해 '두 개의 성스러운 역사 내러티브들', '두 개의 신성한 경전들(교과서)'이 충돌하고 있다. 아울러 국립묘지 체계 사이의 충돌에서 드러나는 '두 가지 성스러운 공간들 사이의 갈등', 국가기념일 내부의 충돌에서 드러나는 '두 가지 성스러운 시간들 사이의 갈등' 역시 시민종교의 분화 과정이 진행 중임을 잘 보여준다.

박근혜 대통령의 탄핵 문제를 둘러싸고 2016년부터 2017년에 걸쳐 지속되었던 '태극기집회'와 '촛불집회'의 대결에서 반공-국가주의 시민종교(사제 진영)와 민주-공화주의 시민종교(예언자 진영) 간의 갈등은 절정에 이르렀다. 최근 수십 년을 통틀어 우리 사회의 문화적-이데올로기적 내전이 이때만큼 선명하고 화려하게 가시화된 적은 없었다. '박정희 패러다임의 화신'으로 화려하게 등장했던 박근혜 대통령은 결국 탄핵 당했을 뿐 아니라 감옥행을 피할 수 없었고, 급작스레 치러진 대통령선거에서 야당의 문재인 후보가 압승을 거뒀다. 문재인 정부가 등장하면서 1987년 이후 세 번째의 평화적 정권교체가 이루어졌다. 탄핵과 정권교체를 추구했던 예언자 진영과 민주-공화주의 시민종교가 탄핵 반대를 주장했던 사제 진영과 반공-국가주의 시민종교에 승리했다. 이 과정 자체가 '촛불 시민'의 힘으로 국회와 헌법재판소를 압박하여 대통령을 축출하고 처벌한 '혁명적 사태'이기도 했다.

취임 이후 문재인 대통령은 시민종교의 민주주의와 민족주의 교리를 뒷받침하는 기념일과 기념물을 대거 보강했다. 그는 대구 2·28민주운동 기념일, 대전 3·8민주의거 기념일, 일본군 위안부 피해자 기림의 날, 동학농민혁명기념일을 새로이 국가기념일로 지정했고, 학생독립운동기념일의 지위를 더욱 격상시켰다. 아울러 민주인권기념관, 대한민국임시정부기념관을 건립하는 한편, 독립운동가들이 안장되어 있는 대구 신암선열공원을 국립묘지로 지정함과 동시에 서울 효창공원과 수유리 애국선열묘역을 국립묘지에 준하는 '국가관리묘역'으로 탈바꿈시키고 있다. 그러나 문재인 정부는 괴산과 제주에서 제4·제5의 국립호국원 건립 사업을 계속함과 동시에, 연천에 제3의 국립현충원 건립을 적극적으로 추진하고 있기도 하다. 문 대통령은 2017년 5월 이후 5·18기념일(민주화유공자), 현충일(참전유공자), 광복절(독립유공자), 4·3추념일(국가폭력 희생자) 기념식에 빠짐없이 참여하는 등 다양한 '국가유공자' 집단들을 화해·통합시키려 분주히 움직였다. 아울러 국가유공자들을 보살피는 국가보훈처의 위상을 높이고 예산을 증액시켰다. 무엇보다 강렬한 이질성을 지닌 유공자(국가 영웅) 집단들, 색깔이 완연히 다른 여러 슬픔들을 다양한 국가의례들을 통해 하나로 통합하려 시도한다는 점에서, 문 대통령은 시민종교의 힘과 중요성을 잘 알고 활용하는, 말하자면 '시민종교 정치가'의 면모를 보이기도 했다. 그 덕분인지 대통령과 여당은 2017년 5월 이후 1년 넘게 드높은 지지율을 만끽했고, 2018년 6월에 치러진 지방선거에서도 압도적으로 승리했다. 종전의 극우·보수정당 지지자들조차 상당수가 새로운 중도적 대통령을 지지했기에 가능했던 일이었다. 21세기 들어서도 북한 핵·미사일 실험과 이에 대응하는 강경한 국제적 제재 조치들로 인해 위기와 충돌로 점철되었던 한반도-동북아시아 갈등 구도는 2018년 벽두부터 평창올림픽을 계기로 한 남북교류, 여러 차례의 남북정상회담과 판문점선언·평양선언, 역사상 최초의 북미정상회담을 통해 급격히 허물어지고 있다. 시민종교 사제 진영 혹은 반공-국가주의 시민종교의 보루였던 분단·적대 체제, '적대적 공생'을 특징으로 하는 분단체제 자체가 크게 동요하고 있다.

2017년 이후 한국 시민종교가 중대한 국면을 맞고 있음은 분명하다. '분화' 일로에 있던 한국 시민종교는 수준 높은 '재통합' 쪽으로 선회하고 있는 것일까? 2017년 봄 이후 한국의 시민종교는 적대와 분열 일변도의 기존 추세에서 벗어나, 동시에 지루한 갈등적 교착 상태를 타개하고, 어떤 새로운 질적 성숙 단계로의 도약 쪽으로 크게 방향을 튼 것일까? 실로 흥미진진하면서도 중차대한 문제들이 아닐 수 없다.

박근혜 대통령 탄핵 국면에서 절정으로 치달았던 두 진영, 두 시민종교의 요란했던 충돌과 양극적 분화 과정이 정치권력 교체 이후 일시적이나마 멈췄다. 동시에 종래의 교착적 경쟁구도가 예언자 진영 혹은 민주-공화주의 시민종교 쪽의 우세로 조금씩 반전되었다. 2016년 10월부터 2017년 5월까지 평화적·합법적으로 이어진 '혁명적 사태'에서 예언자 진영이 완승했으므로, 이런 변화는 지극히 자연스럽다. 시민종교의 분화를 촉진해왔던 지역주의 정치도 점차 약화되는 양상을 보이고 있다. 그러나 문재인의 '시민종교적 실험'이 계속 성공적일지는 예단키 어렵다. 이는 1987년 이후 10년 주기로 진행돼온 정권교체의 초기에 나타나는 일과적 一過的 현상일 수도 있다. 촛불혁명, 대통령 탄핵, 정권교체 직후의 집합적 흥분과 상황적 유동성이 점차 가라앉으면서, 수십 년 동안 익숙해진 이전의 시민종교적 대립구도를 복원하거나 그곳으로 회귀하려는 징후와 관성력이 곳곳에서 감지된다. 한 세기 가까이 장기 집권해온 기득권 체제의 강고함을 감안하면, 예언자 진영의 기반이 튼실하고 안정적이라고 평가하기도 어렵다. 4·19혁명에 의해 탄생한 1960년의 민주당 정권과 촛불혁명에 의해 탄생한 2017년의 민주당 정권이 과연 어느 정도나 진정으로 다른지도 더 지켜봐야 할 것이다.

한편, 한국의 시민종교 연구는 민족통일의 문제, 분단 극복의 문제를 새로운 각도로 보게 만들기도 한다. 언젠가 통일이 된다면 그 '통일한국'에도 과연 하나의 강력한 시민종교가 존재할 수 있을까? 남한과 북한의 시민종교는 과연 통합될 수 있을까? 보다 구체적으로, 남한의 반공-자유민주주의 시민종교, 그리고 거기서 파생된 반공-국가주의 시민종교와 민주-공화주의 시민종교는 북한의 반미-사회주의 혹은 반미-주체주의 시민종교와 어느 정도의 공통분모를 갖고 있을까? 기존 시민종교들과는 전혀 다른, 완전히 새로운 '통일한국의 시민종교'를 창안해야 할까?

분단체제 속에서 남북한 이질화가 계속되는 가운데, 최초의 시민종교 분화(1차 대분화)의 문제상황도 상황과 환경의 변화에 따라 모습을 달리하면서 지속되고 있다. 시민종교의 남북 분화 혹은 재통합 문제 역시 '현재적인' 쟁점으로 여전히 살아 있다. 얼어붙었던 한반도 주변의 냉전적 갈등은 2018년 이후 급속히 녹아내리고 있다. 이런 변화는 극도로 이질적이고 적대적인 남한과 북한 시민종교들에는 어떤 변화를 초래할 것인가? 남한 내 시민종교 분화를 전제할 경우, 통일한국의 시민종교는 현재 한반도에 존재하는 세 시민종교들, 즉 북한의 한 시민종교와 남한의 두 시민종교의 복잡하고 유동적인 관계 패턴에 따라 달라질 것이다.

주

참 고 문 헌

찾 아 보 기

제1부
시민종교의 형성

| 제1장 | 해방의 커뮤니타스, 변혁의 리미널리티

1 김민환, "한국의 국가기념일 성립에 관한 연구", 『한국학보』 26권 2호, 2000, 133–144쪽.

2 아놀드 방주네프가 제시한 통과의례와 그 중간 단계로서의 리미널리티 개념, 그리고 이를 더욱 발전시킨 빅터 터너의 리미널리티와 커뮤니타스, 사회극(social drama) 개념에 대해서는 다음을 볼 것. Arnold van Gennep, *The Rites of Passage*, Monika B. Vizedom and Gabrielle L. Caffee tr., Chicago: University of Chicago Press, 1960; Victor W. Turner, *The Ritual Process: Structure and Anti-Structure*, London: Routledge & Kegan Paul, 1969; Victor W. Turner, *Dramas, Fields, and Metaphors: Symbolic Action in Human Society*, Ithaca: Cornell University Press, 1974; Victor W. Turner, *From Ritual to Theatre: The Human Seriousness of Play*, New York: PAJ Publications, 1982; Edith Turner, *Communitas: The*

Anthropology of Collective Joy, New York: Palgrave MacMillan, 2012.

3 이 절에서 인용된 노래의 가사들은, 이영미, 『한국 대중가요사』, 시공사, 1999, 105쪽; 박찬호, 『한국가요사2: 1945~1980』, 미지북스, 2009, 7-8쪽에 따랐다. 독립행진곡 가사는, 이영미, "이영미의 광화문시대(3) '해방가'(독립행진곡): 어둡고 괴로워라 밤이 길더니…'4·19 선율'이 됐다", 『한겨레』, 2017.7.29.

4 강인철, "5월 광주의 커뮤니타스와 변혁의 리미널리티: 사회극의 일부로서의 5·18", 『5·18과 사회변혁』(2018 광주인권평화재단 학술심포지엄 자료집), 광주인권평화재단·광주가톨릭대학교 신학연구소, 2018.9.28, 4-18쪽.

5 통과의례에서 자주 발견되는 '약자의 의례적 힘' 현상이 좋은 예이다.

6 이승만, "대한민국 정부 수립 기념식사", 4·7언론인회 편, 『한국신문종합사설선집(1권): 제1·2공화국 편』, 도서출판 동아, 1985, 659쪽.

7 4·7언론인회 편, 『한국신문종합사설선집(1권): 제1·2공화국 편』, 도서출판 동아, 1985, 609쪽.

8 자유신문, 1945.12.2. 아울러 범우사에서 발간된 『백범일지』(2000년 3판) 앞부분의 화보 중 "임정 환영식—임시정부의 환국을 환영하는 가두행진과 꽃전차"라는 사진을 볼 것.

9 프리스 모건, "소멸에서 시선으로: 낭만주의 시기 웨일스의 과거를 찾아서", 에릭 홉스봄 외, 『만들어진 전통』, 박지향·장문석 역, 휴머니스트, 2004, 179, 183쪽.

10 동아일보, 1937년 12월 9일자 2면의 사설 "백의와 이중과세의 폐기: 일반의 자진 여행(勵行)이 필요" 기사 참조. 아울러 충북 영동군, 경남 동래군, 황해도 장연군의 소식을 전하는 동아일보, 1932.10.21, 1932.12.15, 1933.4.28 등의 기사를 볼 것.

11 강준만, 『한국근대사 산책(4): 러일전쟁에서 한국군 해산까지』, 인물과사상사, 2007, 203-205쪽; 이민정, "4·19혁명과 5·16군사정변기의 이데올로기와 복식", 『한국의류산업학회지』 16권 5호, 2014, 708쪽 참조.

12 박남일, 『박남일의 역사 블로그』, 살림FRIENDS, 2008, 201쪽.

13 이민정, "4·19혁명과 5·16군사정변기의 이데올로기와 복식", 707쪽.

14 서재필, "귀국 담화", 4·7언론인회 편, 『한국신문종합사설선집(1권): 제1·2공화국 편』, 도서출판 동아, 1985, 646-647쪽.

15 조선일보, 1946.8.14.

16 강천봉, 『대종교중광 60년사』, 대종교총본사, 1971, 584쪽.

17 동아일보, 서울신문, 조선일보, 1946.8.15~17. 『자료대한민국사』 제3권(국사편찬위

원회, 1970)에 수록된 기사들을 활용했음.

18 동아일보, 1946.5.9.

19 4·7언론인회, 『한국신문종합사설선집(1권)』, 619, 620, 622, 623쪽.

20 「한겨레」 2015년 12월 22일자(31면)에 게재된 김삼웅의 칼럼("1948년 8월15일 '역사
　현장'에선")에서 인용.

21 서울신문, 1948.8.16; 경향신문, 1948.8.16; 조선일보, 1948.8.16; 동아일보, 1948.8.16.

22 동아일보, 1948.8.11.

23 동아일보, 1948.7.20.

24 조선중앙일보, 1949.7.15, 1949.8.16~17; 자유신문, 1949.8.14~17.

25 한국조폐공사 편, 『한국화폐전사』, 한국조폐공사, 1993, 45, 329쪽.

26 한국은행, 『한국의 화폐』, 한국은행 발권부, 1994, 117쪽.

27 위의 책, 408-415쪽 참조.

28 위의 책, 125-126, 139쪽.

29 임채숙·임양택, 『세계의 디자인과 기술: 기념주화 은행권 우표 훈장』, 국제, 2006, 31쪽.

30 나이토 요스케, 『우표로 그려낸 한국 현대사』, 이미란 역, 한울, 2012, 28쪽.

31 임채숙·임양택, 『세계의 디자인과 기술』, 123쪽.

32 나이토 요스케, 『우표로 그려낸 한국 현대사』, 29쪽.

33 김현아, "오늘은 방송의 날...행사 파행 이어 '한국방송대상 시상식'도 연기", 「이데
　일리」(온라인판), 2017.9.3.

34 강진호, 『국어 교과서의 탄생』, 글누림, 2018, 365-368쪽.

35 김백영, "식민권력과 광장 공간: 일제하 서울시내 광장의 형성과 활용", 『사회와 역사』
　90집, 2011, 305쪽.

| 제2장 | 신념체계

1 첫 번째와 세 번째의 인용 구절은 '5·18 등 민중항쟁정신 헌법 전문 수록을 위한 국민
　운동 전국본부'가 2017년 10월 26일 발표한 발족선언문에, 두 번째 인용 구절은 2018
　년 대통령 신년사에 나온다. 발족선언문의 전문은, 이정근, "'5·18 등 민중항쟁 헌법
　전문 수록 국민운동전국본부' 발족", 「한국디지털뉴스」, 2017.10.24에서 볼 수 있다.

2 손아람, "헌법 제1조", 「한겨레」, 2018.1.25.

3 이에 대해서는, 서중석, "이승만 정권 초기의 일민주의와 파시즘", 역사문제연구소 편, 『1950년대 남북한의 선택과 굴절』, 역사비평사, 1998 참조.

4 정영훈, "단기 연호, 개천절 국경일, 홍익인간 교육이념: 현대 한국에서의 단군민족주의의 제도화에 관한 연구", 『정신문화연구』 113호, 2008, 181-182쪽.

5 정용탁·주진숙·이충직, "해방후 한국영화의 발달과정", 『광복50주년 기념논문집7: 문학·예술』, 한국학술진흥재단, 1995, 331쪽.

6 이미원·김방옥, "광복 50년의 한국 연극사", 『광복50주년 기념논문집7: 문학·예술』, 한국학술진흥재단, 1995, 265-272쪽.

7 이영미, "이영미의 광화문시대(2): '울어라 은방울'", 『한겨레』, 2017.7.15.

8 동아일보사, 『동아연감』, 동아일보사, 1975, 71, 87쪽 참조.

9 우문관 편집실 편, 『2003한국우표도감』, 우문관, 2003, 18-19쪽.

10 매일신보, 1945.10.19.

11 조선일보, 1946.3.14.

12 조은희, "남북한 박물관 건립을 통한 국가정통성 확립", 비판사회학회 민족·통일분과 편, 『민족과 통일』, 선인, 2010, 184-185쪽.

13 우문관 편집실, 『2003한국우표도감』, 18-19쪽.

14 임종명, "탈식민지 시기(1945~1950년) 남한의 국토민족주의와 그 내재적 모순", 『역사학보』 193집. 2007; 임종명, "탈식민지시기(1945~1950) 남한의 지리교육과 국토표상", 『한국사학보』 30호, 2008.

15 우문관 편집실, 『2003한국우표도감』, 18-19, 236쪽.

16 강천봉, 『대종교중광 60년사』, 714, 735쪽; 강수원, 『우리 배달겨레와 대종교 역사』, 한민족문화사, 1993, 282쪽 이하.

17 김홍철, "단군신앙의 실태와 그 특성", 『단군학연구』 1호, 1999, 243쪽.

18 유기쁨, "남산의 근,현대 수난사: 종교적 상징의 이식과 '공간화' 과정", 『종교문화연구』 21호, 2013, 261쪽.

19 김현선, "국민, 반(半)국민, 비(非)국민: 한국 국민 형성의 원리와 과정", 『사회연구』 12호, 2006, 100쪽.

20 김득중, "여순사건에 대한 언론보도와 반공담론의 창출", 김득중 외, 『죽엄으로써 나라를 지키자』, 선인, 2007; 김득중, 『'빨갱이'의 탄생: 여순사건과 반공 국가의 형성』, 선인, 2009.

21 하상복, 『죽은 자의 정치학: 프랑스·미국·한국 국립묘지의 탄생과 진화』, 모티브북,

2014, 179-180쪽.

22 지영임, "제주 4·3 관련 위령의례의 변화와 종교적 의미", 『종교연구』 48집, 2007, 335쪽.

23 김종태, 『선진국의 탄생: 한국의 서구 중심 담론과 발전의 계보학』, 돌베개, 2018.

24 동아일보, 1949.9.30.

25 동아일보, 1949.8.27.

26 이민정, "4·19혁명과 5·16군사정변기의 이데올로기와 복식", 708쪽.

27 위와 같음.

28 김정화, 『담배 이야기』, 지호출판사, 2000, 139쪽.

29 강준만, 『담배의 사회문화사: 정부 권력과 담배 회사는 세상을 어떻게 변화시켰나』, 인물과사상사, 2011, 48쪽.

30 이희봉 외, 『한국인, 어떤 집에서 살았나: 한국 현대 주생활사』, 한국학중앙연구원출판부, 2017, 40-41쪽.

31 베네딕트 앤더슨, 『상상의 공동체: 민족주의의 기원과 전파에 대한 성찰』, 윤형숙 역, 나남, 2002.

32 다카시 후지타니, 『화려한 군주: 근대일본의 권력과 국가의례』, 한석정 역, 이산, 2003, 148, 260, 267, 295쪽; 에릭 홉스봄 외, 『만들어진 전통』, 박지향·장문석 역, 휴머니스트, 2004, 특히 3장 참조.

33 로버트 D. 퍼트넘, 『나 홀로 볼링: 사회적 커뮤니티의 붕괴와 소생』, 정승현 역, 페이퍼로드, 2009, 609쪽.

34 강준만, 『한국근대사 산책(5): 교육구국론에서 경술국치까지』, 인물과사상사, 2007, 190-191쪽.

35 김민영·김양규, 『철도, 지역의 근대적 수용과 사회경제적 변용: 군산선과 장항선』, 선인, 2005, 69-70쪽.

36 철도청 공보담당관실 편, 『한국철도사(제4권)』, 철도청, 1992, 120-121, 499, 501쪽.

37 강인철, "한국전쟁과 사회의식 및 문화의 변화", 정성호 외, 『한국전쟁과 사회구조의 변화』, 백산서당, 1999, 275쪽.

38 철도청 공보담당관실 편, 『철도 주요 연표: 철도 창설 제93주년 기념』, 철도청, 1992, 353쪽의 사진들을 참조할 것.

39 강인철, "한국전쟁과 사회의식 및 문화의 변화", 212-213쪽.

40 한홍구, 『유신: 오직 한 사람을 위한 시대』, 한겨레출판사, 2014, 307-308쪽. 문교부 원

자력과가 설치된 시기, 그 상급기구인 '기술교육국'의 명칭에 대해서는, 경향신문, 1955.11.25, 1956.3.14 참조.

41 한겨레, 2016.5.17, 29면의 "DDT"(전우용).

42 경향신문, 1955.10.1.

43 이희봉 외, 『한국인 어떤 집에서 살았나』, 27, 43쪽.

44 박천홍, 『매혹의 질주, 근대의 횡단: 철도로 돌아본 근대의 풍경』, 산처럼, 2003, 254-282쪽.

45 동아일보, 1955.10.2.

46 동아일보, 1949.7.29.

47 한겨레(온라인판), 2017년 9월 26일자 "1956년 '관광뻐스' 출발합니다"(남은주 기자) 기사. 당시 경향신문, 1956년 1월 14일자 2면과 1월 15일자 2면에 실린 "관광뻐스 특별할인운행" 광고로 보아, 이 관광버스의 운행 주체는 '서울관광뻐스주식회사'였던 것으로 보인다.

48 이상록, "경제제일주의의 사회적 구성과 '생산적 주체' 만들기: 4·19~5·16 시기 혁명의 전유를 둘러싼 경합과 전략들", 『역사문제연구』 25호, 2011, 특히 127-128, 137, 142쪽 참조.

49 주영하·김혜숙·양미경, 『한국인, 무엇을 먹고 살았나: 한국 현대 식생활사』, 한국학중앙연구원출판부, 2017, 39, 41, 53-54쪽.

50 조희진 외, 『한국인, 어떤 옷을 입고 살았나: 한국 현대 의생활사』, 한국학중앙연구원출판부, 2017, 27쪽.

51 이경숙, 『시험국민의 탄생』, 푸른역사, 2017, 77쪽.

52 이영록, "한국에서의 '민주공화국'의 개념사: 특히 '공화' 개념을 중심으로", 『법사학연구』 42호, 2010, 59-68쪽.

53 동아일보, 1946.3.2.

54 이승만, "대한민국 정부 수립 기념식사", 662쪽.

55 김구, 『백범일지』, 범우사, 2000(1947), 306쪽.

56 위의 책, 310쪽.

57 위의 책, 311쪽.

1 동아일보, 1945.12.24, 2면의 기사를 볼 것.

2 김혜수, "해방 후 통일국가수립운동과 국가상징의 제정과정", 『국사관논총』 75집, 1997, 110쪽.

3 전우용, "한국인의 국기관(國旗觀)과 '국기에 대한 경례': 국가 표상으로서의 국기(國旗)를 대하는 태도와 자세의 변화 과정", 『동아시아 문화연구』 56집, 2014, 37-38쪽. 원래 인용문에는 499회 한글날 기념식이 열린 날짜가 1945년 10월 10일로 되어 있었지만, 이를 인용자가 10월 9일로 수정했다.

4 동아일보, 1949.3.3; 자유신문, 1950.2.26, 1950.3.1을 참조, 그리고 김미영, "최초의 3·1절 노래 악보 찾았다", 「한겨레」, 2018.12.7을 볼 것.

5 경향신문, 1947.10.10.

6 예컨대 동아일보, 1927년 10월 27일자 5면과 1927년 10월 29일자 3면의 기사를 볼 것.

7 이현희, 『광복투쟁의 선구자: 효창원 순국열사 7위 투쟁사』, 효창원순국선열추모위원회, 1990, 13-14쪽; 동아일보사, 『동아연감』, 동아일보사, 1975, 69쪽 참조.

8 국민의례의 법제화 조치로써 '국민의례 규정'이 처음 제정된 것은 2010년 7월 27일의 일이었다(전우용, "한국인의 국기관(國旗觀)과 '국기에 대한 경례'", 41쪽).

9 강인철, 『종속과 자율: 대한민국의 형성과 종교정치』, 한신대학교출판부, 2013, 123-126쪽.

10 전우용, "한국인의 국기관(國旗觀)과 '국기에 대한 경례'", 39쪽.

11 위의 글, 40쪽.

12 동아일보, 1948.7.24, 1948.7.25.

13 편찬위원회 편, 『정부의전편람』, 행정자치부, 1999, 508쪽. 초대 대통령 취임식의 식순과 시간은 동아일보, 1948년 7월 24일자 2면 기사에 따라 필자가 적어 넣었다. 2대 대통령의 취임식 순서에서 필자가 '축사' 순서를 추가했다(동아일보, 1952년 8월 16일자 1면 기사 참조). 3대 및 5대 대통령의 취임식 순서에서 필자가 '취임·기념사' 혹은 '취임사' 순서를 추가했다(경향신문, 1956년 8월 8일자 1면 기사, 1963년 12월 18일자 3면 사설 참조). 2~4대 대통령의 취임식 시간은 경향신문, 1952년 8월 15일자 2면, 1956년 8월 8일자 1면, 1960년 8월 12일자 1면 기사에 따라 필자가 추가했다.

14 참여 인원은, 편찬위원회, 『정부의전편람』, 508-509쪽 참조.

15 1952년(2대)의 '대통령기 증정'에 대해서는, 동아일보, 1952.8.16, 2면, 그리고 1960년

(4대)과 1963년(5대)의 '무궁화대훈장 수여'에 대해서는, 경향신문, 1960.8.13, 1면과 동아일보, 1963.12.6, 1면의 관련 기사를 통해서도 확인할 수 있다.

16 경향신문, 1988.2.24, 7면의 관련 기사 참조.

17 동아일보, 1980.9.1, 7면의 관련 기사 참조.

18 경향신문, 1956.8.8, 1면 관련 기사 참조.

19 경향신문, 1948.7.24.

20 경향신문, 1948.7.24, 7면; 동아일보, 1967.6.19, 1면; 동아일보, 1971.6.11, 1면; 경향신문, 1972.12.23, 1면; 경향신문, 1978.12.14, 1면; 동아일보, 1979.12.10, 1면; 경향신문, 1980.8.28, 1면; 매일경제, 1981.2.12, 1면; 경향신문, 1988.1.28, 1면의 관련 기사들 참조. 1963년 12월 17일 5대 대통령취임식의 임시 공휴일 지정에 대해서는, 내각 사무처장, "임시 공휴일 지정"(국무회의 의안), 1963.11, 국가기록원 자료(BA 0084386: 2018.1. 14 검색), 2쪽을 볼 것.

21 매일경제, 1993.1.18.

22 동아일보, 1948.7.23; 경향신문, 1948.7.23.

23 동아일보, 1948.7.24.

24 경향신문, 1952.8.15.

25 동아일보, 1952.8.16.

26 경향신문, 1956.8.8.

27 경향신문, 1956.8.17.

28 경향신문, 1967.6.28; 동아일보, 1967.6.27.

29 1993년 14대 때는 식후 행사로서 대통령이 취임식장에 초청된 시민들에게 직접 인사하는 '중앙통로 행진', 카퍼레이드와 결합된 '연도행사'(국민과 더불어), 청와대 인근 주민들을 대표한 초등학생들과 만나는 '청와대 환영'(어서오세요) 프로그램이 배치되었다. 김영삼 대통령은 카퍼레이드 도중 서울시청 앞과 광화문에서는 차에서 내려 연도의 시민들과 직접 인사를 나눴다. 1998년 15대 때는 취임식장에서의 '중앙통로 행진'에 이어, 취임식장에서 마포대교 남단까지 대통령의 카퍼레이드와 시민들의 도보 퍼레이드가 함께 어우러지는 '국민화합대행진'이 행해졌다. 동아일보, 1993.2.25; 경향신문, 1993.2.26; 연합뉴스, 1998.2.25.

30 동아일보, 1952.8.16.

31 경향신문, 1956.8.16; 동아일보, 1956.8.16.

32 경향신문, 1956년 8월 15일자 4면의 라디오방송 편성표 참조.

33 경향신문, 1971년 6월 28일자의 8면 관련 기사 참조.

34 동아일보, 1980년 8월 30일자의 5면 관련 기사 참조.

35 이화진, "'극장국가'로서의 제1공화국과 기념의 균열", 전진성·이재원 편, 『기억과 전쟁: 미화와 추모 사이에서』, 휴머니스트, 2009, 231쪽.

36 법제처 국가법령정보센터(www.law.go.kr)의 '국장령' 항목(2017.12.5 검색).

37 조현범, "현대 한국의 국가의례에 대한 시론적 연구", 『종교연구』 19집, 2000, 217-218쪽.

38 법제처 국가법령정보센터(www.law.go.kr)의 '국장·국민장에 관한 법률' 항목(2017.12.5 검색).

39 동아일보, 1946.6.6.

40 동아일보, 1946.5.18, 2면의 "윤봉길 외 6의사 부산에 무언의 개선" 기사. 이 기사에는 1946년 5월 18일 3의사 유골이 부산 도착 후 안치된 곳이 "대창정(大倉町) 소재의 남선고녀"(지금의 부산시 중구 남성여고)로 기록되어 있지만, 실제로는 '동광소학교'였음이 2008년 허성호에 의해 밝혀졌다. 김후남, "대학생이 새롭게 쓴 '선각자' 윤봉길 의사", 「경향신문」(온라인판), 2008.12.25.

41 동아일보, 1946.6.6.

42 동아일보, 1946.6.17, 2면의 "윤봉길·이봉창·백정기 추도회 거행, 유해는 서울 태고사에 안치" 기사.

43 동아일보 1946.6.20.

44 서울신문, 1946.6.29.

45 동아일보, 1946.7.7, 2면의 "조국광복에 바친 세 혈제(血祭)!" 기사.

46 조선중앙일보, 1949.6.30.

47 조선중앙일보, 1949.6.27; 경향신문, 1949.6.28; 동아일보, 1949.6.28.

48 조선중앙일보, 1949.6.28; 서울신문 1949.6.29; 경향신문, 1949.6.29; 동아일보, 1949.6.29.

49 조선중앙일보, 1949.6.30.

50 동아일보, 1949.6.29.

51 동아일보, 1949.6.30.

52 경향신문, 1949.7.1.

53 동아일보, 1949.7.1, 2면의 "김구 선생 조가 국민장위에서 결정" 기사.

54 동아일보, 1949.7.5, 2면의 "호행 노정" 기사.

55 동아일보, 1949.6.29, 2면의 "백범 선생 장의 행렬절차 발표" 기사.

56 동아일보, 1949.7.5, 2면의 "장의 시간과 국민장 절차" 기사; 경향신문, 1949.7.2, 2면의 "김웅 국민장 절차를 결정" 기사.

57 조선중앙일보, 1949.7.2, 1949.7.3.

58 강인철, "한국전쟁과 사회의식 및 문화의 변화", 227-228쪽.

59 경향신문, 1953.4.20, 1953.4.21, 1953.4.22; 동아일보, 1953.4.23, 1953.4.24, 1953.4.25.

60 동아일보, 1953.4.23, 1953.4.24; 경향신문, 1953.4.22.

61 동아일보, 1953.4.23, 2면의 "명 24일 하오 2시 동래서 집행" 기사.

62 편찬위원회, 『정부의전편람』, 529쪽. 김구 국민장의 정부 보조금 액수는 조선중앙일보, 1949.6.28 관련 기사, 이시영 국민장의 장의위원장 및 장의기간은 경향신문, 1953.4.20, 1953.4.21 및 동아일보, 1953.4.19, 1953.4.25의 관련 기사를 확인하여 필자가 추가했다. 아울러 이시영 국민장의 일자는 '서거일'을 '발인일'로 변경했다. 경향신문, 1953.4.20, 2면의 이시영 국민장 관련 기사("국민장으로 결정")에는 "정부에서는 국민장의비로 50만 환을 계상하였다"고 서술되어 있다. 김성수 국민장의 장의위원장은 동아일보, 1955.2.25, 1면 기사를 확인하여 필자가 추가했다.

63 동아일보, 1963.10.3, 1963.10.4, 1963.10.11; 경향신문, 1963.10.4.

64 노무현의 죽음과 장례에 대해서는, 노무현재단 기록위원회, 『내 마음속 대통령: 노무현, 서거와 추모의 기록 I』, 도서출판 한걸음·더, 2009를 볼 것.

65 경향신문, 1965.7.21, 1965.7.23, 1965.7.24; 동아일보, 1965.7.21.

66 동아일보, 1922.1.24, 1922.1.25, 1922.1.27, 1922.1.29, 1922.1.31, 1922.2.1.

67 동아일보, 1922.2.3. 김윤식 사회장에 대한 반대운동은 필시 그의 '친일(親日)' 시비와 연관되었을 것이다.

68 동아일보, 1927.3.31, 1927.4.8.

69 동아일보, 1930.9.2, 1933.5.14.

70 동아일보, 1930.2.13.

71 동아일보, 1927.6.5, 1928.5.25, 1932.12.22, 1934.6.27, 1935.4.4 관련 기사 참조.

72 동아일보, 1946.1.2, 1954.12.30, 1988.5.4.

73 동아일보, 1947.12.9; 이경남, 『설산 장덕수』, 동아일보사, 1981, 404쪽.

74 경향신문, 1947.7.22, 1947.7.26, 1947.7.31, 1947.8.2, 1947.8.5; 동아일보, 1947.7.27; 김천영, 『연표 한국현대사』, 한울림, 1985, 747-755쪽.

75 김학준, "해방공간의 주역(1): 몽양 여운형", 「동아일보」, 1995.8.15. 현준혁 인민장에
   대해서는, 동아일보, 1957.10.4, 3면을 볼 것.

76 강인철, "한국전쟁과 사회의식 및 문화의 변화", 227쪽.

77 경향신문, 1947.3.11, 1947.3.16.

78 경향신문, 1947.2.22.

79 동아일보, 1947.5.14, 1948.1.18.

80 경향신문, 1956.5.29.

81 편찬위원회, 『정부의전편람』, 531쪽. 유림 사회장은 필자가 추가했다(동아일보,
   1961.4.4, 1961.4.9; 박창식, "발굴 한국현대사인물(65) 유림: 아나키스트 대표로 임시
   정부 참여", 「한겨레」, 1991.4.12). 김창숙, 김병로, 이강, 김승학, 신숙의 영결식 날짜,
   장의위원장, 장의기간, 장지 등은 필자가 언론보도 등을 확인하여 추가했다.

82 동아일보, 1969.4.15, 1969.4.18; 경향신문, 1969.4.18; 정찬주, "금강산 붉은 승려(3):
   지금 이름 없는 산자락에 묻히나 그를 귀하게 여길 때가 올 것이네", 「미디어붓다」,
   2013.3.12.

83 경향신문, 1959.3.19.

84 경향신문, 1956.6.20.

85 동아일보, 1956.6.21, 1면과 1956.6.22, 4면 기사를 볼 것.

86 동아일보, 1956.6.23.

| 제4장 | 국가상징, 언어, 역사, 국가력

1 편찬위원회, 『정부의전편람』, 1-50쪽 참조, 특히 3쪽을 볼 것.

2 조동걸, "국호·국기·국가·국화는 언제, 어떻게 만드는가", 『한국근현대사연구』 27집,
   2003. 194-195쪽.

3 최창동, "국가의 상징에 관한 연구: 대한민국의 국기를 중심으로", 동국대학교 박사학
   위논문, 1990, 4, 20쪽.

4 위의 글, 5-16쪽 참조.

5 김혜수, "해방 후 통일국가수립운동과 국가상징의 제정과정", 120쪽..

6 이연숙, "해방 직후 신국가 건설과 국기 제정", 『한국근현대사연구』 64집, 2013, 130쪽.

7 편찬위원회, 『정부의전편람』, 28-29쪽.

8 이연숙, "해방 직후 신국가 건설과 국기 제정", 132, 146쪽; 김혜수, "해방 후 통일국가 수립운동과 국가상징의 제정과정", 102-104쪽.

9 우문관 편집실, 『2003한국우표도감』, 18-19, 59, 270쪽.

10 나이토 요스케, 『우표로 그려낸 한국 현대사』, 32-33쪽.

11 김혜수, "해방 후 통일국가수립운동과 국가상징의 제정과정", 96쪽.

12 이연숙, "해방 직후 신국가 건설과 국기 제정", 137-144쪽. 이후 1966년 4월 25일에 대통령고시 제2호로 '국기 게양 방법에 관한 건'을 발표했고, 1984년 2월 21에는 기존의 '국기제작법'과 '국기 게양 방법에 관한 건'을 통합하여 대통령령 제11361호로 '대한민국 국기에 관한 규정'을 제정했다. 1970년 7월 3일에는 대통령령 제5151호로 '나라문장(紋章) 규정'을 제정하기도 했다(최창동, "국가의 상징에 관한 연구", 57쪽).

13 동아일보, 1946.2.1.

14 서울신문, 1949.2.2.

15 총무처 편, 『상훈편람』, 총무처, 1984, 213, 219쪽.

16 법제처 국가법령정보센터(www.law.go.kr)의 '군묘지의 묘의 규격과 시설기준에 관한 건'(1957.5.25) 중 '별지 제1호' 참조(2016.5.20 검색).

17 조동걸, "국호·국기·국가·국화는 언제, 어떻게 만드는가", 188쪽.

18 임대식, "일제 시기·해방 후 나라이름에 반영된 좌우 갈등: 右'대한'·左'조선'과 南'대한'·北'조선'의 대립과 통일", 『역사비평』 23호, 1993, 43쪽.

19 위의 글, 44쪽.

20 김혜수, "해방 후 통일국가수립운동과 국가상징의 제정과정", 96쪽.

21 임대식, "일제 시기·해방 후 나라이름에 반영된 좌우 갈등", 44-45쪽.

22 이완범, "국호 '대한민국'의 명명", 『황해문화』 60호, 2008, 66-71쪽; 허열, "건국과정에서의 국호논쟁에 대한 분석", 『한국민족문화』 24호, 2004, 14-16쪽.

23 편찬위원회, 『정부의전편람』, 366쪽.

24 위의 책, 36, 41쪽.

25 총무처, 『상훈편람』, 213-219쪽; 행정자치부 상훈담당관실 편, 『대한민국 훈장 제식 변천사』, 행정자치부, 2003 참조.

26 임채숙·임양택, 『세계의 디자인과 기술』, 141쪽.

27 김혜수, "해방 후 통일국가수립운동과 국가상징의 제정과정", 102쪽.

28 자유신문, 1945.11.24.

29 동아일보, 1946.3.31.

30 동아일보, 1946.10.4, 1946.11.9, 1946.12.18; 경향신문, 1946.11.16, 1946.12.18; 서울특별시사편찬위원회 편, 『서울 지명사전』, 서울특별시사편찬위원회, 2009 참조.

31 매일신보, 1945.10.10.

32 동아일보, 1946.10.5, 1947.10.9; 경향신문, 1948.10.7.

33 동아일보, 1946.10.10.

34 동아일보, 1947.10.9, 1957.10.7; 경향신문, 1957.10.3.

35 조선일보, 1946.4.5.

36 김혜수, "해방 후 통일국가수립운동과 국가상징의 제정과정", 104쪽.

37 동아일보, 1945.12.9.

38 4·7언론인회, 『한국신문종합사설선집(1권)』, 111쪽.

39 강진호, 『국어 교과서의 탄생』, 370, 377-389, 395, 398-409쪽.

40 이희봉 외, 『한국인 어떤 집에서 살았나』, 27쪽.

41 정종현, "'우리말본' 한 짐 지고 38선 넘으면 명태가 한 달구지", 「한겨레」, 2015.5.15.

42 다카시 후지타니, 『화려한 군주』, 15쪽, 아울러 252-255쪽 참조.

43 매일신보, 1945.10.29.

44 자유신문, 1945.11.2.

45 김선섭에 의하면 "1953년 10월 20일 제16차 임시국회에서 젊은 학도들에게 민족적 사명을 다하도록 사기를 드높이기 위하여 국회 발의로 1929년 일제에 항거한 광주학생운동일인 11월 3일을 학생의 날로 지정하는 결의안을 의결"했다(김선섭, 『달력 속에서 만나는 숨은 우리 날 찾기(2)』, 씨앤드씨그룹, 2000, 155쪽). 같은 달 30일에 열린 국무회의에서도 "11월 3일 '학생의 날' 제정의 건"이 안건으로 상정되어 의결되었다(경향신문, 1953.10.31).

46 강인철, 『종속과 자율』, 426쪽.

47 매일신보, 1945.11.8.

48 조선일보, 1946.10.29.

49 강인철, 『종속과 자율』, 424쪽.

50 서울신문, 1946.10.29.

51 동아일보, 1947.11.16; 서울신문, 1947.11.16.

52 조선일보, 1946.10.27; 경향신문, 1946.10.27.

53 자유신문, 1949.10.5.

54 조선일보, 1946.11.19. '순국선열의 날'에 대해서는 6장에서 보다 상세히 다루려고 한다.

55 조선일보, 1946.2.21.

56 동아일보, 1946.3.2.

57 동아일보, 1946.3.1.

58 서울신문, 1946.3.1; 동아일보, 1946.3.2.

59 김대호, "20세기 남산 회현 자락의 변형, 시각적 지배와 기억의 전쟁: 공원, 신사, 동상의 건립을 중심으로", 『도시연구』 13호, 2015, 36쪽.

60 동아일보, 1946.2.9.

61 서울신문, 1946.3.1.

62 서울신문, 1946.3.1.

63 동아일보, 1949.3.3.

64 자유신문, 1950.2.26, 1950.3.1; 동아일보, 1950.3.1.

65 동아일보, 1954.3.1, 1954.3.2.

66 자유신문, 1945.10.19. 비록 공휴일은 아니었지만 "상업적인 크리스마스"가 한국사회에 자리 잡음으로써 그리스도교 교회와 시장을 중심으로 한 "이원적인 크리스마스 문화" 구도가 확립된 시기는 1930년대였다(방원일, "한국 크리스마스 전사(前史), 1884~1945: 이원적 크리스마스 문화의 형성", 『종교문화연구』 11호, 2008).

67 조현범에 의하면, 국가가 일요일을 관공서의 휴무일로 처음 정한 때는 갑오개혁 당시인 1895년부터였다. 소학교와 중학교에서 일요일이 휴업일로 각각 제도화된 때는 1909년과 1910년이었다. 조현범, "일요일의 종교사: 근대 한국 종교문화의 형성과 시간의 재구획", 『종교연구』 32집, 2003, 214-216쪽.

68 김민환, "한국의 국가기념일 성립에 관한 연구", 『한국학보』, 136, 144쪽.

69 강인철, 『종속과 자율』, 109쪽.

70 '임시정부 수립 기념일'이 국가기념일로 지정된 것은 1989년, 그리고 '순국선열의 날'이 국가기념일로 지정된 것은 1997년의 일이었다.

71 강인철, 『종속과 자율』, 448-453쪽; 법제처 국가법령정보센터(www.law.go.kr)의 '헌법' 및 '연호에 관한 법률' 항목 참조(2017.11.27 검색); 정영훈, "단기 연호, 개천절 국경일, 홍익인간 교육이념", 168쪽.

72 동아일보, 1946.10.17.

1 경향신문, 1956.3.18, 1956.4.2, 1956.4.4.

2 김백영, "현대 한국 도시에 남겨진 식민지 유산", 정근식·이병천 편, 『식민지 유산, 국가 형성, 한국 민주주의(2)』, 책세상, 2012, 275쪽.

3 데이비드 캐너다인, "의례의 역사적 맥락과 그 의미: 영국 군주정과 '전통의 발명' 1820~1977", 에릭 홉스봄 외, 『만들어진 전통』, 박지향·장문석 역, 휴머니스트, 2004, 244-249, 273-277, 300쪽.

4 다카시 후지타니, 『화려한 군주』, 61-62, 111쪽.

5 데이비드 캐너다인, "의례의 역사적 맥락과 그 의미", 224쪽.

6 미나미 모리오, "독일 전몰자 추도 역사와 야스쿠니신사·국립묘지 문제(하)", 일본의 전쟁책임자료센터 편, 『야스쿠니신사의 정치』, 박환무 역, 동북아역사재단, 2011, 301-306쪽.

7 다카시 후지타니, 『화려한 군주』, 60-61쪽.

8 하상복, 『광화문과 정치권력』, 서강대학교출판부, 2010, 16쪽.

9 위의 책, 125-155쪽.

10 박천홍, 『매혹의 질주, 근대의 횡단』, 228-229쪽.

11 김백영, "식민권력과 광장 공간", 284쪽.

12 황주영, "근대적 발명품으로서의 도시공원: 19세기 후반 런던과 파리를 중심으로", 서울대학교 박사학위논문, 2014.

13 김해경, "탑골공원, 기억의 층위에 대한 해석", 『한국전통문화연구』 14호, 2014; 우연주·배정한, "개항기 한국인의 공원관 형성", 『한국조경학회지』 39권 6호, 2011.

14 박천홍, 『매혹의 질주, 근대의 횡단』, 186-187쪽.

15 위의 책, 196-199쪽.

16 위의 책, 229쪽.

17 김백영, "식민권력과 광장 공간", 294-297쪽.

18 하상복, 『광화문과 정치권력』, 170-200쪽.

19 위의 책, 197쪽.

20 이 건물은 20세기 들어 통감부 청사, 총독 관저, 시정기념관 등으로 사용되었다.

21 김백영, "식민권력과 광장 공간", 274-277쪽.

22 김백영, 『지배와 공간: 식민지도시 경성과 제국 일본』, 문학과지성사, 2009, 524쪽.

23 김백영, "현대 한국 도시에 남겨진 식민지 유산", 276쪽.

24 위의 글, 275-276쪽; 김백영, 『지배와 공간』, 527-528쪽.

25 김백영, 『지배와 공간』, 527쪽.

26 김백영, "현대 한국 도시에 남겨진 식민지 유산", 276쪽.

27 동아일보, 1946.10.4, 2면의 "통은 가로 정은 동으로 10월 1일부터" 기사 참조.

28 하상복, 『광화문과 정치권력』, 228쪽.

29 동아일보, 1960.2.24. 이를 모두 외화로 환산할 경우 건축비는 321만 달러였고, 이 중 한국이 115만 달러, 미국이 206만 달러를 각기 부담했다. 신축 당시 USOM 청사의 대지 가격은 1,071만 달러로 평가되었다(한겨레, 1988.8.30, 3면의 "미 대사관 건물 22년째 '공짜' 사용" 기사).

30 동아일보, 1961.9.15.

31 동아일보, 1961.9.16.

32 동아일보, 1961.10.11.

33 경향신문, 1960.7.31, 4면의 "'우남회관'을 '세종회관'으로 이름 짓자: 서울시민에게 하소한다" 기사.

34 동아일보, 1972.12.3, 1면과 2면, 1972.12.4, 7면의 관련 기사.

35 1960년대에 군사정권이 남산에 '세종대왕기념관'을 건립할 계획을 세우기도 했지만, 이 계획은 실현되지 못했다. 강인철, 『종속과 자율』, 216쪽.

36 동아일보, 1948.10.9; 경향신문, 1949.5.14.

37 경향신문, 1948.5.29; 동아일보, 1948.5.29.

38 자유신문, 1950.3.18; 서울신문, 1950.3.21.

39 강인철, 『종속과 자율』, 215쪽.

40 최원석, "늘상 마주치던 '한양의 랜드마크'", 『한겨레21』, 2009.9.28, 56-57쪽.

41 박한용, "제국주의 통치 타운이 되다", 『한겨레21』, 2009.10.12, 74-77쪽.

42 정호기, "일제하 조선에서의 전쟁사자 추모 공간과 추모 의례", 『사회와 역사』 67집, 2005, 142-144쪽; 안종철, "1930~40년대 남산 소재 경성호국신사의 건립, 활용, 그리고 해방 후 변화", 『서울학연구』 42호, 2011, 54-58쪽; 비온티노 유리안, "일제하 서울 남산 지역의 일본 신도·불교 시설 운영과 의례 연구", 서울대학교 박사학위논문, 2016, 174-175쪽.

43 비온티노 유리안, "일제하 서울 남산 지역의 일본 신도·불교 시설 운영과 의례 연구", 173-174쪽.

44 안종철, "1930~40년대 남산 소재 경성호국신사의 건립, 활용, 그리고 해방 후 변화", 68쪽.

45 강인철, 『종속과 자율』, 214-215쪽.

46 기독공보, 1956.9.24.

47 김미정, "1950·60년대 한국전쟁 기념물: 전쟁의 기억과 전후 한국 국가체제 이념의 형성", 『한국근대미술사학』 10집, 2002, 278쪽.

48 강인철, 『종속과 자율』, 215-216쪽.

49 동아일보, 1959.11.17.

50 동아일보, 1958.11.30, 1958.12.15; 경향신문, 1958.11.30, 1958.12.16.

51 동아일보, 1960.7.24.

52 경향신문, 1957.12.11, 2면의 "서울방송국 새 청사 10일 하오에 낙성식" 기사.

53 경향신문, 1957.12.28.

54 개국 당시 평일에는 매일 4시간씩, 주말에는 8시간씩 텔레비전 방송이 진행되었다. 경향신문, 1957.9.15.

55 강인철, 『종속과 자율』, 216-217쪽.

56 김미정, "1960~70년대 한국의 공공미술: 박정희 시대 공공기념물을 중심으로", 홍익대학교 박사학위논문, 2010, 145-148쪽.

57 위의 글, 93쪽.

58 남산케이블카 홈페이지(www.cablecar.co.kr)의 '남산케이블카 소개'(2018.2.17 검색).

59 남산타워의 전망대는 1975년에 완공되었고, 1980년 일반에게 개방하면서 '서울타워'로, 그리고 전면적인 개설 공사를 마친 2005년에 'N서울타워'로 명칭이 바뀌었다. N서울타워 홈페이지(www.nseoultower.co.kr)의 '소개'와 '연혁' 참조(2018.2.17 검색).

60 필리프 아리에스, 『죽음의 역사』, 이종민 역, 동문선, 1998, 194-195쪽.

61 국립묘지관리소 편, 『민족의 얼』, 국립묘지관리소, 1988, 13-18쪽; 국립서울현충원 홈페이지(www.snmb.mil.kr)의 '현충원 소개' 중 '현충원 역사' 참조(2015.10.21 검색).

62 동아일보, 1963.3.23; 경향신문, 1963.3.22.

63 김포국제공항 홈페이지(www.airport.co.kr/gimpo) '공항정보' 중 '공항 소개' 참조(2018.2.17 검색).

64 경향신문, 1961.12.29, 1962.6.20, 1963.10.31; 동아일보, 1965.1.7, 1965.1.14.

65 동아일보, 1965.1.25.

66 경향신문, 1964.6.13.

67 김미정, "1960~70년대 한국의 공공미술", 58쪽.

68 동아일보, 1929.3.1, 1929.12.26.

69 동아일보, 1956.4.2; 경향신문, 1956.4.2. 대한소년화랑단은 이승만 대통령의 동상을 탑골공원과 부여 부소산 등 두 곳에 세우려 했다고 한다. 그러나 탑골공원 동상 제작 과정에서부터 부도 어음 혹은 사기 시비가 붙는 통에 부소산 동상은 자연스럽게 무산 되었다. "부소산에 세우게 된 연유는 장차 이 대통령의 묘지로 정한 곳이 그곳"이었기 때문이었다고 한다(동아일보, 1956.6.5).

70 동아일보, 1960.4.27.

71 동아일보, 1963.8.17; 김미정, "1960~70년대 한국의 공공미술", 77쪽.

72 동아일보, 1966.5.17; 경향신문, 1966.5.18.

73 김미정, "1960~70년대 한국의 공공미술", 78쪽.

74 정호기, "일제하 조선에서의 전쟁사자 추모 공간과 추모 의례", 148쪽.

75 김용삼, "백범 선생이 '반공탑'에 시달려야 되겠는가", 「오마이뉴스」, 2007.3.15. 이 글 을 쓰던 2007년 당시 대한민국임시정부기념사업회 이사이자 '효창원을 사랑하는 모 임' 부회장이던 김용삼은 김구의 추도식에 대해 다음과 같이 썼다. "1960년 6월 26일 효창 묘역에서 김구 주석 서거 11년만에 제1회 추모식을 열게 된 것은 4·19혁명 여파 였다. 이날 폭우에도 5천 명 인파가 운집한 가운데 김창숙은 추모사 중에 백범을 누가 죽였느냐고 반복하면서 울음바다가 되었다고 한다. 동시에 부산구덕운동장에서도 수 많은 사람들이 모여 추모식을 가졌다."

76 동아일보, 1952.11.13.

77 경향신문, 1953.6.22.

78 경향신문, 1956.6.10.

79 이현희, 『광복투쟁의 선구자』, 15-16쪽.

80 조은정, "이승만 동상 연구", 『한국근대미술사학』 14집, 2005, 102-103쪽.

81 김용삼, "백범 선생이 '반공탑'에 시달려야 되겠는가", 「오마이뉴스」, 2007.3.15. 필자 (인용자)가 문단을 일부 조정했음.

82 김대중 정부는 2002년에 효창공원 테니스장을 없애고 그 터에 '백범김구기념관'을 건 립했다.

83 한겨레, 2018.5.31, 4면의 "왕실묘→골프장→유원지→독립투사 묘지 '영욕의 232 년'"(노형석 기자) 기사.

84 동아일보, 1956.6.10, 2면의 "선열묘지 이전을 결사반대한다" 기사.

85 동아일보, 1963.4.16, 5면의 "선열묘지 설치는 불가능한가: 성재(省齋) 선생 십주기에 제(際)하여" 칼럼. 필자(인용자)가 문단을 일부 조정했음.

86 대구의 신암선열묘지는 1955년에 처음 조성된 이후 1986~1987년의 공원화, 2011년의 재정비공사를 거치면서 대표적인 민족 성지 중 하나로 발전했다. 이 묘지는 2017년 10월 말 일곱 번째의 국립묘지로 지정되었다. 2017년 10월 현재 묘지의 전체 면적은 36,800㎡로서, 5개 묘역에 52명의 독립운동가들이 안장되어 있었다.

87 이상배, "장충단의 설립과 장충단제", 『지역문화연구』 4호, 2005; 이민원, "대한제국의 장충사업과 그 이념: 장충단과 모충단을 중심으로", 『동북아문화연구』 33집, 2012; 김해경·최현임, "일제강점기 장충단공원 변화에 관한 시계열적 연구", 『한국전통조경학회지』 31권 4호, 2013; 비온티노 유리안, "일제하 서울 남산 지역의 일본 신도·불교 시설 운영과 의례 연구", 182-190쪽; 김은남, "버려진 민족의 혼, 장충단", 『한국논단』, 1993년 12월호; 조은정, 『동상: 한국 근현대 인체조각의 존재방식』, 다할미디어, 2016, 54쪽 참조.

88 매일신보, 1945.10.28.

89 조선일보, 1946.1.8.

90 서울신문, 1946.3.6.

91 안종철, "식민지 후기 박문사(博文寺)의 건립, 활용과 해방 후 처리", 『동국사학』 46집, 2009, 82, 84-86쪽.

92 경향신문, 1956.2.21; 동아일보, 1956.2.21.

93 자유신문, 1946.2.16; 동아일보, 1946.2.14.

94 자유신문, 1949.6.7; 경향신문, 1949.6.7; 동아일보, 1949.6.7.

95 경향신문, 1950.6.22.

96 동아일보, 1950.4.16.

97 동아일보, 1949.9.22; 경향신문, 1949.10.20, 1950.3.16.

98 동아일보, 1946.3.29, 1949.3.17, 1949.12.26; 경향신문, 1949.6.11, 1949.11.1, 1950.1.22.

99 안창모, "반공과 전통 이데올로기의 보루: 장충동", 『건축과 사회』 5호, 2006, 287쪽; 김은남, "버려진 민족의 혼, 장충단", 59쪽.

100 차성환, 『참전기념조형물 도감』, 국가보훈처, 1996, 64쪽.

101 동아일보, 1951.4.8.

102 국립서울현충원 편, 『민족의 얼』(제8집), 국립서울현충원, 2015, 312-313쪽; 국립묘지관리소, 『민족의 얼』, 23-24, 59-98; 국립서울현충원 홈페이지(www.snmb.mil.kr)

의 '우리원 소개' 중 '연혁'과 '현충원 둘러보기' 참조(2016.1.11 검색); 차성환, 『참전기념물조형물 도감』, 34-45쪽.

103 신인호, "이들을 기억해 주세요: 작은 국군묘지들", 『국방저널』, 2013년 6월호; 신인호, "전국 '작은 국군묘지'에도 호국충정 오롯이", 「국방일보」(온라인판), 2013.6.4; 김용완, "국립현충원보다 앞선 전주군경묘지 국가지원 전무", 「노컷뉴스」(온라인판), 2013.6.5.

104 국무원 사무국, "제2회 현충일 행사 계획에 관한 건"(국무회의 의안), 1957.4.29, 2쪽. 국가기록원의 국가기록포털(www.archives.go.kr) 수록 자료임(2016.9.10 검색).

105 차성환의 『참전기념조형물 도감』과 관련 신문기사들 참조.

106 경향신문, 1955.6.24, 1955.6.25, 1955.7.18, 1956.6.6, 1958.12.17; 동아일보, 1958.12.16 등 참조.

107 정호기, "전쟁 상흔의 치유 공간에 대한 시선의 전환: 한국에서의 전쟁기념물을 중심으로", 『민주주의와 인권』 8권 3호, 2008, 195쪽의 표 참조.

108 경향신문, 1958.6.25.

109 차성환의 『참전기념조형물 도감』 참조.

| 제6장 | 영웅 만들기: 독립 영웅과 반공 영웅의 경합

1 '영웅의 국유화'라는 발상에 대해서는, 피터 램버트, "'제3제국'에서의 영웅화와 악마화", 임지현·김용우 편, 『대중독재(2): 정치종교와 헤게모니』, 책세상, 2005, 340-344쪽을 볼 것(그러나 이 논문에서 'nationalization'에 대한 문맥에 맞는 번역어는 '국유화'가 아니라 '민족화'로 판단된다).

2 심형준, "성스러운 인간의 생성과 변형에 관한 연구: 조선시대의 사례를 중심으로", 서울대학교 박사학위논문, 2016, 253-256쪽.

3 박계리, "충무공동상과 국가이데올로기", 『한국근대미술사학』 12집, 2004, 143-147쪽; 이상록, "이순신: '민족의 수호신' 만들기와 박정희 체제의 대중 규율화", 권형진·이종훈 편, 『대중독재의 영웅 만들기』, 휴머니스트, 2005, 311-321쪽.

4 은정태, "박정희시대 성역화사업의 추이와 성격", 『역사문제연구』 15호, 2005, 255쪽. 이순신은 식민지 시대에 반일과 친일 이미지 '모두'에 동원되었다. 친일의 경우 국가와 왕에 대한 충성스런 신하의 이미지, 즉 "식민지 외지인의 황국에 대한 충성 서약"의

측면이 주로 활용되었다(김미정, "1950·60년대 한국전쟁 기념물", 290쪽).

5 경향신문, 1947.2.6; 동아일보, 1947.2.8, 1947.2.11.

6 서울신문, 1948.12.19.

7 서울신문, 1948.12.7.

8 경향신문, 1952.10.26, 1952.11.19.

9 자유신문, 1948.9.13.

10 경향신문, 1953.1.4.

11 경향신문, 1956.5.11.

12 동아일보, 1959.5.29, 1959.10.7.

13 동아일보, 1960.5.18, 1961.12.6; 경향신문, 1962.3.19, 1962.4.24.

14 박계리, "충무공동상과 국가이데올로기", 150, 158쪽.

15 동아일보, 1951.6.8.

16 대구매일신문, 1951.4.13.

17 부산일보, 1951.12.18.

18 오제연, "팽창하는 학교와 학생", 홍석률 외, 『한국현대생활문화사, 1950년대: 삐라 줍고 댄스홀 가고』, 창비, 2016, 121쪽.

19 동아일보, 1947.10.9, 1949.5.6; 경향신문, 1948.5.15, 1949.5.14.

20 경향신문, 1956.10.10, 1957.5.15.

21 동아일보, 1946.10.5.

22 동아일보, 1947.10.9; 경향신문, 1948.10.7.

23 동아일보, 1956.8.23, 1956.11.15.

24 동아일보, 1960.7.20.

25 동아일보, 1946.9.6, 1946.9.10, 1946.9.22, 1946.10.9; 경향신문, 1946.10.10, 1946.10.15.

26 동아일보, 1947.10.12.

27 경향신문, 1956.10.10.

28 동아일보, 1959.10.8, 1959.10.10.

29 동아일보, 1948.9.10, 1949.4.15.

30 경향신문, 1954.5.3.

31 동아일보, 1958.2.2, 4면에 실린 이병도의 『사명대사』(이종익) 서평; 동아일보, 1958.10.18, 4면의 신간 소개; 경향신문, 1962.5.25, 3면의 저작권 소송 기사 참조.

32 그러나 이 사업은 1959년에 사기·횡령 사건 때문에 중단되고 말았다. 동아일보, 1959.9.30.

33 동아일보, 1959.6.28, 4면과 1959.7.1, 4면의 방송프로그램 안내 참조.

34 동아일보, 1957.9.23, 그리고 동아일보, 1957.10.6, 1면의 "단상단하" 참조.

35 동아일보, 1962.6.18, 4면에 실린 권오돈의 "기공사는 재건되어야 한다" 칼럼 참조.

36 동아일보, 1957.4.18.

37 동아일보, 1959.10.7.

38 경향신문, 1954.8.19, 1954.10.2, 1955.3.10.

39 부인신보, 1948.8.21.

40 경향신문, 1955.4.9, 1955.4.17.

41 경향신문, 1958.9.4.

42 동아일보, 1938.7.15, 1948.4.3; 경향신문, 1948.4.3, 1949.3.29.

43 동아일보, 1948.7.10; 경향신문, 1948.7.6.

44 경향신문, 1948.11.19.

45 경향신문, 1955.6.13; 동아일보, 1954.8.8, 1955.6.13.

46 경향신문, 1955.4.28.

47 동아일보, 1956.10.10; 경향신문, 1956.10.14, 1956.10.13.

48 경향신문, 1959.4.11; 동아일보, 1959.10.11.

49 이선아, "『불우지사(不遇志士) 김옥균선생(金玉均先生) 실기(實記)』의 저술배경과 내용", 『전북사학』 28집, 2005, 15-17쪽.

50 위의 글, 18쪽.

51 동아일보, 1940.5.1, 1940.6.9.

52 경향신문, 1947.10.19; 이선아, "『불우지사(不遇志士) 김옥균선생(金玉均先生) 실기(實記)』의 저술배경과 내용", 13쪽.

53 부산일보, 1951.3.28; 동아일보, 1951.3.27.

54 예컨대 동아일보, 1956.3.27, 3면을 볼 것.

55 동아일보, 1957.3.27.

56 동아일보, 1958.11.15, 1959.11.29.

57 지영임, "현충일의 창출 과정: 순국선열과 전몰장병을 중심으로", 『비교민속학』 25집, 2003, 600-601쪽.

58 위의 글, 602-603쪽. 1945년과 1949년 행사의 '장소'와 '명칭', 1945년 행사의 '주빈',

1946년 행사의 '회수', 1948년 행사의 '명칭'은 필자(인용자)가 수정했다. 지영임의 표에는 1947년도 행사가 아예 빠져 있지만, 필자가 추가했다. 1945년과 1946년 행사 장소에 대해서는 언론보도가 엇갈린다. 1945년 12월 24일자 「동아일보」 기사(2면)에는 행사 장소가 "훈련원"으로, 1945년 12월 24일자 「자유신문」 기사에는 행사 장소가 "서울운동장"으로 되어 있다. 1946년 11월 17일자 「동아일보」 기사(2면)와 1946년 11월 19일자 「조선일보」 기사에는 행사 장소가 "서울운동장"으로, 1946년 11월 19일자 「경향신문」 기사(2면)에는 행사 장소가 "훈련원 넓은 마당"으로 명시되어 있다. 또한, 1946년 11월 19일자 「조선일보」 기사에 등장하는 "서울운동장에서 열린 제1회 기념 식전"이라는 표현에 따라 1945년이 아닌 1946년을 '1회'로 간주했다.

59 자유신문, 1945.12.24; 동아일보, 1945.12.23, 1945.12.24, 1947.11.18, 1948.11.13, 1948.11.17, 1949.11.18; 경향신문, 1946.11.16, 1946.11.19, 1947.11.15, 1947.11.18, 1948.11.9, 1949.11.11; 조선일보, 1946.11.19 관련 기사 참조.

60 경향신문, 1957.8.29, 1957.8.31, 1958.11.11, 1958.11.14, 1958.11.16; 동아일보, 1957.8.30, 1958.11.12, 1958.11.15 관련 기사 참조.

61 동아일보, 1960.11.13; 경향신문, 1961.11.18.

62 동아일보, 1962.11.19.

63 동아일보, 1955.2.9, 1면의 "단상단하" 기사.

64 동아일보, 1957.3.1, 1957.3.18.

65 해방 후 진행된 안중근 관련 기념사업에 대해서는, 윤선자, "해방 후 안중근 기념사업의 역사적 의의", 『한국독립운동사연구』 34집, 2009를 볼 것.

66 경향신문, 1956.8.15, 1957.5.7, 1957.6.29; 동아일보, 1956.7.21, 1957.6.26.

67 경향신문, 1960.11.7, 4면의 "'선열추모제'의 공적 제정을 제창한다" 칼럼.

68 경향신문, 1962.2.24; 동아일보, 1962.2.24.

69 자유신문, 1949.7.8, 1949.7.21. 제정 당시 국가공무원법에는 "독립운동에 공헌이 있는 자로서 덕망이 있는 자를 공무원에 임명할 때에는 특별전형에 의하여 행할 수 있다"(제5조)는 내용이 포함되었다. 법제처 국가법령정보센터(www.law.go.kr)의 '국가공무원법'항목(2018.1.5 검색).

70 경향신문, 1958.11.14, 1면 사설("순국선열 추앙과 생존 지사 원호").

71 위에서 보듯이 극소수에게나마 연금이 지급되고 학비 감면, 공무원 임용 우대와 같은 원호정책이 시행되고 있었다. 또 1961년 이전에도 극소수(11명)의 독립유공자가 서훈을 받은 사례가 있긴 했다(총무처, 『상훈편람』, 259쪽).

72 김종성, 『보훈의 역사와 문화』, 국학자료원, 2012, 177쪽.

73 자유신문, 1949.8.3.

74 자유신문, 1949.7.16; 조선중앙일보, 1949.7.15~16. 그러나 이 공훈기장들은 모두 정식으로 훈장제도가 제정되지 못한 상태에서 주어진 '임시적인' 것이었다. 4장에서 보았듯이, 방위포장(1967년에 '무공포장'으로 명칭 변경)은 1949년 6월에 제정되었지만 무공훈장은 1950년 10월에 가서야 제정되었다.

75 국방안보교육진흥원, 『잊혀진 영웅들: 국방안보를 위해 산화한 호국영령』, 도서출판 백암, 2014, 17쪽. 필자(인용자)가 문단을 일부 조정했음.

76 연합신문, 1949.5.18.

77 동아일보, 1949.5.19.

78 조선일보, 1949.5.20.

79 자유신문, 1949.5.24.

80 동광신문, 1949.5.26.

81 동아일보, 1949.6.7.

82 『국회속기록』, 제3회, 제13호, 1949, 256쪽.

83 경향신문, 1949.7.17.

84 동아일보, 1949.9.22.

85 연합뉴스, 2015.8.27; 차성환, 『참전기념조형물 도감』, 131쪽.

86 최병렬, "송악산 전투의 영웅 이희복 용사 동상 제막", 「오마이뉴스」, 2009.6.22.

87 권형진, "영웅숭배, 그 미몽(迷夢)의 기억을 찾아서", 권형진·이종훈 편, 『대중독재의 영웅 만들기』, 휴머니스트, 2005, 9쪽.

88 위의 글, 10쪽.

89 알라이다 아스만, 『기억의 공간: 문화적 기억의 형식과 변천』, 변학수·채연숙 역, 그린비, 2011, 78쪽.

90 앤서니 D. 스미스, 『족류: 상징주의와 민족주의-문화적 접근방법』, 김인중 역, 아카넷, 2016, 180쪽.

91 Gabriella Elgenius, "The Appeal of Nationhood: National Celebrations and Commemorations," Mitchell Young, Eric Zuelow and Andreas Sturm eds., *Nationalism in a Global Era: The Persistence of Nations*, Lodon: Routledge, 2007, p. 89.

92 총무처, 『상훈편람』, 255-259쪽 참조.

93 위의 책, 213-218 참조.

94 법제처 법령정보센터(www.law.go.kr)의 '상훈법' 조항(2018.2.23 검색).

95 총무처, 『상훈편람』, 256쪽.

제2부
전쟁 이후

| 제7장 | 반공주의와 친미주의의 중심화

1 피터 버거에 의하면, 설득력구조는 "사회적으로 구성된 각각의 세계가 현실의 인간에게 실제적인 세계로서 계속 존재하기 위해 필요한 사회적 기초"를 가리킨다. Peter L. Berger, *The Sacred Canopy*, Garden City: Doubleday & Company, 1969, p. 45.

2 강인철, "한국전쟁과 사회의식 및 문화의 변화", 230-231쪽.

3 조은정, "이승만 동상 연구", 99쪽.

4 남궁곤, "1950년대 지식인들의 냉전의식", 이종오 외, 『1950년대 한국사회와 4·19혁명』, 태암, 1991, 129쪽.

5 김학재, 『판문점 체제의 기원: 한국전쟁과 자유주의 평화기획』, 후마니타스, 2015, 546쪽.

6 동아일보, 1953.4.11.

7 계훈모 편, 『한국언론연표Ⅲ』, 관훈클럽 신영연구기금, 1993, 922-923쪽.

8 김흥수, "한국전쟁의 충격과 기독교회의 기복신앙 확산에 관한 연구", 서울대학교 박사학위논문, 1998, 51쪽.

9 위의 글, 53쪽.

10 위의 글, 39-42쪽.

11 서중석, 『이승만과 제1공화국: 해방에서 4월혁명까지』, 역사비평사, 2007, 138-139쪽 참조.

12 위의 책, 137쪽.

13 천주교회보, 1950.11.10.

14 동아일보, 1952.8.19.

15 1950년대에 외국유학과 단기연수 등이 얼마나 대규모로 또한 미국의 체계적인 계획

아래 이루어졌는가에 대한 상세한 논의는, 임대식, "1950년대 미국의 교육원조와 친미 엘리트의 형성", 역사문제연구소 편, 『1950년대 남북한의 선택과 굴절』, 역사비평사, 1998을 참조할 것. 전쟁 이전에는 무역 관계가 홍콩과 마카오, 일본과 미국 등에 치우쳐 있었다. 베트남, 호주, 인도, 태국 등이 새로운 무역상대로 떠올랐지만 대체로 아시아·태평양권을 벗어나지 못했다. 그러나 전쟁 중에 무역 관계는 대폭 다변화되었다. 예컨대 1951년의 경우 수출은 아시아(3개국), 유럽(영국), 미주(미국), 오세아니아(호주) 등 6개 국가로, 수입은 아시아(6개국), 유럽(4개국), 미주(2개국), 오세아니아(호주) 등 13개국으로부터 이루어지고 있었다. 다음해인 1952년에 수출은 아시아(5개국), 유럽(3개국), 미주(미국) 등 9개국으로 늘어났고, 수입은 아시아(10개국), 유럽(14개국), 미주(2개국), 오세아니아(2개국), 아프리카(남아공화국) 등 29개국으로 늘어났다. 공보처 통계국, 『1952년 대한민국 통계연감』, 공보처, 1953, 149-152쪽 참조.

16 예컨대 국제전화의 빈도는 1951년의 14,882회에서 1960년에는 59,987회로 4배 이상 증가했다. 일본, 미국, 홍콩, 대만, 필리핀, 서독, 캐나다 등이 국제전화의 주된 대상 국가들이었다. 공보처 통계국, 『1952년 대한민국 통계연감』, 132쪽; 합동통신사, 『합동연감』, 합동통신사, 1964, 1015쪽 참조.

17 남궁곤, "1950년대 지식인들의 냉전의식" 참조. 1959년 티베트인들이 중국 공산당국에 저항하는 운동을 전개했을 때 한국 불교계를 중심으로 지지 시위가 벌어졌던 것도 전후 한국인들의 '냉전적으로 세계화된' 의식을 잘 보여주는 예다.

18 미국인들의 그것을 능가하는, 이런 반공적 선민의식은 이미 수세기 전부터 '소화사상(小華思想)' 혹은 '소중화사상(小中華思想)'으로 표현되었던 조선 성리학의 '정통주의적' 혹은 '근본주의적' 성향에 의해 예비되어 왔는지도 모른다. 조혜인, "종교와 사회사상의 흐름", 신용하·박명규·김필동 편, 『한국 사회사의 이해』, 문학과지성사, 1995 참조.

19 갈홍기, 『대통령 이승만 박사 약전』, 공보실, 1955, 84쪽.

20 위의 책, 83-85쪽.

21 천주교회보, 1950.11.10.

22 한겨레, 2018.1.9, 26면에 실린 성한용 기자의 "어디다 대고 좌파 타령인가" 칼럼.

23 한겨레, 2015.11.4, 29면에 실린 곽병찬 기자의 "학살자를 향한 기도 '저들을 용서하소서'" 칼럼.

24 계훈모, 『한국언론연표III』, 1016쪽.

25 브루스 커밍스, "한국 반미주의의 구조적 기반", 『역사비평』 62호, 2003, 64쪽.

26 한국전쟁을 전후한 시기에 발견되는, 한국인들의 친미주의와 미국관(美國觀), 그리고

한국사회의 다양한 영역에서 진행된 미국화(美國化) 과정과 그 특징에 대한 보다 상세하고도 각론적인 논의는, 김덕호·원용진 편, 『아메리카나이제이션: 해방 이후 한국에서의 미국화』, 푸른역사, 2008; 장세진, 『상상된 아메리카: 1945년 8월 이후 한국의 네이션 서사는 어떻게 만들어졌는가』, 푸른역사, 2012; 허은, 『미국의 헤게모니와 한국 민족주의: 냉전시대(1945~1965) 문화적 경계의 구축과 균열의 동반』, 고려대학교 민족문화연구원, 2008; 상허학회 편, 『1950년대 미디어와 미국표상』, 깊은샘, 2006 등을 볼 것.

27 신학회 교회사정연구부, "한국중소도시교회 실태조사보고서", 『신학논단』 7집, 1962, 263, 295쪽 참조.

28 강인철, 『종속과 자율』, 제1부 참조.

29 이하나, "미국화와 욕망하는 사회", 홍석률 외, 『한국현대생활문화사, 1950년대: 뼈라 줍고 댄스홀 가고』, 창비, 2016, 140-143쪽.

30 강인철, "한국전쟁과 사회의식 및 문화의 변화", 271-273쪽.

31 이화진, "'극장국가'로서의 제1공화국과 기념의 균열", 236쪽. 공보처 내의 공보국 영화과가 1948년부터 〈대한뉴스〉를 〈대한전진보〉라는 이름으로 월 1회 꼴로 제작했는데, 1949년부터는 극장 상영이 의무화되었다. 전쟁 발발 후 중단된 〈대한뉴스〉는 1952년부터 다시 제작되기 시작했고, 1953년부터는 〈대한늬우스〉라는 이름으로 바뀌었다. 1957년부터는 매주 1편씩 정기적으로 제작되었다(같은 글, 230쪽).

32 이하나, "미국화와 욕망하는 사회", 143, 158쪽.

33 위의 글, 147-150쪽.

34 강준만, 『담배의 사회문화사』, 51쪽. 필자(인용자)가 일부 문단을 조정했음.

35 주영하·김혜숙·양미경, 『한국인 무엇을 먹고 살았나』, 46, 52-54, 73쪽.

36 강인철, "한국전쟁과 사회의식 및 문화의 변화", 280-281쪽.

37 이재봉, "한국의 반미주의: 한국인들의 미국에 대한 부정적 인식"(1996년 11월), 통일미래사회연구소 인터넷카페(http://cafe.daum.net/unifuture.org)의 '연구소 자료실' 수록 글. http://cafe.daum.net/unifuture.org/7KYq/15?q=%B8%C5%C4%AB%B3%AA%B1%E2%20%B8%B8%BC%BC(2018.1.7 출력).

38 여기서 사용하는 '오리엔탈리즘'이라는 용어는 에드워드 사이드가 『오리엔탈리즘』(박홍규 역, 교보문고, 1991)에서 사용한 것과 같은 의미이다. 다시 말해 오리엔탈리즘은 "동양을 지배하고 재구성하며 위압하기 위한 서양의 스타일"(같은 책, 16쪽)로서, 그 결과 한편으로는 서양인들의 긍정적이고 우월한 자아정체성을, 다른 한편으로는

동양인들의 자학적이고 부정적인 자아정체성을 강화한다. 또 『옥시덴탈리즘』을 저술한 첸 샤오메이는 중국을 연구대상으로 삼아 옥시덴탈리즘이 오리엔탈리즘에 대한 담론 수준의 저항을 내포하기는 해도, 근본적으로는 오리엔탈리즘의 출현과 지배 이후에, 그것의 영향을 받고 그것을 모방하는 방식으로 출현한다고 주장한다. 이렇게 보면 일본식 '대동아공영권' 담론도 오리엔탈리즘의 영향 아래, 그에 대한 반작용으로, '사후적으로' 출현한 담론적 실천으로 해석할 수도 있을 것이다.

39 브루스 커밍스, "한국 반미주의의 구조적 기반", 특히 59-74쪽 참조.

40 이하나, "미국화와 욕망하는 사회", 160쪽.

41 계훈모, 『한국언론연표III』, 951, 958, 977 등 참조.

42 한국역사연구회, 『우리는 지난 100년 동안 어떻게 살았을까?(1)』, 역사비평사, 1998, 141쪽; 세계일보, 1998.8.17.

43 강인철, "한국전쟁과 사회의식 및 문화의 변화", 221-222쪽.

44 정종현, "조혼과 지음 '얄개전', 4·19세대 이해를 위한 참고도서", 「한겨레」, 2015.6.26.

45 이재봉, "4월혁명과 미국의 개입", 『사회과학연구』 18집, 1995, 94쪽.

46 이재봉, "한국의 반미주의."

47 차성환, 『참전기념조형물 도감』, 국가보훈처, 1996, 64쪽.

48 동아일보, 1951.4.8.

49 김미정, "1950·60년대 한국전쟁 기념물", 278, 297-299쪽.

50 위의 글, 290-299쪽.

51 차성환, 『참전기념조형물 도감』; 경향신문, 1956.5.31; 유엔군초전기념관 홈페이지 (www.osan.go.kr/osanUnfw)의 '전시마당' 중 '기념비' 항목 참조(2017.3.3 검색).

52 경향신문, 1956.9.2.

53 동아일보, 1949.8.12, 1950.2.26, 1951.2.27,

54 강인철, "종교문화: 조직적 단절과 통합의 역사", 김승렬·신주백 외, 『분단의 두 얼굴: 테마로 읽는 독일과 한반도의 비교사』, 역사비평사, 2005, 383쪽.

55 1949년 봄 한국·대만·필리핀 중심의 반공태평양동맹에 관한 논의가 본격화되자, 미국의 애치슨 국무부 장관은 시기상조라며 이에 대한 반대의사를 표명하면서, 다만 이 국가들 사이의 정치·경제적 동맹은 가능할 것이라고 했다(자유신문, 1949.7.15).

56 동아일보사, 『동아연감』, 82쪽 참조.

57 이와 유사한 현상은 1960~1970년대에도 지속되었다. 한국군의 베트남 파병으로 한미관계가 밀월관계로 들어섰지만, 1968년 북한의 연이은 대남(對南) 무력도발에 대한 대

응 방식, 1969년 7월 닉슨 대통령의 괌 독트린 발표, 1970년대 초 미군 7사단의 철수와 군사원조 감축, 방위비 분담 문제, 카터 행정부에서 인권 문제를 둘러싼 한미 갈등 등이 발생했다. 더욱이 1970년대의 한미 갈등은 "대통령을 포함한 일부 집권세력의 반미 감정" 때문에 발생했다(이강로, "한국 내 반미주의(反美主義)의 성장과정 분석", 『국제정치논총』 44집 4호, 2004, 249-250쪽). 역시 1970년대 들어 박정희 대통령이 은밀하게 추진한 핵무기 개발 시도는 미국의 의심과 견제를 받았다(한홍구, 『유신』, 308-310쪽). 이런 일들은 친미주의 기조가 유지되는 가운데서도 친미주의-민족주의 긴장이 현실화될 수 있음을 보여준 사례였다. 그러나 1960~1970년대에 이런 움직임을 주도했던, 그리고 식민지 시대에는 일본군 장교로서 '반미 옥시덴탈리즘'으로 기운 미국관(美國觀)을 누구보다 강하게 체현했을 박정희조차 처음부터 군사쿠데타에 대한 미국의 인정을 애타게 추구했다.

| 제8장 | 전후 만개(滿開)와 남북 분화

1 크리스티앙 아말비, "7월 14일 기념일", 피에르 노라 편, 『기억의 장소1: 공화국』, 김인중·유희수·문지영 역, 나남, 2010; 모리스 아귈롱, 『마리안느의 투쟁: 프랑스 공화국의 초상과 상징체계, 1789~1880』, 전수연 역, 한길사, 2001; 윤선자, 『축제의 정치사』, 한길사, 2008 등 참조.

2 1956년 11월 30일 열린 정례 국무회의에서 문교부 장관이 '반공학생의 날' 제정 사실을 보고했다. 동아일보, 1956.12.1.

3 한길사 편집실, "사료: 1950년대의 정치적 중요사건", 진덕규 외, 『1950년대의 인식』, 한길사, 1981, 427쪽 참조.

4 동아일보사, 『동아연감』, 87쪽.

5 김민환, "한국의 국가기념일 성립에 관한 연구", 서울대학교 석사학위논문, 2000, 52쪽.

6 병무청, 『병무행정사(상)』, 병무청, 1985, 817-838쪽; 동아일보사, 『동아연감』, 70쪽.

7 지영임, "현충일의 창출 과정", 598-599쪽.

8 김민환, "한국의 국가기념일 성립에 관한 연구", 『한국학보』, 145쪽.

9 국방안보교육진흥원이 2014년에 펴낸 『잊혀진 영웅들』이라는 책자에 수록된 내용을 중심으로 정리한 것으로, 필자가 일부 내용을 보충해 넣었다.

10 동아일보, 1061.6.6.

11 화이트홀 안장식에 대해서는, 이영자·이효재, "외국의 국립묘지", 『국제보훈동향』 2권 2호, 2010, 30-31쪽 참조.

12 국립묘지관리소, 『민족의 얼』, 154쪽.

13 경향신문, 1955.6.25, 1955.7.18.

14 경향신문, 1955.6.24. 이 기사에서 "백유(百有)여 년이나 내려오는 무명용사의 탑"이라는 표현은 두 가지 측면에서 부정확하다. 하나는 '탑'이 아니라 '바닥에 비문이 새겨진 평탄한 묘'라는 것, 다른 하나는 무명용사묘의 탄생 시점이다. 파리 개선문 정면 중앙 아래에 무명용사묘지가 생겨난 시점은 런던 웨스트민스터성당에 무명용사묘지가 생겨난 때와 정확히 일치한다. 즉 두 곳에서 각각 무명용사 안장식이 열린 때는 1920년 11월 11일이었다. 미나미 모리오, "독일 전몰자 추도 역사와 야스쿠니신사·국립묘지 문제(상): 19세기에서 제2차 세계대전까지", 일본의전쟁책임자료센터 편, 『야스쿠니신사의 정치』, 박환무 역, 동북아역사재단, 2011, 237-240쪽 참조.

15 동아일보, 1958.12.16; 경향신문, 1958.12.17.

16 동아일보사, 『동아연감』, 70, 83, 84쪽.

17 김혜수, "해방 후 통일국가수립운동과 국가상징의 제정과정", 118-119쪽.

18 서정주, 『이승만 박사전』, 삼팔사, 1949.

19 한겨레, 2015.10.24, 23면에 게재된 서해성의 칼럼("태양문학") 참조.

20 한성일보, 1950.5.4.

21 동아일보사, 『동아연감』, 78-80쪽 참조.

22 김은신, 『한국 최초 101장면: 우리 근대문화의 뿌리를 들춰보는 재미있는 문화기행』, 가람기획, 1998, 181-184쪽.

23 경향신문, 1955.12.24; 동아일보, 1955.12.24.

24 Charles A. Sauer, *Methodists in Korea: 1930-1960*, Seoul: The Christian Literature Society, 1973, p. 227.

25 동아일보사, 『동아연감』, 86, 89쪽.

26 이영미, "이영미의 광화문시대(3) '해방가'(독립행진곡): 어둡고 괴로워라 밤이 길더니…'4·19 선율'이 됐다", 『한겨레』, 2017.7.29.

27 경향신문, 1957.12.11.

28 이영미, "이영미의 광화문시대(3) '해방가'(독립행진곡): 어둡고 괴로워라 밤이 길더니…'4·19 선율'이 됐다", 『한겨레』, 2017.7.29.

29 갈홍기, 『대통령 이승만 박사 약전』, 서문 참조.

30 위의 책, 84-85쪽.

31 조은정, "이승만 동상 연구", 88, 94쪽.

32 김대호, "20세기 남산 회현 자락의 변형, 시각적 지배와 기억의 전쟁", 40쪽.

33 동아일보, 1956년 3월 24일자 3면의 "다채로운 경축행사" 기사 참조.

34 경향신문, 1957.3.27, 1958.3.26, 1958.3.27, 1959.3.26 관련 기사 참조.

35 국무원 사무국, "관공서의 임시공휴일 지정에 관한 건"(국무회의 부의안), 1960.3.17, 국가기록원 자료(BA 0084247: 2018.1.15 검색).

36 전상인, "한국전쟁과 정계구도의 변화", 한국사회학회 편, 『한국전쟁과 한국사회 변동』, 풀빛, 1992, 288-291쪽.

37 조르조 아감벤, 『호모 사케르』, 박진우 역, 새물결, 2008, 186쪽.

38 조은정, "이승만 동상 연구", 80, 106-107쪽.

39 김혜수, "해방 후 통일국가수립운동과 국가상징의 제정 과정", 119-120쪽.

40 특히 '적자생존'으로 이해된 근대화를 향한 '민족 간의 경쟁과 투쟁, 지배와 피지배', 즉 '민족 간의 약육강식'을 세계인식의 핵심으로 삼는 태도에서 사회진화론의 영향을 확인할 수 있다.

41 홍성태, 『토건국가를 개혁하라』, 한울, 2011, 24쪽.

42 김득중, "여순사건에 대한 언론보도와 반공담론의 창출", 115쪽.

43 이상록, "이승복: "나는 공산당이 싫어요"의 정치학", 권형진·이종훈 편, 『대중독재의 영웅 만들기』, 휴머니스트, 2005, 183-184쪽.

44 찰스 암스트롱, "가족주의, 사회주의, 북한의 정치종교", 임지현·김용우 편, 『대중독재2: 정치종교와 헤게모니』, 책세상, 2004, 177쪽.

45 조혜인, "북한의 종교: 유교적 유산을 통하여", 『동아연구』 25집, 1992, 111-112쪽.

46 정대일, "북한의 공민종교: 주체사회주의의 기원, 형성, 구조를 중심으로", 『한국민족운동사연구』 36집, 2003.

47 정대일, "북한의 종교정책 연구: 북한 국가종교의 성립 과정을 중심으로", 『종교연구』 64집, 2011; 정대일, "국가종교로서의 주체사상 연구", 한국학중앙연구원 한국학대학원 박사학위논문, 2011; 정대일, 『북한 국가종교의 이해: 북한 선교의 선이해를 위한 연구』, 나눔사, 2012.

48 Eun Hee Shin, "The Sociopolitical Organism: The Religious Dimension of Juche Philosophy," Robert E. Buswell Jr. ed., *Religions of Korea in Practice*, Princeton:

Princeton University Press, 2006; 김병로, 『북한사회의 종교성: 주체사상과 기독교의 종교양식 비교』, 통일연구원, 2000; 주준희, "북한 정치의 종교성: 김일성의 신격화에 있어서 무속신앙의 영향을 중심으로", 『한국정치학회보』 29집 4호, 1996.

49 권헌익·정병호, 『극장국가 북한: 카리스마 권력은 어떻게 세습되는가』, 창비, 2013; 정병호, "극장국가 북한의 상징과 의례", 『통일문제연구』 54호, 2010.

50 찰스 암스트롱, "가족주의, 사회주의, 북한의 정치종교", 169쪽.

| 제9장 | 모순과 배교

1 고원, "역동적 저항-역동적 순응, 이중성의 정치동학: 48년 헌정체제의 일제강점기 유산과 전개", 이병천·정근식 편, 『식민지 유산, 국가 형성, 한국 민주주의(1)』, 책세상, 2012, 77쪽.

2 물론 이 '미묘한 균형'은 지속적인 변화와 유동성을 포함하는 것이며, 상황에 따라 균형추는 이동하게 마련이다. 예컨대 지배세력이 '국가안보'의 중요성을 강조하고 대중이 이에 동의한다면 균형추의 무게중심은 반공주의 쪽으로 이동할 것이다.

3 특히 경제발전 수준에 걸맞지 않은 방대한 대학생 인구, 그리고 대학생 인구구성의 인문·사회과학 편향이 중요할 것이다.

4 지배층의 만연한 부패, '화이트칼라의 빈곤'을 포함한 광범위한 빈곤과 양극화 등을 단적인 예로 들 수 있다.

5 자유신문, 1949.6.7.

6 자유신문, 1949.9.22, 2면 기사; 동아일보, 1950.6.21, 특히 2면의 사진; 경향신문, 1974.6.14., 5면의 연재기사; 이규태, 『한국인의 주거문화(1): 우리 땅 우리 건축의 수수께끼』, 신원문화사, 2000, 168쪽.

7 자유신문, 1949.10.5 참조.

8 신철호, "단군사상과 대종교", 황선명 외, 『한국근대민중종교사상』, 학민사, 1983, 164쪽.

9 한승헌, "진보당 사건과 조봉암(上)", 「경향신문」(온라인판), 2014.11.23.

10 "함석헌 필화 사건", 해방20년사 편찬위원회 편, 『해방 20년사』, 희망출판사, 1965, 979-981쪽.

11 함석헌, "생각하는 백성이라야 산다: 6·25 싸움이 주는 역사적 교훈", 『사상계』, 1958

년 8월호, 27쪽.

12 강정인, 『한국 현대 정치사상과 박정희』, 아카넷, 2014, 164쪽.

13 마르크스는 이렇게 말했다. "헤겔은 어느 부분에선가 세계사에서 막대한 중요성을 지닌 모든 사건과 인물들은 말하자면 두 번 나타난다고 지적하였다. 그러나 그는 한 번은 비극으로, 다음 번은 희극으로 나타난다고 덧붙이는 것을 잊었다." 칼 마르크스, 『프랑스 혁명사 3부작』(개정판), 임지현·이종훈 역, 소나무, 1991, 162쪽.

14 고원, "역동적 저항-역동적 순응, 이중성의 정치동학", 76쪽.

15 권헌익, 『또 하나의 냉전: 인류학으로 본 냉전의 역사』, 이한중 역, 민음사, 2013.

16 전재호, "한국 민족주의의 반공 국가주의적 성격", 이병천·정근식 편, 『식민지 유산, 국가 형성, 한국 민주주의(1)』, 책세상, 2012, 156쪽.

17 다카하시 데쓰야, 『결코 피할 수 없는 야스쿠니 문제』, 현대송 역, 역사비평사, 2005, 44-45쪽.

18 위의 책, 45쪽.

19 다카하시 데쓰야, 『국가와 희생』, 이목 역, 책과함께, 2008, 16, 25쪽.

20 1952년의 제5회 추도회 당시 유가족들을 대상으로 한 인천 송도 유람 행사와 위안 연예회(演藝會), 1957년 제8회 추도회 때 창경원에서 가진 유가족위안회, 1959년 제10회 추도식에서 열린 유가족 위안 영화회(映畵會)와 창경원 위안회 등은 확인되나(동아일보, 1952.4.16, 1959.6.7; 경향신문, 1957.10.26), 내무부·경찰 책임자와 유가족 대표가 참여하는 좌담회나 간담회가 열린 적은 없었다.

21 동아일보, 1951.9.28.

22 경향신문, 1953.10.18.

23 경향신문, 1953.10.18.

24 경향신문, 1955.4.23, 1955.4.24.

25 법제처 국가법령정보센터(www.law.go.kr)의 해당 항목들을 참조할 것(2016.6.8 검색).

26 법제처 국가법령정보센터(www.law.go.kr)의 '전몰군경 유족과 상이군경 연금법'과 동 시행령 항목(2016.6.8 검색).

27 지영임, "제주 4·3 관련 위령의례의 변화와 종교적 의미", 331쪽.

28 한편 경찰원호법은 전쟁 발발 직후인 1951년 4월 12일에 제정되었고 같은 해 6월 1일부터 시행에 들어갔다. 경찰원호법 시행령(대통령령 제503호) 역시 1951년 6월 1일부터 시행되었다. 경찰원호법에 의한 원호는 생계부조와 수용보호의 두 범주로, 이 중 생계부조는 군사원호법과 마찬가지로 생활부조·의료부조·조산부조·생업부조·육영

부조로 구성되어 있었다. 경찰원호법의 부칙에서는 "청년단, 향토방위대, 소방관, 의용소방대 등 기타 애국단체원으로서 경찰과 행동을 같이 하여서 전투 또는 전투에 준할 행위로 인하여 상이를 받은 자, 그 가족 또는 순직한 자의 유가족에 대한 원호는 별로히 원호법이 제정될 때까지 본 법을 준용하여 경찰관과 동일하게 원호한다"고 규정하고 있었다. 법제처 국가법령정보센터(www.law.go.kr)의 '국가원호법'과 '경찰원호법' 항목(2016.6.8 검색).

29 그런데 '전몰군경 유족과 상이군경 연금법'에서는 "연금을 받는 자는 군사원호법과 경찰원호법에 의한 생활부조는 받지 못한다"(제15조)고 규정하여 연금과 생활부조금의 중복수혜를 금지하고 있었다. 따라서 생활부조금 수혜자인 19만 4천 명과 연금 수혜자인 5~6만 명은 서로 다른 사람들이었다. 한편 생활부조금은 가구원 수에 따라 한 가정에서 여러 명이 받을 수도 있었다. 1950년 6월 제정된 '군사원호법 시행령'에는 "생활부조의 한도는 1인당 1일 100원 이내로 한다. 단, 1세대의 피부조자 3인 이상일 때에는 부조액을 체감(遞減)할 수 있다"(제5조)고 되어 있었다.

30 이임하, "'전쟁미망인'의 전쟁경험과 생계활동", 권보드래 외, 『아프레걸 사상계를 읽다: 1950년대 문화의 자유와 통제』, 동국대학교출판부, 2009, 251쪽.

31 1976년 5월에 작성된 '보상금 연차별 인상계획'이라는 원호처 공식문서에는 "기본연금을 백미 반 가마 수준으로 끌어 올린다"는 목표를 제시하고 있었던 것이다. 김종성, 『보훈의 역사와 문화』, 195쪽.

32 법제처 국가법령정보센터(www.law.go.kr)의 '전몰군경 유족과 상이군경 연금법 시행령', 제2~6조 참조항목(2016.6.8 검색).

33 이상훈, "6·25전사자 유족 보상금 최소 400만원", 「매일경제」(온라인판), 2011.10.18.

34 김종성, 『보훈의 역사와 문화』, 161-162쪽.

35 경향신문, 1956.6.7, 1956.6.8의 관련 기사들을 볼 것.

36 경향신문, 1956.6.8, 3면의 "살 길 마련해주오, 유족 대표 관계 장관에 눈물로 호소" 기사. 필자(인용자)가 일부 문단을 조정했음.

37 경향신문, 1956.6.11, 3면의 "참다운 원호 해주오" 기사.

38 경향신문, 1956.6.8, 1957.6.7; 동아일보, 1958.6.7.

39 경향신문, 1958.6.6; 동아일보, 1959.6.6.

40 2015년 10월 현재까지도 '국방부 유해발굴감식단'은 아직 유해가 수습되지 못한 한국전쟁 국군 실종자와 행방불명자들을 무려 13만여 명으로 추산하고 있었다. 2018년 7월 현재에도 그 숫자가 12만 4천여 명으로 추산되었다. 국방부 유해발굴감식단 홈페이지

(www.withcountry.mil.kr)의 '유해발굴사업 소개' 참조(2015.10.24 및 2018.7.6 검색).

41 동아일보, 1957.3.29, 3면의 "현충일의 행사 간소화하기로" 기사.

42 경향신문, 1957.6.7, 3면의 '돋보기'란.

43 경향신문, 1957.6.8; 동아일보, 1957.6.8.

44 동아일보, 1957.6.8, 3면의 "무엇을 하여주었느냐? 전몰군인유족대표좌담회, 당국을 맹추궁" 기사. 필자(인용자)가 문단을 조정했음.

45 경향신문, 1957.6.8, 3면의 "사금 조처 등 건의, 전몰장병 유족 대표" 기사.

46 김종성, 『보훈의 역사와 문화』, 163쪽; 동아일보, 1951.8.29.

47 경향신문, 1957.6.7, 3면의 "나라에 바친 영광의 집, 연금은 말뿐이다 / 품팔이로 열 두 식구가 살림" 기사.

48 경향신문, 1958.6.8, 3면의 "'원호사업 철저히 하라', 유가족 대표들 좌담회서 호소" 기사.

49 경향신문, 1958.6.6.

50 경향신문, 1958.6.14.

51 동아일보, 1959.6.7.

52 동아일보, 1959.6.6.

53 경향신문, 1960.5.11.

54 동아일보, 1960.6.8, 1면의 "유가족들 시위, 원호사업 시정 요청" 기사.

55 김봉국, "이승만 정부 초기 애도-원호정치", 『역사문제연구』 35호, 2016, 481쪽; 이임하, "상이군인, 국민 만들기", 『중앙사론』 33집, 2011, 298쪽; 박정석, "상이군인 및 유가족들의 한국전쟁 체험: 전남 영암군의 사례조사를 중심으로", 『호남문화연구』 30집, 2002, 174-175쪽.

56 박정석, "상이군인 및 유가족들의 한국전쟁 체험", 179쪽.

57 이임하, "상이군인들의 한국전쟁 기억", 김귀옥 외, 『전쟁의 기억 냉전의 구술』, 선인, 2008, 173-174, 176쪽.

58 김봉국, "이승만 정부 초기 애도-원호정치", 487쪽.

59 경향신문, 1957.4.29.

| 제10장 | 예언자들과 저항, 그러나 부유하는 혁명

1 에밀 뒤르케임, 『종교생활의 원초적 형태』, 노치준·민혜숙 역, 민영사, 1992, 586-587쪽.

2 V. Turner, *From Ritual to Theatre*, pp. 47-50; *The Ritual Process*, p. 132; *Dramas, Fields, and Metaphors*, pp, 169, 232.

3 고원, "역동적 저항-역동적 순응, 이중성의 정치동학", 64쪽.

4 박찬승, 『한국독립운동사: 해방과 건국을 향한 투쟁』, 역사비평사, 2014, 364-373쪽; 이영록, "한국에서의 '민주공화국'의 개념사", 59-64쪽 참조.

5 오유석, "한국 사회균열과 정치사회구조 형성 연구", 이화여자대학교 박사학위논문, 1997, 114쪽; 임대식, "1950년대 미국의 교육원조와 친미 엘리트의 형성", 179쪽.

6 문지영, 『지배와 저항: 한국 자유주의의 두 얼굴』, 후마니타스, 2011, 224, 241쪽에서 재인용.

7 위의 책, 242쪽에서 재인용.

8 심산사상연구회 편, 『김창숙』, 한길사, 1984, 59-65쪽.

9 서중석, 『이승만의 정치이데올로기』, 역사비평사, 2005, 353-354쪽.

10 신인섭, "광복 이후 광고산업 발전에 관한 연구", 『광복50주년 기념논문집(5): 문화·언론』, 한국학술진흥재단, 1995, 245-246, 248쪽; 유선영·김창남, "한국 신문산업의 구조와 조직변화", 같은 책, 14쪽.

11 동아일보, 1955.10.13.

12 동아일보, 1956.7.30.

13 동아일보, 1958.4.30.

14 한배호, "「경향신문」 폐간 결정에 관한 연구", 진덕규 외, 『1950년대의 인식』, 한길사, 1981, 134쪽.

15 곽병찬, "'국가'라는 이름의 바이러스", 「한겨레」, 2015.7.25.

16 신익희, "한강백사장 연설", 4·7언론인회 편, 『한국신문종합사설선집(1권): 제1·2공화국 편』, 도서출판 동아, 1985, 666쪽.

17 강인철, "한국전쟁과 사회의식 및 문화의 변화", 243-244쪽.

18 조병옥, "이 대통령께 드리는 공개장", 4·7언론인회 편, 『한국신문종합사설선집(1권): 제1·2공화국 편』, 도서출판 동아, 1985, 690-691쪽.

19 위의 글, 686쪽.

20 위의 글, 692쪽.

21 문지영, 『지배와 저항』, 222-223쪽.

22 오제연, "팽창하는 학교와 학생", 127-134쪽.

23 모리스 아귈롱, 『마리안느의 투쟁』, 382, 383, 385쪽.

24 위의 책, 382쪽.

25 위의 책, 380-381쪽.

26 학민사 편집실 편, 『4·19의 민중사: 사월혁명 자료집』, 학민사, 1984, 462-471쪽; 김미정, "1960~70년대 한국의 공공미술", 20쪽의 〈표 1〉.

27 이영미, "이영미의 광화문시대(3) '해방가'(독립행진곡): 어둡고 괴로워라 밤이 길더니…'4·19 선율'이 됐다", 「한겨레」, 2017.7.29.

28 박찬호, 『한국가요사2』, 382-383쪽.

29 위성욱, "김주열 열사 추모음반 발견", 「오마이뉴스」, 2003.3.29.

30 편집부, "48년만에 발견된 4·19혁명 노래집", 「서라벌신문」(온라인판), 2008.4.25.

31 박찬호, 『한국가요사2』, 385쪽.

32 이준희, "'미완의 혁명' 4·19와 잊혀진 노래들", 「오마이뉴스」, 2003.4.18. 필자(인용자)가 일부 문단을 조정했음.

33 나이토 요스케, 『우표로 그려낸 한국 현대사』, 117쪽; 우문관 편집실 편, 『2003한국우표도감』, 우문관, 2003, 74쪽; 정보통신부 우정사업본부, 『기념·관광통신일부인 총람: 근대우정 120년(1884-2003)』, 방송통신위원회, 2004.

34 경향신문, 1961.4.20.

35 정호기, 『한국의 역사기념시설』, 민주화운동기념사업회, 2007, 108쪽.

36 함충범 외, 『한국 영화와 4·19: 1960년대 초 한국영화의 풍경』, 한국영상자료원, 2009, 31-33쪽.

37 정호기, 『한국의 역사기념시설』, 114, 116쪽.

38 이동헌, "한국전쟁 기념의 주변인들", 364쪽.

39 국립4·19민주묘지 홈페이지(419.mpva.go.kr)의 '소개마당' 중 '연혁'(2017.1.29 검색).

40 정호기, 『한국의 역사기념시설』, 116쪽.

41 위의 책, 109쪽.

42 위성욱, "김주열 열사 추모음반 발견", 「오마이뉴스」, 2003.3.29.

43 박찬호, 『한국가요사2』, 391쪽.

44 위와 같음.

제3부
쿠데타 이후

| 제11장 | 쿠데타와 시민종교 재활성화: 민족주의의 활용

1 한석정, 『만주 모던: 60년대 한국 개발체제의 기원』, 문학과지성사, 2016.

2 최연식, "박정희의 '민족' 창조와 동원된 국민통합", 『한국정치외교사논총』 28집 2호, 2007, 58쪽.

3 박계리, "충무공동상과 국가이데올로기", 『한국근대미술사학』 12집, 2004, 161쪽.

4 동아일보, 1962.9.29.

5 강수원, 『우리 배달겨레와 대종교 역사』, 291-293쪽; 황선명, "광복 후 민족종교 교단의 재건과 통일운동", 노길명 외, 『한국민족종교운동사』, 한국민족종교협의회, 2003, 339쪽.

6 경향신문, 1962.2.27, 1962.3.1; 동아일보, 1962.2.28, 1962.3.2.

7 경향신문, 1962.2.24. 1962년 중장의 수훈자 18명은 최익현, 이강년, 허위, 김좌진, 오동진, 민영환, 조병세, 안중근, 윤봉길, 이준, 강우규, 김구, 안창호, 신익희, 김창숙, 손병희, 이승훈, 한용운이었다(같은 기사).

8 총무처, 『상훈편람』, 259쪽.

9 박정희 국가재건최고회의 의장은 1962년 3월 26일 메디컬센터(중앙의료원)에 입원해 있던 김창숙에게 위문금 20만 환과 화분을 보냈고(동아일보, 1962.3.27), 5월 5일에는 직접 문병했다(경향신문, 1962.5.5.). 5월 10일에 김창숙이 사망하자 그날 밤 곧바로 조사를 발표했고(동아일보, 1962.5.11), 11일 새벽에는 이후락 공보실장을 보내 조문을 하도록 했고(경향신문, 1962.5.11), 11일 오후에는 직접 빈소를 방문하여 조위금 50만 환을 전달했다(경향신문, 1962.5.12; 동아일보, 1962.5.12). 김창숙의 장례식이 사회장으로 결정된 후 박 의장은 장의위원회의 고문으로 참여했고(경향신문, 1962.5.13), 18일 서울운동장에서 열린 고별식에서는 (이주일 최고회의 부의장이 대독하긴 했지만) 추도사를 발표했다(동아일보, 1962.5.19; 경향신문, 1962.5.18).

10 지영임, "현충일의 창출 과정", 604쪽.

11 법제처 국가법령정보센터(www.law.go.kr)의 '군묘지령'과 '국립묘지령' 항목(2014. 1.20 검색).

12 김삼웅, 『종교, 근대의 길을 묻다: 사건으로 본 한국의 종교사』, 인물과사상사, 2005,

126-127쪽; 조현범, "한국사회와 종교적 타자성의 인식논리: 한국SGI의 사례를 중심으로", 『종교문화비평』 11호, 2007, 189-191쪽 참조.

13 박혜성, "1960~1970년대 민족기록화 연구", 서울대학교 석사학위논문, 2003 참조.

14 최연식, "박정희의 '민족' 창조와 동원된 국민통합", 47, 53, 58, 60쪽.

15 하일식, "고교 '국사'의 발행제 변천과 전근대 서술: 권력의 의도와 교과서 서술", 『역사와 현실』 92호, 2014.

16 은정태, "박정희시대 성역화사업의 추이와 성격", 241-243쪽.

17 위의 글, 271-273쪽.

18 위의 글, 273쪽.

19 위의 글, 254쪽.

20 위의 글, 253쪽.

21 전덕재, "1973년 천마총 발굴과 박정희 정권의 문화재 정책", 『역사비평』 112호, 2015, 196-201쪽.

22 위의 글, 199쪽.

23 박계리, "충무공동상과 국가이데올로기", 162-163쪽.

24 정의길, "사양길 프로레슬링…쓸쓸한 명맥", 「한겨레」, 1991.3.26.

25 동아일보, 1965.8.7, 1965.8.12. 1965.8.6.

26 경향신문, 1966.8.10.

27 김일, "나의 젊음, 나의 사랑 프로레슬러 김일(3): 내 열렬한 팬 '박 대통령'", 「경향신문」(온라인판), 1998.9.25.

28 김학균·남정석·배성민, 『기억을 공유하라 스포츠 한국사』, 이콘, 2012, 42-43쪽.

29 정희준, 『스포츠 코리아 판타지: 스포츠로 읽는 한국 사회문화사』, 개마고원, 2009, 84-85쪽.

30 동아일보, 1966.6.26.

31 정희준, 『스포츠 코리아 판타지』, 85쪽.

32 경향신문, 1966.6.28.

33 동아일보, 1974.7.17.

34 경향신문, 1974.7.4, 1974.7.11, 1974.7.12; 동아일보, 1974.7.10.

35 동아일보, 1974.7.18. 아울러 동아일보, 1974.7.19, 1면과 3면 기사를 볼 것.

36 생활경제부, "'괄시 받으면 이길 힘이 생긴다': 한국을 빛낸 스포츠스타 홍수환 토크콘서트 열려", 「스포츠경향」(온라인판), 2018.2.7.

37 경향신문, 1975.6.9.

38 매일경제, 1975.6.13; 경향신문, 1975.6.13; 동아일보, 1975.6.20, 1975.6.21.

39 동아일보, 1975.6.18, 1975.6.19.

40 경향신문, 1975.6.14, 1면의 "박 대통령 유제두 선수 등과 환담" 기사.

41 경향신문, 1979.1.4.

42 1980년 2월 17일에 세계챔피언 타이틀을 획득한 김태식을 필두로, 김철호가 1981년 1월 24일에, 김환진이 1981년 7월 19일에, 장정구가 1983년 3월 26일에, 박종팔이 1984년 7월 22일에, 유명우가 1985년 12월 8일에, 박찬영이 1987년 5월 24일에, 김용강이 1988년 7월 24일에, 문성길이 1988년 8월 14일에, 이열우가 1989년 3월 19일에, 김봉준이 1989년 4월 16일에, 백인철이 1989년 5월 28일에 한국인 세계챔피언 대열로 속속 합류했다. 특히 1989년 4월에 김봉준이 WBA 미니멈급 세계챔피언이 됨으로써, 한국은 유명우(WBA 주니어플라이급), 문성길(WBA 밴텀급), 이열우(WBC 라이트플라이급), 김용강(WBC 플라이급) 등 무려 5명의 세계챔피언을 동시에 보유하여 "프로복싱 최전성시대를 구가"하게 되었다. 당시 "한국이 보유한 5개의 세계타이틀은 미국(7개)에 이어 멕시코(5개)와 함께 두 번째로" 많은 것이었다(경향신문, 1989.4.17).

43 동아일보, 1965.8.15, 3면의 "심야의 기습: 동의안 통과되던 날의 특위" 기사.

44 나이토 요스케, 『우표로 그려낸 한국 현대사』, 177쪽.

45 김학균·남정석·배성민, 『기억을 공유하라 스포츠 한국사』, 62쪽.

46 위의 책, 78, 81쪽.

47 정희준, 『스포츠 코리아 판타지』, 74-75쪽.

48 하상복, 『광화문과 정치권력』, 220쪽.

49 이학래, 『한국 현대 체육사』, 단국대학교출판부, 2008, 5쪽.

50 위의 책, 173쪽.

51 위의 책, 158-175쪽.

52 법제처 법령정보센터(www.law.go.kr)의 '상훈법' 조항(2018.2.23 검색).

53 총무처, 『상훈편람』, 218-219, 256쪽 참조.

54 동아일보, 1974.10.9.

55 동아일보, 1974.12.18, 1976.1.20.

56 동아일보, 1974.11.20.

57 조항언 기자, "'74 빅이벤트를 통해 본 스포오츠 시상도: 우수체육인종신연금제", 『동아일보』, 1974.12.18. 필자(인용자)가 일부 문단을 조정했음.

58 전우용, "전우용의 현대를 만든 물건들: 올림픽 금메달", 「한겨레」, 2018.2.22.

59 한국은행, 『한국의 화폐』, 390-397쪽 참조.

60 김정화, 『담배 이야기』, 140-141쪽.

61 매일경제, 1985.11.20.

62 김세중, "박정희의 통치이념과 민족주의", 유병용 외, 『한국현대사와 민족주의』, 집문당, 1996, 148쪽.

63 박계리, "충무공동상과 국가이데올로기", 159쪽.

64 은정태, "박정희시대 성역화사업의 추이와 성격", 245-246쪽.

65 위의 글, 247-248쪽 참조.

66 박계리, "충무공동상과 국가이데올로기", 169쪽.

67 최연식, "박정희의 '민족' 창조와 동원된 국민통합", 44쪽.

68 위의 글, 61쪽.

69 김미정, "1950·60년대 한국전쟁 기념물", 282-283쪽.

70 김미정, "1960~70년대 한국의 공공미술", 158쪽. '계화도 농업종합 개발사업 준공기념탑'(배만섭, "국토개조 대역사③: 바다 섬이 육지 섬으로, 계화도지구 농업종합개발", 「이코노미톡뉴스」[온라인판], 2014.5.9)과 삽교천유역 개발사업 준공기념탑인 '삽교호'(경제풍월, "국토개조 대역사⑦: 삽교천 유역개발사업, 박대통령 마지막 육성이 각인된 곳", 「이코노미톡뉴스」[온라인판], 2014.9.30)는 필자가 추가했음. '영동고속도로 준공기념탑'과 '고속도로 건설 희생자 위령탑'의 장소 역시 필자가 추가했음(경향신문, 1970.7.6, 5면의 "경부고속도로 개통이 몰고 오는 새 바람(완): 공사 중 뿌려진 화제들"). 아산호 준공기념탑도 필자가 장소와 현존 여부를 추가했음.

71 안창모, "반공과 전통 이데올로기의 보루", 287쪽.

72 경향신문, 1965.1.27.

73 경향신문, 1970.7.25; 동아일보, 1970.7.24.

74 박해남, "88서울올림픽과 시선의 사회정치", 김정한 외, 『한국현대생활문화사, 1980년대: 스포츠공화국과 양념통닭』, 창비, 2016.

75 경향신문, 1986.9.1.

76 경향신문, 1984.6.20의 "한강개발 어디까지 왔나" 기사. 이 밖에 경향신문, 1986.9.10; 동아일보, 1984.12.26의 관련 기사 참조.

77 경향신문, 1985.3.14, 1986.9.1.

78 동아일보, 1978.1.20, 1983.12.5; 경향신문, 1981.12.8, 1987.11.17; 한겨레, 1990.11.21.

79 하상복, 『광화문과 정치권력』, 224-226쪽.

80 위의 책, 223쪽.

81 '문화재제자리찾기'라는 시민단체의 대표인 혜문 스님은 최근 "성역화 작업으로 현충 사는 목조건물이 아닌 콘크리트로 만들어지는 등 박 전 대통령을 기념하는 공간으로 바뀌었다"고 말한 바 있다. 송영훈·김세준, "이순신 종가 '현충사에 박정희 현판 내려 라'", 『노컷뉴스』(온라인판), 2017.9.14.

82 국립서울현충원 홈페이지(www.snmb.mil.kr) '주요 묘역·시설물' 중 '참배·추모시설' 의 '현충문' 항목(2016.10.15 검색).

83 동아일보, 1974.6.10.

84 김한상, 『조국 근대화를 유람하기: 박정희 정권 홍보드라이브, 〈팔도강산〉 10년』, 한 국영상자료원, 2008, 86쪽.

85 총무처, 『상훈편람』, 217-219쪽 참조.

86 법제처 법령정보센터(www.law.go.kr)의 '상훈법' 조항(2018.2.23 검색).

87 총무처, 『상훈편람』, 256쪽 참조.

88 김지평 편저, 『새 시대 건전가요』, 후반기출판사, 1981, 72, 256, 337, 345쪽.

89 위의 책, 50-51, 143쪽.

90 문옥배, 『한국 공연예술 통제사』, 예솔, 2013, 467-468, 473-474쪽.

91 김한상, 『조국 근대화를 유람하기』, 9-24, 134-148쪽.

92 위의 책, 125쪽.

93 코레일 홈페이지(info.korail.com) '철도갤러리'의 '역사관' 중 '분야별 변천사'에서 '열차 이름의 변천' 참조(2010.1.13 검색). 이 밖에, 경향신문, 1963.8.14(약진호, 풍년 호); 동아일보, 1966.7.14(약진호) 등을 참조. 1974년 8월 15일부로 일부 열차의 이름이 변경되었다. 이때 관광호는 '새마을호'로, 태극호·백마호는 '풍년호'로, 풍년호는 '증 산호'로, 충무호·을지호는 '협동호'로, 십자성호는 '약진호'로, 장항선 특급은 '부흥호' 로 각각 변경되었다(매일경제, 1974.8.13; 동아일보, 1974.8.13).

94 김정화, 『담배 이야기』, 128-129쪽 참조.

95 한홍구, "박정희 정권의 베트남 파병과 병영국가화", 『역사비평』 62호, 2003, 126, 129- 133쪽.

96 박근호, 『박정희 경제신화 해부: 정책 없는 고도성장』, 김성칠 역, 회화나무, 2017, 327 쪽의 〈표 8-1〉.

97 윤충로, "베트남전 참전의 안과 밖", 오제연 외, 『한국현대생활문화사, 1960년대: 근대

화와 군대화」, 창비, 2016, 167-168쪽.

98 위의 글, 189쪽.

99 박근호, 『박정희 경제신화 해부』, 330-331쪽.

100 다카하시 데쓰야, 『국가와 희생』, 244쪽.

101 한홍구, "박정희 정권의 베트남 파병과 병영국가화", 126, 128-129쪽.

102 조지 L. 모스, 『전사자 숭배: 국가라는 종교의 희생제물』, 오윤성 역, 문학동네, 2015, 16-17쪽.

103 이태주, "전쟁경험과 집단기억의 동원: 베트남 참전용사 단체를 중심으로", 김귀옥 외, 『전쟁의 기억 냉전의 구술』, 선인, 2008, 262, 264쪽.

104 윤충로, 『베트남전쟁의 한국 사회사: 잊힌 전쟁, 오래된 현재』, 푸른역사, 2015, 140-146쪽.

105 박태균, 『베트남전쟁: 잊혀진 전쟁, 반쪽의 기억』, 한겨레출판, 2015, 153쪽.

106 국방안보교육진흥원, 『잊혀진 영웅들』 참조.

107 윤충로, "베트남전 참전의 안과 밖", 186-188쪽.

108 박태균, "파병 50주년에 되돌아보는 베트남전쟁과 한국군 파병", 『시민과 세계』 25호, 2014, 239쪽.

109 윤충로, "베트남전 참전의 안과 밖", 181-185쪽.

110 위의 글, 184쪽.

111 위의 글, 185쪽.

112 한홍구, "박정희 정권의 베트남 파병과 병영국가화", 128쪽.

113 박태균, 『베트남전쟁』, 7쪽.

| 제12장 | 국토 성역화와 참신자 만들기

1 하상복, 『광화문과 정치권력』, 30쪽.

2 김미정, "1950·60년대 한국전쟁 기념물", 299쪽.

3 경향신문, 1964.4.25.

4 경향신문, 1964.7.4, 1965.1.30.

5 경향신문, 1964.4.25; 동아일보, 1964.7.16, 1966.7.23.

6 동아일보, 1964.7.9, 1면 "횡설수설"난.

7 동아일보, 1964.7.16, 3면 사설.

8 경향신문, 1964.7.4, 7면의 "선열들에 송구" 기사.

9 동아일보, 1964.10.16., 1면 "휴지통" 난.

10 경향신문, 1964.7.14; 동아일보, 1964.7.14, 1964.11.7.

11 경향신문, 1965.1.30, 1965.2.10.

12 동아일보, 1966.7.19, 1966.7.21, 1966.7.23; 경향신문, 1966.7.19.

13 매일경제, 1969.9.23; 경향신문, 1970.5.11.

14 하상복, 『광화문과 정치권력』, 218쪽.

15 박계리, "충무공동상과 국가이데올로기", 161-162쪽.

16 매일경제, 1968.4.27; 경향신문, 1968.4.27.

17 동아일보, 1967.9.26; 매일경제, 1968.5.4.

18 이영미, "이영미의 광화문시대⑨ '대중'에게 개방된 세종문화회관: '유신문화의 신전' 세종문화회관에 '트로트'의 자리는 없었다", 『한겨레』, 2017.11.11.

19 최종적인 완성은 이순신 동상 뒤편에 세종대왕 동상이 들어서는 2009년에 이루어졌다.

20 이영미, "이영미의 광화문시대⑩ 광화문광장: 90년대까진 '억압의 상징' 광화문광장, 요즘엔 인증샷 명소!", 『한겨레』, 2017.11.25.

21 손정목, 『서울 도시계획 이야기(2): 서울 격동의 50년과 나의 증언』, 한울, 2003, 10-15쪽.

22 여의도 개발 계획의 수립·변경 과정은, 손정목, 『서울 도시계획 이야기(2)』, 38-76쪽을 볼 것.

23 김석철, 『여의도에서 새만금으로: 김석철의 도시계획·도시설계』, 생각의나무, 2003, 43쪽 참조.

24 손정목, 『서울 도시계획 이야기(2)』, 48-49쪽.

25 위의 책, 67-70쪽.

26 조은희, "남북한 박물관 건립을 통한 국가정통성 확립", 185쪽.

27 김백영, "현대 한국 도시에 남겨진 식민지 유산", 275쪽.

28 국성하, "국립박물관 체제 형성과 박물관 내 교육의 변화", 『한국교육사학』 35권 4호, 2013.

29 은정태, "박정희시대 성역화사업의 추이와 성격", 244-250쪽 참조.

30 전덕재, "1973년 천마총 발굴과 박정희 정권의 문화재 정책", 196쪽.

31 은정태, "박정희시대 성역화사업의 추이와 성격", 250-251쪽.

32 위의 글, 253-254쪽.

33 동아일보, 1970.3.17, 5면의 "'민족의 5대 유산' 복원작업" 기사.

34 강인철, 『저항과 투항: 군사정권들과 종교』, 한신대학교출판부, 2013, 25-26쪽.

35 박명규, "역사적 경험의 재해석과 상징화: 동학농민전쟁의 기념물", 『사회와 역사』 51집. 1997, 54-55쪽.

36 위의 글, 58쪽.

37 위의 글, 50쪽의 〈표 2〉와 54쪽의 〈표 3〉을 합친 것임, 그리고 57쪽. '갑오민주창의통수천안 전공봉준지단' 건립 연도는 필자가 확인하여 추가했음.

38 매일경제, 1985.11.16.

39 이경화, "기념물을 통한 동학농민혁명의 기억과 전승", 『인문콘텐츠』 10호, 2007, 197-198쪽.

40 한겨레, 1994.3.9, 17면의 "갑오동학혁명 연구에 40년 외길" 기사.

41 마산일보, 1962년 8월 8일자(3면)의 "반공애국유적부활운동" 기사. 아울러 동아일보, 1961.9.12, 1961.9.13, 1962.8.1, 1962.8.2; 차성환, 『참전기념조형물 도감』, 23, 36-37, 172-174, 329-330쪽 참조.

42 김미정, "1950·60년대 한국전쟁 기념물", 275쪽.

43 차성환, 『참전기념조형물 도감』; 김미정, "1960~70년대 한국의 공공미술", 128쪽의 〈표 6〉(특히 작가 명단); 태국과 프랑스 참전 기념비 제막일은, 동아일보, 1974.10.1, 7면의 "'6·25' 참전 4개국 기념비 2·3일 제막" 기사 참조. 1974년에 처음 건립된 '프랑스군 참전 기념비'는 1989년에 다시 만들어졌다.

44 김미정, "1950·60년대 한국전쟁 기념물", 275-276쪽.

45 차성환, 『참전기념조형물 도감』; 김미정, "1960~70년대 한국의 공공미술", 132쪽의 〈표 7〉(특히 작가 명단).

46 정호기, "전쟁 상흔의 치유 공간에 대한 시선의 전환", 192-193쪽.

47 국립대전현충원 홈페이지(www.dnc.go.kr) '현충원 소개' 중 '역사'와 '연혁' 참조 (2018.3.3 검색).

48 이상록, "이승복", 179-192쪽; 서중석, "서중석의 현대사 이야기(161) 유신 체제, 열일곱 번째 마당: 한국 아이들은 왜 '찢어 죽이는 악몽'에 시달렸나", 『프레시안』, 2016.4.26; 박희석, "철거 위기에 처한 '반공소년' 이승복(李承福)의 동상", 『월간조선』(온라인판), 2016년 11월호.

49 경향신문, 1970.6.24.

50 동아일보, 1982.4.16.

51 동아일보, 1982.10.26; 경향신문, 1982.10.26.

52 신준봉, "전북서 문 닫은 학교 300곳 중 90%에 이승복 조형물 있었다", JTBC(온라인 판), 2015.12.10.

53 서울교육방송, 『이승복 어린이 동상 철거와 오경환 시의원』(ebook), 서울문학, 2016. 2018년 11월 현재 강남·복산·태화초등학교 등 울산광역시 관내 초등학교 12곳에도 이승복 동상이 남아 있음이 확인된 바 있다(한겨레, 2018.11.7).

54 박계리, "충무공동상과 국가이데올로기", 169쪽.

55 민주화 이후 한 차례 더 동상 설립 붐이 있었다. 한문화운동본부가 1999년 3월부터 전국 초·중·고교와 공원 등에 무려 360여 기의 단군상(통일기원국조단군상)을 무료로 건립해주었던 것이다. 이에 대해 개신교 측에서 조직적인 반대운동을 벌이고 일부 지역에서는 직접 단군상을 파괴하는 행동에 나섬으로써 사회문제로까지 비화되었다. 이희용, "사회문제로 번진 단군 논쟁", 「연합뉴스」, 1999.7.6.

56 은정태, "박정희시대 성역화사업의 추이와 성격", 241-243쪽.

57 위의 글, 274쪽.

58 위의 글, 264-265쪽.

59 박계리, "충무공동상과 국가이데올로기", 169쪽.

60 김미정, "1950·60년대 한국전쟁 기념물", 275쪽.

61 이상록, "이승복", 199쪽.

62 이승복기념관 홈페이지(leesb-memorial.gwe.go.kr)의 '연혁'(2018.3.3 검색).

63 미셸 푸코, 『헤테로토피아』, 이상길 역, 문학과지성사, 2014. '분단 헤테로토피아'를 다시 둘로 구분할 수 있다. 이산가족 상봉장, 정상회담을 포함한 남북회담 장소, 남북 선수단이 동시입장하거나 남북 단일팀이 함께 뛰는 경기장, 개성공단 등이 '환희·감격의 분단 헤테로토피아'라면, 평화의댐이나 땅굴, 공동경비구역과 비무장지대는 '공포·불안의 분단 헤테로토피아'라고 할 수 있을 것이다. 이 공간들은 분단체제에 대한 정반대의 경험을 제공해준다.

64 민주화 이후에는 '통일안보관광'이나 '평화안보관광'으로 불리기도 하는 것 같다.

65 동아일보, 1983.8.4, 1면의 "민통선 북방 관광지 개발" 기사.

66 동아일보, 1991.7.15, 1992.3.19; 한겨레, 2004.5.26.

67 조지 L. 모스, 『대중의 국민화: 독일 대중은 어떻게 히틀러의 국민이 되었는가?』, 임지현·김지혜 역, 소나무, 2008; 황병주, "박정희 체제의 지배담론과 대중의 국민화", 임지현·김용우 편, 『대중독재(1): 강제와 독재 사이에서』, 책세상, 2004.

68 은정태, "박정희시대 성역화사업의 추이와 성격", 254-255쪽.

69 이상록, "이순신", 350쪽.

70 위의 글, 265-266쪽.

71 새마을연구회 편, 『새마을운동 10년사』, 내무부, 1980, 311쪽.

72 황병주, "새마을운동과 농촌 탈출", 김경일 외, 『한국현대생활문화사, 1970년대: 새마을운동과 미니스커트』, 창비, 2016, 104-105쪽.

73 마르틴 쿨라, "종교로서의 공산주의", 임지현·김용우 편, 『대중독재2: 정치종교와 헤게모니』, 책세상, 2005, 72쪽.

74 강준만·김환표, 『희생양과 죄의식: 대한민국 반공의 역사』, 개마고원, 2004, 191-192쪽.

75 한도현, "새 국민, 새 공동체, 돌진적 근대: 새마을운동의 대중동원", 정성화 편, 『박정희 시대와 한국 현대사』, 선인, 2006, 360-366쪽 참조.

76 위의 글, 360.

77 이문영, "유신 의식화 선봉, 대학생 최순실", 『한겨레』, 2016.11.19.

78 김수용 외, 『유럽의 파시즘: 이데올로기와 문화』, 서울대학교출판부, 2001, 39쪽.

79 황병주, "새마을운동과 농촌 탈출", 105-106쪽.

80 김종성, 『보훈의 역사와 문화』, 165쪽.

81 유영옥, 『각국의 보훈정책 비교론』, 홍익재, 2009, 311쪽.

82 위의 책, 219쪽.

83 김종성, 『보훈의 역사와 문화』, 185쪽.

84 위의 책, 185, 195-196쪽.

85 위의 책, 196-197쪽.

86 이임하, "상이군인들의 한국전쟁 기억", 176-182쪽.

87 위의 글, 176쪽.

88 한혁, "어느 상이군인의 호소", 『경향신문』, 1967.6.12.

89 이임하, "상이군인들의 한국전쟁 기억", 181쪽.

90 조희연, "박정희 시대의 강압과 동의: 지배·전통·강압·동의의 관계를 다시 생각한다", 『역사비평』 67호, 2004.

91 신주백, "국민교육헌장의 역사: 1968~1994", 『한국민족운동사연구』 45집, 2005, 특히 297쪽.

92 한홍구, 『유신』, 45, 48, 54쪽 참조.

93 하일식은 당시 역사학계와 교육계의 다수여론은 역사교과서 국정화 반대로 기울었다

고 서술했지만, 문교부는 '교수평가단'의 중고교 국사 교과서 국정화 건의를 수용하는 모양새를 취했다. 정권 측은 역사학계가 요구하는 식민사관 극복이 역사교과서 국정화를 통해 가장 잘 이루어질 수 있다고 주장했다. 아울러 교과과정에서 국사를 '필수 독립 과목'으로 지정하고, 대입 예비고사와 공무원 임용시험에 국사를 추가함으로써, 역사학계의 국사 교육 강화 요구도 수용하는 모습을 보였다. 하일식, "고교 '국사'의 발행제 변천과 전근대 서술", 57-58쪽 참조.

94 한홍구, 『사법부: 법을 지배한 자들의 역사』, 돌베개, 2016, 126-127쪽 참조.
95 위의 책, 20-21쪽.

| 제13장 | 두 번째 배교와 시민종교 변형

1 노용석, "'장의'에서 '사회적 기념'으로의 전환: 한국전쟁 전후 민간인 피학살자 유해 발굴의 역사와 특징", 『역사와 경계』 95호, 2015, 214-222쪽.

2 권헌익, 『학살, 그 이후: 1968년 베트남전 희생자들에 대한 추모의 인류학』, 유강은 역, 아카이브, 2006, 240쪽. 식민지엘리트 출신에 의한 마지막 역청산 조치는 아마도 장준하의 죽음이었을 것이다.

3 김백영·김민환, "학살과 내전, 공간적 재현과 담론적 재현의 간극: 거창사건추모공원의 공간 분석", 『사회와 역사』 78집, 2008, 377쪽.

4 경향신문, 1961. 7. 17.

5 Kang In-Chul, "Religion and the Democratization Movement," *Korea Journal*, vol. 40, no. 2, 2000, p. 225.

6 이하나, "1970년대 간첩/첩보 서사와 과잉 냉전의 문화적 감수성", 『역사비평』 112호, 2015, 406쪽.

7 위의 글, 373-374쪽.

8 한홍구, "박정희 정권의 베트남 파병과 병영국가화", 135쪽.

9 오제연, "병영사회와 군사주의 문화", 198쪽.

10 윤충로, "베트남전 참전의 안과 밖", 167쪽.

11 위의 글, 185-186쪽.

12 오제연, "병영사회와 군사주의 문화", 207쪽.

13 한홍구, "박정희 정권의 베트남 파병과 병영국가화", 137-138쪽; 박태균, 『베트남전

쟁』, 29-37쪽.

14 신병식, 『국가와 주체: 라캉 정신분석과 한국 정치의 단층들』, 도서출판 b, 2017, 52쪽.

15 문상석, "한국전쟁, 근대국민국가 형성의 출발점: 자원동원론의 관점에서", 『사회와 역사』 86집, 102쪽.

16 오제연, "병영사회와 군사주의 문화", 200-203쪽.

17 김영미, "해방 이후 주민등록제도의 변천과 그 성격: 한국 주민등록증의 역사적 연원", 『한국사연구』 136집, 2007; 홍성태, "유신 독재와 주민등록제도", 『역사비평』 99호, 2012.

18 고문현, "주민등록제도의 문제점과 개선방안", 『공법학연구』 13권 4호, 2012, 273-275 쪽; 이상명, "주민등록 지문날인제도의 위헌성", 『한양법학』 36집, 2011, 322쪽.

19 김학재, "자유진영의 최전선에 선 국민", 홍석률 외, 『한국현대생활문화사, 1950년대: 삐라 줍고 댄스홀 가고』, 창비, 2016, 50-51쪽.

20 강인철, "해방 후 과거사청산 정치와 시민종교", 『사회와 역사』 107집, 2015, 332쪽.

21 병무청, 『병무행정사(상)』, 468-472, 489-492쪽 참조.

22 주영윤, "예비군 창설 정책결정 과정 연구", 『군사연구』 143집, 2017, 273쪽.

23 법제처 국가법령정보센터(www.law.go.kr)의 '향토예비군 설치법'과 '향토예비군 설치법 시행령', '향토예비군 설치법 시행규칙' 항목(2018.3.22 검색).

24 고시홍, "민방위대의 조직과 운영에 관한 고찰", 『제주교육대학교 논문집』 7집, 1977, 317쪽.

25 위의 글, 318-320쪽.

26 연정은, "감시에서 동원으로, 동원에서 규율로: 1950년대 학도호국단을 중심으로", 김득중 외, 『죽엄으로써 나라를 지키자: 1950년대, 반공·동원·감시의 시대』, 선인, 2007, 239, 274쪽.

27 병무청, 『병무행정사(상)』, 493-498, 835-837쪽.

28 문승숙, 『군사주의에 갇힌 근대: 국민 만들기, 시민 되기, 그리고 성의 정치』, 이현정 역, 또 하나의 문화, 2007, 81쪽.

29 위의 책, 27, 39, 65-69, 73, 83, 87-89쪽.

30 위의 책, 26쪽.

31 위의 책, 68-69쪽.

32 정은주, "무너지는 박정희 천국: 정규직도 알바 뛰는 울산, '박정희 도시'의 현주소", 『한겨레』, 2017.1.19.

33 구교형, "'검찰 기관장 영접·도열 의전 철폐...휴일 등산·봉사도 원하는 사람만': 문무일 검찰총장, 서열 등 권위주의 조직문화 개선 시동", 「경향신문」(온라인판), 2017.12.1.

34 동아일보, 1950.5.18, 1950.9.19; 경향신문, 1950.9.20.

35 동아일보, 1953.1.18, 1953.4.7, 1953.6.8; 경향신문, 1953.4.9, 1955.7.3.

36 경향신문, 1967.8.26, 1968.2.13, 1968.2.19; 동아일보, 1968.2.13.,

37 동아일보, 1970.12.24.

38 법제처 국가법령정보센터(www.law.go.kr)의 '전투경찰대 설치법' 항목(2018.3.22 검색).

39 매일경제, 1982.8.4.

40 신병식, 『국가와 주체』, 36쪽.

41 문승숙, 『군사주의에 갇힌 근대』, 22, 31쪽.

42 위의 책, 44-45쪽.

43 위의 책, 69쪽.

44 심세광, "옮긴이 해제", 미셸 푸코, 『안전, 영토, 인구: 콜레주드프랑스 강의 1977~78년』, 심세광·전혜리·조성은 역, 도서출판 난장, 2011, 5363쪽.

45 미셸 푸코, 『감시와 처벌: 감옥의 역사』, 오생근 역, 나남, 2011, 318쪽.

46 심세광, "옮긴이 해제", 536, 543쪽.

47 미셸 푸코, 『감시와 처벌』, 252, 322쪽.

48 한석정, 『만주 모던』, 20쪽.

49 조르조 아감벤, 『호모 사케르』, 227-228, 235, 261쪽.

50 위의 책, 225, 240쪽.

51 위의 책, 37쪽.

52 두 세계 사이에 자리한 '모호성의 공간'도 일부 존재했다. 1970년대보다는 1980년대에 그 공간이 조금 더 넓어졌다. 이런 모호성 공간의 대표적인 두 사례만 꼽자면, 그 하나는 '선데이 서울의 공간'이고, 다른 하나는 '대학 캠퍼스 공간'이었다.

53 비극적 대학살극으로 끝나고 말았던 보도연맹원 상대의 전향정책에 대해서는, 강성현, "국민보도연맹, 전향에서 감시·동원, 그리고 학살로", 김득중 외, 『죽엄으로써 나라를 지키자: 1950년대, 반공·동원·감시의 시대』, 선인, 2007 참조.

54 김동춘, 『전쟁정치: 한국정치의 메커니즘과 국가폭력』, 도서출판 길, 2013, 84쪽.

55 한국민족문화대백과사전(100.daum.net/encyclopedia)의 '양심수' 항목(2018.3.23 검색).

56 한겨레, 2015.10.5, 19면의 "'경찰들이 어린이 강제 납치'…40년간 그 섬엔 무슨 일이" 기사(홍용덕 기자).

57 김아람, "5·16군정기 사회정책: 아동복지와 부랑아 대책의 성격", 『역사와 현실』 82 호, 2011, 331-332, 348쪽.

58 이상록, "경제제일주의의 사회적 구성과 '생산적 주체' 만들기", 151쪽.

59 김아람, "5·16군정기 사회정책", 351-355쪽.

60 위의 글, 355쪽.

61 법제처 국가법령정보센터(www.law.go.kr)의 '윤락행위 등 방지법' 항목(2018.3.22 검색).

62 세계일보, 1995.8.22.

63 세계일보, 1995.8.22; 경향신문, 1995.8.22; 대한매일, 1995.8.22 등 참조.

64 김동춘, 『전쟁정치』, 85-87쪽.

65 이 가운데 '국민 명랑화 운동'은 1955년에 벌어졌다고 한다. 강준만, 『담배의 사회문화사』, 48쪽.

66 동아일보, 1934.11.10. 동아일보, 1934년 11월 11일자(4면)와 13일자(4면)에 전문(全文)이 게재되어 있다.

67 조희진 외, 『한국인 어떤 옷을 입고 살았나』, 24-26쪽.

68 이민정, "4·19혁명과 5·16군사정변기의 이데올로기와 복식", 708쪽.

69 동아일보, 1961.7.18, 1961.7.19, 1961.9.15; 경향신문, 1961.8.10.

70 경향신문, 1961.9.19.

71 신주백, "국민교육헌장의 역사", 298-299쪽.

72 고원, "박정희 정권 시기 가정의례준칙과 근대화의 변용에 관한 연구", 『담론 201』 9권 3호, 2006, 193, 201쪽.

73 동아일보, 1971.3.9.

74 고원, "박정희 정권 시기 가정의례준칙과 근대화의 변용에 관한 연구", 212쪽.

75 위의 글, 192쪽.

76 주영하·김혜숙·양미경, 『한국인 무엇을 먹고 살았나』, 142-153쪽.

77 공제욱, "'혼분식 장려운동'과 식생활의 변화", 공제욱 편, 『국가와 일상: 박정희 시대』, 한울, 2008, 154-162쪽.

78 주영하·김혜숙·양미경, 『한국인 무엇을 먹고 살았나』, 74-75쪽.

79 법제처 국가법령정보센터(www.law.go.kr)의 '경범죄처벌법' 항목(2018.3.22 검색).

80 조희진 외, 『한국인 어떤 옷을 입고 살았나』, 111, 113쪽.

81 문옥배, 『한국 공연예술 통제사』, 432-433쪽.

82 에밀리오 젠틸레, "정치의 신성화", 임지현·김용우 편, 『대중독재2: 정치종교와 헤게모니』, 책세상, 2005, 51쪽.

83 유선영, "과민족화 프로젝트와 호스티스영화", 공제욱 편, 『국가와 일상: 박정희 시대』, 한울, 2008, 334쪽.

84 슬라보이 지제크, "우리만이 줄리언 어산지를 도울 수 있다", 『한겨레』, 2018.4.27.

85 문옥배, 『한국 공연예술 통제사』, 173, 176쪽.

86 위의 책, 436-460, 464-467쪽.

87 위의 책, 448-449, 457쪽.

88 위의 책, 467-475쪽.

89 정종화, 『한국 영화사』, 한국영상자료원, 2008, 162쪽. 호현찬은 "외국 영화를 수입하기 위한 수단으로 본말이 전도한 한국영화는 관객으로부터 외면당해 더 이상 흡인력을 잃어버렸"을 뿐 아니라, 1970년대 한국에서도 '텔레비전 시대'가 본격적으로 열림으로써 "한국영화의 주요 관객층이던 3,40대 여성층 관객이 대거 TV가 있는 안방극장으로 이동"하여 영화 관객 수가 1970년대에 빠르게 감소했다고 보았다. 호현찬, 『한국영화 100년』, 문학사상사, 2000, 195-196쪽.

90 문옥배, 『한국 공연예술 통제사』, 469-470쪽.

91 최경호, "'미신타파' 이후의 동제와 마을의 정체성: 경북 영덕 노물리의 사례를 중심으로", 『종교연구』 13집, 1997, 70-72쪽 참조.

92 신병식, "박정희시대의 일상생활과 군사주의: 징병제와 '신성한 국방의 의무' 담론을 중심으로", 『경제와 사회』 72호, 2006, 168-169쪽.

93 김미정, "1950·60년대 한국전쟁 기념물", 282-283쪽.

94 윤정란, 『한국전쟁과 기독교』, 한울, 2015, 300-302쪽.

95 강인철, 『저항과 투항』, 364-365쪽. 1950년대의 '출산 조절 담론', 그리고 (여성운동의 차원에서 이루어진) 대한어머니회 중심의 '출산 조절 보급운동'에 대해서는, 배은경, 『현대 한국의 인간재생산: 여성, 모성, 가족계획사업』, 시간여행, 2015, 45-67쪽을 볼 것.

96 이진경, "한국 '가족계획사업'의 정치경제학", 『문화과학』 33호, 2003, 182쪽.

97 식민지 시대인 1916년에 처음으로 한센인을 대상으로 한 병원(자혜의원)이 지어지면서 소록도는 '한센인 수용소'로 변했다(이주현, "70대 건축가가 소록도를 '기록'하고 나선 까닭", 『한겨레』, 2017.11.11). 1937년부터는 '한센인의 단종(斷種)'을 위해 '강제

정관수술'이 시작되었다. "정부는 1937년 일제강점기 때부터 한센인들을 대상으로 시행하던 강제 정관수술을 해방 이후 폐지했다가 1948년부터 소록도 내 부부 동거자들에게 다시 시행했다. 임신이 된 여성은 강제로 낙태를 시켰다. 이 제도는 1990년도까지 소록도를 비롯해 인천 성혜원, 익산 소생원, 칠곡 애생원, 부산 용호농원, 안동 성좌원 등 내륙에 설치된 국립요양소와 정착촌에도 시행된 것으로 알려졌다"(방현덕, "'강제낙태·정관수술' 한센인에 또 국가배상 판결", 「연합뉴스」, 2015.05.20). 1960년대에도 전국 곳곳의 한센인 수용소들에서는 '강제적 낙태'와 '단종 수술'이 공공연히 행해지고 있었다(강인철, 「저항과 투항」, 365-366쪽).

98 베네딕트 앤더슨, 「상상의 공동체」, 211-219쪽.

99 박명규·서호철, 「식민권력과 통계: 조선총독부의 통계체계와 센서스」, 서울대학교출판부, 2003.

100 미셸 푸코, 「감시와 처벌」, 204-205쪽.

101 김명숙, "국가동원과 '가족계획'", 공제욱 편, 「국가와 일상: 박정희 시대」, 한울, 2008, 265, 275쪽.

102 배은경, 「현대 한국의 인간재생산」, 77쪽.

103 문승숙, 「군사주의에 갇힌 근대」, 131, 137쪽.

104 홍문식, "출산력 억제정책의 영향과 변천에 관한 고찰", 「한국인구학」 21권 2호, 1998, 193-199쪽.

105 위의 글, 200쪽.

106 김동춘, 「전쟁정치」, 184쪽.

107 오제연, "병영사회와 군사주의 문화", 212쪽.

108 정근식·이병천, "식민지 유산과 한국 민주주의: 개념과 시각", 정근식·이병천 편, 「식민지 유산, 국가 형성, 한국 민주주의(1)」, 책세상, 2012, 29쪽.

109 민주화운동기념사업회 연구소 편, 「한국민주화운동사2: 유신체제기」, 돌베개, 2009, 66쪽.

110 위의 책, 71쪽.

111 김종철, "유신 독재 이전엔 법원이 대법원장 뽑았다", 「한겨레」, 2018.5.12.

112 백승덕, "역사학을 '사이비 역사학'으로부터 구출하려면", 「오마이뉴스」, 2016.4.1.

113 미셸 푸코, 「감시와 처벌」, 76쪽.

114 1989년 6-8월에 걸쳐 국가안전기획부와 검찰에서 간첩죄로 조사받는 동안 갖가지 고문을 당한 방양균 사건을 통해서도 확인되듯이, 뿌리 깊게 관행화된 고문은 민주

화 이행 이후까지 끈질기게 계속되었다(한겨레, 2018.10.20, 12면에 실린 "공안검사의 고문이 내 인생 30년을 앗아갔다" 인터뷰 기사(김양진 기자) 참조. 심지어 2010년대의 박근혜 정부 시기에도 탈북자 관련 간첩 혐의 조사 과정에서 고문이 자행되었다는 의혹이 제기되었다.

115 민주화운동기념사업회 연구소, 『한국민주화운동사2』, 193-194쪽.

116 여현호, "헌법의 초라한 생일", 「한겨레」, 2015.7.17.

117 신주백, "국민교육헌장의 역사", 310쪽.

118 위의 글, 302쪽 이하.

119 동아일보, 1971.12.6; 경향신문, 1971.12.6.

120 신주백, "국민교육헌장의 역사", 310-311쪽.

121 위의 글, 311쪽.

122 나인호, "나치 독재의 정치종교와 전체주의적 대중 만들기", 임지현·김용우 편, 『대중독재(1): 강제와 독재 사이에서』, 책세상, 2004, 211-212쪽.

123 앤서니 스미스, 『족류』, 178쪽.

124 이언 바루마, 아비샤이 마갤릿, 『옥시덴탈리즘: 반서양주의의 기원을 찾아서』, 송충기 역, 민음사, 2007, 115쪽.

125 하상복, 『광화문과 정치권력』, 209, 211-212쪽.

126 최연식, "박정희의 '민족' 창조와 동원된 국민통합", 48, 52, 53쪽.

127 이화진, "'극장국가'로서의 제1공화국과 기념의 균열", 248-249쪽.

128 은정태, "박정희시대 성역화사업의 추이와 성격", 257쪽.

129 하상복, 『광화문과 정치권력』, 236-237쪽.

130 김학균·남정석·배성민, 『기억을 공유하라 스포츠 한국사』, 61쪽.

131 한겨레, 2017.1.5, 26면의 "신년 휘호"(박찬수).

132 저축추진중앙위원회, 『슬기의 열매: 국민학교 어린이를 위한 근면·검소·저축생활 이야기(3학년용)』, 국정교과서주식회사, 1977, 198쪽.

133 다카시 후지타니, 『화려한 군주』, 특히 51쪽.

134 노동청 부녀소년담당관실 편, 『근로자생활수기집 '79: 여자와 소년』, 제9집, 노동청, 1979, 46쪽. 국립영화제작소가 1977년에 제작한 〈공장의 학원〉(KTV '다시 보는 문화영화', 2015년 6월 21일 방영)에서는 보다 직접적으로 '대통령의 자애로운 배려'에 초점을 맞췄다.

135 위의 책, 107-108쪽.

136 한병철, 『피로사회』, 김태환 역, 문학과지성사, 2012, 84쪽.

137 루돌프 오토, 『성스러움의 의미』, 길희성 역, 분도출판사, 1987.

138 한겨레, 2016.4.9, 11면의 "존영, 권력투쟁의 최전선"(이문영) 기사.

139 한겨레, 2017.6.17.

140 한겨레, 2018.3.20, 26면의 "또 다른 '미투'들"(김이택) 칼럼.

141 정근식·이병천, "식민지 유산과 한국 민주주의", 2012, 29-30쪽.

142 윤해동, "'친일 잔재' 청산과 관련하여 제기되는 몇 가지 문제", 민족문제연구소 편, 『한국 근현대사와 친일파 문제』, 아세아문화사, 2000, 237쪽.

143 이에 대해서는, 강인철, "동작동 국립묘지와 그 내부 불평등의 역사적 기원", 『종교연구』 77집 3호, 2017을 볼 것.

| 제14장 | 저항과 시민종교 균열

1 강인철, "종교계의 민주화운동", 민주화운동기념사업회 연구소 편, 『한국민주화운동사2: 유신체제기』, 돌베개, 2009, 412-413쪽 참조.

2 위의 글, 359-397쪽 참조.

3 민주화운동기념사업회 연구소, 『한국민주화운동사2』, 425-455, 457-475, 494-497쪽 참조.

4 민주화운동기념사업회 연구소 편, 『한국민주화운동사1: 제1공화국부터 제3공화국까지』, 돌베개, 2008, 560-563쪽.

5 민주화운동기념사업회 연구소, 『한국민주화운동사2』, 120, 153-156, 266-278, 289-290쪽 참조.

6 강인철, "종교계의 민주화운동", 420쪽.

7 민주화운동기념사업회 연구소, 『한국민주화운동사2』, 476-479쪽.

8 위의 책, 475-476쪽.

9 이영미, 『한국 대중가요사』, 시공사, 1999, 247쪽.

10 위의 책, 285-286쪽.

11 한겨레, 2016.6.10, 29면의 "팬 사랑이 되살려낸 잃어버린 노래·전설의 가수"(김경애) 기사.

12 정은경, "대구지역 노래운동의 형성과 전개: 노래패 '소리타래'의 사례를 중심으로",

『사회와 역사』 113집, 2017, 346쪽.

13 천유철, 『오월의 문화정치: 1980년 광주민중항쟁 '현장'의 문화투쟁』, 오월의봄, 2016, 139쪽.

14 민주화운동기념사업회 연구소, 『한국민주화운동사1』, 656-657쪽.

15 민주화운동기념사업회 연구소, 『한국민주화운동사2』, 140-141쪽.

16 위의 책, 292-293쪽.

17 위의 책, 292쪽.

18 여기에 원불교의 '은사상(恩思想)'을 포함할 수도 있을 것이다. 한국의 민주화운동·인권운동에 대한 원불교의 영향은 1980년대부터 본격적으로 나타나기 시작했다.

19 현실적인 발현 양태와는 무관하게, 남북한 집권세력이 내세운 '공화(국)'는 평등·연대·형제애·공동체 가치보다는 반(反)군주정, 반(反)전제정치, 반(反)인신구속을 뜻하는 자유, 비(非)지배, 인민주권, 인민의 자기통치 등의 가치들과 더 가까웠다.

20 신진욱, "광주항쟁과 애국적 민주공화주의의 탄생: 저항적 시민사회의 형성과 정체성 구성에 대한 구조해석학적 분석", 『한국사회학』 45집 2호, 2011, 75쪽.

21 Robert N. Bellha, "Civil Religion in America," *Daedalus*, vol. 96, no. 1, 1967; Robert N. Bellha, "American Civil Religion in the 1970s," Russel E. Richey and Donald G. Jones eds., *American Civil Religion*, New York: Harper & Row, 1974; Robert N. Bellha, *The Broken Covenant: American Civil Religion in Time of Trial*, New York: Crossroad Books, 1975.

22 민주화운동기념사업회 연구소, 『한국민주화운동사2』, 515-683쪽.

23 위의 책, 320-349쪽; 김성선, "부마민주항쟁은 어떻게 시작되고 어떻게 전개되었는가?", 『성찰과 전망』 20호, 2016; 천유철, 『오월의 문화정치』, 133쪽.

24 1980년 5월의 이른바 '서울의 봄' 당시 전국의 대학캠퍼스들에서, 그리고 특히 서울역 집회를 포함하는 5월 14~16일의 전국 대학생 가두시위에서도 리미널한 시공간 창출과 커뮤니타스 체험이 발생했다고 볼 수 있을 것이다. 광주에서도 5월 14~16일에 걸쳐 대학생들이 도청 광장과 그 주변 거리를 무대로 민족·민주화성회(聖會), 햇불시위, 시국성토대회 등 대규모 시위와 집회를 진행했다. 광주항쟁의 리미널리티, 커뮤니타스, 사회극에 관한 보다 상세한 논의는, 강인철, "5월 광주의 커뮤니타스와 변혁의 리미널리티: 사회극의 일부로서의 5·18", 18-58쪽을 볼 것. 광주 커뮤니타스와 리미널리티를 최정운은 '절대공동체'로 표현한 바 있다(최정운, 『오월의 사회과학: 사회과학자의 시선으로 새롭게재구성한 5월 광주의 삶과 진실』, 오월의봄, 2012).

25 정근식, "광주민중항쟁에서의 저항의 상징 다시 읽기: 시민적 공화주의를 중심으로", 『기억과 전망』 16호, 2007; 신진욱, "광주항쟁과 애국적 민주공화주의의 탄생."

26 한겨레, 2016.1.4, 19면의 "'80년 5월 20일 고립무원 '광주'는 밤새 공수부대와 싸웠다"(이희호 평전, 제4부 4회).

27 한겨레, 2016.1.11, 17면의 "항쟁 내내 광주 시민들은 '김대중 석방하라' 외쳤다"(이희호 평전, 제4부 7회).

28 5·18사료편찬위원회, 『5·18민주화운동』, 5·18기념문화센터, 2012, 104-105쪽.

29 정근식, "광주민중항쟁에서의 저항의 상징 다시 읽기"; 천유철, 『오월의 문화정치』, 140-143쪽.

30 천유철, 『오월의 문화정치』, 147쪽.

31 위의 책, 133, 134, 147쪽.

32 위의 책, 135쪽.

33 위의 책, 132쪽.

34 위의 책, 142-143쪽.

35 위의 책, 153쪽. 인용자가 〈정의파〉와 〈훌라송〉의 위치를 맞바꾸었다. 다시 말해 〈훌라송〉이 원곡이고 〈정의파〉가 개사곡 제목이라는 것이다.

36 민주화운동기념사업회 한국민주주의연구소 편, 『한국민주화운동사3: 서울의 봄부터 문민정부 수립까지』, 돌베개, 2010, 642쪽.

37 정근식, "〈임을 위한 행진곡〉: 1980년대 비판적 감성의 대전환", 『역사비평』 112호, 2015, 256쪽.

38 민주화운동기념사업회 한국민주주의연구소, 『한국민주화운동사3』, 212-216, 230-232, 244-247, 301-303, 596-599, 617-627, 658, 882-886쪽.

39 임미리, 『열사, 분노와 슬픔의 정치학: 한국저항운동과 열사 호명구조』, 오월의봄, 2017.

40 정근식, "〈임을 위한 행진곡〉", 253-254, 266-267쪽.

41 천유철, 『오월의 문화정치』, 150-152쪽.

42 위의 책, 131, 150쪽.

43 이영미, 『한국 대중가요사』, 286쪽.

44 정은경, "대구지역 노래운동의 형성과 전개", 346-347쪽.

45 위의 글, 350쪽.

46 민주화운동기념사업회 한국민주주의연구소, 『한국민주화운동사3』, 641, 644-647쪽.

47 위의 책, 643-653쪽.

48 김민철, "탈식민의 과제와 친일파 청산운동", 정근식·이병천 편, 『식민지 유산, 국가 형성, 한국 민주주의(1)』, 책세상, 2012, 252쪽.

49 편집부, "『해방전후사의 인식』을 펴내면서", 송건호 외, 『해방전후사의 인식』, 한길사, 1979, 3쪽.

50 김언호, "『해방전후사의 인식2』를 내면서", 강만길 외, 『해방전후사의 인식2』, 한길사, 1985, 529쪽.

51 편집부, "『해방전후사의 인식』 6을 펴내며", 박명림 외, 『해방전후사의 인식6』, 한길사, 1989, 293쪽.

52 알라이다 아스만, 『기억의 공간』, 80, 187쪽.

53 급진적 예언자 진영 안에서 '반공주의'와 '반북(反北)주의'가 분리되는 경향에도 주목할 필요가 있다. 물론 여기서 반북주의는 북한 체제에 대한 부정적인 태도나 접근을 가리킨다. 사회주의 이념의 수용은 반공주의와의 결별을 의미했지만, 그것이 반드시 반북주의와의 결별을 의미하지는 않았다. 따라서 '반북 사회주의'도 충분히 선택 가능한 조합이었다. 필자가 보기에 민족해방(NL) 그룹에서는 '친북 사회주의'가, 민중민주주의(PD) 그룹에서는 '반북 사회주의'가 더 지지를 얻었던 것 같다.

54 강정인, 『한국 현대 정치사상과 박정희』, 158쪽 이하.

제4부
민주화 이후

| 제15장 | 민주화 이행기의 시민종교

1 정해구, 『전두환과 80년대 민주화운동: '서울의 봄'에서 군사정권의 종말까지』, 역사비평사, 2011, 162-163쪽.

2 정해구, "한국정치의 민주화와 개혁의 실패", 학술단체협의회 편, 『6월민주항쟁과 한국사회 10년(II)』, 당대, 1997.

3 하상복, 『죽은 자의 정치학: 프랑스, 미국, 한국 국립묘지의 탄생과 진화』, 모티브북,

2014, 282-301쪽; John R. Neff, *Honoring the Civil War Dead: Commemoration and the Problem of Reconciliation*, Lawrence: University Press of Kansas, 2005. 그러나 남군 유해의 이장에도 불구하고 1900년대 초의 알링턴국립묘지가 상징하는 국가적 화합은 여전히 백인들에 국한되어 있었다. 1921년 1차 대전 종전기념일(11월 11일)에 인종을 초월한 보편적인 희생의 메시지를 담은 무명용사묘가 만들어짐으로써, 알링턴국립묘 지는 비로소 온전한 국가적 화합을 상징하는 최고의 국가성지로 올라설 수 있었다 (Micki McElya, *The Politics of Mourning: Death and Honor in Arlington National Cemetery*, Cambridge: Harvard University Press, 2016).

4 한홍구, "국립묘지를 보면 숨이 막힌다", 『한겨레21』(온라인판), 2005.9.20.

5 반면에 이런 역할을 (국무총리이든 국회의장이든 대법원장이든) 그 누구도 대신할 수 없다. 그런 대역(代役)은 해당 기념·추모 행위에 대한 대통령의 무관심과 경시, 심지 어 반감을 보여주는 증거로 간주될 뿐이다.

6 박정희는 1967년(6대)과 1971년(7대) 대통령선거에서 각각 51.4%, 53.2%의 득표율로 당선되었지만, 유신 이후 간선제로 치러진 1972년(8대)과 1978년(9대) 대통령선거에 서는 모두 100.0% 득표율로 당선되었다. 1979년(10대)과 1980년(11대) 대통령선거에 서도 당선자인 최규하와 전두환의 득표율은 100.0%였고, 1981년(12대) 대통령선거에 서는 당선자 득표율이 90.2%로 떨어졌다. 1972년 10월의 유신헌법안 국민투표에서 투 표율은 91.9%, 찬성률은 91.5%였고, 1980년 10월의 헌법개정안 국민투표에서도 투표 율은 95.9%, 찬성률은 91.6%에 달했다. 중앙선거관리위원회 선거통계시스템 홈페이 지(http://info.nec.go.kr/)에서 '역대 선거 실시 상황' 중 대통령선거와 국민투표 항목 참조(2016.4.9 검색).

7 예컨대 '한국갤럽'은 1988년부터 대통령 지지율 조사를 해왔으며, 2012년 1월부터는 조사의 주기를 '주 1회'로 단축시켰다. 이데일리, 2016.11.11.

8 두 가지 예외는 초대와 19대 대통령취임식인데, 초대는 간선인데도 광장에서, 19대는 직선인데도 실내에서 취임식이 거행되었다. 19대 취임식의 경우 초유의 대통령 탄핵 으로 급작스레 치러진 선거에 의해 선출된 대통령일 뿐 아니라, 인수위원회 기간 없 이 곧바로 직책을 수행해야 하는 사정 때문에 국회의사당 건물 안에서 간소하게 치러 졌다.

9 편찬위원회, 『정부의전편람』, 508-509쪽 참조.

10 장세훈, "광장에서 공원으로 5·16광장 변천의 공간사회학적 접근", 『공간과 사회』 26권 2호, 2016.

11 김정화, 『담배 이야기』, 140-141쪽.

12 이후 문재인 정부는 2018년 6월 열린 6·10 민주항쟁 31주년 기념식을 통해 남영동 대 공분실을 '민주인권기념관'으로 만들겠다고 공식 발표했다.

13 이영미, "이영미의 광화문시대⑩ 광화문광장: 90년대까진 '억압의 상징' 광화문광장, 요즘엔 인증샷 명소!", 「한겨레」, 2017.11.25.

14 대전차방호벽은 도로 양옆에 콘크리트 블록을 장벽처럼 세운 '도로낙석', 그리고 터널 형태의 '고가낙석'으로 대표되는데, '서울 요새화 계획'이 수립된 1970년대부터 1980 년대까지 전방 지역에서 서울로 향하는 길목에 집중적으로 설치되었다고 한다. 2017 년 12월 현재로도 경기 북부 지역에만도 100개 이상이 남아 있었다. 김주영·박서강, "머 리 위 '거대 콘크리트' 대전차방호벽, 안전합니까?", 「한국일보」(온라인판), 2017.12.14.

15 윤재걸, 『금지곡을 위하여』, 청사, 1985, 124쪽.

16 낙태와 관련된 '몸의 주권' 문제는 여전히 논쟁거리이나, 이 문제를 비교적 자유롭게 공론화할 수 있었던 때는 '민주화 이후' 시기였다.

17 피에르 노라, "기억과 역사 사이에서: 기억의 장소들에 대한 문제제기", 피에르 노라 편, 『기억의 장소1: 공화국』, 김인중·유희수·문지영 역, 나남, 2010, 32쪽.

18 김효실, "탄핵 정권의 마지막 '알박기 사장' 김장겸의 '퇴진 거부' 투쟁", 「한겨레」, 2017. 8.26.

19 한겨레, 1989.2.5; 경향신문, 1989.3.1, 1989.3.9.

20 네이버 지식백과의 '영상콘텐츠 제작사전'(terms.naver.com) 중 '모래시계'(2018.4.4 검색).

21 강인철, 『종교정치의 새로운 쟁점들』, 한신대학교출판부, 2012, 561-567쪽 참조. 양심 적 병역거부자와 그 가족들은 노무현 정부가 선물한 대체복무제를 이명박 정부에 의 해 빼앗기는 좌절을 겪기도 했지만, 2018년 헌법재판소 판결에 의해 결국 대체복무제 권리를 획득하게 되었다. 근 70년만에 '감옥으로의 고행' 그리고 '비국민 전과자'라는 사회적 낙인에서 비로소 벗어날 수 있게 된 것이다.

22 이명박·박근혜 정부 등 보수 정권들이 연이어 들어서면서 비교적 성공적인 이행 사례 로 보였던 윤이상조차 만만치 않은 도전과 방해에 직면해야 했다. 윤이상은 생전에 귀 국하지 못한 채 결국 1995년 독일에서 생을 마감해야 했다. 그러나 전국적인 환영 무 드 속에서 그의 유해가 2018년에 출신지인 경남 통영으로 이장(移葬)되면서 '사후(死 後)의 해피엔딩'으로 마무리되는 모양새가 되었다.

23 연합뉴스, 2005.1.10; YTN(온라인판), 2006.3.8.

24 이경화, "기념물을 통한 동학농민혁명의 기억과 전승", 197-198쪽.

25 위의 글, 199, 201쪽.

26 권헌익, 『학살, 그 이후』, 241-242쪽.

27 알라이다 아스만, 『기억의 공간』, 456쪽.

28 한나 아렌트, 『예루살렘의 아이히만: 악의 평범성에 대한 보고서』, 김선욱 역, 한길사, 2006, 392쪽.

29 이병천·이광일 편, 『20세기 한국의 야만: 평화와 인권의 21세기를 위하여』, 일빛, 2001; 이병천·조현연 편, 『20세기 한국의 야만2: 평화와 인권의 21세기를 위하여』, 일빛, 2001; 충남대학교 충청문화연구소 편, 『제노사이드와 한국근대』, 경인문화사, 2009 참조.

30 알라이다 아스만, 『기억의 공간』, 186쪽.

31 정근식·이병천, "식민지 유산과 한국 민주주의", 31쪽.

32 송현동, "죽음의 정치학: 죽음의례를 중심으로", 『종교문화비평』 9호, 2006, 7-8쪽.

33 노컷뉴스(온라인판), 2016.6.25에 게재된 정희상 『시사인』 기자의 인터뷰 기사.

34 오마이뉴스, 2012.11.3에 게재된 정재원 '산청·함양사건 양민희생자 유족회' 회장과의 인터뷰 참조.

35 표인주, "한국전쟁 희생자들의 죽음 처리방식과 의미화 과정", 김경학 외, 『전쟁과 기억: 마을 공동체의 생애사』, 한울, 2005, 287쪽.

36 노용석, "'장의'에서 '사회적 기념'으로의 전환", 220-222쪽.

37 한국전쟁유족회(한국전쟁 전후 민간인 희생자 전국 유족회) 홈페이지(coreawar.or.kr) '유족회 소개' 중 '연혁' 참조(2016.6.29 검색).

38 노용석, "'장의'에서 '사회적 기념'으로의 전환", 209, 227-229쪽.

39 위의 글, 213쪽.

40 이 측면은 위안부 문제를 비롯한 식민지 유산 청산 문제가 동아시아 차원의 연대 속에 진행되거나, 한국-베트남 시민사회의 협력 속에 한국군에 의한 민간인학살 문제가 의제화·공론화되는 데서 확인된다. 2016년 5월에도 한국, 일본, 중국, 필리핀 등 8개 나라의 14개 시민사회단체와 영국의 전쟁기념관이 공동으로 일본군 종군위안부 관련 기록물 2,744건을 세계기록유산으로 등재해달라고 공동으로 신청한 바 있다(연합뉴스, 2016.6.1). 과거사청산의 이런 국제성은 '동아시아 민족주의'의 놀라운 활력, 그에 따른 '동아시아 민족주의 정치'의 지속적인 생명력에서 비롯된다고 말할 수 있다.

41 정호기, 『한국의 역사기념시설』, 13, 22쪽.

42 정근식, "〈임을 위한 행진곡〉", 268쪽.

43 안종철, "김대중·노무현 정부의 인권과 과거사 청산 정책", 『내일을 여는 역사』 37호, 2015, 52쪽. 여기에 필자가 "일제하 일본군 위안부에 대한 생활안정지원법(1993.6.11)"을 추가하였음.

44 강인철, "종교가 '국가'를 상상하는 법: 정교분리, 과거청산, 시민종교", 『종교문화연구』 21호, 2013, 101-102쪽.

45 위의 글, 102-103쪽.

46 위의 글, 103-104쪽.

47 손호철, 『해방 60년의 한국정치: 1945~2005』, 이매진, 2006, 11쪽; 박찬표, 『한국의 48년 체제』, 후마니타스, 2010.

48 지역주의정치, 3김 정치로 대표되는 정당민주주의의 후퇴와 사당(私黨) 체제, 노동자·농민들이 대표되지 못하는 보수적 정당구조, 사회·경제적 민주화의 지체 등이 대표적이다. 최장집, "정치적 민주화: 한국 민주주의, 무엇이 문제인가", 『비평』 14호, 2007, 15쪽; 손호철, 『해방 60년의 한국정치』, 12-13쪽; 김호기, "87년 체제인가, 97년 체제인가: 민주화 시대에서 세계화 시대로", 『사회비평』 36호, 2007, 15-16쪽; 최태욱, "신자유주의 대안 구현의 정치제도적 조건", 『창작과비평』 35권 4호, 2007, 435쪽.

49 최장집, 『민주화 이후의 민주주의: 한국 민주주의의 보수적 기원』(개정판), 후마니타스, 2005.

50 정근식, "〈임을 위한 행진곡〉", 271쪽. 2016년 기념식에서는 "5·18 민주화운동 희생영령"으로 명명되었다(연합뉴스, 2016.5.18.).

51 김민환, "한국의 국가기념일 성립에 관한 연구", 『한국학보』, 153쪽.

| 제16장 | 반격과 역사적 쐐기

1 그렇다고 해서 '문화-이데올로기적 양극화'와 '사회경제적 양극화'의 관계를 지나치게 단순화하거나 기계적으로 접근하면 안 될 것이다. 특히 전자의 상대적 자율성을 강조할 필요가 있다. 문화-이데올로기적 양극화는 계층이동보다는 계급재생산을 낳는 사회경제적 양극화를 비옥한 토양으로 번성한다고 말할 수도 있을 것이다. 그러나 계급배반투표 현상 등에서 보듯이 문화-이데올로기적 양극화는 일정하게 자율적인 공간을 갖고 있으며, 따라서 문화-이데올로기적 양극화가 사회경제적 양극화를 기계적으로 '반영'한다거나 그것의 '부수현상'에 불과하다고 여겨서는 안 될 것이다.

2 한겨레, 2016.5.25, 27면의 "나라 망해도 국권 되찾아도 관료집단은 그대로…" 인터뷰 기사 참조.

3 김성일, "한국 우익 진영의 대응사회운동 전개와 정치과정", 『문화과학』 91호, 2017, 137, 140쪽.

4 강인철, 『한국의 개신교와 반공주의: 보수적 개신교의 정치적 행동주의 탐구』, 중심, 2007.

5 정근식·이병천, "식민지 유산과 한국 민주주의", 12-13쪽.

6 박태균, "탈냉전 이후 한국적 매카시즘의 탄생: 조문 파동과 주사파 발언을 통해 드러난 매카시즘", 『역사와 현실』 93호, 2014, 201쪽.

7 위와 같음.

8 김정인, "종북 프레임과 민주주의의 위기", 『역사와 현실』 93호, 2014, 222-223쪽.

9 박태균, "탈냉전 이후 한국적 매카시즘의 탄생", 204쪽.

10 김정인, "종북 프레임과 민주주의의 위기", 212-225쪽.

11 위의 글, 232쪽; 박태균, "탈냉전 이후 한국적 매카시즘의 탄생", 204쪽.

12 사실 이명박 정부의 등장은 한국 현대사에서 두 번째의 평화적 정권교체였으므로 시민종교 사제-예언자 진영의 성숙한 통합을 향한 가능성을 내포하고 있었다고 볼 수도 있다. 그러나 그보다는 지배층(시민종교 사제 진영)의 총체적인 반격과 그것의 성공적 결과라는 측면이 훨씬 강했기 때문에, 이명박 정부 시기에는 (시민종교의 창조적 통합과 질적 성숙이라는 효과보다는) 두 시민종교로의 분화 효과가 압도적으로 강했다. '잃어버린 10년' 담론에서도 잘 드러나듯이, 이명박 정부 5년은 흔들리는 기득권 체제의 안정화 및 장기지배체제 재구축이라는 성격이 훨씬 두드러졌던 것이다. 요컨대 평화적 정권교체라고 해서 '모두가' 시민종교의 성숙한 통합 능력을 제고시키는 효과를 발휘하는 것은 아님을 이명박 정부 사례를 통해 확인할 수 있다.

13 정근식, "〈임을 위한 행진곡〉", 253, 272쪽.

14 지영임, "제주 4·3 관련 위령의례의 변화와 종교적 의미", 351-352쪽.

15 김병진, "'국립묘지법' 제정안에 대한 의견", 『국립묘지법안 및 국립묘지기본법안에 대한 공청회』(자료집), 국회정무위원회, 2005.4.19, 22쪽.

16 정호기, 『한국의 역사기념시설』, 123-124, 127, 145, 166, 196쪽 등. 2·28민주운동기념회관, 3·15아트센터, 5·18민주화운동기록관, 민주평화교류원, 민주화운동기념공원은 필자가 추가했음. 정호기는 2012년에 발표한 논문에서 더욱 상세한 5·18 관련 기념물과 기념시설들의 목록을 제시한 바 있다. 정호기, "시민사회의 사회운동 기념물 건립과

표상: '5·18'과 '5월운동'을 중심으로", 『경제와 사회』 94호, 2012, 312-313쪽의 〈표 1〉
을 볼 것.

17 한겨레, 2016.8.11, 19면의 "유가협 30년은 한국 민주화 떠받친 피눈물의 역사"(한승
동 기자).

18 김인유, "개원 1년 앞둔 이천 민주화운동기념공원 가보니", 「연합뉴스」, 2017.6.8.
2018년 2월 2일 현재 민주화운동기념공원 홈페이지(www.eminju.kr)의 '사이버 참배'
프로그램에서는 모두 142명의 '민주 영령'을 안내하고 있다.

19 정호기, 『한국의 역사기념시설』, 62, 89-105쪽. 일본군위안부역사관, 서대문형무소역
사관, 백범기념관, 거창사건추모공원을 제외한 나머지는 필자가 추가했음. 신안군 암
태도의 단고리에 1998년 1,360㎡ 규모로 건립된 '암태도 소작인항쟁 기념탑', 1999년
기동리의 서석태 묘역에 건립된 '암태도 농민항쟁 사적비'도 주요 항일 기념시설 목록
에 추가할 수 있을 것이다.

20 권종술, "국정교과서엔 없는 독립정신과 민주주의를 배운다, 근현대사기념관 개관",
「민중의소리」, 2016.5.19.

21 임재근, "골령골을 평화 인권의 상징적 추모공원으로 만들어야", 「오마이뉴스」, 2017.
6.27; 조형찬, "곤룡골 추모공원 차질 빚나?", 〈대전MBC뉴스〉(온라인판), 2018.6.26.
2018년 11월에는 함안군이 이 지역의 한국전쟁 전후 민간인 희생자 1천여 명을 기리
는 1,300㎡ 규모의 추모공원을 함안군 대산리 삼정동산에 조성하고 추모비를 세웠다
(뉴시스, 2018.11.10).

| 제17장 | 기념물의 대량생산과 전선의 교착: 두 개의 대한민국?

1 미국의 문화전쟁이 윤리·종교적 쟁점들을 중심으로 벌어졌다면, 한국의 문화전쟁은
기억·역사적 쟁점들을 중심으로 전개된다는 특징을 보여준다.

2 김미정, "1950·60년대 한국전쟁 기념물", 276쪽.

3 정호기, 『한국의 역사기념시설』, 71-72쪽.

4 김병진, "'국립묘지법' 제정안에 대한 의견", 23쪽.

5 정호기, "전쟁 상흔의 치유 공간에 대한 시선의 전환: 한국에서의 전쟁기념물을 중심
으로", 『민주주의와 인권』 8권 3호, 2008, 195쪽. 〈표 17-1〉에서 이승만 정권 시기에는
민주당 정부(장면 정부)가, 박정희 정권 시기에는 최규하 정부가 포함된 것으로 보인

다. 이승만 정권 기간 중 연평균 전쟁기념물 건립 건수(12.8건)에 대해서는 주의 깊은 해석이 필요하다. 1948~1952년의 4년 동안에는 전쟁기념물이 극소수였고 대부분의 전쟁기념물이 1953~1960년 사이에 건립되었음을 감안한다면, 종전 후 7년 동안 이승만 정권 시기의 연평균 전쟁기념물 건립 건수는 20건이 넘을 것으로 판단된다.

6 정호기, "전쟁 상흔의 치유 공간에 대한 시선의 전환", 192쪽.

7 강인철, 『한국의 개신교와 반공주의』, 141-184쪽 참조.

8 형시영, "통합적 현충시설관리체계 구축방안 연구", 『공공사회연구』 5권 1호, 2015, 279-281쪽.

9 차성환, 『참전기념조형물 도감』, 326, 367-368, 683쪽; 정호기, 『한국의 역사기념시설』, 87쪽. 양구전쟁기념관, 춘천대첩기념평화공원, 학도병전승기념관, 도라산평화공원, 월남파병용사만남의장, 유엔군초전기념관, 평화통일기원테마공원, 울산대공원 안보테마공원, 칠곡호국평화기념관, 경찰기념공원은 필자가 추가했음.

10 연합뉴스, 2011.3.11; 파이낸셜뉴스(온라인판), 2013.4.8.

11 다카하시 데쓰야, 『국가와 희생』, 239-240, 243-244쪽.

12 위의 책, 241쪽.

13 용산 서빙고에 자리 잡은 국립중앙박물관은 해방 후 중앙청, 국립중앙박물관으로 용도가 바뀌어오다 광복 50주년이 되는 1995년에 해체된 구 조선총독부 청사를 대신하는 것이기도 했다.

14 최정기, "한국군의 베트남전 참전, 어떻게 기억되고 있는가?: 공식적인 기억과 대항기억의 차이를 중심으로", 『민주주의와 인권』 9권 1호, 2009, 77-78쪽.

15 윤충로, "한국의 베트남전쟁 기억의 변화와 재구성: 1999년 『한겨레21』 캠페인과 그 이후 변화를 중심으로", 『사회와 역사』 105집, 2015, 20-25쪽.

16 전진성, 『빈딘성으로 가는 길: 베트남전 참전용사들의 기억과 약속을 찾아서』, 책세상, 2018, 146-147쪽.

17 윤충로, "한국의 베트남전쟁 기억의 변화와 재구성", 32쪽.

18 윤충로, "한국의 베트남전쟁 기념과 기억의 정치", 『사회와 역사』 86집, 2010, 155쪽.

19 월남파병용사만남의장 홈페이지(www.vws.co.kr)의 '만남의장 소개' 부분 참조(2016. 4.22 검색).

20 윤충로, "한국의 베트남전쟁 기념과 기억의 정치", 155, 168쪽.

21 위의 글, 172쪽.

22 윤상연, "경기도, 양평에 전국 최초 '안보테마공원' 개장", 『뉴스1』, 2012.10.4.

23 중앙일보(온라인판), 2013.10.10.

24 연합뉴스, 2014.3.10.

25 아시아일보(온라인판), 2014.3.27.

26 배형욱, "'전승기념공원 부지 없다' 지자체가 내팽겨쳐", 「매일신문」(온라인판), 2017.6.28.

27 뉴시스, 2016.6.6.; 뉴스1, 2016.6.6.

28 국립서울현충원, 『민족의 얼』(제8집), 28-29쪽.

29 김선미, "재한 유엔기념공원의 조성 경위와 관리의 성격", 민주주의사회연구소 편, 『유엔기념공원과 부산: 국제평화도시의 환상을 넘어』, 선인, 2013, 93쪽.

30 윤종열, "경기도, 6·25전쟁 전사자 유해 발굴지에 '평화의 쉼터' 조성", 「서울경제」(온라인판), 2015.1.29.

31 연합뉴스, 2016.1.22.

32 정호기, 『한국의 역사기념시설』, 29-32, 36, 199-203쪽 참조. 2018년 6월 10일 문재인 대통령은 서울시청 다목적홀에서 열린 6·10 민주항쟁 31주년 기념식에서 행정안전부 장관이 대독한 기념사를 통해, "2001년 여야 합의에 의해 '민주화운동기념사업회법'을 제정하고 '민주화운동기념관' 건립을 추진"해왔음을 상기시키면서, 국가폭력의 대표적 장소였던 서울 남영동 옛 대공분실을 '민주인권기념관'으로 조성하겠다고 밝혔다. 황희경, "문재인 대통령 '남영동 대공분실, 민주인권기념관으로 조성'", 「연합뉴스」, 2018.6.10.

33 한겨레, 2015.9.2, 2012.10.23; 프레시안, 2012.11.15.

34 박상훈, 『만들어진 현실: 한국의 지역주의, 무엇이 문제이고, 무엇이 문제가 아닌가』, 후마니타스, 2009.

35 정근식, "광주민중항쟁에서의 저항의 상징 다시 읽기"; 신진욱, "광주항쟁과 애국적 민주공화주의의 탄생."

36 울리히 벡, 『위험사회: 새로운 근대(성)을 위하여』, 홍성태 역, 새물결, 1997, 82쪽.

37 헌법재판소 전자헌법재판센터(ecourt.ccourt.go.kr)의 '최근 주요 결정' 중 '대통령(박근혜) 탄핵'(2016헌나1) 사건 결정문(2018.4.10 검색).

38 강인철, "종교가 '국가'를 상상하는 법", 101쪽.

참 고 문 헌

경합하는 시민종교들

대한민국의 종교학

갈홍기(1955), 『대통령 이승만 박사 약전』, 공보실.

강성현(2007), "국민보도연맹, 전향에서 감시·동원, 그리고 학살로", 김득중 외, 『죽엄으로써 나라를 지키자: 1950년대, 반공·동원·감시의 시대』, 선인.

강수원(1993), 『우리 배달겨레와 대종교 역사』, 한민족문화사.

강인철(1999), "한국전쟁과 사회의식 및 문화의 변화", 정성호 외, 『한국전쟁과 사회구조의 변화』, 백산서당.

_____(2005), "종교문화: 조직적 단절과 통합의 역사", 김승렬·신주백 외, 『분단의 두 얼굴: 테마로 읽는 독일과 한반도의 비교사』, 역사비평사.

_____(2007), 『한국의 개신교와 반공주의: 보수적 개신교의 정치적 행동주의 탐구』, 중심.

_____(2009), "종교계의 민주화운동", 민주화운동기념사업회 연구소 편, 『한국민주화운동사2: 유신체제기』, 돌베개.

_____(2012), 『종교정치의 새로운 쟁점들』, 한신대학교출판부.

_____(2013), 『종속과 자율: 대한민국의 형성과 종교정치』, 한신대학교출판부.

_____(2013), 『저항과 투항: 군사정권들과 종교』, 한신대학교출판부.

_____(2013), "종교가 '국가'를 상상하는 법: 정교분리, 과거청산, 시민종교", 『종교문화연구』 21호.

_____(2015), "해방 후 과거사청산 정치와 시민종교", 『사회와 역사』 107집.

_____(2017), "동작동 국립묘지와 그 내부 불평등의 역사적 기원", 『종교연구』 77집 3호.

_____(2018), "5월 광주의 커뮤니타스와 변혁의 리미널리티: 사회극의 일부로서의 5·18", 『5·18과 사회변혁』(2018 광주인권평화재단 학술심포지엄 자료집), 광주인권평화재단·광주가톨릭대학교 신학연구소, 2018.9.28.

강정인(2014), 『한국 현대 정치사상과 박정희』, 아카넷.

강준만(2007), 『한국근대사 산책』, 인물과사상사.

_____(2011), 『담배의 사회문화사: 정부 권력과 담배 회사는 세상을 어떻게 변화시켰나』, 인물과사상사.

강준만·김환표(2004), 『희생양과 죄의식: 대한민국 반공의 역사』, 개마고원.

강진호(2018), 『국어 교과서의 탄생』, 글누림.

강천봉(1971), 『대종교 중광 60년사』, 대종교총본사.

계훈모 편(1993), 『한국언론연표III』, 관훈클럽 신영연구기금.

고문현(2012), "주민등록제도의 문제점과 개선방안", 『공법학연구』 13권 4호.

고시홍(1977), "민방위대의 조직과 운영에 관한 고찰", 『제주교육대학교 논문집』 7집.

고원(2006), "박정희정권 시기 가정의례준칙과 근대화의 변용에 관한 연구", 『담론 201』 9권 3호.

_____(2012), "역동적 저항-역동적 순응, 이중성의 정치동학: 48년 헌정체제의 일제강점기 유산과 전개", 이병천·정근식 편, 『식민지 유산, 국가 형성, 한국 민주주의(1)』, 책세상.

공보처 통계국 편(1953), 『1952년 대한민국통계연감』, 공보처 통계국.

공제욱(2008), "'혼분식 장려운동'과 식생활의 변화", 공제욱 편, 『국가와 일상: 박정희 시대』, 한울.

국립묘지관리소 편(1988), 『민족의 얼』, 국립묘지관리소.

국립서울현충원 편(2015), 『민족의 얼』, 제8집, 국립서울현충원.

국방안보교육진흥원(2014), 『잊혀진 영웅들: 국방안보를 위해 산화한 호국영령』, 도서출판 백암.

국성하(2013), "국립박물관 체제 형성과 박물관 내 교육의 변화", 『한국교육사학』 35권 4호.

권헌익(2006), 『학살, 그 이후: 1968년 베트남전 희생자들에 대한 추모의 인류학』, 유강은 역, 아카이브.

_____(2013), 『또 하나의 냉전: 인류학으로 본 냉전의 역사』, 이한중 역, 민음사.

권헌익·정병호(2013), 『극장국가 북한: 카리스마 권력은 어떻게 세습되는가』, 창비.

권형진(2005), "영웅숭배, 그 미몽(迷夢)의 기억을 찾아서", 권형진·이종훈 편, 『대중독
　　　재의 영웅 만들기』, 휴머니스트.

김구(2000[1947]), 『백범일지』, 범우사.

김대호(2015), "20세기 남산 회현 자락의 변형, 시각적 지배와 기억의 전쟁: 공원, 신사,
　　　동상의 건립을 중심으로", 『도시연구』 13호.

김덕호·원용진 편(2008), 『아메리카나이제이션: 해방 이후 한국에서의 미국화』, 푸른역사.

김동춘(2013), 『전쟁정치: 한국정치의 메커니즘과 국가폭력』, 도서출판 길.

김득중(2007), "여순사건에 대한 언론보도와 반공담론의 창출", 김득중 외, 『죽엄으로
　　　써 나라를 지키자』, 선인.

_____(2009), 『'빨갱이'의 탄생: 여순사건과 반공 국가의 형성』, 선인.

김명숙(2008), "국가동원과 '가족계획'", 공제욱 편, 『국가와 일상: 박정희 시대』, 한울.

김미정(2002), "1950~60년대 한국전쟁 기념물: 전쟁의 기억과 전후 한국 국가체제 이념
　　　의 형성", 『한국근대미술사학』 10집.

_____(2010), "1960~70년대 한국의 공공미술: 박정희 시대 공공기념물을 중심으로",
　　　홍익대학교 박사학위논문.

김민영·김양규(2005), 『철도, 지역의 근대적 수용과 사회경제적 변용: 군산선과 장항
　　　선』, 선인.

김민환(2000), "한국의 국가기념일 성립에 관한 연구", 서울대학교 석사학위논문.

_____(2000), "한국의 국가기념일 성립에 관한 연구", 『한국학보』 26권 2호.

김백영(2009), 『지배와 공간: 식민지도시 경성과 제국 일본』, 문학과지성사.

_____(2011), "식민권력과 광장 공간: 일제하 서울시내 광장의 형성과 활용", 『사회와
　　　역사』 90집.

_____(2012), "현대 한국 도시에 남겨진 식민지 유산", 정근식·이병천 편, 『식민지 유
　　　산, 국가 형성, 한국 민주주의(2)』, 책세상.

김백영·김민환(2008), "학살과 내전, 공간적 재현과 담론적 재현의 간극: 거창사건추모
　　　공원의 공간 분석", 『사회와 역사』 78집.

김병로(2000), 『북한사회의 종교성: 주체사상과 기독교의 종교양식 비교』, 통일연구원.

김병진(2005), "'국립묘지법' 제정안에 대한 의견", 『국립묘지법안 및 국립묘지기본법

안에 대한 공청회』(자료집), 국회정무위원회, 2005.4.19.

김봉국(2016), "이승만 정부 초기 애도원호정치", 『역사문제연구』 35호.

김삼웅(2005), 『종교, 근대의 길을 묻다: 사건으로 본 한국의 종교사』, 인물과사상사.

김석철(2003), 『여의도에서 새만금으로: 김석철의 도시계획·도시설계』, 생각의나무.

김선미(2013), "재한 유엔기념공원의 조성 경위와 관리의 성격", 민주주의사회연구소 편, 『유엔기념공원과 부산: 국제평화도시의 환상을 넘어』, 선인.

김선섭(2000), 『달력 속에서 만나는 숨은 우리 날 찾기(1~3)』, 씨앤드씨그룹.

김성선(2016), "부마민주항쟁은 어떻게 시작되고 어떻게 전개되었는가?", 『성찰과 전망』 20호.

김성일(2017), "한국 우익 진영의 대응사회운동 전개와 정치과정", 『문화과학』 91호.

김세중(1996), "박정희의 통치이념과 민족주의", 유병용 외, 『한국현대사와 민족주의』, 집문당. 김수용 외(2001), 『유럽의 파시즘: 이데올로기와 문화』, 서울대학교출판부.

김아람(2011), "5·16군정기 사회정책: 아동복지와 부랑아 대책의 성격", 『역사와 현실』 82호.

김영미(2007), "해방 이후 주민등록제도의 변천과 그 성격: 한국 주민등록증의 역사적 연원", 『한국사연구』 136집.

김은남(1993), "버려진 민족의 혼, 장충단", 『한국논단』, 12월호.

김은신(1998), 『한국 최초 101장면: 우리 근대문화의 뿌리를 들춰보는 재미있는 문화기행』, 가람기획.

김정인(2014), "종북프레임과 민주주의의 위기", 『역사와 현실』 93호.

김정화(2000), 『담배 이야기』, 지호출판사.

김종성(2005), 『한국보훈정책론』, 일진사.

_____(2012), 『보훈의 역사와 문화』, 국학자료원.

김종태(2018), 『선진국의 탄생: 한국의 서구 중심 담론과 발전의 계보학』, 돌베개.

김종희(2014), "건전가정의례준칙 변화 연구", 『차문화·산업학』 25집.

김지평 편저(1981), 『새 시대 건전가요』, 후반기출판사.

김천영(1985), 『연표 한국현대사』, 한울림.

김학균·남정석·배성민(2012), 『기억을 공유하라 스포츠 한국사』, 이콘.

김학재(2015), 『판문점 체제의 기원: 한국전쟁과 자유주의 평화기획』, 후마니타스.

_____(2016), "자유진영의 최전선에 선 국민", 홍석률 외, 『한국현대생활문화사, 1950년대: 삐라 줍고 댄스홀 가고』, 창비.

김한상(2008), 『조국 근대화를 유람하기: 박정희 정권 홍보드라이브, 〈팔도강산〉 10년』, 한국영상자료원.

김해경(2014), "탑골공원, 기억의 층위에 대한 해석", 『한국전통문화연구』 14호.

김해경·최현임(2013), "일제강점기 장충단공원 변화에 관한 시계열적 연구", 『한국전통 조경학회지』 31권 4호.

김현선(2004), "현대 한국사회 국가의례의 상징화와 의미 분석", 한국정신문화연구원 한국학대학원 박사학위논문.

_____(2006), "국민, 반(半)국민, 비(非)국민: 한국 국민 형성의 원리와 과정", 『사회연구』 12호.

김혜수(1997), "해방 후 통일국가수립운동과 국가상징의 제정과정", 『국사관논총』 75집.

김호기(2007), "87년 체제인가, 97년 체제인가: 민주화 시대에서 세계화 시대로", 『사회 비평』 36호.

김홍철(1999), "단군신앙의 실태와 그 특성", 『단군학연구』 1호.

김홍수(1998), "한국전쟁의 충격과 기독교회의 기복신앙 확산에 관한 연구", 서울대학 교 박사학위논문.

김홍주(2002), "한국 사회의 근대화 기획과 가족정치: 가족계획사업을 중심으로", 『한국 인구학』 25권 1호.

나이토 요스케(2012), 『우표로 그려낸 한국 현대사』, 이미란 역, 한울.

나인호(2004), "나치 독재의 정치종교와 전체주의적 대중 만들기", 임지현·김용우 편, 『대중독재(1): 강제와 독재 사이에서』, 책세상.

남궁곤(1991), "1950년대 지식인들의 냉전의식", 이종오 외, 『1950년대 한국사회와 4·19 혁명』, 태암.

노동청 부녀소년담당관실 편(1979), 『근로자생활수기집 '79: 여자와 소년』 9집, 노동청.

노무현재단 기록위원회(2009), 『내 마음속 대통령: 노무현, 서거와 추모의 기록 I 』, 도서 출판 한걸음·더.

노용석(2015), "'장의'에서 '사회적 기념'으로의 전환: 한국전쟁 전후 민간인 피학살자 유해 발굴의 역사와 특징", 『역사와 경계』 95호.

다카시 후지타니(2003), 『화려한 군주: 근대일본의 권력과 국가의례』, 한석정 역, 이산.

다카하시 데쓰야(2005), 『결코 피할 수 없는 야스쿠니 문제』, 현대송 역, 역사비평사.

_____(2008), 『국가와 희생』, 이목 역, 책과함께.

데이비드 케너다인(2004), "의례의 역사적 맥락과 그 의미: 영국 군주정과 '전통의 발명'

1820~1977", 에릭 흡스봄 외, 『만들어진 전통』, 박지향·장문석 역, 휴머니스트.

로버트 D. 퍼트넘(2009), 『나 홀로 볼링: 사회적 커뮤니티의 붕괴와 소생』, 정승현 역, 페이퍼로드.

마르친 쿨라(2005), "종교로서의 공산주의", 임지현·김용우 편, 『대중독재2: 정치종교와 헤게모니』, 책세상.

모리스 아귈롱(2001), 『마리안느의 투쟁: 프랑스 공화국의 초상과 상징체계, 1789~1880』, 전수연 역, 한길사.

문상석(2010), "한국전쟁, 근대국민국가 형성의 출발점: 자원동원론의 관점에서", 『사회와 역사』 86집.

문승숙(2007), 『군사주의에 갇힌 근대: 국민 만들기, 시민 되기, 그리고 성의 정치』, 이현정 역, 또 하나의 문화.

문지영(2011), 『지배와 저항: 한국 자유주의의 두 얼굴』, 후마니타스.

미나미 모리오(2011), "독일 전몰자 추도 역사와 야스쿠니신사·국립묘지 문제(상, 중, 하)", 일본의 전쟁책임자료센터 편, 『야스쿠니신사의 정치』, 박환무 역, 동북아역사재단.

미셸 푸코(2011), 『감시와 처벌: 감옥의 역사』, 오생근 역, 나남.

_____(2011), 『안전, 영토, 인구: 콜레주드프랑스 강의 1977~78년』, 심세광·전혜리·조성은 역, 도서출판 난장.

_____(2014), 『헤테로토피아』, 이상길 역, 문학과지성사.

민주화운동기념사업회 연구소 편(2008), 『한국민주화운동사1: 제1공화국부터 제3공화국까지』, 돌베개.

_____(2009), 『한국민주화운동사2: 유신체제기』, 돌베개.

민주화운동기념사업회 한국민주주의연구소 편(2010), 『한국민주화운동사3: 서울의 봄부터 문민정부 수립까지』, 돌베개.

박계리(2004), "충무공동상과 국가이데올로기", 『한국근대미술사학』 12집.

박근호(2017), 『박정희 경제신화 해부: 정책 없는 고도성장』, 김성칠 역, 회화나무.

박남일(2008), 『박남일의 역사 블로그』, 살림FRIENDS.

박명규(1997), "역사적 경험의 재해석과 상징화: 동학농민전쟁의 기념물", 『사회와 역사』 51집.

박명규·서호철(2003), 『식민권력과 통계: 조선총독부의 통계체계와 센서스』, 서울대학교출판부.

박상훈(2009), 『만들어진 현실: 한국의 지역주의, 무엇이 문제이고, 무엇이 문제가 아닌가』, 후마니타스.

박정석(2002), "상이군인 및 유가족들의 한국전쟁 체험: 전남 영암군의 사례조사를 중심으로", 『호남문화연구』 30집.

박찬승(2014), 『한국독립운동사: 해방과 건국을 향한 투쟁』, 역사비평사.

박찬표(2010), 『한국의 48년 체제: 정치적 대안이 봉쇄된 보수적 패권체제의 기원과 구조』, 후마니타스.

박찬호(2009), 『한국가요사2: 1945~1980』, 미지북스.

박천홍(2003), 『매혹의 질주, 근대의 횡단: 철도로 돌아본 근대의 풍경』, 산처럼.

박태균(2014), "탈냉전 이후 한국적 매카시즘의 탄생: 조문 파동과 주사파 발언을 통해 드러난 매카시즘", 『역사와 현실』 93호.

_____(2014), "파병 50주년에 되돌아보는 베트남전쟁과 한국군 파병", 『시민과 세계』 25호.

_____(2015), 『베트남전쟁: 잊혀진 전쟁, 반쪽의 기억』, 한겨레출판.

박해남(2016), "88서울올림픽과 시선의 사회정치", 김정한 외, 『한국현대생활문화사, 1980년대: 스포츠공화국과 양념통닭』, 창비.

박혜성(2003), "1960~1970년대 민족기록화 연구", 서울대학교 석사학위논문.

방원일(2008), "한국 크리스마스 전사(前史), 1884~1945: 이원적 크리스마스 문화의 형성", 『종교문화연구』 11호.

배은경(2012), 『현대 한국의 인간재생산: 여성, 모성, 가족계획사업』, 시간여행.

베네딕트 앤더슨(2002), 『상상의 공동체: 민족주의의 기원과 전파에 대한 성찰』, 윤형숙 역, 나남.

병무청(1985), 『병무행정사(상)』, 병무청.

브루스 커밍스(2003), "한국 반미주의의 구조적 기반", 『역사비평』 62호.

비온티노 유리안(2016), "일제하 서울 남산 지역의 일본 신도·불교 시설 운영과 의례 연구", 서울대학교 박사학위논문.

4·7언론인회 편(1985), 『한국신문종합사설선집(1~2권): 제1·2공화국 편』, 도서출판 동아.

상허학회 편(2006), 『1950년대 미디어와 미국표상』, 깊은샘.

새마을연구회 편(1980), 『새마을운동 10년사』, 내무부.

샤오메이 천(2001), 『옥시덴탈리즘』, 정진배 외 역, 강.

서울교육방송(2016), 『이승복 어린이 동상 철거와 오경환 시의원』(ebook), 서울문학.

서울특별시사편찬위원회 편(2009), 『서울 지명사전』, 서울특별시사편찬위원회.

서정주(1949), 『이승만 박사전』, 삼팔사.

서중석(1998), "이승만 정권 초기의 일민주의와 파시즘", 역사문제연구소 편, 『1950년대 남북한의 선택과 굴절』, 역사비평사.

_____(2005), 『이승만의 정치이데올로기』, 역사비평사.

_____(2007), 『이승만과 제1공화국: 해방에서 4월혁명까지』, 역사비평사.

손정목(2003), 『서울 도시계획 이야기: 서울 격동의 50년과 나의 증언 (1~5)』, 한울.

손호철(2006), 『해방 60년의 한국정치: 1945~2005』, 이매진.

손희두(2005), "국가보훈기본법 제정(안)에 관한 검토 의견", 『국가보훈기본법안에 대한 공청회』(자료집), 국회정무위원회, 2005.4.19.

송현동(2006), "죽음의 정치학: 죽음의례를 중심으로", 『종교문화비평』 9호.

신병식(2006), "박정희 시대의 일상생활과 군사주의: 징병제와 '신성한 국방의 의무' 담론을 중심으로", 『경제와 사회』 72호.

_____(2017), 『국가와 주체: 라캉 정신분석과 한국 정치의 단층들』, 도서출판 b.

신인섭(1995), "광복 이후 광고산업 발전에 관한 연구", 『광복50주년 기념논문집(5): 문화·언론』, 한국학술진흥재단.

신인호(2013), "이들을 기억해 주세요: 작은 국군묘지들", 『국방저널』, 6월호.

신주백(2005), "국민교육헌장의 역사: 1968~1994", 『한국민족운동사연구』 45집.

신진우(2005), "국립묘지법제정(안) 관련 주요 쟁점과 대안", 『국립묘지법안 및 국립묘지기본법안에 대한 공청회』(자료집), 국회정무위원회, 2005.4.19.

신진욱(2011), "광주항쟁과 애국적 민주공화주의의 탄생: 저항적 시민사회의 형성과 정체성 구성에 대한 구조해석학적 분석", 『한국사회학』 45집 2호.

신철호(1983), "단군사상과 대종교", 황선명 외, 『한국근대민중종교사상』, 학민사.

신학회 교회사정연구부(1962), "한국중소도시교회 실태조사보고서", 『신학논단』 7집.

심산사상연구회 편(1984), 『김창숙』, 한길사.

심세광(2011), "옮긴이 해제", 미셸 푸코, 『안전, 영토, 인구: 콜레주드프랑스 강의 1977~78년』, 심세광·전혜리·조성은 역, 도서출판 난장.

심형준(2016), "성스러운 인간의 생성과 변형에 관한 연구: 조선시대의 사례를 중심으로", 서울대학교 박사학위논문.

안종철(2009), "식민지 후기 박문사(博文寺)의 건립, 활용과 해방 후 처리", 『동국사학』 46집.

_____(2011), "1930~40년대 남산 소재 경성호국신사의 건립, 활용, 그리고 해방 후 변화",

『서울학연구』 42호.

_____(2015), "김대중·노무현 정부의 인권과 과거사 청산 정책", 『내일을 여는 역사』 37호.

안창모(2006), "반공과 전통 이데올로기의 보루: 장충동", 『건축과 사회』 5호.

알라이다 아스만(2011), 『기억의 공간: 문화적 기억의 형식과 변천』, 변학수·채연숙 역, 그린비.

앤서니 D. 스미스(2016), 『족류: 상징주의와 민족주의―문화적 접근방법』, 김인중 역, 아카넷.

에드워드 사이드(1991), 『오리엔탈리즘』, 박홍규 역, 교보문고.

에릭 홉스봄 외(2004), 『만들어진 전통』, 박지향·장문석 역, 휴머니스트.

에밀 뒤르케임(1992), 『종교생활의 원초적 형태』, 노치준·민혜숙 역, 민영사.

에밀리오 젠틸레(2005), "정치의 신성화", 임지현·김용우 편, 『대중독재2: 정치종교와 헤게모니』, 책세상.

연정은(2007), "감시에서 동원으로, 동원에서 규율로: 1950년대 학도호국단을 중심으로", 김득중 외, 『죽엄으로써 나라를 지키자: 1950년대, 반공·동원·감시의 시대』, 선인.

오유석(1997), "한국 사회균열과 정치사회구조 형성 연구", 이화여자대학교 박사학위논문.

5·18사료편찬위원회(2012), 『5·18민주화운동』, 5·18기념문화센터.

오제연(2016), "팽창하는 학교와 학생", 홍석률 외, 『한국현대생활문화사, 1950년대: 삐라 줍고 댄스홀 가고』, 창비.

_____(2016), "병영사회와 군사주의 문화", 오제연 외, 『한국현대생활문화사, 1960년대: 근대화와 군대화』, 창비.

우문관 편집실 편(2002), 『2003한국우표도감』, 우문관.

우연주·배정한(2011), "개항기 한국인의 공원관 형성", 『한국조경학회지』 39권 6호.

울리히 벡(1997), 『위험사회: 새로운 근대(성)를 향하여』, 홍성태 역, 새물결.

유기쁨(2013), "남산의 근,현대 수난사: 종교적 상징의 이식과 '공간화' 과정", 『종교문화 연구』 21호.

유선영(2008), "과민족화 프로젝트와 호스티스영화", 공제욱 편, 『국가와 일상: 박정희 시대』, 한울.

유선영·김창남(1995), "한국 신문산업의 구조와 조직변화", 『광복50주년 기념논문집(5): 문화·언론』, 한국학술진흥재단.

유영옥(2009), 『각국의 보훈정책 비교론』, 홍익재.

윤선자(2009), "해방 후 안중근 기념사업의 역사적 의의", 『한국독립운동사연구』 34집.

윤선자(2008), 『축제의 정치사』, 한길사.

윤재걸(1985), 『금지곡을 위하여』, 청사.

윤정란(2015), 『한국전쟁과 기독교』, 한울.

윤충로(2010), "한국의 베트남전쟁 기념과 기억의 정치", 『사회와 역사』 86집.

_____(2015), "한국의 베트남전쟁 기억의 변화와 재구성: 1999년 『한겨레21』 캠페인과 그 이후 변화를 중심으로", 『사회와 역사』 105집.

_____(2015), 『베트남전쟁의 한국 사회사: 잊힌 전쟁, 오래된 현재』, 푸른역사.

_____(2016), "베트남전 참전의 안과 밖", 오제연 외, 『한국현대생활문화사, 1960년대: 근대화와 군대화』, 창비.

윤해동(2000), "'친일 잔재' 청산과 관련하여 제기되는 몇 가지 문제", 민족문제연구소 편, 『한국 근현대사와 친일파 문제』, 아세아문화사.

은정태(2005), "박정희시대 성역화사업의 추이와 성격", 『역사문제연구』 15호.

이강로(2004), "한국 내 반미주의(反美主義)의 성장과정 분석", 『국제정치논총』 44집 4호.

이경남(1981), 『설산 장덕수』, 동아일보사.

이경숙(2017), 『시험국민의 탄생』, 푸른역사.

이경화(2007), "기념물을 통한 동학농민혁명의 기억과 전승", 『인문콘텐츠』 10호.

이규태(2000), 『한국인의 주거문화(1): 우리 땅 우리 건축의 수수께끼』, 신원문화사.

이미원·김방옥(1995), "광복 50년의 한국 연극사", 『광복50주년 기념논문집7: 문학·예술』, 한국학술진흥재단.

이민원(2012), "대한제국의 장충사업과 그 이념: 장충단과 모충단을 중심으로", 『동북아문화연구』 33집.

이민정(2014), "4·19혁명과 5·16군사정변기의 이데올로기와 복식", 『한국의류산업학회지』 16권 5호.

이병천·이광일 편(2001), 『20세기 한국의 야만: 평화와 인권의 21세기를 위하여』, 일빛.

이병천·조현연 편(2001), 『20세기 한국의 야만2: 평화와 인권의 21세기를 위하여』, 일빛.

이상록(2005), "이승복: "나는 공산당이 싫어요"의 정치학", 권형진·이종훈 편, 『대중독재의 영웅 만들기』, 휴머니스트.

_____(2005), "이순신: '민족의 수호신' 만들기와 박정희 체제의 대중 규율화", 권형진·이종훈 편, 『대중독재의 영웅 만들기』, 휴머니스트.

_____(2011), "경제제일주의의 사회적 구성과 '생산적 주체' 만들기: 4·19-5·16 시기

혁명의 전유를 둘러싼 경합과 전략들", 『역사문제연구』 25호.

이상명(2011), "주민등록 지문날인제도의 위헌성", 『한양법학』 36집.

이상배(2005), "장충단의 설립과 장충단제", 『지역문화연구』 4호.

이선아(2005), "『불우지사(不遇志士) 김옥균 선생(金玉均先生) 실기(實記)』의 저술배경
　　　과 내용", 『전북사학』 28집.

이언 바루마, 아비샤이 마갤릿(2007), 『옥시덴탈리즘: 반서양주의의 기원을 찾아서』, 송
　　　충기 역, 민음사.

이연숙(2013), "해방 직후 신국가 건설과 국기 제정", 『한국근현대사연구』 64집.

이영록(2010), "한국에서의 '민주공화국'의 개념사: 특히 '공화' 개념을 중심으로", 『법
　　　사학연구』 42호.

이영미(1999), 『한국 대중가요사』, 시공사.

이영자·이효재(2010), "외국의 국립묘지", 『국제보훈동향』 2권 2호.

이영자 외(2010), 『현충시설의 효율적 관리 및 활용 방안 연구』(연구보고서), 보훈교육
　　　연구원.

이완범(2008), "국호 '대한민국'의 명명", 『황해문화』 60호.

이임하(2008), "상이군인들의 한국전쟁 기억", 김귀옥 외, 『전쟁의 기억 냉전의 구술』,
　　　선인.

_____(2009), "'전쟁미망인'의 전쟁경험과 생계활동", 권보드래 외, 『아프레걸 사상계
　　　를 읽다: 1950년대 문화의 자유와 통제』, 동국대학교출판부.

_____(2011), "상이군인, 국민 만들기", 『중앙사론』 33집.

이재봉(1995), "4월혁명과 미국의 개입", 『사회과학연구』 18집.

이진경(2003), "한국 '가족계획사업'의 정치경제학", 『문화과학』 33호.

이태주(2008), "전쟁경험과 집단기억의 동원: 베트남 참전용사 단체를 중심으로", 김귀
　　　옥 외, 『전쟁의 기억 냉전의 구술』, 선인.

이하나(2015), "1970년대 간첩/첩보 서사와 과잉 냉전의 문화적 감수성", 『역사비평』
　　　112호.

_____(2016), "미국화와 욕망하는 사회", 홍석률 외, 『한국현대생활문화사, 1950년대:
　　　삐라 줍고 댄스홀 가고』, 창비.

이학래(2008), 『한국 현대 체육사』, 단국대학교출판부.

이현희(1990), 『광복투쟁의 선구자: 효창원 순국열사 7위 투쟁사』, 효창원순국선열추모
　　　위원회.

이화진(2009), "'극장국가'로서의 제1공화국과 기념의 균열", 전진성·이재원 편, 『기억과 전쟁: 미화와 추모 사이에서』, 휴머니스트.

이희봉 외(2017), 『한국인, 어떤 집에서 살았나: 한국 현대 주생활사』, 한국학중앙연구원출판부.

임대식(1993), "일제 시기·해방 후 나라이름에 반영된 좌우 갈등: 右'대한'·左'조선'과 南'대한'·北'조선'의 대립과 통일", 『역사비평』 23호.

_____(1998), "1950년대 미국의 교육원조와 친미 엘리트의 형성", 역사문제연구소 편, 『1950년대 남북한의 선택과 굴절』, 역사비평사.

임미리(2017), 『열사, 분노와 슬픔의 정치학: 한국저항운동과 열사 호명구조』, 오월의봄.

임종명(2007), "탈식민지 시기(1945~1950년) 남한의 국토민족주의와 그 내재적 모순", 『역사학보』 193집.

_____(2008), "탈식민지시기(1945~1950) 남한의 지리교육과 국토표상", 『한국사학보』 30호.

임채숙·임양택(2006), 『세계의 디자인과 기술: 기념주화 은행권 우표 훈장』, 국제.

장세진(2012), 『상상된 아메리카: 1945년 8월 이후 한국의 네이션 서사는 어떻게 만들어졌는가』, 푸른역사.

장세훈(2016), "광장에서 공원으로 5·16광장 변천의 공간사회학적 접근", 『공간과 사회』 26권 2호.

저축추진중앙위원회(1977), 『슬기의 열매: 국민학교 어린이를 위한 근면·검소·저축생활 이야기(3학년용)』, 국정교과서주식회사.

전덕재(2015), "1973년 천마총 발굴과 박정희 정권의 문화재 정책", 『역사비평』 112호.

전상인(1992), "한국전쟁과 정계구도의 변화", 한국사회학회 편, 『한국전쟁과 한국사회변동』, 풀빛.

전우용(2014), "한국인의 국기관(國旗觀)과 '국기에 대한 경례': 국가 표상으로서의 국기(國旗)를 대하는 태도와 자세의 변화 과정", 『동아시아 문화연구』 56집.

전재호(2012), "한국 민족주의의 반공 국가주의적 성격", 이병천·정근식 편, 『식민지 유산, 국가 형성, 한국 민주주의(1)』, 책세상.

전진성(2018), 『빈딘성으로 가는 길: 베트남전 참전용사들의 기억과 약속을 찾아서』, 책세상.

정근식(2007), "광주민중항쟁에서의 저항의 상징 다시 읽기: 시민적 공화주의를 중심으로", 『기억과 전망』 16호.

_____(2015), "〈임을 위한 행진곡〉: 1980년대 비판적 감성의 대전환", 『역사비평』 112호.

정근식·이병천(2012), "식민지 유산과 한국 민주주의: 개념과 시각", 정근식·이병천 편, 『식민지 유산, 국가 형성, 한국 민주주의(1)』, 책세상.

정대일(2003), "북한의 공민종교: 주체사회주의의 기원, 형성, 구조를 중심으로", 『한국 민족운동사연구』 36집.

_____(2011), "북한의 종교정책 연구: 북한 국가종교의 성립 과정을 중심으로", 『종교 연구』 64집.

_____(2011), "국가종교로서의 주체사상 연구", 한국학중앙연구원 한국학대학원 박사 학위논문.

_____(2012), 『북한 국가종교의 이해: 북한 선교의 선이해를 위한 연구』, 나눔사.

정병호(2010), "극장국가 북한의 상징과 의례", 『통일문제연구』 54호.

정보통신부 우정사업본부(2004), 『기념·관광통신일부인 총람: 근대우정 120년(1884~2003)』, 방송통신위원회.

정영훈(2008), "단기 연호, 개천절 국경일, 홍익인간 교육이념: 현대 한국에서의 단군민 족주의의 제도화에 관한 연구", 『정신문화연구』 113호.

정용탁·주진숙·이충직(1995), "해방 후 한국영화의 발달과정", 『광복50주년 기념논문 집7: 문학·예술』, 한국학술진흥재단.

정은경(2017), "대구지역 노래운동의 형성과 전개: 노래패 '소리타래'의 사례를 중심으로", 『사회와 역사』 113집.

정종화(2008), 『한국 영화사』, 한국영상자료원.

정해구(1997), "한국정치의 민주화와 개혁의 실패", 학술단체협의회 편, 『6월민주항쟁 과 한국사회 10년(Ⅱ)』, 당대.

_____(2011), 『전두환과 80년대 민주화운동: '서울의 봄'에서 군사정권의 종말까지』, 역사비평사.

정호기(2005), "일제하 조선에서의 전쟁사자 추모 공간과 추모 의례", 『사회와 역사』 67집.

_____(2007), 『한국의 역사기념시설』, 민주화운동기념사업회.

_____(2008), "전쟁 상흔의 치유 공간에 대한 시선의 전환: 한국에서의 전쟁 기념물을 중심으로", 『민주주의와 인권』 8권 3호.

_____(2012), "시민사회의 사회운동 기념물 건립과 표상: '5·18'과 '5월운동'을 중심으로", 『경제와 사회』 94호.

정희준(2009), 『스포츠 코리아 판타지: 스포츠로 읽는 한국 사회문화사』, 개마고원.

조동걸(2003), "국호·국기·국가·국화는 언제, 어떻게 만드는가", 『한국근현대사연구』 27집.

조르조 아감벤(2008), 『호모 사케르』, 박진우 역, 새물결.

조은정(2005), "이승만 동상 연구", 『한국근대미술사학』 14집.

_____(2016), 『동상: 한국 근현대 인체조각의 존재방식』, 다할미디어.

조은희(2010), "남북한 박물관 건립을 통한 국가정통성 확립", 비판사회학회 민족·통일 분과 편, 『민족과 통일』, 선인.

조지 L. 모스(2008), 『대중의 국민화: 독일 대중은 어떻게 히틀러의 국민이 되었는가?』, 임지현·김지혜 역, 소나무.

_____(2015), 『전사자 숭배: 국가라는 종교의 희생제물』, 오윤성 역, 문학동네.

조현범(2000), "현대 한국의 국가의례에 대한 시론적 연구", 『종교연구』 19집.

_____(2003), "일요일의 종교사: 근대 한국 종교문화의 형성과 시간의 재구획", 『종교연구』 32집.

_____(2007), "한국사회와 종교적 타자성의 인식논리: 한국SGI의 사례를 중심으로", 『종교문화비평』 11호.

조혜인(1992), "북한의 종교: 유교적 유산을 통하여", 『동아연구』 25집.

_____(1995), "종교와 사회사상의 흐름", 신용하·박명규·김필동 편, 『한국 사회사의 이해』, 문학과지성사.

조희연(2004), "박정희 시대의 강압과 동의: 지배·전통·강압·동의의 관계를 다시 생각한다", 『역사비평』 67호.

조희진 외(2017), 『한국인, 어떤 옷을 입고 살았나: 한국 현대 의생활사』, 한국학중앙연구원출판부.

주영윤(2017), "예비군 창설 정책결정 과정 연구", 『군사연구』 143집.

주영하·김혜숙·양미경(2017), 『한국인, 무엇을 먹고 살았나: 한국 현대 식생활사』, 한국학중앙연구원출판부.

주준희(1996), "북한 정치의 종교성: 김일성의 신격화에 있어서 무속신앙의 영향을 중심으로", 『한국정치학회보』 29집 4호.

지영임(2003), "현충일의 창출 과정: 순국선열과 전몰장병을 중심으로", 『비교민속학』 25집.

_____(2007), "제주 4·3 관련 위령의례의 변화와 종교적 의미", 『종교연구』 48집.

차성환(1996), 『참전기념조형물 도감』, 국가보훈처.

찰스 암스트롱(2004), "가족주의, 사회주의, 북한의 정치종교", 임지현·김용우 편, 『대중 독재2: 정치종교와 헤게모니』, 책세상.

철도청 공보담당관실 편(1992), 『한국철도사(제4권)』, 철도청.

_____(1992), 『철도 주요 연표: 철도 창설 제93주년 기념』, 철도청.

총무처 편(1984), 『상훈편람』, 총무처.

최경호(1997), "'미신타파' 이후의 동제와 마을의 정체성: 경북 영덕 노물리의 사례를 중심으로", 『종교연구』 13집.

최연식(2007), "박정희의 '민족' 창조와 동원된 국민통합", 『한국정치외교사논총』 28집 2호.

최장집(2005), 『민주화 이후의 민주주의: 한국 민주주의의 보수적 기원』(개정판), 후마니타스.

_____(2007), "정치적 민주화: 한국 민주주의, 무엇이 문제인가", 『비평』 14호.

최정기(2009), "한국군의 베트남전 참전, 어떻게 기억되고 있는가?: 공식적인 기억과 대항기억의 차이를 중심으로", 『민주주의와 인권』 9권 1호.

최정운(2012), 『오월의 사회과학: 사회과학자의 시선으로 새롭게 재구성한 5월 광주의 삶과 진실』, 오월의봄.

최창동(1990), "국가의 상징에 관한 연구: 대한민국의 국기를 중심으로", 동국대학교 박사학위논문.

최태욱(2007), "신자유주의 대안 구현의 정치제도적 조건", 『창작과비평』 35권 4호.

충남대학교 충청문화연구소 편(2009), 『제노사이드와 한국근대』, 경인문화사.

칼 마르크스(1991), 『프랑스 혁명사 3부작』(개정판), 임지현·이종훈 역, 소나무.

크리스티앙 아말비(2010), "7월 14일 기념일", 피에르 노라 편, 『기억의 장소1: 공화국』, 김인중·유희수·문지영 역, 나남.

편찬위원회 편(1999), 『정부의전편람』, 행정자치부.

표인주(2005), "한국전쟁 희생자들의 죽음 처리방식과 의미화 과정", 김경학 외, 『전쟁과 기억: 마을 공동체의 생애사』, 한울.

프리스 모건(2004), "소멸에서 시선으로: 낭만주의 시기 웨일스의 과거를 찾아서", 에릭 홉스봄 외, 『만들어진 전통』, 박지향·장문석 역, 휴머니스트.

피에르 노라(2010), "기억과 역사 사이에서: 기억의 장소들에 대한 문제제기", 피에르 노라 편, 『기억의 장소1: 공화국』, 김인중·유희수·문지영 역, 나남.

필리프 아리에스(1998), 『죽음의 역사』, 이종민 역, 동문선.

하상복(2010), 『광화문과 정치권력』, 서강대학교출판부.

_____(2014), 『죽은 자의 정치학: 프랑스·미국·한국 국립묘지의 탄생과 진화』, 모티브북.

하일식(2014), "고교 '국사'의 발행제 변천과 전근대 서술: 권력의 의도와 교과서 서술", 『역사와 현실』 92호.

학민사 편집실 편(1984), 『4·19의 민중사: 사월혁명 자료집』, 학민사.

한국역사연구회(1998), 『우리는 지난 100년 동안 어떻게 살았을까(1~2)』, 역사비평사.

한국은행(1994), 『한국의 화폐』, 한국은행 발권부.

한국조폐공사 편(1993), 『한국화폐전사』, 한국조폐공사.

한길사 편집실(1981), "사료: 1950년대의 정치적 중요사건", 진덕규 외, 『1950년대의 인식』, 한길사.

한나 아렌트(2006), 『예루살렘의 아이히만: 악의 평범성에 대한 보고서』, 김선욱 역, 한길사.

한도현(2006), "새 국민, 새 공동체, 돌진적 근대: 새마을운동의 대중동원", 정성화 편, 『박정희 시대와 한국 현대사』, 선인.

한배호(1981), "「경향신문」 폐간 결정에 관한 연구", 진덕규 외, 『1950년대의 인식』, 한길사.

한병철(2012), 『피로사회』, 김태환 역, 문학과지성사.

한석정(2016), 『만주 모던: 60년대 한국 개발체제의 기원』, 문학과지성사.

한홍구(2003), "박정희 정권의 베트남 파병과 병영국가화", 『역사비평』 62호.

_____(2005), "국립묘지를 보면 숨이 막힌다", 『한겨레21』(온라인판), 2005.9.20.

_____(2014), 『유신: 오직 한 사람을 위한 시대』, 한겨레출판사.

_____(2016), 『사법부: 법을 지배한 자들의 역사』, 돌베개.

함석헌(1958), "생각하는 백성이라야 산다: 6·25 싸움이 주는 역사적 교훈", 『사상계』, 8월호.

함충범 외(2009), 『한국 영화와 4·19: 1960년대 초 한국영화의 풍경』, 한국영상자료원.

합동통신사(1964), 『합동연감』, 합동통신사.

해방20년사 편찬위원회 편(1965), 『해방 20년사』, 희망출판사.

행정자치부 상훈담당관실 편(2003), 『대한민국 훈장 제식 변천사』, 행정자치부.

허열(2004), "건국과정에서의 국호논쟁에 대한 분석", 『한국민족문화』 24호.

허은(2008), 『미국의 헤게모니와 한국 민족주의: 냉전시대(1945~1965) 문화적 경계의 구축과 균열의 동반』, 고려대학교 민족문화연구원.

형시영(2015), "통합적 현충시설관리체계 구축방안 연구", 『공공사회연구』 5권 1호.

호현찬(2000), 『한국영화 100년』, 문학사상사.

홍문식(1998), "출산력 억제정책의 영향과 변천에 관한 고찰", 『한국인구학』 21권 2호.

홍성태(2011), 『토건국가를 개혁하라』, 한울.

_____(2012), "유신 독재와 주민등록제도", 『역사비평』 99호.

황병주(2004), "박정희 체제의 지배담론과 대중의 국민화", 임지현·김용우 편, 『대중독재(1): 강제와 독재 사이에서』, 책세상.

_____(2016), "새마을운동과 농촌 탈출", 김경일 외, 『한국현대생활문화사, 1970년대: 새마을운동과 미니스커트』, 창비.

황선명(2003), "광복 후 민족종교 교단의 재건과 통일운동", 노길명 외, 『한국민족종교 운동사』, 한국민족종교협의회.

황주영(2014), "근대적 발명품으로서의 도시공원: 19세기 후반 런던과 파리를 중심으로", 서울대학교 박사학위논문.

Bellha, Robert N.(1967), "Civil Religion in America," *Daedalus*, vol.96, no.1.

_____(1974), "American Civil Religion in the 1970s," Russel E. Richey and Donald G. Jones eds., *American Civil Religion*, New York: Harper & Row.

_____(1975), *The Broken Covenant: American Civil Religion in Time of Trial*, New York: Crossroad Books.

Berger, Peter L.(1969), *The Sacred Canopy*, Garden City: Doubleday & Company.

Elgenius, Gabriella(2007), "The Appeal of Nationhood: National Celebrations and Commemorations," Mitchell Young, Eric Zuelow and Andreas Sturm eds., *Nationalism in a Global Era: The Persistence of Nations*, London: Routledge.

Kang In-Chul(2000), "Religion and the Democratization Movement," *Korea Journal*, vol.40, no.2, Summer.

McElya, Micki(2016), *The Politics of Mourning: Death and Honor in Arlington National Cemetery*, Cambridge: Harvard University Press.

Neff, John R.(2005), *Honoring the Civil War Dead: Commemoration and the Problem of Reconciliation*, Lawrence: University Press of Kansas.

Sauer, Charles A.(1973), *Methodists in Korea: 1930–1960*, Seoul: The Christian Literature Society.

Shin, Eun Hee(2006), "The Sociopolitical Organism: The Religious Dimension of Juche Philosophy," Robert E. Buswell Jr. ed., *Religions of Korea in Practice*, Princeton: Princeton University Press.

Turner, Edith(2012), *Communitas: The Anthropology of Collective Joy* , New York: Palgrave MacMillan.

Turner, Victor W.(1969), *The Ritual Process: Structure and Anti-Structure*, London: Routledge & Kegan Paul.

_____(1974), *Dramas, Fields, and Metaphors: Symbolic Action in Human Society*, Ithaca: Cornell University Press.

_____(1982), *From Ritual to Theatre: The Human Seriousness of Play* , New York: PAJ Publications.

Van Gennep, Arnold(1960), *The Rites of Passage*, Monika B. Vizedom and Gabrielle L. Caffee tr., Chicago: University of Chicago Press.

총서 𝄢 知의회랑 을 기획하며
arcade of knowledge

대학은 지식 생산의 보고입니다. 세상에 바로 쓰이지 않더라도 언젠가는 반드시 인류에 필요할 지식을 생산하고 축적하며 발전시키는 일을 끊임없이 해나갑니다. 오랫동안 대학에서 생산한 지식은 책이란 매체에 담겨 세상의 지성을 이끌어왔습니다. 그 책들은 콘텐츠를 저장하고 유통시키며 활용하게 만드는 매체의 차원을 넘어, 인간의 비판적 사유 능력과 풍부한 감수성을 자극하는 촉매의 역할을 충실히 해왔습니다.

이와 같은 '책을 읽는다'는 것은 단순히 지식과 정보를 습득하는 데 멈추지 않고, 시대와 현실을 응시하고 성찰하면서 다시 그 너머를 사유하고 상상함을 의미합니다. 그러므로 '세상의 밑그림'을 그리는 책무를 지닌 대학에서 책을 펴내는 것은 결코 가벼이 여겨선 안 될 일입니다.

이제 우리는 다양한 방식으로 존재하는 지식과 정보, 그리고 사유와 전망을 담은 책을 엮어 현존하는 삶의 질서와 가치를 새롭게 디자인하고자 합니다. 과거를 풍요롭게 재구성하고 미래를 창의적으로 기획하는 작업이 다채롭게 펼쳐질 것입니다.

대학의 심장부에 해당하는 도서관이 예부터 우주의 축소판이라 여겨져 왔듯이, 그곳에 체계적으로 배치된 다양한 책들이야말로 이른바 학문의 우주를 구성하는 성좌와 다름없습니다. 우리는 그 빛이 의미 없이 사그라들지 않기를, 여전히 어둡고 빈 서가를 차곡차곡 채워가기를 기대합니다.

앎을 쉽게 소비하는 시대를 살고 있지만, 다양한 앎을 되새김함으로써 학문의 회랑에서 거듭나는 지식의 필요성에 우리는 공감합니다. 정보의 홍수와 유행 속에서도 퇴색하지 않을 참된 지식이야말로 인간이 가야 할 길에 불을 밝혀줄 수 있기 때문입니다. 앞으로 대학이란 무엇을 하는 곳이며, 왜 세상에 남아 있어야 하는 곳인지 끊임없이 되물으며, 새로운 지의 총화를 위한 백년 사업을 시작하겠습니다.

총서 '知의회랑' 기획위원

안대회 · 김성돈 · 변혁 · 윤비 · 오제연 · 원병묵

지은이 **강인철**

1994년에 서울대학교 사회학과에서 박사학위를 받고 1997년 봄부터 한신대학교 종교문화학과 교수로 재직 중이다. '종교에 대한 역사사회학'과 '사회·정치·문화에 대한 종교사회학'을 지향하면서, 주로 한국의 종교정치, 종교사회운동, 종교권력, 개신교 보수주의, 북한 종교, 종교와 전쟁, 양심적 병역거부, 군종제도 등을 탐구해왔다. 최근 몇 년 동안에는 한국 시민종교 연구에 주력했다.

지금까지 12권의 단독저서를 출간했다. 2017년에 『종교와 군대』를 펴냈고, 2012~2013년에 걸쳐 '한국 종교정치 5부작'인 『한국의 종교, 정치, 국가 1945~2012』, 『종속과 자율: 대한민국의 형성과 종교정치』, 『저항과 투항: 군사정권들과 종교』, 『민주화와 종교』, 『종교정치의 새로운 쟁점들』을 펴냈다. 이 밖에도 『종교권력과 한국 천주교회』(2008), 『한국 천주교회의 쇄신을 위한 사회학적 성찰』(2007), 『한국의 개신교와 반공주의』(2007), 『한국 천주교의 역사사회학: 1930~1940년대의 한국 천주교회』(2006), 『전쟁과 종교』(2003), 『한국 기독교회와 국가, 시민사회: 1945~1960』(1996) 등이 있다.

이번에 함께 선보이는 『시민종교의 탄생』, 『경합하는 시민종교들』은 같은 시기에 출간되는 『전쟁과 희생: 한국의 전사자 숭배』와 더불어 '한국 시민종교 3부작'을 구성한다.

🏛 **知의회랑**
arcade of knowledge
007

경합하는 시민종교들
대한민국의 종교학

1판 1쇄 발행 2019년 1월 30일
1판 2쇄 발행 2019년 11월 30일

지 은 이 강인철
펴 낸 이 신동렬
책임편집 현상철
편   집 신철호·구남희
마 케 팅 박정수·김지현

펴 낸 곳 성균관대학교 출판부
등   록 1975년 5월 21일 제1975-9호
주   소 03063 서울특별시 종로구 성균관로 25-2
전   화 02)760-1253~4 팩스 02)762-7452
홈페이지 http://press.skku.edu

ISBN 979-11-5550-309-6 93330

⊙ 잘못된 책은 구입한 곳에서 교환해 드립니다.
⊙ 이 저서는 2014년 정부(교육부)의 재원으로 한국연구재단의
   지원을 받아 수행된 연구임(NRF-2014S1A6A4027137).